KB142296

朝鮮後期 科學思想史 研究 I
朱子學的 宇宙論의 變動

Studies on the History of Scientific Thoughts in the Late Chosŏn Dynasty volume I

The Transformation of the Neo-Confucian Cosmology

Koo, Mhan Ock

연세국학총서 40

朝鮮後期 科學思想史 研究 I

朱子學的 宇宙論의 變動

具 萬 玉

혜안

머 리 말

1980년대의 시대적 격랑에 쓸려 천문학에서 역사학으로 진로를 전환하였을 때만 해도 과학사나 과학사상사를 전공하려 했던 것은 아니었다. 당대의 사회적 모순을 타개하기 위한 학술운동의 차원에서 한국사에 주목했던 많은 사람들처럼 필자 역시 운동사에 관심을 갖고 있었다. 그리고 그 과정에서 朝鮮後期史에 대한 막연한 흥미를 키워가게 되었다. 1980년대 한국 사회의 구조적 모순은 이른바 '分斷體制'에 기인한 바가 많았고, 분단체제는 일제강점기의 왜곡된 근대화, 다시 말해 자주적 근대화의 실패에 그 遠因이 있으며, 따라서 그 역사적 연원은 '한국중세사회 해체기'에 해당하는 조선후기에서 찾아야 한다고 판단했기 때문이다.

이후 연세대학교 사학과에 편입하여 본격적으로 한국사를 공부하면서 조선후기사를 한국사의 내재적 발전과정 속에서 구조적으로 해명하고자 하는 '延世史學'의 학문적 세례를 받게 되었다. 학부와 대학원을 거치면서 사회경제사와 정치사상사에 대한 체계적인 학습을 받았고, 그 과정에서 조선후기사 가운데 특히 문화사·사상사 분야에 관심을 기울이게 되었다. 조선후기 사회의 구조적 특성을 올바르게 해명하기 위해서는 사회경제적 토대에 대한 분석뿐만 아니라 상부구조로서의 이데올로기에 대한 면밀한 검토가 필요하다는 생각에서였다. 널리 알려진 바와 같이 조선후기에는 급격한 사회경제 구조의 변동과 함께 사유체계의 전반적인 동요가 발생하고 있었다. 조선왕조의 지배 이데올로기는 儒敎·朱子學이었으므로, 조선후기 사상계의 변동이란 바로 주자학의 변화·동요·해체 과정으로 요약할 수 있을 터였다. 한국사의 흐름을 문화사·사상사의 차원에서 체계화하고, 그 일환으로 조선후기 사상사를 정리하고자 할 때 朱子學的 思惟體系와 그 변화에 대한 탐구는 일차적인 과제가 될 것으로 여겨졌다.

그런데 주자학적 사유체계는 여타의 사상과 마찬가지로 世界觀·人間觀·社會觀·認識論 등을 아우르는 정합적인 구조로 되어 있다. 조선후기의 사회변동에 조응하여 사상계의 변화가 일어났다는 것은 이와 같은 주자학의 정합적 구조에 모순이 발생했다는 뜻이며, 따라서 그 실상을 추적하는 작업은 인간관·사회관의 측면에서만이 아니라 세계관·자연관의 측면에서도 접근이 가능할 것으로 생각했다. 요컨대 주자학적 사유체계와 그 변화 과정에 대한 분석은 바로 이와 같은 개별 분야에 대한 천착을 바탕으로 그것을 종합화·추상화함으로써 사상의 본질과 역사적 기능의 변천을 밝히는 작업이었다. 필자는 조선후기 사상계의 변동, 주자학적 사유체계의 변화를 자연관·자연인식에 초점을 맞추어 살펴보고자 했다.

이른바 '朝鮮後期 科學思想史'에 대한 필자의 연구는 이러한 관점에서 시작되었다. 물론 여기에는 조선후기 사상사의 주제를 다양화하는 것이 필요하다고 생각했던 선생님과 선배들의 조언이 커다란 작용을 하였다. 당시 연세대학교의 조선후기 사상사 연구는 정치사상 방면에 치중하는 경향이 강했는데, 이것을 연구자의 개성과 적성을 고려하여 다양하게 세분화시키고자 하는 의도적인 노력이 있었다. 그리고 그 과정에서 필자에게는 학부 전공을 활용할 수 있는 자연관·자연인식 분야에 대한 탐구가 하나의 과제로서 권유되었다. 거기에는 洪以燮 선생님 이래 단절된 연세대학교 과학사의 맥을 계승·발전시켜야 한다는 史學史的 의미가 부여되어 있었다. 물론 그러한 작업은 과학에도 역사학에도 정통하지 못한 필자의 역량으로는 감당할 수 없는 것이었다. 다만 한국과학사에 대한 전문연구자가 절대적으로 부족한 현실에서 만약 '반편이'로서 할 수 있는 역할이 있다면 주어진 소임을 다하겠다는 생각에서 과학사상사 연구 쪽으로 방향을 정하게 되었다.

한편 조선후기 사상사에 대한 탐구는 전통의 계승과 발전이라는 측면에서도 중요한 의미를 갖는다. 오늘날 전통의 계승과 발전을 이야기할 때 가장 먼저 주목하게 되는 시기는 조선후기이다. 그 이전까지 전근대 시기 한국의 역사적 전환은 한국인의 주체적 노력을 통해 이루어졌고, 그 과정에서 어떠한 형태로든 과거의 청산과 전통의 계승이 이루어졌다고 볼 수 있다. 그러나 조선왕조의 경우 일본 제국주의라는 외세의 침략에 의해 강점됨으로써 그 역사적 功過에 대한 평가가 주체적으로 이루어지지 못했고, 많은 부분 왜곡되었다. 때문에 오랫동안 조선의 역사와 문화는 청산의 대상으로 간주되어 왔고, 최근에는 그에 대한 반작용으로 조선왕조의 사상과 문화를 과도하게 예찬하는 경향이 나타나기도 했다. 이러한 편향을 극복하기 위해서, 전통의 올바른 계승과 발전을 위해서도 조선시기의 사상에 대한 전반적인 재조명이 필요하다고 생각한다.

그렇다면 과학사상사의 측면에서 계승하고 발전시켜야 할 '전통'은 어디서 찾을 수 있을까? 그 해답은 다양할 수 있지만 우선 동아시아 전근대 사회의 보편원리였던 '유기체적 자연관' 속에서 그 실마리를 발견할 수 있지 않을까 한다. 일찍이 시인 朴正萬은 「終詩」에서 "나는 사라진다 / 저 광활한 우주속으로"(『그대에게 가는 길(朴正萬遺稿詩集)』, 실천문학사, 1988)라고 읊었다. 시를 잘 모르는 필자가, 1980년대의 고통스러운 시간 속에서 말 못할 고초를 겪고 화장실 변기에 앉아 숨을 거둔 한 시인의 고단한 삶과 그가 남긴 2행짜리 짧은 遺詩의 의미를 온전히 파악하기란 어렵다. 다만 죽음을 앞에 둔 시인의 예민한 감수성의 그물에 우주와 우주적 존재로서의 인간이 포착되었다는 사실만은 의미심장하게 느껴졌다.

필자는 그동안의 연구를 통해 과거 선조들이 남긴 글 가운데 자연학에 대한 부분적인 담론들을 추출하여 그들의 우주론을 재구성하고, 그것을 바탕으로 인간관·사회관·세계관을 살펴보려고 하였다. 오늘날 근대적인 자연관의 세례 속에서 살아가는 대부분의 우리들은 그렇지 않지만, 과거 우리 선조들은 자기 스스로를 우주적 존재로 규정하고, 자연과의 지속적인 교감 속에서 자신의 삶을 꾸려 갔다고 믿고 있기 때문이다. 거기에는 자연과 인간의 조화로운 공존에 대한 깊은 사색이 들어있다. 오늘날 인류가 대면하고 있는 수많은 환경 문제를 근본적으로 해결할 수 있는 타개책을 그 안에서 발견할 수도 있지 않을까 한다. 필자는 조선후기 자연관의 변동과정 속에서 이러한 단초를 찾아보고자 노력하였다. 주자학적 자연학 체계를 부정하고 근대적인 성격의 자연학으로 전이하는 일련의 과정에 주목하면서도, 전통적인 '유기체적 자연관'의 역사적 의미를 부각시키려 한 것은 바로 이러한 노력의 일환이었다.

이 책은 필자의 박사학위논문(『朝鮮後期 朱子學的 宇宙論의 變動』, 延世大學校 大學院 史學科 博士學位論文, 2002)을 일부 수정하고 가필한 것이다. 필자는 여기에서 15세기 후반에서 19세기 초에 이르기까지 주자학적 우주론의 성립·발전·변화 과정을 개괄적으로 다루었다. 그러나 조선후기 우주론이라는 분야가 너무 방대한 주제이기 때문에 이 연구를 통해 다루지 못한 부분들이 아직도 많이 남아 있다. 아래에서는 그 몇 가지 문제를 논함으로써 조선후기 우주론에 대한 문제의식을 공유하고, 앞으로의 연구를 위한 반성의 자료로 삼고자 한다.

먼저 조선후기 우주론 논의의 전제가 된다고 할 수 있는 朝鮮前期 宇宙論의 문제가 앞으로 더 천착될 필요가 있다. 특히 15세기 후반에서 16세기에 걸친 이른바 '朝鮮 朱子學'의 정착 과정과 관련하여 우주론의 문제가 다시금 정리되어야 한다. 그 내용을 기존 연구에서 정리된 朱子의 우주론과 비교·검토함으로써 사상적 同異性을 찾아보아야 하며, 나아가 주자학적 우주론의 본질과 사상적 지향도 해명해야 할 것이다.

다음으로 조선후기에 주자학적 우주론이 변화하게 된 내재적 요인을 찾는 작업이 필요하다. 사실 지금까지 학계의 논의 수준에서 볼 때 조선후기 우주론 변화의 원인으로는 西學의 수용이라는 외래적 요인이 강조되어 왔다. 그것은 자칫 조선후기 우주론의 역사를 서학 수용의 역사로 치환시켜버리는 함정에 빠질 수 있다. 그러나 조선후기 서학 수용은 조선 지식인들의 주체적 노력의 연장선상에서 이루어진 것이었다. 따라서 서학 수용의 내재적 계기에 대한 정밀한 탐구가 요구된다. 이 연구에서는 16세기 말에서 17세기 초에 걸친 일련의 사상 변동을 통해 그 실마리를 찾아보려 하였는데, 앞으로 다양한 가능성을 염두에 두고 여러 측면에서 접근할 필요가 있다고 생각한다.

조선후기 지배층의 우주론을 살펴본다고 할 때 일차적으로 주목의 대상이 되는 것은 西人-老論系와 嶺南南人系의 자연학이다. 양자는 정치적 입장을 달리하였지만 그 사상적 지향은 朱子學 一遵主義라는 점에서 일맥상통한다. 따라서 이들의 우주론, 나아가 사유체계를 살펴보는 것은 조선 사상계를 주도했던 주류의 사상을 탐구한다는 차원에서 매우 중요하다. 우주론의 측면에 국한하여 본다면, 그 자료의 방대함과 풍부함에도 불구하고 嶺南系列 학자들에 대한 기존의 연구는 매우 빈약하다고 할 수 있다. 앞으로 嶺南南人들의 자연학에 대한 본격적인, 그리고 면밀한 연구가 필요하리라고 본다.

이 연구에서는 조선후기 학계·사상계의 동향과 관련하여 학파별 사상의 차별성, 그 일부로서 우주론의 차이에 주목하였다. 그러나 필자의 역량 부족과 자료의 한계로 인해 학파 내의 인물들을 전반적으로 아우르지 못하고, 특징적인 몇몇 사상가를 중심으로 논지를 구성하였다. 때문에 近畿南人系 星湖學派의 경우 대부분의 논의가 李瀷을 중심으로, 老論-洛論系 北學派의 경우에는 洪大容을 중심으로 전개되었다. 따라서 학파의 학문적 특성을 좀더 두드러지게 부각시키기 위해서는 각 학파의 학문적 계승관계를 염두에 두면서, 학맥에 소속되어 있는 여러 논자들의 경우에 학파의 학문적 성격[學風]이 어떻게 관철되고 있었는가 하는 점을 폭넓게 살펴볼 필요가 있겠다.

少論계열의 경우에도 鄭齊斗를 중심으로 한 '少論系 陽明學派'를 중심으로 논의를 국한시켰기 때문에 소론 내의 여타 계열들, 특히 徐命膺-徐浩修-徐有榘를 중심으로 한 達城 徐氏家의 자연학, 尹拯·朴世采·南九萬·崔錫鼎 등 소론계 官人·儒者들의 자연학에 대해서는 많은 부분을 다루지 못했다. 이들에 대한 체계적인 검토가 이루어지기 위해서는 먼저 각 개인에 대한 심도 있는 연구가 선행되어야 할 것이다. 후일을 기약한다.

이 연구에서는 주자학적 우주론이 변동하는 메커니즘을 道理와 物理의 분리, 理의 성격 변화, 自然學의 가치론적 자립화 등을 중심으로 논의하였다. 그러나 주자학적 우주론의 변형·극복·해체의 방식은 여러 가지 경로가 있을 수 있다. 전통적 사유의 틀 속에서 변용의 메커니즘을 찾아내는 것은 또 하나의 과제라고 생각한다. 서양사상사는 물론 중국과 일본을 포괄하는 동아시아 사상사의 연구 성과들을 주목하면서 과학사상의 변동 문제를 지속적으로 다룰 필요가 있을 것이다.

처음으로 책을 上梓하면서 외람되게 책의 제목을 『朝鮮後期 科學思想史 硏究 Ⅰ』이라고 달았다. 그동안 조선후기 과학사상사를 다루면서 관심의 대상으로 삼았던 분야가 宇宙論·災異論·天文曆法論·天文儀器論 등이었다. 그간 災異論과 曆法에 대해 부분적으로 다루었던 것은 이러한 관심의 표출이었다. 역량이 허락한다면 앞으로 이들 분야를 순차적으로 다루어 보고자 한다. 그리고 그러한 연구 성과의 축적이 이루어져야 지금은 개념조차 모호한 '科學思想史'의 범주나 연구방법론을 구체적으로 논의할 수 있게 될 것이다. 따라서 외람된 제목이지만 한눈팔지 않고 조선후기 사상사 연구에 전념하겠다는 스스로의 다짐과 약속의 의미로 이해해주시기 바란다.

돌아보니 먼 길을 돌고 돌아 여기까지 이르렀다. 가끔씩 지나온 시간들을 후회하지 않느냐고 질문하는 이들이 있다. 인간에게 후회스럽지 않은 과거가 어찌 있으리오마는 필자는 이런 질문에 접할 때마다 한사코 지난 10년의 시간이 헛되지 않았다고 힘주어 말하곤 했다. '가지 않은 길'로 자신을 합리화시키지 않고자 역사학을 선택했기에 후회가 없으며, 선택한 그 길에서 진정한 師範이신 선생님들과 마음을 나눌 수 있는 학문의 벗들을 만날 수 있었기에 참으로 행복할 수 있었다. 실로 변변치 못한 이 책을 완성하기까지 많은 분들의 도움과 격려가 큰 힘이 되었다.

恩師 金容燮 선생님께서는 한국사회의 동태를 한국인의 주체적 계기에서, 한국사의 내재적 발전과정 속에서 파악해야 한다는 한국사 연구의 기본 자세와 방향을 가르쳐 주셨다. 이 혼탁한 시대에 흔들리지 않는 학자의 풍모가 어떠한 것인가를 학문적 실천을 통해 보여주신 당신의 학문과 삶에서 얻은 커다란 교훈을 향후 연구 활동의 지표로 삼고자 한다.

문제의식의 과잉으로 인해 사실보다 서너 발자국씩 앞서 나가던 제자들의 발걸음을 고쳐주시고, 부드러운 미소로 무미건조해져 가는 역사 연구에 인간의 숨결을 불어넣어 주신 河炫綱 선생님, 석사과정에서부터 사학과의 입장에서 볼 때 다소 낯선 주제를 선택하였기에 적잖은 논란의 대상이 되었던 필자의 논문과 연구방향에 대해 언제나 격려의 말씀과 지원을 아끼지 않으셨던 李熙德 선생님께 머리 숙여 감사의 말씀을 올린다.

故 金駿錫 선생님을 모시고 지난 10년 동안 많은 가르침을 받았다. 학문에서 自得의 의미를 일깨워주시고자 애쓰셨던 선생님께서는 항상 필자에게 '囊中之錐'가 되라고 당부하셨다. 그 말씀의 이면에는 好勝心을 이기지 못하는 제자의 輕擧妄動을 경계하고 隱忍自重하라는 당부와 어려운 연구 여건 속에서도 인내하며 학문에 매진하라는 격려의 뜻이 담겨 있었다. 이제는 갚을 길 없는 學恩의 일부나마 이 책으로 대신하고자 한다. 선생님의 靈前에 이 책을 바친다.

학위논문의 심사과정에서 자연관과 인간·사회관의 유기적인 연관성을 보완하여 논문의 체제를 재정리하도록 지도해주신 金度亨 선생님, 장황하고 단정적인 필자의 서술태도를 지적하시고 압축적이고 엄밀한 글쓰기의 중요성을 일깨워주신 方基中 선생님, 학위논문이 보다 완결된 짜임새를 갖출 수 있도록 세부적인 내용까지 꼼꼼하게 지적해주신 白承哲 선생님께 감사드린다.

지난 10여 년간 고난의 행군을 함께해 온 '조선후기 사상사 연구팀'의 同學들에게 고마운 마음을 전한다. 金容欽, 鄭豪薰, 元在麟, 丁斗榮, 金貞信 학형은 지난 세월 동안 한결같은 학문과 사상의 支柱였다. 서로에게 '頂門一鍼'이 되기를 마다하지 않았던 그들과의 대화 · 토론 · 논쟁은 언제나 세태에 지친 연구 의욕을 되살리고 새로운 용기를 불어넣는 자극제가 되었다. 이 책의 모든 오류와 단점은 두말할 필요 없이 온전히 필자의 몫이지만, 만약 조금이라도 볼 만한 성과가 있다면 그것은 이들의 학문적 자극에 전적으로 힙입은 것이라 하겠다.

그야말로 척박한 현실 여건 속에서 과학사의 씨앗을 뿌리고 오늘날까지 공들여 가꾸어 오신 한국과학사학계의 원로 선생님들께 감사의 말씀을 올린다. 全相運 선생님께는 1996년 연세대학교 국학연구원에서 진행된 「다산기념강좌」를 통해 한국과학사 전반에 걸쳐 가르침을 받을 수 있었다. 宋相庸, 朴星來 선생님께는 직접 배울 기회가 없었지만 당신들의 저술을 통해 많은 깨달음을 얻었다. 부족한 논문을 보내드릴 때마다 서신을 통해 격려해 주신 선생님들의 정성을 잊을 수 없다. 金永植 선생님께서는 아무런 學緣이 없는 필자에게 서울대학교에서 진행된 세미나에 참석할 수 있는 귀중한 기회를 제공해 주셨다. 그 기간 동안 학계의 다양한 연구자들과 교류할 수 있었던 것은 커다란 기쁨이었다. 아울러 학위논문의 세부적인 문제점을 일일이 짚어주신 厚意에도 衷心으로 감사드린다.

학문적인 능력뿐만 아니라 인간적인 매력이 빼어난 조선후기 과학사의 동지들, 文重亮 선생과 林宗台 · 全勇勳 · 朴權壽 동학에게 깊은 謝意를 표한다. 이들은 지난 수년 동안 역사학계의 주목을 끌지 못했던 필자의 글을 가장 열심히 읽어주고, 내용상의 구체적인 문제에 대해 실질적이고 건설적인 의견을 표시했던 거의 유일한 집단이었다. 그들의 진지한 토론과 신랄한 비판은 편향된 시각에 매몰되기 쉬운 연구 활동 과정에서 많은 지적 자극이 되었다. 앞으로도 오랫동안 한국과학사라는 행로를 함께하기를 기대한다.

천성이 소극적이고 사교적이지 못한 필자의 곁을 떠나지 않고 학부 시절부터 지금까지 한결같은 우정을 지속해 온 畏友 金容哲 교수에게 감사드린다. 언제나 필자의 자질구레한 부탁까지 마다하지 않았던 그와 이 책을 출간하는 소박한 기쁨을 함께하고 싶다.

여러 모로 부족한 학위논문이 학계 여러 선생님들의 관심과 성원 덕분에 많은 격려의 말씀을 듣게 되었고, 그 결과 '한국사상사학회'에서 수여하는 제6회 논문상(2003년)을 수상하는 과분한 영광을 누렸다. 李培鎔 회장님을 비롯한 한국사상사학회 관계자 여러분께 深甚한 감사의 말씀을 올린다. 앞으로 더욱 사상사 분야의 연구에 매진하라는 엄숙한 당부의 뜻으로 받아들여 성실한 자세로 연구활동에 전념토록 하겠다.

이 책의 출간은 연세대학교 학술연구비의 지원을 받아 추진되었다. 원래 2003년 8월에 마무리하기로 한 연구는 필자의 게으름과 여러 가지 사정으로 인해 차일피일 미루다 오늘에 이르게 되었다. 그동안 연구 공간을 제공해주고 이 책이 출간되기까지 물심 양면으로 지원을 아끼지 않은, 그리고 오랜 시간 인내심을 갖고 기다려주신 연세대학교 국학연구원에 감사의 마음을 전한다.

한국사를 공부하겠다고 처음 사학과를 찾았을 때 어떤 선생님께서 가정 형편을 물어보시며 역사학이란 것이 본인에게는 더할 나위 없이 좋은 공부지만 주변 사람들에게는 고통스러운 것이라는 취지의 말씀을 해주셨다. 그 당시에는 그저 공부를 계속하고 싶은 욕심에 성실히 노력하겠다는 다짐만 드렸지, 정작 그 말씀에 담긴 세월의 무게와 깊이에 대해서는 진지하게 생각할 겨를이 없었다. 그런데 이후 10여 년의 세월이 경과하고 나서야 그 말씀의 의미를 가슴에 사무치게 새길 수 있게 되었다. 재주도 능력도 없는 사람이 학문의 길에 들어서 세속적인 사람 구실을 못하면서 주변 사람들에게 많은 폐를 끼쳤다. 그리고 그 부담은 고스란히 가족들의 몫이 되었다.

어려운 여건 속에서도 단 한 번 내색하지 않으시고 평생토록 든든한

14

버팀목이 되어주신 부모님과 장래가 불투명한 사위 때문에 노심초사 하셨을 장인·장모님께 말씀으로 다할 수 없는 감사를 드린다. 모진 세월의 풍상을 온몸으로 막아주신 당신들이 아니었다면 학문의 길에 들어설 엄두조차 내지 못했을 것이다. 그나마 오늘날의 위치에 도달하게 된 것은 모두 당신들의 陰德을 입은 결과라고 생각한다. 혼인 이후 지금까지 주말부부라는 고단한 현실 속에서 실질적인 가장으로서 가정을 꾸리고 있는 아내 鄭允貞과 무책임한 아버지의 소홀한 애정 속에서도 무난하게 자라준 教彬·教旻에게 이 책이 작은 위로가 되었으면 한다.

끝으로 이 책의 간행을 맡아주신 도서출판 혜안의 오일주 사장님과 세세한 교정과 편집작업의 수고를 마다하지 않으시고 이 책을 아담하게 꾸며주신 편집부 여러분의 노고에 감사드린다.

2004년 8월 10일

具 萬 玉

目 次

표 차례 |

그림 차례 |

제1장 序 論

兩亂 이후 朝鮮後期 思想界는 사회경제적 변화에 조응하여 동요하고 있었다. 그 변화의 핵심은 朱子學的 思惟體系의 변동으로 요약할 수 있다. 변동의 내용은 편차를 달리하는 다양한 방향으로 전개되고 있었다. 예컨대 '非朱子'·'脫朱子'·'反朱子'라는 용어가 내포하고 있듯이 주자학적 사유체계에 대한 반발은 어느 정도의 편차를 가지고 있었다고 볼 수 있다. 그럼에도 불구하고 이들을 하나의 공통점으로 묶어본다면 그것은 주자학적 사유체계에 대한 비판적 반성과 그것을 보완·대체·극복할 수 있는 새로운 사유체계의 모색이었다고 할 수 있다.

주자학적 사유체계가 변동하는 구체적인 모습은 世界觀·認識論·學問觀·社會觀·歷史觀 등 다양한 영역에서 확인할 수 있다. 그 가운데 하나가 自然觀·自然認識의 영역이다. 이 분야에서는 주자학적 사유체계에 대한 반성과 회의라는 조선 사회 내부의 시대적 흐름 위에 서양과학의 전래와 수용이라는 외부적 요소가 가미되어 그야말로 획기적인 전환의 계기가 마련되고 있었다. 따라서 조선후기 자연관·자연인식의 변화는 사상계의 변동을 분명하게 확인할 수 있는 분야 가운데 하나로 주목된다.

조선왕조의 지배 이데올로기였던 주자학의 자연인식은 '有機體的 自然觀'으로 규정할 수 있다. 그것은 자연을 유기적인 생명체로 간주하는 한편, 그러한 자연을 인간·사회와의 통일적 구조 속에서 파악하려는 논리 체계였다. 따라서 조선후기에 주자학적 자연관이 변화하였다는 것은 이와 같은 유기체적 자연관의 기본 구조가 변질되었음을 뜻한다. 유기체적 자연관의 동요·해체는 인간과 사회와 자연을 동일한 구조 속에서 파악하고자한 논리의 변형·해체를 의미하며, 거기에는 반드시 세계관과 인식론의변화가 수반되기 마련이다. 조선후기의 자연관·자연인식의 변화가 지니는 사상사적 의미가 바로 여기에 있는 것이다.

자연관이란 인간이 자연을 파악하는 총체적 관점을 뜻한다. 구체적으로자연계의 생성 과정, 구조와 본질, 변화·발전의 메커니즘, 객관적 법칙성의 존재 여부, 나아가 그것과 인간·사회와의 관련성 등이 넓은 의미의자연관이라는 범주 안에서 다루어질 수 있는 주제들이다. 이 연구에서는그 가운데 특히 宇宙論의 문제에 주목하였다. 그것은 우주론이 전통적으로 과학과 형이상학이 결합된 형태로 논의되어 왔고, 따라서 조선후기사상계의 변화를 자연관의 측면에서 추적해 갈 때 가장 좋은 주제가 된다고 판단하였기 때문이다. 우주론은 세계관의 문제와 직결된 것이므로 조선후기 사상계의 변동을 밝히는 데 선결되어야 할 과제인 것이다.

조선후기 우주론의 문제는 지금까지 자연관 연구에서 가장 활발하게다루어져 온 분야였다. 1940년대 洪以燮의 선구적인 연구를 통해 조선후기 과학사의 주요 부문 가운데 하나로 우주론의 문제가 제기되었다.[1]그러나 그것은 단편적인 언급이었고 전면적인 문제 제기는 아니었다. 아울러 홍이섭은 지리학 부문에서 '地動說(地轉說)'에 대해서도 설명하였는데, 그것은 이후 전개될 '지전설' 논쟁의 서막을 여는 것이었다.[2] 여기에서홍이섭이 간략하게 제기했던 지전설의 독창성 문제, 지전설과 서양과학과의 연관성 문제, 金錫文의 '三丸說'과 洪大容의 지전설의 구체적 내용과역사적 의미, 그리고 양자의 상호 관련성 등의 문제가 이후 넓은 의미의우주론이라는 분야에서 다루어지게 되었다.

---

1) 洪以燮, 『朝鮮科學史』, 正音社, 1946, 247쪽. 홍이섭은 李瀷을 다루면서 "東洋在來의 宇宙觀을 根本的으로 批判할 資料를 西歐의 學說에 發見하야 彼我의差를 確認하고……"라고 하여, 조선후기 우주론의 변화에 미친 서양과학의 영향을 언급하였다.
2) 洪以燮, 위의 책, 1946, 255~256쪽.

1950년대 이후 1970년대까지 조선후기 우주론에 대한 연구는 지전설의 문제를 둘러싸고 시종하였다고 해도 과언이 아닙니다.3) 1950~60년대에 걸쳐 남북한과 일본 학계에서는 홍대용 지전설의 독창성 여부를 둘러싸고 논란이 전개되었다. 독창성을 인정하는 학자들은 당시 예수회 선교사들에 의해 淸에 도입된 서양과학은 과학혁명 이전의 중세적인 것이었고, 로마 교황청의 금령에 따라 코페르니쿠스의 지동설을 소개하지 않았다는 사실을 중시하였다. 반면에 독창성을 부정하는 학자들은 비록 로마 교황청의 금령이 있었다고 할지라도 당시 선교사들 가운데는 코페르니쿠스의 학설에 동조하는 사람들이 있었고, 이들이 드러내 놓고 말하지는 않았지만

3) 千寬宇, 「洪大容의 實學思想」, 『文理大學報』 제6권 제2호, 1958(『韓國史의 再發見』, 一潮閣, 1974와 『近世朝鮮史硏究』, 一潮閣, 1979에 재수록) ; 千寬宇, 「洪大容 地轉說의 再檢討」, 『曉城趙明基博士華甲紀念佛敎史學論叢』, 1965(『近世朝鮮史硏究』, 一潮閣, 1979에 재수록) ; 田村專之助, 「李朝學者의 地球回轉論」, 『東洋人의 科學과 技術』, 雄山閣, 1958(원논문은 「李朝學者의 地球回轉說에 대하여」, 『科學史硏究』 30, 1954) ; 藪內淸, 「李朝學者의 地球回轉說」, 『朝鮮學報』 49, 1968 ; 李龍範, 「法住寺所藏의 新法天文圖說에 對하여-在淸天主敎神父를 通한 西洋天文學의 朝鮮傳來와 그 影響-」, 『歷史學報』 31~32, 1966 ; 李龍範, 「李瀷의 地動論과 그 論據-附 : 洪大容의 宇宙觀-」, 『震檀學報』 34, 1972 ; 李龍範, 「金錫文의 地轉論과 그 思想的 背景」, 『震檀學報』 41, 1976(이상 李龍範, 『韓國科學思想史硏究』, 東國大學校 出版部, 1993의 제III장 '西洋天文學과 朝鮮王國'에 재수록) ; 閔泳珪, 「十七世紀 李朝學人의 地動說」, 『韓國史硏究彙報』 1, 1973 ; 閔泳珪, 「十七世紀 李朝學人의 地動說-金錫文의 易學二十四圖解-」, 『東方學志』 16, 1975 ; 全相運, 「湛軒 洪大容의 科學思想-그의 地轉說 再論-」, 『實學論叢』, 全南大學校 出版部, 1975(전상운, 『한국과학사의 새로운 이해』, 연세대학교 출판부, 1998, 201~209쪽에 재수록) ; Park Seong-Rae, "Hong Tae-yong's Idea of the Rotating Earth", 『한국과학사학회지』 제1권 제1호, 1979 ; 李龍範·全相運·朴星來, 「討論 : 朝鮮 學者들의 地轉說(1975. 11. 28)」, 『한국과학사학회지』 제1권 제1호, 1979 ; 小川晴久, 「洪大容의 宇宙無限論」, 『東京女子大學 附屬 比較文化硏究所 紀要』 38, 1977 ; 小川晴久, 「十八世紀의 哲學과 科學의 사이-洪大容과 三浦梅園-」, 『東方學志』 20, 1978 ; 小川晴久, 「地轉(動)說에서 宇宙無限論으로-金錫文과 洪大容의 세계-」, 『東方學志』 21, 1979 ; 小川晴久, 「東아시아에 있어서의 地轉(動)說의 成立」, 『東方學志』 23·24, 1980.

당시 淸에 사신으로 갔던 조선의 학자들에게 그 내용을 알려주었을 가능성에 주목하였다.

홍대용에 한정되었던 지전설에 대한 논란은 1970년대에 들어 李瀷의 '地動說'로 그 범위가 확장되었고, 金錫文의 『易學二十四圖解』가 공개됨으로써 기존의 지전설 논의는 획기적인 전기를 맞이하게 되었다. 이후 홍대용에게 부여되었던 지전설의 창시자라는 명성은 김석문에게로 옮겨가게 되었고, 지전설 논의는 본격적으로 우주론 분야로 확장되기에 이르렀다. 지전설을 주장한 김석문의 우주구조가 당시 서양 선교사들에 의해 새롭게 소개된 티코 브라헤(Tycho Brahe)의 우주체계라는 것이 밝혀졌고, 홍대용의 우주론이 갖는 역사적 의미도 지전설이라는 한정된 범위에서 벗어나 '無限宇宙論'으로 새롭게 해석되었다. 요컨대 1970년대까지 우주론에 대한 연구는 홍대용 지전설의 독창성을 둘러싼 논쟁으로부터 출발하여, 이후 그 범위를 이익과 김석문으로 확대하면서 우주론에 대한 본격적인 논의로 발전하였고, 그 과정을 거쳐 조선후기 과학사에서 우주론이 차지하는 역사적 의의를 밝혀가기 시작했던 것이다.

1970년대의 지전설과 우주론을 둘러싼 논의는 1980년대에 들어오면서 상대적으로 침체되었다. 반면에 조선후기 우주론의 변화에 커다란 영향을 주었다고 할 수 있는 西學의 수용과정에 대한 연구가 본격화되었다. 서학 수용과 관련하여 조선후기 학자들의 과학사상을 다룬 논문들이 제출되었고, 그 일부로 조선후기 실학자들의 우주론 문제가 거론되기도 하였다.[4] 이러한 일련의 연구는 그동안 피상적으로 언급되었던 서학의 실체와 그것이 조선후기 사상계에 미친 영향을 구체화시켰다는 점에서 이후 조선후기

---

4) 朴星來, 「丁若鏞의 科學思想」, 『茶山學報』 1, 1978 ; 朴星來, 「洪大容의 科學思想」, 『韓國學報』 23, 1981 ; 朴星來, 「마테오 릿치와 한국의 西洋科學 수용」, 『東亞研究』 3, 1983 ; 河聲來, 「頤齋 黃胤錫의 西洋 科學思想 受容-湛軒 洪大容과의 관계를 중심으로-」, 『전통문화연구』 1, 1983 ; 李元淳, 『朝鮮西學史研究』, 一志社, 1986 ; 李龍範, 「李朝實學派의 西洋科學受容과 그 限界-金錫文과 李瀷의 경우-」, 『東方學志』 58, 1988 ; 李龍範, 『중세서양과학의 조선전래』, 동국대학교 출판부, 1988 ; 姜在彦, 『조선의 西學史』, 民音社, 1990.

과학사상사 연구에 밑거름이 되었다고 평가할 수 있을 것이다.

1980년대 말에서 1990년대 초에 걸쳐 우주론과 관련하여 주목되는 연구들이 발표되었다.5) 그것은 李珥의 「天道策」과 張顯光의 『宇宙說』・『易學圖說』 등에 대한 분석을 통해 조선전기(중기)의 자연관, 성리학적 자연관의 특징을 해명하고자 한 시도였다. 이것은 그동안 조선후기에 한정되었던 우주론 연구를 조선전기로 확장시킬 수 있는 기초 작업으로서, 서양과학의 영향을 받기 이전의 전통적인 우주론의 실상에 접근할 수 있는 계기를 제공하였다. 한편 같은 시기에 黃胤錫의 과학사상이 분석되고, 그 일부로 우주론이 다루어짐으로써 조선후기의 우주론 분야도 이전 시기에 비해 그 연구 대상을 확대시킬 수 있게 되었다.

1990년대 후반에 들어 우주론 연구는 새로운 차원에서 주목받기 시작하였다. 이전의 연구 성과를 재평가하는 작업이 진행되었고, 우주론의 대상 영역이 확대되었으며, 이와 함께 우주론에 대한 새로운 탐구 방법이 모색되었다.6) 그 결과 김석문의 우주론이 서양과학의 선택적 수용과 창조적

---

5) 張會翼, 「朝鮮 性理學의 宇宙觀-旅軒 張顯光의 「宇宙說」을 중심으로-」, 『한국과학사학회지』 제10권 제1호, 1988 ; 張會翼, 「조선후기 초 지식계층의 자연관-張顯光의 「宇宙說」을 중심으로-」, 『韓國文化』 11, 1990 ; 張會翼, 「조선 성리학의 자연관-李珥의 「天道策」과 張顯光의 「宇宙說」을 중심으로-」, 『科學과 哲學』 제2집, 통나무, 1991 ; 전용훈, 「朝鮮 中期 儒學者의 天體와 宇宙에 대한 이해 : 旅軒 張顯光(1554-1637)의 「易學圖說」과 「宇宙說」을 중심으로」, 『한국과학사학회지』 제13권 제2호, 1991 ; 전용훈, 「朝鮮中期 儒學者의 天體와 宇宙에 대한 이해-旅軒 張顯光(1554-1637)의 「易學圖說」과 「宇宙說」-」, 『한국과학사학회지』 제18권 제2호, 1996 ; 鄭誠嬉, 「頤齋 黃胤錫의 科學思想」, 『淸溪史學』 9, 1992.

6) 김용헌, 「김석문의 우주설과 그 철학적 성격」, 『동양철학연구』 15, 1995(『실학의 철학』, 예문서원, 1996, 139~174쪽에 재수록) ; 김용헌, 「김석문의 과학사상」, 『계간 과학사상』 33, 2000 ; 전용훈, 「김석문의 우주론-易學二十四圖解를 중심으로-」, 『한국천문력 및 고천문학 : 태양력 시행 백주년 기념 논문집』, 1997 ; 박권수, 「徐命膺(1716-1787)의 易學的 天文觀」, 『한국과학사학회지』 제20권 제1호, 1998 ; 구만옥, 「15세기 후반 理學的 宇宙論의 擡頭-梅月堂 金時習(1435~1493)의 天觀을 중심으로-」, 『朝鮮時代史學報』 7, 1998 ; 구만옥, 「16세기 말~17세기 초 朱子學的 宇宙論의 변화-易學的 宇宙論과 心學的 天觀을 중심으

응용을 통한 전통의 재해석이라는 점에서 다시 정리되었고, 우주생성과 운행의 원리를 완결된 구조로 설명하려는 김석문의 시도가 독창적인 지전설이나 그 나름의 象數學的 도식을 산출하게 된 것이라고 평가되었다. 또한 徐命膺의 천문학과 우주론에 대한 분석에서는 서명응의 천문학에 대한 易學的 해석이 18세기 서학에 대한 조선 유학자의 사상적인 반응과 외래 지식을 수용하기 위해 요구되었던 '사상적 정당화'의 측면을 잘 보여주는 예로 거론되었다. 이처럼 조선후기에 易學을 학문적 기반으로 하여 서양과학을 수용했던 인물들의 우주론에 대한 탐구가 심화되면서 조선후기 易學的 宇宙論=象數學的 宇宙論에 대한 역사적 평가의 문제가 전면에 등장하게 되었다.

한편 1990년대에는 조선후기 사상사에 대한 철학 분야의 연구가 심화되면서 개인 연구의 일환으로 자연관·과학사상 분야가 정리되기도 하였다.7) 洪大容과 崔漢綺의 사상이 집중적으로 조명되었는데, 이를 통해 이들의 전체 사유체계 속에서 자연관이나 과학사상이 차지하는 사상적 위치가 많은 부분 해명되기에 이르렀다. 이것은 실학자의 과학사상만을 분절적으로 다루어 그 선진성이나 근대성을 밝히려 했던 이전 연구의 수준을 질적으로 비약시켰다는 점에서 연구사적 의미를 부여할 수 있을

로-」,『韓國思想史學』13, 1999 ; 문중양, 「18세기 조선 실학자의 자연지식의 성격-象數學的 우주론을 중심으로-」,『한국과학사학회지』제21권 제1호, 1999 ; 문중양, 「16·17세기 조선우주론의 상수학적 성격-서경덕(1489~1546)과 장현광(1554~1637)을 중심으로-」,『역사와 현실』34, 1999.

7) 李賢九,『崔漢綺 氣學의 成立과 體系에 關한 研究-西洋 近代科學의 流入과 朝鮮後期 儒學의 變容-』, 成均館大學校 大學院 東洋哲學科 博士學位論文, 1993(『崔漢綺의 氣哲學과 西洋 科學』, 成均館大學校 大東文化研究院, 2000) ; 許南進,『朝鮮後期 氣哲學 研究』, 서울大學校 大學院 哲學科 博士學位論文, 1994 ; 權五榮,『崔漢綺의 學問과 思想 研究』, 集文堂, 1999 ; 金文鎔,『洪大容의 實學思想에 관한 研究』, 高麗大學校 大學院 哲學科 博士學位論文, 1995 ; 金容憲,『崔漢綺의 西洋科學 受容과 哲學 形成』, 高麗大學校 大學院 哲學科 博士學位論文, 1995 ; 김인규,『북학사상의 철학적 기반과 근대적 성격』, 다운샘, 2000.

것이다.

또 하나 주목되는 1990년대의 성과는 학파의 사상적 특징을 염두에 두고 조선후기의 과학사상을 다룬 연구들이 제출되었다는 것이다.[8] 지금까지 과학사상 분야의 많은 연구들은 대부분 개인 연구에 치중한 것들이었다. 개인 연구가 사상사 연구의 기초라는 점은 부인할 수 없지만 그러한 연구들이 개인이 처한 시대와 사회의 문제, 즉 역사성을 충분히 확보하지 못할 때 그 인물을 통해서 그려지게 될 역사상이 왜곡될 수 있는 위험이 항상적으로 존재한다. 결국 이런 문제를 해소하기 위해서는 개인 연구와 병행한 학파의 연구가 절실히 요구되는데 1990년대는 그런 기초적인 작업이 시도된 때라고 할 수 있다.

이상과 같은 그간의 연구 성과를 바탕으로 최근에는 조선후기 우주관과 曆法의 변화를 다룬 학위논문이 제출되었다.[9] 이 연구에서는 17세기 초 서학의 전래로 조선후기 우주관이 형이상학적인 틀을 벗어나 근대적인 우주관을 형성하게 되었다는 전제 하에, 근자의 조선후기사 연구 성과를 바탕으로 人物性同論과 서양천문학의 中國起源說을 서학의 수용을 가능케 한 사상적 배경으로 지목하였다. 아울러 조선후기 우주관 변화가 서양천문학의 전래에 따른 변화이기는 했지만, 전통천문학의 입장에서 서양천문학을 이해하려 한 관점이 농후했다는 점, 조선후기에 와서야 서양천문학의 성과에 자극받아 비로소 宋代 성리학의 우주론이 새롭게 조명되고 이해되었다는 점, 조선후기 서양천문학의 도입으로 그동안 논의되었던 우주론의 한계를 극복하면서 이를 더욱 심화시킨 양면성을 지녔다는 점 등이 주요 주장으로 제기되었다. 이러한 주장의 타당성 여부는 향후 우주론 분야에서의 실증적 연구를 거쳐 구체적으로 검증되어야 할 것으로

---

8) 車基眞, 『星湖學派의 西學 認識과 斥邪論에 대한 연구』, 韓國精神文化研究院 韓國學大學院 博士學位論文, 1995(『조선 후기의 西學과 斥邪論 연구』, 한국교회사연구소, 2002) ; 徐鍾泰, 『星湖學派의 陽明學과 西學』, 西江大學校 大學院 史學科 博士學位論文, 1995.

9) 鄭誠嬉, 『朝鮮後期 宇宙觀과 曆法』, 韓國精神文化研究院 韓國學大學院 博士學位論文, 2001.

생각한다.

　이상의 논의를 통해서 드러난 기존 연구의 문제점으로 다음과 같은 몇 가지 사항을 지적할 수 있다. 첫째, 조선시기 유학자들, 즉 성리학자들의 자연탐구의 의미에 대한 정확한 인식이 부족하다는 점이다. 그것은 결국 이들의 전체적인 사유체계 속에서 자연관의 탐구가 갖는 사상적 위치를 분명하게 자리매김하지 못했다는 의미이다. 예컨대 우주론에는 자연과학적 논의와 형이상학적 논의들이 혼재되어 있는데, 이것을 자연과학적 의미로만 해석할 경우 본래의 의도가 분명하게 드러나지 않을 뿐만 아니라 오해의 소지마저 있을 수 있다. 이러한 관점의 배후에는 근대과학을 기준으로 조선시기 학자들의 자연인식에서 과학성과 비과학성을 추출하려는 시도가 은연중에 깔려 있다고 볼 수 있는데, 이것은 결국 전근대 시기 자연인식이 갖는 함의를 협애화시킬 수 있는 위험성을 안고 있는 것이다. 따지고 보면 이는 전근대 시기 자연인식의 본질에 대한 이해가 부족한 데서 연유하는 문제이다. 조선시기의 대부분의 학자들은 자연의 법칙을 해명하기 위해 자연을 탐구한 것이 아니었다. 그들의 자연 이해는 인간학·윤리학·정치학과의 밀접한 연관 속에서 수행되었다. 때문에 자연인식이라는 부분을 독립적으로 분리시켜 이해할 때 명백한 한계를 가질 수밖에 없다. 이것은 곧 중세적 자연관의 본질에 대한 관점의 문제라 할 수 있다. 그런 점에서 최근 나오기 시작한 철학계의 종합적인 개인 연구는 많은 시사를 줄 수 있을 것으로 기대된다. 다만 그러한 분석이 역사적인 안목에서 정리될 필요성은 여전히 남는다고 하겠다.

　둘째, 개인 연구의 한계성을 지적할 수 있다. 기존의 우주론 연구는 대부분 개별 인물을 대상으로 수행되었다. 때문에 여러 가지 성과에도 불구하고 각 시대의 일반적 자연인식 수준을 보여주는 데는 한계를 가질 수밖에 없었다. 또 개인 연구의 경우에도 우주론 등 한정된 분야에만 치중했기 때문에 자연관·자연인식이 그 인물의 전체 사상 속에서 차지하는 위치에 대해서는 소홀하게 다루어진 면이 있었다. 아울러 학파별·사상별 차이를 고려하지 않는 분절적 연구의 위험성도 보여주었다. 결국 이것은 개인의 과학사상을 역사적으로 평가하는 데 한계를 보여주게 되며, 한 인물의 위대성이나 한계성으로 모든 문제가 수렴될 위험성을 내포하게 된다. 이러한 문제들은 조선후기 역사의 내재적 발전에 대한 관점이 부족하여 나타나게 된 결과라 할 수 있다. 한 개인의 사상이 이전 시기의 사상과 연속성을 가지면서 출현하는 것이라면 그 원류를 찾아가는 것은 당연한 일이다. 또 조선후기 학계가 학파의 분립이라는 특징적인 모습을 보여주었다면, 당연히 학파별 사상의 차이점을 생각해 보아야 할 것이다. 중세사회의 자연관이 유기체적 자연관으로서 자연과 인간·사회의 문제를 통합적으로 사고하는 특징을 지니고 있다고 할 때, 사상의 차이는 經世論의 차이를 낳고, 경세론의 차이는 결국 本體論의 차이로 귀결될 것이기 때문이다.

셋째, 자연관 자체의 탐구라는 차원에 한정해서 보더라도 현재까지의 연구는 그 대상과 분야가 매우 협소하다는 것이다. 이것은 위에서 지적한 개인 연구의 한계와 일맥상통하는 문제이기도 하다. 지금까지 논의되었던 자연학 분야는 宇宙論·災異論·陰陽五行說과 최근에 주목받기 시작한 지리학·의학 등에 한정된다. 그것도 심도 있는 연구성과의 축적은 매우 부족한 현실이다. 예컨대 우주론 분야의 연구도 지금까지는 구조론의 측면에 편중된 경향을 보이고 있다. 그것은 서양 우주론의 역사가 類比된 결과라 할 수 있다. 그러나 동아시아에서 우주론의 변화는 서양의 그것처럼 파괴적이지 않았고, 그것이 일반 사회에 미친 영향도 '코페르니쿠스적 轉回'라고 단순하게 말할 수 없는 복잡한 문제를 지니고 있다. 따라서 좀 더 세밀한 분석이 요구된다. 자연관 연구가 보다 폭넓게 전개되기 위해서는 연구 대상과 분야를 더욱 확장시킬 필요가 있다. 동시에 그것을 종합해서 중세적 자연학의 전체 모습을 조감할 수 있는 분석틀의 마련이 시급하다.

이 연구는 이상에서 제기한 문제들을 염두에 두면서 '科學思想史'의 연구방법론[10]에 입각하여 조선후기 자연관·자연인식의 변화를 우주론의 측면에서 다루어 보고자 한다. '과학사상사'의 대상은 크게 '구체적

과학사상', '일반적 과학사상(自然觀)', '과학에 대한 인식(科學觀)', '과학
의 방법' 등으로 구분해 볼 수 있다. '구체적 과학사상'은 천문학·수학·의
학·농학 등 구체적 과학 영역에서 제기된 사상·이론을 의미한다. 예를
들자면 천문학사상 분야의 渾天說·蓋天說과 같은 것이 이에 해당한다고
볼 수 있다. '일반적 과학사상'이란 '구체적 과학사상'과 대비되는 자연계
전체에 대한 보편적·추상적·총체적 사상을 뜻한다. 다시 말해 구체적
과학 영역을 총괄하는 전체 자연계에 대한 인식의 문제=자연관을 다루는
것이다. '氣一元論的 自然觀', '理一元論的 自然觀' 등이 이 범주에 포함될
수 있을 것이다. '과학에 대한 인식'은 과학 그 자체의 기원·본질·작용·
가치에 대한 사람들의 인식을, '과학의 방법'이란 사람들이 과학 연구과정
에서 사용하는 인식방법, 연구방법을 의미한다.

과학사상사는 이상과 같은 대상들을 역사적·발전적인 관점에서 다루
고자 하는 것이다. 역사주의적 관점이 중요하게 거론되는 이유는 오늘날
의 과학(사상)과 과거의 과학(사상)은 그 내용과 범위에서 상당히 많은
차이를 보이고 있기 때문이다. 오늘날의 과학적 입장에서 보면 과학(사상)
이라고 평가할 수 없는 많은 것들이 예전에는 과학(사상)으로 인식되었고,
사회적으로 중요한 기능을 담당하였다는 사실을 염두에 두어야 한다. 과
학사상사는 그러한 과학(사상)의 역사적 발전과정을 탐구하는 것을 목적
으로 한다.

과학사상사 연구방법론에서 중요한 또 하나의 문제는 과학사상에 대한

---

10) 우리 학계에서 '科學思想史'의 개념 규정이나 방법론의 설정은 아직까지 분명한
형태로 시도된 바 없다. 이에 대해서는 아래의 문헌들을 참고할 수 있다. Joseph
Needham, *Science and Civilisation in China, vol. II*, Cambridge, 1956(이 책의
번역본으로는 李錫浩·李鐵柱·林禎垈 譯, 『中國의 科學과 文明』 II, 乙酉文
化社, 1986) ; 坂本賢三, 『科學思想史』, 岩波書店, 1984, 1~14쪽 ; 內山俊彦,
『中國古代思想史における自然認識』, 創文社, 1987, 3~19쪽 ; 金谷治, 『中國古
代の自然觀と人間觀(金谷治中國思想論集 上卷)』, 平河出版社, 1997, 13~28
쪽 ; 袁運開·周瀚光 主編, 『中國科學思想史(上)』, 安徽科學技術出版社,
1998, 1~37쪽.

이른바 '內的인 접근법'과 '外的인 접근법'을 유기적으로 종합해야 한다는 것이다. 내적인 접근법이 구체적 과학사상의 성립·발전·변화라는 독자적 전개과정에 주목하는 반면, 외적인 접근법에서는 과학사상의 성립·발전·변화를 추동한 사회적 계기에 초점을 맞추고자 한다. 따라서 과학사상사가 역사학의 한 분야로 뿌리내리기 위해서는 양자의 종합을 이룩할수 있는 방법론이 마련되어야 할 것이다.

이상과 같은 과학사상사는 科學技術史와 思想史의 경계 영역에 속하는 학문 분야라고 할 수 있다. 과학기술사가 구체적이고 특수한 문제를 다루는 것이라면, 사상사는 추상적이고 일반적인 문제를 주로 취급한다. 과학사상사는 과학기술사와 사상사를 연결하는 매개체로서 중요한 역할을 담당할 수 있다. 그것은 구체와 추상, 특수와 일반의 漸移 지대에서 과학기술사 영역의 성과를 종합·추상화함으로써 사상사 연구를 발전시킬 수 있을 뿐만 아니라, 사상사 영역의 성과를 구체적인 과학 분야와 연결시켜 이해함으로써 과학기술사 연구를 심화시키는 데도 기여할 수 있다. 과학사상사의 학문적 의의가 바로 여기에 있다.

이상과 같이 과학사상사 연구의 대상과 방법을 규정할 때, 조선후기 자연관의 변화를 과학사상사의 맥락에서 파악하기 위해서는 다음과 같은 몇 가지 작업이 필수적으로 요청된다. 먼저 자연관이 구체적으로 표출되는 자연학의 개별 분야에 대한 치밀하고 다양한 검토가 있어야 한다. 이것은 주로 과학기술사 분야의 연구 대상이 될 터인데, 각 분야의 연구를 심화시키는 노력과 함께 여타 분야의 연구 성과를 흡수하여 종합적으로 체계화하여 보는 시도가 지속적으로 필요하다고 하겠다. 天文曆算學 분야를 예로 들면 지금까지 치중하여 왔던 지전설과 우주론 이외에도 天體運行論·日月蝕論·歲差論과 같은 구체적인 연구에 관심을 기울일 필요가 있다. 또 수리학이나 지리학·의학과 같은 여타 분야의 연구 성과를 흡수하여 그것을 천문역산학의 결과물들과 비교·검토해 봄으로써 구체적인 역사상을 만들어 가는 작업도 필요할 것이다.

다음으로 조선후기 자연관을 해명하기 위해서는 그 근간이 되는 주자학적 사유체계에 대한 검토가 반드시 병행되어야 한다. 앞서 언급한 바와 같이 주자학의 자연인식은 '유기체적 자연관'의 범주 속에 포함되며, 그러한 사유체계 속에서 자연관은 독립된 영역으로 존재하는 것이 아니라 인간관·사회관과 밀접한 관련을 지니게 된다. 따라서 조선후기 자연관에 대한 검토는 주자학의 정치·경제사상이나 인간관과의 관련 속에서 이루어져야 하며, 나아가 주자학 전체에 대한 이해와 연결되어야 한다. 주자학의 사유체계 내에서 보면 자연인식·자연관의 범주 속에는 宇宙論(天觀)·理氣論이 포함되며, 인간관의 범주에는 人性論(心性論)·修養論(學問論)이, 그리고 사회관의 범주 속에는 정치사상·경제사상·사회사상이 포함된다고 볼 수 있다. 주자학적 사유체계란 이러한 여러 요소들이 정합적으로 구성되어 하나의 일관된 구조를 갖추었을 때 그 전형적인 모습을 드러내게 된다. 그리고 그 정합성의 분열·해체 과정은 바로 주자학적 사유체계의 변화·해체과정을 의미한다고 볼 수 있는 것이다. 조선후기 자연관의 변화는 그러한 과정의 일환이었다고 할 수 있다.

한편 주자학적 사유체계의 변화와 유기적인 관련을 맺고 있는 조선후기 자연관의 변화를 검토하기 위해서는 그러한 사유체계의 변화를 추동하고 있는 당대의 정치·경제·사회적 변화양상에 주목하여야 한다. 왜냐하면 한국 중세의 자연관과 그것의 구체적인 실현 형태라고 할 수 있는 과학·기술은 정치·사상과 동떨어진 별개의 분야로 존재할 수 없었기 때문이다. 결국 자연관에 대한 올바른 연구는 자연관 그 자체에 대한 해명과 아울러 그것을 포함하고 있는 사유체계 전체의 구조 및 토대로서의 사회경제구조에 대한 분석을 포괄할 때 가능하리라고 생각한다. 조선후기 과학기술사·정치사상사·사회경제사를 아우를 수 있는 문제의식과 연구시각이 요구되는 이유가 바로 여기에 있다.

이러한 연구방법론의 내용을 고려하여 이 연구에서는 그 대상 시기를 조선후기, 특히 16세기말에서 18세기에 이르는 기간으로 설정하였다. 사상사와 사회경제사의 연구성과를 염두에 두고 조선시기 자연관의 변화를 통시기적으로 살펴볼 때, 조선전기는 주자학적 자연관의 성립과정으로,

조선후기는 주자학적 자연관의 재정립·변형·해체 과정으로 이해할 수 있다. 구체적으로 15세기는 이전 시기의 전통적 자연관이 주자학적 자연관을 중심으로 통합되어 가는 과정으로, 16세기는 주자학적 자연관의 확립 시기로, 17·18세기는 양란 이후의 사회경제적 변동과 병행한 주자학적 사유체계의 동요에 조응하여 한편에서는 주자학적 자연관이 재정립·강화되고, 다른 한편에서는 주자학적 자연관을 대체할 수 있는 다양한 가능성이 모색되는 시기로 구별하여 볼 수 있다. 따라서 17~18세기 주자학적 우주론의 변화가 논의의 핵심이 되고, 이전 시기의 우주론은 논의의 전제로서 제시될 것이다.

먼저 2장에서는 조선후기 우주론의 변화를 살피기 위한 전단계 작업으로서, 조선후기 우주론 변화의 중심에 위치한 주자학적 우주론, 이른바 理學的 宇宙論의 형성과정을 검토하고자 한다. 주자학이 불교와 도교는 물론 漢唐代의 유학까지 비판적으로 극복하면서 출현한 사상체계라는 점을 염두에 둘 때, 우주론의 측면에서도 이와 같은 일련의 작업이 진행되었을 것으로 추론해 볼 수 있다. 그것은 구체적으로 人格的 宇宙論(人格天觀)을 극복하고 주자학의 윤리·도덕 규범을 중심 개념으로 하는 理學的 宇宙論(理法天觀)으로 전환해 가는 과정이었다는 사실을 밝히고자 한다.

3장에서는 조선후기의 사회 변화를 염두에 두면서 조선전기 사회에서 후기 사회로 이행하는 16세기 말~17세기 초에 걸친 우주론의 변화를 살펴보고자 한다. 흔히 조선전기와 조선후기는 兩亂을 전후로 구분한다. 그러나 이는 단순히 전쟁이라는 커다란 역사적 사건을 기준으로 구분한 것은 아니다. 조선전기 사회와 후기 사회는 구조적으로 차별성을 보이고 있다. 그것은 예컨대 '經國大典體制'의 동요와 해체로 특징지을 수 있다. '경국대전체제'의 동요는 16세기 단계부터 나타나고 있었다. 결국 조선후기의 사회변동 문제는 이와 같은 체제 내적인 모순을 극복하고자 한 노력의 연장선상에서 살펴보아야 한다. 따라서 조선후기 사상계의 변동은 내적인 측면에서 보면 주자학의 문제점에 대한 인식이 확산되면서 파생된 것이었다. 그것은 우주론의 측면에서도 마찬가지였다. 이미 16세기 후반

이 되면 주자학적 사유체계에 대한 비판적 인식의 확산과 함께, 우주론의
차원에서도 주자학적 우주론의 핵심인 '理法天觀'의 논리를 극복하고자
하는 움직임이 대두하고 있었다. 여기에서는 그것을 '心學的 天觀'의 대두
라는 측면을 중심으로 살펴보고자 한다.

4장에서는 주자학적 사유체계의 변동을 촉진시킨 외적 요인으로서 西
學의 전래에 따른 사상계의 변동을 다루고자 한다. 이미 16세기 후반부터
제기된 주자학에 대한 비판은 양란을 거치면서 더욱 확산·심화되었다.
양란 이후 조선왕조는 전면적인 해체의 위기에 직면하였다. 사상계의 차
원에서 말하자면 그것은 조선왕조의 國定敎學으로 기능해 온 주자학의
위기였다. 이러한 주자학의 위기를 더욱 심화시킨 것은 17세기 중반 이후
본격적으로 도입되기 시작한 서학이었다. 주자학과는 전혀 이질적인 기반
위에 서 있던 서학의 전래는 사상계 전반에 커다란 영향을 끼쳤을 뿐만
아니라 자연학의 측면에서도 획기적인 전환의 계기를 제공하였다. 서양과
학의 우수성이 입증됨에 따라, 그리고 그것이 時憲曆으로의 改曆이라는
국가적 사업을 통해 공인됨으로써 朝鮮의 官人·儒者들은 종래의 전통적
자연학 체계와는 전혀 다른 새로운 과학적 논의에 접하게 되었다. 그것은
결국 주자학적 우주론을 외적으로 동요시킨 중요한 요인이었다.

이상과 같은 대내외적 요인으로 인해 조선후기에 주자학적 우주론은
전반적인 동요·해체의 위기에 직면하고 있었다. 당시의 지식인들은 이러
한 상황에 대해 각자의 사상적 입장에 기초하여 나름대로의 대응책을
모색하지 않을 수 없었다. 그것은 크게 두 가지 경향으로 대별해 볼 수
있는데, 하나는 이러한 대내외적 상황을 주자학의 道統이 위협받는 것으
로 간주하여 기존의 주자학적 질서를 유지·강화하려는 움직임이었고,
다른 하나는 당시의 상황을 시대적 추세로 받아들이면서 그러한 변화에
능동적으로 대처하여 새로운 사유체계를 모색하고자 하는 움직임이었다.
5장과 6장에서는 이러한 흐름에 맞추어 17세기와 18세기에 걸친 우주론의
전개양상을 주자학적 우주론의 강화와 反朱子學的 우주론의 전개를 중심
으로 살펴보고자 한다.

5장에서는 조선후기 朱子學의 道統主義化에 발맞추어 진행된 주자학적 자연학의 강화를 老論-湖論 계열의 논의를 중심으로 살펴보고자 한다. 宋時烈을 기점으로 權尙夏, 韓元震, 姜浩溥, 李恒老로 이어지는 이 계열에서는 주자학을 道統論의 입장에서 강화함과 동시에 당시 서학의 전래에 따라 안팎으로 도전 받고 있던 주자학의 자연학을 새로운 차원에서 재정립하고자 하였다. 그것은 주자학의 다양한 논의를 수렴하여 '朱子의 定論'을 만들어 가는 道統論的 작업이었다. 한편 이들과는 다른 정치적 입장을 보이고 있었지만, '朱子主義'라는 점에서는 일맥상통하였던 嶺南 南人의 자연학도 함께 검토해 보고자 한다.

6장에서는 18세기에 본격적으로 등장하는 실증적·객관적·과학적 우주론의 형성과정을 각 학파별로 살펴보고자 한다. 실측과 실증을 중시하는 일련의 경향은 우주론에 대한 도통론적 이해와는 상반된 것으로, 이것이 발전할 경우 자연에 대한 객관적·과학적 탐구로 연결될 수 있다는 점에서 역사적 중요성을 갖는다. 老論-湖論系의 주자도통주의라는 흐름과 대립·길항 관계에 있었던 대표적인 학파로는 西人-老論과 오랜 대립 관계에 있었던 北人系의 학문적 전통을 계승한 近畿南人系, 西人이라는 같은 뿌리로부터 파생되어 분립하게 된 少論系, 그리고 老論 자체의 분화과정을 통해 새롭게 문호를 정립한 洛論系의 일부('北學派')를 우선 거론할 수 있다. 이들은 그 학문적 연원의 차이만큼 조선후기의 문제를 바라보고 해결책을 제시하는 관점에서 차별성을 보여주었다. 따라서 이들이 주자도통주의에 반대하면서 자기 나름의 학문적 체계를 어떻게 구축하여 갔는가 하는 그 내적 논리를 학문적 연원과 관련하여 살펴보고자 한다. 나아가 '反朱子學'이라는 공통점으로 묶어볼 수 있는 이들의 사상적 지향이 세계관의 변화에 어떻게 나타나고 있었는가 하는 점들도 고찰해 보고자 한다. 이를 통해 조선후기 주자학적 우주론의 변화와 극복이 지니는 역사적 의미를 분명하게 확인할 수 있을 것이다.

이 연구는 조선후기 우주론·자연관의 문제를 과학사상사의 측면에서 새롭게 조명해 보고자 시도한 것이다. 따라서 이 연구를 통해 조선후기 우주론의 역사적 흐름이 개괄적으로 정리될 수 있을 것이다. 이는 조선후기 사상계의 분화를 우주론의 차원에서 확인해 보는 것으로, 조선후기 사상사의 범주와 영역을 확대하는 데 기여할 수 있을 것이다. 나아가 조선후기사를 내재적 발전과정 속에서 구조적으로 이해하는 데 도움을 줄 수 있을 것으로 기대한다.

제2장 朱子學의 受容과 理法天觀의 形成

1. 朝鮮前期 人格的 宇宙論에 대한 비판과 극복

1) 朝鮮初期의 人格的 宇宙論과 祭天儀式

世宗代에 화려하게 꽃을 피운 조선왕조의 자주적 天文曆法은 고려시기 이래의 그것을 계승·발전시킨 것으로 평가되고 있다.[1] 따라서 천문역법과 밀접한 관련을 지니고 있는 宇宙論 역시 이전 시기의 그것과 긴밀한 관계를 가지면서 발전하였을 것으로 추정할 수 있다. 그러나 오늘날 우리에게 고려시기의 우주론을 추론할 수 있는 자료는 별로 남아있지 않다. 『高麗史』의 「天文志」에는 역대 중국 正史의 「天文志」에서 첫머리에 다루고 있는, 우주론과 관련된 '論天'의 기사가 보이지 않는다. 그것은 철저하게 災異 기사를 중심으로 구성되어 있다.[2] 때문에 그것을 통해 우주론과

---

1) 세종대의 과학기술사적 성과에 대해서는 朴興秀, 「世宗朝의 科學思想-特히 科學政策과 그 成果를 中心하여-」, 『世宗朝文化研究(Ⅰ)』, 韓國精神文化研究院, 1982 ; 朴星來, 「世宗代의 天文學 발달」, 『世宗朝文化研究(Ⅱ)』, 韓國精神文化研究院, 1984 ; 김용운, 「한국인의 자연관과 세종 과학」, 『세종학연구』 2, 세종대왕기념사업회, 1987 ; 김용운, 「조선전기의 과학문화」, 『傳統과 思想(Ⅲ)』, 韓國精神文化研究院, 1988 ; 全相運, 「朝鮮前期의 科學과 技術-15세기 科學技術史 研究 再論-」, 『한국과학사학회지』 제14권 제2호, 한국과학사학회, 1992 ; 전상운, 「조선초기 과학기술 서적에 관한 기초 연구」, 『國史館論叢』 72, 國史編纂委員會, 1996 ; 박성래, 『세종시대의 과학기술 그 현대적 의미』, 한국과학재단, 1997 등을, 특히 曆法과 관련해서는 이은희, 『칠정산 내편의 연구』, 연세대학교 대학원 천문대기학과 박사학위논문, 1996을 참조.

간접적으로 관련을 갖는 재이론의 내용을 풍부하게 구성할 수는 있지만,3) 우주론 자체를 재구성하는 데는 근본적으로 어려움이 있다.

다만 전근대 시기의 우주론이라는 분야가 자연학과 형이상학의 경계에 위치한다는 점을 염두에 두면, 고려시기의 우주론 역시 당대의 사상사적 발전과정과 맥을 같이 하였을 것이라고 충분히 짐작할 수 있다. 고려왕조의 전기간 동안 유교·불교·도교가 각각 독자적 발전을 거듭했다는 사실을 돌이켜 볼 때,4) 당시의 우주론 역시 이러한 사상·종교와 밀접한 관련을 가지고 전개되었을 것으로 추정할 수 있다. 또 삼국시기 이래로 중국과의 빈번한 교섭을 통해 중국문화가 활발하게 유입되었다는 점을 고려할 때, 諸子百家書와 함께 소개된 중국의 고대 신화·전설 역시 당시의 우주론적 사고에 적잖은 영향을 끼쳤을 것이라 여겨진다. 따라서 麗末鮮初의 우주론을 논할 때에는 당시의 유 교·불교·도교 사상 속에 함유되어 있는 우주론적 내용을 추출해 내는 노력과 함께 중국의 고대 신화·전설이 당대인들의 사유구조에 끼친 영향을 평가하는 작업이 병행되어야 할 것이다. 여기에서는 조선초기 우주론의 성격을 불교와 도교, 漢唐儒學의 天觀 및 중국 고대의 신화와 전설을 대상으로 '人格天觀'이라는 관점에서 살펴보도록 하겠다.

---

2) 『高麗史』 卷47~49, 志 第1~3, 天文1~3(中, 1~80쪽-영인본 『高麗史』, 亞細亞文化社, 1983(再版)의 책수와 쪽수. 이하 같음).

3) 李熙德, 『高麗儒敎政治思想의 硏究-高麗時代 天文·五行說과 孝思想을 中心으로-』, 一潮閣, 1984 ; 李熙德, 『韓國古代自然觀과 王道政治』, 韓國硏究院, 1994(『韓國古代 自然觀과 王道政治』, 혜안, 1999) ; 李熙德, 『高麗時代 天文思想과 五行說 硏究』, 一潮閣, 2000 ; 秦榮一, 「高麗前期의 災異思想에 관한 一考-君王의 성격과 관련하여-」, 『高麗史의 諸問題』, 三英社, 1986 ; 秦榮一, 「《高麗史》 五行·天文志를 통해 본 儒家 秩序槪念의 分析」, 『國史館論叢』 6, 國史編纂委員會, 1989 ; 金永炫, 「高麗時代의 五行思想에 관한 一考察」, 『忠南史學』 2, 忠南大學校 史學會, 1987.

4) 高麗時期 宗敎와 思想의 발전에 대한 개괄적인 내용은 『한국사』 16(고려 전기의 종교와 사상), 국사편찬위원회, 1994 ; 『한국사』 21(고려 후기의 사상과 문화), 국사편찬위원회, 1996 참조.

먼저 道敎의 天觀은 『雲笈七籤』5)을 통해서 확인할 수 있다. 그에 따르면 天界는 欲界와 色界, 無色界라는 三界로 크게 나뉘며, 三界內가 28天, 三界外가 8天이라고 한다. 욕계는 太皇黃曾天 등 6天으로, 색계는 虛無越衡天 등 18天으로, 무색계는 皓庭霄度天 등 4天으로 구성된다. 이 삼계 위에 上四天[=四梵天·四種民天 : 太虛無融天·太釋玉隆騰天·龍變梵度天·太極有賈奕天]이 있고, 上四天 위에 玉淸·上淸·太淸의 三淸境이 있으며, 三淸境 위에 元始天尊이 거처하는 大羅天이 있다.6) 이러한 도교의 천관은 도가의 이론과 불교의 교리를 차용하고, 거기에 皇帝를 정점으로 하는 당시의 통치체제를 반영한 것으로 평가된다. 따라서 그것은 순수하게 자연학적인 천관도, 형이상학적인 천관도 아닌 복합적인 성격의 人格的·主宰的 天觀이라고 할 수 있다.

도교의 천관에 많은 영향을 끼친 불교의 우주론은 본래 佛國土(佛國世界, 彼岸)와 世俗世界의 구조 및 그들 상호간의 관계에 대한 학설의 일종으로 제시되었다. 불교에서는 세속세계의 구조를 인도의 수메르(sumeru) 우주관, 이른바 須彌山 우주로 설명하였다. 이것에 의하면 세계의 중심에는 수미산이라는 높은 산이 있고, 해·달·행성들은 이 산의 둘레를 돌고 있다. 수미산의 주위에는 일곱 개의 산맥이 둘러싸고 있고, 그 바깥에는 네 개의 대륙[洲]이 있는데 남쪽에 있는 것이 인간이 살고 있는 세계인 贍部洲이다. 수미산과 일곱 개의 산맥 및 네 개의 대륙 사이에는 바다가 있으며, 그 끝에는 다시 산맥이 있다고 한다.7) 세계의 중심에 있다는 수미

5) 『雲笈七籤』은 『正統道藏』(新文豊出版公社, 1977 영인본) 第37冊과 第38冊에 수록되어 있다. 『雲笈七籤』의 道敎 經典으로서의 위치에 대해서는 다음을 참조. 吉岡義豊, 『道敎經典史論(吉岡義豊著作集 第三卷)』, 五月書房, 東京, 1988(원저 1955) ; 陳國符, 『道藏源流攷』, 祥生出版社, 台北, 1975 ; 福永光司, 『道敎思想史研究』, 岩波書店, 1987, 461~465쪽.

6) 車柱環, 『韓國의 道敎思想』, 同和出版公社, 1984, 28~29쪽. 道敎의 宇宙論에 대해서는 「道敎三洞宗元」, 『雲笈七籤』 卷3을 참조할 수 있다.

7) 定方晟(東峰 譯), 『佛敎의 宇宙觀』, 진영출판사, 1983(관음출판사, 1993), 제1장을 참조.

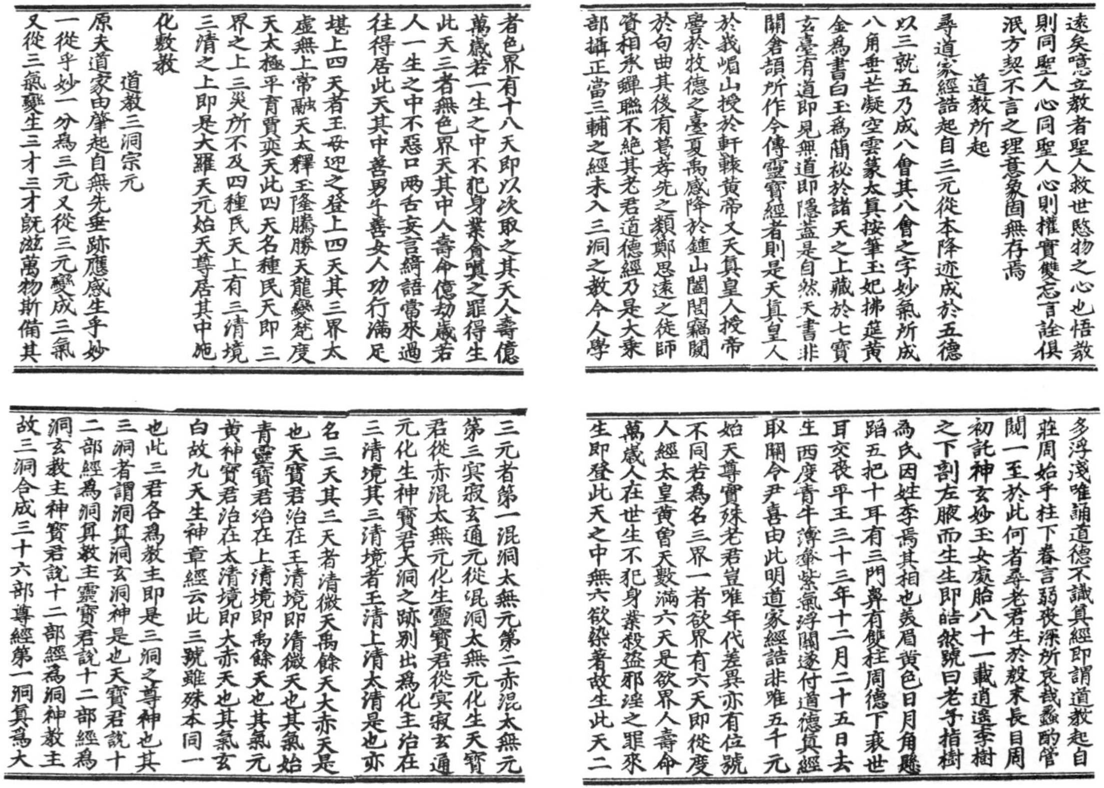
遠矣噫立教者聖人救世愍物之心也悟教
則同聖人心同聖人心則權實雙忘言詮俱
泯方契不言之理意象固無存焉
道教所起
尋道家經誥起自三元從本降迹成於五德
以三就五乃成八會其八會之字妙氣所成
八角垂芒凝空雲篆太眞按筆玉妃拂筵黃
金爲書白玉爲簡祕於諸天之上藏於七寶
玄臺有道即見無道即隱蓋是自然天書非
關倉頡所作今傳靈寶經者則是天眞皇人
於峩嵋山授於軒轅黃帝又天眞皇人授帝
嚳於牧德之臺夏禹感降於鍾山闔閭竊闚
於句曲其後有葛孝先之類鄭思遠之徒師
資相承蟬聯不絕其老君道德經乃是大乘
部攝正當三輔之經未入三洞之教今人學
多浮淺唯誦道德不識眞經即謂道教起自
莊周始乎柱下春言弱喪深所哀哉蠡酌管
闚一至於此何者尋老君生於殷末長自周
初託神玄妙玉女處胎八十一載逍遙李樹
之下剖左腋而生生即皓然號曰老子指樹
爲氏因姓李焉其相也美眉黃色日月角懸
蹈五把十耳有三門鼻有雙柱周德下衰世
耳交喪平王三十三年十二月二十五日去
生西度青牛薄輦紫氣浮關遂付道德眞經
取關令尹喜由此明道家經誥非唯五千元
始天尊實殊老君豈唯年代差異亦有位號
不同若爲名三界一者欲界有六天即從度
人經太皇黃曾天數滿六天是欲界人壽命
萬歲人在世生不犯身業殺盜邪婬之罪來
生即登此天之中無六欲染著故生此天二
者色界有十八天即以次取之其天人壽億
萬歲若一生之中不犯身業會眞之罪得生
此天三者無色界天其中人壽命億劫歲若
人一生之中不惡口兩舌妄言綺語常來過
往得居此天其中善男子善女人功行滿足
堪上四天者王母迎之登上四天其三界太
虛無上常融天太釋玉隆騰勝天龍變梵度
天太極平育賈奕天此四天名種民天即三
界之上三災所不及四種民天上有三清境
三清之上即是大羅天元始天尊居其中施
化敷教
道教三洞宗元
原夫道家由肇起自無先垂跡應感生乎妙
一從乎妙一分爲三元又從三元變成三氣
又從三氣變生三才三才既滋萬物斯備其
三元者第一混洞太無元第二赤混太無元
第三冥寂玄通元從混洞太無元化生天寶
君從赤混太無元化生靈寶君從冥寂玄通
元化生神寶君大洞之跡別出爲化主治在
三清境其三清境者玉清上清太清是也亦
名三天其三天者清微天禹餘天大赤天是
也天寶君治在玉清境即清微天也其氣始
青靈寶君治在上清境即禹餘天也其氣元
黃神寶君治在太清境即大赤天也其氣玄
白故九天生神章經云此三號雖殊本同一
也此三君各爲教主即是三洞之尊神也其
三洞者謂洞眞洞玄洞神是也天寶君說十
二部經爲洞眞教主靈寶君說十二部經爲
洞玄教主神寶君說十二部經爲洞神教主
故三洞合成三十六部尊經第一洞眞爲大

<그림 2-1> 道教의 天觀

산은 히말라야를, 贍部洲는 인도 대륙을 상징하는 것으로, 이것은 결국 인도인들의 자연환경 속에서 만들어진 우주구조론이었다.

불교의 세속세계는 三界로 나뉘어지는데 欲界·色界·無色界가 그것이다. 불교의 天은 자연적인 '하늘'을 의미하는 것이 아니었다. 그것은 인간보다 높은 세계에 살고 있는 '生物', 즉 살아있는 존재로서의 神을 가리키는 것으로, 흔히 28天으로 표현된다. 欲界의 6天, 色界의 18天(또는 16天·17天), 無色界의 4天이 바로 그것이다.[8] 앞에서 살펴본 수미산과 그 위의 하늘은 욕계에 소속된다. 예컨대 수미산 마루에 거처하고 있는 것은 33天−사방의 네 봉우리에 각각 8天이 있어 중앙의 帝釋天을 도와주고 있기 때문에 이를 합해서 33天이라 한다−이라 불리우는 忉利天인데, 이것은 욕계의 제2天에 해당하는 것이다. 이러한 불교의 天觀은 도교의 그것과 마찬가지로 철저히 종교적인 天으로서 인격적인 성격을 지니고 있는 것이었다.

이상과 같은 불교와 도교의 우주론=人格天觀은 단순히 하늘의 형태를 설명하는데 그치지 않고, 하늘 위의 각각의 천체가 인간생활과 밀접한 관련을 갖고 있다고 주장한다. 도교의 『眞武經』[9]이나 『延生經』[10]은 그 대표적인 예이다. 眞武란 본래 北方의 神인 玄武를 의미하는 것인데,[11]

---

8) 定方晟(東峰 譯), 위의 책, 1983, 제2장 제2절 「하늘세계의 구성」; 方立天(유영희 옮김), 『불교철학개론』, 민족사, 1989, 제6장 「불교의 宇宙構造論」을 참조. 色界는 16天이나 17天으로 구분하기도 한다. 定方晟과 方立天은 모두 17天으로 설명하고 있지만 여기에서는 金時習의 견해[「天形第一」, 『梅月堂集』 卷17, 1ㄱ(13책, 341쪽-영인본 『韓國文集叢刊』, 民族文化推進會의 책수와 쪽수이며, 앞의 숫자와 기호['1ㄱ']는 版心을 기준으로 오른쪽 면[表]을 'ㄱ', 왼쪽 면[裏]을 'ㄴ'으로 표시한 것임. 이하 같음). "釋家之二十八天"]에 따라 18天으로 서술하였다.

9) 『元始天尊說北方眞武妙經』을 말한다. 『正統道藏』 第2冊, 新文豊出版公社, 1977, 404~407쪽.

10) 『太上玄靈北斗本命延生眞經』을 말한다. 『正統道藏』 第19冊, 新文豊出版公社, 1977, 5~9쪽.

11) 李能和(李鍾殷 譯注), 『朝鮮道敎史』, 普成文化社, 1977, 168쪽. 眞武에 대한 설명은 李圭景의 『五洲衍文長箋散稿』의 내용에 따른 것이다. 『五洲衍文長箋散稿』 卷39, 「道敎仙書道經辨證說附道家雜用」, 像設(下, 206쪽-영인본 『五洲衍

<그림 2-2> 佛敎의 天觀(須彌山 宇宙論)

圖 山 彌 須

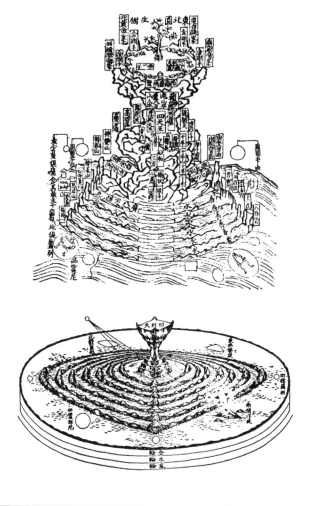

文長箋散稿』, 明文堂, 1982의 책수와 쪽수. 이하 같음). "眞武本玄武 避聖祖諱 故曰眞武 玄龜也 武蛇也 此本虛危星形似之故 因以名北方爲玄武七星 今乃以 玄武爲眞聖 而作眞龜蛇於下 已无義理".

道敎의 眞武는 北極 및 北斗星을 신격화한 것으로 북방의 '斗·牛·女·虛·危·室·壁'의 일곱 별자리(玄武七星)를 말한다.[12] 그런데『眞武經』에 따르면 號를 眞武라 하는 玄天大聖은 재앙을 없애주고 복을 내려주는[消災降福] 존재로 묘사되어 있다.[13] 한편『延生經』에 따르면 인간의 생명은 本命星宮(官)이 주관하는 것이며, 本命眞聖은 1년에 여섯 차례 인간 세상에 내려오는데 이때 醮祭를 드려 재앙을 소멸하고 죄악을 참회하여 복을 빌면 수명을 늘릴 수 있다고 한다.[14]

이처럼 도교의 경전에는 하늘과 그 위의 천체가 인간 세상과는 다른 존엄한 모습으로 묘사되어 있으며, 그들은 인간과는 다른 의복을 입고 다른 음식을 먹으며 궁실에 거주하고 있는데, 그 威靈이 赫赫한 것으로 믿어지고 있었다.[15] 따라서 인간사를 주재하는 이러한 천체에 대해, 특히 인간의 길흉화복을 주재하는 北極星이나 北斗七星에 醮祭[16]를 드리는 것은 당연한 것으로 간주되었다. "祭天禮星, 亦人之常事"[17]라는 말은

---

12) 酒井忠夫 外(崔俊植 옮김),『道敎란 무엇인가』, 민족사, 1990, 144쪽. 북방의 일곱 별자리를 玄武의 모습으로 묘사한 것은『天文類抄』에서 구체적으로 확인할 수 있다.『天文類抄』上, 1ㄱ(385쪽-영인본『諸家曆象集·天文類抄』(韓國科學古典叢書 Ⅱ), 誠信女子大學校 出版部, 1983의 쪽수. 이하 같음). "斗有龜蛇蟠結之象 牛蛇象 女龜象 虛危室壁 皆龜蛇蟠蚪之象".

13)『元始天尊說北方眞武妙經』의 '仰啓呪' 참조(『正統道藏』第2冊, 新文豐出版公社, 1977, 404쪽) ;「天形第一」,『梅月堂集』卷17, 2ㄴ(13책, 341쪽).

14)『太上玄靈北斗本命延生眞經』(『正統道藏』第19冊, 新文豐出版公社, 1977, 7쪽) ;「天形第一」,『梅月堂集』卷17, 3ㄱ(13책, 342쪽).

15)「天形第一」,『梅月堂集』卷17, 3ㄱ～ㄴ(13책, 342쪽). "能如是則天星相貌之尊嚴 衣服之殊異 飲食之欲 宮室之居 威靈之赫 禍福之驗 班班可知".

16) 醮란 원래 여러 星辰의 아래에 술·포·면·음식·폐백을 진설해 놓고 天皇과 太一, 五星과 列宿에게 제사하는 것으로, 이때 上章의 의식에 따라 글을 올리는데 이러한 醮祭의 축원문을 靑詞라고 하였다(『五洲衍文長箋散稿』卷39,「道敎仙書道經辨證說附道家雜用」, 符籙齋醮(下, 207쪽). "夜中於星辰之下 陳設醮脯麫餌幣物 歷祀天皇太一 祀五星列宿 爲書如上章之儀以奏之 名之爲醮……醮祭祝願文曰靑詞"). 요컨대 초제는 消災度厄을 목적으로 밤에 공물을 차려놓고 신들에게 제사지내면서 기원문을 올리는 방법이었던 것이다(酒井忠夫 外(崔俊植 옮김),『道敎란 무엇인가』, 민족사, 1990, 178～182쪽).

<그림 2-3> 紫微垣의 北斗七星

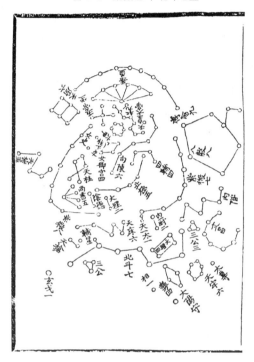

그러한 입장의 표명이며, 실제로 고려시기 이래로 조선 초기까지 昭格署(殿)에서는 北斗醮, 火星醮, 金星醮, 熒惑祈醮, 彗星祈醮, 太陽醮, 太陰醮, 直星醮 등 각종 星宿醮가 시행되었다.[18]

日月星辰 가운데 도교에서 醮祭의 대상으로 중요하게 여긴 것은 북극(北辰)과 북두칠성이었다. 도교의 초제에서 북신과 북두칠성을 중요시하게 된 데에는 "세상 사람들이 三災와 九橫의 厄을 면하려면 깊은 밤에 머리를 조아리고 北辰에 기도한다"라고 한 『玉樞經』[19]의 영향이 컸다. 뿐만 아니라 많은 도교 경전에서 북두칠성은 인간의 생명과 밀접한 관련을 지니고 있는 것으로 묘사되었

---

17) 「天形第一」, 『梅月堂集』 卷17, 3ㄴ(13책, 342쪽).

18) 李能和(李鍾殷 譯注), 앞의 책, 1977, 152~180쪽.

19) 「九天應元雷聲普化天尊玉樞寶經」, 『正統道藏』 第2冊, 新文豐出版公社, 1977, 321~322쪽. "天尊言 世人欲免三災九橫之厄 卽於靜夜稽首北辰 北辰之上 上有三台 其星並躍 形如雙目 疊爲三級 以覆斗魁 是名天階 若人見之 生前無刑囚之憂 身後不淪沒之苦 斗中復有尊帝二星 大如車輪 若人見之 留形住世 長生神仙 歸命此經 投心北極 卽有冥感 斗爲天樞 中有天罡 在內則爲廉貞 在外則爲破軍 雷城十二門 並隨天罡之所指 罡星指丑 其身在未 所指者吉 所在者凶 餘位皆然 若人見之 壽可千歲".

다. 本命元辰을 가지고 인간의 길흉화복을 점칠 때 기준이 되는 것도
북두칠성이었다. 북두칠성은 예로부터 인간의 눈에 가장 잘 띄는 별자리
였으므로 일찍부터 사람들의 주목을 받아 왔고, 점성술 분야에서도 중요하
게 다루어졌던 것이다.[20]

　조선초기에도 북두칠성은 醮祭의 대상으로 중요시되었다. 그리고 그것
에 대한 인식 역시 도교의 그것과 크게 다르지 않았다. 그러한 인식의
양상은 당시의 醮祭 靑詞를 통해서 확인할 수 있다. 물론 초제가 국가적인
차원의 도교 행사였고, 당시 고위관리들이 국왕을 대신하여 청사를 작성하
였으며, 청사는 일정한 양식을 갖추고 있는 제문의 일종이기 때문에 청사
의 내용을 곧바로 작성자의 자연인식과 일치시켜 보기에는 다소 어려운
점이 있다. 하지만 초제 대상에 대한 당시의 일반적인 정서와 이해방식을
살펴볼 수 있다는 점에서는 일정한 의미를 부여할 수 있다. 權近(1352~
1409)이 작성한 靑詞文[21]이나 卞季良(1369~1430)이 작성한 靑詞[22]의
경우에 북두칠성은 만물의 생성을 주관하고 상서와 재앙을 내리는 존재로
묘사되어 있다.[23]

　북두칠성에 대한 점성술적인 이해 방식을 살펴볼 수 있는 조선초기의
대표적인 문헌으로는 李純之(?~1465)의 『諸家曆象集』과 『天文類抄』를
들 수 있다. 『史記』「天官書」 이래로 『諸家曆象集』에 이르기까지 북두칠
성에 대한 설명에는 그 안에 점성술적인 이해 방식을 포함하고 있었다.
"分陰陽, 建四時, 均五行, 移節度, 定諸紀, 皆繫於斗"[24]라는 『史記』「天
官書」의 북두칠성에 대한 언급으로부터, 북두칠성의 각각의 별이 인간의

---

20) 江曉原, 『星占學與傳統文化』, 上海古籍出版社, 1992, 117~125쪽.

21) 「功臣都監祝上北斗醮禮靑詞文」, 『陽村集』 卷29, 4ㄱ(7책, 264쪽). "斗爲天之喉
舌 營萬彙之生成". 『陽村集』 卷29에는 靑詞類가 수록되어 있는데, 여기에 보이
는 醮禮의 종류는 太一醮·北斗醮·誕日醮·六丁神醮·本命醮 등 다양하다.

22) 「北斗醮禮靑詞」, 『春亭集』 卷10, 2ㄱ(8책, 131쪽). "惟北有斗 能降祥而降灾".

23) 이외에도 北斗醮의 靑詞文으로는 李詹(1345~1405), 「代某相北斗醮禮文」, 『雙
梅堂篋藏集』 卷24, 1ㄴ~2ㄱ(6책, 367쪽)을 참조.

24) 『史記』 卷27, 天官書 第5, 1291쪽(標點本 『史記』, 中華書局, 1982(2版)의 쪽수).

생활을 주관하고 있다는 『晉書』「天文志」의 설명 방식까지[25] 모두 그러
하였다. 李純之의 『天文類抄』는 이러한 이해 방식을 집약적으로 보여주
고 있는데, 그것을 도표로 나타내면 <표 2-1>과 같다.

<표 2-1> 『天文類抄』의 '北斗'에 대한 설명

	명칭	상징	주관	五行	分野	비고
제1성	正星	天	主陽德	(天)	秦	天子象
제2성	法星	地	主陰刑	(地)	楚	女主象
제3성	令星	人	主禍害	火	梁	
제4성	伐星	時	主天理 伐無道	水	吳	
제5성	殺星	音	主中央 助四方 殺有罪	土	燕	
제6성	危星	律	主天倉五穀	木	趙	
제7성	部星·應星	星	主兵	金	齊	

여기서 이순지가 정리한 내용은 『晉書』「天文志」의 내용을 재편집한
것이었다. 『晉書』「天文志」에서는 石氏의 말(『石氏星經』)[26]을 인용하여
북두칠성의 점성술적인 내용에 대해 설명하고 있었다. 그것을 계승한 『天
文類抄』의 점성술적인 성격은 다음과 같은 설명을 통해 분명하게 확인할
수 있다.

　　(그 나라에 해당하는) 별이 밝으면 그 나라는 번창하고, 밝지 못하면
　그 나라에는 재앙이 있다. 만약 천자가 종묘를 받들지 않고 귀신을 공경하
　지 않으면 북두칠성의 첫번째 별이 밝지 않게 되거나 또는 색깔이 변하게
　된다.[27]

---

25) 『晉書』卷11, 志1, 天文上, 中宮, 北斗七星, 290~291쪽(點校本 『晉書』, 中華書
　　局, 1974의 쪽수. 이하 같음).
26) 大崎正次, 『中國の星座の歷史』, 雄山閣, 1987, 37~62쪽.
27) 『天文類抄』上, 49ㄱ(481쪽). "星明 其國昌 不明 國殃 若天子不恭宗廟 不敬鬼神
　　則魁第一星不明 或變色".

이것은 분명히 점성술적인 서술이다. 이처럼 조선초기에는 『性理大全』을 비롯한 각종 類書類의 수입과 편집, 학습을 통해 성리학적 우주론의 새로운 측면에 대한 이해를 넓혀가고 있었지만, 한편에서는 여전히 星辰에 대한 점성술적인 이해 방식이 통용되고 있었던 것이다.

물론 星辰을 비롯한 천체에 대한 점성술적인 태도가 도교의 영향이라고만 단정할 수는 없다. 유교 자체 내에도 그러한 사고를 뒷받침해 줄 수 있는 논리적 근거가 있었기 때문이다. 그것이 이른바 '天人感應論'28)의 일종인 '天譴事應說'이었다. 天譴事應說은 각종 天災地變을 위정자의 행위에 대한 하늘의 譴責으로 간주하는 사고방식이었다. 이러한 천견사응설은 天觀과 밀접한 연관이 있으며, 동시에 현실사회의 정치운영론과도 관련을 맺고 있다. 하늘을 인격적인 존재로 규정할 때, 즉 인격천관을 전제로 해서 천견사응설이 나올 수 있는데, 이러한 논리 구조 속에서는 인간이 엄밀한 의미에서 정치·사회 운영의 주체가 될 수 없었다. 왜냐하면 인간은 하늘의 지도에 따라야 하는 피동적인 존재가 되기 때문이다.

이와 같이 '인격적 우주론'의 유형은 불교와 도교는 물론 유학 내에서도 확인할 수 있다. 그것이 바로 漢唐代의 人格天이었다. 주자학이 國定敎學으로 표방되었던 조선초기에도 人格天=上帝는 엄연히 존재하고 있었다. 그것은 당시의 사상계가 주자학 일변도로 통일되어 있지 않았다는 반증이기도 하다. 우리는 다음과 같은 成俔(1439~1504)의 발언에서 그것을 간접적으로 확인할 수 있다.

> 푸른 하늘이라 말하지 말라. 하늘은 진실로 지각이 있다. 어두운 하늘이라 말하지 말라. 하늘은 생각을 드러낸다. 善을 행하면 祥瑞를 내리고 福祿을 쌓아주며, 善하지 않으면 재앙을 내려 誅夷를 면치 못하게 한다. 모든 君子들이여, 공경하고 공경할지어다. 지엄하신 上帝께서 날마다 여기에서 살펴보고 계신다.29)

---

28) 天人感應論의 다양한 유형에 대해서는 馮寓(김갑수 역), 『천인관계론』, 신지서원, 1993, 제3장 「천인감응」을 참조.

이 글은 '箴銘'의 형식으로 작성된 것이므로 여기에 사용된 天은 문학적 표현에 지나지 않으며, 성현 자신의 천관을 직접적으로 반영하는 것은 아니라고 볼 수도 있다. 그러나 여기서 주목할 것은 이 글에서 설정하고 있는 天의 모습과 기능이다. 여기에서 천은 분명히 인격적인 모습을 띠고 있다. 지각과 사려가 있으며, 상서와 재앙을 내리고, 인간세계의 도덕적 행위를 감시하는 하늘의 모습은 인격천이 분명하다. 그것이 바로 上帝였던 것이다.

人格天의 존재는 조선초의 祭天禮를 둘러싼 논란을 통해서도 확인할 수 있다. 제천례의 치폐를 둘러싼 논쟁은 국가 典禮의 성격 규정, 주자학의 명분론에 대한 이해의 수준, 국가관·민족관 등의 여러 측면에서 다양하게 논의될 수 있는데,[30] 천관의 변화라는 이 글의 목적과 관련시켜 볼 때 그것은 人格天과 理法天의 대립·갈등이었다고 규정할 수 있다. 왜냐하면 제천례란 각종 災異를 일으키는 주체로서 천을 상정하고, 그러한 天=上帝에 대해 국왕이 직접 호소하는 의식이었기 때문이다. 따라서 제천례의 존속과 준행을 주장하는 논자—예컨대 변계량이나 梁誠之(1415~1482)—들이 인격적인 주재자로서의 천의 성격을 강조했던 반면,[31] 제천례의

---

29) 「十箴-敬天」, 『虛白堂集』 文集, 卷12, 23ㄴ-(14책, 516쪽). "勿謂蒼蒼 天實有知 勿謂冥冥 天維顯思 作善降祥 福祿如茨 不善降禍 未免誅夷 凡百君子 敬之敬 之 有嚴上帝 日監在玆".

30) 朝鮮初 祭天禮를 둘러싼 논란에 대해서는 다음을 참조. 金泰永, 「朝鮮 初期 祀典의 成立에 對하여-國家意識의 變遷을 中心으로-」, 『歷史學報』 58, 歷史學 會, 1973 ; 韓㳓劤, 「朝鮮王朝初期에 있어서의 儒敎理念의 實踐과 信仰·宗敎- 祀祭問題를 中心으로-」, 『韓國史論』 3, 서울大學校 人文大學 國史學科, 1978 (『朝鮮時代思想史研究論攷』, 一潮閣, 1996에 재수록) ; 山內弘一, 「李朝初期 に於ける對明自尊の意識」, 『朝鮮學報』 92, 朝鮮學會, 1979 ; 韓永愚, 『朝鮮前 期社會思想研究』, 知識産業社, 1983, 32~37쪽 ; 韓亨周, 「朝鮮 世祖代의 祭天 禮에 대한 研究-太·世宗代 祭天禮와의 비교·검토를 중심으로-」, 『震檀學 報』 81, 震檀學會, 1996 ; 李碩圭, 「朝鮮初期 祭天禮와 赦宥制-民心安定策과 관련하여-」, 『史學研究』 54, 韓國史學會, 1997.

31) 金弘炅, 「卞季良의 哲學思想 研究-自然認識과 人間觀을 중심으로-」, 『민족문 화』 14, 1991, 98~103쪽 ; 김홍경, 『조선초기 관학파의 유학사상』, 한길사, 1996,

폐지를 주장했던 논자들은 朱熹의 '天卽理'라는 명제에 입각해서 天을 理·理法으로 파악하고자 했던 것이다.32)

한편 중국의 고대 신화와 전설에서도 풍부한 '인격적 우주론'의 내용을 찾아볼 수 있다. 중국 고대의 신화자료를 가장 많이 보존하고 있는 현존 문헌은 『山海經』이며,33) 그 외에도 『淮南子』, 『博物志』, 『列子』 등에 다양한 내용의 신화와 전설이 수록되어 있다. 우주론과 관련해서는 우주 창조의 신화로서 盤瓠(盤古)의 전설, 인류 탄생과 관련한 伏羲(宓犧·庖犧·包犧)와 女媧의 전설, 우주 구조와 관련된 顓頊과 共工의 전설 등이 주목된다.34) 주의할 것은 여기에 등장하는 주인공들이 모두 신통력을 갖춘 인격적인 존재들이라는 점이다. 예컨대 盤古가 하늘과 땅이 갈라지지 않았던 시절에 混沌을 깨뜨려 하늘과 땅을 만든 후, 그 하늘과 땅이 다시 붙는 것을 방지하기 위하여 머리로는 하늘을 받치고 다리로는 땅을 눌렀다거나, 우주에 변동이 일어나 하늘의 한쪽 귀퉁이가 무너지자 女媧가 그것을 수리하였다는 내용, 그리고 共工氏가 顓頊과 제왕의 자리를 놓고 다투다가 화가 나 不周山을 들이받아 하늘을 지탱하고 있던 기둥을 부러뜨리고, 땅을 묶었던 밧줄을 끊어 버렸다는 등의 이야기는35) 전형적

제2부 제1장 '자연인식' 참조.

32) 李碩圭, 앞의 논문, 1997, 91~92쪽.

33) 袁珂(전인초·김선자 옮김), 『중국신화전설』 I, 民音社, 1992, 66~78쪽 참조. 『山海經』의 내용은 정재서 역주, 『산해경(山海經)』, 民音社, 1985를 참조.

34) 中國의 開闢神話에 대해서는 袁珂(전인초·김선자 옮김), 위의 책, 1992의 「개벽편」(139~260쪽)을 참조.

35) 중국인들의 일상적인 경험에 비추어 볼 때 天下(세계)로 추상되는 중국의 땅은 서북쪽이 높고 동남쪽이 낮다. 중국의 하천은 대부분 동남쪽으로 흐르는데, 중국인들은 이것을 땅의 동남쪽이 비어서 그런 것으로 이해했다. 共工과 顓頊의 전설은 이것을 神話의 형태로 나타낸 것이다. 劉安, 『淮南子』卷3, 天文訓, 27쪽(『淮南子』, 上海古籍出版社, 1989의 쪽수). "昔者共工氏與顓頊爭爲帝 怒而觸不周之山 天柱折 地維絶 天傾西北 故日月星辰移焉 地不滿東南 故水潦塵埃歸焉" ; 張華(김영식 옮김), 『박물지』(동양고전총서 8), 홍익출판사, 1998, 52~53쪽. "天地初不足 故女媧氏練五色石以補其闕 斷鰲足以立四極 其後共工氏與顓頊爭帝 而怒觸不周之山 折天柱 絶地維 故天後傾西北 日月星辰就焉 地

인 인격적 우주론의 내용을 보여주는 것이라 할 수 있다.

이상에서 살펴본 바와 같이 불교·도교·漢唐儒學의 천관과 중국 고대의 신화·전설은 인격적 우주론의 모습을 보여준다는 면에서 공통점을 지니고 있었다. 이러한 천관의 성격은 하늘과 인간의 관계를 설정하는 데도 영향을 끼치게 된다. 즉 인격적인 존재로서의 天이 인간의 생활 전반을 주재하는 것으로 나타나며, 인간은 이러한 인격적 존재와의 원활한 교통을 통해 사회를 운영해 나가야 하는 것으로 간주되었다. 이것은 후대의 성리학에서 말하는 '理法的인 主宰'와는 구별되는 '人格的인 主宰'라고 할 수 있다. '인격적인 주재'의 관념은 日月星辰을 비롯한 각종 천체에 대한 道敎 醮祭의 이론적 바탕이 되었고, 동시에 漢唐儒學的인 天人感應·天譴事應의 논리와도 상통하는 것이었다. 조선초기의 醮祭 靑詞와 각종 문헌에서 산견되는 우주와 천체에 대한 천견사응적·점성술적인 이해는 바로 이와 같은 인격적 우주론의 기초 위에서 나타난 것이었다고 할 수 있다.

요컨대 불교·도교·한당유학의 天은 기본적으로 인격적인 존재라는 점에서 일맥상통하는 것이었다. 반면에 이와 같은 일체의 사상을 비판·극복하면서 조선왕조의 國定敎學으로 등장한 주자학에서는 天의 인격성을 탈각시키고 그것을 철저하게 理法的인 것으로 파악하고자 하였다. 이제 중요한 것은 天의 인간에 대한 지도가 아니라 인간 자신의 노력에 의한 天理의 실현이었다. 그것은 한편으로 士大夫 계층의 열렬한 역사적 소명의식을 반영하는 것이었고, 다른 한편으로는 인간 주체성의 확립이라는 차원에서 합리적 사유의 발전과정으로 파악할 수 있는 것이었다. 중세 사회의 발전과정에서 주자학이 수행한 역사적 역할과 의미가 바로 여기에 있었다고 할 것이다.

不滿東南 故百川水注焉".

2) 人格天에 대한 비판과 理法天의 指向

조선전기 주자학적 사유체계의 확립과정은 이전의 전통적인 사유체계 속에서 非朱子學的인 요소들을 탈각시켜 가는 과정이었다고 할 수 있다. 그것은 非儒敎的인 사상·종교, 예컨대 불교나 도교적인 요소에 대한 부정을 의미할 뿐만 아니라 유교 내의 非朱子學的인 요소, 이를테면 漢唐儒學的 요소들에 대한 극복을 뜻하는 것이었다. 따라서 조선전기의 유학사상사는 '성리학의 수용과 정착'이라는 관점에서 이해할 수 있으며,36) 그것은 자연관·자연인식의 측면에서도 마찬가지였다. 15세기를 거치면서 이전의 人格天觀이 부정되고 주자학의 논리에 입각하여 새로운 天觀·宇宙論의 토대가 마련되고 있었던 것이다. 그것은 조선 주자학의 발전과정에 조응하는 것이었다. 아래에서는 이러한 문제를 15세기 후반의 金時習(1435~1493)과 16세기 초반의 金正國(1485~1541), 金淨(1486~1521) 등의 논의를 중심으로 살펴보고자 한다.

15세기 조선 사상계는 주자학을 중심으로 여타의 사상 경향을 수렴·통합해 가는 과정에 있었다. 그것은 먼저 주자학에 대한 이해를 심화시키고 그 내용을 사회 저변으로 확산시킴으로써 불교·도교 등의 이단 사상을 극복한다는 이념적인 차원에서 이루어졌다. 동시에 정치적인 물리력과 강제력을 동원하여 불교·도교의 경제적·사회적 기반을 파괴함으로써 그들의 사회적 영향력을 축소시키려는 정책으로 나타났다.37) 그럼에도

---

36) 朝鮮前期 儒學思想에 대한 최근의 개괄적인 연구로는 다음을 참조.
   文喆永,「朝鮮前期 儒學思想의 歷史的 特性」,『傳統과 思想(IV)』, 韓國精神文化研究院, 1990 ; 許南進,「朝鮮前期의 性理學研究-변천과 역사적 기능을 중심으로」,『國史館論叢』26, 1991 ; 김항수,「조선 전기의 성리학」,『한국사』8(중세사회의 발전-2), 한길사, 1994 ; 金錫坤,『朝鮮前期 道學政治思想 研究』, 서울大學校 大學院 國史學科 博士學位論文, 1994 ; 李東熙,「朝鮮前期 朱子學의 性格-明初 朱子學의 특성과 관련하여-」,『儒學研究』3(하), 1995 ; 李範稷·金錫坤,「성리학의 보급」,『한국사』26(조선 초기의 문화 I), 국사편찬위원회, 1995.

37) 朝鮮初期의 對佛敎施策에 대해서는 韓㳓劤,『儒敎政治와 佛敎-麗末鮮初 對佛敎施策-』, 一潮閣, 1993을 참조.

불구하고 15세기의 사상계에는 제한적이긴 하지만 주자학 이외의 사상 경향들이 주자학과 더불어 공존할 수 있는 여지가 마련되어 있었다. 儒佛會通論·三敎會通論의 제기는 그러한 시대 상황을 반영하는 것이었다.

金時習의 '儒佛兼行'의 처세는 바로 이러한 시대적 환경 속에서 가능한 것이었다. 그는 '志伊尹之志, 學顏淵之學'[38]이라는 유교적 이상을 가슴에 품고 있으면서도 생애의 대부분을 승려의 신분으로 보냈다. '心儒跡佛'[39] 이라는 역사적 평가는 이러한 사실을 지적한 것이었다. 김시습은 일반적으로 三敎會通論者로 평가되지만, 그 학문의 대체는 '義理'를 중심으로 한 성리학이었다고 할 수 있다. 그것은 『性理群書』·『性理大全』 등의 학습을 통해 마련되었다.[40]

『梅月堂集』 卷17에 실려있는 10편의 논문－天形·北辰·性理·上古·修眞·服氣·龍虎·鬼神·弭災·喪葬－은 도교에 대한 문답으로, 김시습이 성리학의 입장에 서서 도교의 여러 이론을 비판한 것이었다.[41] 일반적으로는 도교는 '不老長生을 목적으로 하는 종교'라고 정의되며, 중국에서는 北魏의 寇謙之(365~448)에 의해서 하나의 종교 집단(新天師道)으로서 그 내용과 규모를 갖추게 되었다.[42] 이처럼 도교를 '불로장생을 목적으로 하는 종교'라고 정의할 수 있다면, 김시습의 도교 비판은 그

---

38) 「南銘」, 『梅月堂集』 卷21, 2ㄴ(13책, 394쪽). 이것은 본래 周敦頤의 『通書』에 나오는 말이다. 『性理大全』 卷2, 通書 1, 志學章 第10, 26ㄴ(250쪽-영인본 『性理大全』, 山東友誼書社, 1989의 쪽수. 이하 같음). "志伊尹之所志 學顏子之所學".

39) 李珥, 「金時習傳」, 『梅月堂集』 傳, 3ㄱ(13책, 60쪽).

40) 金時習의 處世觀과 학문 태도에 대해서는 구만옥, 「15세기 후반 理學的 宇宙論의 擡頭-梅月堂 金時習(1435~1493)의 天觀을 중심으로-」, 『朝鮮時代史學報』 7, 朝鮮時代史學會, 1998, 44~59쪽 참조.

41) 기존의 연구로는 裵宗鎬, 「金時習의 道敎觀」, 『東洋學』 15, 1985 ; 李相益, 「梅月堂 金時習의 道·佛觀」, 『東洋哲學研究』 12, 1992를 참조.

42) 道敎의 정의에 대해서는 다음의 논저를 참조. 福井康順·山崎宏·木村英一·酒井忠夫 監修, 『道敎 第一卷 道敎とは何か』, 平河出版社, 1983(이 책의 번역본으로는 崔俊植 옮김, 『道敎란 무엇인가』, 民族社, 1990) ; 福永光司, 『道敎思想史研究』, 岩波書店, 1987.

목적과 방법상의 오류에 대한 지적이었다는 점에서 본질적인 것이었다고
볼 수 있다.

도교에서 불로장생을 추구하는 방법은 養生術과 禳災祈福을 중심 내
용으로 한다. 양생술의 구체적인 내용은 辟穀・服餌・服氣・導引・調
息・房中術 등이며, 양재기복은 齋醮가 대표적이다. 따라서 김시습의
'長生錫福之說'[43]에 대한 비판은 이러한 일련의 의식들이 지닌 문제점을
지적하는 것이 중심을 이루고 있으며, 본질적으로는 '不老長生'의 관념에
대한 비판, 즉 도교적 세계관과 生死觀에 대한 비판으로 연결된다. 여기에
서는 글의 목적과 관련하여 禳災祈福의 방법인 齋醮에 대한 김시습의
견해를 중심으로 天觀의 변화를 살펴보도록 하겠다.

김시습은 먼저 齋醮(醮祭)의 일종인 '祭天'과 '祭星'의 문제점에 대해서
비판하고 있는데, 김시습의 자연관이 집중적으로 표현된 곳이 바로 여기였
다. 왜냐하면 하늘이나 별이 제사의 대상이 되지 않는다는 주장이 설득력
을 갖기 위해서는 하늘이나 별의 인격적・주재적인 성격을 거부해야만
하는데, 그것은 기본적으로 인격천을 설정하고 있는 불교나 도교의 天觀=
우주관을 극복하는 것으로부터 출발해야 하기 때문이다.

김시습은 분명한 어조로 도교와 불교의 인격천을 부정하였다. 天은
형체가 있는 것이지만 그것[有形]은 불교나 도교에서 말하는 것처럼 하늘
위에 인물과 園林・臺觀이 존재한다는 의미가 아니었다. 그것은 다만
'圓而無物'한 것, 즉 氣가 모여서 이루어진 것에 불과할 따름이었다.[44]
김시습은 그러한 天의 형체를 다음과 같이 말하고 있다.

무릇 하늘이란 높은 곳[顚−꼭대기, 정상]이니,[45] 높아서 위가 없고 맑
아서 끝이 없으며, 氣가 있어 둥글게 회전하며, 군건하게 운행하여 쉬지

---

43) 「天形第一」, 『梅月堂集』 卷17, 5ㄱ(13책, 343쪽).

44) 「天形第一」, 『梅月堂集』 卷17, 1ㄱ∼ㄴ(13책, 341쪽).

45) "天者 顚也"라는 표현은 『說文解字』 卷1, 上에 보인다. "天 顚也 至高無上
從一大"(『說文解字』, 中華書局, 1989, 7쪽).

아니하는 것이다. 해와 달과 별들이 光明으로써 매여 있으나 깃발처럼 꿰맨 것[綴旒]이 아니고, 바람과 비와 서리와 이슬은 氣化로 인하여 떨어지는 것이지, 일부러 그렇게 하는 것은 아니다. 지극히 맑고 지극히 단단하여[極淸極剛] 다시 끝이 없으며, 지극히 굳세고 지극히 튼튼하여[極强極建] 다시 쉼이 없어, 大地와 山川은 우뚝하게 회전[旋轉]하는 가운데 떠 있고, 草木과 人物은 삐죽삐죽 나타나 性命 속에서 움직이는 것이니, 대체 이것을 하늘의 형상[天形]이라 이르는 것이다.46)

하늘의 형체가 진실로 이와 같다면 하늘을 논하면서 거기에 지상과 마찬가지로 宮室이 있고 인간세상을 초월한 신들이 거처하고 있으며, 그러한 신들에 의해 지상의 길흉화복이 좌우된다고 주장하는 불교와 도교의 천관은 잘못된 것임이 분명하다. 즉 "二家[釋家(佛敎)와 道家]가 하늘을 말하면서 人物과 宮室과 園林과 服食의 제도가 있다고 하는 것은 다만 사람을 혹하게 하는 놀라운 말일 따름이다."47) 김시습은 程·朱의 말을 인용하여 天의 형체가 氣로 이루어진 것임을 방증하면서 불교와 도교의 天은 사람을 속이는 것이라고 말하였다. 이치에는 둘이 있을 수 없다. 따라서 程朱의 말이 맞는 것이라면 불교와 도교의 천관은 틀린 것이었다.48)

　이처럼 人格天觀을 부정한다면 당연히 日月星辰에 대한 태도 역시 달라지게 된다. 왜냐하면 앞서 살펴본 바와 같이 인격천관에서는 각각의 천체가 인간생활과 밀접한 관련을 갖는다고 주장하고 있었기 때문이다. 김시습은 日月星辰에 대해서도 도교의 그것과는 다른 방식으로 이해하였

---

46) 「天形第一」,『梅月堂集』卷17, 1ㄴ(13책, 341쪽). "夫天者 顚也 高而無上 淡而無際 有氣圓轉 健行不息 日月星辰 以光明繫焉 而非綴旒也 風雨霜露 以氣化墜焉 而非有爲也 極淸極剛 無復有涯 極强極健 無復有息 大地山川 兀然浮於旋轉之中 草木人物 闖然動於性命之內 夫是之謂天形".

47) 「天形第一」,『梅月堂集』卷17, 2ㄱ(13책, 341쪽). "向所謂二家之談天 人物宮室園林服食之制 特惑人之駭語耳".

48) 「天形第一」,『梅月堂集』卷17, 1ㄴ~2ㄱ(13책, 341쪽). "程氏云 天者 天之形體 乾者 天之性情 朱氏云 陽之性健 而其成形極大之者爲天 是二儒者 豈欺人哉…… 夫豈理有二哉".

다. 그는 "(日月星辰이란) 氣 가운데서 빛나는 것이요 兩儀의 精華이다. 陽의 精華를 얻은 것은 해[日]이고, 陰의 精華를 얻은 것은 달[月]이며, 해의 남은 빛이 나뉘어 별[星]이 된다. …… 辰은 해와 달이 만나는 次序[所會之次]이다"[49]라고 말하고 있다. 김시습이 파악하고 있는 별의 모습은 도교에서 이야기하는 인격화된 대상이 아니라 '無形而有輝'[50]한 것에 불과할 따름이었다. 따라서 김시습에게 天을 비롯한 일련의 천체는 尊敬의 대상이 될 수는 있어도 제사의 대상이 될 수는 없었다.

> 하늘을 공경하는 것[敬天]은 禮이지만 하늘에 제사지내는 것[祭天]은 禮가 아니다. 별을 존경하는 것[尊星]은 禮이지만 별에 제사지내는 것[祭星]은 禮가 아니다. 하늘을 공경한다는 것은 내 안에 있는 하늘을 공경하여 禍의 기틀을 밟지 않는다는 것이며, 별을 존경한다는 것은 별의 변화를 관찰하여 人時를 잃지 않는다는 것이다. 이것이 옛날 先民들이 하늘을 삼가고 사람을 사랑[謹天愛人]한 까닭으로, 영원토록 바꿀 수 없는 정해진 이치이다.[51]

이처럼 김시습은 성리학적 우주론에 기초하여 불교·도교의 천관을 비판하고, 그에 입각하여 '祭天' 대신에 '敬天'을, '祭星' 대신에 '尊星'을 주장함으로써 '謹天愛人'이라는 유가의 원리를 관철시키고자 하였던 것이다.

여기서 김시습이 말하는 '敬天'의 구체적 내용은 '存心養性'이었다.[52] 그것은 하늘이 인간에게 부여해 준 天命을 잘 보존하는 것이며, 그 천명에 순응하여 사는 것을 말한다. 천명에 따르는 구체적인 방법은 내 안에 깃들어 있는 하늘인 性을 기르고, 性을 포괄하고 있는 心을 보존하는 것, 바로

---

49) 「天形第一」, 『梅月堂集』 卷17, 2ㄱ(13책, 341쪽).

50) 「天形第一」, 『梅月堂集』 卷17, 3ㄴ(13책, 342쪽).

51) 「天形第一」, 『梅月堂集』 卷17, 3ㄴ(13책, 342쪽). "敬天 禮也 祭天 非禮也 尊星 禮也 祭星 非禮也 敬天者 敬其在我之天 不履乎禍機 尊星者 察其星物之變 不失乎人時 此古昔先民所以謹天愛人 萬世不易之定理也".

52) 「天形第一」, 『梅月堂集』 卷17, 6ㄱ(13책, 343쪽). "存心養性爲敬天 自暴自棄爲慢天".

'存心養性'이었다. 하늘이 인간을 도와주는 까닭은『周易』「繫辭傳」의 말과 같이 인간이 하늘에 순응하기 때문이다. 인간이 이러한 자세로 하늘을 공경할 때 그 敬은 비로소 誠이 된다.[53] 이것은 人道와 天道(誠)[54]의 합일(=天人合一)을 의미하는 것으로 볼 수 있다. 결국 김시습은 理法天을 전제로 한 유기체적인 천인관계론 위에서 천인합일을 이루는 방법으로 敬天을 주장하였던 것이다. 따라서 그것은 人格天에 대한 존경이나 제사가 아니라 나에게 부여된 하늘의 命(天命)을 체득하고 거기에 따르는 것 이상의 그 무엇도 아니었다.

한편 '敬天'은 '存心養性'이라는 내적인 수양을 의미함과 동시에 외적으로는 人時를 잃지 않는 정치·사회운영을 의미하는 것이기도 하였다. 전자가 修己의 차원이라면 후자는 治人의 차원이라고 할 수 있다. 김시습은 이것을 '謹天愛人'으로 표현하였다. 김시습이 말하는 '敬天'의 治人的 차원은 '尊星'의 문제와 관련하여 상세히 제기되고 있었다. 도교의 '祭星'에 대한 비판과 그 대안으로서의 '尊星'의 논리였다.

김시습은 천체(별)가 인간의 삶을 인격적으로 주재한다는 도교의 견해를 비판하면서, 북극과 북두칠성에 대해 자연학의 합리적 관점에서 접근하였다. 그는 먼저 북극이란 하늘의 축으로서 남극과 함께 천구가 회전하는 양 극단일 뿐이며, 거기에 특별한 점성술적인 의미는 없다고 주장하였다.[55] 또 북두칠성에 대해 제사지내는 일체의 행위를 淫祀로 규정하면서 언급할 가치조차 두지 않았다. 이러한 행위들은 모두 上古시대 聖人의 敬天하는 뜻이 흐트러지면서 나타난 행위에 불과할 뿐이었다.[56] 그렇다

---

53) 「天形第一」,『梅月堂集』卷17, 6ㄱ(13책, 343쪽). "夫子繫之辭 天之所助者順 人之所助者信 履信思乎順 是以 自天祐之 吉無不利 以此敬天 敬亦誠矣 以此 禮天 禮非妄矣"

54) 『中庸章句』, 20章. "誠者 天之道也 誠之者 人之道也".

55) 「北辰第二」,『梅月堂集』卷17, 6ㄴ(13책, 343쪽). "夫北辰者 北極 天之樞也 常居 其所而不動……盖此星爲氣之主 而居天之心 如輪之轂 如磨之臍 雖欲動而不 可得 非有意於不動 故爲衆星之尊 非人世威儀儼然而謂之尊也……".

56) 「北辰第二」,『梅月堂集』卷17, 13ㄱ~ㄴ(13책, 347쪽).

면 상고시대 성인의 敬天이란 어떤 것인가?

> 이른바 敬이란 것은 그 운행(太陽과 北斗의 운행을 말함 - 인용자)의
> 때를 공경하고, 그 生生하는 業을 부지런히 하며, 임금과 어버이를 섬기
> 고 처자를 부양하며 즐겁게 하늘이 준 목숨을 다하는 것일 따름이다. 망령
> 되게 淫祀에 몸을 더럽힘으로써 오래 살기를 바라는 것에 이르러서는
> 나의 아는 바가 아니다.[57]

여기서 말하고 있는 '천체 운행의 때'란 다름아닌 북두칠성의 자루가 가리
키는 바, 즉 '斗柄之所指'를 뜻하는 것이다. 그렇다면 '斗柄'은 어째서 중요
한가? 북두칠성은 예로부터 사람의 눈에 가장 잘 띄는 별자리였다. 따라서
계절에 따른 斗柄의 변화를 관찰함으로써 사람들은 시간을 측정할 수
있었다. 김시습은 태양과 북두칠성을 이용하여 계절과 시간을 측정하는
방법을 揚雄(B.C. 53~A.D. 18)의 말을 빌려 설명하고 있었다.[58] 이처럼
천지자연의 변화를 관찰하고 그 生生不窮하는 이치를 본받아 人文을 일으
킨 것이 옛날 성인들의 '敬天'이었다고 김시습은 주장하였다. 요컨대 김시습
이 말하는 '帝王의 敬天'이란 하늘의 뜻을 살펴서 인간생활의 표준을 세우는
일로서,[59] 이른바 '觀象授時'[60]였던 것이다.

이렇듯 '觀象授時'가 帝王의 敬天이라면 일반 서민들의 '敬天'은 어떤

---

57) 「北辰第二」, 『梅月堂集』 卷17, 8ㄱ~ㄴ(13책, 344쪽). "所謂敬者 敬其躔步之候
勤其生生之業 事君親 育妻子 樂以終天年耳 至於妄黷淫祀 以邀長生 非吾所
知也".

58) 「北辰第二」, 『梅月堂集』 卷17, 8ㄱ(13책, 344쪽). "故楊(揚의 잘못-인용자)子曰
日一南萬物死 日一北萬物生 斗一北萬物虛 斗一南萬物盈 日之南也 右行而左
旋 日之北也(斗之南也의 잘못-인용자) 左行而右旋 由是觀之 則天形無垠 造化
不息 而所以分節候 運寒暑者 蓋日與斗柄之相推移於上 而成歲功於下也 則其
可忽而不敬乎".

59) 「北辰第二」, 『梅月堂集』 卷17, 8ㄴ~9ㄱ(13책, 344~345쪽).

60) '觀象授時'의 개념과 그 내용에 대해서는 陳遵嬀, 『中國天文學史』 4, 明文書局,
1987, 제13장 「觀象授時」 참조.

58

것일까? 그것은 한마디로 제왕이 내려준 人時에 따라 治本에 힘쓰는 것이었다. 그 전형적인 모습이 바로 『詩經』 豳風 七月詩에 묘사된 인민들의 생활상이었다.[61] 그것은 斗柄이 가리키는 바를 통해서 계절의 변화를 파악하고, 그에 따라 적절한 노동을 실시하는 것이었다. 이러한 治本의 궁극적인 목적은 물론 人時에 따른 적절한 노동을 통하여 백성을 부유하게 한 다음 교화에 의해 善하게 만드는 것[旣富方穀]이었다.

결국 김시습은 북두칠성의 중요성을 '敬天'의 일관된 논리를 통해 설명함으로써, 도교에서 북두칠성을 本命星宿라고 하여 제사지내던 근거를 분쇄하였다. 그는 북두칠성이 인간의 길흉화복을 주관한다는 점에서 중요하게 생각했던 것이 아니었고, 오직 '觀象授時'의 기준이 된다는 점에서 중요시하였다. 이것은 결국 도교적인 人格天을 극복하고 성리학적인 理法天으로 이행해 가는 전진의 발걸음을 내딛은 것이라고 볼 수 있다.

이상에서 살펴보았듯이 김시습은 도교와 불교의 유형적·종교적·인격적 천관을 비판하고 그 연장선상에서 天의 인격적인 주재를 전제로 한 天譴事應說을 부정하였으며,[62] 하늘과 별에 대한 제사 행위 역시 의미 없는 것이라고 주장하였다. 그리고 그 대안으로 '敬天'을 제시하였다. 김시습이 말하는 '경천'에는 두 가지 의미가 있는데 하나는 修己의 차원에서 '存心養性'을 뜻하는 것이었고, 다른 하나는 治人의 차원에서 '觀象授時'를 말하는 것이었다. 이러한 김시습의 주장은 성리학적인 이해 방식에 기초하고 있었다.

인격천에 대한 비판과 극복의 양상은 16세기에 접어들면 더욱 확실한

---

61) 「北辰第二」, 『梅月堂集』 卷17, 9ㄴ~12ㄴ(13책, 345~346쪽). "淸寒子曰 洪範云 旣富方穀 且敬天 莫如治本 豳風七月之詩 周公所以誠成王也 而後世君民敬天 者之所詳悉者也……此上古聖人仰觀俯察 以知天時 以授民事 男服事乎外 女 服事乎內 上以誠愛下 下以忠利上 父子夫婦 各順其道 養老而慈幼 食力而助 弱 其祭祀也時 其宴享也節 而周公所以祝警于王 謹天畏民 而敬斗柄之所指也 古昔聖人 順天時 制法度 其規模大率如此".

62) 「天形第一」, 『梅月堂集』 卷17, 4ㄴ~5ㄱ(13책, 342~343쪽). "是故克謹天戒 則 雖有其災 而無其應 不克畏天 則災咎之來 不可以禳弭也".

<그림 2-4> 女媧補天

모습을 드러내게 된다. 주자학을 조선사회에 이념적으로 정착시키고자 노력하였던 이른바 '士林派'에게 인격천에 대한 비판과 이법천의 수용은 필연적인 것이었다. 이와 관련하여 우리는 두 편의 논설에 주목하게 되는데, 金正國(1485~1541)과 金淨(1486~1521)의 「女媧氏鍊石補天辨」이라는 동일한 제목의 논설이 그것이다. 두 편의 논설은 모두 1513년(중종 8)의 月課에 대한 답변의 형식으로 작성된 것으로 보인다.[63] 女媧氏가 다섯 가지 색깔의 돌을 개어 하늘의 부족함을 보충하였다는 이야기는 『史記』,[64] 『淮南子』,[65] 『列子』[66] 등에

---

63) 金正國의 『思齋集』 卷3에 수록된 논설에는 일자 표시가 없지만, 金淨의 『冲庵集』 卷4에 수록된 논설에는 제목 아래에 '月課癸酉'라는 기록이 보인다. 癸酉年은 1513년(中宗 8)이다.

64) 『史記』, 「三皇本紀」. "女媧氏 亦風姓 蛇身人首 有神聖之德 代宓犧立 號曰女希氏……當其末年也 諸侯有共工氏 任智刑 以强覇而不王 以水乘木 乃與祝融戰 不勝而怒 乃頭觸不周山 崩 天柱折 地維缺 女媧乃鍊五色石以補天 斷鼇足以立四極 蘆灰以止滔水 以濟冀州 於是地平天成 不改舊物". 「三皇本紀」는 唐代의 司馬貞이 보충한 것으로, 이른바 '金陵局本'을 底本으로 한 中華書局 標點本 『史記』에는 이것이 수록되어 있지 않다[『史記』, 中華書局, 1959, 1~6쪽의 「出版說明」 참조].

65) 『淮南子』 卷6, 覽冥訓, 65쪽(高誘 注, 『淮南子』, 上海古籍出版社, 1989의 쪽수). "往古之時 四極廢 九州裂 天不兼覆 地不周載 火爁炎而不滅 水浩洋而不息 猛獸食顓民 鷙鳥攫老弱 於是女媧鍊五色石以補蒼天 斷鼇足以立四極 殺黑龍以濟冀州 積蘆灰以止淫水".

66) 『列子集釋』 卷5, 湯問篇, 150쪽(楊伯峻 撰, 『列子集釋, 中華書局』, 1979의 쪽수). "然則天地亦物也 物有不足 故昔者女媧氏鍊五色石以補其闕 斷鼇之足以立四

보이는 중국 고대의 신화 가운데 하나이다.[67] 텍스트마다 약간씩의 차이
는 있지만 이야기의 핵심 구조는 女媧라는 神的인 인물이 위기에 처한
우주와 인류를 구원했다는 것이다. 이것은 분명히 人格天觀의 모습을
보여주는 것이라 할 수 있다. 月課의 질문은 바로 이와 같은 '女媧補天'의
전설을 어떻게 이해해야 하는가를 묻는 것이었다.

이에 대한 金正國의 답변은 전형적인 理法天觀의 내용을 보여주는
것이었다. 그는 먼저 天의 유형·무형 문제를 거론하였다. 하늘이란 형상
하여 있다고 말할 수는 있지만[可狀而有] 형체가 있는 것은 아니라는[無
形] 주장이었다. 그는 형상할 수 있다는 것[狀]은 형체[形]를 뜻하는 것이
아니라 '無形之形'으로서의 '象'을, 있다[有]라고 하는 것은 형체[形]가
있다는 것이 아니라 이치[理]가 있다는 의미라고 설명하였다. 결국 하늘이
란 '有理而無形, 無形而有象'한 것이었다.[68] 이처럼 하늘을 '이치'로서
파악하는 김정국에게는 '女媧補天'의 전제인 하늘에 부족함이 있다는 사
실 자체가 용납될 수 없었다.[69]

이와 같은 金正國의 理法天觀은 天人관계의 설정을 통해서 다시 한
번 확인할 수 있다. 그는 하늘의 이치를 마음 안에 보존하여 만물 가운데
가장 신령스러운 존재가 사람이라고 보았다. 사람의 마음 안에 하늘이
들어있다는 논리였다. 이러한 하늘을 온전히 마음 속에 보존하는 사람이
聖人이고, 그 하늘을 잘 닦는 사람은 賢人이며, 그 하늘을 제대로 보존하지
못하여 부족함이 생기게 되는 것이 바로 衆人이었다. 聖賢은 이러한 衆人

極".

67) 女媧와 관련된 신화와 전설에 대해서는 袁珂(전인초·김선자 옮김), 앞의 책,
   1992, 188~196쪽 참조.
68) 「女媧氏鍊石補天辨」, 『思齋集』 卷3, 21ㄱ(23책, 53쪽). "凡可狀皆有也 天可狀而
   有也 則天有形乎 曰 天無形也 曰 天無形也 則其終不可狀而爲有乎 曰 否 自地
   以上蒼蒼者 無非天也 夫狀之云者 象也 非形也 有之云者 理也 非形也 然則有
   理而無形 無形而有象之謂天 象者 無形之形也".
69) 「女媧氏鍊石補天辨」, 『思齋集』 卷3, 21ㄴ(23책, 53쪽). "天者 有理而無形 無形
   而無闕".

의 부족함을 안쓰럽게 여겨 교육을 통해 하늘=天理를 보충해 주는 사람이었다. 따라서 김정국은 부족한 하늘을 聖賢이 보충하였다는 이야기는 들어보았으나 女媧가 그렇게 하였다는 이야기는 듣지 못했다고 결론짓고 있다.[70] '聖賢補天論'의 제기였다. 요컨대 김정국은 天理의 보존 여부에 따라 인간 사회의 도덕적 층위를 설정하고 있었으며, 성현에 의한 도덕적 교화의 필요성, 다시 말해 사회적인 윤리·도덕 교육의 필요성을 강조했던 것이다. 그를 비롯한 '士林派'의 많은 인물들이 鄕村敎化를 중시하였던 이유가 바로 여기에 있었다.『警民編』의 저술 역시 이러한 목적에서 행해진 것이었다.[71]

김정국의 우주생성론은 성리학적 우주생성론의 도식을 그대로 따르고 있었다. 天地萬物이라고 하는 것은 모두 陰陽五行으로부터 파생되는 것이었다.[72] 하늘이란 하나의 元氣로 파악되었고, 하늘 위를 운행하는 각종 천체는 이러한 元氣의 '英華'로 간주되었다.[73] 결국 그것들은 모두 陰陽五行의 범주를 벗어나는 것이 아니었다. 천체들은 다시 經星과 緯星으로 나눌 수 있는데, 二十八宿로 대변되는 恒星이 바로 經星이었고, 五行星이 緯星이었다. 경성은 각각의 정해진 거처에서 움직이지 않는 것이었고, 5행성만이 流行하는 것이었다.[74] 이렇게 천체를 파악하는 김정국에게 민간에서 통용되고 있던 牽牛와 織女의 전설은 허무맹랑한 이야기에 지나지 않았다. 견우성[牛]과 직녀성[女]은 經星에 해당하는데, 이것이 만난다

---

70) 「女媧氏鍊石補天辨」,『思齋集』卷3, 21ㄴ(23책, 53쪽). "具是理於一心而最靈於萬物者 人也 則人之一心 亦有是天 其天全而無少闕欠 全天者 聖人也 修天者賢人也 闕天者 衆人也 悶其闕而敎以補之者 亦聖賢也 聞所謂聖賢者能補其闕而未聞其女媧之爲也".

71) 「警民編跋」,『思齋集』卷3, 1ㄴ~2ㄱ(23책, 43쪽).

72) 「女媧氏鍊石補天辨」,『思齋集』卷3, 21ㄱ(23책, 53쪽). "曰天首出庶物 有陰陽五行 化生萬物 故有天地然後有萬物 人與物莫不由二五中出".

73) 「牛女會辨」,『思齋集』卷3, 21ㄴ~22ㄱ(23책, 53쪽). "夫天乃一元氣也 日月星卽元氣之英華也 而不過曰陰陽五行而已".

74) 「牛女會辨」,『思齋集』卷3, 22ㄱ(23책, 53쪽). "二十八宿爲經 五星爲緯 若織之經緯然也 衆星各有定居 而惟五星流行 此天機自然 無爲而無不然也".

<그림 2-5> 牽牛와 織女

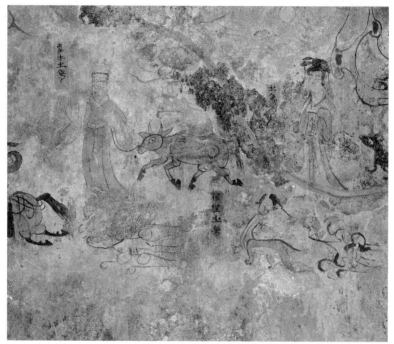

는 것은 움직이지 않는 경성의 성격에 비추어볼 때 불가능한 일이었기 때문이다. 요컨대 김정국은 28宿의 명칭은 그 별의 형상에 따라 이름을 붙인 것일 뿐 실상이 있는 것은 아니라고 보았다.[75] 이것은 재래의 인격천관에 대한 단호한 거부였다.

金淨 역시 근본적으로 인격천관에 찬성하지 않았다. 그는 먼저 천지가 形氣로부터 이루어진 것이라고 파악하였다.[76] 그런데 형기란 일단 형성

---

75) 「牛女會辨」, 『思齋集』 卷3, 22ㄱ(23책, 53쪽). "爲此說者 窃取其牛女之名以實其言 則衆星之有名號 特指其象耳 如所謂帝座三公尙書郞官之號 亦皆可指言其實耶".

76) 「女媧氏鍊石補天辨月課癸酉」, 『冲庵集』 卷4, 39ㄱ(23책, 190쪽). "天地惡乎成 成於形氣".

된 다음에는 그 성질을 변경시킬 수 없는 것이었다. 따라서 형기가 한 번 형성된 후에는 형성된 것은 파괴되고, 有는 無로 돌아가는 과정만이 존재할 뿐, '女媧補天'처럼 파괴된 것을 다시 보수하는 일은 있을 수 없다고 보았다.77) 이것은 형기만 그런 것이 아니라 人事의 경우도 마찬가지였다. 한 번 形氣를 부여받은 인간은 그 안에 담긴 壽夭·貴賤·貧富·窮達 등과 같은 性命을 바꿀 수 없다고 보았다.78) 따라서 김정은 "眞宰와 鑪錘가 하늘 위에 존재한다고 하여도 이것을 변경시킬 수 없다"79)고 단호하게 주장하였던 것이다. 眞宰80)와 鑪錘(=鑪捶)81)로 대변되는 老莊學의 인격 천관에 대해 분명한 반대 의사를 표현한 것이었다.

2. 朱子學的 宇宙論의 확립과 理法天觀의 形成

1) 朱子學的 宇宙論의 擡頭와 展開

조선초기의 우주론을 가늠할 수 있는 대표적인 자료로는 먼저 「天象列次分野之圖」를 거론할 수 있다.82) 태조 4년(1395)에 石刻된 「천상열차분

---

77) 「女媧氏鍊石補天辨月課癸酉」, 『冲庵集』 卷4, 40ㄴ(23책, 190쪽). "夫氣也者 一而無雜 形也者 吹萬有殊 無雜者 不可雜以他氣 有殊者 不可類以他形 故形氣一成 成而有毁 有反於無 道之常也 毁而可補 離之以雜 非道之常也".

78) 「女媧氏鍊石補天辨月課癸酉」, 『冲庵集』 卷4, 41ㄱ(23책, 191쪽). "不惟形氣爲然 於人事也亦然 壽者自壽 夭者自夭 賤者自賤 貴者自貴 貧不可使富 窮不可使達 奇不可使偶 通不可使塞 莫不自然而然".

79) 「女媧氏鍊石補天辨月課癸酉」, 『冲庵集』 卷4, 41ㄱ(23책, 191쪽). "且有眞宰鑪錘 於上 而自不能添損移變".

80) 『莊子』 內篇, 齊物論. "若有眞宰 而特不得其眹 可行已信 而不見其形 有情而無形" 여기서 '眞宰'란 天地의 主宰者·造物者를 뜻함.

81) 『莊子』 內篇, 大宗師. "意而子曰 夫無莊之失其美 據梁之失其力 黃帝之亡其知 皆在鑪捶之間耳". 여기서 鑪捶는 물건을 만드는 기구(용광로, 또는 풀무)를 가리키며, '造化'의 뜻으로 해석된다.

82) 天象列次分野之圖와 관련된 연구로는 다음을 참조. W. C. Rufus, "The Celestial

야지도」에는 權近(1352~1409)이 작성한 論天에 관한 기사가 수록되어
있다. 여기에서 권근은『晋書』와 葛洪, 何承天과 祖暅[暅]의 학설을 소개
하고, 중국 古來의 우주론을 다음과 같이 정리하였다.[83]

　　무릇 하늘을 논한 것에는 여섯 가지 학설이 있다. 첫째는 渾天說로 張衡
　이 논술하였다. 둘째는 蓋天說인데 周髀家들이 法으로 삼았다. 셋째는
　宣夜說인데 배울 수 있는 방법이 없다. 넷째는 安天說로 虞喜가 주장한
　것이고, 다섯째는 昕天說로 姚信이 주장한 것이며, 여섯째는 穹天說로
　虞聳이 주장하였다. 蓋天說 이하는 모두 기이한 것을 좋아하고 이상한
　것을 따르는 학설로 지당한 주장이 아니며, 先儒들도 또한 그 학설을
　중시하지 않았다.

　여기서 알 수 있는 것은 조선초기에 중국에서와 마찬가지로 혼천설과

　　Planisphere of King Yi Tai-Jo", *Journal of the Royal Asiatic Society, Korea
　　Branch*, 1913, 4.3, pp 23~72. ; 洪以燮,『朝鮮科學史』, 正音社, 1946, 143쪽 ; 李
　　龍範,「法住寺所藏의 新法天文圖說에 對하여-在清天主教神父를 通한 西洋天
　　文學의 朝鮮傳來와 그 影響-」,『歷史學報』31, 1966, 7~25쪽 ; 全相運,『韓國科
　　學技術史』, 正音社, 1983(重版), 30쪽 ; 羅逸星,「朝鮮時代의 天文儀器 研究-
　　天文圖篇-」,『東方學志』42, 1984, 207~221쪽 ; 이은성,「천상열차분야지도의
　　분석」,『세종학연구』1, 1986 ; 朴成桓,「太祖의 石刻天文圖와 肅宗의 石刻天文
　　圖와의 比較」,『東方學志』54・55・56, 1987 ; 박명순,「天象列次分野之圖에
　　대한 考察」,『한국과학사학회지』제17권 제1호, 1995 ; 全相運 외,「특집 :『天象
　　列次分野之圖』刻石 600周年」,『東方學志』93, 1996 ; 박창범,「天象列次分野
　　之圖의 별그림 분석」,『한국과학사학회지』제20권 제2호, 1998.
83) W. C. Rufus, "The Celestial Planisphere of King Yi Tai-Jo", *Journal of the
　　Royal Asiatic Society, Korea Branch*, 1913, 4.3, p. 65. "晉志前儒舊說 天地之體
　　狀如鳥卵 天包地外 猶殼之裏黃也 周旋無端 其形渾渾然 故曰 渾天也 又晉葛
　　洪云 周天三百六十五四分度之一 半覆地上 半繞地下 故二十八宿 半見半隱
　　天轉如車轂之轉也 又宋何承天云 迺觀渾義[儀] 研求天意 乃悟天形正圓 而水
　　居其半 地中高外界 水周其下 又梁祖暅云 渾天之形 內圓如彈丸 凡論天者有
　　六家 一曰渾天 張衡所述 二曰蓋天 周髀以爲法 三曰宣夜 無師法 四曰安天
　　虞喜作 五曰昕天 姚信作 六曰穹天 虞聳作 自蓋天以下 並好奇徇異之說 非至
　　說也 先儒亦不重其術也".

<그림 2-6> 天象列次分野之圖

개천설이 공인된 우주구조론으로서 자리잡고 있었다는 사실이다. 개천설 이하의 다른 구조론이 '好奇徇異之說'이라고 배척되었던 것은 그러한 정황을 잘 설명해 주고 있다. 물론 이것은 『晉書』「天文志」의 평가를 그대로 수용한 것이었다.[84] 이러한 사정은 李純之의 『諸家曆象集』을 통해서도 확인할 수 있다.[85] 이렇게 볼 때 後漢 때까지 남아 있었던 중국의 우주구조론은 개천설과 혼천설이었는데, 이 두 구조론이 우리나라에도 영향을 미쳐 삼국과 고려에 그대로 수용되었고, 전통적인 우주구조론으로 조선 학자들에게 계승되었으며, 이것이 이순지의 『諸家曆象集』에서 학문적으로 정리되었다고 평가할 수 있다.[86]

그렇다면 이순지가 『제가역상집』을 편찬하는 데 참고한 서적은 어떤 것이었을까? 이순지는 跋文에서 "天文·曆法·儀象·晷漏에 관한 글이 여러 傳記에 섞여 나온 것[其天文曆法儀象晷漏書之雜出於傳記者]"들을 종합·정리하였다고 기술하였다. 여기서 말하는 '傳記'란 과연 어떤

84) 『晉書』 卷11, 志1, 天文上, 280쪽. "自虞喜虞聳姚信 皆好奇徇異之說 非極數談天者也".

85) 『諸家曆象集』, 卷1, 天文, 4ㄴ(10쪽–영인본 『諸家曆象集·天文類抄』, 誠信女子大學校 出版部, 1983의 쪽수. 이하 같음). "自虞喜虞聳姚信 皆好奇徇異之說 非極數談天者也".

86) 全相運, 앞의 책, 1983, 30~34쪽.

것들인가? 『제가역상집』에는 많은 인명과 서명이 인용되어 있다. 그러나 자세히 살펴보면 대부분의 경우는 1차적인 직접 인용이 아니라 2차적인 간접 인용이라는 것을 알 수 있다. 이순지는 1차 인용의 書目들을 한 칸 올려 서술함으로써 구별하고 있었다. 따라서 우리는 이것을 분석함으로써 『제가역상집』의 참고문헌을 확인할 수 있으며, 동시에 조선초기의 학자들이 어떤 책을 통해 어떤 내용의 학설을 수용하고 있었는가 하는 문제에 대해서도 해답을 얻을 수 있다.

이러한 관점에서 『제가역상집』 전체를 분석해 보면 다음과 같은 서적들이 1차적인 자료로 이용되었음을 확인할 수 있다.

① 『隋書』, ② 『尚書通考』, ③ 『山堂考索』, ④ 『性理大全』, ⑤ 『筆談』
⑥ 『玉海』, ⑦ 『文粹』, ⑧ 『名臣事略』, ⑨ 『金史』, ⑩ 『元史』, ⑪ 『唐書』

이 가운데 우주론과 관련되는 卷1의 「天文」부분에 인용된 서목은 ①~⑦ 이었다. 이것들은 李淳風(602~670)에 의해 편찬된 『隋書』[87] 「天文志」와 元의 黃鎭成이 편찬한 『尚書通考』[88]를 제외하면 대부분 宋代에 만들어진 저작이었다. 『山堂考索』은 『羣書考索』, 『山堂先生羣書考索』이라고도 불리는 것으로, 남송의 章如愚가 편찬한 거질의 類書였다.[89] 『筆談』은 沈括(1031~1095)의 『夢溪筆談』을 말하는 것이며,[90] 『玉海』는 王應麟(1222~1296)이 편찬한 책으로 송대 4대 유서 가운데 하나였다.[91] 『文粹』

---

87) 『隋書』의 편찬 경위에 대해서는 施建中, 「隋書」, 『二十五史導讀辭典』, 華齡出版社, 1991, 459~511쪽 참조.

88) 『尚書通考』에 대해서는 『四庫全書總目提要』 第1冊, 經部, 書類 2, 尚書通考(臺灣商務印書館, 272쪽) ; 『續修四庫全書總目提要』 上冊, 經部, 書類, 尚書通考(中華書局, 1993, 217쪽) ; 劉起釪, 『尚書學史』, 中華書局, 1989, 305~306쪽 참조.

89) 章如愚, 『山堂考索』, 中華書局, 1992.

90) 『夢溪筆談校證』 上·下, 世界書局, 1965(번역본으로는 최병규 옮김, 『몽계필담』 상·하, 범우사, 2002를 참조).

91) 朱一玄·陳桂聲·李士金 編著, 『文史工具書手冊』, 遼寧敎育出版社, 1989, 1073쪽.

는『唐文粹』(100권)를 뜻하는 것으로, 宋의 姚鉉이 五代의 文弊를 시정하려는 목적으로 각종 문장을 16종류로 분류하여 편찬한 것이었다.[92]『性理大全』은 明代에 胡廣 등에 의해 편찬된 것이지만, 그 내용은 송대 성리학자들의 주요 논설을 정리한 것이었다.

요컨대『제가역상집』은 이전의 우주론을 종합·정리한 송대의 우주론적 논의를 바탕으로 편집된 것이라 할 수 있다. 따라서 15세기 전반기의 『제가역상집』단계를 경과하면서 조선의 학자들은 비로소 정리된 형태로 중국 역대의 각종 우주론을 이해할 수 있는 기반을 확보하게 되었다. 그러나 이것이 곧바로 주자학적 우주론에 대한 이해로 연결되었다고 단정할 수는 없다. 주자학적 우주론의 전체계를 구조적으로 이해하기 위해서는 좀 더 시간이 필요했다. 그것은『성리대전』을 비롯한 각종 성리학 관련 서적들의 도입·출판·유포에 따라 점진적으로 이루어졌다고 볼 수 있으며, 이후 조선의 학자들은『제가역상집』단계의 우주론적 토대 위에서 주자학적 우주론에 대한 이해를 심화시켜 갈 수 있었다. 15세기 후반 金時習의 理學的 宇宙論은 그 구체적인 성과물이었다.

불교·도교의 인격천 개념을 부정했던 김시습의 天觀은 철저하게 성리학적인 것이었다. 그것은 그의 학문론을 통해 확인할 수 있는 바와 같이 그가 초기의 수학과정을 통해 성리학적 개념들에 친숙해 있었으며,[93] 그의 우주론이 기초하고 있는 텍스트들이『性理群書』·『性理大全』과 같은 성리학 관계 서적이었기 때문이기도 하다. 그는 먼저 渾天說에 입각하여 우주와 천체의 구조를 설명하였고, 左旋說을 중심으로 천체의 운행을 논하였으며, 마지막으로 太極과 '氣化'라는 개념을 중심으로 우주의 생성과 변화과정을 이야기하였다.

먼저 김시습은 혼천설에 입각하여 우주 구조를 다음과 같이 설명하였다.

---

92)『唐文粹』의 원문은 영인본『四部叢刊正編』93, 法仁文化社, 1989에서 확인할 수 있다.
93) 구만옥, 앞의 논문, 1998, 49~59쪽 참조.

　　대개 天體는 지극히 둥글고 땅은 그 가운데 있다. (하늘의) 半은 땅
위를 덮고 半은 땅 밑에 있으니, 땅 위에 있는 것이 180度 半(182度 半의
誤記이다－인용자)이 넘고 땅 밑에도 또한 그러하여 常周가 365度 4분의
1이다. (하늘은) 땅을 둘러싸고 왼쪽으로 돌아[左旋] 하룻날과 하룻밤에
꼭 한 바퀴를 돌고 또 1度를 더 가며, 해와 달과 五星도 또한 하늘을
따라 회전한다. 오직 해의 운행만이 하루에 한 바퀴를 돌아 모자라지도
않고 남지도 않으며, 그 나머지는 각각 늦고 빠른 차이가 있다.[94]

　여기에서 우리는 김시습의 우주구조론이 조선초기 이래의 혼천설의 영향
아래 놓여 있음을 알 수 있다. 위에서 살펴보았듯이 「天象列次分野之圖」
에 기록되어 있는 권근의 天論이나 이순지의 『제가역상집』에 수록되어
있는 천문 관계기사는 혼천설이 당시의 학자들에게 定論으로 수용되고
있었음을 보여준다. 우리는 그와 같은 혼천설의 모습을 김시습의 천관에
서도 확인할 수 있는 것이다. 혼천설에 따르면 周天, 즉 하늘의 둘레는
365도 1/4이며, 그 가운데를 반으로 나누어 182도 5/8가 지상을 덮고 있고,
나머지 182도 5/8가 지하를 둘러싸고 있다. 따라서 28수의 반은 보이고
반은 보이지 않는다. 渾天의 회전축의 兩端은 남극과 북극으로 나누어진
다. 북극은 하늘의 중앙으로 正北에 위치하며 지상으로부터 36도 위에
있고, 남극은 역시 하늘의 중앙으로 正南에 위치하며 지하 36도에 자리한
다.[95] 즉 하늘은 회전하는 氣로 구성되어 있으며 땅은 그 가운데 떠 있는
고정된 물체인데, 氣로 구성된 하늘이 땅을 둘러싸고 왼쪽으로 회전한다
는 것이다.

94) 「北辰第二」, 『梅月堂集』 卷17, 6ㄴ～7ㄱ(13책, 343～344쪽). "盖天體至圓 地居
　　其中 半覆地上 半在地下 居地上者一百八十度半强 地下亦然 常周三百六十五
　　度四分度之一 遶地左旋 一晝一夜 適周一匝 而又超一度 日月五星 亦隨天以
　　旋 而惟日之行 一日一周 無欠無餘 其餘則各有遲速之差".
95) 渾天說의 構造와 그 天體運行理論에 대한 개설적인 설명으로는 다음을 참조할
　　수 있다. 陳遵嬀, 1990, 『中國天文學史』 6, 明文書局, 第9編 「古人論天」, 1883～
　　1836쪽 ; 薄樹人 主編, 1996, 『中國天文學史』(中國文化叢書 39), 文津出版社,
　　127～133쪽.

위의 예문에서 또 하나 확인할 수 있는 것은 김시습의 천체운행론이 左旋說에 기초하고 있었다는 사실이다. "하늘은 땅을 둘러싸고 왼쪽으로 돌아"라는 표현이 바로 그것이다. 日月五星과 恒星의 겉보기 운동은 매우 복잡하지만 그것은 크게 두 가지로 대별할 수 있다. 하나는 하루에 한 바퀴씩 지구 주위를 동쪽에서 서쪽으로 회전하는 日月星辰의 日周運動이고, 다른 하나는 일월오행성이 천구 위를 하루에 조금씩 서쪽에서 동쪽으로 이동하는 현상이다.[96] 중국의 고대 天文家들은 이러한 두 가지 종류의 겉보기 운동 현상을 해석하는데 두 가지 다른 학설을 제기하였다. 그것이 이른바 '左旋說'과 '右旋(右行)說'이었다.[97]

우선설은 천구는 좌선(동→서)하며 일월오성은 우선(서→동)한다는 주장으로서, 周髀家와 王充, 張衡 등에 의해 지지되었다. 반면에 좌선설은 일월오성도 천구를 따라서 좌선한다는 주장이었다.[98] 다만 항성은 천구의 위쪽에 붙어있어 좌선의 속도가 가장 빠르고 일월오성은 항성보다 느리기 때문에, 이로 인해 일월오성은 좌선함과 동시에 항성 사이를 서쪽에서 동쪽으로 이동하는 것처럼 보이게 된다는 것이었다. 이 두 가지 학설은 상대적인 운동이라는 관점에서 볼 때는 차이가 없다. 그러나 천체의 실제 운동이라는 관점에서 본다면 우선설이 보다 더 사실에 접근해 있다고 할 수 있다. 왜냐하면 천체의 일주운동, 즉 좌선은 지구 자전(서→동)의

---

96) 이러한 겉보기 운동은 다음과 같은 세 가지 모습으로 구분해서 볼 수도 있다. 첫째, 지구의 자전으로 인해 日月星辰은 모두 동쪽에서 떠서 서쪽으로 지는데, 마치 하루에 지구를 한 바퀴씩 도는 것처럼 보인다. 둘째, 지구의 공전으로 인해 태양은 매일 恒星 사이를 약 1도씩 이동하는 것처럼 보인다. 셋째, 달이 지구 둘레를 공전하기 때문에 사람들의 눈에는 달이 天空 가운데를 하루에 약 13도씩 이동하는 것처럼 보인다.

97) 左旋說과 右旋說에 대한 개념 정리는 다음을 참조. 陳遵嬀, 『中國天文學史』 6, 明文書局, 1990, 1822~1826쪽 ; 薄樹人 主編, 『中國天文學史』, 文津出版社, 1996, 131~132쪽.

98) 右旋說에 관한 최초의 견해는 王充의 『論衡』 「說日」에 보이며, 左旋說에 대한 최초의 기록은 劉向(B.C. 77~A.D. 6)의 『五紀』 가운데 보이는데, 이것은 『宋書』 「天文志」에 인용되어 있다. 陳遵嬀, 앞의 책, 1823쪽의 주① · 주② 참조.

결과이고, 달과 오성이 항성 사이에서 동쪽으로 이동하는 현상(東移, 右移)은 각자의 궤도운동의 결과이며, 태양이 동쪽으로 이동하는 현상은 지구 공전(좌선 : 동→서 : 반시계방향)의 결과이기 때문이다.

결국 우선설이 태양의 年周視運動과 달의 月周視運動을 그들의 진짜 운동으로 파악하는 반면, 좌선설은 태양과 달의 日周視運動을 그들의 진짜 운동으로 간주하였던 것이다. 양자를 비교해 보면 우선설이 계산상의 편의 때문에 역법의 제정이나 일·월식의 예보 등에 실용적인 가치가 있었으므로, 역법가들은 우선설을 채용하였다. 반면에 좌선설은 西漢시기에 이미 출현하였으나 그것이 주도적인 위치를 점하게 되는 것은 한참 뒤의 일이었다. 송대에 이르러 張載와 朱熹가 적극적으로 주장·옹호함으로써 좌선설은 비로소 일반학자들에게 정론으로 받아들여지게 되었던 것이다.[99]

주희의 우주론과 천문학이 만나는 지점에 위치하는 것이 바로 이 좌선설이었다. 이것을 통해 주희는 우주생성론과 구조론, 나아가서는 수학적인 이론의 통일을 꾀하였다.[100] 주희가 좌선설을 주창하게 되었던 논리적인 이유로는 다음 몇 가지를 지적할 수 있다. 먼저 구조론과 생성론의 통일이라는 관점에서 볼 때, 하늘과 같은 氣로 구성되어 있는 천체는 마땅히 하늘과 같은 방향으로 회전해야만 한다는 것이다. 다음으로 陰陽論에 입각한 자연 이해방식을 들 수 있다. 음양론에 근거해 볼 때 태양은 '陽精'이고 달은 '陰精'이었다. 그런데 우선설에 따르게 되면 陽精인 태양의 운행 속도가 陰精인 달의 운행 속도보다 더디게 된다. 이것은 '陽動陰靜'의 기본 원칙에 어긋나는 것이었다.[101]

---

99) 張載의 경우에는 右旋說과 左旋說의 관점이 모두 보인다. 그런데 후학들이 채택한 것은 左旋說의 관점이었다. 『性理大全』卷5, 正蒙 1, 參兩篇 第2, 9ㄱ~ㄴ (401~402쪽).

100) 야마다 케이지(김석근 옮김), 『朱子의 自然學』, 통나무, 1991, 219~220쪽.

101) 이것은 左旋說의 입장에서 曆家의 右旋說을 비판한 張世南의 다음과 같은 발언에서 분명하게 확인할 수 있다. 『游宦記聞』卷8, 4ㄱ(864책, 627쪽-영인본『文淵閣 四庫全書』, 臺灣商務印書館의 책수와 쪽수). "天左旋 日月五星右轉 此古今

또 하나 지적할 수 있는 것은 좌선설이 주자학의 인간중심적 사유체계의 논리적 귀결이었다는 점이다. 좌선설은 기본적으로 常用曆에 天體曆을 종속시키는, 다시 말해 인간학에 자연학을 종속시키는 이론의 일종이었다.[102] 상용력의 기준은 태양의 일주운동과 그것이 쌓여서 만들어지는 1년이라는 시간 단위, 그리고 그것의 영구적인 순환·반복이었다. 때문에 주희의 좌선설에서 태양은 정확하게 하루에 천구를 한 바퀴 회전하는 것으로 간주되었다. 만약 우선설의 주장대로 태양이 하루에 동쪽으로 1도씩 움직인다고 하면 결과적으로 사계절의 순차가 어그러지게 된다고 주희는 생각했던 것이다.[103]

김시습의 천체운행론은 이상과 같은 내용과 의미를 갖는 주희의 좌선설을 그대로 수용한 것이었다. 김시습이 혼천설과 좌선설로 대표되는 주자학적 우주론을 받아들이는 데 결정적인 역할을 하였다고 생각되는 것은 『성리대전』과 『서전』 등 성리학 관련 서적이다. 『書傳』 「堯典」의 주석과 『성리대전』에 소개되어 있는 우주론은 혼천설과 좌선설을 바탕으로 구성된 것이었다. 그 내용을 김시습의 그것과 단순하게 비교해 보아도 그 유사성을 바로 확인할 수 있다.

(1) 하늘의 형체는 지극히 둥글고 주위가 365도 1/4이다. (하늘은) 땅을 둘러싸고 左旋하는데 항상 하루에 한 바퀴를 돌고 1도를 더 간다. 해는 하늘에 걸려 있는데 이보다 조금 늦다. 그러므로 해의 운행은 하루에 또한 땅을 둘러싸고 한 바퀴 돌지만 하늘에(하늘의 운행과 비교해 보면) 1도를 미치지 못하게 된다.……[104]

曆家之說皆然也 天左旋之說信然矣 日一日行一度 月一日行十三度有零 日者陽之精而行遲 月者陰之精而行反速 大抵陽健而陰順 陽剛而陰柔 健而剛者 運行當速 順而柔者 運行當遲 今不特反是 月之行乃過於日十有二倍 其理不通".
102) 야마다 케이지(김석근 옮김), 앞의 책, 1991, 219~227쪽.
103) 『朱子語類』卷2, 理氣下, 天地下, 黃義剛錄, 15쪽. "義剛言 伯靖以爲天是一日一周 日則不及一度 非天過一度也 曰 此說不是 若以爲天是一日一周 則四時中星如何解不同 更是如此 則日日一般 却如何紀歲 把甚麼時節做定限 若以爲天不過而日不及一度 則趲來趲去 將次午時便打三更矣".

(2) 渾天說에 이르기를 "하늘의 형상은 새알과 같으니, 땅은 가운데에 있고 하늘은 땅의 바깥을 싸고 있어서 알이 노른자를 싸고 있는 것과 같고 둥글기는 탄환과 같다. 그러므로 渾天이라 한다"고 하였으니, 그 형체가 渾渾함을 말한 것이다. 그 방법에서는 하늘의 반은 지상을 덮고 반은 지하에 있으니, 하늘이 지상에서 보이는 것이 182도 반이 넘고, 지하도 또한 그러하다고 한다. 북극은 지상으로 나온 것이 36도이고(북극은 지상 36도에 위치하고) 남극은 지하로 들어간 것이 또한 36도이다(남극은 지하 36도에 위치한다). 嵩高山(=嵩山)은 바로 하늘의 중앙에 해당하니 극의 남쪽 55도가 숭고산의 위에 해당한다.[105)]

(3) 朱子가 말하였다. "하늘에 360도가 있다. …… 天道와 일월·오행성은 모두 좌선을 한다. 천도는 하루에 하늘을 한 바퀴 돌고 항상 1도를 더 간다. 해도 또한 하루에 하늘을 한 바퀴 도는데 도수의 처음에서 출발하여 그 처음에서 끝마친다(시작하는 도수와 끝나는 도수가 같다). 그러므로 천도와 비교해 보면 항상 1도가 미치지 못한다. 달의 운행은 13도 7/19이 미치지 못한다."[106)]

이것을 통해서 볼 때 김시습의 우주론은 유교 경전에 대한 주자학적 해석

104) 『書傳』卷1, 虞書, 堯典, 碁三百章, 注. "天體至圓 周圍三百六十五度四分度之一 繞地左旋 常一日一周而過一度 日麗天而少遲 故日行一日 亦繞地一周 而在天 爲不及一度……".

105) 『書傳』卷1, 虞書, 舜典, 璿璣玉衡章, 注. "渾天說曰 天之形狀似鳥卵 地居其中 天包地外 猶卵之裏黃 圓如彈丸 故曰渾天 言其形體渾渾然也 其術以爲天半覆 地上 半在地下 其天居地上見者 一百八十二度半強 地下亦然 北極出地上三十 六度 南極入地下 亦三十六度 而嵩高正當天之中 極南五十五度當嵩高之 上";『性理大全』卷26, 理氣 1, 天度(1799~1800쪽). "其說曰 天之形狀似鳥卵 地居其中 天包地外 猶殼之裏黃 圓如彈丸 故曰渾天 言其形體渾渾然也 其術 以爲天半覆地上 半在地下 其天居地上見者 一百八十二度半強 地下亦然 北極 出地上三十六度 南極入地下 亦三十六度 而嵩高正當天之中 極南五十五度當 嵩高之上".

106) 『性理大全』卷26, 理氣 1, 天度曆法附, 18ㄴ(1796쪽). "朱子曰 天有三百六十 度……天道與日月五星皆是左旋 天道日一周天而常過一度 日亦日一周天 起 度端 終度端 故比天道常不及一度 月行不及十三度十九分度之七".

서와 참고서에 대한 학습을 거쳐 체득한 지식을 자기 나름대로 체계화한
것이었음을 알 수 있다. 김시습의 학습과정을 되짚어 보면 그는 13세 이전
에 金泮의 문하에서『書經』을 익혔고,107) 30대 전반쯤에는『性理大全』도
얻어 보았던 것으로 추측된다.108) 그렇다면 김시습은 늦어도 30대 무렵에
는 위에서 살펴본 바와 같은 주자학적 우주론을 체득하고 있었을 것이다.

이처럼 당시에 일반적인 유교적 교양을 습득한 사람이라면 김시습과
같은 천체관·우주론에 접할 수 있었다. 즉 김시습의 우주론은 그 자신만
의 독특한 체계라기보다는 주자학의 이해와 심화과정을 우주론의 측면에
서 반영한 것이었다. 이것은 당시의 주자학에 대한 일반적인 이해 수준과
부합하는 것이라고 볼 수 있다. 결국 주자학의 발전과정에서 볼 때 김시습
은 주자학의 여러 이론들을 소화·흡수하여 전체적으로 정합적인 체계를
구성해 가는 단계에 위치해 있었다고 평가된다. 그리고 그것은 우주론의
측면에서 16세기의 이른바 '理學的 宇宙論'의 정착을 전망하는 것이었다.

15세기 후반에 주자학적 우주론이 등장하는 모습은 李穆(1471~1498)
에게서도 확인할 수 있다. 그는 金宗直(1431~1492)의 제자로서 '戊午士
禍' 被禍人 가운데 한 사람이었다. 그는 천문과 천인감응론의 문제를 묻는
策問109)에 대한 대책을 남겨놓았는데, 이를 통해 우리는 당시 주자학적
우주론이 지식인 사회에서 지평을 넓혀 가는 모습을 발견할 수 있다. 책문
의 질문 가운데 천문에 대한 것은 흔히 '中星'의 변화로 일컬어지는 歲差의
문제였다. 이목은『書經』「堯典」과『呂氏春秋』,『禮記』「月令」등의 자료
를 근거로 中星의 변화를 확인하고, 그 이유를 虞喜·劉焯 이래의 歲差論

---

107)「上柳襄陽陳情書自漢」,『梅月堂集』卷21, 21ㄴ~22ㄱ(13책, 404쪽). "自此歲至
　　于十三歲 詣近隣大司成金泮門下 授語孟詩書春秋 又詣隣兼司成尹祥授易禮
　　諸史 至諸子百家 皆無傳授閱覽".
108)「得性理大全」,『梅月堂集』卷12, 19ㄱ~ㄴ(13책, 277쪽). 이 詩는『遊金鰲錄』의
　　일부이다. 따라서 이것은 金時習이 慶州 金鰲山에 있을 때 작성한 것이며, 따라
　　서 金時習이『性理大全』을 얻어 본 시기는 그가 金鰲山에 거주하였던 1465년~
　　1470년에 해당하는 30대 전반기가 된다.
109)「策」,『李評事集』卷2, 1ㄱ~ㄴ(18책, 171쪽).

을 들어 설명하였다.[110] 주목할 것은 이목이 후세의 역법에 관한 논의 가운데 주희의 그것을 가장 바른 것으로 평가하였다는 사실이다.[111] 이러한 평가의 근거가 되었던 자료는 바로『성리대전』이었다.[112] 여기에서 우리는『성리대전』을 통해 주자학적 우주론에 대한 이해를 넓혀가고 있던 당시 지식인 사회의 일반적 분위기를 엿볼 수 있다.

이목은 세차의 문제에서 한 걸음 더 나가 하늘의 形象과 躔次의 문제에 대해서도 언급하였다. 그것은 별이란 氣의 정화가 모여서 구성된 것이며, 하늘이 좌선함에 따라서 經星과 緯星 역시 좌선한다는 초보적인 형태의 생성론과 운행론이었다.[113] 물론 이 내용 역시 세차론과 마찬가지로『성리대전』의 내용을 충실히 옮긴 것이었다.[114]

16세기 전반에는 15세기에 축적된 천문학적 지식을 토대로 일반 지식인을 대상으로 한 시험에서도 '曆象之說'에 대한 문제가 출제되었다. 우리는 金安國(1478~1543)이 작성한 策題를 통해 당시 논의의 대상이 되었던 자연학 분야를 짐작해 볼 수 있다.[115] 먼저 탐구대상이 되는 천체는 七政·五緯·列宿와 雲物이었다. 日·月·五行星과 恒星이 일차적인 관심의 대상이었다는 것을 알 수 있다. 여기에 부가된 雲物이란 雲氣로 대표되는

---

110)「策」,『李評事集』卷2, 2ㄴ~3ㄱ(18책, 171~172쪽).
111)「策」,『李評事集』卷2, 2ㄴ(18책, 171쪽). "然古曆簡易 星家雜出 後世之論 莫正 於考亭"
112)『性理大全』卷27, 理氣 2, 天文, 星辰, 8ㄱ(1841쪽). "星不是貼天 天是陰陽之氣 在上面 下人看 見星隨天去耳" ;『朱子語類』卷2, 理氣下, 天地下, 徐寓錄, 16 쪽.
113)「策」,『李評事集』卷2, 3ㄱ(18책, 172쪽). "而其形象 則左氏曰 在天爲星 在地爲 石 橫渠曰 精英凝氣 正如燈光 其躔次 則朱子曰 天道左轉 經緯隨回 張子曰 北極爲樞 依舊微動 此其大槩也".
114)『性理大全』卷27, 理氣 2, 天文, 星辰, 8ㄱ~ㄴ(1841~1842쪽).
115)「策題」,『慕齋集』卷10, 29ㄱ~ㄴ(20책, 191쪽). 이 策題에서 묻고 있는 문제는 크게 세 가지였는데, 첫째는 災異說(天人感應說)의 실효성, 둘째는 '曆象之說'의 유래와 내용, 셋째는 점성술(屬應占驗之說)의 문제였다. 첫 번째와 세 번째 질문은 넓은 의미의 災異說에 속하는 것이었고, 天文曆算學과 관련된 문제는 두 번째 질문에 집중되어 있다.

각종 기운을 말하는 것으로, 예로부터 災異·祥瑞의 일종으로 주목되어 왔던 것이다.116) 세부적으로 살펴보면 각종 천체들의 운행궤도, 운행속도, 천체 상호간의 차폐현상인 交食, 밝기의 변화, 달의 위상 변화 등이 관심 영역에 포함됨을 알 수 있다. 나아가 曆法과 置閏法, 관측기구 등도 질문의 대상이었다.117) 요컨대 15세기 『제가역상집』 단계에서 정리되었듯이 天文·曆法·儀象·晷漏 등이118) 이 당시 유자들이 갖추어야 할 교양 천문학의 내용이었던 것이다.

2) 理法天觀의 形成

우리는 위에서 김시습의 우주론을 구조론과 운행론의 차원에서 살펴보았으며, 그것이 주자학적 우주론을 수용한 결과라는 사실을 확인하였다. 그러나 혼천설과 좌선설을 주장했다는 사실만으로 김시습의 우주론이 이전 시기의 그것과 본질적으로 다르다고 말할 수는 없다. 혼천설과 좌선설로 대표되는 우주론의 내용은 모두 氣의 운동을 중심으로 하고 있는데, 그러한 설명방식은 주자학이 출현하기 이전에 이미 존재했던 것들이기 때문이다. 따라서 김시습의 우주론이 이전 시기의 그것과 본질적인 면에서 어떤 차이점이 있는가를 살펴보기 위해서는 그의 우주생성론(본체론)에 주목할 필요가 있다. 왜냐하면 주자학적 우주론의 특징은 바로 구조론과 생성론의 통일에 있기 때문이다.

---

116) 대표적인 예로 『周禮』에 나오는 '十煇'을 들 수 있다(孫詒讓, 『周禮正義』 卷48, 春官, 眡祲, 中華書局, 1987, 1979~1984쪽 참조).

117) 「策題」, 『慕齋集』 卷10, 29ㄱ(20책, 191쪽). "曆象之說 昉於何時 七政·五緯·列宿·雲物·躔度·分野·遲疾順逆·凌薄犯蝕·興滅變化之形 晦朔弦望 歲月日時閏餘之法 儀象測候之器 孰究其故而創之 孰傳其說而演之".

118) 李純之, 「跋文」, 『諸家曆象集』 跋, 1ㄱ~ㄴ(381~382쪽) ; 『世宗實錄』 卷107, 世宗 27년 3월 30일(癸卯), 21ㄴ~22ㄱ(4책, 612쪽-영인본 『朝鮮王朝實錄』, 國史編纂委員會, 1973의 책수와 쪽수). "諸家曆象集成 凡四卷 同副承旨李純之跋曰……又命臣 搜索其天文曆法儀象晷漏書之雜出於傳記者 刪其重複 取其切要 分門類聚 作爲一帙 以便觀覽……".

　김시습은 먼저 현상세계의 생성·변화의 전 과정을 一氣의 운동, 즉
氣化로 설명하였다. 이른바 우주를 가득 채우고 있는 것은 모두 氣일
따름이었다. 인간도, 日月星辰도, 風雨霜露까지도 형체가 있는 모든 것은
氣로 이루어져 있고, 기화에 의해서 생성·변화하는 것이었다.119) 이와
같이 현상세계의 생성·변화를 氣의 운동으로 설명하는 것은 비단 주자학
만의 특징은 아니다. 도가에서도 일반적으로 우주의 생성·변화를 氣의
운동으로 설명하고 있다. 따라서 생성론의 특징은 현상세계의 배후에 氣
의 운동을 주재하는 근원자를 상정하고 있는가, 만약 상정하고 있다면
그것이 무엇인가 하는 점에서 살펴보아야 한다. 현상세계의 생성·변화와
그 원리를 氣 자체의 운동으로 설명하는 방식과 현상세계는 氣의 운동으
로 설명하지만 현상세계의 배후에 氣의 운동을 주재하는 근원자를 설정하
는 설명방식에는 차이가 있기 때문이다. 그것이 바로 氣一元論과 理本體
論(理氣二元論)의 차이점이었다.

　김시습의 경우에 생성론의 문제를 해결할 수 있는 실마리는 그의 太極
說이다.120) 김시습의 태극설에 대해서는 크게 두 가지 견해가 대립하고
있다. 하나는 김시습이 말하는 태극이 음양, 즉 氣라고 보는 견해이며,
다른 하나는 표현상의 문제가 있기는 하지만 김시습이 말하는 태극을
理로 보아야 한다는 견해이다. 당연히 전자의 입장에 서는 사람은 김시습
을 氣一元論者로, 후자의 입장에 서는 사람은 김시습을 理本體論者로
파악하게 될 것이다.121) 이러한 차이가 발생하게 된 원인은 김시습이 太極

---

119)「服氣第六」,『梅月堂集』卷17, 22ㄴ～23ㄱ(13책, 351～352쪽). "盈天地之間者
　　皆氣也 竪言則日月之往來 星辰之運行 寒暑之相推 陰陽之相代 消息盈虛 生
　　旺休囚 皆氣也 橫言則山川岳瀆之融結 風雨霜露之施行 草木之榮瘁 人物之動
　　息 聖賢愚迷之輩分 淸濁粹駁之不齊 皆氣之寓於兩間也 耳目口鼻之好惡 喜怒
　　哀樂之均偏 皆氣之萃於一身者也 盖天地萬物 體一而分殊";「一氣」,『梅月堂
　　集』卷13, 4ㄴ(13책, 283쪽). "一氣自坱圠 循環相始終 幽明及晝夜 春夏與秋
　　冬";「神鬼說」,『梅月堂集』卷20, 19ㄴ(13책, 383쪽). "天地之間 惟一氣橐籥
　　耳".

120)「太極說」,『梅月堂集』卷20, 22ㄴ～23ㄴ(13책, 384～385쪽).

121) 전자는 다시 金時習의 사상을 性理學의 主氣的인 측면을 발전시켜 독자적인

을 설명하면서 "太極, 陰陽也. 陰陽, 太極也"[122]라고 표현했기 때문이다. 그러나 그것은 표현상의 문제에 지나지 않으며, 김시습의 태극에 대한 이해는 본질적으로 주희의 그것과 크게 어긋나지 않는다.[123] 김시습이 "陰이 陽이 되고, 陽이 陰이 되며, 動이 靜이 되고, 靜이 動이 되는 그 이치의 끝없는 것이 太極이다"라고 주장한 것은[124] 바로 음양오행의 이치 를 총체적 태극으로 파악한 것이라고 보아야 한다.

요컨대 김시습이 말하고자 한 것은 태극이란 현상세계의 모든 존재를 가능하게 하는 근본적이고 지극한 이치로서의 理이며, 이 理는 현상세계 의 모든 인간과 사물에 分殊理로서 갖추어져 있다는 사실이었다. 김시습 의 태극설은 "太極의 道는 陰陽일 뿐이고, 一貫의 道는 忠恕일 따름이다" 라는 말로 요약된다.[125] 이것은 현상세계의 모든 운동은 현상세계의 배후

체계로 확립한 것으로 보는 입장(林熒澤, 「現實主義的 世界觀과 金鰲新話」, 『國文學硏究』13, 1971)과 唯物論으로 보는 시각[정성철, 『조선철학사(이조편)』, 과학백과사전출판사, 1987(『조선철학사』 Ⅱ, 이성과 현실, 1988)], 反朱子學的 혁신사상이라고 보는 견해[申東浩, 「梅月堂 金時習의 氣學思想 硏究(一)-그의 反朱子學的 太極論을 中心으로-」, 『忠南大學校 人文科學硏究所 論文集』第 Ⅹ卷 第2號, 1983 ; 申東浩, 「金梅月堂의 自然觀과 鬼神說-그 唯物論的 解釋 및 無神論的 解釋에 대한 批判을 兼하여-」, 『忠南大學校 人文科學硏究所 論文 集』第ⅩⅠ卷 第2號 1984 ; 申東浩, 「南北韓에 있어서의 朝鮮朝 儒學思想의 解釋 에 대한 比較 檢討(一)-氣學思想을 中心으로-」, 『忠南大學校 人文科學硏究所 論文集』第ⅩⅥ卷 第1號, 1989] 등으로 나누어지며, 후자는 朱子學에 대한 이해가 아직 미흡한 사상이라는 주장[裵宗鎬, 「梅月堂 金時習의 哲學思 想」, 『大東文化 硏究』17, 1983(裵宗鎬, 『韓國儒學의 哲學的 展開(上)』, 延世大學校 出版部, 1985에 재수록)]과 朱子學的인 또는 性理學的인 이해를 심화시켜 가고 있는 사상으로 보는 견해[金明昊, 「金時習의 文學과 性理學思想」, 『韓國學報』35, 1984 ; 許南進, 「朝鮮前期의 性理學硏究-변천과 역사적 기능을 중심으로-」, 『國 史館論叢』26, 1991, 193~194쪽 ; 崔英成, 「金時習의 哲學思想과 出處觀」, 『韓 國儒學思想史』Ⅱ(朝鮮前期篇), 아세아문화사, 1995, 143~166쪽]로 나누어 볼 수 있다.

122) 「太極說」, 『梅月堂集』卷20, 22ㄴ(13책, 384쪽).

123) 구만옥, 앞의 논문, 1998, 86~93쪽 참조.

124) 「太極說」, 『梅月堂集』卷20, 22ㄴ(13책, 384쪽). "陰而陽 陽而陰 動而靜 靜而動 其理之無極者 太極也".

에 있는 태극에 근거를 둔 음양에 의한 것이며, 그러한 태극(=天理)은 현상세계의 모든 事事物物에 分殊理로서 품부되어 있기 때문에, 그것을 파악하는 방법은 나에게 부여된 天理를 온전히 파악하고(盡己之謂忠, 盡己之心爲忠) 그것을 미루어 天理를 아는 것(推己之謂恕, 推己及人爲恕), 즉 忠恕일 뿐이라는 말이다. 이렇게 忠恕를 통한 천리의 파악이 가능한 이유는 각각의 분수리가 천리를 통해 일관되어 있기 때문이다(理一分殊).

이처럼 김시습이 그의 태극설에서 말하려고 했던 태극의 실체는 주희의 그것과 크게 다르지 않은 것이었다. 그것은 태극을 음양과 오행으로 하여금 음양과 오행이 되게 하는 근본적인 이치, 곧 本體로 설정한 것이었다. 그와 동시에 김시습은 이 태극을 '誠'으로 해석함으로써[126] 『中庸』과 『周易』의 통일을 시도하였다. 널리 알려진 바와 같이 『주역』을 『중용』으로 해석하는 天人合一의 논리는 周敦頤에 의해서 이미 시도된 것이었다.[127] 우리는 그러한 시도를 김시습의 태극설에서 그대로 찾아볼 수 있다. 주돈이의 태극설을 이어받아 태극을 '理'로 해석한 것이 程頤를 거쳐 주희에 이르러서였음을 염두에 둔다면, 김시습은 주돈이 이래로 정이를 거쳐 주희에 의해 종합·정리된 태극설, 즉 理本體論을 수용하고 있었다고 평가할 수 있을 것이다.

결국 김시습의 우주생성론은 氣→陰陽→五行→萬物이라는 운동을 통해 우주의 생성과 변화를 설명한다는 점에서는 이전 시기의 그것과 큰 차이가 없었지만, 氣의 배후에 주재자로서의 理(태극)의 존재를 설정하고 있었다는 점에서 이전 시기의 그것과 질적인 차별성을 갖고 있었다. 그것은 理本體論으로 평가할 수 있는 것이었다. 김시습은 이러한 본체론에

---

125) 「太極說」, 『梅月堂集』 卷20, 23ㄱ~ㄴ(13책, 385쪽). "故太極之道 陰陽而已矣 一貫之道 忠恕而已矣".

126) 「太極說」, 『梅月堂集』 卷20, 23ㄱ(13책, 385쪽). "……所以不可思慮者 誠也 有思慮者 妄也 無妄眞實者 誠也 誠者 不息也 不息 故不貳 不貳 故不測……".

127) 柳仁熙, 『朱子哲學과 中國哲學』, 汎學社, 1980, 92~95쪽.

기초하여 도교·불교의 인격천관을 비판·극복하였으며, 그 대안으로 理法天觀을 제시하였다. 이전의 祭天·祭星의 논리는 敬天의 논리로 대체되었다. 그는 이러한 敬天의 논리를『중용』의 誠論과 연결시킴으로써[128] 敬天을 통한 天人合一의 철학적 토대를 마련하였다. 따라서 그러한 내용을 갖는 敬天은 김시습에게 '萬世不易之定理'[129]가 될 수밖에 없었던 것이다.

한편 李穆(1471~1498)은 天人感應論을 통해 '士林派'의 이법천관을 전형적으로 보여주었다. 그는 먼저 天과 人의 관계를 父子에 비정하였다. 하늘이란 사람의 근본이며, 사람은 하늘로부터 天命을 부여받은 존재였다. 日月星辰으로 표상되는 天道와 仁義禮智로 표현되는 人性은 긴밀하게 연관되어 있는 것이었다.[130] 그것이 하늘과 사람은 性이 같고(天人之性一也), 마음이 같고(天人之心一也), 道가 같고(天人之道一也), 好惡가 같다(天人之好惡一也)는 주장으로 나타나게 되었다.[131] 그리고 그것은 인간의 마음 안에 自然天을 용해시키는 형태로 전개되었다. 비유하자면 인간의 마음이 곧 하늘이고, 喜怒哀樂의 감정은 中星에 해당하며, 仁義禮智信은 五星(五緯)과 같다는 것이었다.[132] 이러한 인식 하에서 궁극적인 것은 自然天에 대한 탐구가 아니라 내 안에 존재하는 理法天에 대한 탐구로 간주되었다. 이목은 그것을 다음과 같이 주장하였다.

그러므로 聖人은 自然天(在天之天)을 하늘로 여기지 않고 내 안에 있

---

128) 「天形第一」,『梅月堂集』卷17, 6ㄱ(13책, 343쪽). "以此敬天 敬亦誠矣".

129) 「天形第一」,『梅月堂集』卷17, 3ㄴ(13책, 342쪽).

130) 「策」,『李評事集』卷2, 2ㄱ(18책, 171쪽). "竊謂天者 人之本也 人者 天所命也 故天子乎人 而垂象於下者 日月星辰之文也 人父乎天 而禀受於上者 仁義禮智之性也……性之所在 天之所在也……天之所在 道之所在也".

131) 「策」,『李評事集』卷2, 5ㄱ~ㄴ(18책, 173쪽).

132) 「策」,『李評事集』卷2, 5ㄴ(18책, 173쪽). "故曰 天之性 卽吾之性 天之心 卽吾之心 天之道 卽吾之道 天之好惡 卽吾之好惡 然則吾人方寸間 亦有一天也 喜怒哀樂 吾天之中星也 仁義禮智信 吾天之五緯也".

는 하늘(在吾之天)을 밝히고자 하였으며, 하늘 위의 별(在天之星)을 별로 여기지 않고 내 안에 있는 별(在吾之星)을 살피고자 하였다. 왜냐하면 내 안의 하늘이 밝아지면 자연천은 반응을 기다리지 않아도 감응하며, 내 안의 별이 어지러워지면 하늘 위에 있는 별은 움직이기를 기다리지 않아도 움직이게 되기 때문이다.[133)

이와 같은 이목의 주장은 天下國家의 治亂·興亡의 문제를 天數로 볼 것이냐, 人事에 연유한 것으로 볼 것이냐를 묻는 또 다른 策問[134)에 대한 답변에서도 마찬가지 형태로 반복되고 있다. 天數란 '或然之變'에 불과하고, 人事는 '必然之理'에 해당하기 때문에 治亂興亡의 문제 역시 천수에 구애될 필요 없이 오로지 인사와 관련된 필연의 이치를 추구할 뿐이라는 주장이었다.[135)

결국 理法天觀의 핵심은 하늘의 본질을 인격적인 존재가 아닌 일종의 理法으로 파악한다는 것인데, 문제는 이 이법의 구체적인 내용이 과연 무엇인가 하는 점이다. 李荇(1478~1534)과 沈彦光(1487~1540)은 이에 대한 해답을 제시해 주고 있는데, 그것이 이른바 '宇宙의 棟樑'으로서의 '三綱'이었다.[136) 李荇은 우주를 지탱하는 동량으로 삼강을 거론하면서,[137) 삼강의 이치(理)는 우주의 시작과 더불어 존재하는 것이며, 우주와 그 始終을 함께 하는 것이라고 주장하였다.[138) 沈彦光은 氣가 상승하여

---

133) 「策」, 『李評事集』 卷2, 6ㄱ(18책, 173쪽). "故聖人 不天之天 而明在吾之天 不星之星 而察在吾之星 何則 吾之天明 則在天之天 不待應而應矣 吾之星亂 則在天之星 不待動而動矣".

134) 「策」, 『李評事集』 卷2, 6ㄴ~7ㄱ(18책, 173~174쪽).

135) 「策」, 『李評事集』 卷2, 7ㄴ(18책, 174쪽). "或然之變 天數也 必然之理 人事也 故善爲天下國家者 不拘於或然之數 而修吾必然之理而已 善觀治亂興亡之迹者 亦不求諸蒼蒼之天 而求諸人事之昭昭者而已".

136) 「三綱宇宙之棟樑」, 『容齋集』 外集, 25ㄴ~26ㄱ(20책, 575쪽) ; 「宇宙三綱之棟樑賦」, 『漁村集』 卷9, 26ㄱ~28ㄱ(24책, 204~205쪽).

137) 「三綱宇宙之棟樑」, 『容齋集』 外集, 25ㄴ(20책, 575쪽). "大廈之成 實有賴於棟樑 宇宙之久兮 要不過乎三綱".

138) 「三綱宇宙之棟樑」, 『容齋集』 外集, 26ㄱ(20책, 575쪽). "三綱之於宇宙 亘古今而

위에 형성된 하늘과 質이 응결하여 아래에 생긴 땅 사이에 가장 신령스러운 존재가 인간이며, 三才의 하나로서 인간이 부여받은 품성은 七敎[139]에 부합하는 것이라고 파악하였다.[140] 그 가운데서도 君臣・父子・夫婦 사이의 윤리인 '삼강'은 '宇宙의 棟樑'으로서 공간적・시간적으로 영원무궁한 것이었다.[141] 天地가 그 형태를 유지할 수 있는 것도 바로 동량으로서의 삼강이 존재하기 때문이라고 보았다.[142]

이상에서 살펴본 바와 같이 理法天觀의 특징은 우주의 생성・운행의 근본 원리로서 '理'(=太極)라는 개념을 설정하고, 그 理를 통해 하늘과 인간을 연결시킴으로써 천인감응의 체계 또한 理의 원리에 근거하여 설명한다는 것이다.[143] 이제 하늘은 인격적인 존재(=人格神)가 아니라 필연적인 이치・추세이며, 인간이 지켜야 할 도덕적 원리로 파악되었다. 여기서 중요한 것은 이 때의 理가 자연법칙인 物理와 도덕원칙인 事理(道理)를 관통한다는 사실이다. 즉 天으로 표상되는 자연세계의 운행질서와 人으로 대표되는 인간사회의 운영원리는 天理라는 동일한 理法의 적용을 받는 것이었다. 天과 人의 감응이 가능한 이유가 바로 여기에 있었다.

이러한 이법천관의 체계를 분명하게 보여주는 것이 李珥(1536~1584)의 「天道策」(1558년 作)이었다.[144] 여기에서 이이는 자연현상은 氣의 작

如一……自有宇宙 亦有此理 爲棟爲樑 相爲終始".

139) 『禮記集說大全』卷5, 王制 第5, 48ㄴ(166쪽-영인본 『禮記』, 保景文化社, 1984의 쪽수). "司徒修六禮以節民性 明七敎以興民德……"; 같은 책, 85ㄴ(185쪽). "七敎 父子・兄弟・夫婦・君臣・長幼・朋友・賓客".

140) 「宇宙三綱之棟樑賦」, 『漁村集』卷9, 26ㄱ(24책, 204쪽). "氣浮而上者爲天 質凝而下者爲地 惟人之命於兩間 禀最靈於萬類 生旣參於三才 性亦合於七敎".

141) 「宇宙三綱之棟樑賦」, 『漁村集』卷9, 26ㄱ~ㄴ(24책, 204쪽). "……是爲三綱 誰形未形 謂之棟樑 跨乾坤而包絡 益攸久而無疆 幷存天地之宇 同閱古今之宙 羌轇轕而扶持 擎人極於九有".

142) 「宇宙三綱之棟樑賦」, 『漁村集』卷9, 27ㄴ~28ㄱ(24책, 205쪽). "況乎天得一而不裂 地得一而不拔者 莫非棟樑扶持力也".

143) 馮寓(김갑수 역), 『천인관계론』, 신지서원, 1993, 제3장 「천인감응」참조.

144) 李珥의 自然觀에 대한 기존의 연구로는 張會翼, 「조선 성리학의 자연관—李珥의

용에 의해서 이루어지는 것이며, 그 배후에는 '所以然之故'로서의 理가 있음을 분명히 말하고 있다.[145] 이이는 '所以然之故'로서의 理를 구분하여 理에는 常이 있고 變이 있다고 보았다. 常은 二氣, 즉 음기와 양기가 조화를 이룬 상태이고, 變은 음기와 양기가 조화를 이루지 못한 상태를 말한다. 常의 상태에서는 모든 자연현상이 순조롭게 진행되지만 變의 상태에서는 不調和로 인해 災異가 발생하게 된다.[146] 이렇게 '理之變'이 발생하는 이유를 이이는 인사에서 찾고 있다. 그가 보기에 인간이란 존재는 곧 천지의 마음이기 때문에 사람의 마음이 바르면 천지의 마음도 바르게 되고, 사람의 氣가 순하면 천지의 氣도 순해진다는 것이다.[147] 이러한 입장에서 보면 모든 災異는 "氣가 그렇게 만드는 것이지만 또한 人事에 말미암는 것"[148]이라고 할 수 있었다.

이러한 이이의 자연인식은 이전 시기의 인격적 우주론과는 분명히 차별성을 보이는 것이었다. 이전 시기의 인격적 우주론이 초월적·절대적인 존재에 의한 인사의 일방적 주재를 의미하는 것이었다면, 이이의 경우에는 그 주재자가 天理로 대치되었다. 이때의 '主宰'는 이전의 '人格的 主宰'에 대응한 '理法的 主宰'라고 할 수 있다. 그것은 자연계와 인간사회, 즉 天人을 관통하는 객관적인 규범·법칙에 의한 주재를 뜻하는 것이며, 이에

『天道策』과 張顯光의 『宇宙說』을 중심으로-」,『科學과 哲學』 제2집, 통나무, 1991 ; 곽신환, 「이율곡(1536~1584)의 자연관-策文을 중심으로-」,『論文集』 22, 崇實大學校, 1992 ; 尹絲淳, 「율곡(李珥)의 자연관」,『民族文化研究』 25, 1992(윤사순,『조선시대 성리학의 연구』, 高麗大學校 民族文化研究院, 1998에 재수록)을 참조.

145) 「天道策」,『栗谷全書』 卷14, 55ㄱ~ㄴ(44책, 310쪽). "竊謂萬化之本 一陰陽而已 是氣動則爲陽 靜則爲陰 一動一靜者 氣也 動之靜之者 理也".

146) 「天道策」,『栗谷全書』 卷14, 55ㄴ(44책, 310쪽). "二氣苟調 則彼麗乎天者 不失其度 降于地者 必順其時 風雲雷電 皆囿於和氣矣 此則理之常也 二氣不調 則其行也失其度 其發也失其時 風雲雷電 皆出於乖氣矣 此則理之變也".

147) 「天道策」,『栗谷全書』 卷14, 55ㄴ(44책, 310쪽). "然而人者天地之心也 人之心正 則天地之心亦正 人之氣順 則天地之氣亦順矣".

148) 「天道策」,『栗谷全書』 卷14, 57ㄴ(44책, 311쪽). "其氣之使然者 亦由於人事也".

따라 인격적 존재에 의해 제약당했던 인간의 주체성이 이전 시기에 비해 상대적으로 회복되었다. 이것이 바로 '天卽理'·'性卽理'의 명제가 본질적으로 의미하는 바이며,[149] 이이가 인사를 통해서 재이를 바라보고자 했던 관점이었다. 그가 천지의 氣를 바르게 하는 것은 임금의 마음에 달렸다고 본 것이라든지,[150] 천지 자연의 모든 질서가 군주의 修德으로 귀결된다고 주장했던 것은 이러한 사실을 입증해 준다.[151]

　주자학적 우주론의 사상사적 의미는 위와 같은 理法天觀을 통해 명확히 드러난다. 이법천관에서는 이전의 불교·도교적 인격천은 물론 한당유학적 인격천까지 완전히 불식하고, 天을 오로지 이법적인 것으로 이해하였다. 그것은 자연천과도 다른 것이었다. 이법천관에서 중요한 것은 인격천이나 자연천이 아니라 天으로 표상되는 天理·理法이었다. 그것은 자연천에 대비되어 '臨女之天'·'在玆之天'으로 지칭되기도 하였다.[152] 종래의 천인감응론─漢唐儒學의 天人感應論, 특히 董仲舒의 천인감응론─은 이러한 天 이해에 바탕하여 새롭게 해석되었다. 이제 재이는 하늘의 의지에 따라 발생하는 것이 아니라 인간이 천리에 어긋나는 행위를 함으로써 일어나는 것이었다.

　그렇다면 자연법칙이자 인간 행동의 준칙이 되는 천리의 구체적인 내용은 무엇이며, 그것은 어떻게 파악될 수 있는가? 이법천관의 天은 추상적인 개념으로서는 誠·道·理 등과 일치한다.[153] 그러나 구체성을 찾아들어

---

149) 北宋代 天觀의 변화가 갖는 사상사적 의미에 대해서는 戶川芳郎·蜂屋邦夫·溝口雄三(조성을·이동철 옮김),『유교사』, 이론과 실천, 1990, 262~269쪽 ; 溝口雄三,「中國近世의 思想世界」,『中國という視座』, 平凡社, 1995, 10~138쪽 참조.

150)「天道策」,『栗谷全書』卷14, 60ㄱ(44책, 312쪽). "愚聞人君正其心以正朝廷 正朝廷以正四方 四方正則天地之氣亦正矣".

151)「天道策」,『栗谷全書』卷14, 60ㄴ(44책, 312쪽). "以此觀之 天地之位 萬物之育 豈不繫於一人之修德乎".

152)「策(天文星曆)」,『睡隱集』別集, 41ㄱ(73책, 172쪽). "竊以爲蒼蒼者非天也 臨女者卽天也 高高者非天也 在玆者卽天也".

153)「理氣辨」,『芝山集』卷6, 1ㄱ(55책, 526쪽). "道卽天也" ;「理氣辨」,『芝山集』

가면 결국 三綱五倫이라는 도덕적·윤리적 질서와 만나게 된다.154) 이처럼 이법천관에서는 중세사회의 운영원리, 상하관계의 수직적 질서를 정당화해 주는 준거인 윤리·도덕적 질서를 天理로 이해하였다. 그들이 자연학을 통해 확인하려고 한 것은 바로 이것이었다. 즉 자연법칙(=존재의 理)과 도덕원칙(=당위의 理)을 일치시킴으로써 인간학을 뒷받침하기 위한 재료로 자연학을 이용하였던 것이다. 따라서 현상세계에 대한 과학적 이해는 천리를 정점으로 운영되는 인간사회의 질서를 '자연적'인 것으로 설명할 수 있는 한에서만 의미를 지닐 수 있었다. 여기에 중세사회의 이데올로기로서 주자학적 자연학이 갖는 본질적 한계가 있었던 것이다.

이법천관에서는 천리를 파악하기 위한 방법으로 窮理=格物致知의 필요성을 강조하였다. 본래 천리는 인간에게 내재해 있을 뿐만 아니라 자연세계에도 보편적으로 존재하는 것이었다. 따라서 천리를 파악하기 위해서는 인간에 내재해 있는 천리를 확인하든지, 아니면 자연세계로 나가 事事物物의 이치를 탐구하면 된다. 그런데 이법천관에서 선택한 방법은 외재 사물의 이치를 탐구해 가는 방식이었고, 그것이 格物致知論으로 정리되었다. 이와 같은 방법을 선택하게 된 데에는 인간에 내재해 있는 천리, 천리를 담고 있는 心에 대한 인식의 문제가 놓여 있었다.

李珥는 心을 "性과 氣를 합해서 一身의 主宰가 되는 것"155)으로 이해했다. 마음은 人心과 道心으로 나누어 설명되는데, 그것은 모두 한 마음의 다른 작용으로서 氣發일 뿐이다.156) 이이는 "氣를 말하면 理는 그 안에

卷6, 3ㄴ(55, 527쪽). "誠卽道也".

154) 「理氣辨」, 『芝山集』 卷6, 9ㄱ(55책, 530쪽). "以性之體而言 則曰仁義禮智信 以性之用而言 則曰君臣之義 父子之仁 夫婦之別 長幼之序 朋友之信 其實則 一而已 天下豈有性外之理哉". 이것은 曺好益이 眞德秀의 말을 인용한 것인데, 曺好益은 天을 天命으로, 따라서 性과 일치시켜 보고 있었다.

155) 「人心道心圖說」, 『栗谷全書』 卷14, 4ㄱ(44책, 284쪽). "合性與氣而爲主宰於一 身者 謂之心".

156) 「答成浩原」, 『栗谷全書』 卷10, 28ㄱ(44책, 212쪽). "道心原於性命 而發者氣也 則謂之理發不可也 人心道心 俱是氣發……".

저절로 표현된다"[157]는 입장에서 '心是氣'[158]라는 표현까지 쓰고 있다. 이럴 경우 심에는 선과 악이 공존하고 있으며, 따라서 인간에게 중요한 과제는 인심을 극복하고 도심을 회복하는 것, 인심을 도심으로 바꿔가는 것이었다. 인심을 도심으로 바꾸는 방법은 일단 心의 구조에서 찾아야 한다. 마음은 크게 性·情·意로 나누어진다.[159] 마음이 아직 대상물과 관계를 맺지 못하여 현상화되지 않은 단계가 性이고, 외물과 만나서 현상 화되는 것이 情이며, 情으로 드러난 이후에 생각하는 것이 意이다. 심의 작용에는 또 志와 知가 있다. 志란 마음을 움직여 가는 추진력이므로[160] 志를 어떻게 세울 것인가 하는 문제는 도심에 이르기 위한 선결과제라고 할 수 있다. 그런데 志를 올바로 세우기 위해서는 먼저 善惡是非를 판별할 수 있어야 한다. 이것이 바로 知의 문제, 窮理의 문제이다. 인간은 지각작 용에 의하여 사물의 이치를 궁구하는데, 바로 이 같은 궁리를 통해서 善의 소재를 밝힐 수 있는 것이다.[161]

　이처럼 李珥는 心의 구조와 기능을 설명하는데 性, 情, 意, 志, 知 등의 개념을 사용하고 있다. 性이란 氣와 관련하여 마음 속에 들어있는 氣質之 性이며, 情이란 외물과의 만남에서 性이 氣에 가리워진 정도에 따라 드러 난 것이다. 그 이후에 知를 통해 善惡是非를 분별하여 志를 세우고, 意에 의해 주체적으로 추진해 나감으로써 기질을 변화시켜 본래성인 道心을 회복할 수 있게 되는 것이다. 志가 善을 향한 방향성 확립이라면, 그것이 善임을 아는 것은 知의 문제이다. 인간이 기질을 변화시키는 이유는 본래 성을 드러내기 위함이다. 본래성이란 本然之性이며, 理通이라고 표현되

---

157)「語錄」下,『栗谷全書』卷32, 16ㄴ(45책, 268쪽). "言氣則理在其中".
158)「答成浩原」,『栗谷全書』卷10, 28ㄴ(44책, 212쪽).
159)「答成浩原壬申」,『栗谷全書』卷9, 35ㄴ~36ㄱ(44책, 194~195쪽). "大抵未發則 性也 已發則情也 發而計較商量則意也 心爲性情意之主".
160)「聖學輯要」2,『栗谷全書』卷20, 59ㄱ(44책, 458쪽). "志者 心有所之之謂 情旣發 而定其趨向也 之善之惡 皆志也".
161)「聖學輯要」3,『栗谷全書』卷21, 36ㄱ~ㄴ(44책, 482쪽). "昏之病有二 一曰智昏 謂不能窮理 昧乎是非也……君子以是爲憂 故窮理以明善……".

는 절대선이다. 氣質의 변화과정, 다시 말해 인간의 본래성을 드러내는 일련의 과정은 理의 입장에서 볼 때 '窮理'로 표현되며, 그것은 모든 만물에 똑같이 내재한 보편성을 획득하는 일이 된다.162) 그런데 本然之性이 氣質之性을 떠나 있는 것이 아니듯 理도 만물을 떠나 있는 것이 아니다. 李珥가 格物을 "사람이 物理를 궁구하여 이것으로 하여금 極處에 이르게 함이다"163)라고 해석하여, 주희의 견해를 계승하고 있는 것도 이러한 관점에 입각해서였다. 理는 언제나 완전성 그대로이지만 다만 氣質에 국한되어 그 모습이 가려졌을 뿐이다. 따라서 국한된 모습 속에서 그 완전한 모습을 파악해 내는 것이 知의 완성이다.164)

결국 '心是氣'의 관점에 입각할 때 심의 본체를 회복하기 위한 방법으로서 궁리는 필요한 것이었다. 궁리를 통해 파악하고자 한 것은 물론 天理였으며, 그것은 事理(道理)와 物理를 관통하는 것이었다. 따라서 事事物物에 대한 탐구를 통해서도 얼마든지 도덕원칙으로서의 천리를 파악할 수 있는 것으로 간주되었다. 내면적인 도덕심성의 함양보다 궁리를 강조하는 이유가 바로 여기에 있었다. 따라서 이러한 입장에서는 재이를 비롯한 자연의 변화를 관찰하는 것도 중요하게 생각하였다.165) 왜냐하면 자연법칙과 인간사회의 운영원리가 하나의 이법(=一理)으로 관통되어 있다고 생각하였기 때문이다. 심의 본체를 회복하기 위한 방법으로 주체(心)를 벗어난 객관적 천리의 파악이 강조되는 것은 결국 천리에 의한 주체의

---

162) 「萬言封事甲戌」, 『栗谷全書』卷5, 26ㄴ(44책, 105쪽). "窮理亦非一端 內而窮在身之理 視聽言動 各有其則 外而窮在物之理 草木鳥獸 各有攸宜 居家則孝親刑妻 篤恩正倫之理 在所當察 接人則賢愚邪正 醇疵巧拙之別 在所當辨 處事則是非得失 安危治亂之幾 在所當審 必讀書以明之 稽古以驗之 此是窮理之要也".

163) 「語錄」下, 『栗谷全書』卷32, 16ㄱ(45책, 268쪽). "格物云者 人窮物之理 而使之至於盡處也".

164) 이상의 내용은 金敎斌, 「栗谷哲學에서의 必然性과 可變性에 대한 硏究」, 『儒敎思想硏究』2, 1987, 249~259쪽을 참조.

165) 「策(天文星曆)」, 『睡隱集』別集, 42ㄱ(73책, 172쪽). "爲人君者 父事天母事地……人君之事天 常察其機祥者 將以獲乎天也".

규제·속박을 의미한다. 따라서 理法天觀에서 인간의 주체성 회복은 天理를 따르는 한에서만 용납될 수 있는-천리라는 외적 규제를 전제로 한-제한적인 것이었다고 할 수 있다.

이상에서 살펴본 理法天觀의 특징을 정리하면 다음과 같다. 먼저 이법천관에서는 天의 속성을 천리로 파악하고 있다. '天卽理'166)의 논리인 것이다. 이법천관에서도 天人感應論은 유용한 이론으로서 기능하였다. 다만 天과 人이 감응하는 원리는 이전 시기의 그것과 차이를 보이고 있다. 이법천관에서 천인감응의 원리는 一氣論과 一理論으로 설명된다. 一氣論에 입각해 볼 때 天과 人은 동일한 氣로 이루어졌다고 간주되며, 따라서 天과 人은 상호 교통이 가능하다. 그런데 이 氣로 하여금 작용하게 만드는 원리는 바로 理였다. 음양 二氣의 작용에 의해서 생성되는 현상세계의 여러 가지 사물은 다양한 형태를 띠고 있지만 본질적인 면에서는 하나의 이치였던 것이다(理一分殊).

이법천관에서는 災異의 원인으로서 '人事之失'을 지적하고 있다. 인사의 진행이 천리와 합치되지 않음으로써 재이를 발생케 한다는 것이다. 특히 군주의 역할이 중요시되었다. 군주는 만민의 위에서 '代天理物'하는 존재이기 때문이다. 따라서 그의 행동이나 마음씀이 천리와 어그러진다면 재이는 필연적인 것이었다. 재이의 원인을 이렇게 규정할 때 재이를 해소할 수 있는 방도는 당연히 천리에 위배된 행동을 제어하고 천리와 합치된 행동을 하도록 노력하는 것이었다. 재이에 즈음하여 군주가 恐懼修省의 태도를 보이는 것은 천리의 소재를 확인하기 위한 행위에 다름 아니었다.

이법천관에서는 弭災의 방법으로 인간의 심성수양이 강조되었는데, 이때 心의 본체를 회복하기 위한 방편의 일환으로 중시된 것이 窮理였다. 천리에 어그러진 행동을 하지 않으려면 먼저 천리가 무엇인지 알아야 했기 때문이다. 이에 따라 이치를 탐구하는 작업이 중시되었다. 格物致知의 강조, 道問學의 강조가 바로 그것이었다. 이것은 천리와 주체의 분리,

---

166) 『論語』, 八佾, 13章, "子曰 不然 獲罪於天 無所禱也"의 朱子 註.

천리와 주체의 이질화를 내포하는 것으로, 결국 천리에 의한 외적 규제의 강화로 귀결되었다. 이러한 이법천관의 논리가 정치론과 연결될 때 그것은 천리에 합치되는 통치를 하기 위한 전제로 군주의 도덕수양을 강조하는 君主聖學論으로 나타났고, 사회신분제와 연결될 때 상하관계의 수직적 질서=중세적 불평등을 '자연적'인 것으로 합리화하는 논리(名分論)로 기능하였던 것이다.

3) 理法天觀의 政治社會運營論

유기체적 자연관의 본질상 天觀의 변화로 대변되는 우주론의 전환은 사유체계의 전체 구조와 밀접한 관련을 가지면서 인간관·사회관 영역으로 전개되기 마련이었다. 위에서 살펴본 것처럼 理法天觀은 理本體論을 바탕으로 그 사상의 얼개가 만들어지고 있었다. 이렇게 천리를 우주만물의 근원이라고 생각하는 논자들에게 현실세계의 정치·사회 운영은 天理의 체현을 목표로 하는 것이 될 수밖에 없었다. 金時習은 그것을 '德治'의 개념으로 표현하였다.[167] 왜냐하면 德이란 천리를 체현하여 내 마음에 얻은 것으로, 德으로써 하는 정치란 곧 천리를 구현하는 정치를 의미하기 때문이었다. 인간에게 德이란 天德인 '元亨利貞'을 체인하여 자신의 품성 안에 갖추어진 '仁義禮智'를 가리키는 것이었다.[168] 天德 가운데 중심 개념이 '元'이듯, 인간의 본성 가운데 핵심은 바로 '仁'이었다. 따라서 김시습이 지향하는 덕치는 仁政으로 귀결된다. 그리고 그것은 體元·調元論= 君臣相資論(정치운영론), 生財·節用論(경제운영론), 名分論(사회운영론)으로 구체화되었다.

김시습의 仁政論은 정치운영의 측면에서 體元·調元論으로 나타났다.

---

167)「爲政以德贊」,『梅月堂集』卷19, 14ㄱ~ㄴ(13책, 371쪽).
168)「性理第三」,『梅月堂集』卷17, 16ㄴ(13책, 348쪽). "夫元亨利貞 天之德 仁義禮智 性之德也 天以四德 能運行不息 化育萬類 故君子體之 以得於吾己 則性之在我者 無有不善 德之及物者 無有不誠".

여기서 元이란 天德 가운데 첫 번째에 해당하는 것으로, 天地가 만물을 生生하는 이치인 '生物之心'·'生生之理'·'生意'를 의미하는 것이었다. 따라서 體元이란 천지가 생생하는 이치를 본받는 것을 뜻하며,169) 調元이 란 생생의 이치가 잘 발현되도록 조절하고 보조하는 것을 말한다.170) 이처 럼 體元·調元論은 자연과 인간을 연결하는 天人合一의 논리였다. 즉 하늘의 德인 元을 본받아서, 그 生生의 이치에 따라 현실 정치를 펼쳐야 한다는 것이었다.

　김시습은 군주와 신하 양자가 서로 협력하는 가운데 국가가 유지될 수 있다고 보았다. 그는 이러한 형태의 군신관계를 '君臣相資'라는 개념으 로 표현하였다.171) 군신관계는 신체에 비유하자면 元首와 股肱의 관계로 서 결국은 한 몸이며(君臣一體), 그 직책을 가지고 보더라도 군주의 직무 인 體元과 신하의 직무인 調元은 하나라는 것이었다(君臣一職).172) 이것 은 관념적인 이야기로 들릴 수도 있지만 그 본질적 내용은 군주의 권한에 대한 일정한 제약이라고 할 수 있다. 그리고 그 제약의 기준은 언행으로부 터 사업에 이르기까지 군주의 일체의 행위가 도덕적 표준에 합당한가 하는 것이었다. 그 표준이 바로 '皇極'의 '極'이며,173) 달리 표현하면 '天 命'='理'인 것이다. 때문에 김시습은 다음과 같이 주장하였다.

　아! 圭璋과 黼黻과 면류관은 비록 임금이 내려 준 것이지만 이것은 바로 天命일 뿐이니, (신하는) 법(모범)이 되어 군주를 보필하여야 한다. 爵祿과 土田은 비록 임금이 내려준 것이지만 이것은 바로 天命일 뿐이니, 天命을 견지하여 백성을 다스려야 한다. 生殺·予奪·賞罰·禍福에 이

169) 「體元贊」, 『梅月堂集』 卷19, 10ㄴ~11ㄱ(13책, 369~370쪽).
170) 「調元贊」, 『梅月堂集』 卷19, 11ㄱ~ㄴ(13책, 370쪽).
171) 「人臣義」, 『梅月堂集』 卷20, 31ㄱ(13책, 389쪽). "君臣相資而後 國家可保".
172) 「人臣義」, 『梅月堂集』 卷20, 31ㄴ(13책, 389쪽). "故元首股肱 同是一體 體元調元 共成一職".
173) 「人君義」, 『梅月堂集』 卷20, 29ㄴ(13책, 388쪽). "極者 至極之義 標準之名 極是 公共底物 人君以此極建中於上 人臣以此極輔佐於前 萬民以此極表彰於下".

르러서는 비록 임금이 마음대로 하는 것처럼 보이지만, 진실로 天命을 어그러뜨릴 수는 없는 것이다.174)

이것은 이를테면 임금의 명령보다는 天命이 우위에 있다는 말이다. 군주의 언행과 사업이 천명과 일치할 때는 별 문제가 없겠지만 그것이 어긋날 때는 결국 군주의 명령에 따르기보다는 천명에 따라야 한다는 논리가 될 수밖에 없다. 요컨대 김시습의 君臣相資論은 군주권에 대한 일정한 제약 의도를 내포하고 있는 것으로, 16세기 이후에 전개되는 君主聖學論, 君臣共治論의 선구를 이루는 것이라고 할 수 있다.

김시습은 군주의 지위가 하늘에 의해 무조건 보장되는 것이 아니라 民心에 달려 있는 문제라고 파악하였다.175) 이는 물론 儒家의 전통적인 民本政治論이라고 볼 수 있다. 민본정치론에서 중요한 것은 民의 재생산 기반을 보장하는 것이었고, 김시습이 君民관계에서 주목하였던 것도 바로 이 부분이었다. 김시습은 군주가 민심을 얻기 위해서는 '煩民役 奪民時'의 문제를 삼가야 한다고 보았다.176) 군주가 백성들의 재생산 기반을 파괴하는 행위를 자행하면 안 된다는 것이었다. 백성들이 1/10稅를 내서 군주를 받드는 것은 그로 하여금 백성들을 잘 다스리도록 해달라는 의도에서였다.177) 따라서 군주가 사사로운 욕심을 채우기 위해 일으키는 전쟁이나 토목공사, 국가의 재정을 낭비하는 행위 등은 철저하게 비판되었다. 결국 군주가 나라를 다스릴 때는 국가 운영의 근간이 되는 백성을 사랑하는

---

174) 「人臣義」, 『梅月堂集』 卷20, 31ㄴ~32ㄱ(13책, 389쪽). "嗚呼 圭璋黻冕 雖君之賜也 乃天之命爾 爲章以輔主 爵祿土田 雖君之錫也 乃天之命爾 支命以濟民 乃至生之殺之 予之奪之 賞之罰之 禍之福之 雖似人主之所擅 寔乃天命之不僭".

175) 「愛民義」, 『梅月堂集』 卷20, 32ㄱ~ㄴ(13책, 389쪽). "民心歸附 則可以萬世而爲君主 民心離散 則不待一夕而爲匹夫".

176) 「愛民義」, 『梅月堂集』 卷20, 32ㄴ~33ㄱ(13책, 389~390쪽). "平常供御 可矜可憫 豈可妄作無益 煩力役 奪民時 起怨咨 傷和氣 召天災 迫飢饉 使慈親孝子 不能相保 流離散亡 使顚仆於溝壑乎".

177) 「愛民義」, 『梅月堂集』 卷20, 32ㄴ(13책, 389쪽). "民出什一以奉乎上者 欲使元后用其聰明 以治乎我也".

'愛民'의 정신이 기초가 되어야 한다. 그런데 애민의 방법은 '仁政'에 다름
아니었다.

　　이러한 까닭으로 人主가 나라를 다스림에는 오로지 愛民으로써 근본을
　삼아야 하는데, 愛民의 방법은 仁政에 불과하다. 仁政이란 어떻게 하는
　것인가? (仁政이란) 煦嫗(김을 불어 따뜻하게 하고 체온으로 따뜻하게
　함)도 아니며 摩拊(어루만지고 쓰다듬음)도 아니다. 오직 農桑을 권장하
　고 本業에 힘쓰게 할 따름이다. 그것을 권장하는 방법은 무엇인가? 번거
　롭고 시끄럽게 명령을 내어 아침마다 깨우쳐 주고 저녁마다 장려하는
　것이 아니다. 賦稅와 徭役을 가볍게 하고 농사짓는 시기를 빼앗지 않는
　것에 있을 따름이다.[178]

이처럼 仁政이란 民의 재생산 기반을 보장해 주는 것이었다. 그 구체적인
방법은 바로 '煩力役 奪民時'에 주의하여 '賦稅와 力役을 가볍게 하고
농사짓는 시기를 빼앗지 않는 것(薄賦輕徭 不奪其時)'일 따름이었다. 이
러한 김시습의 保民·愛民에 대한 생각은 그의 경제사상이라고 할 수
있는 '生財說'과도 직접적으로 연결된다.[179]
　　김시습의 생재설은 흔히 생각하기 쉬운 상공업 육성책과 같이 적극적인
산업진흥을 주장하는 것은 아니었다. 그것은 크게 네 가지로 요약되는데,
생산하는 자를 많게 하고, 소비하는 사람은 적게 하며, 만드는 것은 빠르게
하고, 사용하는 것은 천천히 하게 한다는 것이었다. 이는 『大學』에 논리적
근거를 두고 있는 것으로,[180] 그 요점은 결국 '仁'으로 요약된다.[181] 김시습

---

178) 「愛民義」, 『梅月堂集』 卷20, 33ㄴ(13책, 390쪽). "是故 人主治國 專以愛民爲本
　　而愛民之術 不過曰仁政也 曰 仁政奈何 曰 非煦嫗也 非摩拊也 惟勸農桑 務本
　　業而已 曰 勸之之術奈何 曰 非煩擾出令 朝諭暮獎也 在薄賦輕徭 不奪其時而
　　已".
179) 「生財說」, 『梅月堂集』 卷20, 15ㄱ~17ㄱ(13책, 381~382쪽).
180) 『大學章句』 10章. "生財有大道 生之者衆 食之者寡 爲之者疾 用之者舒 則財恒
　　足矣".
181) 「生財說」, 『梅月堂集』 卷20, 16ㄱ(13책, 381쪽). "四者之要有一 不過曰仁耳".

의 생재설은 保民論과 표리관계를 이루고 있었다. 따라서 이와 같은 생재
설의 논리 하에서는 비록 生財가 이루어지더라도 節用하지 않으면 안
되었다. 왜냐하면 天地가 생산하는 바 재화와 모든 물건에는 각각 分限이
있으므로, 만약 節用하지 않는다면 그것은 숲을 불질러 짐승을 사냥하고,
연못을 말려서 물고기를 잡는 것과 같기 때문이었다.[182] 그래서 김시습은
생재의 문제를 절용에 의해 보완하고자 하였고, 그것이 "仁以生財 義以節
用"이라는 논리로 정리되었다. 김시습의 경제사상이 지향했던 목표는 '上
下相資', '本末相持'의 경지였다.[183] 이러한 節用의 논리는 결국 국가가
적극적으로 경제활동에 개입하는 것을 '與民爭利'로 비판하게 하였고,
桑弘羊(B.C. 152~B.C. 80), 劉晏(715~780), 王安石(1021~1086) 등과 같
이 국가 주도의 경제 운영을 지향했던 인물들에 대한 부정적 평가로 이어
졌다.[184]

　한편 김시습은 名分論에 입각한 사회운영을 구상하고 있었다. 김시습
에게서 名이란 天子・諸侯・公・卿・大夫・士・庶人의 구별을, 分이란
상하・존비・귀천을 뜻하는 것이었다.[185] 이러한 명분은 천지가 정하고,
聖人이 닦은 것으로[186] 혼란시켜서는 안 되는 것이었다. 일찍이 孔子가
정치의 급선무로 '正名'을 강조한 것도 그런 이유에서였다고 김시습은
파악하였다.[187] 이와 같은 중요성을 갖는 명분은 예절에 의해서 뒷받침되

---

182) 「生財說」, 『梅月堂集』卷20, 16ㄴ(13책, 381쪽). "盖天地所生財貨百物 各有限劑
　　不可妄費 苟不節用 如焚藪獵禽 竭澤取魚 坐見窮瘁 而莫之瞻矣".

183) 「生財說」, 『梅月堂集』卷20, 16ㄴ(13책, 381쪽). "人主苟能仁以生財 義以節用
　　則民之儲貯 卽吾之儲貯 吾之府庫 卽民之府庫 上下相資 本末相持 而無匱乏
　　之患 怨讟之嫌".

184) 「生財說」, 『梅月堂集』卷20, 17ㄱ(13책, 382쪽). "彼桑弘羊劉晏王安石 欲理財而
　　聚錢推賣 與民爭利者 所以起不奪不饜之端 其估怨市讎 可勝言哉 此易敗難救
　　之禍也".

185) 「名分說」, 『梅月堂集』卷20, 17ㄱ(13책, 382쪽). "何謂名 天子諸侯公卿大夫士庶
　　人是也 何謂分 上下尊卑貴賤是也".

186) 「名分說」, 『梅月堂集』卷20, 18ㄱ(13책, 382쪽). "天地定名分 聖人修名分".

187) 「名分說」, 『梅月堂集』卷20, 17ㄴ(13책, 382쪽).

어야 한다. 그렇지 않으면 기강과 법도를 스스로 지킬 수 없어서 명분의 실상이 한갓 빈 그릇이 되어 제어할 수 없기 때문이다.[188] 그런데 여기서 말하는 '禮'란 '天理의 節文'으로 표현되는 바와 같이 사회적 등차와 서열을 의미한다. 등차와 서열은 유가적 입장에서 볼 때 사회적 질서의 기본을 이루는 것이었다.[189] 김시습이 생각하는 건전한 사회는 "上下가 서로 돕고 本末이 서로 지탱해 주는(上下相資 本末相持)" 사회였다. 그런데 이러한 단계에 도달하기 위해서는 먼저 天子는 諸侯를 제재하고, 제후는 卿大夫를 제재하며, 경대부는 士庶人을 다스리고, 귀한 이는 천한 이를 부리고, 천한 이는 귀한 이를 받들며, 윗사람은 아랫사람을 부리고, 아랫사람은 윗사람을 섬기는 禮를 확실히 할 필요가 있다는 것이었다.[190]

이처럼 김시습은 명분에 따른 구분을 엄격히 한 다음에야 가정이나 국가가 잘 다스려질 수 있으며, 사회의 각 구성원은 자신의 역할에 맞는 생활을 할 수 있다고 생각하였다. 명분에 맞는 생활이란 바꾸어 말하면 天理에 따르는 생활, 자신의 사욕을 억제하고 천리의 본연으로 복귀하는 것이었다. 그것이 이른바 '克己復禮', '存天理 遏人欲'이었던 것이다.[191]

理法天觀에 입각한 정치사회운영론은 16세기에 접어들어 '士林派'가 정치의 전면에 등장하면서 본격적으로 제기되기에 이르렀다. 金正國 (1485~1541)의 理法天觀은 '敬天勤民'이라는 명제로 집약된다.[192] '敬天勤民'은 이전부터 제왕들이 세상을 다스리는 요체로서 강조되어 왔다.[193]

---

188) 「名分說」, 『梅月堂集』 卷20, 17ㄱ~ㄴ(13책, 382쪽). "旣有名分矣 又無禮節之 則紀綱法度 不能自守 名分之實 徒爲虛器 而莫之馭矣".

189) 오하마 아키라(이형성 옮김), 『범주로 보는 주자학』, 예문서원, 1997, 429~431쪽.

190) 「名分說」, 『梅月堂集』 卷20, 17ㄴ(13책, 382쪽). "是以天子制諸侯 諸侯制卿大夫 卿大夫治士庶人 貴以馭賤 賤以承貴 上之使下 猶頭目之運手足 下之事上 如 枝葉之衛本根 然後上下相資 本末相持……".

191) 「雜說」, 『梅月堂集』 卷23, 11ㄴ(13책, 418쪽). "要其源則不過聖學所謂克己復禮 而已 人欲淨盡 天理流行而已".

192) 「策題(敬天勤民)」, 『思齋集』 卷3, 27ㄴ(23책, 56쪽). "苟或敬天而勤民 則天命攸 歸 人心攸屬 苟或慢天而虐民 則天命去矣 人心離矣 然則天命人心之去就 豈 在於敬天勤民之外哉".

문제는 '敬天'(또는 '事天'·'畏天')의 실상을 무엇으로 파악하고 있었는가 하는 것이다. 김정국은 그것을 '誠'으로 표현하였다.[194] '以誠格天'·'以誠恤民'[195]이 바로 그것이었는데, 君主 修身과 仁政의 시행이 그 핵심적인 내용이었다.[196] 그리고 그것을 현실 정치에서 구현할 수 있는 구체적인 방안으로 '求賢'이 제시되었다.[197] 이는 君主修德의 내용으로 '正心'과 '用人'을 제시하고 있는 주자학적 君主聖學論의 구도를 그대로 수용한 것으로,[198] 당시 '사림파' 일반의 현실인식과 개혁의 지향점을 보여주는 것이라 할 수 있다.

이법천관을 기반으로 한 주자학의 정치사회운영론은 李彦迪(1491~1553) 단계에 이르면 보다 분명한 모습으로 나타나게 된다. 이언적은 먼저 天을 '理의 所在'로 정의하였다.[199] 그것은 하늘에서 근원하였다는 의미에서 天理·天道로 표현되는 바, 無形無質하고 生死始終이 없는 것으로 선험적으로 존재하는 절대적·보편적 원리에 다름 아니었다.[200] 인간·

---

193) 「策題(敬天勤民)」, 『思齋集』 卷3, 27ㄱ(23책, 56쪽). "帝王爲治之道 不過敬天勤民而已".

194) 「策題(敬天勤民)」, 『思齋集』 卷3, 28ㄱ(23책, 56쪽). "玆二者之實 不過曰誠而已".

195) 「策題(敬天勤民)」, 『思齋集』 卷3, 28ㄴ(23책, 56쪽). "然則不務以誠格天 而徒區區於避殿撤樂 宥罪錄囚之末 則臣未見其敬天之實也 不務以誠恤民 而徒區區於蠲免逋負 給復減租之末 則臣未見其勤民之實也".

196) 「策題(敬天勤民)」, 『思齋集』 卷3, 28ㄴ(23책, 56쪽). "敬以存心 而有以盡事天之實 仁以發政 而有以盡憂民之實".

197) 「策題(敬天勤民)」, 『思齋集』 卷3, 31ㄱ(23책, 58쪽). "伏願殿下敬天以誠而不以文 勤民以誠而不以具 求賢以誠而爲二者之本".

198) 朱熹의 정치론에 대해서는 張立文, 『朱熹思想硏究』, 中國社會科學出版社, 1981의 제4장 「朱熹的政治學說」; 張立文, 『朱熹評傳』, 南京大學出版社, 1998, 제11장 「天理君權 德刑用人材」 참조.

199) 「進修八規」, 『晦齋集』 卷8, 13ㄴ(24책, 438쪽). "夫天者 理之所在".

200) 「答忘機堂第一書戊寅」, 『晦齋集』 卷5, 10ㄴ(24책, 391쪽). "……先天地而立而不見其始 後天地而存而不見其終……盖人物有形有質 此理無形無質 有形有質者 不能無生死始終 而其所以生死始終者 實此無形無質者之所爲也".

사회의 영역에 국한시켜 본다면 그것은 삼강오륜으로부터 動靜語默에
이르기까지 인간이 지켜야 할 일체의 '所當然之理'를 포괄하는 것이었
다.201) 따라서 천지 안에 존재하는 일체의 사물은 이와 같은 천리·천도의
규제로부터 자유로울 수 없었다.202)

　이러한 이법천관 하에서 인간은 궁극적으로 천리·천도와의 합일을
통해서 그 존재의 목적을 완수할 수 있었다. 이언적은 이와 같은 '天人合一'
의 방법으로 畏天·法天·順天·體天·敬天·事天·配天 등의 개념을
제시하였다.203) 그것은 내 안에 품부된 천리를 확인함으로써 나의 분수를
파악하고, 그에 합당한 사회적 역할을 담당하는 일이었다. 이언적은 특히
군주의 敬天을 강조하고 있었는데, 봉건적 사회체제 하에서 군주는 '奉天
理物'204)의 존재로 간주되었기 때문이다. 정치의 핵심적인 과제로 君主聖
學의 문제가 본격적으로 거론되기에 이르렀던 것이다.

　이언적이 주장하는 군주 경천의 구체적인 내용은 修己와 治人의 문제
로 구분하여 볼 수 있는데, 전자는 君主 修德을 중심으로 한 君主聖學論으
로, 후자는 保民의 문제를 중심으로 한 仁政論으로 특징지어진다. 먼저
이언적은 군주 수덕의 요체로서의 '敬天'을 강조하였다.205) 그것은 군주의
마음가짐과 일체의 행위가 천리에 순응하고 천심에 부합하도록 하는 일이
었다.206) 여기에서 중요한 문제로 부각되는 것이 바로 天理와 人欲의

---

201) 「答忘機堂第三書」, 『晦齋集』 卷5, 18ㄱ(24책, 395쪽). "其在人者 則大而君臣父
　　子夫婦長幼之倫 小而動靜食息進退升降之節 以至一言一默一嚬一笑之際 各
　　有所當然而不可須臾離 亦不可毫釐差者 莫非此理之妙".
202) 「答忘機堂第三書」, 『晦齋集』 卷5, 18ㄱ(24책, 395쪽). "盖道之大原出於天 而散
　　諸三極之間 凡天地之內 無適而非此道之流行 無物而非此道之所體".
203) 「元朝五箴幷序」, 『晦齋集』 卷6, 1ㄴ(24책, 404쪽) ; 「一綱十目疏」, 『晦齋集』 卷7,
　　2ㄱ(24책, 417쪽) ; 「一綱十目疏」, 『晦齋集』 卷7, 17ㄱ(24책, 425쪽) ; 「進修八
　　規」, 『晦齋集』 卷8, 5ㄱ(24책, 434쪽) ; 「進修八規」, 『晦齋集』 卷8, 13ㄴ(24책,
　　438쪽).
204) 「進修八規」, 『晦齋集』 卷8, 14ㄴ(24책, 438쪽).
205) 「進修八規」, 『晦齋集』 卷8, 13ㄴ(24책, 438쪽). "然則人君修德保位之道 孰有大
　　於敬天者乎".

구분이었다. 천리와 인욕, 다시 말해 公議와 私意의 구분은 기본적으로 正心을 통해서 달성할 수 있는 문제였다.[207] 그런데 정심의 요체는 학문을 통해서 획득할 수 있는 것이었으니,[208] 이른바 '窮理'가 그것이었다. 이언 적이 帝王之學의 급선무로서 궁리를 거듭 강조하는 이유가 바로 여기에 있었다.[209]

궁리를 위해서는 독서가 필요한데,[210] 군주의 경우 그것은 經筵으로 구체화되었다.[211] 경연에서의 공부는 聖經賢傳에 대한 학습이 주를 이루 었고, 그것은 철두철미 心學을 위주로 한 것이었다.[212] 군주의 마음은 곧 천하의 大本,[213] 萬化의 근원[214]이므로 그 마음을 바로 잡는 것이 정치의 요체라고 여겨졌기 때문이다.[215] 이는 결국 도덕적 표준을 세우는 일이 군주의 가장 큰 책무라고 강조하는 것이었다.

國家의 憲章과 法度는 道體와 관련되지 않는 것이 없으며, 다스림의 절실한 사무로서 君主가 마땅히 강구하고 유의해야 할 바입니다. 그러나

---

206) 「進修八規」, 『晦齋集』 卷8, 14ㄱ(24책, 438쪽). "處心行事 一順乎天理而合於天 心".
207) 「一綱十目疏」, 『晦齋集』 卷7, 7ㄱ~ㄴ(24책, 420쪽).
208) 「一綱十目疏」, 『晦齋集』 卷7, 8ㄱ(24책, 420쪽). "其所以正心術之要 又必由學而 得矣".
209) 「一綱十目疏」, 『晦齋集』 卷7, 9ㄱ~ㄴ(24책, 421쪽). "帝王之學 窮理正心而已 矣"; 「進修八規」, 『晦齋集』 卷8, 2ㄱ(24책, 432쪽). "是故 帝王之學 莫先於窮 理".
210) 「進修八規」, 『晦齋集』 卷8, 2ㄱ(24책, 432쪽). "盖窮理之要 必在於讀書".
211) 「一綱十目疏」, 『晦齋集』 卷7, 8ㄴ(24책, 420쪽). "夫經筵 人主講學之地 接賢士 大夫之所也".
212) 「一綱十目疏」, 『晦齋集』 卷7, 9ㄱ~ㄴ(24책, 421쪽).
213) 「進修八規」, 『晦齋集』 卷8, 3ㄱ(24책, 433쪽). "臣按先儒朱熹以人主之心 爲天下 之大本".
214) 「三月呈辭上箚子」, 『晦齋集』 卷10, 7ㄴ(24책, 452쪽). "盖人主一心 萬化之源".
215) 「一綱十目疏」, 『晦齋集』 卷7, 6ㄴ~7ㄱ(24책, 419~420쪽). "盖帝王爲治之道 至簡而不煩 至易而不難……盖爲治之要 其綱有一 其目有十……何謂一綱 人 主之心術是也".

이것은 모두 有司의 직무이며, 또 前代의 常規와 先王의 舊制가 있습니다. 다만 그것을 遵行하여 잃지 않게 하고, 賢才를 얻어서 직무를 담당하게 하면 거행되지 않는 일이 없을 것입니다. 때에 따라 損益하여 中에 합당하게 하는 것에 이르러서도 역시 다른 사람에 속한 일입니다. 修身·尊賢·親親·敬大臣·體群臣·子庶民과 같은 것은 모두 군주의 마음 위의 일이니 스스로 다하지 않으면 안됩니다. 天道를 본받고 天命을 두려워하는 것(體天道畏天命)에 이르러서는 하늘을 받들고 하늘의 명을 삼가하는 일(奉天勅天之事)에 깊이 관련된 것이니, 군주는 마땅히 밤낮으로 두려워하고 삼가하여 가슴에 간직하고 잠시라도 잊어서는 안 될 것입니다.[216]

　이상과 같은 이언적의 발언은 君主聖學의 요체가 무엇인지를 극명하게 보여주는 예라 할 수 있다. 현실 정치의 제도적 문제는 신하들에게 맡기고 군주는 도덕적 표준을 세우기 위해 수신에 열중해야 한다는 것이었다. 그가 말하는 君主 修德으로서의 敬天의 실체가 바로 이것이었다.
　그렇다면 군주의 處心行事가 天理에 순응하고 天心에 부합하는 것인지 어떻게 확인할 수 있는가? 이언적은 그 방법으로 '人心'의 문제를 거론하였다. 군주의 마음이 大公至正하여 好惡와 取舍가 義理에 합당하고 群情에 합치되면 그것은 곧 하늘의 뜻에 부합하는 것으로 간주되었다.[217] 문제는 이언적이 말하는 人心·群情의 실체가 무엇인가 하는 점이다. 그것은 일단 民本政治의 관점에서 말하는 일반 백성들의 마음=民心으로

---

216)「中庸九經衍義序」,『晦齋集』卷11, 5ㄱ~ㄴ(24책, 458쪽). "國家憲章法度 無非道體之所該 爲治之切務 人主所當講究而留意 然此皆有司之事 而且有前代之常規 先王之舊制 但當遵而勿失 又得賢才而任之職 則事無不擧矣 至於隨時損益 使合於中 亦在於人也 若夫曰修曰尊曰親曰敬曰體曰子 則皆人君心上事也 不可不自盡也 而至於體天道畏天命 則尤有關於奉天勅天之事 人主所當日夕兢惕 服膺而不可斯須忘者也".

217)「進修八規」,『晦齋集』卷8, 14ㄴ~15ㄱ(24책, 438~439쪽). "夫人君心事之合天與否 何以驗之 驗於人心而可知矣 君心大公至正 好惡取舍 當於義理而協乎群情 則必合於天心矣 如或不爾而有違於道 則拂人之心矣 何以合天意乎".

해석될 수 있다. 그러나 보다 궁극적으로는 '士大夫 公論'을 의미하는
것이었다. 이언적이 私意와 대비시켜 公議를 강조하였던 것도, 君主 聖學
의 핵심적인 장소로 설정하였던 經筵의 의미를 '賢士大夫를 접하는 곳'으
로 정의하였던 것도, '爲治之要'의 한 조목으로 言路를 넓히는 문제(廣言
路)를 거론하였던 것도,[218] 모두가 士大夫 公論을 수렴해야 한다는 일관
된 의도에서 제기된 것이었다.

이상에서 살펴본 것처럼 이언적은 경천의 의미를 군주 수덕으로 정의하
였고, 그 방법으로 君主聖學을 제시하였다. 군주성학론에서는 군주가 인
민의 도덕적 표준으로서 자기 자신의 도덕적 수양에 힘써야 한다는 점을
거듭 강조하였다. 그렇다면 현실적인 정치 운영은 어떻게 해야 하는 것인
가? 이미 군주 성학의 내용에서 암시되듯이 현실의 정치 운영은 군주와
사대부의 협조를 통해 이루어져야 하는 것이었다. 그것이 이른바 '君臣共
治'였다.[219] 이언적은 군주의 직무와 재상의 직무를 體元과 調元이란 개념
으로 구분하였다.[220] 이것은 물론 주역의 乾卦와 坤卦로부터 추출된 개념
이었다. 흥미로운 것은 일찍이 이러한 개념으로 정치론을 펼쳤던 인물이
김시습이었다는 점이다.

군주의 경우 천인합일의 방법은 修己와 治人의 두 측면으로 구분하여
볼 수 있다. 수기의 측면에서 군주의 수덕과 그 방법으로서 군주성학을
강조한 이언적은 치인의 측면에서는 仁政論을 주창하였다. 그것은 천도의
속성을 '仁'으로 파악하는 데서 유래하는 논리였다. 이언적은 천도의 속성
을 '好生無私'로 간주하였다. 따라서 군주가 펼쳐야 할 정치의 내용 역시
이러한 천도를 본받은 '法天好生之政'이어야 했다.[221] 그것이 바로 '修政

---

218) 「一綱十目疏」, 『晦齋集』 卷7, 20ㄴ～22ㄱ(24책, 426~427쪽).
219) 李彦迪의 君臣共治論에 대해서는 김정신, 「朝鮮前期 士林의 '公' 認識과 君臣共
　　　治論-趙光祖・李彦迪의 學問・政治論-」, 『學林』 21, 2000을 참조.
220) 「進修八規」, 『晦齋集』 卷8, 11ㄱ(24책, 437쪽). "故體元者 人君之職 調元者 宰相
　　　之事 元者 仁也 仁 人心也……人君推此心而施之于政 使四域之內倉生之類
　　　咸被其澤 是之謂體元 宰相存此心而贊襄美政 施愛人惠物之志 順天地生育之
　　　心 是之謂調元".

格天之道'로서의 仁政이었다.222)

이언적은 당시의 정치 상황에서 仁政에 방해가 되는 두 가지 요소로
刑罰과 賦斂의 문제를 제기하였다.223) 따라서 형벌을 신중히 하고 부세를
가볍게 하는 것(愼刑薄斂)이 仁政의 첩경이 된다.224) 그것은 결과적으로
군주 자신이 검소한 생활과 節用의 태도를 가져야 한다는 논리로 연결되
었다.225) 이러한 논리의 전개는 비단 이언적 만의 것이 아니었다. 앞서
살펴본 김시습이나 김정국을 통해서도 확인할 수 있듯이, 주자학적 정치사
회 운영을 모색하는 인물들에게서 공통적으로 나타나는 논리였다.

이상에서 살펴본 것처럼 理法天觀은 종래의 人格天觀을 부정하면서
天의 본질로서 天理라는 일종의 理法을 제시하고, 그것을 통해 인간·사
회·자연을 통일적으로 이해하고자 한 사유체계였다. 이법천관에서는 天
人合一의 궁극적 이상을 실현하기 위한 방법으로 흔히 '敬天勤民'이라는
명제가 제시되었는데, 그것은 君主의 修德을 강조하는 한편, 적극적인
仁政의 시행을 표방하는 논의였다. 仁政論에 입각한 정치운영은 體元調
元論=君臣相資論을 거쳐 君臣共治論으로 발전하였고, 경제운영에서는
保民論과 節用論을 바탕으로 중세사회 국가운영의 물적 토대가 되는
民의 재생산 기반을 보장하고자 하였다. 사회운영에서는 名分論이 강조
되었는데, 그것은 상하관계의 수직적 구조를 갖는 중세사회의 신분제를
이데올로기적으로 유지·옹호하는 역할을 담당하였다. 이와 같이 인정론
에 입각한 이법천관의 정치사회운영론은 궁극적으로 주자학적 사회질서

---

221) 「一綱十目疏」, 『晦齋集』 卷7, 17ㄱ(24책, 425쪽). "臣聞天之道好生而無私 聖人
之心亦好生而無私 堯之欽若昊天 敬授人時 以至庶績咸熙者 法天好生之政
也……".

222) 「一綱十目疏」, 『晦齋集』 卷7, 17ㄴ(24책, 425쪽). "求其所以修政格天之道 亦在
好生而無私而已".

223) 「進修八規」, 『晦齋集』 卷8, 11ㄴ(24책, 437쪽). "自古人君欲施仁政而害于仁者
有二 刑罰煩則怨痛多而害于仁矣 賦斂重則民竭其膏血而害于仁矣".

224) 「進修八規」, 『晦齋集』 卷8, 13ㄱ(24책, 438쪽).

225) 「進修八規」, 『晦齋集』 卷8, 12ㄱ(24책, 437쪽). "故人君必深明君民一體之理
樂民之樂 憂民之憂 恭儉節用 約己厚下".

를 지향하는 것이었다. 이는 이른바 '勳舊' 세력과의 대립·갈등 속에서 주자학에 입각한 사회운영을 모색하였던 조선전기 '士林' 세력의 현실인 식과 세계관을 반영하는 것이었고, 15세기 이후 주자학에 대한 이해가 심화됨에 따라 사상계의 주도적 이데올로기로 정착하게 되었다.

제3장 朱子學的 宇宙論의 발전과
天觀·社會觀의 多邊化

1. 16세기 말~17세기 초 朱子學的 宇宙論의 발전

조선시기 자연관의 변화과정을 사회변동과 그에 따른 사상계의 동향을 고려하여 구분해 보면, 조선전기는 주자학적 자연관의 성립과정으로, 조선후기는 주자학적 자연관의 재정립·변형·해체 과정으로 이해할 수 있다. 구체적으로 15세기는 이전 시기의 전통적 자연관이 주자학적 자연관을 중심으로 통합되어 가는 과정으로, 16세기는 주자학적 자연관의 확립시기로, 17·18세기는 兩亂 이후의 사회경제적 변동에 따른 주자학적 사유체계의 동요에 조응하여 한편에서는 주자학적 자연관이 재정립·강화되고, 다른 한편에서는 주자학적 자연관을 대체할 수 있는 다양한 가능성이 모색되는 시기로 구별하여 볼 수 있다. 여기에서는 먼저 조선전기 자연관이 조선후기 자연관으로 변모하는 16세기 말에서 17세기 초에 걸친 시대상황에 주목하여, 당시의 사회 변동에 따른 자연관의 변화 양상을 자연관과 사유체계의 유기적인 구조에 초점을 맞추어 살펴보고자 한다.

이 시기에는 지주제의 확대에 따른 토지문제가 중요하게 대두되었고,[1] 貢納制의 폐단으로 대표되는 賦稅制度의 모순 또한 심각하였다.[2] 대외적

---

1) 李景植, 『朝鮮前期土地制度硏究』[Ⅱ], 지식산업사, 1998.
2) 高錫珪, 「16·17세기 貢納制 개혁의 방향」, 『韓國史論』 12, 1985 ; 이지원, 「16·17세기 전반 貢物防納의 構造와 流通經濟的 性格」, 『李載龒博士還曆紀念 韓

으로는 倭亂과 胡亂을 겪었고, 대내적으로는 仁祖反正(1623년)과 李适의 亂(1624년) 등 정치적 격변을 경험하였다. 16세기 이래로 심화된 내부적 모순을 해결하지 못한 상태에서 양란이라는 미증유의 전란을 겪음으로써 조선왕조는 해체의 위기에 직면하게 되었던 것이다. 이러한 정치·사회변동에 대응하여 그것을 수습하고자 하는 정치·사상계의 모색은 '黨爭'의 형태로 표출되어 조선후기 정치사를 점철하게 되었다.3) 당시 조선의 官人·儒者들은 공통적으로 현실의 상황을 위기로 인식하면서도 각자가 처한 계급적·사상적 처지에 따라 각기 다른 방향의 타개책을 제시하고 있었다.

16세기 말에서 17세기 초에 걸친 조선 학계·사상계의 동향을 대별하여 보면 다음과 같은 몇 가지 경향을 추출할 수 있다. 첫째, 주자학에 대한 이해가 심화됨에 따라 禮學이 발달하게 되었다. 16세기를 거치면서 理氣心性에 대한 철학적 해명이 어느 정도 완료되자 그것을 사회적으로 실천하기 위한 객관적 규범이 필요하게 되었다. 즉 사회를 주자학적으로 유지·통제하기 위해서는 주자학적 윤리를 강제할 수 있는 객관적 규범이 요구되었던 것이다. 이것이 바로 예학의 발달로 나타나게 되었다.4) 우리는 鄭逑(1543~1620)와 金長生(1548~1631)의 禮書 연구를 통해 그것을 확

國史學論叢』, 한울, 1990 ; 박현순, 「16~17세기 貢納制 운영의 변화」, 『韓國史論』 38, 1997.

3) 이 시기 政治史의 개괄적인 흐름에 대해서는 다음의 論著를 참조. 李泰鎭, 「16世紀 後半·17世紀 初의 政界動向과 '仁祖反正'」, 『韓國軍制史』(近世朝鮮後期篇), 陸軍本部, 1977, 50~70쪽 ; 吳洙彰, 「仁祖代 政治勢力의 動向」, 『韓國史論』 13, 1985(『朝鮮時代 政治史의 再照明』, 汎潮社, 1985에 재수록) ; 具德會, 「宣祖代 후반(1594~1608) 政治體制의 재편과 政局의 動向」, 『韓國史論』 20, 1988 ; 韓明基, 「光海君代의 大北勢力과 政局의 動向」, 『韓國史論』 20, 1988 ; 李綺南, 「光海朝 政治勢力의 構造와 變動」, 『北岳史論』 2, 1990 ; 禹仁秀, 「朝鮮 仁祖代 政局의 動向과 山林의 役割」, 『大丘史學』 41, 1991 ; 禹仁秀, 『朝鮮後期 山林勢力研究』, 一潮閣, 1999.

4) 고영진, 『조선중기 예학사상사』, 한길사, 1995 ; 鄭景姬, 『朝鮮前期 禮制·禮學 研究』, 서울大學校 大學院 國史學科 博士學位論文, 2000, 제5장 「16세기 후반~17세기 초반 朱子禮學의 朝鮮化」 참조.

인할 수 있다.

둘째, 易學 연구의 확산을 지적할 수 있다.[5] 『周易』은 그 경전으로서의 지위 때문에 유학사에서 통시기적으로 중요시되었지만, 16세기 조선의 역학 연구는 이전 시기의 그것과 차별성을 보여주고 있다. 徐敬德(1489~1546) 이후로 象數學에 대한 이해가 심화되었고, 역학 관계의 독자적인 저술이 눈에 띄게 증가하였다. 이것은 예학의 발달과 마찬가지로 당시 격화되고 있던 사회모순을 해결할 수 있는 방안을 사상의 차원에서 찾고자 했던 철학적 모색의 일환이었다고 여겨진다.

셋째, 心學化의 경향을 들 수 있다.[6] 객관적 규범인 天理 못지않게 그것을 체현해 낼 주체로서의 인간과 그 인간을 주재하는 心에 대한 관심의 표명이었다. 실천 주체의 확립에 대한 관심이 심학으로 표출된 것이었다. 이러한 심학화의 경향 속에는 그 의미를 달리하는 몇 계열이 있었는데, 하나는 心性修養論의 차원에서 심학을 강조하는 것이었고, 다른 하나는 本體論의 차원으로까지 심학을 확대시켜 가는 것이었다. 전자에는 陽明學에 대해 비판적인 입장을 견지하면서 조선 심학을 추구한 李滉(1501~1570) 이래의 학문 전통이 포함될 수 있고, 후자에는 양명학에 대해서 개방적인 자세를 보였던 趙翼(1579~1655)·崔鳴吉(1586~1647)·張維(1587~1638)의 경우가 포함된다. 또 하나는 앞의 두 경향과 일정한 관련을 가지면서 그 토대 위에서 새로운 학문적 가능성을 타진하는 이른바 '實學'의 흐름이다. 이들은 체제의 위기 상황에 직면하여 주자학의 학문론을 비판하는 한편 實踐·實用·實功을 강조하면서 학문의 현실성과 실천성을 중시하는 태도를 보였다. 李睟光(1563~1628)과 申欽(1566~1628) 등이 바로 이러한 경향에 속하는 인물이었다고 할 수 있다.

여기에서는 위와 같은 몇 가지 경향 가운데 역학과 심학의 확산이라는 사유체계의 변동 과정을 자연관의 변화와 관련하여 살펴보고자 한다. 이

---

5) 韓國周易學會 編, 『周易과 韓國易學』, 汎洋社 出版部, 1996의 제2장 「韓國의 易學思想」 참조.
6) 尹南漢, 『朝鮮時代의 陽明學 研究』, 集文堂, 1982, 제Ⅲ장 참조.

시기의 자연관에 대한 기존의 연구는 매우 소략하여, 張顯光(1554~1637)
의 우주론에 대해서만 몇 편의 논문이 제출되어 있는 상황이다.7) 이것은
조선전기의 자연관에 대한 연구가 전체적으로 부진하기 때문에 나타나는
현상으로, 조선전기 자연관의 변화·발전과정에 대한 체계적인 시각이
마련되지 못함으로써 조선 전기와 후기를 매개하는 이 시기에 대한 연구시
각 역시 확보되지 못하였다는 데 일차적인 원인이 있다고 생각한다. 그것
은 조선전기의 자연관에 대한 연구가 사상사와의 관련 속에서 충분히
다루어지지 못하고 있는 현실을 반영하는 것으로, 조선후기의 자연관에
대한 연구가 실학·서학과의 관련 속에서 활발하게 논의되고 있는 사정과
좋은 대조를 이룬다. 여기에서는 이러한 문제점을 염두에 두면서 16세기
말에서 17세기 초에 걸친 기간이 조선 전기와 후기를 연결하는 시기라는
점에 주목하여, 사상사의 내재적 발전 과정 속에서 자연관의 변화 양상을
추적해 보고자 한다.

조선사회에서 주자학적 우주론의 정착·확산·심화과정은 주자학의
수용과정과 그 흐름을 같이 하고 있다. 주자학적 자연관의 도입은 이전
시기의 人格的 우주론을 극복하고 理學的·理法的 우주론을 수립하는
데 공헌하였다. 李滉(1501~1570)과 李珥(1536~1584)에 의한 주자학의
정착, 조선 주자학의 성립은 그 과정에서 하나의 이정표가 된다고 할 수
있다.

주자학적 우주론은 渾天說의 발전적 형태로서의 9重天說이라는 구조
론과 太極·理氣를 중심 개념으로 하는 생성론, 左旋說로 대표되는 천체
운행론, 邵雍의 元會運世說을 차용한 우주주기론을 그 특징으로 한다.

---

7) 朴善楨,「旅軒 張顯光의 宇宙論」, 高麗大學校 教育大學院 碩士學位論文, 1980
(『旅軒 張顯光의 學問과 思想』, 金烏工科大學校 善州文化硏究所, 1994에 재수
록) ; 張會翼,「조선후기 초 지식계층의 자연관-張顯光의「宇宙說」을 중심으
로-」,『韓國文化』11, 1990 ; 張會翼,「조선 성리학의 자연관-李珥의『天道策』
과 張顯光의『宇宙說』을 중심으로-」,『科學과 哲學』2, 통나무, 1991 ; 전용훈,
「朝鮮中期 儒學者의 天體와 宇宙에 대한 이해-旅軒 張顯光(1554-1637)의「易
學圖說」과「宇宙說」-」,『한국과학사학회지』제18권 제2호, 1996.

16세기를 경과하면서 『性理大全』·『朱子大全』·『朱子語類』 등 주자학
적 우주론을 포함하고 있는 성리학 관련 서적에 대한 연구가 축적되면서
이러한 내용들에 대한 이해 역시 심화되어 갔다.

먼저 구조론의 측면에서는 혼천설의 우위가 확인되었다. 당시 지식인들
사이에서 논의의 대상이 되었던 우주구조론은 宣夜說·蓋天說·渾天說
등이었는데, 그 가운데 혼천설이 가장 합리적인 것으로 이해되고 있었다.
이것은 조선초기 이래의 전통적인 이해 방식이었다. 宣夜說은 師承이
없어 그 구체적인 내용을 알 수 없다는 점에서, 蓋天說은 일상적인 경험과
위배되는 면이 많다는 점에서 채택되지 않았다.[8] 이러한 사실은 姜沆
(1567~1618)[9]이 옛날의 論天家 가운데 어느 학설이 가장 올바르냐는
질문에 대해 혼천설이 가장 정밀하다고 답변하고 있는 데서 확인할 수
있다.[10] 반면 盧景任(1569~1620)[11]의 경우 혼천설과 함께 개천설도 소개
하고 있는데,[12] 이러한 사실은 구조론의 측면에서 혼천설에 의한 일원적

---

8) 자세한 내용은 『隋書』 「天文志」의 내용을 전재하고 있는 『諸家曆象集』을 통해
　서 알 수 있다. 『諸家曆象集』 卷1, 天文, 1ㄱ~4ㄴ(3~10쪽-영인본 『諸家曆象
　集·天文類抄』, 誠信女子大學校 出版部, 1983의 쪽수).

9) 姜沆은 成渾(1535~1598)의 門人으로 임진왜란 당시 포로가 되어(1597년) 2년
　8개월 동안 일본에서 생활하였고[尹舜擧, 「行狀」, 『睡隱集』 附錄, 1ㄱ~15ㄴ(73
　책, 138~145쪽-『韓國文集叢刊』, 民族文化推進會의 책수와 쪽수. 이하 같음)],
　이때의 경험을 바탕으로 『看羊錄』을 작성하였다.

10) 「策(天文星曆)」, 『睡隱集』 別集, 39ㄴ(73책, 171쪽). "宣夜之法 絶無師承 周髀之
　術 考驗多違 占晷景之往來 求事情之形驗者 莫密於渾天 則曆代之迄仍舊貫者
　宜矣".

11) 盧景任은 張顯光(1554~1637)의 甥姪로서 張顯光과 柳成龍(1542~1607)으로
　부터 학문을 전수받았다. 그는 우주론과 易學 분야에 약간의 저술을 남기고
　있는데 그 대부분은 張顯光의 연구 성과를 계승한 것으로 보인다. 李栽, 「通訓大
　夫弘文館校理知製教兼經筵侍讀官春秋館記主官贈通政大夫承政院都承旨知
　製教兼經筵參贊官春秋館修撰官藝文館直提學尙瑞院正敬菴盧公行狀」, 『敬
　菴集』 附錄, 1ㄱ~8ㄱ(74책, 72~75쪽).

12) 「天地說」, 『敬菴集』 卷4, 1ㄴ(74책, 58쪽). "天南高而北下 故望之如倚蓋 地東南
　下西北高 故東南多水 西北多山".

통일이 이루어지지 않았고, 혼천설의 우위 속에 개천설도 병존하고 있었음을 말해주는 것으로 볼 수 있다. 왜냐하면 혼천설로 설명할 수 없는 부분－예컨대 하늘의 크기 측정－을 개천설로 설명할 수 있었기 때문이다. 어쨌든 혼천설과 개천설은 우주의 구조를 설명하는 전제와 내용에서는 차이점을 보이고 있지만, 사상사적인 의미라는 측면에서 볼 때는 인간중심, 중국중심의 사고 방식을 지탱하는 논리라는 점에서 일치한다. 왜냐하면 두 이론은 모두 天과 地를 일 대 일로 대응시키면서 관념적으로 '天圓地方'·'天動地靜'을 표방하고 있었기 때문이다. 이러한 전통적 天地觀은 이 시기에도 여전히 지속되고 있었다.13)

16세기를 통해 우주론 가운데서 주된 논의의 대상이 되었던 것은 左旋說의 문제였다. 왜냐하면 그것은 천체운행의 문제였고, 천체운행은 역법 계산에서 기본이 되는 요소였기 때문이다. 좌선설은 주희가 주장한 이래로 주자학적 우주론에서 중요한 이론이 되었으며, 주자학을 수용한 조선의 학자들 역시 좌선설을 신봉하였다. '退溪學派'의 曺好益(1545~1609)은 일찍이 각종 성리학 서적에 대한 축조적인 분석을 시도하였는데,14) 그 가운데에는 주희의 우주론을 수록하고 있는『성리대전』도 포함되어 있었다. 여기서 그는 張載의 여러 이론 가운데 좌선설을 옳은 것이라고 인정한 주희의 견해15)를 그대로 수용하였다. 즉 日月五星도 二十八宿의 항성과 마찬가지로 하늘을 따라 좌선한다는 것이었다.16) 문제는 左旋 그 자체가 아니라 하늘의 좌선과 일월오성의 좌선 사이의 상호관련성이었다. 특히 역법 계산에서 핵심 요소가 되는 해와 달의 운행이 天(恒星)의 운행과

13)「南北極說」,『敬菴集』卷4, 3ㄴ(74책, 59쪽). "天體圓 地體方 圓故動而包乎地外 方故靜而處乎天中".
14)「年譜」,『芝山集』附錄, 卷1, 12ㄴ(55책, 558쪽).
15)『朱子語類』卷2, 理氣下, 天地下, 沈僴錄(16쪽-點校本『朱子語類』, 中華書局, 1994의 쪽수. 이하 같음) ;『朱子語類』, 卷99, 張子書 2, 李閎祖綠(2534쪽).
16)「諸書質疑(性理大全, 星辰)」,『芝山集』卷6, 33ㄴ(55책, 542쪽). "朱子曰 天無體 二十八宿 便是天體 隨天而定 日月五星 亦皆隨天左旋 緩急各不同 不隨天而定也".

차이가 있었으므로 이것을 해결하는 것이 중요한 과제였다. 그것은 일찍이『書傳』에서 제기된 바 '朞三百'의 문제였으며, 四分曆의 체계를 이해하는 관건이었다.

사분력을 이해하는 핵심은 주천도수 365 1/4도(1태양년의 길이)와 달의 공전주기(29 499/940일)를 어떻게 일치시킬 것인가, 즉 윤달을 어떻게 배치할 것인가 하는 문제(置閏法)였다. 이러한 계산에 이론적 근거를 제공한 것이 천체운행론으로서의 좌선설이었다. 즉 일월오성이 하늘과 함께 좌선하지만 그 속도에 차이가 있어서 해는 하늘에 비해 하루에 1도 덜 가고, 달은 하루에 13도 가량(13 7/19)을 덜 간다는 주장이었다. 따라서 해는 365 1/4일 후에야 하늘과 만나게 되며, 달은 29 499/940일 후에야 해와 만나게 된다.[17] 치윤법의 핵심은 이러한 차이를 해소하는 것이었고, 사분력에서는 19년 동안에 윤달을 7번 삽입하는 章法(메톤週期, Metonic cycle)이 사용되었다. 사분력 체계에서 중요한 천문상수는 章法 19, 章月 235, 周天 1461, 日法 4, 蔀法 76, 蔀月 940, 蔀日 27759, 紀法 1520 등이었다.[18] 이러한 상수들이 나오게 된 것은 계산의 편의를 위해서 19년의 4배인 76년을 기준으로 하였기 때문이었다.

曹好益은 위와 같은 사분력 체계에서 중요한 상수 가운데 하나인 蔀月의 값을 제시하였다.[19] 그것은 기본적으로 章法에 대한 이해에 기초하고 있었다. 그러나 더 이상의 논의를 찾아볼 수 없기 때문에 그 정확한 내용을 알 수는 없다. 다만 서경덕 계통의 상수학에 비판적인 입장을 견지하였던[20] 퇴계학파에서도 지속적으로 '朞三百'을 비롯한 상수학적 문제에 대

---

17) 1朔望月의 길이= $365\frac{1}{4} \times 19 \div 235 = 29\frac{499}{940}$ 여기서 235는 윤달을 포함한 19년의 달수(19×12+7=235)이다.

18) 여기서 章月은 윤달을 포함한 19년간의 총월수=19×12+7=235, 周天은 4년간의 총일수=365.25×4=1461, 蔀法은 4章法이므로 19×4=76, 蔀月은 76년간의 월수=235×4=940, 蔀日은 940월의 총일수=940×29.53085=27759, 紀法은 20蔀法=80章法=19×80=1520이다. 이은성,『曆法의 原理分析』, 정음사, 1985, 22쪽.

19)「諸書質疑(性理大全, 天度)」,『芝山集』卷6, 30ㄴ-(55책, 540쪽). "一度 九百四十分".

해 착실히 검토하고 있었다는 점을 생각해 볼 때,[21] 조호익의 연구도 그러한 탐구의 연장선상에 있었던 것임을 미루어 짐작할 수 있다.

사분력 체계에 대한 종합적인 이해를 보여준 것은 서경덕을 私淑한 李慶昌(1554~1627)[22]의 「周天圖說(周天說)」이었다.[23] 여기에 따르면 하늘은 그 모양이 둥근데, 가운데는 높고 사방은 낮다. 周天은 365 1/4도이고, 북극은 지상 36도, 남극은 지하 36도에 위치하며, 두 극은 하늘의 축으로서 맷돌의 중심축과 같이 움직이지 않는다. 嵩高山은 하늘의 가운데 위치하는데, 북극으로부터 숭고산(숭고산의 천정)까지는 55도(정확하게는 55 5/16도 - 필자)이다. 숭고산으로부터 하지점(夏至日道)까지는 12도이며, 하지점에서 춘추분점까지는 24도, 춘추분점에서 동지점(冬至日道)까지는 24도, 동지점으로부터 남쪽으로 땅까지의 거리는 31도(정확하게는 31 5/16도 - 필자)이다. 하늘은 일월과 함께 땅을 둘러싸고 左旋하여 하루에 한 바퀴 돌고 1도를 더 가고, 해는 조금 느리게 돌아서 하루에 (하늘에 비해) 1도 후퇴하고, 달은 더욱 느리게 돌아서 하루에 13도 가량(13 7/19)을 후퇴한다. 1년의 상수가 360일(12×30=360)이기 때문에 결국 태양

---

20) 『退溪先生言行錄』 卷5, 類編, 論人物, 6ㄴ~7ㄱ(68~69쪽-『退溪全書』 17, 退溪學研究院, 1994의 원문 쪽수. 이하 같음)의 徐敬德에 대한 평가와 같은 글, 8ㄴ(69쪽)의 洪仁祐에 대한 평가를 참조.

21) 「答李仲久」, 『退溪集』 卷10, 27ㄱ~ㄴ(29책, 297쪽) ; 「答李仲久」, 『退溪集』 卷11, 32ㄴ~43ㄱ(29책, 319~323쪽) ; 「答南時甫」, 『退溪集』 卷14, 7ㄴ~10ㄱ(29책, 366~367쪽) ; 「答李剛而問目朱書」, 『退溪集』 卷21, 10ㄴ~19ㄱ(30책, 7~12쪽) ; 「答鄭子中」, 『退溪集』 卷26, 12ㄴ~16ㄴ(30책, 110~112쪽) ; 「答禹景善問目啓蒙」, 『退溪集』 卷31, 5ㄴ~45ㄱ(30책, 216~236쪽) ; 「答琴聞遠乙丗」, 『退溪集』 卷36, 34ㄱ~35ㄱ(30책, 326~327쪽).

22) 李慶昌의 생애에 대해서는 嚴緝, 「墓碣銘」, 『國朝人物考』(上), 서울大學校 出版部, 1978, 415~416쪽 ; 『中京誌』 卷8, 人物, 5ㄱ(154쪽-『朝鮮時代 私撰邑誌』 5, 韓國人文科學院, 1989의 쪽수. 이하 같음) 참조. 李慶昌의 文集으로는 1936년에 開城의 全義李氏玉溪公派世譜所에서 간행한 『西村集』(국립중앙도서관 장본, 청구기호 한古朝46-가1425, 고3648-62-248)이 있다.

23) 「周天圖說見松都誌」, 『西村集』 6ㄱ~7ㄴ ; 『中京誌』 卷9, 附錄, 4ㄴ~5ㄱ(237~238쪽).

은 1년에 5 235/940일 더 가고,[24] 달은 5 592/940일 적게 가는 셈이다.[25] 해의 운행이 6일 가량 많은 것을 氣盈, 달의 운행이 6일 가량 적은 것을 朔虛라고 하는데, 기영과 삭허가 합쳐서 閏이 생기는 것이다.[26] 33개월마다 윤달이 생기므로, 19년 동안에는 7개의 윤달을 둬야 하는데, 이것을 1章(19년 7윤법)[27]이라고 한다.

이처럼 좌선설의 수용은 역법체계에 대한 탐구와 밀접한 관련을 지니고 있었는데, 이는 곧 『書傳』의 朞三百章을 이해하는 핵심 문제이기도 했다. 그것은 태음태양력 체계에서 발생하는 각종 주기의 차이를 어떻게 해소할 것인가, 즉 윤년을 어떻게 설정할 것인가 하는 문제로 집약되었다. 기삼백장에 대한 蔡沈의 주는 사분력 체계에 기초하고 있었는데,[28] 그것은 주희의 역법관과도 일치하였다.[29] 그런데 실제로 중국에서는 여러 차례의 改曆이 있었고, 그에 따라 置閏法도 점차 정밀하게 개선되어 갔다. 서양 역법인 時憲曆이 도입되기 이전에 사용되었던 授時曆 체계에서 1년의 길이는 365.2425일로, 四分曆의 365.25일에 비하면 많은 개선이 있었다. 그럼에도 불구하고 채침을 비롯한 성리학자들의 논의 속에서 등장하는 역법의 기준은 의연히 사분력 체계였다. 왜냐하면 사분력이 채용된 後漢 시기(85~220)[30]에 훈고학이 발전하여, 경전의 주석에서 사분력의 수치를 사용하는 것이 전통이 되었기 때문이다.[31]

---

24) $365\frac{1}{4} - 360 = 5\frac{1}{4} = 5\frac{235}{940}$ (=氣盈)

25) $29\frac{499}{940} \times 12 = 354\frac{348}{940}$ (=一歲月行之數=12朔望月)

$\rightarrow 354\frac{348}{940} - 360 = -5\frac{592}{940}$ (=朔虛)

26) 一歲閏率= $5\frac{235}{940} + 5\frac{592}{940} = 10\frac{827}{940}$

27) $19 \times 10\frac{827}{940} = 7 \times 29\frac{499}{940}$ (19년 7윤법)

28) 『書傳』虞書, 堯典, 8章 註.

29) 『朱熹集』卷65, 雜著, 尚書, 虞書, 堯典, 3412쪽(點校本 『朱熹集』, 四川敎育出版社, 1996의 쪽수. 이하 같음).

30) 朱文鑫, 『曆法通志』, 商務印書館, 1934, 31쪽.

이를 통해 알 수 있는 것은 당시 학자들의 천문·역법에 대한 탐구가
자연에 대한 실증적이고 과학적인 탐구의 일환으로서가 아니라, 주자학적
학문론의 연장선상에서 이루어졌다는 사실이다. 즉 '格物致知'의 관점에
서 전개되는 事事物物에 대한 탐구는 사물에 대한 객관적인 연구가 아니
라 경전의 내용에 대한 철저한 이해를 목표로 하였던 것이다. 왜냐하면
경전의 내용은 聖賢에 의해서 이루어진 것이었고, 성현은 유학자가 추구
해야 할 완전한 인간상이었기 때문이다. 이러한 점에서 조선시기 학자들
의 역법에 대한 탐구와 천문관측기구로서의 璿璣玉衡에 대한 관심이 어디
에서 기인한 것인지 분명하게 확인할 수 있다. 그것은 흔히 오해하기 쉬운
과학적 공부방법론=격물치지론에 입각한 사물에 대한 객관적 탐구가 아
니라, 무오류의 성현이 저술한 경전상의 내용을 문자 그대로 이해하기
위한 방편으로서 행해졌다. 碁三百章과 璿璣玉衡章에 대한 수많은 탐구
는 이러한 한계에서 벗어나지 못하는 것들이었다.[32]

이 시기에는 구조론의 측면에서뿐만 아니라 생성론의 측면에서도 많은
진전이 이루어졌다. 먼저 邵雍의 상수학에 대한 이해가 진전됨에 따라
元會運世說로 대표되는 우주주기론[33]이 본격적으로 우주론의 체계 속에
도입되었다. 소옹에 대해서는 조선전기부터 언급이 되었지만 대부분 시인
과 도학자로서의 측면이 부각되었을 뿐 상수학자로서의 소옹에 대한 이해
는 부족하였다. 그것은 『성리대전』 가운데서 소옹의 상수학을 담고 있는
『皇極經世書』가 성종대까지도 이해하기 어려운 책으로 간주되었다는 사
실[34]에서 알 수 있다. 결국 소옹의 상수학에 대한 이해는 16세기를 경과하

31) 야마다 케이지(김석근 옮김), 『朱子의 自然學』, 통나무, 1991, 209쪽.
32) 그것은 18세기 이후의 논의에서도 마찬가지였다. 「璣衡解」, 『星湖全集』 卷43,
    34ㄴ~40ㄱ(199책, 287~290쪽) ; 「碁三百註解」, 『星湖全集』 卷43, 40ㄱ~45ㄱ
    (199책, 290~293쪽) ; 「碁三百注數法辨證說」, 『五洲衍文長箋散稿』 卷54(下,
    731~738쪽).
33) 『性理大全』 卷8, 皇極經世書 2, 經世一元消長之數圖, 12ㄱ~ㄴ(591~592쪽-영
    인본 『性理大全』, 山東友誼書社, 1989의 쪽수. 이하 같음).
34) 金恒洙, 「16세기 士林의 性理學 理解-書籍의 刊行·編纂을 중심으로-」, 『韓國

<그림 3-1>『人事尋緖目』의「天時人世譬一之春圖」

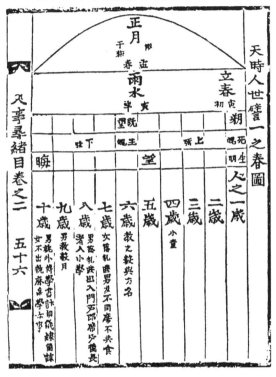

면서 심화되었다고 볼 수 있으며, 그 과정에서 결정적인 역할을 한 인물이 徐敬德(1489~1546)이었다.[35] 따라서 15세기의『諸家曆象集』단계만 해도 보이지 않았던 원회운세설이 이 시기에 들어 빈번히 등장하게 된 것은 이러한 과정을 거친 결과였다.

　서경덕의 제자인 張可順(1493~1549)의『人事尋緖目』(1548년 作)은 바로 이러한『황극경세서』의 원리에 따라 서술된 것이었다. 이 책의 편목은 두 가지 전제에 입각하여 수립되었다. 첫째는 天地物事는 數에서 생기

　史論』7, 1981, 127~128쪽.

35)「皇極經世數解」,『花潭集』卷2, 24ㄴ~30ㄴ(24책, 311~314쪽).

며, 數는 河圖와 洛書에서 기원한다는 것이다.[36] 둘째는 '天人一理'의
원칙으로 천리에 따르는 것이 인사가 된다는 것이다.[37] 이러한 기본 관점
에 입각하여 이 책의 편목은 하도와 낙서의 원리를 설명하고, 그것에 기초
하여 數理에서 物理・人事로 전개시켜 가는 구조로 되어 있다. 우리가
주목하고자 하는 것은 바로 數理를 설명한 부분이다. 여기서 장가순은
天地物事의 시초에 대해서 말하고 있는데, 그것은 철저하게 소옹의 원회
운세설을 부연한 주희의 週期說에 입각하고 있었다.[38]

이와 같은 '花潭學派'의 작업 이후, 소옹의 상수학에 대한 이해가 심화되
면서 16세기 말~17세기 초의 학자들에게 소옹의 원회운세설은 일종의
상식으로 자리잡게 되었다. 일부에서는 張維(1587~1638)와 같이 원회운
세설에 대한 의문을 제기하는 사람도 있었으나,[39] 우주와 역사의 주기를
이야기하는 사람이면 으레 원회운세설을 인용하였던 것이다.[40] 象數學에
대한 이해의 심화는 다양한 형태의 역학 연구를 추동하면서 주자학적
우주론의 제문제를 역학의 체계 속에서 용해시킨 '易學的 宇宙論'이 출현
할 수 있는 토대가 되었다.

---

36) 「人事尋緒目序」, 『人事尋緒目』序, 2ㄱ(102쪽-『花潭及門諸賢集』上, 驪江出版
社, 1985의 쪽수. 이하 같음). "盖天地物事 皆生於數 數始起於圖書".

37) 「人事尋緒目序」, 『人事尋緒目』序, 2ㄱ(102쪽). "……皆言天人一理 循天理以
爲人事者也".

38) 『人事尋緒目』卷1, 5ㄱ~ㄴ, 紀年(106쪽). "自有天地 至于窮盡 謂之一元 亦有十
二會 一會萬八百年 子會生天 丑會生地 寅會生人 至戌會閉物洇天 至亥會消
天而又消地 又至子會 又生天 循環無窮矣".

39) 『谿谷漫筆』卷1, 15ㄴ(92책, 569쪽). 張維는 다른 부분에서는 별다른 비평 없이
元會運世說을 인용하고 있기도 하다[『谿谷漫筆』卷2, 22ㄱ~ㄴ(92책, 604쪽)].
따라서 元會運世說에 대한 비판이 지니고 있는 사상사적 의미에 대해서는 좀
더 깊은 검토가 필요할 것이다.

40) 張顯光, 『易學圖說』卷7, 祖述, 邵子皇極經世書, 經世天地始終之數圖說, 經世
一元消長之數圖說 ; 盧景任, 「天地說」, 『敬菴集』卷4, 2ㄱ~3ㄱ(74책, 58~59
쪽) ; 李睟光, 『芝峰類說』卷1, 天文部, 天, 2ㄱ~ㄴ(5쪽-『芝峰類說』, 景仁文化
社, 1970의 쪽수. 이하 같음).

2. 易學 연구의 확산과 易學的 宇宙論의 형성

1) 易學 연구의 확산

한국에 儒學이 도입된 이후 易學에 대한 연구는 오랜 세월에 걸쳐
계속되었다. 삼국시기 이래 國學의 교과과목이나 과거제의 규정을 통해서
그 일단을 확인해 볼 수 있다.[41] 신라의 국학에서는 박사와 조교를 두어
몇 가지 과정으로 경전을 교육시켰는데 그 가운데 『周易』이 포함되어
있었다.[42] 그러나 元聖王 4년(788) 설치된 讀書三品科의 규정에는 『주
역』이 빠져 있어,[43] 당시 『주역』이 경전으로서 차지한 위치는 『論語』나
『孝經』에 비해 상대적으로 하위였던 것이 아닌가 여겨진다. 이는 唐의
國子監에서 『주역』을 小經으로 분류한 것[44]과도 맥을 같이 하는 것으로
서, 『주역』을 占書로 파악하는 당시 사람들의 인식을 반영하고 있었다.[45]

고려시기에도 역학 연구는 官學(國學)과 私學을 통하여 지속되었다.
光宗代 실시된 과거제에서 『주역』은 明經科의 한 과목으로 자리잡고
있었으며,[46] 文宗代의 대표적 사학인 崔沖(984~1068)의 文憲公徒(九齋
學堂)의 교과에서도 『주역』은 중요한 위치를 점하였다.[47] 한편 睿宗代
관학의 진흥을 위해 국학에 설치된 七齋에도 『주역』 강좌인 麗澤이 마련
되어 있었다.[48] 이러한 역학 연구의 연장선상에서 尹瓘의 아들인 尹彦頤

---

41) 이하의 서술에는 李丙燾, 『韓國儒學史』, 亞細亞文化社, 1987 ; 김충열, 『한국유
   학사』 1, 예문서원, 1998을 참조.
42) 『三國史記』 卷38, 雜志 7, 職官 上, 國學.
43) 『三國史記』 卷10, 新羅本記 10, 元聖王 4년 ; 『三國史記』 卷38, 雜志 7, 職官
   上, 國學.
44) 『新唐書』 卷44, 志 34, 選擧志 上(『新唐書』, 中華書局, 1975, 1160쪽). "凡禮記·春
   秋左氏傳爲大經 詩·周禮·儀禮爲中經 易·尙書·春秋公羊傳·穀梁傳爲小經".
45) 柳承國, 「韓國易學思想의 特質과 그 文化的 影響」, 『周易과 韓國易學』, 汎洋社
   出版部, 1996, 200쪽.
46) 『高麗史』 卷73, 志 27, 選擧 1, 科目 1(中, 589쪽-영인본 『高麗史』, 亞細亞文化社,
   1972의 책수와 쪽수. 이하 같음).
47) 『高麗史』 卷95, 列傳 8, 崔沖, 5ㄱ~ㄴ(下, 119쪽).

같은 이는 『易解』를 저술할 정도로 역학에 정통할 수 있었다.[49] 이처럼 고려중기에는 유학 내에 성리학적인 요소가 나타나는 것과 함께 경전 가운데 『중용』과 『주역』에 대한 관심이 높아졌다. 그것은 성리학의 형이 상학적 측면에 대한 관심이 깊어진 현상과 관련이 있다고 보인다.[50]

그러나 역학 연구에 일대 전기가 마련되는 것은 아무래도 성리학의 도입에 따른 역학 연구의 성격 변화에서 찾아볼 수 있다. 송대의 성리학에 서 『주역』은 송대 사회 내부의 계급적 모순과 대외적인 민족적 모순을 해결하기 위한 사상의 원천으로서, 동시에 사상계 내의 여타 사상들과 대항하기 위한 사상투쟁의 무기로서 주목되었다. 당시 성리학자들은 현실 적인 문제에 철학적으로 대응하기 위해 유교 경전 가운데 철학성이 가장 풍부한 『주역』에 대한 연구를 강화할 필요를 느꼈던 것이다. 그리고 그것 을 가능케 한 것은 漢唐代 經學 연구의 축적된 성과였다.[51]

성리학을 수용한 고려후기에는 이전의 역학 연구를 바탕으로 하여 불교 와의 사상투쟁이라는 면에서 역학에 대한 연구가 이루어졌던 것으로 판단 된다. 성리학의 수용과정에서 많은 역할을 담당했던 학자로는 安珦(安裕, 1243~1306), 白頤正(1247~1323), 禹倬(1262~1342), 權溥(1262~1346) 등을 들 수 있다. 이 가운데 우탁은 역학에 조예가 깊어 『程傳』이 전래되었 을 때 그것을 연구·해득하였다고 전해진다.[52] 고려말의 대표적인 학자인 李穡(1328~1396)·鄭夢周(1337~1392) 등의 역학은 우탁 이래의 전통을 계승한 것이라 할 수 있다. 따라서 구체적인 자료를 통해 확인할 수는

---

48) 『高麗史節要』 卷7, 睿宗 4년, 6월, 33ㄱ(178쪽-『高麗史節要』, 明文堂, 1991(重 版)의 쪽수).

49) 『高麗史』 卷96, 列傳 9, 尹瓘, 32ㄱ(下, 151쪽) ; 『海東文獻總錄』, 經書類, 易解 (319쪽-영인본 『海東文獻總錄』, 學文閣, 1969의 쪽수). "尹彦頤精於易學 嘗作 易解 傳世".

50) 邊東明, 『高麗後期性理學受容硏究』, 一潮閣, 1995, 13~14쪽.

51) 廖名春·康學偉·梁韋弦(심경호 옮김), 『주역철학사』, 예문서원, 1994, 365~ 368쪽 ; 朱伯崑, 『易學哲學史』 第二卷, 華夏出版社, 1995, 3~8쪽.

52) 『高麗史』 卷109, 列傳 22, 禹倬, 21ㄱ~ㄴ(下, 392쪽).

없지만 이들의 역학은 象數易보다는 義理易에 가까웠으리라고 추측할 수 있다.[53]

이들로부터 학문을 전수받은 權近(1352~1409)은 『주역』을 '五經의 全體'[54]로 위치시키고 『周易淺見錄』을 저술함으로써 조선왕조 역학 연구의 기초를 마련하였다. 『주역천견록』은 程頤의 『易傳』과 주희의 『本義』를 중심으로 한 성리학적 주역 해석을 표준으로 하고, 元代 吳澄의 『周易贊言』을 비판적으로 참고하여 자신의 견해를 밝힌 것이었다.[55] 따라서 그의 역학은 주자학의 입장에서 漢唐의 상수역을 비판하면서 송대의 상수역과 의리역을 상호발명의 관계로 파악한 것이라고 평가할 수 있다.[56]

조선왕조는 주자학을 國定教學으로 표방하였고, 때문에 과거시험에서 유교 경전을 통한 取才는 필수적인 것이었다. 유교 경전 가운데 가장 중요한 것으로 취급되는 『주역』은 과거시험 과목으로서 당연히 중시되었다. 그것은 조선초기의 과거시험 규정을 통해서 확인할 수 있으며,[57] 국가 교육기관인 성균관의 교육과정에서도 살펴볼 수 있다. 四書齋와 五經齋의 존재가 그것이다. 『주역』은 오경재 가운데서도 가장 높은 단계에 해당하였다. 『經濟六典』 이래의 법전 규정에 따르면 성균관의 생도는 이것을 통과해야만 과거시험에 응시할 수 있었다.[58] 경전으로서 『주역』에 대한 중시는 서적의 간행과 보급을 통해서도 확인해 볼 수 있다. 그것은 『五經大

53) 郭信煥, 「《周易淺見錄》과 陽村 權近의 易學」, 『周易과 韓國易學』, 汎洋社 出版部, 1996, 257~262쪽 ; 琴章泰, 『朝鮮 前期의 儒學思想』, 서울대학교 출판부, 1997, 6~20쪽.

54) 『入學圖說』 卷1, 34ㄴ, 五經體用合一之圖(영인본 『入學圖說』, 乙酉文化社, 1974, 184쪽).

55) 任昌淳, 「周易淺見錄의 학문적 의의」, 『書誌學報』 4, 1991.

56) 郭信煥, 앞의 논문, 1996, 265쪽.

57) 『世宗實錄』 卷47, 世宗 12년 3월 18일(戊午), 28ㄱ~ㄴ(3책, 225쪽).

58) 『世宗實錄』 卷48, 世宗 12년 4월 6일(乙亥), 2ㄱ(3책, 228쪽) ; 『世宗實錄』 卷49, 世宗 12년 8월 22일(庚寅), 24ㄴ~25ㄱ(3책, 255~256쪽) ; 『世宗實錄』 卷69, 世宗 17년 9월 27일(乙未), 29ㄱ~ㄴ(3책, 654쪽) ; 『世宗實錄』 卷93, 世宗 23년 7월 21일(乙卯), 13ㄴ~14ㄱ(4책, 351쪽).

全』의 일부로서, 또는 단행본으로 조선초부터 여러 차례 간행·보급되었다.59) 이러한 서적의 간행과 보급정책을 통해서『주역』은 조선 학인들의 교양서로서 자리잡을 수 있었다.

역학 연구는 국왕을 중심으로 이루어지기도 했다. 그것은 경연에서의 강론이라고 하는 통상적인 학습 과정을 거쳐서, 또는 口訣작업과 같은 각종 학술활동과 그 결과물에 대한 출판사업을 통해서 추진되었다.『주역』은 경연과목으로서 조선초부터 주목을 받아왔으며, 이후로도 "五經 가운데 더욱 중요한 것",60) "理學의 근본",61) "理數의 근원이며, 經書의 최상"62)이라는 평가를 받았다. 이러한 중요성 때문에 일찍이 태종은 권근으로 하여금 五經에 토를 달게 하였으며,63) 세조대에는 이러한 작업의 연장선상에서『周易口訣』이 간행되었다.64) 뿐만 아니라 세조 자신이 일찍이『역학계몽』에 대한 주석서의 성격을 갖는『易學啓蒙要解』를 저술하였고,65) 이것은 후에『易學啓蒙補解』로 출간되기도 하였다.66)

이처럼『주역』은 비교적 이른 시기부터 학문적 주목을 받아 여러 방면에서 연구가 이루어졌고, 서적의 간행과 보급도 줄기차게 행해졌다. 그러

---

59)『世宗實錄』卷37, 世宗 9년 9월 3일(戊子), 19ㄱ(3책, 90쪽) ;『世宗實錄』卷43, 世宗 11년 2월 23일(己亥), 20ㄴ~21ㄱ(3책, 168~169쪽) ;『世宗實錄』卷69, 世宗 17년 9월 21일(己丑), 28ㄱ(3책, 653쪽) 등.

60)『成宗實錄』卷259, 成宗 22년 11월 8일(庚辰), 5ㄱ(12책, 112쪽). "周易 於五經尤重".

61)『成宗實錄』卷277, 成宗 24년 5월 5일(戊辰), 6ㄱ(12책, 309쪽). "周易 理學之宗".

62)『燕山君日記』卷34, 燕山君 5년 8월 22일(己酉), 21ㄱ(13책, 375쪽). "夫易者理數之源 而於經爲上".

63)『世宗實錄』卷40, 世宗 10년 윤4월 18일(己亥), 14ㄱ(3책, 129쪽).

64)『世祖實錄』卷38, 世祖 12년 3월 5일(丙午), 18ㄴ(8책, 9쪽).『周易口訣』을 반포한 것은 이 때였지만 그것을 논의하기 시작한 것은 世祖 11년(1465)부터였다.『世祖實錄』卷37, 世祖 11년 9월 26일(庚午), 9ㄴ(7책, 705쪽) ;『世祖實錄』卷37, 世祖 11년 10월 6일(庚辰), 12ㄱ(7책, 706쪽).

65)『世祖實錄』卷47, 世祖 14년 11월 28일(甲申), 29ㄱ(8책, 213쪽).

66)『增補文獻備考』卷243, 藝文考 2, 3ㄴ(下, 852쪽-영인본『增補文獻備考』, 明文堂, 1985(3版)의 권수와 쪽수).

나 누구나 인정하듯이 그것은 쉽게 이해될 수 있는 내용이 아니었다. 때문에 과거시험 절차의 변경, 예컨대 講論이 폐지되는 경우에는 『주역』을 비롯한 경학 공부를 기피하는 경향이 나타났다.[67] 『주역』은 경학상의 중요성에도 불구하고 儒生들이 읽기를 좋아하지 않았고,[68] 조정에서는 그에 대한 대책으로 과거시험에 강론을 개설하거나 『주역』에 통한 사람에게는 가산점을 주는 방식이 논의되기도 하였다.[69] 특히 邵雍으로 대표되는 象數易을 이해하는 데는 많은 어려움이 있었던 것으로 보인다. 결국 주자학적 역학의 양면을 구성하는 의리역과 상수역 가운데 상수역 부분에 대한 이해는 16세기를 경과하면서 비로소 심화된 것으로 볼 수 있다. 그리고 이러한 상수역에 대한 이해의 연장선상에서 '易學的 宇宙論'이 출현하게 되었던 것이다.

16세기를 거치면서 전개된 역학 연구의 심화는 다음과 같은 몇 가지 측면에서 논의될 수 있다. 먼저 徐敬德(1489~1546) 이후로 상수학에 대한 이해가 깊어졌다는 사실이다. 그것은 『皇極經世書』에 대한 이해 과정을 통해 확인할 수 있다. 『性理大全』 가운데 『皇極經世書』(邵雍)·『易學啓蒙』(朱熹)·『律呂新書』(蔡元定)·『洪範皇極內篇』(蔡沈) 등 상수역 계통의 책은 난해한 것으로 정평이 나 있었고, 따라서 이러한 책들은 경연에서 진강하기 전에 홍문관의 관원들로 하여금 충분한 예습과 검토를 거치게 하였다.[70]

이후 중종대를 거치면서 『皇極經世書集覽』[71]·『皇極經世書說』[72] 등

---

67) 『世宗實錄』卷49, 世宗 12년 8월 22일(庚寅), 24ㄱ~26ㄱ(3책, 255~256쪽), 行成均館 大司成 黃鉉 등의 상소.

68) 『成宗實錄』卷259, 成宗 22년 11월 8일(庚辰), 5ㄱ(12책, 112쪽), 知事 李克增의 啓辭.

69) 『成宗實錄』卷259, 成宗 22년 11월 8일(庚辰), 5ㄱ(12책, 112쪽) ; 『中宗實錄』卷57, 中宗 21년 5월 12일(甲午), 7ㄱ~ㄴ(16책, 511쪽).

70) 『成宗實錄』卷122, 成宗 11년 10월 20일(丙寅), 7ㄴ(10책, 168쪽) ; 『中宗實錄』卷18, 中宗 8년 9월 24일(己丑), 63ㄱ(14책, 677쪽) ; 「中宗實錄拔彙」, 『默齋集』附錄, 卷2, 3ㄱ~ㄴ(19, 282쪽).

이 수입·간행됨으로써『황극경세서』에 대한 이해는 보다 진전되었을 것으로 추정된다. 그러한 사실은 金安老(1481~1537)의 원회운세설에 대한 이해[73]나 申光漢(1484~1555)의『황극경세서』에 대한 탐구[74]를 통해서 어느 정도 확인할 수 있다. 이러한 학문적 성과들이 바탕이 되어 서경덕의 본격적인 상수학 연구가 등장하게 되었던 것이다.[75] 이전의 역학 연구가 의리역을 중심으로『주역』의 文義를 해명하는 데 국한된 것이었다면, 서경덕의 그것은 상수역의 대표자인 소옹의 상수학을 계승했다는 데서 그 특징을 찾을 수 있다.[76] 때문에 서경덕의 역학 연구는 선조대에도 여전히 "근세의 역학은 서경덕 이후로 전함이 없다"[77]라고 할 정도로 상수역 부분에서는 높이 평가되었던 것이다. 상수학 연구는 이후 北人系列의 학문적 특징으로 자리잡는 한편, 申欽(1563~1628)과 같은 서인계 학자들에게도 영향을 주었으며,[78] 신흠의 아들 申翊聖(1588~1644)에 이르러서는 우리 나라의 역사를『황극경세서』의 체계 속에 편입한『皇極經世書東史補編』이라는 저술이 출현하게 되었다.[79]

16세기 이래 역학 연구의 심화는 역학 관계 저술의 산출을 통해서도 확인할 수 있다. 이전 시기의 역학 관계 저술이『주역』에 口訣(토)을 붙이는 차원에서 이루어진 것에 대비시켜 볼 때 이 시기에 다양한 저술이

71)『中宗實錄』卷70, 中宗 25년 12월 20일(丙子), 8ㄱ(17책, 278쪽).

72)『中宗實錄』卷90, 中宗 34년 5월 17일(甲申), 69ㄱ(18책, 295쪽);『中宗實錄』卷98, 中宗 37년 5월 7일(丁亥), 20ㄱ(18책, 575쪽);「赴京使臣收買書冊印頒議」,『慕齋集』卷9, 35ㄴ~40ㄱ(20, 174~176쪽).

73)「雜著(龍泉談寂記)」,『希樂堂稿』卷8(21책, 463~465쪽).

74) 洪暹,「墓誌銘」,『企齋集』卷14, 29ㄴ~30ㄱ(22책, 388쪽).

75)「皇極經世數解」,『花潭集』卷2, 24ㄴ~31ㄴ(24책, 311~315쪽).

76)「遺事」,『花潭集』卷2, 27ㄴ~28ㄱ(24책, 332쪽).

77)『宣祖實錄』卷59, 宣祖 28년 1월 8일(辛巳), 5ㄱ(22책, 417쪽). "近世易學 自徐敬德後 絶無傳焉".

78)「先天窺管」,『象村稿』卷60, 1ㄱ~26ㄴ(72책, 405~417쪽).

79)『仁祖實錄』卷45, 仁祖 22년 7월 28일(癸丑), 40ㄴ(35책, 190쪽);「經世書補編序」,『樂全堂集』卷6, 34ㄱ~36ㄴ(93책, 254~255쪽).

출현한 것은 특기할 만하다. 그것은 어느 한 학파에 국한된 것이 아니라
전체 학계 차원에서 이루어지고 있었다는 점에서도 주목된다.[80] 이러한
일련의 현상은 역학에 대한 연구가 심화·확산되어 가는 실정을 반영하는
것이라고 여겨진다. 이 시기의 역학 관계 연구논저를 대강 정리해 보면
<표 3-1>과 같다.

<표 3-1> 16세기~17세기 초 易學 연구의 현황[81]

저 자	제 목	소 재	師承/黨色	비 고
李世應(1473~1528)	『安齋易說』			義理
徐敬德(1489~1546)	「皇極經世數解」	『花潭集』		象數
張可順(1493~1549)	『人事尋緖目』(1548)		花潭	象數
黃孝恭(1496~1553)	「易範圖」	『龜巖文集』	退溪從遊	象數
趙有亨(? ~ ?)	『啓蒙圖書節要』			象數
李 滉(1501~1570)	『周易釋義』, 『啓蒙傳疑』			疑義
柳 贇(1520~1591)	『易圖目錄』(1576)		栗谷從遊	象數
李 珥(1536~1584)	「易數策」	『栗谷全書』	西人	
崔 岦(1539~1612)	『周易本義口訣附說』(1602?)		栗谷從遊	口訣·吐
李德弘(1541~1596)	「周易質疑」	『艮齋集』 續集	退溪	義理·象數
安敏學(1542~1601)	「河圖洛書說」	『楓崖集』	栗谷從遊	象數
柳成龍(1542~1607)	「河圖洛書眞有是耶聖人以神道設敎」, 「易占」, 「焦氏易林」	『西厓集』	退溪/東人·南人	
鄭 逑(1543~1620)	「題河洛圖書屛下」 「書啓蒙圖書節要後」	『寒岡集』	退溪/南人	
曺好益(1545~1609)	『易象說』(1605년)		退溪	義理·象數
郭 說(1548~1630)	「易傳要義」	『西浦集』	牛溪	義理

80) 이러한 보편성을 전제로 각 학파간의 차별성에 대해 검토할 필요가 있다. 예컨대
    象數學의 경우에도 花潭계열의 象數學(北人 象數學)과 이후의 西人계열, 南人
    계열의 그것과의 同異點을 확인하는 작업이 필요할 것이다.
81) 成均館大學校 大東文化研究院, 『韓國經學資料集成』(易經篇), 成均館大學校
    出版部, 1996을 기본자료로 하여, 『海東文獻總錄』(學文閣, 1969), 『韓國文集叢
    刊』(民族文化推進會), 『增補文獻備考』「藝文考」, 『五洲衍文長箋散稿』 등을
    참고하여 작성하였음.

金長生(1548~1631)『經書辨疑』		栗谷/西人	疑義
張顯光(1554~1637)『易學圖說』(1608)		寒岡/南人	象數・義理
權克中(1560~1614)『周易參同契註解』		牛栗從遊	
鄭經世(1563~1633)「思問錄－易學啓蒙」	『愚伏集』 別集	西厓/南人	疑義
張興孝(1564~1633)「一元消長圖」	『敬堂集』	鶴峯・西厓 /南人	
申　欽(1566~1628)「先天窺管」	『象村稿』	西人	象數
權　杠(1567~1626)「易圖說」	『方潭集』		象數
趙　翼(1579~1655)「易象槪略」	『浦渚先生遺書』	月汀	
鮮于浹(1588~1653)「易學圖說」(1646?), 「大易理象」	『遯菴全書』		象數
盧景任(1569~1620)「易說」,「易學啓蒙說」	『敬菴集』	旅軒/南人	象數
金致寬(1569~1661)「易圖說」	『亦樂齋集』	西厓・旅軒	象數
朴知誡(1573~1635)「箚錄－周易」	『潛冶集』		疑義

＊ 학파와 당색은 『國朝人物考』,『東儒師友錄』,『典故大方』 등을 참조.
＊ 비고란의 구분은 저술의 성격에 따라 義理易에 가까운 것은 '義理', 象 數易에 가까운 것은 '象數', 의리역과 상수역을 모두 포괄한 경우에는 그 비중에 따라 '義理・象數', '象數・義理'로 구분하였고, 疑難處에 대 한 대한 箚錄 형식의 글은 '疑義'라고 하였음.

이 표를 통해서 우리는 조선초 이래로 지속된 경학 연구가 이 시기에 오면 개인 차원의 저술이 가능할 정도로 발전했다는 사실을 확인할 수 있다. 그렇다면 왜 이 시기에 들어와서 역학 연구가 활성화된 것일까? 그 원인은 經學 연구의 발전, 異端 사상과의 대항, 三敎會通의 모색 등에 서도 그 일단을 찾아볼 수 있지만 무엇보다도 중요하게 거론되어야 할 것은 당시의 시대적 변화에 대한 사상적 대응의 필요성이 아닐까 한다. 우리는 그것을 선조대에 진행된 일련의 역학 연구를 통해서 추측할 수 있다.

壬亂을 전후한 선조대에는 선조 개인의 관심과 함께 여러 차례의 『주 역』 강의와 『주역』 편찬사업이 벌어졌다. 선조는 임란의 외중에서 경연을 열라는 하교를 내렸는데, 홍문관에서 『詩傳』・『唐鑑』 등의 과목을 선정 하여 올리자 이에 반대하면서 『주역』을 공부하고 싶다는 뜻을 피력하였 다.[82] 그러나 『주역』에 임하는 선조의 자세는 기존의 '君主聖學論'에 입각한 것은 아니었다고 판단된다. 그것은 聖人이『주역』을 지은 뜻을 '戒愼恐懼'로 파악하면서 군주의 體認을 강조하는 鄭經世(1563~1633)의 견해에 대해 선조가 그것은 서무를 처리해야 하는 사람이 배울 수 있는 것이 아니라고 부정적인 태도를 취하고 있었던 사실에서 알 수 있다.[83] 선조의 관심은 현실적인 측면에 있었던 것으로 보인다. 즉『주역』을 "聖人이 進退存亡의 이치를 밝혀서 사람으로 하여금 삼가고 조심하여 어려운 일을 해결하고 어지러운 시기를 구제할 수 있는 방법을 알게 한 것"[84]이라고 규정할 때, 당시의 내외적 혼란을 수습할 수 있는 방도를 찾을 수 있다는 측면에서『주역』에 주목했던 것이다. 선조는 임란 후에 당시의 사회문제를 타개하기 위해서 경연에서『주역』대신『大學衍義』를 강론하기를 청하는 일부 신하들의 의견에 대해 "사물에 응접할 때 易學만한 것이 없다"는 논지로 거부 의사를 표시했다.[85] 이것은 역학을 현실 사회문제의 타개책을 마련하는 철학적 논거로 삼으려 한 의도의 일단을 드러낸 것이라 볼 수 있다.

또한 이 시기에는 각 학파의 인물들이 참여하는 가운데 국가적인 차원에서『주역』의 편찬 사업이 벌어졌다. 그것은 전란 후에 散逸된 서적의 수집·복원 작업의 일환이기도 하였다. 먼저 선조 34년(1601)에 纂輯廳을 설치하고『주역』의 句讀와 音釋을 상정하게 하였다. 여기에는 鄭逑·洪可臣·韓百謙 등 未出身者들을 포함한 中外의 유신들이 참가하였다.[86]

『주역』의 편찬·간행과 함께 진행된 것이 이른바『古經周易』의 편찬이었다. 그것은 선조 32년(1599)에 李忠元이『고경주역』을 진헌한 데서 비롯되었는데,[87] 선조는 홍문관을 통해 그 진위여부를 확인한 후[88] 證正·인

82)『宣祖實錄』卷56, 宣祖 27년 10월 20일(甲子), 48ㄱ(22책, 381쪽).

83)『宣祖實錄』卷57, 宣祖 27년 11월 12일(丙戌), 13ㄴ~14ㄱ(22책, 395~396쪽).

84)『宣祖實錄』卷57, 宣祖 27년 11월 12일(丙戌), 17ㄱ(22책, 397쪽), 史論. "況周易 乃聖人明進退存亡之理 而使人戒愼恐懼 求所以亨屯濟否之道也".

85)『宣祖實錄』卷162, 宣祖 36년 5월 6일(辛酉), 4ㄴ(24책, 475쪽). "然應事接物 豈有如易學也".

86)『增補文獻備考』卷242, 藝文考 1, 歷代書籍, 8ㄴ~9ㄱ(下, 841~842쪽).

122

출토록 명하였다. 이에 따라 李睟光·申欽을 비롯한 홍문관의 여러 학자
들이 그것을 교정하여 진상한 것이 선조 34년(1601)이었다.[89] 『고경주역』
이란 漢 이전의 『古文周易』을 일컫는 것으로, 주희가 『주역』을 연구하는
데 저본으로 썼던 것도 바로 呂祖謙에 의해 정리된 『고경주역』이었다.[90]
程頤의 『程傳』이 今文을 기초로 한 반면 주희의 『本義』는 고경을 사용하
였던 것이다.[91] 선조대 편찬된 고경 『주역』의 특징은 『永樂大全』本 이래
로 『정전』 아래에 『본의』를 배치하는 방식을 바꿔 『본의』를 중심으로
체계를 세웠다는 점이다.[92]

　선조는 여기에서 더 나아가 『주역』의 언해 작업을 홍문관에 지시했는
데,[93] 그것이 『周易諺解』로 완성된 것은 선조 35년(1602)의 일이었다.[94]
許筬(1548~1612)의 『岳麓集』에는 「周易校正廳宣醞圖座目」이 실려있
는데,[95] 이것은 『주역』의 교정작업을 마친 후 이 일에 참여한 사람들의

---

87) 『宣祖實錄』 卷120, 宣祖 32년 12월 21일(丙申), 11ㄱ(24책, 17쪽) ; 『宣祖實錄』
　　卷138, 宣祖 34년 6월 8일(甲戌), 7ㄱ(24책, 263쪽).
88) 『宣祖實錄』 卷120, 宣祖 32년 12월 21일(丙申), 11ㄱ~ㄴ(24책, 17쪽) ; 『宣祖實
　　錄』 卷130, 宣祖 33년 10월 11일(辛巳), 10ㄴ~11ㄱ(24책, 136쪽).
89) 張維, 「行狀」, 『芝峯集』 附錄, 卷1, 3ㄴ(66책, 319쪽) ; 李睟光, 「墓誌銘並序」,
　　『象村稿』 附錄 2中, 4ㄴ(72책, 451쪽) ; 『宣祖實錄』 卷135, 宣祖 34년 3월 17일(乙
　　卯), 18ㄱ(24책, 217쪽).
90) 『宣祖實錄』 卷120, 宣祖 32년 12월 21일(丙申), 11ㄱ~ㄴ(24책, 17쪽) ; 『宣祖實
　　錄』 卷130, 宣祖 33년 10월 11일(辛巳), 10ㄴ(24책, 136쪽).
91) 『宣祖實錄』 卷130, 宣祖 33년 10월 11일(辛巳), 10ㄴ(24책, 136쪽). 『程傳』은
　　王弼의 텍스트를 사용하였고, 『本義』는 呂祖謙의 텍스트를 사용하여 차례가
　　같지 않았다. 廖名春·康學偉·梁韋弦(심경호 옮김), 『주역철학사』, 예문서원,
　　1994, 553쪽, 602쪽.
92) 『宣祖實錄』 卷130, 宣祖 33년 10월 11일(辛巳), 10ㄴ(24책, 136쪽). 그것은 『本義』
　　를 위주로 하여 주희가 문답한 말을 附錄으로 그 아래에 붙이고, 다시 그 아래에
　　『程傳』과 先儒의 말을 간추린 纂註를 붙이는 방식이었다.
93) 『宣祖實錄』 卷141, 宣祖 34년 9월 5일(己亥), 2ㄴ(24책, 293쪽).
94) 張維, 「行狀」, 『芝峯集』 附錄, 卷1, 4ㄱ(66책, 319쪽).
95) 「周易校正廳宣醞圖座目」, 『岳麓集』 附錄, 26ㄱ~28ㄴ(57책, 414~415쪽).

노고를 치하하기 위하여 국왕이 베푼 연회의 참석자 명단으로 판단된다. 여기에서 우리는 당시『주역』교정작업에 참석했던 사람들의 면면을 확인할 수 있다. 여기에는 尹根壽를 위시하여 모두 59명의 이름이 기재되어 있는데, 그 가운데 주요 인물로는 崔岦, 洪可臣, 鄭逑, 申欽, 李睟光, 韓百謙, 柳夢寅, 張顯光 등을 들 수 있다. 당시 이 작업은「經書諺解校正廳」을 중심으로 이루어졌던 것으로 판단된다.『주역언해』의 교정은 경서 언해작업의 일환으로 이루어졌던 것이다. 이렇게 많은 관원들이 참여한 가운데 교정작업을 마친『주역언해』는 선조 36년(1603) 校書館의 요청[96)]에 따라 간행한 후, 선조 39년(1606)에 강화도의 서고에 보관하라는 지시가 내려졌다.[97)]

이상에서 살펴본 것처럼 16세기를 거치면서 유례없는 理氣心性 논쟁을 벌인 조선의 학계는 경학상에서 괄목할 만한 진전을 이룩했다. 그 바탕 위에서 당시의 지식인들은 학문·사상의 문제뿐만 아니라 현실 사회문제에 대한 타개책을 형이상학의 차원에서 논하게 될 때『주역』에 주목하게 되었다.『주역』이 가지는 경전 상의 위치를 고려해 볼 때, 형이상학적인 문제를 다루는 데『중용』과 함께『주역』에 대한 탐구가 절실히 요청되었던 것이다. 따라서 기존의 가치관을 고수하여 사회체제를 재정비하려고 하였던 쪽에서는 물론, 반대로 기존의 가치관을 비판하면서 변혁·변통을 주장했던 쪽에서도 자기 주장의 논리적 근거를 마련하는 데『주역』의 논리에 주목하였으며, 이것이 역학 연구의 확산이라는 결과를 낳게 되었던 것이다.

2) 易學的 宇宙論의 형성과 建極論의 제기

주자학적 우주론에 대한 본격적인 이해는 16세기를 거치면서 더욱 심화·확산되었다. 그것은 구조론의 차원에서도 이루어졌지만 더욱 특징적

---

96)『宣祖實錄』卷162, 宣祖 36년 5월 13일(戊辰), 10ㄴ(24책, 478쪽).
97)『宣祖實錄』卷203, 宣祖 39년 9월 19일(乙酉), 20ㄴ(25책, 265쪽).

인 현상은 理氣心性論과 역학의 본격적인 발전에 따른 우주론(本體論)과
역학 체계의 결합이었다. 사실 주자학적 우주론의 틀 안에서 역학에 대한
관심은 필연적인 것이라고 할 수 있다. 왜냐하면 우주 생성의 근원을 太
極=天理라는 개념으로 설정할 경우, 太極이란 무엇이며, 그러한 태극으로
부터 천지만물은 어떻게 생성되고 운행되는가 하는 문제는 기본적으로
밝혀져야 하는 것이기 때문이다. 이러한 문제를 포괄적으로 다루고 있는
경전이 바로『주역』이었으니, 우주론 차원에서의 역학 연구는 당연한 것이
었다. 결국 우주론에 대한 치밀한 탐구는 易에 대한 관심과 연구로 이어질
수밖에 없었다. 그것을 대표적으로 보여주는 인물이 張顯光(1554~1637)
이었다.

장현광은 지역적으로는 嶺南學派로, 학문적으로는 寒岡 鄭逑(1543~
1620)의 문인으로 간주되므로 크게 보면 退溪學派의 범주 속에 포함시킬
수 있다.[98] 그러나 그의 학문은 自得의 요소가 많았고, 그가 정구의 문인으
로 간주되는 것도 학문적인 사승관계에서 유래한다기보다는 혼인관계에
서 연유하고 있었다. 장현광은 26세 때 정구의 질녀(鄭适의 딸)에게 장가
들었는데, 그 혼례를 주관한 사람이 바로 정구였던 것이다.[99] 그가 초기에
글을 배운 것은 張峋을 통해서였지만[100] 10대 후반 이후로는 특별한 사승
관계를 갖지 않고 독자적으로 학업에 정진하였다. 이러한 그의 학문자세
는 연구성과에도 그대로 반영되었다.

장현광은 어느 한 학파의 학설에 구애되지 않고 비교적 자유로운 입장
에서 경학을 연구하였다. 조선후기 주자도통주의자들의 관점에서 보면

---

98)『典故大方』卷3, 儒賢淵源圖, 3ㄱ(247쪽-영인본『典故大方』, 明文堂, 1993(重
版)의 쪽수), 寒岡鄭逑門人, 13ㄴ(268쪽) ; 李佑成,「韓國 儒學史上 退溪學派의
形成과 그 展開」,『韓國의 歷史像』, 創作과批評社, 1982 ; 李樹健,『嶺南學派의
形成과 展開』, 一潮閣, 1995, 35쪽.

99)『旅軒先生年譜』卷1, 3ㄱ(上, 488쪽-『旅軒先生全書』, 仁同張氏南山派宗親會,
1983의 책수와 쪽수. 이하 같음) ;「祭寒岡鄭先生文」,『旅軒集』卷11, 8ㄴ(60,
205쪽).

100)『旅軒先生年譜』卷1, 2ㄱ(上, 487쪽).

대단히 위험한 행위라고 할 수 있는『大學章句』와『中庸章句』에 대한 비판적 검토를 통해 자기 나름의 체제를 제시하기도 하였다.[101] "公共의 의리에 대해서 각자의 견해를 발표하는 것은 자신의 분수 안의 일"[102]이라는 것이 장현광의 기본적인 입장이었다. 때문에 주자가 정자의 견해를 모두 따르지 않은 것처럼 자신도 주자의 견해와 다른 견해를 제시할 수 있다고 하였다.[103] 이러한 입장은 사람들은 누구나 똑같이 의리의 공정함을 얻었으므로 지극히 어리석은 자라 할지라도 한 가지에 통달할 수 있으며, 만약 한 가지라도 옳게 터득한 것이 있다면 그것은 마땅히 취해야 한다는 학문적 관점에서 나온 것이었다.[104] 이와 같은 학문 자세는 그의 역학 연구에서도 그대로 관철되었다. 장현광은 程·朱 이후로 많은 학자들이 각종 圖說로써 易理를 부연·해설한 것에 대해 그 대부분은 經의 본지를 혼란시킨 것이었다고 부정적으로 평가하면서도, 자신이 그러한 도설을 취합하여『易學圖說』을 편집하는 이유로 그 가운데 하나의 도설이라도 한 가지 뜻에 통달한 것이 있다면 마땅히 취해야 한다는 기본 입장을 제시하였다.[105]

장현광은『易學圖說』(1608년 作)[106]을 통해 주자학적 우주론을 역학의 체계 속에 融會시켰다.『역학도설』은 조선전기 이래의 역학 연구의 성과를 계승·종합하면서 부분적으로 장현광 자신의 견해를 덧붙인 것이었다. 장현광은 경학 연구, 특히 역학 연구에 많은 힘을 기울였으며, 先天易과 象數學에 정통한 것으로 평가되었다.[107] 때문에 장현광의 연구에서는

---

101)「錄疑埈質」,『旅軒集』續集, 卷5, 27ㄴ~49ㄴ(60책, 364~375쪽).
102)「錄疑埈質」,『旅軒集』續集, 卷5, 49ㄱ(60책, 375쪽). "公共義理 各發其所見 乃亦分內事也".
103)「錄疑埈質」,『旅軒集』續集, 卷5, 49ㄱ(60책, 375쪽).
104)「錄疑埈質」,『旅軒集』續集, 卷5, 48ㄴ~49ㄱ(60책, 374~375쪽). "然義理之公 人所同得 雖在至愚極陋 亦或有一條路通得 直一般意見得是處 則當在所取 焉".
105)「易學圖說序」,『易學圖說』序, 2ㄴ(下, 198쪽). "然其間 或有一圖一說之透得乎 一義者 亦在所當取焉";「易學圖說序」,『旅軒集』卷8, 30ㄴ(60책, 163쪽).
106)『旅軒先生年譜』卷1, 10ㄱ(上, 491쪽). "(萬曆三十六年戊申)始撰易學圖說".

<그림 3-2> 「宇宙要括帖」 第6帖 載道

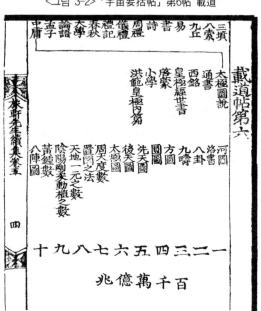

소옹과 상수학의 영향을 쉽게 찾아볼 수 있다. 그가 일찍이 18세 때에
지었다는 「宇宙要括帖」의 제6帖인 「載道」에는 河圖·洛書를 비롯하여
先天圖·後天圖·太極圖 등의 각종 그림과 周天度數·置閏之法·天地
一元之數·陰陽剛柔動植之數·黃鍾數 등의 數에 대한 관심이 잘 나타
나 있다. 이것은 그가 육경·사서와 함께 『太極圖說』·『皇極經世書』·『
易學啓蒙』·『洪範皇極內篇』 등의 상수학 계통의 서적을 '載道'의 차원에
서 파악하고 있었음을 보여준다.108) 또한 장현광의 대표적인 역학 연구서
인 『역학도설』 자체가 각종 그림을 중심으로 학설을 전개시키고 있다는
점에서도 상수학에 대한 그의 높은 관심을 엿볼 수 있다.

---

107) 「仁祖朝致祭文」, 『旅軒先生年譜』 卷2, 6ㄴ(上, 504쪽). "精通義旨 象數粉然
如掌斯指".

108) 「宇宙要括帖」, 載道帖第六, 『旅軒集』 續集, 卷5, 4ㄱ(60책, 352쪽).

그렇지만 장현광의 역학이 상수학에 치중한 것이었다고 단언하기는 힘들다. 그가 비록 상수학의 방법을 원용하기는 하였지만 그 스스로는 역을 통한 의리의 탐구를 무엇보다 중요시했기 때문이다. "易理를 알면 天(天地·天理)을 아는 것이니, 나는 象數學을 연구할 겨를이 없다"109)라는 그의 분명한 발언이 그것을 입증해 준다. 이것은 본체로서의 理를 중시하고, 따라서 실제 공부에서도 理의 탐구(窮理)를 중요하게 여기는 장현광의 학문론에서 나온 결과였다. 그는 "天地人物이 天地人物이 되는 것은 모두 理에 근본하기 때문"이며,110) 따라서 "사물이 있기 이전에도 사물의 이치는 존재하는 것"111)이라고 주장하였다. 그의 사유체계 속에서 氣는 理로부터 파생되어 사물을 만드는 것으로서 理가 사물을 조화하는 기틀112)이었다. 이와 같은 강렬한 理本體論의 사유체계 속에서 數란 理의 하위개념으로 위치할 수밖에 없었다. 數란 유행함에 차례가 있고, 왕래함에 일정한 때가 있으며, 방위에 정해진 바가 있고, 시간에 한계가 있으며, 化育에 종류가 있는 것113)을 말함이다. 그것은 본래 사물의 변화를 다하고 많고 적음을 계산하는 것이지만, 數 역시 미치지 못하는 바가 있었다.114) 따라서 그러한 數는 理에서 벗어나는 것이 아니었다.115)

결국 장현광의 역학 연구는 '斯文의 典範'인 '聖經賢傳'116)으로서의

---

109) 「觀物賦」, 『旅軒集』 卷1, 12ㄴ(60책, 16쪽). "知易理爲知天 余未暇于數學".
110) 「學部名目會通旨訣」, 『旅軒集』 卷6, 1ㄱ(60책, 114쪽). "天地人物所得以爲天地人物者曰理".
111) 「事物論」, 『旅軒集』 卷6, 11ㄴ(60책, 119쪽). "惟其爲物爲事之理 本自具於未有事未有物之前".
112) 「事物論」, 『旅軒集』 卷6, 12ㄱ(60책, 119쪽). "夫氣也者 出乎理而做事物者也……然則氣者 理所以造化事物之機也".
113) 「學部名目會通旨訣」, 『旅軒集』 卷6, 2ㄴ(60책, 114쪽). "其所以流行有序 往來有時 方位有定 久近有限 化育有類者曰數".
114) 「究說」, 『旅軒集』 續卷, 卷6, 32ㄱ(60책, 391쪽). "夫所謂數者 本所以盡物變計多少者也 而數亦有莫之及者焉".
115) 「觀物賦」, 『旅軒集』 卷1, 12ㄴ(60책, 16쪽). "數不外乎理中".
116) 「文說」, 『旅軒集』 卷6, 24ㄱ(60책, 125쪽). "聖經賢傳 非斯文之典範耶".

『易』에 대한 관심이었다. 易은 성인이 음양변화의 오묘함과 開物成務之
道를 보여주기 위해서 만든 것이기 때문에,[117] 그것을 탐구하여 천지자연
의 이치를 밝힐 수 있다고 보았던 것이다. 따라서 장현광의 역학 연구는
우주론과 밀접한 관련을 가질 수밖에 없었다. 그것은 그의 역에 대한 기본
적인 태도에서 기인한다. 그는 역을 천지만물이라고 생각하였다.[118] 그것
은 역이 천지만물의 萬變萬化하는 이치를 포괄하고 있다는 의미에서였다.
따라서 장현광의 역학 연구는 단순히 자연학(우주론)의 차원에 머물지
않는다. 그것은 인간사회의 운영원리까지를 포괄하고 있었다. 우리는 그
것을 장현광이 경학 연구, 특히 역학 연구를 통해서 탐구하고자 했던 이치
의 구체적인 내용을 살펴봄으로써 확인할 수 있다. 그것은 삼강오륜으로
표현되는 윤리·도덕적 질서였다.[119] "離五無物 外五無性"[120]이란 五常
을 중시하는 장현광의 태도를 단적으로 보여주는 표현이다. 장현광이 보
기에 인간의 心身으로부터 國家·天下·天地·古今·萬世에 이르기까
지 모두가 이 오상의 도리로써 관통되는 것이었다.[121]

　장현광이 우주론과 역학 체계의 결합을 시도하고 있는 모습은『易學圖
說』卷2의「本原」부분에서 확인할 수 있다. 여기에서 장현광은 易의
발생 기원에 대해 설명한 후, "易有太極 是生兩儀 兩儀生四象四象生八
卦"[122]라는 명제를 시작으로 태극으로부터 인사에 이르기까지 종합적으
로 서술하고 있다.[123] 여기서 우리는 먼저『역학도설』이라 는 저술의 성격

---

117)「文說」,『旅軒集』卷6, 24ㄴ(60책, 125쪽). "不有易 無以窮陰陽變化之妙 示開物
　　成務之道 故易於是乎作焉".
118)「易學圖說序」,『易學圖說』序, 1ㄱ(下, 197쪽). "夫易卽天地也……是乃天地自
　　是易也";「易學圖說序」,『旅軒集』卷8, 28ㄱ～ㄴ(60책, 162쪽).
119)「道統說」,『旅軒集』卷7, 6ㄴ～7ㄱ(60책, 137～138쪽).
120)「平說」,『旅軒集』續集, 卷6, 24ㄴ(60책, 387쪽).
121)「平說」,『旅軒集』續集, 卷6, 25ㄱ(60책, 388쪽). "自心而身 身而家 家而國 國而
　　天下 天下而天地 天地而古今 古今而萬萬世者 皆由此理而通之矣 五者之道
　　不其大乎 不其遠乎 不其要乎 所以謂之秉彝也五常也".
122)『周易』,「繫辭上傳」, 11章.
123)『易學圖說』卷2,「本原」부분의 목차 구성은 太極, 天地, 日月, 星辰, 天度,

<그림 3-3> 『易學圖說』의 「天地方位動靜之圖」

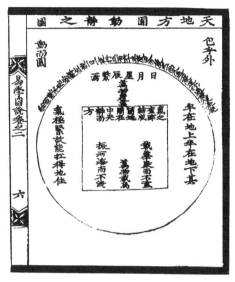

을 파악할 필요가 있다. 『역학도설』은 장현광의 독자적인 저술이 아니라, 先儒들의 言說을 자신의 구도 속에서 재편집한 것이었다. 여기에 선택된 내용들은 장현광이 易理를 파악하는 데 중요하다고 인정한 것이므로, 그 자신이 그것에 동의하고 있었다고 볼 수 있다. 다만 그것이 장현광의 독자적인 견해가 아니라는 점에서 주의를 요한다. 그런데 「본원」 부분을 분석해 보면 장현광이 선택한 논설들이 주자학적 우주론의 범주를 벗어나지 않는다는 것을 쉽게 알 수 있다.124) 왜냐하면 그 내용은 송대 성리학자들의 논설과 그들이 우주론을 구성하는 데 기초가 되었던 각종 천문·역법

地理, 潮汐, 陰陽, 五行, 時令, 造化, 風雲雷電雨露霜雪虹霓霧雹, 人身, 物類, 天命, 人事로 되어 있다. 이것을 『性理大全』卷26~27의 「理氣」 부분의 목차 구성-總論, 太極, 天地, 天度(曆法附), 天文(日月, 星辰, 雷電, 風雨雪雹霜露), 陰陽, 五行, 四時, 地理(潮汐附)-과 비교해 보면 그 유사성을 확인할 수 있다.
124) 전용훈, 「朝鮮中期 儒學者의 天體와 宇宙에 대한 이해-旅軒 張顯光(1554-1637)의 「易學圖說」과 「宇宙說」-」, 『한국과학사학회지』 제18권 제2호, 1996.

서의 논의를 바탕으로 이루어져 있기 때문이다. 따라서 이러한 내용을
중심으로 편집된 「본원」 부분의 분석을 통해서 주자학적 우주론의 각종
논리들-예컨대 혼천설, 사분력 체계에 입각한 周天度數, 左旋說, 四遊說
등-을 끌어내는 것은 어렵지 않다. 중요한 문제는 장현광이 왜 이러한
우주론 체계를 역학의 범주 속에서 소화시키려고 했는가 하는 점이다.
이것이 바로 우리가 『역학도설』을 통해 看取해야 하는 핵심이다.

　『역학도설』「본원」 부분을 서술하는 전제는 천지 사이의 모든 것은
'太極陰陽의 妙'가 아닌 것이 없다는 것이었다.[125] 따라서 우주론의 내용
역시 태극과 음양의 오묘함 속에서 설명되어야만 했다. 그리고 이러한
서술이 인사에까지 이르고 있다는 것은 장현광이 우주론과 역학체계의
결합을 통해서 목표하고 있는 바가 무엇이었는지를 분명하게 보여준다.
장현광은 우주자연의 섭리가 易의 이치 속에 포함되어 있으며, 그것은
곧바로 인간사회의 운영원리와 상통한다고 보았다.[126] 인간사회의 운영
원리를 중세적인 신분질서, 수직적 상하관계로 설정하고 있는 장현광에게
우주론의 탐구는 이러한 인간사회의 운영원리를 확인하는 이론적 근거였
던 것이다.

　장현광은 天地와 日月을 역학 체계 속에서 탐구해야 하는 근거로서
『周易』「繫辭傳」의 내용을 들고 있다.[127] 특히 「繫辭上傳」 1章의 "하늘은
높고 땅은 낮으니 乾坤이 정해지고, 낮은 것과 높은 것이 진열되니 貴賤이
자리하고, 動과 靜이 떳떳함이 있으니 剛柔가 결단되고, 방향은 類로써
모아지고 事物은 무리로써 나누어지니 吉凶이 생기고, 하늘에서는 象이
이루어지고 땅에서는 形體가 이루어지니 變化가 나타난다"[128]는 말은

---

125) 『易學圖說』 卷2, 本原, 2ㄱ(下, 228쪽). "蓋盈天地之間 莫非太極陰陽之妙".
126) 『易學圖說』 卷2, 本原, 人事, 107ㄴ~108ㄱ(下, 280~281쪽). "天地萬物之理
　　卽皆在吾人之理".
127) 張顯光은 『周易』의 繫辭上傳 가운데 "天尊地卑 乾坤定矣"(1章), "法象 莫大乎
　　天地", "懸象著明 莫大乎日月"(이상 11章) 등의 문구를 易學 체계 속에서 우주
　　론을 탐구하는 근거로 제시하고 있다. 『易學圖說』 卷2, 本原, 天地, 7ㄱ(下, 230
　　쪽) ; 『易學圖說』 卷2, 本原, 日月, 17ㄱ(下, 235쪽).

장현광의 역학 체계에서 역학과 우주론, 역학과 인간사회운영 원리를 연결
시키는 관건이었다. 장현광은 이것을 근거로 한편으로 우주론을 전개시키
면서 다른 한편으로는 '明分'論(=분수론)을 확장시켰다. 즉 인간사회의
上下·尊卑·貴賤 등의 질서는 일월성신이 하늘에 있고 산천초목이 땅위
에 있는 것과 같이 정해진 분수라는 것이었다.129) 그리고 그러한 분수를
따르는 것은 필연의 이치로서 강조되었다.130)

요컨대 장현광의 역학적 자연인식은 인간의 도덕적 원리를 자연세계의
섭리와 동일한 것으로 간주하는 주자학적 자연관의 기본틀을 벗어나지
않는다. 그는 처음부터 끝까지 一理論의 관점에서 현상세계의 생성과
운행을 설명하였는데, 그 一理란 곧 太極이며, 구체적으로는 도덕·윤리
질서인 五常이었다. 장현광은 이러한 一理를 파악하기 위해 格物致知論
에 입각한 推理의 방법을 사용하고 있었다.131) 그런데 추리의 전제가
되는 것은 위에서 살펴본 바와 같이 一理였다.132) 이것은 근대과학의
방법론적 가설과는 거리가 먼 존재론적 원리로서의 一理였다. 따라서
그의 자연 탐구나 역학 연구는 이러한 존재론적 원리로서의 一理의 정당
성을 입증하려는 것에 지나지 않았다.

결국 상수학을 도입한 장현광의 역학 연구는 많은 도상과 수학적 원리

---

128) 『周易』, 「繫辭上傳」, 1章. "天尊地卑 乾坤定矣 卑高以陳 貴賤位矣 動靜有常
剛柔斷矣 方以類聚 物以群分 吉凶生矣 在天成象 在地成形 變化見矣".

129) 「明分」, 『旅軒集』卷6, 32ㄴ~33ㄱ(60책, 129~130쪽). "類聚之中 必有等位 羣分
之中 當有序次 順之而吉 逆之而凶 則其可紊各定之分乎 日月星辰之恒於上
山川草木之恒於下者 非一定之分乎".

130) 「明分」, 『旅軒集』卷6, 31ㄴ(60책, 129쪽). "然則守分必吉 違分必凶 必然之理
也".

131) 「附答童問」, 『性理說』卷8, 33ㄴ~34ㄱ(下, 192쪽). "以此而推諸既往 則前萬古
可以今而知之 以此而推諸將來 則後萬世亦以今而知之 此乃聖賢致知之道 必
由於格物也" ; 「附答童問」, 『性理說』卷8, 39ㄴ(下, 195쪽). "人雖不得見天地之
終 亦可以理推而知之矣".

132) 김낙진, 「조선 유학자들의 격물치지론」, 『조선 유학의 자연철학』, 예문서원, 1998,
86~96쪽.

를 원용하고 있지만 그 목적과 결과는 花潭學派의 그것과는 다른 것이었다. 이는 상수학에 대한 장현광의 기본적인 태도에 기인하는 것이기도 했다. 그는 '理'와 '數'를 體用의 관계로 설정하였는데,133) 理에 궁극적 원리라는 의미를 부여했던 것과는 달리 數는 '象의 數'라는 제한된 범위 안에서만 그 가치를 인정하고자 하였다. 발생론적 관점에서 볼 때 理→氣→象→數였던 것이다.134) 따라서 그가 상수학을 통해 탐구하고자 했던 대상은 자연 그 자체가 아니라 인간의 도덕 원리가 발현되고 있는 자연이었던 것이다.

장현광이 역학 연구에 몰두하였던 것은 당시의 사회모순과 국가적 위기를 타개하는 방안을 易理 속에서 찾고자 하였기 때문이었다. 이는 천지자연의 섭리를 비롯하여 인간사회의 운영원리가 역리의 범주를 결코 벗어나지 않는다는 사실을 재확인하고 그것을 통해 사회를 교화해 나가고자 하는 것이었다. 이때 역리의 핵심은 五常으로 표현되는 윤리·도덕적 질서였다. 그것은 객관세계의 법칙을 인간의 도덕원리 속에 해소하는 방식이었다. 따라서 접근 방법에서는 약간의 차이를 보이지만 본질적으로는 理法天觀의 논리체계와 일맥상통하는 것이었다.

장현광은 당시의 현실 문제를 다각적으로 분석하고 있었다. 인조 초년의 정치에 대해서는 비판적인 시각에서 '疵政玷令'으로 평가하였으며,135) 각종 내란과 외환에 대해서는 그것이 본질적으로 失政에 따른 결과라고 지적하였다.136) 실정의 내용으로는 토지제도와 부세제도의 운영상의 문제, 풍속의 해이를 지적하기도 했지만137) 장현광이 생각하기에 그것은

---

133) 「理數分合」, 『旅軒性理說』 卷7, 79ㄱ(下, 173쪽). "盖理者一定不易之統體也 數者千殊萬別之妙用也".
134) 「圖書發揮篇題」, 『旅軒性理說』 卷1, 1ㄱ~ㄴ(下, 1쪽).
135) 「告歸進言疏丙寅五月二十七日」, 『旅軒集』 卷2, 15ㄴ(60책, 45쪽).
136) 「辭執義疏甲子三月十日」, 『旅軒集』 卷1, 44ㄴ(60책, 32쪽). "寇賊之爲寇賊 雖其惡也 而所以招之致之者 上必有失政也".
137) 「擬疏」, 『旅軒集』 續集, 卷2, 2ㄴ(60책, 274쪽). "人或以爲量田制賦之致失也 末世民風之日非也".

본질적인 원인이 아니었다. 보다 중요한 문제는 조정이 분열되고 士林이 화합하지 못하는 것이었다.138) 이것을 해결할 수 있는 방안으로 장현광이 제시하였던 것은 建極論이었다.

장현광은 인조와의 면담에서 당시의 급선무가 大綱領을 세우는 것이라고 주장하였다. 大綱領이란 항상 새로운 마음을 일으키는 것이니,139) 군주가 마음을 바르게 하여 道理에 따름으로써 선악과 邪正, 시비를 분명히 가리는 일이었다. 이것이 바로 군주가 建極하는 일이며, 그렇게 될 때 천하국가의 사업이 모두 바로잡히게 된다는 주장이었다. 도리를 따른다는 것은 강상윤리의 질서를 솔선수범한다는 뜻이니,140) 이는 중세적 윤리도덕에 의한 정신무장을 통해 사회혼란을 수습하자는 것이었다. 장현광은 또한 향촌교화에도 주목하였는데, 이것 역시 기존의 사대부를 중심으로 하여 향촌사회의 윤리질서를 강화하고자 한 것으로 볼 수 있다. 그 자신이 선조 28년(1595)에 報恩縣監으로 부임하였을 때 향촌교화를 강조했던 것141)은 이것을 실천하기 위한 노력의 일환이었다.

장현광의 역학적 우주론은 盧景任(1569~1620)에게 계승되었다. 우리는 노경임의 우주론을 통해서 16세기 말~17세기 초에 심화되어 가는 주자학적 우주론의 전형을 살펴볼 수 있다. 노경임은 구조론의 측면에서 蓋天說과 渾天說을 모두 수용하였고, 천체운행론에서는 의연히 左旋說

---

138) 「謝賜藥物疏丙子」,『旅軒集』卷3, 36ㄱ(60책, 73쪽). "臣見古今天下 未有朝廷不和而國家得爲國家 士論不一而敎化得爲敎化者也";「擬疏」,『旅軒集』續集, 卷2, 2ㄴ~3ㄱ(60책, 274~275쪽). "……朝廷不和 士林相貳者 實爲召變致異之大綱也".

139)『仁祖實錄』卷5, 仁祖 2년, 3월 5일(己未), 4ㄱ(33책, 591쪽). "對曰 先立大綱領可也 上曰 所謂大綱領 何也 對曰 惕厲奮發 常作新心可也";「告歸進言疏丙寅五月二十七日」,『旅軒集』卷2, 16ㄱ(60책, 45쪽). "人君德業 自有第一等道理 所謂建極之極 卽此道理也".

140)「告歸進言疏丙寅五月二十七日」,『旅軒集』卷2, 11ㄴ(60책, 43쪽). "所謂建君極者亦非別有法也 惟能盡己之性 而爲表準於人也".

141)『旅軒先生年譜』卷1, 6ㄱ~ㄴ(上, 489쪽) ;「諭鄕所文」,『旅軒集』續集, 卷4, 52ㄴ~55ㄱ(60책, 344~346쪽).

의 관점을 옹호하였다. 이러한 구조론과 천체운행론은 이기론을 중심으로
한 생성론과 결합되고, 그 위에 소옹의 원회운세설에 기초한 우주주기론이
부가됨으로써 주자학적 우주론의 체계가 완성되었다.[142) 노경임은 '太極'
의 개념을 매개로 우주론과 역학체계를 연결시켰다. 장현광의 우주론이
『역학도설』이라는 체제 아래에 전개된 것과 마찬가지로 노경임의 우주론
역시 '易理'의 범주 속에 포괄되어 있었던 것이다.[143) 결국 노경임의 우주
론이 지니고 있는 특색은 장현광과 마찬가지로 역학을 통한 우주 이해,
즉 易學的 宇宙論이었다는 데 있으며, 그것은 넓게 보면 주자학적 우주론
의 범주 속에 포함되는 것이었다.

한편 주자학적 우주론이 심화됨으로써 자연학과 인간학을 유기적으로
연결시키는 구조가 마련되었고, 이에 따라 객관적인 진리로서의 천리의
실체만이 아니라 그것을 구현할 주체로서의 인간에 대한 관심이 커지게
되었다. 장현광이 道學=理學=心學=正學=聖學이라는 관점[144)에서 천지
만물의 본체인 理를 體會하는 방법으로 '敬'의 문제, 곧 '心活'의 문제를
제기한 것이나,[145) 노경임이 存養省察의 방법으로 '敬'을 제시한 것[146)은
모두 주체의 중요성에 대한 인식을 반영하고 있었다. 주체로서의 인간의

---

142) 「天地說」, 『敬菴集』 卷4, 1ㄱ~3ㄱ(74책, 58~59쪽)과 「南北極說」, 『敬菴集』
    卷4, 3ㄱ~4ㄴ(74책, 59쪽) 참조.

143) 「易說」, 『敬菴集』 卷3, 20ㄴ(74책, 51쪽). "天下萬事萬物 皆不能外乎易" ; 「易學
    啓蒙說」, 『敬菴集』 卷3, 21ㄴ(74책, 52쪽). "天地未闢之前 易之理已具於無朕之
    中 天地旣闢之後 易之理乃著於有象之際 天地之間 一長一消 一進一退 一生
    一死 一動一靜 一闔一闢 一凶一吉 一往一來 一盛一衰 一得一失 無非易也".

144) 「學部名目會通旨訣」, 『旅軒集』 卷6, 7ㄱ(60책, 117쪽). "學者 學是道也 故曰道
    學 道是本然當然之理 故曰理學 道理之學 不出於心 故曰心學 明此理 體此道
    治此心之學 學莫正焉 故曰正學 所謂學者 學而至乎聖者也 故曰聖學".

145) 「萬活堂賦幷序」, 『旅軒集』 卷1, 6ㄴ(60책, 13쪽). "然則立此天地之中 首此萬物
    之上 盍思有以體會夫此理 體之伊何 曰敬而已……其心死兮生之理息 勖哉主
    人 常令此心活也".

146) 「主敬說」, 『敬菴集』 卷3, 5ㄱ(74책, 44쪽). 盧景任은 '敬菴'을 號로 삼을 정도로
    '敬'을 무척이나 강조하였다. 李光庭, 「敬菴先生集序」, 『敬菴集』 序, 1ㄴ(74책,
    3쪽) ; 「敬菴偶吟」, 『敬菴集』 卷6, 續集, 3ㄴ(74책, 88쪽).

문제는 인간을 주재하는 心의 문제, 곧 心學의 문제였다. 이렇듯 심학에 대한 관심은 理學의 발전에 따른 당연한 귀결이었으며, 우주론과 심학의 연결, 이른바 '心學的 天觀'은 이러한 역사적 흐름 속에서 나타나게 되었다.

3. 理學 一邊倒에 대한 反省과 心學的 天觀의 擡頭

1) 理學 一邊倒에 대한 反省과 心學의 확산

16세기 말에서 17세기 초에 걸친 시기에 조선 학계에는 기존의 주자학적 학문경향을 비판적으로 검토하여 내재적으로 극복하고자 했던 心學化의 경향이 하나의 학문적 흐름으로 자리하고 있었다. 조선 심학의 전개를 추동했던 요인으로는 다음과 같은 몇 가지 사항을 지적할 수 있다. 먼저 16세기 이후 심화된 심성논쟁에서 그 내재적 계기를 발견할 수 있다. 이른바 '程朱學의 心學化' 문제였다.147) 이에 따라 이전 시기의『性理大全』중심의 학풍은『心經』·『小學』·『近思錄』위주의 학풍으로 전환되었고, 이러한 학풍의 변화로 인해 심성문제에 대한 이론적 탐구가 진전되었으며, 그 과정에서 심성논쟁이 나오게 되었다. 柳崇祖(1452~1512)·趙光祖(1482~1519) 등의 학문운동을 통해 心學은 帝王學, 즉 聖學의 본질로서 제시되었다. 이때의 심학은 理學, 道學과 같은 개념이었다.

조선 심학의 전개를 추동한 또 하나의 요인은 陽明學의 전래에 따른 수용과 비판의 문제였다. 양명학에 대한 비판으로는 李滉의「傳習錄論辯」148)이 유명하지만, 양명학에 대한 논변은 그 이전부터 시작되었던 것으로 보인다.149) 어쨌든 이 시기가 되면 학계에서 양명학에 대한 논란이 상당한 정도로 진전되었는데, 우리는 그 한 가지 예를 尹根壽(1537~1616)

---

147) 尹南漢,「朝鮮時代 程朱學의 心學化와 陽明學의 傳來問題」,『朝鮮時代의 陽明學 硏究』, 集文堂, 1982.
148)『退溪先生文集』卷41, 23ㄴ~29ㄴ(30책, 416~419쪽).
149) 尹南漢, 앞의 책, 1982, 144쪽.

를 통해서 살펴볼 수 있다. 윤근수는 1566년(명종 21) 明에 사신으로 파견
되었을 때 그곳의 國子監 學正인 陸光祖와 양명학에 대해 몇 차례의
논변을 가졌는데, 그 결과물이 「朱陸論難」이라는 글로 남아있다.150) 여기
서 윤근수는 양명학의 心卽理說, 致良知說 등에 대해 주자학의 입장에서
비판을 가하여, 양명의 주장은 불교의 심설과 같은 것이라고 주장하였다.
이에 대해 육광조는 주희가 人心과 道心을 둘로 나누는 등 지리함을 면치
못했다고 하면서 다음과 같이 조선 학계의 문제점을 지적하였다.

　　이미 이른바 陽明을 알지 못하는데 또 어찌 이른바 朱子를 알겠는가.
　　그 朱子를 尊崇한다는 것도 또한 舊聞과 舊見을 계속 유지하여 몸과
　　마음의 實學에 얻음이 없는 것에 불과함이 분명하다.151)

이러한 육광조의 비판에도 불구하고 윤근수는 양명학의 치양지설이 '認氣
爲理'의 잘못을 범했고, 따라서 도학에 아무런 도움이 되지 않을 뿐만
아니라 성현의 학문에 중죄를 얻은 것이라고 하면서, 자기 자신은 양명학
에 접하지 않은 것을 다행으로 여길 뿐 조금도 한스럽게 생각하지 않는다
고 극언하였다.152)
　　그러나 양명학의 도입을 둘러싼 이러한 논변은 조선의 학자들로 하여금
주자학의 문제점에 대해 생각할 수 있는 기회를 제공하였던 것은 분명한
듯하다. 윤근수의 외손이며, 윤근수에게서 학문을 전수받은 趙翼(1579~
1655)의 학문 경향 속에서 드러나는 심학적 양상153)은 이러한 사상논쟁을

---

150) 「朱陸論難」, 『月汀集』別集, 卷1(47책, 318~333쪽).
151) 「朱陸論難」, 附陸學正答書,『月汀集』別集, 卷1, 11ㄴ(47책, 323쪽). "旣不知所
　　謂陽明 又安知所謂朱子耶 其尊崇朱子 亦不過相沿舊聞舊見而無得于身心之
　　實學 明矣".
152) 「朱陸論難」, 又答陸學正書,『月汀集』別集, 卷1, 14ㄱ(47책, 324쪽). "若陽明致
　　良知之學 則終恐其認氣爲理 無得於道 自以不得聞其學爲幸 而不敢以爲恨
　　也".
153) 趙翼의 문집『浦渚集』가운데서 心學과 관련된 저술로는 「心法十二章」(卷18),
　　「持敬圖說」(卷19), 「拙脩雜錄」(卷20) 등을 들 수 있다.

수렴해 가는 과정에서 나타난 것으로 보아야 한다. 즉 조익은 退栗단계의 학문적 성과를 주체적으로 소화한 바탕 위에서154) 양명학에 대해 개방적인 자세155)를 보여주었던 것이다.

한편 당시의 급격한 정치·사회변동은 주자학의 현실대응력에 대해 의구심을 갖게 하는 계기가 되었다. 주자학을 國定敎學으로 표방한 조선국가와 그 이념의 담지자인 '사림' 세력은 16세기의 사회모순을 주체적으로 해결하는 데 실패했으며, 그 결과 두 차례에 걸친 전란을 초래함으로써 조선 봉건국가는 해체의 위기에 직면하게 되었다. 학문·사상적인 측면에서 이러한 위기상황을 타개하고자 할 때 그것은 당시 학계의 주류를 이루고 있었던 주자학에 대한 비판적 반성으로 연결될 수밖에 없었다.

그것은 일단 주자학 일변도의 학계 풍토에 대한 비판으로부터 시작되었다. 趙翼은 경전 해석의 문제에서 주희의 견해에 의문을 제기하면서 경전의 뜻은 '天下古今의 公物'이므로, 학자는 至公한 마음에 바탕하여 이치의 궁극을 추구해야 한다고 주장하였는데,156) 이는 당시 학계의 맹목적인 朱子 尊信 경향에 대해 이의를 제기한 것이었다.157) 그것은 李睟光(1563~1628)이 『중용장구』에 대해서 주희와 다르게 해석할 수 있는 가능성을 제시한 것158)과도 일맥상통한다.

주자학에 대한 비판은 학계 풍토에 대한 반성의 차원을 넘어서 주자학

---

154) 「讀栗谷與牛溪論心性情理氣書」, 『浦渚集』 卷22, 1ㄱ~17ㄱ(85책, 390~398쪽).

155) 宋錫準, 「浦渚 趙翼의 性理說과 陽明學的 性格」, 『朝鮮朝 儒學思想의 探究』, 驪江出版社, 1988.

156) 「大學困得後說中」, 『浦渚集』 卷21, 36ㄱ~38ㄴ(85책, 386~387쪽). 趙翼은 이러한 관점에서 『中庸困得』(1615)·『論語淺說』(1615)·『孟子分類淺說』(1615)·『大學困得』(1618)·『孟子淺說』(1639)·『書經淺說』(1639)·『易象槪略』(1640)를 비롯한 많은 경학 연구서를 저술하였다. 이에 대해서는 『浦渚全集』 下, 保景文化社, 1989에 수록된 『浦渚先生遺書』를 참조.

157) 「大學困得後說中」, 『浦渚集』 卷21, 36ㄴ(85책, 386쪽). "若徒知尊畏先賢 而不求義理之實 雖或有疑 不敢致思 則是其爲學非主於求道 而其所以尊先賢者 亦不得爲至公也".

158) 「題蔡子履中庸集傳贊後 附管見」, 『芝峯集』 卷26, 11ㄱ(66책, 281쪽).

의 핵심적인 이론, 즉 理氣論·心性論·認識論의 영역에서 전면적으로 제기되었다. 그 비판의 논거는 심학이라는 공통의 사유체계를 통해 마련되었다. 여기서 말하는 심학은 주자학 본래의 심성수양론으로서의 심학과는 구분할 필요가 있다. 심성수양론의 차원에서 도덕적 주체를 확립하기 위한 主敬 공부는 주자학에서도 중시하여 왔다. 그리고 주자학에 대한 비판적 대안으로서 출현한 심학은 기본적으로 주자학의 내재적 발전과정에서 나타난 것이기 때문에 주자학의 심성수양론 차원의 심학, 즉 居敬 공부와 통하는 측면이 있었다.159) 그럼에도 불구하고 양자 사이에는 질적인 차별성이 있었는데, 그것은 다음과 같은 몇 가지 지표로 분별해 볼 수 있다.

첫째는 理氣心性論상에서 心과 性의 관계, 心性과 理氣의 관계를 어떻게 파악하였는가 하는 점이다. 心과 性을 분리해서 '性卽理 心卽氣'로 보는가, 아니면 심과 성을 일원적으로 파악해서 '心卽性 性卽理'로 파악하는가에 따라 理學과 心學으로 구분해 볼 수 있다. 둘째는 인식론상에서 物理를 무엇으로 파악하였는가 하는 문제이다. 이것은 곧 格物致知論의 문제이다. 격물의 物을 객관적인 사물의 법칙으로 이해하는가, 아니면 인간의 마음에 의해 인식되는 한에서의 객관법칙을 의미하는가에 따라 理學과 心學을 나누어 볼 수 있다. 인식론상에서의 이학과 심학의 차이는 본체론의 차이와 연결되면서 지식과 도덕의 관련성에 대한 문제로까지 확대될 수 있다. 즉 객관세계에 대한 지식을 도덕준칙과 일체화시켜 이해할 것인가, 아니면 객관사물의 이치와 도덕준칙을 분리시켜 이해할 것인가 하는 문제―외재 사물이나 사실에 대한 파악을 통해 도덕적 이치를 끌어내는가, 인간의 마음을 배제한 객관적 진리의 존재를 부정하는가의 문제―이

---

159) 朱子學(理學)과 心學은 기본적으로 理를 근원자로 하는 理本體論의 관점에 서 있다는 점에서 일치한다. 그들이 표방하는 理=天理는 봉건적인 사회질서(중세적인 윤리·도덕)라는 점에서 그 성격이 같다. 수양론과 실천론에서도 인간 내면의 도덕 심성의 실현을 통해 현실 문제를 해결하고자 하는 修己治人論의 관점을 고수한다는 점에서 동일성을 찾을 수 있다.

다. 셋째는 공부방법론에서 居敬과 窮理의 관계를 어떻게 설정하였는가
하는 점이다. 거경과 궁리의 병행을 주장하면서도 궁리를 우선하는 경우
에는 理學으로, 거경을 우선하는 경우에는 心學으로 파악할 수 있다.

이기심성론 차원의 주자학 비판은 주자학의 심성분리론에 대하여 心性
一元論으로 나타난다. 즉 本然之性과 氣質之性, 四端과 七情, 人心과
道心을 확연히 구분하고자 하는 입장에서 심성, 사단칠정, 인심도심을
일원적으로 파악하는 입장으로의 전환이었다. 이러한 심성론의 변화는
당연히 理氣論의 변화에 기초하는 것이었다. 즉 理氣二元論的 사고에서
一元論的 사고로의 전환을 뜻한다. 일원론적 사고의 출현은 일차적으로
는 객관적인 진리와 실천 주체 사이의 괴리를 해소하기 위한 노력의 일환
이었다. 즉 심과 성을 분리시킬 경우 心과 理가 이원화되기 때문에 마음
밖에서 理를 구할 수밖에 없고, 그로 인한 주체의 왜소화를 해결할 수
없다는 점을 자각하게 되었던 것이다. 그것은 理氣문제에서도 동일하게
나타난다. 理와 氣의 구분을 엄격하게 할 경우 현상의 배후에 존재하는
理의 탐구에 천착하게 되고, 그것은 결국 현상을 떠나 본질을 찾게 되는
문제를 유발시킬 수밖에 없었다. 현실성과 실천성의 부재는 여기에서 파
생되는 문제였다.

한편 일원론적 사고의 출현은 같은 문제를 고민했던 明代 초기 주자학
의 연구성과를 적극적으로 수용한 결과이기도 하였다. 明初의 대표적인
주자학자는 薛瑄(1389~1464)이었다.[160] 설선의 이기론은 이기일원론의
범주에 속하는 것으로서, 그는 주자의 '理先氣後'의 관점을 버리고 '理在氣
中'·'理不離氣'를 강조하여 理를 사물의 법칙으로 해석하였다. 따라서
理氣는 선후를 논할 수 없는 것이었다. 이러한 理氣不分의 관점에서 모든

---

160) 薛瑄에 대해서는 다음의 글을 참조. 黃宗羲, 『明儒學案』 卷7, 河東學案 上,
「文淸薛敬軒先生瑄」(『明儒學案』, 華世出版社, 1987, 109~124쪽) ; 侯外廬·
邱漢生·張豈之 主編 『宋明理學史』 下卷, 人民出版社, 1987, 119~135쪽 ; 陳
來, 『宋明理學』, 遼寧敎育出版社, 1991, 224~236쪽(이 책의 번역본으로는 안재
호 옮김, 『송명성리학』, 예문서원, 1997을 참조).

理는 實理로 파악되었고, 사람들에게는 務實이 요구되었다. 이는 현실을
중시하고 현실에 즉하여 理를 추구하였음을 보여주는 것이다. 그는 수양
론에서 '復性'을 주장하였다. 復性을 위한 방법으로 '敬'이 강조되는데,
이 敬은 구체적인 事上에서 '破私立公'·'自强不息'하는 자세를 필요로
하는 것이었다. 이와 같이 학문의 현실성과 실천성을 중시하는 설선의
철학은 조선 학계의 일부 학자들에게 커다란 영향을 끼쳤다. 그 대표적인
학자 가운데 한 사람이 李睟光이었다. 그는 설선의 대표적인 저서 『讀書
錄』을 읽고 마음에 드는 내용을 초록한 후 자신의 의견을 붙여서 『讀書錄
解』라는 글을 남기고 있을 정도였다.[161]

　심성일원론의 관점은 이수광에게서 분명하게 확인할 수 있다. 이수광은
心을 인간의 한몸을 主宰하는 중요한 역할을 담당하고 있는 것으로 파악
한다. 그는 體用論의 관점에서 마음을 분석하고, 그것을 '心統性情'의
논리로 설명하였다. 즉 心은 性情을 포괄하는데, 여기서 性이란 마음의
寂然不動한 상태를 가리키는 것이고, 情이란 그것이 발동한 상태를 일컫
는다. 心은 이러한 動靜을 관통하여 一身의 主宰가 되는 것이다. 이것이
바로 '心統性情'의 논리였다.[162] 결국 性은 心의 본체로서 '天之性'이고,
情은 心의 用으로서 '性之情'인 것이다. 따라서 心과 性은 나누어서 말할
수 없는 것이다.[163] 여기에서 性卽理=心卽理(心卽性[164])의 논리가 가능
해진다.[165]

---

161)「薛文淸讀書錄解」,『芝峯集』卷25, 1ㄱ~11ㄱ(66책, 270~275쪽).
162)「采薪雜錄」,『芝峯集』卷24, 14ㄱ(66책, 262쪽). "寂然不動者 謂之性 其發動者 謂之情 心則貫動靜而爲之主宰 故曰 心統性情".
163)「題蔡子履心法論後」,『芝峯集』卷26, 1ㄱ(66책, 276쪽). "然妄意人生而靜 天之性也 感而遂通 性之情也 性卽心之體 情卽心之用 心與性固不可分而言之".
164) 이러한 一元的 관점은 二程에게서도 찾아볼 수 있는 것이다.『河南程氏遺書』卷18, 劉元承手編(204쪽-『二程集』, 中華書局, 1981의 쪽수. 이하 같음). "心卽性也" ;『河南程氏遺書』卷25, 暢潛道錄(321쪽). "心也 性也 天也 非有異也" 이에 대한 분석으로는 蔡方鹿,『程顥程頤與中國文化』, 貴州人民出版社, 1996, 101~105쪽 참조.
165)『芝峯集』에 실려있는 다음과 같은 단편적인 언급을 통해 天·性·心·理·道를

　심과 성을 동일한 차원에서 파악하는 이수광의 심성론이 갖는 의미는 무엇인가? 그것은 주자학과의 대비를 통해서 분명해진다. 주자학의 '性卽理'는 사회윤리의 실천이 개인 심성의 도덕적 기초 위에서 행해져야 한다고 보았던 점에서는 내면성을 중시했다고 할 수 있으나, 이러한 도덕적 심성을 수립하기 위한 전제이자 기준을 심성 자체가 아닌 '사회윤리의 원칙'에 두고 있었다는 점에서 '心卽理'의 논리와 대조를 보인다. '心卽理'는 인간의 心을 性과 情으로 구분하여 대립적으로 보는 주희의 관점에 반대하여 渾一的으로 이를 파악함으로써 선과 악으로 구분되기 이전의 心 그 자체에 理가 내재한다고 보는 입장이었다. 물론 이수광이 말하는 심은 陸王의 심과는 그 의미를 달리하는 것이었지만, 性卽理와 동시에 그것과 같은 차원에서 心卽理를 주장한다는 점에서 주자학의 문제점을 비판적으로 극복하고자 했던 그의 자세만은 분명히 볼 수 있다. 이기심성론 차원의 주자학 비판은 진리 탐구와 실천의 내재화라는 점에서 인식론과 공부방법론으로 직접 연결되는 것이었다.

　주자학 인식론에 대한 비판은 權得己(1570~1622)에게서 찾아볼 수 있다. 그는 주희의 격물치지론에 대해 새로운 해석을 시도하였다. 그것은 인식대상과 인식주체의 분리를 극복하고자 한 노력의 일환이었다. 권득기에게서 중요한 사상적 명제는 '每事必求是 毋落第二義'였다.[166] 여기서 중요한 것은 '求是'의 사상인데, '是'란 處心·處事에서의 바름을 의미하는 것이었다.[167] 구체적으로 그것은 일의 옳음, 선함, 사물의 당연한 이치

一元的으로 파악하고 있는 李晬光의 입장을 추론해 볼 수 있다. "天卽理也"(66책, 257쪽) ; "道卽性 性卽道也"(66책, 258쪽) ; "凡人之心卽天也"(66책, 259쪽) ; "心卽道 道卽心"(66책, 285쪽).

166) 「珠重珠重贈沈之源別」, 『晩悔集』 卷1, 12ㄴ(76책, 10쪽) ; 「贈沈源之文名之源」, 『晩悔集』 卷2, 30ㄱ(76책, 26쪽) ; 「家狀」, 『晩悔集』 附錄, 7ㄱ(76책, 123쪽) ; 「執事策(天)」, 『晩悔集』 策, 卷2, 24ㄱ(76책, 168쪽).

167) 『晩悔集』 僭疑, 卷4, 孟子, 公孫丑上, 浩然章, 11ㄴ(351쪽-『韓國歷代文集叢書』 599(晩悔先生文集 2), 景仁文化社, 1993의 쪽수). "今且淺言之 但每事皆求是處 毋落第二義 使吾之一存心一處事 粹然一出於正 則庶乎得孟子遺意十分之一

등을 가리킨다. 그렇다면 그것은 어디에서 찾을 수 있는가? 事事物物에 모두 이치가 내재되어 있다고 생각하여 객관 세계에서 진리를 탐구하는 것이 주자학의 인식론인 격물치지론이었다. 그렇다면 권득기에게서도 '是'를 찾아야 하는 곳은 외재의 객관적 세계인가? 바로 여기에서 격물치지론을 둘러싼 權得己와 朴知誡(1573~1635)의 논쟁이 벌어졌던 것이다.[168]

주자학에서는 格을 至로, 物을 事物로 해석하여 格物을 사물의 이치를 궁구하는 것이라고 정의하였다.[169] 박지계는 "朱子의 가르침을 一步 어기면 天理를 一步 거역하는 것이고, 二步를 어기면 天理를 二步 거역하는 것"[170]이라는 강한 주자학 尊信의 입장에서 격물을 해석하였다. 그것은 물을 객관 사물로 보고, 격물을 주체의 인식이 물리에 나가 합치하게 되는 것(心思之到於物理)[171]으로 이해하는 방식이었다. 이에 대해 권득기는 격물을 誠意와 같은 뜻으로 해석하였다.[172] 그에게서 格이란 생각하는 것, 格物이란 내 마음이 이치를 생각하는 것이었다. 物格이란 사물의 이치가 내 마음에 얻어진 것을 말함이요, 致知란 이치를 생각하는 것, 知至란 사물의 이치가 얻어진 것을 뜻한다.[173] 권득기는 기본적으로 모든 이치가

矣".
168) 柳正東, 「晩悔 權得己의 生涯와 哲學思想-潛冶와의 格致論爭을 中心으로-」, 『百濟研究』10, 1979 ; 金吉洛, 「晩悔의 陸王學的 心學體系에 관한 硏究」, 『道山學報』3, 1994. 이 논쟁과 관련된 자료로는 『晩悔集』卷5의 「與朴仁之書」, 卷6의 「與朴仁之格物論辨說」, 「與朴仁之書」와 『潛冶集』卷4의 「答權重之得己」, 「答趙浦渚翼」 등을 들 수 있다. 특히 『晩悔集』卷6의 「與朴仁之格物論辨說」은 權得己의 입장에서 양측의 논쟁을 종합·정리한 총론적인 성격의 글이다.
169) 『大學章句』經1章, 朱子 註.
170) 「答權重之」, 『潛冶集』卷4, 39ㄱ(80책, 161쪽). "鄙意但欲講解朱訓 而平生一言 一行 唯務一遵而不違爾 先朱子千百年 後朱子五百年之立言者 違朱訓一步則 逆天理亦一步 二步則亦二步矣".
171) 「答權重之得己」, 『潛冶集』卷4, 36ㄱ(80책, 159쪽).
172) 「與朴仁之書」, 『晩悔集』卷5, 18ㄴ(76책, 82쪽). "且夫所謂格物者 果何物耶 意者 心之所發 卽思慮之所萌也 若於思慮萌動之時 察其誠與不誠 此亦格物之 事 而所以誠其意也".

인간의 마음에 구비되어 있다고 생각하였으므로, 내 마음 안에서 그것을 생각하면 그 이치를 자연히 얻게된다(物理自到於吾心)고 보았다. 따라서 외재의 사물에 나아가 이치를 구하는 방식은 '外馳'의 잘못을 범하는 것이었다.174)

요컨대 권득기는 격물과 치지를 분리하지 않음으로써 인식주체와 인식대상의 불가분의 관계를 강조하고자 하였다. 즉 격물은 사물의 이치가 내 마음에 이르는 것으로, 치지는 주체의 인식능력이 사물의 이치와 합치되는 것으로 해석하였다. 격물치지론에 대한 권득기의 재해석은 박지계가 적절하게 지적했듯이 주자학을 객관화시키는 학문자세175)로 인해 가능하였던 것이다.

격물치지론에 대한 비판은 다른 경로를 통해 이수광에 의해서도 시도되었다. 이수광은 독서를 통한 궁리에 대해 일단의 회의를 표명하면서176) '讀書窮理'보다는 '存心養性'을 강조하는 입장을 개진하였다.177) 存養의 강조는 결국 사사물물로 표현되는 객관세계에 대한 탐구보다는 주체에 대한 탐구에 주목하는 것으로, 그 논리적 토대를 이루는 것이 '天地萬物本吾一體'라는 一理論的 사고였다.178) 이것은 결국 객관사물의 탐구를 중시

---

173) 「與朴仁之書」, 『晩悔集』 卷6, 29ㄱ~ㄴ(76책, 106쪽). "盖格字之義 果何事耶 不過曰思而已矣 格物者 吾心之思夫理也 物格者 物理之得於心也 思夫理者 所以致知 而物理之得 卽吾知之至也".

174) 「與朴仁之格物論辨說」, 『晩悔集』 卷6, 2ㄴ(76책, 92쪽). "心在此 故能察物理 若逐物外馳則不能矣 盖物理本吾度內 思之於心 則其理自見 若曰使物理到於心 則爲約而要 若曰心逐物而到焉 則爲煩而泛 且有外馳之失矣".

175) 「答權重之」, 『潛冶集』 卷4, 39ㄱ~ㄴ(80책, 161쪽). "兄常以朱訓爲不足專信 廣取諸儒說而等視朱訓 欲以己意有所取捨……".

176) 『芝峰類說』 卷5, 儒道部, 心學, 6ㄱ(80쪽). "古之人與骨皆已朽矣 而所留者跡耳 因其跡而究其心 得無誤乎 凡詩書六藝 皆聖人之跡也 求古人之心於方冊之內 其得者鮮矣 不得乎聖人之心 而惟跡之是求 其惑也大矣 是故老氏厭之 釋氏空之 盖有激焉者也".

177) 「與鄭副學采薪錄評」, 『芝峯集』 卷24, 20ㄴ(66책, 265쪽). "盖朱子所云爲學 專在讀書窮理上 故愚欲以存養底工夫 發明朱子之旨".

178) 「采薪雜錄」, 『芝峯集』 卷24, 6ㄱ(258쪽). "傳曰 萬物皆備於我矣 夫天地萬物

144

하는 주희의 격물치지론에 대한 비판이었다. 그에 대한 대안으로 이수광이 제시하고 있는 것이 소옹의 인식론, 즉 '以物觀物'論이었다.[179]

주자학의 공부방법론인 道問學에 대한 비판도 행해졌다. 도문학에 대한 비판은 尊德性의 강조로 나타났으며, 그것은 심학의 강조로 이어졌다. 이수광의 학문관은 그 전형을 보여주고 있다. 이수광은 당시 학문체계의 문제점을 실천성의 부족으로 파악하였다. 이것은 그가 당시의 사회모순을 '不實之病'으로 파악하고 있었다는 데서 분명하게 확인할 수 있다. 실천성이 떨어지게 된 원인은 일차적으로 그 앎이 진실되지 못하여 주체의 자각적인 인식=眞知'에 도달하지 못했기 때문이었다. 眞知를 이룩하기 위해서는 '自脩'・'自得'・'自信'의 과정을 거쳐야 하는데 당시 학자들에게는 이와 같은 '深思自得之功'이 없는 것[180]이 큰 문제였다. 실천성의 부족은 학문 대상을 잘못 설정하고 있었다는 데서도 연유한다. 즉 학자들의 실천성 부족은 그들이 추구하는 학문의 비현실성에 기인하는 것이기도 했다. 때문에 이수광은 '人倫日用'・'民生日用'・'日用事事'[181] 등 학문대상의 현실성을 강조하였는데, 현실성의 강조는 실천성의 강조와 표리관계에 있었다. 결국 학문의 실천성이 확보되기 위해서는 학자의 주체적 체험을 통한 실질 획득[182]이 필요할 뿐만 아니라 학문 자체가 현실적인 학문이 되어야만 했다.

이러한 실천성의 부족은 궁극적으로 주자학의 공부방법론상의 문제로 귀결되었다. 주자학은 원칙적으로 尊德性과 道問學의 두 측면이 모두

本吾一體 故善窮萬物之理者 不于萬物 于一身".

179) 「重與鄭副學書」, 『芝峯集』卷24, 25ㄴ(66책, 268쪽). "邵子觀物篇曰 能以一身觀萬身 一物觀萬物 蓋萬物之理 具於吾身 所謂觀物者 反觀萬物之理也 愚之所言 本出於此……".

180) 「秉燭雜記」, 『芝峯集』卷27, 1ㄱ(66책, 282쪽). "愚謂今學者讀聖賢書 講解義理非不詳且盡矣 不能久存乎心而有所踐履者 無深思自得之功故也".

181) 「采薪雜錄」, 『芝峯集』卷24, 12ㄴ(66책, 261쪽) ; 「警語雜編」, 『芝峯集』卷29, 7ㄴ(66책, 303쪽) ; 「剩說餘編」 上, 『芝峯集』卷30, 5ㄱ(66책, 307쪽).

182) 「秉燭雜記」, 『芝峯集』卷28, 15ㄴ(66책, 297쪽). "愚謂學者 將以行之 若不能體驗得實 著述何爲".

필요하다는 것을 인정하지만, 상대적으로 도문학 쪽에 중점을 두고 있었다.[183] 이러한 도문학 중시의 공부방법론으로부터 '先知後行'의 논리가 나오게 되며,[184] 그 말류에 이르게 될 때 실천(行)의 문제를 왜소화시킬 수 있는 소지를 안고 있었던 것이다. 이러한 공부방법상의 문제를 이수광은 '執經', '問學'으로 표현하고 있었다.[185] 동시에 도문학 공부의 문제점을 지양하기 위해서는 존양공부가 필요하다고 주장하였다.[186]

실천성의 부족과 도문학의 강조로 인한 지리번쇄함을 극복하기 위해 이수광이 제시한 것이 '事心論'이었으며, 그것을 총체적으로 표현한 글이 「東園師友對」였다. 여기서 이수광은 자신이 성현의 글을 벗삼고, 자신의 마음을 스승으로 삼고 있다고 말하였다.[187] '師心論=事心論'의 표방이었던 것이다. 여기서 마음이란 사람이면 누구나 가지고 있는 것으로, 堯舜의 精一의 법칙과 周公·孔子의 도덕의 체용이 두루 구비된 것이었다. 스승 가운데 가장 엄하고 가장 존중해야 할 것은 마음이었다. 그러한 마음에 비한다면 執經이나 問學은 사소한 것에 지나지 않았다.

事心論에 입각해서 볼 때 마음으로부터의 체득이 없는 공부나 도문학만을 중시하는 학문태도는 당연히 비판의 대상이었다. 나아가 경전에 대한 태도와 학습방법에 대해서도 변화를 요구하게 된다. 즉 후대의 朱子道統主義者들처럼 주희의 견해에 따라 경전을 이해하고 학습하는 태도는 당연히 거부된다. 이수광은 성리학의 학문론에 입각하여 '聖人可學論'을 주장

---

183) 『宋元學案』 卷58, 象山學案(1885쪽-『宋元學案』, 華世出版社, 1987의 쪽수). "宗義案 先生(陸九淵-인용자)之學 以尊德性爲宗……同時紫陽之學 則以道問學爲主 謂格物窮理 乃吾人入聖人之階梯……".

184) 『朱子語類』 卷9, 學3, 論知行, 李閎祖錄, 148쪽. "知行常相須……論先後 知爲先 論輕重 行爲重"; 같은 책, 程端蒙錄, 148쪽. "致知力行 用功不可偏……論先後 當以致知爲先 論輕重 當以力行爲重".

185) 「東園師友對」, 『芝峯集』 卷21, 15ㄴ(66책, 192쪽). "故師莫嚴乎心 而執經非實 師莫尙乎心 而問學爲末".

186) 주 177) 참조.

187) 「東園師友對」, 『芝峯集』 卷21, 15ㄴ(66책, 192쪽). "吾旣取聖賢書以爲友 因以己心爲嚴師……一以事師者事心 則心之所存 卽師之所存".

146

하였고,[188) 聖人을 배우기 위해서는 聖人의 말씀이 실려있는 六經에 주목해야 한다고 하였다.[189) 그러나 육경에 실려있는 것은 성인의 말이지 성인그 자체는 아니다. 말이라고 하는 것이 道를 싣는 도구이기는 하지만道를 완전하게 표현하기에는 부족한 점이 없지 않다. 따라서 육경을 학습한다는 것은 문자 그 자체를 배우는 것이 아니라, 문자로 표현된 성인의말에 근거하여 그 말이 미처 표현하지 못한 곳으로 전진해야 하는 것이다.[190) 결국 '聖人의 마음'인 육경에 대한 올바른 이해는 문자를 통해얻어질 수 있는 것이 아니라 마음으로써 구해야만 획득할 수 있는 것이었다.[191)

요컨대 이수광은 眞知에 바탕을 둔 주체성의 제고와 학문대상의 현실화를 통해 실천성의 부족 문제를 타개하고, 나아가 실천성 부족의 원인이되는 도문학적 공부방법에 대해서는 尊德性을 강조함으로써 당시 학문체계의 문제점을 보완·극복하려고 하였다.

결국 이기심성론에서 일원론의 강조는 天理와 主體를 분리시키는 방식에서 천리와 주체를 일체화시키려는 시도, 즉 주체의 心 안에서 천리를확인하는 방식으로의 전환을 의미하는 것이었다. 이러한 형이상학의 변화는 당연히 인식론과 학문·수양론의 변화로 이어져, 주자학의 격물치지론에 대한 재해석을 통해 인식주체의 중요성을 강조하였고, 그것은 다시주체의 함양을 위한 존덕성의 중시로 이어지게 되었다. 이것은 理學的사유체계에서 心學的 사유체계로의 전환을 의미하며, 넓게 보면 理學의

---

188) 「采薪雜錄」, 『芝峯集』 卷24, 2ㄴ(66책, 256쪽). "學以聖賢爲的 而今學者自視太卑 斷然以聖賢爲不可學 是甘爲小人 而不甘爲聖賢 豈所謂學哉"; 「警語雜編」, 『芝峯集』 卷29, 6ㄴ(66책, 302쪽). "學者 將以學爲人也 非特學爲人也 將以學爲聖人也".

189) 「警語雜編」, 『芝峯集』 卷29, 1ㄱ(66책, 300쪽). "聖人之言 著在六經".

190) 「警語雜編」, 『芝峯集』 卷29, 3ㄱ(66책, 301쪽). "言以載道 而不足以盡道 讀經者當因其言之所載 而及其言之所不載".

191) 「警語雜編」, 『芝峯集』 卷29, 3ㄴ(66책, 301쪽). "六經 聖人之心也 學者以心求經則得之 以文字看經則失之".

내재적 발전과정으로 파악할 수 있다. 즉 理學의 태내에서 理學의 문제점을 보완·극복하고자 하는 시도였던 것이다. 반면 이러한 시도에 위기의식을 느낀 朱子道統主義者들은 주자를 절대화시키고 주자 이외의 논설을 이단으로 철저히 매도함으로써 17세기 중·후반의 사상계를 장악하고자 했다. 이는 주자도통주의를 한 축으로, 反朱子·非朱子를 한 축으로 하는 조선후기 사상계의 본격적인 전개를 전망하는 것이었다.

2) 心學的 天觀의 擡頭와 保民論의 전개

16세기 후반에서 17세기 초에 걸친 시기에 조선의 학계 내에서 이른바 '心學派'로 범주화시킬 수 있는 사람들의 사상 경향을 일률적으로 규정하기는 어렵다. 그것은 그들의 학문·사상체계가 통일되어 있지 않았음을 뜻한다. 심학적 학문경향은 일종의 시대 사조였고, 그 안에는 다양한 학문적 분파가 자리하고 있었다. 그들의 학문 경향 속에서 나름대로의 공통점을 찾아본다면 우선 주자학의 문제점에 대한 비판적 인식과 새로운 학문체계의 모색을 들 수 있다. 다음으로는 형이상학적 차원의 논의보다는 심성수양론·공부방법론·실천론 차원의 논의를 중요시하고 있었다는 점을 지적할 수 있다.

천인관계론의 차원에서 볼 때 理學과 心學은 표면적으로는 차이점보다는 공통점이 더 두드러져 보인다. 災異가 일어나는 원인으로 人事의 잘못을 거론하고 있는 것이라든지, 弭災의 방법으로 인간의 도덕·심성 수양을 강조하고 있는 것이 바로 그것이다. 그럼에도 불구하고 심학은 주자학과 비교할 때 미세한 차이를 보여주는데, 그것은 바로 주체의 강조, 心의 강조였다. 이러한 차이가 나타나는 이유는 事理=道理(도덕원칙)와 物理(자연법칙)의 구분이라는 문제와 관련하여 생각해 볼 수 있다. 주자학에서 물리의 파악은 사리의 객관성을 담보하기 위한 것이었다. 즉 외재 사물에 대한 지적 탐구를 통해 도덕적 이치를 끌어내는 것이었다. 주자학의 객관 사물에 대한 탐구가 갖는 중세적인 한계였던 것이다.[192] 심학의 경우에도

事理는 철저히 봉건적인 도덕 원칙으로 파악된다. 반면 객관 사물의 이치, 즉 物理는 이러한 도덕 원칙과의 관련성이 희석되면서 독자적인 영역으로 자리잡아 가게 된다. 天에 대해서 말하자면 지식탐구 영역에 속하는 自然天과 도덕 원칙으로서의 道德天(倫理天)을 분리시켜 사고하게 되었던 것이다. 이것은 미세한 차이라고 할 수 있지만 그것이 확대될 경우에는 주자학의 기반 자체를 부정하게 될 수도 있는 가능성을 내포하고 있었다.

한편 양자의 차이는 弭災의 구체적인 방법에서도 드러난다. 주자학의 천인관계론에서 天과 人의 모순은 人事의 잘못에서 비롯된다. 따라서 인사의 잘못을 바로잡는 것이 그 모순을 해결하는 관건이 된다. 그 과정에서 전제되는 것이 天으로 표상되는 본체의 내용이 무엇인가 하는 점이다. 즉 인사의 잘못을 바로잡는 준거를 주체의 바깥에 설정하고 있었던 것이다. 따라서 주자학의 천인관계론에서는 먼저 天理의 내용을 파악한 후 주체가 철저히 거기에 복종할 것을 요구하게 된다. 심성수양의 전제로 궁리, 격물치지가 강조되는 까닭이 바로 여기에 있었다. 반면에 심학의 문제 해결방식은 주자학의 그것과 반대방향이다. 물론 심학에서도 天과 人의 모순이 발생하는 원인을 인사에서 찾고 있다. 그러나 心學의 天은 외재하는 천이 아니라 주체의 심 속에 주체와 일체화되어 있는 천이다. 따라서 모순이 발생하는 원인은 人心이 바르지 못하기 때문이라고 파악되며, 그것을 해결할 수 있는 방안은 인간의 본심을 회복하는 것으로 귀결된다. '求放心'·'收放心'을 학문의 요체로 파악하는 것이었다.193) 사람의 마음이 바르면 하늘도 바르게 되고, 천지만물도 바르게 된다는 것194)이

---

192) 이것은 유학의 지식론이 도덕적 원리의 탐구라는 인문학의 범주 속에 국한되어 있기 때문이라고 파악되기도 한다. 이에 대해서는 윤천근, 「'지식'에 대한 유학적 논의-『대학』 해석을 둘러싼 주자학과 양명학의 갈등」, 『논쟁으로 보는 중국철학』, 예문서원, 1994 ; 윤천근, 「명대 양명학-성리학적 이상과 현실의 틈새 메우기」, 『역사 속의 중국철학』, 예문서원, 1999을 참조.

193) 「學戒」, 『芝峯集』 卷21, 46ㄴ(66책, 207쪽) ; 「秉燭雜記」, 『芝峯集』 卷27, 10ㄱ(66책, 286쪽).

194) 「執事策(天)」, 『晩悔集』 策, 卷2, 19ㄱ(76책, 166쪽). "吾心一正 則天且不違 而百

바로 心學的 天觀의 핵심적인 주장이었다.

자연천과 도덕천을 구분하여 사고하는 방식은 이 시기의 학자들에게서 간간이 발견할 수 있다. 李埈(1560~1635)[195]의 경우에도 하늘은 자연천을 의미하는 것이 아니었다. 그것은 내 마음 안에 있는 천명으로서의 하늘을 의미할 뿐이었다. 따라서 하늘을 본받는다는 것은 천리를 따르는 것일 뿐이며, 하늘에서 하늘을 구하면 天道는 高遠하지만 사람에게서 하늘을 구하면 내 마음 안에 있을 뿐이라고 하였다.[196] 姜沆(1567~1618) 역시 自然天인 '蒼蒼之天'·'高高之天'과 도덕천인 '臨女之天'·'在玆之天'을 구분하면서 도덕천의 중요성을 강조하였다.[197] 이러한 논의의 연장선상에서 확실하게 '心學的 天觀'을 전개시킨 이는 이수광이었다.

이수광 역시 자연적·객관적인 하늘(在天之天)과 인간 내적인 주체적인 하늘(在己之天·在心之天)을 나누어서 사고하고 있었다.[198] 물론 양자는 天人合一이란 관점에서 볼 때 본질적으로는 일치하는 것이었지만, 이수광의 주된 관심은 어디까지나 주체적인 하늘에 있었다. 그리고 그 배후에는 事理와 物理의 분리라는 사상적 전환이 자리하고 있었다.

이수광은 일련의 災異현상을 "이치에는 본래부터 알 수 없는 것이 있다"[199]는 관점에서 설명하면서, 이치 밖의 이치에 대해서 세상사람들이

物順軌".

195) 李埈은 柳成龍의 제자이며, 鄭經世와 매우 친밀한 관계를 유지하였다. 그는 鄭經世와 더불어 嶺南을 대표하는 인물로 평가되었다.『宣祖實錄』卷160, 宣祖 36년 3월 11일(丁卯), 9ㄱ(24책, 455쪽);『顯宗改修實錄』卷18, 顯宗 8년 9월 5일(丙午), 9ㄱ(37책, 582쪽), 鄭致和의 평.

196)「宴居備覽十箴幷跣」,『蒼石集』卷14, 21ㄱ~ㄴ(64책, 485쪽). "復天之理 其道如何 體乾而已 體乾非他 徇理之謂 求天於己 天道高遠 求天於人 在吾方寸".

197)「策(天文星曆)」,『睡隱集』別集, 41ㄱ(73책, 172쪽). "竊以爲蒼蒼者非天也 臨女者卽天也 高高者非天也 在玆者卽天也".

198)「條陳懋實箚子乙丑」,『芝峯集』卷22, 17ㄴ(66책, 217쪽);「薛文淸讀書錄解」,『芝峯集』卷25, 4ㄴ(66책, 271쪽);『芝峰類說』卷5, 儒道部, 心學, 7ㄱ~ㄴ(80쪽).

199)『芝峰類說』卷1, 災異部, 人異, 27ㄴ(17쪽). "理固有不可知者".

자신의 견문에 국한되어 부정하는 태도를 수긍하지 않았다.[200] 여기서 이수광이 말하는 이치는 物理를 의미하는 것이라고 여겨진다. 물리는 무궁하기 때문에 자신의 국한된 견문과 지식을 가지고는 다할 수 없는 것이었다.[201] 물리에는 틀림없이 이치 밖의 이치가 있는 것이었다. 그러면서도 物理는 一理라고 하는 커다란 구조 속에서 통일되어 있었다.[202] 그 하나의 이치가 이른바 '生生不息之理'였다.[203] 따라서 천하만물의 이치는 무궁하지만 生物之理라고 하는 하나의 기준을 가지고 미루어 간다면 파악 가능한 것이었다.[204] 반면에 인간의 삶을 규정하는 도덕 원칙으로서의 事理는 명확한 것이었다. 그것은 三綱五倫으로 표현되는 바 봉건적 도덕질서였고,[205] 때문에 바깥의 사물에서 구할 필요가 없는, 자신의 마음 속에 내재되어 있는 것이었다. 따라서 나의 마음을 미루어 가면 人事의 是非善惡은 명쾌하게 판별할 수 있는 것이었다.[206] 왜냐하면 사람들은 비록 각각이지만 도덕 원칙을 본질로 하는 마음을 가지고 있다는 점에서는 일치하기 때문이다.[207] 이것이 이수광이 말하는 一心論의 내용이었다.

---

200) 『芝峰類說』卷1, 災異部, 物異, 29ㄴ(18쪽). "世人局於見聞 以其小知而欲窮天下之理 烏可哉".

201) 이러한 사고의 구조를 우리는 邵雍에게서도 발견할 수 있다. 『性理大全』卷12, 皇極經世書 6, 觀物外篇 下, 4ㄴ(886쪽). "物理之學 或有所不通 不可以强通 强通則有我 有我則失理而入於術矣".

202) 「秉燭雜記」, 『芝峯集』卷28, 17ㄴ(66책, 298쪽). "理一而已 在天爲天理 在物爲物理 其實未嘗二也".

203) 「采薪雜錄」, 『芝峯集』卷24, 1ㄱ(66책, 256쪽). "天以生爲德" ; 「采薪雜錄」, 『芝峯集』卷24, 11ㄱ(66책, 261쪽). "觀萬物之生意 則可以見天地生物之心" ; 「秉燭雜記」, 『芝峯集』卷27, 4ㄱ(66책, 283쪽). "天以自然爲體 以不息爲用".

204) 「秉燭雜記」, 『芝峯集』卷27, 3ㄱ(66책, 283쪽). "物有彼我 而理無彼我……故曰以一物觀萬物".

205) 「秉燭雜記」, 『芝峯集』卷28, 15ㄴ(66책, 297쪽). "愚謂君臣父子夫婦之倫 天理也 天理者 自然而已".

206) 「秉燭雜記」, 『芝峯集』卷27, 3ㄱ(66책, 283쪽). "故曰以一心觀萬心 一身觀萬身" ; 「秉燭雜記」, 『芝峯集』卷27, 12ㄴ(66책, 287쪽). "以心應事 如鏡照物" ; 「警語雜編」, 『芝峯集』卷29, 6ㄴ(66책, 302쪽). "凡事有是有非 君子所爲 只要成就一箇是而已".

이러한 事理와 物理에 대한 구별을 이수광은 다음과 같이 표현하였다.

> 君子는 一心으로 萬事의 변화에 대응하고 一理로써 萬物의 情을 궁구
> 한다. 가히 잡은 바가 간략하다고 할 수 있다.208)

여기서 우리는 事理의 파악을 一心論의 관점에서, 物理의 파악을 一理論의 관점에서 시도하고 있는 이수광의 논리를 엿볼 수 있다. 이러한 논리 속에서는 사리, 즉 주체의 도덕 원칙을 확인하기 위해서 외재 사물을 대상으로 궁리공부를 할 필요가 없게 된다. 그것은 내적인 심성 수양을 통해서 가능한 일이었다. 반면에 물리를 파악하기 위해서는 궁리해야 한다. 이것이 居敬과 窮理 양자를 모두 인정하고 있는 이수광의 논리 구조였다.209)

그러나 이수광에게서 사리와 물리의 분리는 철저하게 이루어지지 못했다. 아직까지 양자는 천인합일의 관점에서 느슨하게 연결되어 있었다.210) 그로 인해 천인감응의 논리가 가능해진다. 그럼에도 불구하고 이수광은 人事와 天變의 즉자적인 결합에 대해서는 난색을 표명하고 있었다. 즉 인사의 잘잘못에 따른 하늘의 변화라는 천인감응의 기본 구도는 인정되어야 하지만 天變을 논리적으로 설명하기에는 난점이 있다는 사실을 인정하

---

207) 「警語雜編」, 『芝峯集』 卷29, 9ㄱ(66책, 304쪽). "人雖衆 心則一"; 「剩說餘編」 上, 『芝峯集』 卷30, 2ㄱ(66책, 305쪽). "凡人之心 與聖人之心一也".

208) 「剩說餘編」 上, 『芝峯集』 卷30, 6ㄴ(66책, 307쪽). "君子以一心應萬事之變 以一理窮萬物之情 可謂所操者約矣".

209) 「薛文淸讀書錄解」, 『芝峯集』 卷25, 2ㄱ~ㄴ(66책, 270쪽). "愚謂居敬窮理二者不可闕一 然居敬而有孤寂之病 則非眞居敬者也 窮理而有紛擾之患 則非眞窮理者也".

210) 李晬光은 '誠'이라는 개념을 매개로 天道와 人道(聖人)를 일치시키면서[「秉燭雜記」, 『芝峯集』 卷27, 1ㄱ(66책, 282쪽). "愚謂天道亦誠而已矣 聖人與天爲一 以其誠也 故曰 誠者 天之道也"], 程子의 견해[「天地篇」, 『河南程氏粹言』 卷2(1225쪽, 1227쪽)]를 수용하여 誠=中庸=常久之道의 관점을 제시하고 있다[「題蔡子履中庸集傳贊後 附管見」, 『芝峯集』 卷26, 12ㄴ(66책, 281쪽). "所謂常久之道 盖亦指中庸而言也"].

였다. 그것은 자연법칙을 인간의 도덕 원칙에 종속시키는 이법천관의 이해 방식을 부분적으로 부정하는 것이었다.

> 듣건대 아래에서 人事에 잘못이 있으면 위에서 天變이 감응한다. 人事는 형체이고 天變은 그림자다. 하늘에 있는 그림자는 멀어서 징험하기 어렵고, 사람에게 있는 형체는 밝아서 쉽게 볼 수 있다.[211]

따라서 이수광이 중요하게 생각했던 것은 징험하기 어려운 天이나 天變이 아니라 찾기 쉽고 나타나기 쉬운 人事였던 것이다. 그가 天理가 유행하고 道가 구현되는 장소로 '民生日用之間'[212] · '人倫日用之間'[213] · '日用事事'[214]를 강조하는 것은 바로 이러한 이유에서였다. 결국 이수광의 일관된 관심사는 '在天之天'이 아니라 '在己之天'('在心之天')이었던 것이며, 그것은 주체의 확립을 통해 객관세계로 나가고자 하는 의도였다.[215]

自然天(在天之天)에 대한 이수광의 논의를 살펴볼 때, 우리는 그가 마테오 리치(利瑪竇)의 「坤輿萬國全圖」를 통해 알게된 아리스토텔레스의 9중천설을 전통적인 우주구조론과 연결시켜 이해하고 있었다는 것[216] 이상의 새로운 사실을 발견할 수 없다. 그의 자연천에 대한 지식은 17세기 초반 단계의 조선 지식인들이 습득하고 있던 일반적인 교양 수준에 머물러 있었다. 그것은 그의 관심이 자연천에 있지 않았기 때문이었다. 그의 주된 관심은 내재적 · 주체적인 하늘(在心之天)에 있었던 것이다. 그가 '敬天' · '事天之道' · '消弭之方'을 말하면서 외재적인 하늘에서 구하지 말고

---

211) 「條陳懋實箚子乙丑」, 『芝峯集』 卷22, 13ㄱ(66책, 215쪽). "盖聞人事失於下 則天變應於上 人事形也 天變影也 影之在天者 窅爾而難徵 形之在人者 灼然而易見".
212) 「采薪雜錄」, 『芝峯集』 卷24, 12ㄴ(66책, 261쪽).
213) 「警語雜編」, 『芝峯集』 卷29, 7ㄴ(66책, 303쪽).
214) 「剩說餘編」 上, 『芝峯集』 卷30, 5ㄱ(66책, 307쪽).
215) 「與鄭副學采薪錄評」, 『芝峯集』 卷24, 19ㄴ(66책, 265쪽). "善學者 取諸身以觀天地".
216) 『芝峰類說』 卷1, 天文部, 天, 3ㄱ(5쪽).

내재적인 하늘에서 그것을 추구해야 한다고 주장한 것은 바로 이러한 관점에서 나온 견해였다.[217]

이수광이 생각하는 내재적·주체적인 하늘이란 성리학의 天觀에 바탕하여 나온 것이었다. 그것은 이법으로서의 天, 원리로서의 天이 인간에게 내재된 것으로, 바로 마음(本心)이었다. 이 경우에 이수광이 말하는 心이란 일반적인 마음이 아니라 心之理로서의 聖人의 마음을 가리키는 것으로 보아야 한다.[218] 그가 제시한 '心卽天'의 명제[219]가 의미하는 바였다.

'心卽天'이라고 할 때 그 心에는 다음과 같은 두 가지 속성이 포함된다. 하나는 인륜·명분을 의미하는 천리로서의 心이다. "君臣·父子·夫婦의 윤리가 天理다. 天理는 自然일 뿐이다"[220]라는 언명이 그것이다. 이는 국가와 사회의 운영 원리를 人倫道德·名分에서 찾는 것으로서, 상하관계의 수직적 질서가 제대로 유지되어야 국가·사회가 안정적으로 운영될 수 있다는 관점의 표명이었다. 이런 관점에서 이수광은 조선왕조가 壬亂을 극복할 수 있었던 요인도 평소에 名分을 소중히 여긴 결과라고 파악하였다.[221] 따라서 이수광은 사회신분제에 걸맞는, 다시 말해 각자의 신분적

---

217) 「條陳懋實箚子乙丑」,『芝峯集』卷22, 17ㄴ(66책, 217쪽);「薛文淸讀書錄解」, 『芝峯集』卷25, 4ㄴ(66책, 271쪽);『芝峰類說』卷5, 儒道部, 心學, 7ㄱ~ㄴ(80쪽).

218) 「題蔡子履中庸集傳贊後 附管見」,『芝峯集』卷26, 10ㄱ~ㄴ(66책, 280쪽). "聖人卽天 天卽聖人 一而非二也." 이수광의 이러한 주장은 程頤의 주장을 수용한 결과로 여겨진다. 程頤는 「中庸解」에서 같은 내용을 말하고 있었다. 「中庸解」, 『河南程氏經說』卷8(1158쪽). "聖人誠一於天 天卽聖人 聖人卽天".

219) 「采薪雜錄」,『芝峯集』卷24, 8ㄱ(66책, 259쪽). "凡人之心 卽天也";『芝峰類說』卷5, 儒道部, 心學, 7ㄱ(80쪽). '心卽天'이라는 명제는 王陽明에게서 확인된다. 「答季明德丙戌」,『王陽明全集』卷6, 文錄 3, 書 3(214쪽-『王陽明全集』(全2冊), 上海古籍出版社, 1992의 쪽수). "人者 天地萬物之心也 心者 天地萬物之主也 心卽天 言心則天地萬物皆擧之矣 而又親切簡易……".

220) 「秉燭雜記」,『芝峯集』卷28, 15ㄴ(66책, 297쪽). "愚謂君臣父子夫婦之倫 天理也 天理者 自然而已".

221) 『芝峰類說』卷3, 君道部, 法禁, 17ㄱ(51쪽). "我東方素重名分 壬辰之變 擧國瓦解 而世族大家 擧義討賊 迄至恢復 盖其効也".

154

처지에 합당한 역할을 사회구성원들이 자발적으로 수행할 것을 요구하였다.

> 士農工商이 각각 그 本業에 편안한 연후에 백성들의 뜻(民志)이 정해지고 국가가 편안하게 된다. 그렇지 않으면 윗사람을 업신여기고 신분에 어긋나는 짓을 하여(凌上犯分) 반드시 편안해질 수 없게 된다. 그러므로 나라를 다스리는 데는 教化를 우선하는 것이다.[222]

이수광이 생각하기에 당시 조선사회는 戰亂과 亂政을 겪은 후 世道가 더러워지고 紀綱이 타락한 상태였다.[223] 그러한 타락상은 사회 곳곳에 만연하여 '百隷惰慢', '賤以凌貴'하는 현상이 일상화하고 있었는데,[224] 이것은 국가의 存亡과 관련되는 중대한 문제였다.[225] 이수광은 이러한 인식에 기초하여 기강을 세울 수 있는 방도로 大公至正한 마음의 확립을 주장하였으며,[226] 그 마음의 내용을 天理로 제시하였던 것이다. 결국 이수광은 각 신분층의 사람들이 자기에게 부여된 天理로서의 본분을 주체적으로 인식하여 자발적으로 국가·사회 운영에 참여하기를 원했다. 이것이 心의 첫번째 속성으로서 天理를 주장하게 되는 현실적 이유였다.

心의 또 다른 속성은 '生道'였다.[227] 天의 속성 가운데 하나는 끊임없이

---

222) 「剩說餘編」下, 『芝峯集』 卷31, 8ㄴ(66책, 314쪽). "士農工商 各安其業 然後民志 定而國家安 不然則凌上犯分 必無可安之理 故爲國 以教化爲先".

223) 「條陳懋實箚子乙丑」, 『芝峯集』 卷22, 21ㄱ(66책, 219쪽). "盖自亂政以來 世道穢 濁 紀綱蕩然".

224) 「條陳懋實箚子乙丑」, 『芝峯集』 卷22, 21ㄴ~22ㄱ(66책, 219쪽). 여기에서 李睟光이 당시 紀綱이 문란해져 나타나는 현상으로 지적하고 있는 것은 대략 10가지 정도인데 정리하면 다음과 같다. ①百隷惰慢, ②閭巷小生 各以所見 輕論國家之 大政, ③令出惟反 而玩法不行, ④賤以凌貴, ⑤奢僭無度, ⑥防納刁蹬之弊, ⑦少 有不慊 顯發怨上之言, ⑧吏胥奸騙之害依舊, ⑨訟牒公移 盡爲舞弄之資, ⑩皂 隷使令 因事操縱 侵漁無忌 등.

225) 「條陳懋實箚子乙丑」, 『芝峯集』 卷22, 21ㄱ(66책, 219쪽). "紀綱存則國雖弊而不 亡 故欲知國家之存亡 視其紀綱而已矣".

226) 「條陳懋實箚子乙丑」, 『芝峯集』 卷22, 22ㄱ(66책, 219쪽).

만물을 낳는 것이다.[228] 이것을 본받은 것이 生物之心으로서의 仁(=惻隱
之心)이었다.[229] 위정자들이 본받아야 할 것은 바로 이러한 天의 속성으
로서의 '生道'였다. 그것은 바로 保民論·爲民論의 논리적인 근거가 되었
다. '生道'의 강조는 당시 백성들이 지배층의 학정에 시달려 마침내는
'思亂'을 도모하는 지경에까지 이르렀다는 절박한 현실인식에서 나온 것
이었다.[230] 백성들의 불만을 해소하고 민생을 안정시키기 위해서는 保民
策(恤民策)이 필요한데, 보민책이 실효를 얻기 위해서는 그것을 수립하고
집행할 사람들의 전향적인 자세가 요구되었다. 자신의 개인적인 이익을
추구하지 않고 국가의 이익을 도모하며,[231] 백성의 마음을 자신의 마음으
로 삼아[232] 항상 공변되고 사사로움이 없어야 하는 것이었다.[233] 이른바
"實心으로 實政을 행해야 한다"[234]는 것이었는데, 權得己의 표현을 빌리
자면 生民을 위해서는 '愛民之實心'[235]이 필요한 것이었다.

　민생을 보호·육성하는 의미로 心이 이해될 때, 그것은 위정자들의
통치자세와도 밀접한 관련을 갖게 된다. 公·國家라는 관념이 일차적인
가치의 대상으로 부상할 때, 위정자들에게는 이러한 일차적 가치를 위해

---

227) 「剩說餘編」下,『芝峯集』卷31, 1ㄱ(66책, 311쪽). "程子曰 心生道也 至哉言乎."
　　이것은 「附師說後」,『河南程氏遺書』卷21, 下(274쪽)에 나오는 말이다.

228) 「采薪雜錄」,『芝峯集』卷24, 1ㄱ(66책, 256쪽). "天以生爲德" ; 「采薪雜錄」,『芝
　　峯集』卷24, 1ㄴ(66책, 256쪽). "萬物皆生成於天地 天生之 地成之".

229) 「采薪雜錄」,『芝峯集』卷24, 11ㄱ(66책, 261쪽). "觀萬物之生意 則可以見天地生
　　物之心 生物之心 仁也 人能以天地生物之心爲心則仁矣".

230) 「條陳懋實箚子乙丑」,『芝峯集』卷22, 18ㄱ~ㄴ(66책, 217쪽). "今民之困於虐政
　　久矣……而失所思亂之民 環聚於四境 則竊恐赤眉黃巾 再起於漢 不獨外寇之
　　爲患而已".

231) 「采薪雜錄」,『芝峯集』卷24, 9ㄱ(66책, 260쪽). "一身之利 無謀也 而利國家則謀
　　之 君子之用心也".

232) 「秉燭雜記」,『芝峯集』卷28, 10ㄱ(66책, 294쪽). "老子言聖人無常心 以百姓心爲
　　心 此語最好".

233) 「剩說餘編」上,『芝峯集』卷30, 7ㄱ(66책, 308쪽). "君子一於公而無私".

234) 「條陳懋實箚子乙丑」,『芝峯集』卷22, 13ㄴ(66책, 215쪽). "以實心而行實政".

235) 「殿策(錢幣)」,『晩悔集』策, 卷1, 5ㄱ, 6ㄱ(76책, 141쪽).

봉사하여야 한다는 '奉公'의 자세가 요구될 수 있었다.[236] 그러한 자세를 철저히 밀고 나갈 때 邵雍의 이른바 '利物而無我'[237]한 존재로서의 성인·군자의 위치에 다가갈 수 있는 것이었다. 여기서 無我란 '公'을 의미하는 것이며,[238] '公'은 바로 천리의 속성인 것이다.[239] 권득기는 이와 같은 公道를 국가의 元氣라고 하였다.[240] 따라서 그러한 차원의 公은 利와 통할 수 있는 것이었다. 천리를 따르면 이롭지 않은 것이 없기 때문이었다.[241] 그가 말하고 있는 '无私之天'과 '生物之天'은 이러한 상태의 마음을 표현한 것이었다. 내 마음이 공정함을 얻으면 '无私之天'이 되고, 내 마음이 사물을 사랑함(愛物)에 있으면 '生物之天'이 된다는 것이었다.[242]

生物之心에 바탕한 보민론·위민론은 17세기 초의 사회현실 속에서 사회개혁의 논리로 기능하였다.[243] 심학파로 범주화할 수 있는 이들은 사회개혁론에 대한 태도에서 심성수양론 차원의 심학을 말하는 자들과 달랐다. 심성수양론 차원의 심학이 군주의 마음을 바르게 하는 군주성학을 중시하고, 그것을 통해 體를 세우면 나머지 정사는 순조롭게 진행될 것이라고 보아 變法과 更張에 소극적인 태도를 보인 반면, 이들 심학파는 군주가 바른 마음에 따라 현실 사회의 모순을 바라보고 그에 대한 적극적인 개혁과 변법을 시행할 것을 요구하였다. 이수광이 법제의 폐단은 변통할 수 없는 것이 없다[244]는 기본적인 관점에서 『大典續錄』 가운데 폐단이

---

236) 「條陳懋懋箚子乙丑」, 『芝峯集』卷22, 25ㄴ(66책, 221쪽). "曩自數十年來 奉公之義廢 立黨之風成……".

237) 「秉燭雜記」, 『芝峯集』卷27, 4ㄱ(66책, 283쪽). "邵子曰 聖人利物而無我";「剩說餘編」下, 『芝峯集』卷31, 9ㄴ(66책, 315쪽). "君子不自利 而以利物爲心".

238) 「秉燭雜記」, 『芝峯集』卷27, 5ㄱ(66책, 284쪽). "無我則公 有我則私".

239) 「秉燭雜記」, 『芝峯集』卷27, 13ㄱ(66책, 288쪽). "所謂天理者 公而已矣".

240) 「執事策(公道)」, 『晩悔集』策, 卷2, 6ㄱ(76책, 159쪽). "公道者 國家之元氣也".

241) 『晩悔集』僭疑, 卷4, 孟子, 離婁下, 天下之言性章, 47ㄱ(422쪽). "盖順理之自然物各付物 則天地萬物 各得其宜而無不利矣 此利之爲順爲自然之說也".

242) 「執事策(天)」, 『晩悔集』策, 卷2, 19ㄱ(76책, 166쪽). "吾之心得其公正 則无私之天也 吾之心在於愛物 則生物之天也".

243) 金駿錫, 「兩亂期의 國家再造 문제」, 『韓國史硏究』101, 1998, 117~123쪽.

되는 부분에 대해 변통할 것을 주장하였던 것이나,[245] 仁祖 초년의 경연에서 崔鳴吉·李埈·申欽 등 이른바 심학파로 분류할 수 있는 인물들이 한결같이 변법의 필요성을 역설하였던 것[246]은 사회개혁에 대한 이들의 입장을 보여주는 좋은 예이다.

요컨대 심학적 천관의 대두는 16세기 이래 조선 사상계의 변화와 사회적 변동을 반영하는 것이었다. 사상적으로는 16세기 이래의 주자학의 심학화와 양명학의 전래 및 수용이라는 요인에 의해 기존의 학문체계에 대한 비판과 반성이 시도되었다. 심학에 대한 활발한 논의는 그 일환이었다. 한편 16세기의 사회경제 변동과 그에 따른 사회적 모순의 증대, 그에 뒤이은 대내외적 전란의 발생은 지배 이념인 주자학의 문제점을 비판적으로 검토할 수 있는 기회를 제공하였다. 심학적 사유체계는 이러한 시대적 변화를 반영하여 주자학의 내재적 극복 방안으로서 제기되었고, 그것이 우주론의 영역에 반영되어 心學的 天觀이 대두하였다. 따라서 심학적 천관은 기존의 理法天觀의 기본 구도를 계승하면서도 自然天과 道德天을 분리함으로써, 자연법칙의 탐구를 통해 도덕원칙을 확인하고자 하는 종래의 방식을 지양하고, 人事의 문제를 오로지 인간 주체의 문제로 전환시키고자 하였다. 즉 인간의 주체적인 자각을 통해 실천성을 확보하고, 그를 통해 당대의 사회문제를 해결하고자 하였던 것이다. 心學的 天觀의 시대성과 사상적 가치는 바로 여기에 있었다.

---

244) 「警語雜編」, 『芝峯集』 卷29, 8ㄴ(66책, 303쪽). "法之弊也 無有不可變者".
245) 「條陳懋實箚子乙丑」, 『芝峯集』 卷22, 33ㄱ~ㄴ(66책, 225쪽). "至於大典續錄 宜令廟堂詳加刪定 行之無弊者 遵而勿失 其有窒礙者 變而通之".
246) 『仁祖實錄』 卷8, 仁祖 3년 3월 11일(己未), 40ㄴ~41ㄱ(33책, 687쪽).

제4장 西洋 天文學의 이해와 宇宙論을 둘러싼 論辨

1. 17세기 중·후반 西洋科學의 전래와 西洋 宇宙論의 소개

1) 中國 學界와의 접촉과 地球說의 도입

전통적인 우주론에 변화를 불러일으킨 외적 요소로는 17세기 중반 이후 본격화된 西學의 전래에 따른 서양 우주론의 도입을 들 수 있다. 時憲曆으로의 改曆이 말해주듯 전통과학에 끼친 서학의 영향은 지대한 것이었다. 서학의 영향력은 천문역법 이외에도 수학·지리학·의학 등의 영역에서 광범하게 확인할 수 있지만,[1] 여기서는 일단 우주론의 영역에 한정하여

---

1) 朝鮮後期 西洋科學의 受容과 그 역사적 의의에 대한 기존의 연구로는 다음의 論著를 참조.
金良善,『梅山國學散稿』, 崇田大學校 博物館, 1972 ; 朴星來,「韓國近世의 西歐科學受容」,『東方學志』20, 1978 ; 朴星來,「洪大容의 科學思想」,『韓國學報』23, 1981 ; 朴星來,「마테오 릿치와 한국의 西洋科學 수용」,『東亞研究』3, 1983 ; 朴星來,「星湖僿說속의 西洋科學」,『震檀學報』59, 1985 ; 李元淳,『朝鮮西學史研究』, 一志社 1986 ; 崔韶子,『東西文化交流史研究』, 三英社, 1987 ; 이용범,『중세서양과학의 조선전래』, 동국대학교 출판부, 1988 ; 李龍範,『韓國科學思想史研究』, 東國大學校出版部, 1993 ; 姜在彦,『조선의 西學史』, 民音社, 1990 ; 강재언(이규수 옮김),『서양과 조선-그 이문화 격투의 역사』, 학고재, 1998 ; 盧禎埴,『韓國의 古世界地圖』(成哉 盧禎埴博士 退任紀念論文集), 大邱

서학의 전래에 따른 변화의 실상을 추적해 보고자 한다. 구체적으로 우주
구조론의 측면에서는 地球說·行星構造論을, 천체운행론의 측면에서는
右旋說과 地轉說을, 우주생성론의 측면에서는 四行說을 중심으로 살펴
보기로 한다.

전통적인 우주론은 단순하게 말한다면 '天圓地方'·'天動地靜'이라는
말로 특징지을 수 있다. 전자는 우주구조론, 후자는 천체운행론에 대한
것으로 볼 수 있는데, 이 가운데 '天圓地方'의 우주구조론은 서학의 전래에
따라 심각한 도전에 직면하게 되었다. 특히 서양 지리학과 천문학의 전래
는 지구설과 행성구조론을 직접적으로 소개하고 있다는 점에서 우주구조
론의 변화와 관련하여 주목된다.

전통적인 지리인식에 변화를 불러일으킨 서양 지리학의 전래는 세계지
도와 서양지리서의 전파를 통해 이루어졌다. 조선에 전래된 최초의 세계
지도는 利瑪竇(Matteo Ricci : 1552~1610)에 의해 제작된 「坤輿萬國全
圖」였다. 그것은 선조 36년(1603) 李光庭과 權憘에 의해 도입된 것으로,
이수광(1563~1628)의 기록을 통해 확인된다.[2] 「곤여만국전도」는 利瑪
竇가 북경에 들어온 이후 제작한 지구설에 바탕을 둔 타원형 지도로 1602
년에 간행되었다.[3] 이는 利瑪竇가 중국에서 제작한 최초의 세계지도인
「山海輿地全圖」와 동일한 계통을 이루는 것이었다. 이 지도의 여백 부분
에는 각종 序文·跋文·註記가 붙어 있는데, 利瑪竇는 그 서문에서 "地形
本圓球"[4]라고 하여 지구설을 소개하였다.

教育大學校 在職同門會, 1998.

2) 『芝峰類說』卷2, 地理部, 外國, 34ㄴ~35ㄱ(36~37쪽-영인본 『芝峰類說』, 景仁
文化社, 1970의 쪽수. 이하 같음).

3) 이에 대한 고전적인 연구로는 J. F. Baddeley, "Father Matteo Ricci's Chinese
World-Maps, 1584-1608", *The Geographical Journal*, 1917(연세대 귀중본 도서
번호 LC 912 B14f) 참조.

4) 「坤輿萬國全圖」序文(金良善, 「明末淸初 耶蘇會 宣敎師들이 製作한 世界地
圖」, 『梅山國學散稿』, 崇田大學校 博物館, 1972, 194쪽-원 논문은 「明末淸初
耶蘇會宣敎師들이 製作한 世界地圖와 그 韓國文化史上에 미친 影響」, 『崇大』
6, 1961).

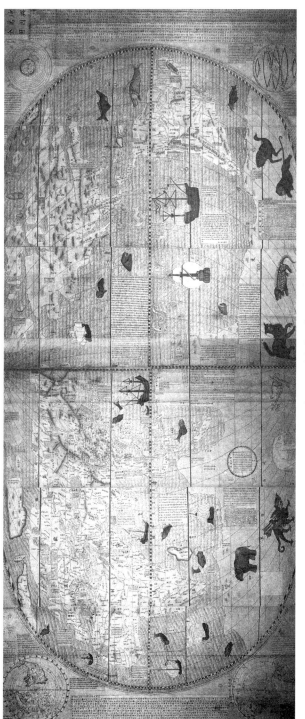

<그림 4-1> 坤輿萬國全圖

　이수광은 같은 곳에서 「山海輿地全圖」라는 것도 소개하고 있는데, 그
것은 「兩儀玄覽圖」로 추정되고 있다. 「양의현람도」는 利瑪竇 세계지도
의 결정판으로 1603년에 李應試·馮應京에 의해 판각되었다. 이것은 利
瑪竇 세계지도의 전통을 그대로 계승하였다는 점에서 이전의 지도, 즉
「산해여지전도」나 「곤여만국전도」와 비교해 볼 때 전체의 내용에서는
커다란 차이점이 없다. 「양의현람도」에서는 "땅과 바다는 본래 원형으로
합쳐져서 하나의 球가 되어 천구의 한 가운데 위치한다"[5]라고 하여 분명
하게 지구설을 주장하고 있었다. 「양의현람도」가 우리나라에 전해진 것은
선조 37년(1604) 黃中允에 의해서였다고 한다.[6]

　이 밖에도 「萬國全圖」(艾儒略), 「坤輿全圖」(南懷仁) 등의 세계지도가
18세기 초까지 조선에 전래되었다. 「만국전도」는 『職方外紀』의 卷首에
실려있는 타원형 세계지도로서 『직방외기』와 함께 인조 9년(1631)에 鄭斗
源에 의해 국내에 도입되었다.[7] 「곤여전도」는 시점을 적도상에 두고 동서
양반구를 별개로 만든 세계지도로서 지도 여러 곳에 지리적 설명을 부기하

<hr />

5)「兩儀玄覽圖」註記(金良善, 위의 책, 1972, 200쪽). "地與海本是圓形而合爲一球
居天球之中".

6) 이상의 내용은 金良善, 위의 책, 1972, 186~189쪽 참조.「兩儀玄覽圖」의 전래
시기에 대해서는 재검토할 필요가 있다. 金良善은 "平海黃氏 一門은 宣祖朝에
크게 등용되어 黃汝一 父子는 1603년과 그 다음해에 걸쳐 冬至使行으로 北京을
다녀왔다. 同家에 珍藏되어 있는 「兩儀玄覽圖」는 1604년에 汝一의 子 東溟이
北京에 갔을 때 얻어온 것이다"라고 하였는데[金良善, 위의 책, 1972, 187쪽],
黃汝一이 書狀官으로서 陳奏使 李恒福, 副使 李廷龜와 함께 燕京에 간 것은
宣祖 31년(1598)이었고『宣祖實錄』卷105, 宣祖 31년 10월 21일(癸酉), 19ㄱ(23
책, 522쪽)], 黃汝一의 아들 黃中允(東溟)이 奏聞使로 燕京에 간 것은 光海君
12년(1620)이었다[『光海君日記』(鼎足山本) 卷151, 光海君 12년 4월 11일(戊
午), 4ㄴ~5ㄱ(33책, 309~310쪽) ; 黃晃九,「家狀」,『東溟先生文集』卷8, 7ㄴ~
11ㄱ(303책, 631~638쪽-영인본『韓國歷代文集叢書』, 景仁文化社, 1990의 책
수와 쪽수)].

7)『國朝寶鑑』卷35, 仁祖朝 2, 17ㄴ~18ㄱ(上, 494쪽-영인본『國朝寶鑑』, 세종대왕
기념사업회, 1980(수정판)의 책수와 쪽수. 이하 같음). '萬里全圖五幅'이 '萬國全
圖'를 지칭하는 것이라고 추정된다. 金良善,「韓國古地圖研究抄-世界地圖-」,
앞의 책, 1972, 231~233쪽.

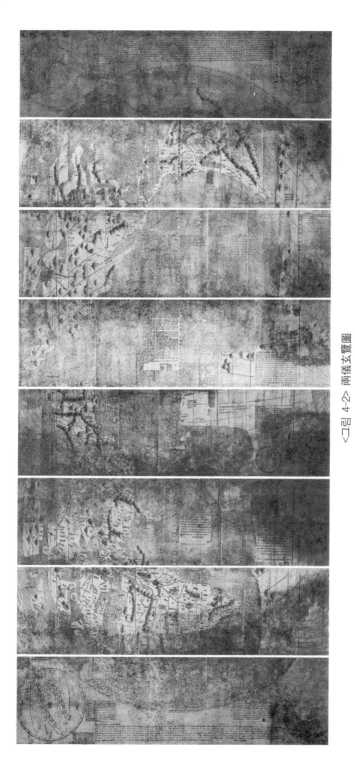

<그림 4-2> 兩儀玄覽圖

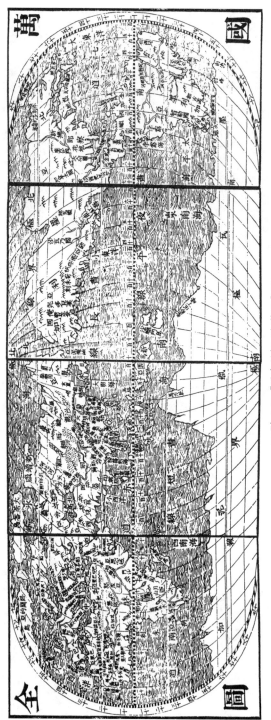

<그림 4-3> 『職方外紀』의 萬國全圖

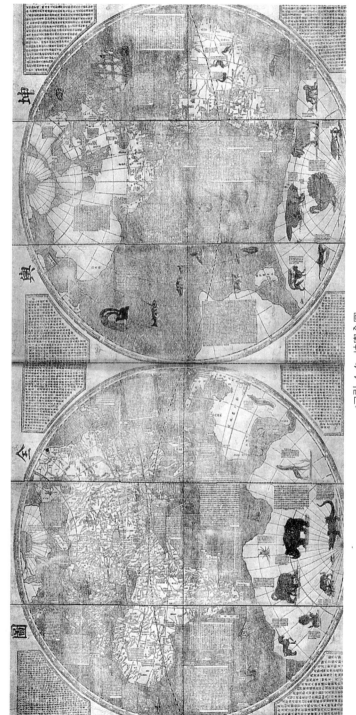

<그림 4-4> 坤輿全圖

였는데, 거기에는 '地圓', '地體之圓'과 같은 항목을 설정하여 지구설을 소개하고 있었다.8) 「곤여전도」는 1674년 북경에서 처음 발간되었고, 18세기 초에는 『坤輿圖說』과 함께 조선에 전래되었을 것으로 추정된다.

이상에서 살펴본 세계지도는 모두 지구설에 바탕을 두고 제작된 것이었다. 거기에서는 시각적인 표현 외에도 각종 註記를 통해 지구설의 내용과 근거를 설명하고 있었는데, 그 기초가 되었던 것은 물론 利瑪竇의 지구설이었다. 그의 지구설은 이후에 전래되는 다양한 지구설의 원형이 된다는 점에서 주목할 필요가 있다. 利瑪竇의 지구설이 상세하게 소개된 글은 『乾坤體義』卷上에 수록된 「天地渾儀說」이다. 그 冒頭에서 利瑪竇는 다음과 같이 말하고 있다.

땅과 바다는 본래 원형으로 합쳐져서 하나의 球가 되어 천구의 가운데 위치한다. 마치 계란의 노른자가 흰자 안에 있는 것과 같다. 땅을 일컬어 모나다고 하는 것은 그 德이 靜하여 움직이지 않는 성질을 말한 것이지, 그 형체를 말한 것은 아니다.9)

그는 땅이 둥글다는 증거로 남북극의 고도변화를 제시하였다. 즉 북쪽으로 250里 올라가면 북극의 고도가 1도 높아지고 남극의 고도는 1도 낮아지며, 반대로 남쪽으로 250리 이동하면 북극의 고도는 1도 낮아지고 남극의 고도는 1도 높아진다는 것이다. 이것은 땅의 형체가 구형이 아니라면 있을 수 없는 일이었다. 따라서 이것을 통해 땅이 구형이라는 사실과 지구상의 매 1도는 250리에 해당한다는 사실을 확인할 수 있다는 것이다.10)

---

8) 金良善, 위의 책, 1972, 192쪽.

9) 「天地渾儀說」, 『乾坤體義』卷上, 1ㄱ(787책, 756쪽-영인본 『文淵閣 四庫全書』, 臺灣商務印書館, 1983의 책수와 쪽수. 이하 같음). "地與海本是圓形而合爲一球 居天球之中 誠如鷄子黃在靑內 有謂地爲方者 語其德靜而不移之性 非語其形體也".

10) 「天地渾儀說」, 『乾坤體義』卷上, 1ㄴ~2ㄱ(787책, 756~757쪽).

利瑪竇는 天勢로 山海를 나누어 5帶를 설정하였고, 地勢로 輿地를 나누어 5大州로 구분하였다. 전자는 위도의 변화에 따라 발생하는 기후의 차이를 하나의 熱帶와 각각 두 개의 寒帶 및 正帶로 구분한 것이고, 후자는 지구 전체의 대륙을 歐邏巴・利未亞・亞細亞・南北亞墨利加・墨瓦蠟泥加의 다섯 지역으로 구분한 것이었다.[11]

이어서 그는 東西緯線(위도)과 南北經線(경도)의 설치 및 그 용도에 대해서 설명하고 있다.[12] 緯線은 각 지역의 북극(또는 남극) 出地高度가 얼마인가를 나타내기 위하여, 經線은 한 지역과 다른 지역의 시간차가 얼마인가를 나타내기 위하여 설치한 것이다. 따라서 위도가 같은 지역은 그 極出地度數가 같고, 사계절과 주야의 시간 수가 동일하며, 경도가 같은 지역은 시간이 같고 日月蝕을 동시에 볼 수 있다.[13]

이상과 같은 利瑪竇의 지구설과 거기에 포함된 5帶說・5大州說 및 지구설의 근거로 제시된 남북극의 고도변화, 經緯說 등이 이후 다양한 형태로 제기되는 지구설의 원형을 이루었다. 세부적인 내용에서는 조금씩 차이가 있었지만 그 대체적인 형태는 그대로 유지되면서 18세기까지 이어진다고 볼 수 있다.

세계지도와 함께 서양지리서의 전파는 전통적인 지리인식에 변화를 가져왔다. 그 가운데 조선후기 지식인들에게 큰 영향을 끼친 것으로는 艾儒略(Julius Aleni : 1582~1649)의 『職方外紀』, 南懷仁(Ferdinandus Verbiest : 1623~1688)의 『坤輿圖說』을 들 수 있다. 『職方外紀』는 1623

---

11) 「天地渾儀說」, 『乾坤體義』 卷上, 2ㄴ~3ㄱ(787책, 757쪽).

12) 전통적으로 經・緯라는 용어는 각각 南北과 東西를 가리키는 개념으로 사용되었다[『大戴禮記』 卷13, 易本命 第81, 8ㄱ(70쪽-영인본 『四部叢刊正編』, 法人文化社 所收 『大戴禮記』의 쪽수). "凡地東西爲緯 南北爲經"]. 따라서 經線이란 南北을 연결하는 線, 緯線이란 東西를 연결하는 線을 뜻하며, 經度란 하나의 經線과 다른 經線 사이의 각도를, 緯度란 하나의 緯線과 다른 緯線 사이의 각도를 의미하는 것이다.

13) 「天地渾儀說」, 『乾坤體義』 卷上, 3ㄱ~5ㄱ(787책, 757~758쪽). "……用緯線以著各極出地幾何……凡同緯之地 其極出地數同 則四季寒暑同態焉……用經線以定兩處相離幾何辰也……同經線處 並同辰而同時見日月蝕矣".

168

년에 간행되었으며, 仁祖 9년(1631) 정두원에 의해서 조선에 전래되었다.14) 『職方外紀』의 卷首 「五大州總圖界度解」에서 艾儒略은 "하늘은 둥글고 땅은 네모나다(天圓地方)는 것은 그 動靜의 德을 말한 것이지 형체로써 논한 것이 아니다. 땅이 이미 둥근 모양이라면 중심이 아닌 곳이 없다"15)라고 하여 지구설을 전제로 논의를 전개하고 있다. 땅이 구형이라면 어느 곳도 중심이 아닌 곳이 없다는 그의 발언은 '상대주의적 인식'의 단초를 보여주는 것으로 주목된다. 동시에 여기에서는 周天度數와 지구의 經緯度數를 360도로 규정하였고, 경위도 1도의 거리를 250里로 설정하였다.16)

『坤輿圖說』(2卷)은 南懷仁이 작성한 지리서이다. 여기에서 南懷仁은 利瑪竇의 논리를 그대로 채용하여 지구설을 주장하면서, 주천도수와 지구의 경위도수는 360도이고, 지구의 매 1도는 250리에 해당하며, 따라서 그 둘레가 9,0000리(=250×360)라고 설명하고 있다.17) 나아가 「地體之圓」, 「地圜」 등의 항목을 통하여 지구설을 논증하였다. 특히 「地圜」에서는 월식을 대지가 해와 달의 중간에 위치하여 햇빛이 달을 비추는 것을 방해하기 때문에 일어나는 현상이라고 설명하면서, 이때 지구의 그림자가 달에 투영되는데 그 모양이 원형을 이루는 것으로 보아 대지는 구형이 확실하다고 주장하였다.18) 이 책은 景宗 원년(1722) 兪拓基에 의해 도입된 것으로 추정되고 있다.19)

14) 『國朝寶鑑』 卷35, 仁祖朝 2, 17ㄴ~18ㄱ(上, 494쪽).
15) 「五大州總圖界度解」, 『職方外紀』 卷首, 1ㄴ(594책, 282쪽). "天圓地方 乃語其動靜之德 非以形論也 地旣圓形 則無處非中……".
16) 「五大州總圖界度解」, 『職方外紀』 卷首, 2ㄱ~4ㄱ(594책, 283~284쪽).
17) 『坤輿圖說』 卷上, 1ㄴ~2ㄱ(594책, 731쪽).
18) 『坤輿圖說』 卷上, 地圜, 8ㄴ(594책, 734쪽). "地水同爲一圜球 以月食之形 可推而明之 夫月食之故 由大地在日月之間 日不能施照于月 故地射影于月面 亦成圓形 則地爲圜可知".
19) 兪拓基, 『燕行錄』 卷2(서울 基督敎博物館 소장) ; 盧禎埴, 「西洋地理學의 東漸-特히 韓國에의 世界地圖 傳來와 그 影響을 中心으로-」, 『大邱敎育大學論文集』 5, 1969, 243쪽.

<그림 4-5> 『坤輿圖說』 卷上, 地體之圜

『직방외기』와『곤여도설』은 앞에서 살펴본 세계지도와 마찬가지로 지구설을 기초로 작성된 것이었다. 따라서 이와 같은 내용으로 구성된 세계지도와 서양지리서를 접한 17세기 중반 이후의 조선 학자들은 당연히 지구설의 내용을 인지하게 되었을 것이다.

한편 서양 천문학은 인조 9년(1631) 7월에 정두원 일행이 명에서 陸若漢 (Johanes Rodriquez : 1561~1634)에게 서양천문학의 추산법을 배우면서 가지고 온 陽瑪諾(Emmanuel Diaz : 1574~1659)의 『天問略』에 의해 처음으로 조선에 전해졌다.20) 『天問略』은 陽瑪諾의 저서로 1615년에 간행되었다.21) 이 책은 20여 개의 그림과 도설을 사용하여 서양 중세 천문학인 프톨레마이오스(Ptolemaios) 천문학의 개요를 설명한 것이었다. 여기에 소개된 우주구조론은 이른바 '十二重天說(十二葱頭說)'22)이라고 불리는 지구 중심의 유한우주론이었지만, 그것은 분명히 지구설을 전제로 하여 작성된 저술이었다. 그것은 이 책에 실려있는 이른바 '12重天圖'에 정확하

---

20) 『國朝寶鑑』卷35, 仁祖朝 2, 17ㄴ~18ㄱ(上, 494쪽).

21) 『四庫全書總目提要』子部, 天文算法類, 卷106, 20ㄱ(3책, 287쪽). "天問畧一卷 明萬曆乙卯(1615년) 西洋人陽瑪諾撰是書 於諸天重數 七政部位 太陽節氣 晝夜永短 交食本原 地影麤細 蒙氣映漾 曚影留光 皆設爲問答 反覆以明其義".

22) 「天有幾重及七政本位」, 『天問畧』, 1ㄱ~ㄴ(787책, 852쪽). "日敝國歷家 詳論此理 設十二重焉……十二重天 其形皆圓 各安本所 各層相包 如裹葱頭".

<그림 4-6> 『天問略』의 12重天說

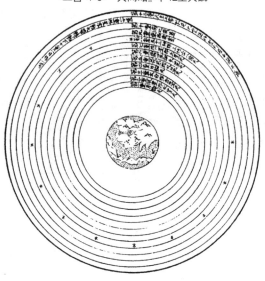

게 묘사되어 있는 지구의 모습을 통해서 확인할 수 있다.[23] 陽瑪諾은 이 책을 통해 대지가 '圓體'로서 공중에 매달려 있고, 그 상하사방에는 모두 인간이 살고 있다고 설명하고 있으며, 지구의 둘레는 360도이고, 매 1도는 250리라고 하였다.[24]

정두원 일행이 이 때 가져온 물건 가운데는 『天問略』 외에도 『治曆緣起』 1책, 利瑪竇의 천문서 1책, 『遠鏡書』 1책, 『千里鏡說』 1책 등 光學과 天文曆法 관련 서적들이 들어있었다. 이 가운데 利瑪竇의 천문서 1책은 李之藻가 筆述한 『渾蓋通憲圖說』(1607년 刊)로 추측되고 있다.[25] 『渾蓋

---

23) 『天問畧』 4ㄱ(787책, 854쪽).

24) 『天問畧』 22ㄱ~ㄴ(787책, 864쪽). "地爲圓體 懸于空際 上下四旁 皆有人居…… 地球自南而北 三百六十度一周 每一度 二百五十里".

25) 姜在彦, 『조선의 西學史』, 民音社, 1990, 51쪽. 『渾蓋通憲圖說』이 아니라면 아마 도 『乾坤體義』일 것이다. 朴星來, 「마테오 릿치와 한국의 西洋科學 수용」, 『東亞 研究』 3, 1983, 35쪽.

通憲圖說』은 그 제목에서 알 수 있는 바와 같이 중국의 전통적인 우주론인 渾天說과 蓋天說을 서양의 簡平儀法을 이용하여 통일적으로 설명한 것이었다.26) 이 책은『天學初函』(1629년)에도 수록되어 있다. 우리가 이 책에 대해서 주목하는 이유는 혼천설과 개천설의 난점을 극복한다고 하는 것은 결국 지구설의 채용에 의해서만 가능하기 때문이다. 李之藻(1565~1629)는 이 책의 서문에서 다음과 같이 말하고 있다.

응결되어 떨어지지 않는 것은 운행(하기 때문)이다. 운행하여 멈추지 않는 것은 원이다(둥글기 때문이다). 둥근 것 가운데 모여서 하나의 좁쌀과 같은 것이 땅이 되었다. 땅의 형체 역시 둥글며, 그 덕은 方正하다. 曾子가 말하기를 "만약 '天圓地方'이라면 이것은 네 모퉁이를 서로 덮지 못한다"라고 하였고, 坤卦의 「文言」에 말하기를 "지극히 고요하되 德이 方正하다"라고 하였다.……27)

여기에서 이지조는 지구설의 논리적 근거로 두 가지를 제시하고 있다. 하나는『大戴禮』에 나오는 曾子와 單居離의 문답이고, 다른 하나는『주역』坤卦에 대한 설명이었다. 이것은 지구설이 이미 중국에 있었다는 주장이다. 흔히 '중국원류설'의 시작을 黃宗羲(1610~1695)나 그것을 계승한 梅文鼎(1633~1721)에게서 찾고 있지만28) 그 원형은 이미 이지조 단계에서 만들어지고 있었던 것이다. 이것은 이후 조선의 유자들이 지구설을 수용하는 논리로서 차용되고 있었다는 점에서 주목된다.

---

26)『四庫全書總目提要』子部, 天文算法類, 卷106, 24ㄴ~25ㄴ(3책, 289~290쪽).
27) 李之藻, 「渾蓋通憲圖說自序」,『渾蓋通憲圖說・簡平儀說』(叢書集成初編 1303), 中華書局, 1985, 4쪽 ; 徐宗澤,『明淸間耶穌會士譯著提要』, 中華書局, 1949, 263~264쪽. "且夫凝而不墜者 運也 運而不已者 圜也 圜中之聚 一粟爲地 地形亦圜 其德乃方 曾子曰 若果天圜而地方 則是四隅之不相揜也 坤之文曰 至靜而德方 孔曾生周從周 著論若是 謂姬公髀測之書 必螫渾而自爲蓋可哉".
28) 盧大煥, 「조선 후기의 서학유입과 서기수용론」,『震檀學報』83, 1997, 144쪽 ; 盧大煥, 「正祖代의 西器受容 논의-'중국원류설'을 중심으로-」,『韓國學報』94, 1999, 143~144쪽.

　한편 明은 17세기 초까지 발행된 천문서를 기초로 서양천문학의 번역사
업을 실시하였는데, 그 결과물이 1629~1634년에 걸쳐 이루어진『崇禎曆
書』135권이었다.29) 이 작업을 주관한 사람은 徐光啓(1562~1633)였고,
李之藻를 비롯하여 鄧玉函(Joannes Terrenz : 1576~1630), 羅雅谷
(Jacobus Rho : 1593~1638), 湯若望(Adam Schall von Bell : 1591~
1666) 등의 선교사들이 실무를 담당하였다. 이 책은 明의 멸망으로 그
사용이 좌절되었으나 淸에 의해 그 성과가 흡수됨으로써 1645년 時憲曆이
채택되는 결과를 낳았다. 湯若望에 의해서『崇禎曆書』가 개편되어『西洋
新法曆書』100권(또는『新法算書』라고도 함)으로 간행된 것은 1645년이
었다.30)『서양신법역서』는 昭顯世子와 金堉 등을 통해 단계적으로 조선
에 도입되었다. 인조 23년(1645) 소현세자가 청에서 가져온 천문서와31)
김육이 가지고 온 탕약망의 천문역학서는 명의『崇禎曆書』를 개편한『西
洋新法曆書』였을 것이고,32) 이를 통해 조선은 時憲曆 도입의 발판을 마련
하게 되었다.
　이『서양신법역서』에는 지구설을 과학적으로 논증하는 방법이 설명되
어 있다. 그것은 卷11의「測天約說」의 일부인 測地學 4題의 第1題인
'地爲圓體與海合爲一球'라는 항목과 卷14의「測食畧」(下)의 '因月食徵
地圓如球'라는 항목을 통해서 살펴볼 수 있다. 전자는 사람들이 지구상의
어느 한 곳에서 북행하거나 남행할 경우 별의 자오선상의 고도가 변화한다

---

29)『崇禎曆書』작성의 계기가 된 사건은 崇禎 2년 5월 乙酉朔(1629년 6월 21일)의
　　日食이었다. 중국에서 종래 사용하던 大統曆과 回回曆에 의한 추산은 오차가
　　발생하였지만 徐光啓의 西法에 의한 추산은 적중하였다. 이를 계기로 禮部는
　　改曆을 건의하였고, 徐光啓에게 改曆의 책임을 맡기게 되었다. 이 역서의 1차
　　進呈은 1631년에 이루어졌다.
30) 陳遵嬀,『中國天文學史』1, 明文書局, 1984, 238쪽 ;『四庫全書總目提要』子部,
　　天文算法類, 卷106, 21ㄱ~22ㄱ(3책, 288~289쪽).
31) 山口正之,『朝鮮西敎史』, 雄山閣, 1967, 37~43쪽.
32)『增補文獻備考』「象緯考」의 撰者(徐浩修)는 당시 金堉이 사온 책을『日月五星
　　曆指』와『渾天儀說』로 추정하고 있는데[『增補文獻備考』卷1, 象緯考, 曆象沿
　　革, 6ㄱ~ㄴ(上, 19쪽)], 이것들은『西洋新法曆書』에 포함되어 있다.

<4-7> 『西洋新法曆書』의 地球說 증명

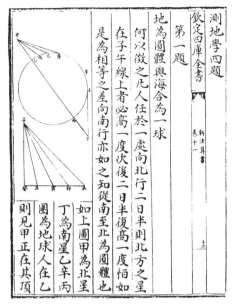

는 사실을 통해,[33] 후자는 월식이 발생하는 동서 지역 간의 시간차를 이용하여[34] 지구설을 증명한 것이었다. 또 卷16의 「渾天儀說」에서는 월식 때 달의 가려지는 부분의 형태가 원형임을 증거로 지구설을 논증하였으며, 대지 250리=1도를 주장하고 있었다.[35]

이상의 내용을 통해서 알 수 있는 것은 서양 지리학과 천문학의 전파를 통해서 17세기 초부터 조선의 학자들은 지구설에 접하게 되었

다는 사실이다. 따라서 지구설에 대한 빈번한 논의 역시 17세기의 학자들에게서 비로소 확인할 수 있게 된다. 17세기 초에는 「坤輿萬國全圖」나 「兩儀玄覽圖」와 같은 세계지도의 전래를 통해서 새로운 세계에 대한 지식을 넓혀가고 있었다. 이러한 지식을 토대로 17세기 중반 이후 「만국전도」나 『직방외기』와 같은 지도·지리서, 『천문략』·『혼개통헌도설』·『서양신법역서』 등의 천문역법서가 전래됨으로써 본격적으로 지구설에 대한 논의가 나오게 되었다.

---

33) 『新法算書』卷11, 測天約說 卷上, 測地學 四題, 第1題, 12ㄴ~13ㄱ(788책, 177~178쪽).

34) 『新法算書』卷14, 測食畧 卷下, 因月食徵地圓如球 第7, 6ㄴ~8ㄱ(788책, 210~211쪽).

35) 『新法算書』卷16, 渾天儀說 卷1, 7ㄱ(788책, 243쪽)과 14ㄴ(788책, 247쪽) 참조.

2) 行星構造論과 天體運行論 : 重天說 · 右旋說 · 地轉說

서양의 우주구조론(行星構造論)은 지구설과 마찬가지로 利瑪竇의 세계지도를 통해 처음으로 조선사회에 소개되었다. 「坤輿萬國全圖」의 欄外에는 '九重天圖'와 그에 대한 설명문이 게재되어 있었고,[36] 利瑪竇 세계지도의 결정판이라 할 수 있는 「兩儀玄覽圖」에는 이전 시기의 '九重天圖'와 본질적으로 다름이 없는 '十一重天圖'가 실려 있었다.[37] 이처럼 利瑪竇가 세계지도를 통해 소개한 우주구조론은 九重天說 · 十一重天說이었는데, 그 상세한 내용은 역시 『乾坤體義』에서 확인할 수 있다.

『건곤체의』에 소개된 우주구조론은 기본적으로 9중천설이었다. 그 형태는 「乾坤體圖」[38]를 통해서 확인되며, 구체적인 설명은 「地球比九重天之星遠且大幾何」[39]에 자세하다. 그 구조를 도식화하면 <표 4-1>과 같다.

여기에서 알 수 있듯이 하늘은 아홉 겹의 천구로 구성되어 있으며, 그것은 양파 껍질처럼 지구를 둘러싸고 있다. 각각의 천구는 딱딱하여 일월성신은 그 안에 붙어서 회전을 한다. 모든 천구는 맑고 투명해서 유리나 수정처럼 빛을 통과시키는 데 아무런 장애가 없다.[40] 이것은 널리 알려진 바와 같이 그리스 천문학 이래의 '수정천구설'로서, 아리스토텔레스와 프톨레마이오스를 거치면서 정립된 지구중심의 우주구조론이었다. 일찍이 이수광이 보았다고 한 서양의 「天形圖」는 바로 이것을 가리킨 것으로 추정된다.[41]

---

36) 金良善, 앞의 책, 1972, 205쪽.

37) 金良善, 위의 책, 1972, 189쪽.

38) 「乾坤體圖」, 『乾坤體義』卷上, 9ㄱ～ㄴ(787책, 760쪽).

39) 「地球比九重天之星遠且大幾何」, 『乾坤體義』卷上, 5ㄱ～6ㄴ(787책, 758~759쪽).

40) 「地球比九重天之星遠且大幾何」, 『乾坤體義』卷上, 6ㄱ(787책, 759쪽). "此九層相包 如葱頭皮焉 皆硬堅 而日月星辰定在其體內 如木節在板 而只因本天而動 第天體明而無色 則能通透光 如琉璃水晶之類 無所碍也".

41) 『芝峰類說』卷1, 天文部, 天, 3ㄱ(5쪽). "余嘗見歐羅巴人馮寶寶所畵天形圖 日天有九層 最上爲星行天 其次爲日行天 最下爲月行天 其說似亦有據".

<그림 4-8> 『乾坤體義』의 「乾坤體圖」

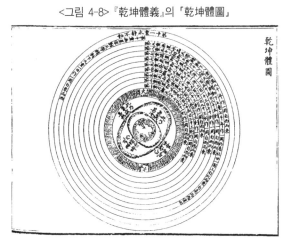

<표 4-1> 利瑪竇의 九重天說

순서	명칭	地心으로부터의 거리(里)	크기 비율(각 천체 : 지구)
1	月天	48,2522	38 1/3 : 1
2	辰星(水星)天	91,8750	2,1951 : 1
3	太白(金星)天	240,0681	36 1/27 : 1
4	日輪天	1605,5690	1 : 165 3/8
5	熒惑(火星)天	2741,2100	1 : 1 1/2
6	歲星(木星)天	1,2676,9584	1 : 94 1/2
7	塡星(土星)天	2,0577,0564	1 : 90 1/8
8	列宿天	3,2276,9845	
9	宗動天	6,4733,8690	

「양의현람도」에 소개된 11중천설은 이상과 같은 9중천설에 약간의 변경을 가한 것이었다. 그것은 제9천에 해당하는 宗動天을, 세차운동을 설명하기 위한 '無星水晶天'(제9중천)과 지구의 자전에 의해서 생기는 천체의 일주운동을 설명하기 위한 '無星宗動天'(제10중천)으로 나누고, 그 위에 천당에 해당하는 '永靜不動天'(제11중천)을 설정한 형태였다.[42]

서양 우주론의 본격적인 소개는 서양 천문학의 전래에 따라 이루어졌다. 조선에 전래된 서양 천문학의 내용은『天問略』,『西洋新法曆書』,『曆象考成』의 단계로 구분하여 볼 수 있는데, 여기서는 17세기 중·후반에 전래된『천문략』과『서양신법역서』를 중심으로 논의를 전개하고자 한다.

앞서 지적한 바와 같이『천문략』은 서양중세 천문학인 프톨레마이오스(Ptolemaios) 천문학의 개요를 설명한 것으로, 여기에 소개된 우주구조론은 이른바 '十二重天說(十二葱頭說)'이라고 불리는 지구 중심의 有限宇宙論이었다. 이에 따르면 가장 바깥쪽에 위치하는 제12중천은 天主上帝를 비롯한 여러 신들이 거처하는 '永靜不動'한 곳이었다. 그것은 '廣大無比'한 天堂의 세계였다. 그 안의 제11중천이 '宗動天'이다. 제10중천인 南北歲差天과 제9중천인 東西歲差天은 그 움직임이 미세하기 때문에 경우에 따라서는 이들을 제외한 9중천만을 논한다고 설명하였다. 12중천은 각각의 天球들이 양파껍질 모양으로 둘러싸여 있는 형태를 띠고00 있다.[43] 이는 利瑪竇의 중천설과 마찬가지로 서양의 수정천구를 설명한 것이었다.

한편『천문략』에서는 지구를 중심으로 한 12중천의 운행이 '天左旋日月五星右行'의 右旋說로 설명되어 있다. 천체들이 지구를 중심으로 하루에 한 바퀴씩 동쪽에서 서쪽으로 도는 일주운동은 宗動天의 운동으로, 각각의 천체들이 천구상에서 저마다의 속도로 서쪽에서 동쪽으로 이동하는 현상은 日·月·諸星天의 운동으로 설명되었다.[44] 이것은 기존의 좌선설·우선설 논쟁에서 右旋說(右行說)의 입장을 지지하는 설명 방식이었다. 즉 하늘은 좌선하고 日·月·五星은 우행하는데(本動), 일·월·오성이 우행하는 속도보다 하늘이 좌선하는 속도가 매우 빠르므로, 실제로는 우행하는 일·월·오성이 하늘의 움직임에 끌려 좌선하는 것처럼 보이

---

42) 「乾坤體圖」,『乾坤體義』卷上, 9ㄱ~ㄴ(787책, 760쪽) 참조.

43) 「天有幾重及七政本位」,『天問畧』, 1ㄱ~ㄴ(787책, 852쪽).

44) 「天有幾重及七政本位」,『天問畧』, 2ㄴ(787책, 853쪽). "天左旋 日月五星右行 貴國先儒亦已晰之矣……故自東而西者 宗動天也 自西而東者 日月諸星之天也 自西而東者 日月諸星之本動也 自東而西者 日月諸星之帶動也".

게 된다는 것이었다(帶動).

이상과 같은 우주구조에서 중요한 역할을 담당하고 있는 천체는 태양이었다. 태양은 12중천 가운데 七政의 중간인 제4천에 위치한다. 태양이 칠정의 중간에 위치한 것은 다른 행성들에게 빛을 비추어주고 아래로는 지구에 따뜻함을 미치기 위해서라고 설명되었다. 태양은 칠정 가운데 가장 존귀한 것으로 간주되었고, 月·五星·列宿는 모두 빛을 내지 못하는 것으로 태양빛을 빌려야만 빛을 내게 되는 천체들이었다.[45]

이처럼 利瑪竇를 위시한 서양의 선교사들이 초기에 전달한 우주체계는 우주의 중심에 지구가 고정되어 있고, 그 주위로 수정천구들이 차례대로 자리잡은 닫힌 우주였다. 그런데 당시 유럽에서는 티코 브라헤(Tycho Brahe : 1546~1601)의 정밀한 관측 결과에 힘입어 아리스토텔레스 이래의 닫힌 우주관(=수정천구설)이 파탄에 직면하고 있었다.[46] 그에 따라 종래의 수정천구를 대신할 새로운 우주론이 모색되기에 이르렀고, 그것은 얼마 지나지 않아 선교사들에 의해 중국에도 소개되었다. 그것이 바로『서양신법역서』단계의 새로운 행성구조론이었다.

『서양신법역서』에는 종전의『천문략』단계와는 다른 우주론이 소개되어 있었다. 그것이 바로『五緯曆指』에 수록되어 있는 티코 브라헤의 행성구조론이었다.『五緯曆指』에서는 먼저 종래 우주론의 요점을 몇 가지로 정리하고 있었다. 첫째는 각 천체간의 상대적 위치를 결정하는 방법이었다. 그것은 지구를 기준으로 하여 각 천체의 交食과 掩蔽를 통해 상하의 위치를 결정하는 방법이었는데, 그에 따르면 지구로부터 각각의 천체는 太陰→水星→金星→太陽→火星→木星→土星→恒星→宗動天→東西歲差→南北歲差의 순서로 배치되어 있었다.[47] 이른바 '11重天說'에 대한 설명이었다. 이 가운데 東西歲差天과 南北歲差天은 코페르니쿠스(歌白

---

45)「天有幾重及七政本位」,『天問略』, 3ㄴ~4ㄴ(787책, 853~854쪽).

46) 金永植,『과학혁명』, 民音社, 1984, 36~38쪽 ; 콜린 A. 로넌(김동광·권복규 옮김),『세계과학문명사』II, 한길사, 1997, 153~159쪽.

47)『新法算書』卷36, 五緯曆指 卷1, 周天各曜序次, 1ㄱ~ㄴ(788책, 632쪽).

<그림 4-9> 『五緯曆指』의 宇宙論

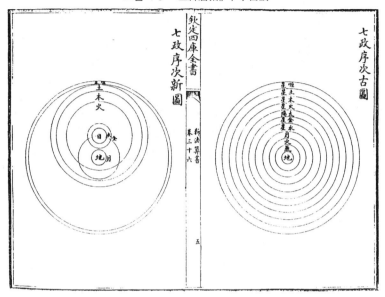

泥)가 설정하였던 것인데 티코 브라헤(第谷) 이후로는 사용하지 않는다는 설명을 첨부하였다.[48] 요컨대 지구를 중심으로 최외곽의 宗動天까지 아홉 겹의 하늘(九重天)을 설정하고 있었던 것이다.

둘째는 恒星天이 七曜天의 위에 위치한다는 것이었다.[49] 그것은 緯星과 恒星의 掩蔽, 緯星과 恒星의 地半徑差의 차이, 그리고 恒星天의 운행 속도를 통해 증명되었다. 위성과 항성의 엄폐란 위성은 항성을 가릴 수 있지만 항성은 위성을 가릴 수 없다는 내용이었다. 따라서 지구를 중심으로 볼 때 항성이 위성보다 상부에 위치한다는 것이었다.[50] 지반경차는

---

48) 『新法算書』 卷36, 五緯曆指 卷1, 周天各曜序次, 1ㄴ(788책, 632쪽). "此歌白泥所 定也 近第谷以來 不復用之".

49) 『新法算書』 卷36, 五緯曆指 卷1, 周天各曜序次, 1ㄴ(788책, 632쪽). "恒星本天在 七曜天之上 古今諸家之公論也".

50) 『新法算書』 卷36, 五緯曆指 卷1, 周天各曜序次, 1ㄴ(788책, 632쪽). "其一 緯星能 掩恒星 恒星不能掩緯星".

지구로부터의 거리에 따라 다과의 차이가 있게 마련이었다. 그런데 항성은 거의 지반경차를 발견할 수 없으므로, 그것이 위성에 비해 매우 먼 거리에 위치해 있음을 알 수 있다는 것이다.[51] 중요한 것은 항성천의 운행속도[恒星天之本行]에 대한 논의인데, 이것은 각 천체의 운행속도가 동일하다는 가정을 전제로 하고 있다.[52] 이러한 전제하에서 보면 지구상에서 보이는 각 천체의 속도 차이는 궤도의 크기 차이로 환원되었다. 다시 말해 각 천체가 운행하는 궤도가 크고 지구로부터 멀리 떨어져 있으면 하늘을 한 바퀴 도는데 걸리는 시간이 그만큼 길어지고, 반면에 운행 궤도가 작고 지구로부터 가까우면 1周天 하는데 걸리는 시간이 짧다는 것이었다.[53]

셋째는 태양이 여러 천체의 중간에 위치한다는 것이었다.[54] 태양은 '萬光之原'이었기 때문에 태양이 뭇별의 가운데 위치하는 것은 君主가 衆臣들의 가운데 위치하는 것과 같은 이치로 설명되었다.[55] 요컨대 『五緯曆指』에서는 고금의 역법에서 공통적으로 인정하고 있었던 사실로 9중천설, 恒星天이 七曜天의 바깥에 위치한다는 것, 그리고 태양이 여러 천체의 중앙에 위치하고 있다는 것을 지적하였다.

반면에 당시의 우주론에는 종전의 그것과 비교할 때 다른 점도 있었다. 첫째, 종래에는 五星의 운행이 지구를 중심으로 하고 있다고 보았으나, 지금은 오성이 태양을 중심으로 운행하고 있다고 파악한다는 점이다. 둘째, 종래에는 각각의 천체가 지구를 중심으로 한 동심구의 형태로 겹겹이 둘러싸여 있고, 각 천체 상호간에는 통할 수 없는 것으로 간주되었으나,

---

51) 『新法算書』卷36, 五緯曆指 卷1, 周天各曜序次, 1ㄴ~2ㄱㄴ(788책, 632~633쪽).

52) 『新法算書』卷36, 五緯曆指 卷1, 周天各曜序次, 2ㄱ(788책, 633쪽). "諸星行天之能力必等".

53) 『新法算書』卷36, 五緯曆指 卷1, 周天各曜序次, 2ㄱ(788책, 633쪽).

54) 『新法算書』卷36, 五緯曆指 卷1, 周天各曜序次, 2ㄱ(788책, 633쪽). "太陽在諸曜適中之處".

55) 『新法算書』卷36, 五緯曆指 卷1, 周天各曜序次, 2ㄴ(788책, 633쪽). "太陽爲萬光之原 其在衆星之中 若君主在衆臣之中".

지금은 각 천체의 궤도가 상통할 수 있다고 본다는 점이다. 셋째, 예전에는 토성·목성·화성은 항상 태양의 바깥에 위치하는 것으로 보았으나, 지금은 화성의 경우 태양의 궤도 안으로 들어올 때도 있다고 본다는 점이다.[56] 이상의 내용은 실제 관측 결과를 토대로 아리스토텔레스-프톨레마이오스 우주론의 수정천구설을 극복한 티코 브라헤의 천문학적 성과를 오롯이 설명한 것이었다. 티코 브라헤의 우주론이 구체적인 도해를 통해 제시된 것이 바로 「七政序次新圖」였다(<그림 4-9> 참조).[57]

이상과 같이 티코 브라헤 천문학의 성과를 반영한 『五緯曆指』에서는 조선후기 우주론의 변화와 관련하여 인식론적 전환의 계기를 마련할 수 있는 두 가지 문제를 제기하고 있었다. 하나는 과학적 방법론에 대한 것이었고, 다른 하나는 이른바 '地轉說'에 대한 것이었다.

티코 브라헤의 우주론에 의해 수정천구설이 위기에 직면하자 당시 프톨레마이오스 천문학의 옹호자들은 이러한 신법이 옛 성현의 成法을 위배되는 것이라고 의심하였다. 이에 대해 『五緯曆指』의 찬자는 다음과 같은 논지로 이러한 의문에 대응하였다.

> 自古 이래로 관측에서 중요하게 여기는 것은 '하늘을 따르는 것을 근본으로 삼는다(追天爲本)'는 사실이다. 반드시 만들어진 법칙과 세밀한 관측으로 얻어진 결과가 대략 어긋나지 않아야만 '正法'이 되는 것이다. 진실로 그렇지 않다면 어찌 옛 것에 구애되어 하늘을 버리겠는가?[58]

이것은 망원경을 이용한 당시의 관측 기술이 目測에 의존했던 예전의

---

56) 『新法算書』卷36, 五緯曆指 卷1, 周天各曜序次, 3ㄴ~4ㄱ(788책, 633~634쪽). "其不同者 古日 五星之行 皆以地心爲本天之心 今日 五星以太陽之體爲心 古日 各星自有本天 重重包裹 不能相通 而天體皆爲實體 今日 諸圈能相入 卽能相通 不得爲實體 古日 土木火星恒居太陽之外 今日 火星有時在太陽之內".
57) 『新法算書』卷36, 五緯曆指 卷1, 周天各曜序次, 5ㄴ(788책, 634쪽).
58) 『新法算書』卷36, 五緯曆指 卷1, 周天各曜序次, 6ㄴ(788책, 635쪽). "自古以來 測候所急 追天爲本 必所造之法 與密測所得 畧無乖爽 乃爲正法 苟爲不然 安得泥古而違天乎".

그것에 비해 뛰어나다는 사실을 전제로, 관측을 통해 객관적으로 얻어진 결과에 따라 새로운 법을 만드는 것은 결코 스스로 총명하다고 하여 옛 성현을 위배하는 것이 아니라는 주장이었다.59) 이는 객관적 사실에 입각하여 과학적 법칙을 만들어가야 한다는 방법론상의 대원칙을 제시한 것으로 볼 수 있다.

한편 『五緯曆指』에서는 천체운행론과 관련하여 중요한 한 가지 사실을 소개하고 있었다. 그것은 宗動天의 운행에 대한 두 가지 학설 가운데 하나였다.

지금 地面에서 보면 여러 천체가 左行하는 것처럼 보이는데, 이것은 천체의 본래 운동이 아니다. 대개 천체는 하루에 한 바퀴 회전하는 일주운동을 하지 않으며, 땅과 氣火가 하나의 球를 형성하여 서쪽에서 동쪽으로 매일 한 바퀴씩 회전할 따름이다. …… 이는 땅의 하나의 운행으로 하늘 위의 여러 운행을 면하게 하는 것이며, 땅의 작은 一周로 하늘 위의 커다란 一周를 면하게 하는 것이다.60)

이것은 비록 '正解'가 아니라는 전제를 달기는 했지만61) 분명히 '地轉說'을 설명한 것이었다. 전통 천문학의 천체운행론, 이른바 左旋說-右旋說 논쟁을 질적으로 뛰어넘을 수 있는 획기적인 논리가 거기에 숨어 있었다.

이렇듯 『五緯曆指』에는 전통적인 우주론을 질적으로 변화시킬 수 있는 다양한 논리적 근거들이 내포되어 있었고, 그것이 17세기 중반을 거치면서

---

59) 『新法算書』卷36, 五緯曆指 卷1, 周天各曜序次, 6ㄴ(788책, 635쪽). "以事理論之 大抵古測稍粗 又以目所見爲準 則更粗 今測較古 其精十倍 又用遠鏡爲準 其 精百倍 是以舍古從今 良非自作聰明 妄違迪哲".

60) 『新法算書』卷36, 五緯曆指 卷1, 周天各曜序次, 7ㄴ~8ㄱ(788책, 635~636쪽). "今在地面以上見諸星左行 亦非星之本行 蓋星無晝夜一周之行 而地及氣火通 爲一球 自西徂東 日一周耳……是則以地之一行 免天上之多行 以地之小周 免 天上之大周也".

61) 『新法算書』卷36, 五緯曆指 卷1, 周天各曜序次, 8ㄱ(788책, 636쪽). "然古今諸士 又以爲實非正解".

조선사회에 도입됨으로써 주자학적 우주론에 획기적인 변화를 야기할 수 있는 외적인 요인으로 작용하게 되었다.

이상에서 살펴본 서양의 천문학서들은 그 제목에서 알 수 있듯이 대부분 역법과 관련이 있는 것이었다. 당시 조선 정부에서는 이런 책들을 수입하기 위해 심혈을 기울였다. 이는 역법이 지니고 있는 정치사상적 중요성과 함께 당시의 서양천문학 도입이 '時憲曆'의 시행이라는 국가시책과 맞물려 진행되고 있었다는 사실을 말해 주는 것이다. 따라서 당시 조선의 학자들에게 서양 천문학의 우주론이라든가 지구설을 포함한 行星論이라는 것은 부차적인 문제였다고 할 수 있다. 따라서 그러한 문제에 관심을 갖고 거기에 사상적 의미를 부여하는 것은 그것을 수용하는 학자 개개인의 관점과 태도에 달린 문제였다. 왜냐하면 땅이 평면이든 구형이든, 지구를 중심으로 하든 태양을 중심으로 하든 曆法의 계산에서는 하등 차이가 없었기 때문이다.

3) 四行說의 소개와 우주생성론의 변화

지구설이나 행성구조론 못지 않게 전통적인 우주론에 커다란 영향을 끼친 것은 서양의 '四行說'이었다. 그것은 우주 전체를 구성하고 있는 기본적인 물질(원소)을 무엇으로 볼 것인가 하는 문제였는데, 서양에서는 그리스의 자연철학 이래로 '물·불·공기·흙'을 우주만물을 구성하는 근본적인 물질로 간주하는 4원소설=四行說이 유행하고 있었다. 이와 같은 서양의 4원소설은 그 구성과 내용에서 중국의 전통적인 五行說과 마찰을 일으킬 수밖에 없었다. 동양의 전통적인 우주생성론이 '太極→陰陽→五行→萬物'이라는 생성론적 도식에 입각해 있었다는 점을 고려해 볼 때 오행설에 대한 문제제기는 우주생성론 자체에 대한 의문으로 연결될 수 있었다. 실제로 당시의 상황은 그런 방향으로 전개되어 나갔다.

서양의 4원소설은 利瑪竇에 의해 본격적으로 소개되었다. 그것은 「坤輿萬國全圖」류의 세계지도 상에 註記의 형태로 소개되기도 하였고,[62]

『天主實義』(1595, 1601, 1604, 1605년 刊)에서도 단편적으로 언급되었지만,[63] 본격적인 논의는『乾坤體義』의「四元行論」에 상세히 수록되어 있었다. 여기서 그는 중국의 전통적인 오행설을 철저히 비판하고, 서양의 사행설을 적극적으로 주장하였다.[64]

利瑪竇가「四元行論」을 통해 제기하고 있는 오행설에 대한 비판은 크게 두 가지로 분류된다. 하나는 五行의 구성 요소에 대한 비판이었다. 行이란 '萬象之所出'을 뜻하는 것이므로 元行이라고 할 때는 至純·無雜(無相雜·無相有)해야 한다는 것이다. 이런 기준에 비추어 볼 때 水·火·木·金·土라는 오행 가운데 수·화·토는 行이 될 수 있지만, 금과 목은 行이 될 수 없다는 것이다. 왜냐하면 금·목은 수·화·토가 섞여서 만들어진 것으로 至純·無雜이라는 元行의 조건에 위배되기 때문이었다.[65]

또 하나의 비판은 오행이 생성하는 순서에 대한 것이었다. 전통적으로 五行相生의 순서는 水→木→火→土→金으로 간주되었다. 利瑪竇는 이러한 오행상생의 순서에 대해 경험적 사실을 들어 신랄하게 비판하였다. 그가 제기한 비판의 논거를 몇 가지 들어보면 다음과 같다.

① 木은 水·火·土가 뒤섞여 만들어진 것인데, 어떻게 水로만 말미암아 생길 수 있겠는가?
② 火·土가 생기지 않았을 때 어떻게 木이 저절로 생성될 수 있겠는가? 木이란 먼저 종자를 땅(土)에 심은 후에 물(水)을 대주고 햇빛(火)으

---

62) 金良善, 앞의 책, 1972, 206쪽의 '四行論略' 참조.

63) 『天主實義』卷上, 第二篇「解釋世人錯認天主」, 15ㄴ(118쪽-영인본『天學初函』, 亞細亞文化社, 1976의 쪽수. 이하 같음) ; 『天主實義』卷上, 第四篇「辯釋鬼神及人魂異論而解天下萬物不可謂之一體」, 43ㄴ(132쪽). '物宗類圖' 참조 ; 『天主實義』卷上, 第四篇「辯釋鬼神及人魂異論而解天下萬物不可謂之一體」, 46ㄱ(133쪽). "未知氣爲四行之一 而同之于鬼神及靈魂 亦不足怪 若知氣爲一行 則不難說其體用矣 且夫萬[氣]者 和水火土三行 而爲萬物之形者也".

64) 「四元行論」, 『乾坤體義』卷上, 10ㄱ~22ㄱ(787책, 761~767쪽).

65) 「四元行論」, 『乾坤體義』卷上, 10ㄱ~ㄴ(787책, 761쪽).

<그림 4-10> 『天主實義』의 「物宗類圖」

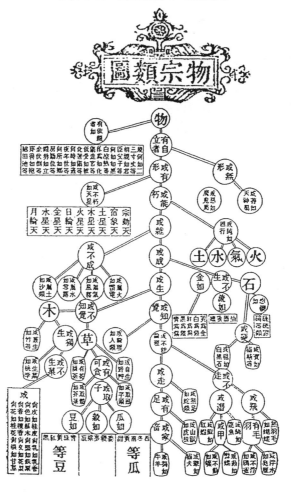

로 따뜻하게 해 주어야만 아래로 뿌리를 내리고 위로 싹이 돋아 장성하게 되는 것이다. 木이 생겼을 때 土가 생기지 않았다면 나무는 어느 땅에 심을 것이며, 水만 있고 土·火가 없다면 어떻게 木을 발육시키겠는가?

③ 木의 성질은 至熱하고, 水의 성질은 至冷하다. 어떻게 至冷한 것이 至熱한 것을 생성할 수 있겠는가?

<그림 4-11> 『乾坤體義』의 「四元行圖」

④ "水生木, 木生火"라고 한다면 水는 할아버지가 되고 火는 손자가
된다. 할아버지가 어떻게 이처럼 不仁하여 항상 손자를 滅하려 하겠는
가?

⑤ 처음에 土·木·金이 없고 홀로 水만 있다면, 어떤 그릇으로 水를
담을 수 있겠는가?

⑥ 金이 土에 말미암아 생기는 것이라면 木은 어찌 이와 다른 것이겠는
가? 金은 土內에서 생기고, 木은 土上에서 생기는 것으로 모두 土로부터
나오는 것이다.

⑦ 『易』에 "天一生水, 地二生火, 天三生木, 地四生金, 天五生土"라고
하였으니, 先後에 일정한 數가 있다. 그런데 이것은 五行相生의 순서와
일치하지 않는다.66)

---

66) 「四元行論」, 『乾坤體義』 卷上, 10ㄴ~11ㄴ(787책, 761쪽).

186

이처럼 利瑪竇는 경험적 사실에 바탕하여 五行相生의 순서에 대해
의문을 제기하였다. 그가 제기한 논거들이 모두 정당한 것이라고 할 수는
없지만, 그 가운데는 전통적인 오행설이 안고 있는 모순[67]을 적절하게
지적한 것들도 있었다. 그러한 문제점들은 중국이나 조선의 사상계에서
이전부터 논의의 대상이 되기도 하였다. 이제 서양의 사행설이 제기됨으
로써 오행설의 내적 문제점들은 본격적인 검토를 요구받게 되었다.

利瑪竇는 오행설의 문제점을 지적하는 한편으로 사행설의 정당성을
역설하였다. 그것은 '火・氣・水・土'의 四元行이야말로 不相生・不相
有한 존재이며, 이들의 결합을 통해 우주만물이 구성된다는 설명이었
다.[68] 四元行의 고유한 性情과 四行에 소속되는 만물을 도표로 나타내면
다음과 같다.[69]

<표 4-2> 四行의 性情과 萬物의 分屬

四行	火	氣	水	土
四行의 性	甚熱次乾	甚濕次熱	甚冷次濕	甚乾次冷
四行의 情	至輕	不輕不重	比土而輕	至重
七政	太陽・熒惑	歲星	太陰・太白	辰星・鎭星
十二房[宮]	白羊・獅子・人馬	雙兄・天秤・寶瓶	巨蟹・天蝎・雙魚	金牛・磨羯・室女
四季	夏	春	冬	秋
中國의 四方	南	東	西	北
四液	黃痰(黃液)	血(紅液)	白痰(白液)	黑痰(黑液)

利瑪竇는 오행설 비판의 연장선상에서 불교의 '四大說'(地・水・火・

---

67) 예컨대 五行相生의 순서와 『太極圖說』, 『周易』의 「河圖」, 「繫辭傳」 및 『尙書』
「洪範」 등에 수록되어 있는 五行의 순서가 일치하지 않는 것이 그것이다.

68) 「四元行論」, 『乾坤體義』 卷上, 11ㄴ~12ㄱ(787책, 761~762쪽). "吾西庠儒謂自
不相生不相有 而結萬像質 乃爲行也 天下凡有形者 俱從四行成其質 曰火氣水
土 是也".

69) 도표의 내용은 「四元行論」, 『乾坤體義』 卷上, 12ㄱ~14ㄴ(787책, 762~763쪽)을
참조하여 작성한 것이다.

風)도 비판하였다. 불교의 사대설은 서양의 四元行說을 차용한 것으로 그 가운데 地와 風은 純體가 아니기 때문에 元行이 될 수 없고, 따라서 火·氣·水·土라고 하는 것만 같지 못하다는 것이 비판의 핵심이었다.[70]

한편 利瑪竇는 사행의 성정을 기초로 하여 우주 내에 사행의 적합한 위치를 설정하고자 하였고, 그를 통해 사행의 위치를 기존의 우주론적 도식과 합치시키려고 하였다. 그에 따르면 사행 가운데 가장 가벼운 火는 우주의 가장 바깥에 위치하며, 가장 무거운 土는 우주의 중심에 위치한다. 그것이 바로 지구다. 土에 비해 비교적 가벼운 水는 지구 위에 실려 있게 된다. 이는 종래 땅이 물 위에 실려 있다고 하는 인식과는 다른 것이었다.[71]

어쨌든 水와 土로 이루어진 지구와 火로 이루어진 외곽의 하늘 사이에는 넓은 공간이 자리하게 되며, 바로 이 공간을 채우고 있는 것이 氣였다.[72] 이 가운데 氣의 영역은 다시 상·중·하의 三域으로 구분된다. 외곽의 화와 가까운 上域은 매우 뜨겁고, 아래의 수·토와 가까운 下域은 수·토가 태양빛을 받으므로 그 영향을 받아 따뜻하고, 그 가운데 위치한 中域은 매우 한랭하다는 것이다.[73] 이상의 내용을 도해한 것이 바로 「三域圖」였다.[74]

이상과 같은 내용을 갖는 사행설의 전파는 이후 조선 우주론의 역사에서 중요한 기능을 담당하게 된다. 18세기에 본격적으로 수용되는 사행설은 이후 조선의 지식인 사회에서 그 영향력을 증대시켜 감과 동시에[75]

---

70) 「四元行論」, 『乾坤體義』 卷上, 14ㄴ~15ㄴ(787책, 763쪽).
71) 이것은 이후 전통적인 '地下水載之說'과 마찰을 일으키며 조선후기 자연관 분야에서 전개된 사상 논쟁의 중요한 한 부분을 차지하게 된다.
72) 「四元行論」, 『乾坤體義』 卷上, 13ㄱ(787책, 762쪽). "火情至輕 則躋於九重天之下而止 土情至重 則下凝而安天地之當中 水情比土而輕 則浮土之上而息 氣情不輕不重 則乘水土而負火焉".
73) 「四元行論」, 『乾坤體義』 卷上, 17ㄴ(787책, 764쪽). "夫氣處所 又有上中下三域 上之因邇火 則常太熱 下之因邇水土 而水土恒爲太陽所射 以光輝有所發煖 則氣並煖 中之上下遐離熱者 則常太寒冷 以生霜雪之類也".
74) 「四元行論」, 『乾坤體義』 卷上, 18ㄴ(787책, 765쪽).

<그림 4-12> 『乾坤體義』의 「三域圖」

그 반작용으로서 反西學論者들의 집중적인 공격의 대상이 되었다. 사행
설의 수용 여부가 서학 신앙의 기준으로 거론되기에 이르렀던 것이다.[76]
그것은 결국 19세기초 反西學의 狂風 속에서 진보적 지식인들의 '罪案'이
되기도 하였다.

---

75) 18세기 이후 四行說의 적극적인 수용은 洪大容·丁若銓·丁若鏞 등에 의해
이루어졌다.

76) 「貞軒墓誌銘」, 『與猶堂全書』第1集 第15卷, 20ㄱ(281책, 327쪽). "(副司直 朴長
卨上疏)又論公曾爲同考官(庚戌秋 增廣東堂) 策問五行 而解元所對 專主洋人之
說 以五行爲四行(解元卽余之仲氏) 請明正其罪".

2. 宇宙論을 둘러싼 論辨의 전개

1) 地球說에 대한 두 가지 반응 : 비판과 수용

17세기 중·후반 이후 주자학적 우주론에 대한 재해석이 다양한 경로를 통해 시도되었다. 그것은 사상계의 변동과 맞물려 내적으로는 합리적 자연인식의 확산과 象數學의 정교화에 따라서, 외적으로는 서학의 전래에 따른 서양 우주론의 소개로 인해 필연적으로 발생하였다. 이러한 재해석의 과정에서 새롭게 등장한 논리체계는 종래의 그것들과 마찰을 일으켰고, 이는 결국 우주론을 둘러싼 다양한 論辨으로 전개되었다. 조선후기에 전개된 대표적인 논변으로는 지구설을 둘러싼 논란, 천체운행론으로서의 左旋-右旋 논쟁, 우주생성론으로서의 陰陽五行說에 대한 논변 등을 들수 있다. 이러한 논변의 와중에서 당시의 지식인들은 전통적인 우주론에 대한 입장과 서학 수용의 태도에 따라 다양한 분화의 양상을 보여주었다.

먼저 조선후기에는 우주구조론의 측면에서 전통적인 '天圓地方'과 '天動地靜'의 개념에 변화가 일어나고 있었다. 그것은 서양 우주론의 도입에 따른 변화였다. 특히 地球說의 전래와 수용과정에서 전통적인 天地觀이 커다란 변화를 겪게 되었다. 17세기 초까지 조선 학자들의 사유구조를 지배했던 천지관념은 渾天說에 입각한 것이었다. 혼천설에서 땅은 물위에 떠 있거나 氣 위에 떠 있는 것으로 여겨졌다. 이러한 혼천설의 구조에 대해서는 이미 17세기 초부터 반론이 제기되고 있었다. 張維(1587~1637)는 다음과 같이 말하였다.

그윽이 생각하건대 하늘이 땅 너머까지 둘러쌌으니 땅의 사방 끝은 하늘과 맞닿게 되며 바닷물은 땅 위에 담겨 있다. 땅의 형체는 복판이 높고, 사방 끝은 낮으므로 높은 곳이 산하와 국토로 되어 사람과 만물이 살며, 그 낮은 곳은 물이 빙 둘러서 바다로 되었다. 바닷물이 비록 깊으나 그 밑바닥은 모두 땅인데, 다만 사람이 능히 측량하지 못할 뿐이다. 이것이 비록 六合의 바깥(의 일)이지만 그 이치는 눈앞에 있으니 미루어서

알 수 있다.[77]

여기에서 주목해야 할 것은 장유가 땅이 물 위에 떠 있다고 하는 혼천설의 기본 구조(地下水載之說)에 대해 의문을 제기하고 있다는 점이다. 그것은 구조론의 차원에서 이전부터 제기되어 온 문제이기도 하다. 그러면서도 그는 자신의 이러한 의문에 합당한 새로운 우주구조를 제시하지는 못하였다. 땅의 모습 또한 혼천설의 기본 구조를 그대로 승인하고 있는 상태였다.[78] 즉 당시 사람들은 몇 가지 문제점에도 불구하고 여전히 혼천설의 설명 방식을 따르고 있었으며, 거기에 내포되어 있는 '天圓地方'의 관념도 그대로 지속되고 있었다.

이러한 상황에서 '補儒論'의 외피를 둘러싸고 전래된 서양의 과학지식은 조선 사상계에 적잖은 파장을 던져 주었다. 도입 초기에 지구설은 조선의 학자들에게 비판의 대상이었다. 왜냐하면 그것은 일반의 경험과 배치되었기 때문이다. 그와 같은 비판을 우리는 金始振(1618~1667)을 통해서 살펴볼 수 있다. 김시진은 서양의 역법과 지구설에 대해 비판적인 견해를 가지고 있었다.[79] 지구설에 대한 그의 비판은 지구설이 사실이라면 중국과 반대쪽에 사는 사람과 기물은 모두 거꾸로 매달려 있게 되는데 어떻게 그럴 수 있겠느냐는, 경험적 지식에 바탕을 둔 지적이었다.[80] 나아가 그는 王道를 행하는 자가 나타난다면 利瑪竇나 湯若望과 같이 '誕妄無理之言'

---

77) 『谿谷漫筆』卷1, 17ㄴ~18ㄱ(92책, 570쪽). "竊意天包地外 地之四際 與天腦合 而海水盛於地上 地之形 中高而四下 高處爲山河國土 人物居焉 其下者 水環 之而爲海 海水雖深 其底則皆地也 但人不能測耳 此雖六合之外 然其理只在眼 前 可推而知也".

78) 그러나 張維는 '六合之外 聖人存而不論'(『莊子』內篇,「齊物論」)이라는 전통적 인 논법을 부분적으로 비판하고 '六合之外'의 일에 대해서도 이치를 통해 추리하 고자 하였다는 점에서 그 나름의 의미를 부여할 수 있다.

79)「金參判曆法辨辨」,『夢囈集』乾, 16ㄴ~20ㄴ(209책, 298~300쪽).

80)「金參判曆法辨辨」,『夢囈集』乾, 20ㄱ(209책, 300쪽). "夫與中國之人對踵而行 則是其足固倒附於地矣 其建立屋宇 安置器物 必皆倒著 而汲水焉倒盛 懸衡焉 倒垂 天下其有是理乎".

을 유행시킨 자들은 誅戮을 면치 못할 것이라고 극언하였다.[81]

지구설에 대한 비판은 18세기 초의 崔錫鼎(1646~1715)에게서도 확인된다. 숙종 34년(1708)에 觀象監에서는 湯若望의 「赤道南北總星圖」를 임금에게 바쳤는데,[82] 이는 일찍이 전래된 서양 선교사 湯若望의 「乾象坤輿圖」 가운데 乾象圖만을 병풍으로 만들어 진상한 것이었다. 이에 숙종은 坤輿圖마저 작성하여 올리라고 명했고, 그에 따라 건상도와 곤여도를 모두 바치기에 이르렀다.[83] 최석정은 바로 이 건상도와 곤여도에 대해서 자신의 의견을 짧은 글을 통해 밝히고 있는데, 우리는 여기서 최석정의 지구설에 대한 입장을 살펴볼 수 있다.

그는 먼저 건상도에 대해서는 과거 우리의 천문도, 예컨대 「天象列次分野之圖」 등과 비교해 볼 때 정확도 면에서 뛰어나다는 점을 인정하였다. 그러나 곤여도에 대해서는 유보적인 태도(存而不議)를 보이고 있었다.[84] 왜냐하면 그것이 지구설에 바탕을 둔 지도였기 때문이었다. 그는 다음과 같이 말하고 있다.

지금 서양 선교사들의 說은 地球를 위주로 한다. 그 말에 이르기를 "하

81) 「金參判曆法辨辨」, 『夢囈集』 乾, 20ㄱ~ㄴ(209책, 300쪽). "朱氏之末 道術不明 邪說肆行 若利瑪竇·湯若望之類 得以售其誕妄無理之言 有王作者 此背在所 必誅 奚但先時後時殺無赦之比哉".

82) 『增補文獻備考』 卷3, 象緯考 3, 儀象 2, 3ㄴ(上, 48쪽). "(肅宗)三十四年 觀象監 進湯若望赤道南北總星圖".

83) 「西洋乾象坤輿圖二屛總序」, 『明谷集』 卷8, 33ㄱ(153책, 585쪽). 李龍範은 崔錫鼎이 모두 湯若望의 제작이라고 서술한 乾象圖와 坤輿圖에 대해, 乾象圖는 湯若望의 「星圖 八幅」이지만, 坤輿圖는 湯若望의 제작이 아니라 利瑪竇의 「坤輿萬國全圖」를 의미하는 것으로 파악하였다. 李龍範, 「法住寺所藏의 新法天文圖說에 對하여-在淸天主敎神父를 通한 西洋天文學의 朝鮮傳來와 그 影響-」, 『歷史學報』 31, 1966, 55~56쪽(李龍範, 『韓國科學思想史硏究』, 東國大學校出版部, 1993에 재수록).

84) 崔錫鼎의 이러한 태도는 다른 곳에서도 확인된다. 「論泰西乾象」, 『明谷集』 卷6, 26ㄴ(153책, 544쪽). "也識歐巴精曆數 這般天學古應無"; 「論泰西坤輿」, 『明谷集』 卷6, 26ㄴ(153책, 544쪽).

늘은 둥글고 땅도 또한 둥글다. 이른바 '땅이 네모지다'고 하는 것은 坤道
는 靜을 위주로 하기 때문에 그 德이 모나다는 것을 이를 따름이다"고
하였다.……그 說은 허황하고 믿기 어려워(宏濶矯誕) 터무니없이 상도에
어그러지는 것 같지만(無稽不經), 그러나 그 학술의 전수는 말미암은 바
가 있어 경솔하게 卞破할 수 없는 것이 있으니, 잠시 마땅히 보존하여
異聞을 넓히고자 한다.85)

최석정은 서양의 천문도에 대해서는 긍정적으로 평가하였지만, 지구설에
대해서는 아직까지 유보적인 자세를 보이고 있었던 것이다. 이상과 같은
사실은 18세기 초까지도 서양의 새로운 천문지식을 수용하는 데 반론이
만만치 않았음을 말해주는 것이다. 그러나 같은 시기에 이와는 다른 흐름
이 병존하고 있었다. 서양의 천문지식을 적극적으로 수용하려는 사람들이
나타났던 것이다. 김시진의 견해에 대한 南克寬(1689~1714)의 비판86)은
그 하나의 예에 불과할 뿐이었다.

17세기 후반에 들어서 지구설은 일부 학자들에 의해서 적극적으로 받아
들여졌다. 金萬重(1637~1692)은 그 대표적인 인물이었다. 『西浦年譜』87)
에 따르면 그는 이미 32세 때인 1668년(현종 9)에 『儀象質疑』와 『地球考
證』을 저술하였다고 한다.88) 이 두 책은 현재 전하지 않기 때문에 그
구체적인 내용은 알 수 없지만, 『西浦年譜』에 간략하게 소개되어 있는

---

85) 「西洋乾象坤輿圖二屏總序」, 『明谷集』卷8, 33ㄱ~ㄴ(153책, 585쪽). "今西士之
說 以地球爲主 其言曰 天圓地亦圓 所謂地方者 坤道主靜 其德方云爾……其說
宏濶矯誕 涉於無稽不經 然其學術傳授有自 有不可率爾卞破者 姑當存之 以廣
異聞".

86) 「金參判曆法辨辨」, 『夢囈集』乾, 20ㄴ~24ㄱ(209책, 300~302쪽).

87) 이 책에 대해서는 金炳國·崔載南·鄭雲采 譯, 『西浦年譜』, 서울大學校 出版
部, 1992를 참조하였다. 이하의 『年譜』의 인용은 전적으로 이 책에 의존하였다.

88) 『西浦年譜』戊申(府君 三十二歲), 273쪽. "著儀象質疑 有讀朱難渾二目 讀朱下
題曰 今之爲窮格之學者 咸取正於朱子 而天文曆象諸說 有讀之而不能曉解處
故錄之如左 以俟博識君子云 難渾下題曰 揚子雲作葢天八難 以通渾天 蔡邕鄭
玄李淳風之徒 皆宗之 殊不知 楚詞失矣 齊亦未爲得也 故作六難○又取西洋國
諸言 考論星曆 名曰地球考證 似皆在是年間 故附於此".

내용을 보면 『儀象質疑』는 주자의 우주론에 대한 의문점과 혼천설의 문제점에 대해 논한 것이고, 『地球考證』은 서양의 여러 학설을 취해 星曆을 고찰하여 논한 것이라고 한다. 단편적인 서술이긴 하지만 『연보』의 내용을 통해서 알 수 있는 것은 김만중이 주자의 우주론 체계－특히 天文曆法論(天文曆象)－에 대해 의문을 가지고 있었으며, 그것을 대체할 수 있는 우주론으로서 서양의 학설을 채용하고 있었다는 사실이다. 이것은 天文曆象에 관한 한 서양 학설의 우위를 인정하고, 그 연장선상에서 時憲曆을 도입하고 있었던 당시의 시대 분위기를 반영하는 것이었다.

김만중의 지구설에 대한 확신은 그의 저술 『西浦漫筆』에 여러 차례 표현되어 있다.

> 오직 서양의 地球說은 땅을 하늘에 표준하여 360도로 구획하였다. 경도는 남북극의 고하를 살피고, 위도는 이를 日月蝕에 증험하여 그 이치가 확실하고 그 기술이 정확하다. 믿지 않아서도 안 될 뿐만 아니라, 믿지 않을 수도 없다. 오늘날의 학사 대부들은 혹은 지구가 둥글다면 둥근 고리에 붙어 사는 것이라고 의심하지만, 이것은 우물안 개구리나 여름 벌레와 같은 견해이다. 朱文公(朱子)은 말하기를 "지금 여기에 앉아서 단지 땅이 움직이지 않는다고 한다면, 어찌 하늘이 바깥에서 운행하고 있으며, 땅이 거기에 따라 회전하지 않는다는 것을 알 수 있겠는가?"라고 하였다. 위대한 지식과 통달한 견해가 어찌 이 같은 적이 있었는가?[89]

여기서 김만중이 지구설의 증거로 제시하고 있는 "經度는 남북극의 高下를 살피고, 緯度는 이를 일월식에 증험하여 그 이치가 확실하고 그 기술이 정확하다"고 하는 것은 利瑪竇 이래로 선교사들이 지구설을 설명할 때

---

89) 『西浦漫筆』下, 581쪽(영인본 『西浦集·西浦漫筆』, 通文館, 1971의 쪽수. 이하 같음). "惟西洋地球說 以地準於天 畵地爲三百六十度 經度視南北極高下 緯度驗之於日月蝕 其理實 其術核 非但不可不信 亦不容不信也 今之學士大夫 或以其地形球圓生齒環居爲疑 此則井蛙夏虫之見也 朱文公曰 今坐於此 但謂地不動 安知天運於外 而地不隨之以轉耶 大知達觀 何嘗如此".

상용하던 방법이다. 그런데 김만중의 이해는 잘못되어 있다. 왜냐하면
경도와 위도가 거꾸로 설명되어 있기 때문이다.[90] 지구가 동서로 둥글다
는 것은 흔히 시차의 문제로 설명된다. 일출이나 일몰, 일식이나 월식을
관측해 보면 항상 동쪽이 빠르고 서쪽이 느리다(이것은 본래 지구가 서쪽
에서 동쪽으로 자전하기 때문에 벌어지는 현상이다). 이것은 대지가 평면
이라면 나타날 수 없는 현상이다. 따라서 지구가 동서로 둥글다는 사실은
日月蝕에 증험해 보면 확실히 알 수 있다는 것이다. 한편 지구가 남북으로
둥글다는 것은 천체의 고도 변화를 통해 설명된다. 즉 남쪽이나 북쪽으로
이동할 때 천체의 고도에 변화가 생기는데, 이것 역시 지구가 평면이라면
설명되지 않는다. 따라서 지구가 남북으로 둥글다는 사실은 남북극을 포
함한 천체의 고도를 살피면 알 수 있다는 것이다.[91] 그런데 지구의 東西를
구분하는 것은 經度이고, 南北을 구분하는 것은 緯度이다. 따라서 김만중
의 기술은 "緯度는 남북극의 高下를 살피고, 經度는 이를 일월식에 증험하
여 그 이치가 확실하고 그 기술이 정확하다"라고 바꿔야 한다. 어쨌든
이것은 김만중이 서양의 지구설을 그들의 설명방식 그대로 받아들이고
있었다는 사실을 확인시켜 주는 예이다.

　김만중은 지구설을 확신하는 단계에서 한 걸음 더 나아가 그것이 전통
적인 우주구조론의 양대 줄기라고 할 수 있는 혼천설과 개천설의 난점을
극복하여 양설을 통합하게 되었다고 평가하였다.

　　曆象家들의 蓋天說과 渾天說 양설은 병행하여 서로 통할 수가 없었다.
漢의 揚子雲(揚雄), 張平子(張衡)에서부터 宋의 여러 大儒에 이르기까

---

90) 이것은 당시 西學에서 사용된 經과 緯의 개념이 이전의 그것과 달랐기 때문에
　　발생한 문제였다. 전통적으로 經은 南北을, 緯는 東西를 가리키는 것으로 사용되
　　었다(『朱子語類』 卷137, 戰國漢唐諸子, 游敬仲錄, 3264쪽. "揚子雲謂南北爲經
　　東西爲緯 故南北爲縱 東西爲橫").

91) 이것에 대한 명쾌한 설명은 熊三拔(Sabbathinus de Ursis : 1575~1620)의 『表度
　　說』(1614년)에 보인다. 『表度說』, 「表度說五題」 第4題, 地本圓體 참조(787책,
　　811~815쪽). 『表度說』은 李之藻의 『天學初函』(1629년)에 수록되어 있다.

지 대부분 혼천설을 주장하였으나, 『唐書』 天文志에서는 "만약에 개천설을 따른다면 남방의 도수가 점점 좁아지고, 혼천설을 따른다면 북방의 끝이 점점 높아진다"라고 하였다.[92] 단지 이 한 가지 곤란함은 혼천설이나 개천설 양가가 옛날부터 해결할 수 없는 것이었다. 明의 萬曆年間에 서양의 地球說이 나타나서 혼천·개천설이 비로소 하나로 통일되었으니 역시 한 快事이다. 대저 고금의 천문을 말한 사람들은 코끼리를 만지는 데 각각 한 부분만 만진 격이라면, 서양역법은 비로소 그 전체를 만졌다 하겠다.[93]

지구설에 의한 혼천설과 개천설의 회통은 앞서 언급하였듯이 『渾蓋通憲圖說』에서 다루고 있는 내용이다.[94] 따라서 김만중의 이와 같은 언급은 『혼개통헌도설』의 내용을 수용한 결과라고 여겨진다. 결국 김만중은 당시 조선에 수입·유통되었던 『혼개통헌도설』을 비롯한 서양 천문·역법서—『西洋新法曆書』, 또는 그 일부[95]—를 통해 서양의 천문학 지식을

---

92) 원문은 『舊唐書』와 『新唐書』에 다음과 같이 실려있다.
　　『舊唐書』 卷35, 志 15, 天文 上. "今誠以爲蓋天 則南方之度漸狹 以爲渾天 則北方之極浸高 此二者 又渾蓋之家未能有以通其說也".
　　『新唐書』 卷31, 志 21, 天文 1(영인본 『新唐書』, 中華書局, 1975, 816쪽). "誠以爲蓋天邪 則南方之度漸狹 果以爲渾天邪 則北方之極浸高 此二者 又渾蓋之家盡智畢議 未能有以通其說也".

93) 『西浦漫筆』 下, 580쪽. "曆家蓋天渾天兩說 並行而不能相通 自漢揚子雲張平子及宋諸大儒 多主渾天 然唐書天文志曰 若以爲蓋天也 則南方之度漸狹 將以爲渾天也 則北方之極漸高 只此一難 渾蓋兩家 從古以來 未有能解之者 明萬曆間 西洋地球之說出 而渾蓋兩說始通爲一 亦一快也 盖古今談天者 譬之捫象各得一體 至西洋曆法 始得其全體云".

94) 李之藻, 「渾蓋通憲圖說自序」, 『渾蓋通憲圖說·簡平儀說』(叢書集成初編1303), 中華書局, 1985, 3~7쪽.

95) 김만중은 淸蒙氣에 대한 설명하면서 그것이 西洋曆法書에 나온다고 하였는데(『西浦漫筆』 下, 604쪽. "若出日之大 則西洋曆法書言 日之初出 離地不高 爲水土淸蒙之氣 掩映而成大……"), 여기서 말하는 서양역법서는 『西洋新法曆書』, 또는 그 일부를 지칭하는 것이라고 여겨진다. 淸蒙氣差에 대한 설명은 『新法算書』 卷24, 日躔曆指, 論淸蒙氣之差, 9ㄱ~12ㄴ(788책, 370~371쪽) 참조.

이해하고 수용하였던 것이다. 그러한 사실은 그가 張維 단계에서 의문을 제기하는 수준에 머물렀던 혼천설의 우주구조, 地下水載之說을 분명하게 부정하고 있었다는 점에서도 확인할 수 있다.[96]

김만중은 지구설에 대한 확신을 보여주었다. 이것은 그가 서양 천문학의 지식을 받아들인 결과였다. 그러나 지구설이 김만중의 사유체계에 어느 정도의 영향을 미쳤는가 하는 점은 아직까지 미지수이다. 그는 적극적으로 지구설을 주장하였지만 그것에 근거하여 인식론적 전환을 보여주지는 못하였다. 아직까지 지구설은 천문·역법의 기술적 차원을 넘어서 사상의 영역으로 나아가지 못했던 것이다. 이는 지구설이라고 하는 것이 그것을 수용하는 주체의 문제의식에 따라 그 의미의 편차가 다양해질 수 있다는 사실을 보여주는 것이며, 동시에 지구설이나 地轉說(地動說)이 동양의 사유체계 내에서 가질 수 있는 파괴력이 서양에 비해 제한적이었다는 의미이기도 하다. 그럼에도 불구하고 김만중의 지구설은 역사적 의미를 갖는다. 대지가 구형이라는 사실을 분명하게 언급하였다는 점에서, 동시에 서양과학의 우수성을 그대로 인정하였다는 점에서 이후 전개될 인식론적 전환의 단초를 제공했다고 평가할 수 있는 것이다.

2) 右旋說을 둘러싼 論難 : 左旋-右旋 論爭

조선후기에는 천체운행론의 측면에서 주자학의 '左旋說'에 대한 비판적인 견해들이 제기되었다. 주희의 좌선설은 曆家의 우선설을 비판하는 한편 張載(1020~1077)의 학설을 새롭게 해석하여 수립된 것이었다. 일찍이 장재는 『正蒙』에서 다음과 같은 세 가지 천체운행론을 제시하였다.[97]

① 地純陰, 凝聚於中. 天浮陽, 運旋於外. 此天地之常體也. 恒星不動,

---

96)『西浦漫筆』下, 606쪽. "設令眞有無底之海 其不能載大地之積塊也 明矣".
97)『性理大全』卷5, 正蒙1, 參兩篇 第2, 9ㄱ~ㄴ(401~402쪽-영인본『性理大全』, 山東友誼書社, 1989의 쪽수. 이하 같음).

純繫乎天, 與浮陽運旋而不窮者也. 日月五星, 逆天而行, 并包乎地者也. 地在氣中. 雖順天左旋, 其所繫辰象隨之稍遲, 則反移徙而右爾. 間有緩速不齊者, 七政之性殊也. 月陰精, 反乎陽者也. 故其右行最速. 日爲陽精, 然其質本陰, 故其右行雖緩, 亦不純繫乎天. 與恒星不動, 金水附日前後進退而行者, 其理精深, 存乎物感可知矣. 鎭星地類. 然根本五行. 雖其行最緩, 亦不純繫乎地也. 火者亦陰質, 爲陽萃焉. 然其質比日而微, 故其遲倍日. 惟木乃歲一盛衰, 故歲歷一辰. 辰者, 日月一交之次, 有歲之象也.

② 凡圜轉之物, 動必有機. 旣謂之機, 則動非自外也. 古今謂天左旋, 此直至粗之論爾. 不考日月出沒恒星昏曉之變. 愚謂在天而運者, 惟七曜而已. 恒星所以爲晝夜者, 直以地氣乘機, 左旋於中, 故使恒星河漢因(一作回)北爲南. 日月因天隱見. 太虛無體, 則無以驗其遷動於外也.

③ 天左旋. 處其中者順之, 少遲則反右矣.

①의 천체운행론에서 장재는 땅을 중심으로 하늘과 거기에 매여있는 恒星, 그리고 일월오성(七政)의 운동을 설명하고 있는데, 이 설명에 따르면 하늘과 함께 회전하는 항성과는 달리 칠정은 하늘에 매여 있지 않고 땅을 둘러싸고 하늘과 반대 방향으로 회전하고 있다. 右行하는 칠정의 속도가 저마다 다른 것은 각각의 성질에 기인한 까닭으로 설명되어 있다. 이것은 분명히 우선설로 볼 수 있는 주장이었다. ②의 천체운행론은 ①의 그것과는 완전히 다른 종류였다. 여기에서 장재는 좌선설을 '至粗之論'이라고 혹평함과 동시에 하늘의 회전을 부정하고 땅의 회전(左旋)에 의해서 우주의 운동을 설명하려고 하였다. 이것은 일종의 지동설로 볼 수도 있는 견해였다. ③의 천체운행론이 후세에 영향을 미친 장재의 '좌선설'로서, 하늘은 좌선하고 그 내부에 있는 것들은 하늘에 비해 약간 늦게 따르므로 결국 우행하게 된다는 내용이었다.

이처럼 장재의 천체운행론에는 좌선설과 우선설, 나아가 지동설의 논리까지 내포되어 있었다. 그 가운데서 주희가 추출해 낸 것이 바로 세 번째의 천체운행론, 즉 '좌선설'이었다.[98] 주희는 역가의 우행설을 계산상의 편의

를 위해 進數를 사용하지 않고 退數를 사용한 '截法'이라고 비판하고99)
좌선설을 定論으로 확립하였다. 동시에 그는 역법 가운데 '九執曆'이 좌선
설을 채택하였다는 역사적 근거를 들어 좌선설의 합리성을 강조하려 하였
다.100) 『書經』「堯典」의 주석에 채용된 것이 바로 주희의 좌선설이었다.

그런데 주의해야 할 것은 주희의 주장이 처음부터 끝까지 좌선설로
통일되어 있지 않았다는 점이다. 주희가 우선설에 입각하여 경전을 해설
한 경우도 찾아볼 수 있다. 대표적인 것이 『詩集傳』 '十月之交'에 대한
주석101)과 『論語或問』의 우선설이었다.102) 주희가 『시집전』과 『논어혹
문』을 작성한 시기는 그의 나이 48세 때인 1177년이었다.103) 이 저작들에

---

98) 『朱子語類』, 卷99, 張子書 2, 李閎祖錄, 2534쪽(『朱子語類』, 中華書局, 1994의
   쪽수. 이하 같음). "橫渠云 天左旋 處其中者順之 少遲則反牛矣 此說好".

99) 『朱子語類』卷2, 理氣 下, 天地 下, 李閎祖錄, 13쪽 ; 『性理大全』卷5, 正蒙1,
   參兩篇 第二, 10ㄱ(403쪽).

100) 『朱子語類』卷2, 理氣 下, 天地 下, 胡泳錄, 17쪽 ; 『性理大全』卷5, 正蒙 1,
   參兩篇 第二, 10ㄱ(403쪽). 그러나 山田慶兒의 지적대로 『開元占經』에 수록되
   어 있는 九執曆에는 이러한 논의가 보이지 않는다[야마다 케이지(김석근 옮김),
   『朱子의 自然學』, 통나무, 1991, 225쪽]. 『開元占經』은 『四庫全書』에 소장되어
   있는 것(영인본 『文淵閣 四庫全書』 807책)과 『開元占經』上·下, 岳麓書社,
   1994를 참조.

101) 『詩經』, 小雅, 「祈父之什」, '十月之交' 註. "曆法 周天三百六十五度四分度之一
   左旋於地 一晝一夜 則其行一周而又過一度 日月皆右行於天 一晝一夜 則日行
   一度 月行十三度十九分度之七 故日一歲而一周天 月二十九日有奇而一周天
   又逐及於日而與之會 一歲凡十二會".

102) 『論語或問』卷2, 爲政, 1ㄱ~ㄴ(54쪽-영인본 『四書或問』, 保景文化社, 1986의
   쪽수). "或問 北辰之爲樞 何也 曰 天圓而動 包乎地外 地方而靜 處乎天中 故天
   之形半覆乎地上 半繞乎地下 而左旋不息 其樞紐不動之處 則在乎南北之端焉
   謂之極者 猶屋脊之謂極也 然南極低入地三十六度 故周回七十二度 常隱不見
   北極高出地三十六度 故周回七十二度 常見不隱 北極之星 正在常見不隱七十
   二度之中 常居其所 而不動其旁 則經星隨天左旋 日月五緯右轉 更迭隱見 皆
   若環繞而歸向之 知此則知天樞之說 而聖人所以取譬者 亦可見矣".

103) 『朱子年譜』卷2上(65~69쪽-王懋竑 纂訂, 『宋朱子年譜』, 臺灣商務印書館,
   1982의 쪽수). "(淳熙)四年丁酉 四十八歲 夏六月 論孟集註或問成 詩集傳成" ;
   王懋竑 纂訂, 『朱熹年譜』, 中華書局, 1998, 76~82쪽.

서 曆家의 우선설을 따랐다는 것은 이때까지 주희가 좌선설을 받아들이지 않았음을 뜻한다. 때문에 주희가 좌선설을 받아들인 시기, 나아가 자연학자로서의 이론적 기초를 형성한 시기를 1190년의 만년으로 보는 주장이 제기되기도 하였다.[104]

이상에서 살펴본 바와 같이 주자학의 천체운행론인 좌선설은 그 이론적 근거가 되었던 장재의 주장은 물론, 그것을 정리한 주희의 주장 역시 통일되어 있지 않았으므로 異論이 제기될 수 있는 충분한 여지가 있었다. 조선후기 천체운행론을 둘러싼 논란은 이상과 같은 주자학 내의 논쟁점을 전면적으로 부각시킨 것이었다. 그리고 그것은 16세기 이래 주자학 연구의 심화, 양란 이후 實學의 등장과 朱子道統主義의 제기 등과 같은 사상계의 변동을 배경으로 가능할 수 있었다.

宋時烈(1607~1689)과 朴尙玄(1629~1693)은 張載의『正蒙』을 둘러싸고 논란을 벌였다. 박상현의 문제제기는『정몽』의 모순된 주장에 대한 지적이었다. 그는 장재의 첫 번째 주장 가운데 "日月五星逆天而行"이라는 구절과 두 번째 주장의 "日月因天隱見"이라는 구절을 문제삼아 장재가 '天左旋 日月右行'說을 주장한 것이 아니냐고 송시열에게 질문하였다.[105]

이에 대해 송시열은 장재의 세 번째 주장이 명백한 좌선설임을 근거로 좌선설과 우행설 모두 가능하다는 입장을 보이고 있었다. 그렇기 때문에 주희도「堯典」의 주석에서는 좌선설을,『詩經』'十月之交'의 주석에서는 우행설을 사용하였다는 것이다.[106] 그러나 이는 결코 우행설의 정당성을 인정한 것이 아니었다. 그것은 장재의 세 번째 주장 역시 우행설로 보아야 하지 않느냐는 박상현의 질문[107]에 대한 답변에서 분명하게 드러난다.

---

104) 야마다 케이지, 앞의 책, 1991, 153쪽.

105)「上尤菴先生辛亥十二月」,『寓軒集』卷2, 1ㄱ~ㄴ(134책, 460쪽). "正蒙曰 日月五星 逆天而行 又曰 日月因天隱見 分明是張子以天爲左旋 日月五星右行也 朱子曰 張子以日月爲隨天左旋 此與張子本文之意不同".

106)「答朴景初尙玄○辛亥臘月三十日」,『宋子大全』卷113, 2ㄴ(112책, 63쪽) ;「尤菴先生答書辛亥十二月」,『寓軒集』卷2, 3ㄱ(134책, 461쪽).

107)「上尤菴先生癸丑二月」,『寓軒集』卷2, 3ㄴ~4ㄱ(134책, 461쪽).

송시열은 여기에서 日月五星의 운행에 대해서는 先儒들과 曆家의 학설이
같지 않다는 점을 분명히 하고, 그것이 順數와 逆數의 차이로 인해 파생되
었다는 점을 강조하였다.[108] 이것은 역가의 우행설을 계산상의 편의를
위해 進數를 사용하지 않고 退數를 사용한 '截法'이라고 평가한 주희의
주장 그대로였다.

조선후기 우선설에 대한 논의는 『詩經』, 小雅, 「祈父之什」의 '十月之
交'에 수록된 劉瑾(安城劉氏)의 小註에 대한 논란으로부터 본격화되었
다. '十月之交'의 주석은 『書經』, 「堯典」, '朞三百'의 그것과는 달리 우선설
에 입각한 것으로, 이는 주희 초년의 견해로 간주되고 있다. 유근은 바로
이것에 근거하여 좌선설을 비판하고 우선설을 적극적으로 주장하였
다.[109]

유근의 주장에 대한 비판은 먼저 영남 계열의 李徽逸·李嵩逸 형제에
의해 제기되었다. 李徽逸(1619~1672)은 유근의 주장 가운데 크게 두 부분
을 들어 비판을 전개하였다. 그것은 각각 태양과 달의 운행을 설명한 부분
이었다. 먼저 태양의 운행에 대한 유근의 설명을 이휘일은 다음과 같이
정리하였다.

---

108) 「答朴景初癸丑二月十七日」, 『宋子大全』 卷113, 3ㄱ(112책, 64쪽) ; 「尤菴先生答書
癸丑二月」, 『寓軒集』 卷2, 5ㄱ(134책, 462쪽). "日月五星之運 先儒及曆家說互相
不同 盖以順數逆數之有異也".

109) 『詩經』, 小雅, 「祈父之什」, '十月之交' 小註. "安城劉氏曰 十九分度之七者 以月
行第十四度分爲十九分 而月又行及其七分也 每分四十九分四厘七毫三絲六
忽八微四塵有奇 七分共計三百四十六分三厘一毫五絲七忽八微九塵有奇 但
先儒以爲日月皆左行於天 今以昏旦之中星驗之 則知日右行 以每夜月躔之
宿度驗之 則知月實右行 若據左行之說推之 日行一日一周天 則一時當行三十
度有奇 假如堯時冬至 日在天之虛 計其日 自子時 天與日並行起 至申時 日沒
則天之虛 淪於申位 日之行當躔畢宿 而張宿昏中矣 安得堯典以爲星昴乎 今曰
星昴 則是昏時日仍躔虛 其爲右行而一日一度者 可知矣 又以今冬至 日在箕八
度 而昏中壁驗之 亦是右行無疑 至於月之左行 一日不及天十三度十九分度之
七 則是一日行及三百五十一度有奇 一時當行二十九度有奇 假令某日酉時 月
初出躔某宿 計其行 至子時 當躔本宿之西一百一十六度之外矣 嘗試驗之 而月
躔仍在本宿之傍不遠 則是右行而一日止行十三度有餘者 又可知矣".

中星으로써 징험해 보면 태양은 진실로 右行한다. 예컨대 堯임금 때의 冬至에 태양은 虛宿에 있었다. 子時부터 태양과 하늘이 함께 운행하여 申時에 이르러 태양이 지면, 虛宿는 이미 申의 방위(申位) 밑으로 떨어져 있다. 태양은 마땅히 畢宿에 위치하고 張宿가 昏時에 南中하게 된다. 「堯典」에 이르기를 "星(冬至 昏時의 中星)은 昴宿이다"라고 하였으니, 이것은 昏時에 태양이 여전히 虛宿에 위치한다는 것이다. 태양이 右行하여 하루에 1도씩 간다는 것을 알 수 있다.[110]

이휘일은 유근의 이와 같은 주장이 천체 운행의 본 뜻을 깨닫지 못한 것이라고 비판하였다. 왜냐하면 천체의 운행이란 하늘 위에서 천체=28宿가 운행하는 것을 뜻하기 때문이다. 천체의 운행을 관측하기 위해서 우리는 좌표를 설정한다. 하늘의 12次라든가, 땅의 12방위 같은 것이 바로 그것이다. 그런데 이휘일이 보기에 중요한 사실은 땅의 방위인 12位는 일정 불변한 것이지만, 하늘의 방위인 12次는 일정하지 않다는 것이었다.[111] 이러한 이휘일의 논리적 바탕에는 하늘은 움직이고 땅은 정지해 있다는 전통적인 사고가 군건하게 자리하고 있었다. 바로 '天動地靜'의 사고방식이었다.

이러한 관점에서 본다면 유근의 주장은 하늘의 12차를 고정적인 것으로 보고 논의를 전개하였기 때문에 잘못된 것이었다. 그가 말한 바와 같이 "申時에 이르러 태양이 지면, 虛宿는 이미 申의 방위(申位) 밑으로 떨어져 있다"고 하는 것은 맞다. 그러나 그 때에 "태양은 마땅히 畢宿에 위치한다"라고 하는 것은 잘못된 이해였다. 왜냐하면 태양이 움직이는 동안 하늘도 역시 움직이기 때문이다. 즉 태양의 운행 도수는 하늘과 비교할 때 하루에

---

110) 「安成(城의 잘못-인용자 주)劉氏右旋說辨」,『存齋集』卷4, 8ㄱ(124책, 51쪽). "其言曰 以中星驗之 則日實右行 假如堯時冬至 日在虛 自子時 與天並起 至申時 日沒 則虛宿淪於申位 日當躔畢 而張宿昏中矣 堯典曰星昴 則是昏時日仍躔虛 其右行而一日一度 可知矣". 劉瑾의 원문은 위의 註를 참조.

111) 「安成劉氏右旋說辨」,『存齋集』卷4, 8ㄴ(124책, 51쪽). "蓋天有十二次 地有十二位……位有定次無常".

1도씩 미치지 못하므로, 오늘 虛宿 1도에 태양이 위치한다면, 내일은 虛宿 2도에 태양이 위치하게 되는 것이다. 虛宿의 도수가 총10도에 해당하므로 태양이 虛宿를 벗어나 胃宿로 가기 위해서는 10일이 필요한 것이었다.[112] 결국 유근의 주장은 태양과 하늘의 움직임을 함께 고려하지 않고 "하늘은 움직이지 않고 태양만 운행한다"고 생각하는 잘못을 범했던 것이다.[113]

李嵩逸(1631~1698) 역시 유근의 주장이 曆家의 그것과 마찬가지로 계산상의 편의만을 생각하고 曆理를 이해하지 못한 데서 연유한 것이라고 비판하였다. 그는 좌선설에 대한 유근의 비판이 28宿를 고정시켜 놓고 日月의 운행을 생각하는 데서 비롯되었다고 지적하였다. 유근은 태양이 하루(12시간)에 하늘을 한 바퀴 도는 것을 28宿 사이를 일주하는 것으로 착각하였고, 이에 따라 태양은 3시간에 7宿를 통과하는 것으로 간주되었다. 예컨대 子時부터 申時까지는 9시간이므로, 3시간에 7宿를 통과하는 태양은 이 시간 동안 21宿를 지나가게 된다. 그렇게 되면 子時에 虛宿에 위치했던 태양은 申時에는 畢宿에 위치하게 되고, 昏時에 張宿가 남중하게 된다고 보았던 것이다.[114] 이숭일은 이와 같은 유근의 잘못을 하늘과 28수를 구별하여 본 것으로 파악하였다. 그러나 하늘과 28수는 구별할 수 없는 것으로, 28수가 곧 하늘이었다.[115]

少論系의 林泳(1649~1696)도 유근의 우선설에 대해 검토하였는데, 그것이 주희의 본뜻과 다른 것임을 증명하는 데 초점을 맞추고 있었다.[116] 주희가 '十月之交'를 주해하면서 역가의 설에 따라 우선한다고 말한 것은 『주자어류』에서 설명하고 있듯이 다만 정돈되지 않은 舊說을 수록했을 뿐이며, 따라서 유근이 우선설을 극력 주장한 것은 주희의 뜻과는 다르다

---

112) 「安成劉氏右旋說辨」, 『存齋集』 卷4, 8ㄴ~9ㄱ(124책, 51~52쪽).
113) 「安成劉氏右旋說辨」, 『存齋集』 卷4, 9ㄱ(124책, 52쪽). "夫劉信以爲爲左旋之說者 果謂天不運而日獨轉邪".
114) 「書存齋兄安城劉氏右旋說辨後」, 『恒齋集』 卷4, 7ㄱ~ㄴ(137책, 528쪽).
115) 「書存齋兄安城劉氏右旋說辨後」, 『恒齋集』 卷4, 7ㄴ(137책, 528쪽). "然天與宿不可別看 天卽宿也 宿卽天也".
116) 「讀書箚錄(詩傳)」, 『滄溪集』 卷19, 23ㄴ~26ㄱ(159책, 436쪽).

는 비판이었다.117) 여기서 주목할 것은 임영이 유근의 학설이 그럴 듯하지만 본질적으로 잘못되었다고 지적한 내용이다. 유근이 주장한 우선설의 핵심은 실제 관측 결과를 제시하면서 좌선설을 비판한 부분에 들어 있었다. 좌선설에 따르면 태양은 하루에 하늘을 한 바퀴 도는 것으로 간주되었다. 주천도수를 365 1/4도로 놓고 산술적으로 계산하면 태양은 한 시간(1일=12시)에 30도 이상을 운행하는 것이 된다. 그런데 일출과 일몰시에 태양의 천구상의 위치를 관측해 보면 이 정도의 차이가 발생하지 않음을 알 수 있다. 그것은 달의 경우도 마찬가지였다. 따라서 관측 결과에 비추어 볼 때 우선설이 타당하다고 유근은 주장하였던 것이다. 이에 대해 임영은 유근의 좌선설 비판이 기본적으로 하늘을 움직이지 않는 것으로 간주하는 오류를 범하고 있다고 비판하였다. 요컨대 유근이 하늘과 태양·달의 상대적인 운동을 이해하지 못했다는 지적이었다.118)

이상과 같은 여러 논자들의 우선설 비판은 논리적으로 타당한 지적이었다. 유근의 주장 가운데 좌선설에 대한 비판은 좌선설의 논리적 구조를 제대로 이해하지 못한 데서 비롯된 것이었기 때문이다. 즉 유근의 주장은 하늘과 태양·달 사이의 운동의 상대성에 대한 이해를 결여하고 있었고, 조선후기 지식인들은 이 점을 분명하게 지적하였던 것이다. 따라서 유근의 논리대로 우선설을 주장해서는 주자학적 천체운행론을 극복할 수 없었다. 우선설이 보다 설득력을 갖기 위해서는, 다시 말해 우선설이 과학적인 천체운행론이 되기 위해서는 '天動地靜'이라는 전통적인 우주구조를 깨뜨리는 인식론적 전환이 필요했다.

앞에서 살펴본 유근의 우선설을 둘러싼 조선후기 사상계의 논의는 당시의 일반 지식인들 가운데 유근의 주석에 근거하여 우선설을 지지하는

---

117) 「讀書箚錄(詩傳)」, 『滄溪集』 卷19, 25ㄱ(159책, 437쪽). "此傳只循曆法之說 故日月皆謂右旋 語類自謂只用舊說 不暇整頓 則意可知矣 今安城劉氏力主日月右旋之說 定非朱子之意也".

118) 「讀書箚錄(詩傳)」, 『滄溪集』 卷19, 25ㄱ(159책, 437쪽). "盖雖左旋 日月行時天亦行矣 其躔次安得不仍在本宿之傍乎 此非右旋之驗明矣 是則雖三尺童子亦可知矣 劉氏豈不知此而爲此說耶".

사람이 있었다는 사실을 역설적으로 보여주는 것이기도 하다. 우리는 그러한 사실을 崔錫鼎(1646~1715)의 논의를 통해 확인할 수 있다. 최석정은 李世龜(1646~1700)[119]와 주고받은 편지에서 주희가 『서경』의 주에서는 장재의 좌선설을 따른 반면 『시경』의 주에서는 역가의 우선설을 따랐던 사실과 양자가 모두 근거가 있다고 말한 『주자어류』의 문구를 거론하면서 주희도 정론이 없었던 것이 아니냐고 의심하였다.[120] 최석정은 역가의 우선설이 나은 것 같다고 하면서 그 이유를 세 가지로 들었다. 첫째는 우선설에 따르면 태양은 황도를, 달은 적도를 따라 서에서 동으로 이동함으로써 조리가 정연해 지는 반면, 좌선설을 따를 경우 해와 달의 운행이 매일 다른 길을 취하게 되어 질서가 문란해진다는 것이었다. 둘째로는 장재의 견해를 근거로 좌선설을 주장하고 있으나, 장재 역시 좌선설과 우선설을 모두 말했으므로 정설이 없다는 점을 지적하였다. 셋째는 우선설에 입각하더라도 해와 달이 하늘을 따라 좌선한다는 사실에 어긋나지 않는다는 점이었다.[121] 요컨대 해와 달의 본성은 우행하는 것이고, 해와 달이 운행하는 길(行路)은 좌선하는 것인데, 역가의 우선설은 해와 달의 본성을 따랐을 뿐이라는 주장이었다.[122] 최석정은 선유들 가운데 이와 같이 우선설을 주장한 사람으로 유근을 들고 있었다.[123]

최석정의 이런 견해에 대해 李世龜는 비판적이었고, 논의의 결론은

---

119) 李世龜의 생애에 대해서는 沈鋿(1685~1753), 「養窩李先生墓碣銘」, 『樗村遺稿』 卷43, 1ㄱ~6ㄴ(208책, 310~312쪽)을 참조. 李世龜는 李恒福의 증손으로, 그의 아들은 少論 4大臣 가운데 한 사람인 李光佐(1674~1740)였다. 李世龜의 문집으로는 『養窩集』(奎 3416)이 남아 있다.

120) 「(與李壽翁書)又(9)」, 『明谷集』 卷13, 31ㄴ~32ㄱ(154책, 106쪽). "朱夫子則雖於碁註 從橫渠說 而詩十月之交註 則却從曆家說 語類門人問詩書註互相逕庭何故 答曰 兩說皆有據 故互見云云 然則朱子亦無一定之論矣".

121) 「(與李壽翁書)又(9)」, 『明谷集』 卷13, 32ㄱ~ㄴ(154책, 106쪽).

122) 「(與李壽翁書)又(9)」, 『明谷集』 卷13, 32ㄴ(154책, 106쪽). "日月之性情雖右行 其行路則左旋 曆家取其性情之本然耳".

123) 「(與李壽翁書)又(9)」, 『明谷集』 卷13, 32ㄴ(154책, 106쪽). "先儒氏說話中主右行者 載於詩傳註 如安城劉氏甚詳 可考也".

최석정이 李世龜의 주장에 동조하는 것으로 정리되었다.[124] 그럼에도 불구하고 최석정의 논의는 주자학의 천체운행론에 대해 본격적인 의문을 제기했다는 점에서 의미를 갖는다. 그가 서양 천문역법서에 대한 탐구를 통해 時憲曆의 원리를 이해해 가고 있었으며, 동시에 서양 천문학의 천체운행론에 대해서도 깊은 논의를 전개하고 있었다는 사실을 고려해 볼 때,[125] 최석정의 우선설에 대한 논의는 과학적인 천체운행론으로 전진해 가는 출발점에 위치하였던 것으로 평가할 수 있다. 이러한 최석정의 논의는 林泳(1649~1696)을 통해 李喜朝(1655~1724) 등 노론계열의 학자들에게도 전해지고 있었다.[126]

이상과 같이 주희의 좌선설을 근거로 우선설을 비판하는 것이 주류를 이루던 천체운행론에 대한 논의는 서학의 도입에 따라 서양 천문학의 행성운동론이 소개됨으로써 전환의 계기를 맞이하게 되었다. 그것은 전통적인 좌선설에 대한 새로운 해석을 촉발시켰다. 金萬重(1637~1692)은 주희가 좌선설의 근거로 제시했던 장재의 세 번째 주장을 우선설로 재해석하였다. 즉 하늘은 좌선하지만 그 안의 일·월·오성은 우선하며, 하늘이 좌선하는 속도가 매우 빠르기 때문에 七政(七緯)은 어쩔 수 없이 좌선하는 것처럼 보인다는 설명이었다.[127] 요컨대 칠정의 운행 도수를 세밀히 관찰해 보면 좌선으로 볼 수 없다는 것이며, 우선설은 黃帝·顓頊 이래로 바꿀 수 없는 학설이라는 주장이었다.[128]

---

124) 「(與李壽翁書)又(16)」, 『明谷集』 卷13, 46ㄱ(154책, 113쪽). "左右旋 久久思之 亦覺左行之說爲是".

125) 「(與李壽翁書)又(19)~(23)」, 『明谷集』 卷13, 51ㄱ~56ㄴ(154책, 116~118쪽) 참조.

126) 「雜記上」, 『芝村集』 卷28, 17ㄱ(170책, 576쪽). "德涵(林泳-인용자 주)且傳崔學士汝和(崔錫鼎-인용자 주)以爲詩傳十月之交註 安城劉氏日月右旋之論 細究之誠然云……".

127) 『西浦漫筆』 下, 579쪽. "然橫渠所謂天左旋在其中者順之云者 似謂七緯本行雖右旋 而天之左旋甚疾 故七緯不得不隨而左旋 此正蟻旋磨之說".

128) 『西浦漫筆』 下, 579쪽. "細究七緯行度 則決有不可作左旋觀者 盖七緯右旋之說 自黃帝顓頊以來 皆如此不可易也".

좌선설에 대한 비판과 우선설의 주장은 金錫文(1658~1735)에 의해서도 이루어졌다. 김석문의 우주구조론에 따르면 太虛天 안쪽에 있는 經星天으로부터 중심의 지구에 이르기까지 각각의 천체는 그 나름의 속도로 서쪽에서 동쪽으로 회전하고 있었다.[129] 이것은 분명하게 우선설을 지지한 것이었다. 김석문은 이러한 자신의 우주구조론을 설명하는 근거로 장재의 『正蒙』과 『五緯曆指』를 제시하였다.[130] 먼저 김석문은 장재의 두 번째 주장, 즉 앞에서 우리가 지동설로 볼 수도 있다고 지적한 그 주장을 地轉과 右旋을 설명하는 것으로 파악하였다. 그것은 좌선설을 '至粗之論'이라고 비판하고, 땅의 회전 가능성을 시사한 것이었다. 그런데 장재의 원문에는 이것이 "恒星所以爲晝夜者, 直以地氣乘機, 左旋於中"이라고 표현되어 있었고, 여기서 '左旋'이란 표현은 장재의 정확한 의도에 대해 혼란을 불러일으킬 수 있는 빌미가 되었다. 이에 김석문은 이것을 과감하게 '右旋'으로 수정하였다. 지구의 자전을 통해 천체의 일주운동을 설명하기 위해서는 당연히 지구가 우선해야만 했기 때문이다.

이러한 입장은 그가 자신의 우주구조론의 또 다른 근거로 제시한 『五緯曆指』의 논의에서도 분명하게 나타난다.

지금 地面에서 보면 여러 천체가 左行하는 것처럼 보이는데, 이것은 천체의 본래 운동이 아니다. 대개 천체는 하루에 한 바퀴 회전하는 일주운동을 하지 않으며, 땅과 氣火가 하나의 球를 형성하여 서쪽에서 동쪽으로 매일 한 바퀴씩 회전할 따름이다.……이것은 땅의 한 바퀴 회전으로 하늘 위의 여러 운행을 대신하는 것……[131]

129) 「易學二十四圖總解」, 『易學二十四圖解』, 31쪽 9행~32쪽 6행(『東方學志』 16, 1975에 게재된 『易學二十四圖解』 원문의 쪽수와 행수. 이하 같음).

130) 「易學二十四圖總解」, 『易學二十四圖解』, 32쪽 6~11행.

131) 「易學二十四圖總解」, 『易學二十四圖解』, 32쪽 8~10행. "曆指五緯論曰, 今在 地面(以上), 見諸星左行, (亦)非星之本行. 蓋星無晝夜一周之行, 而地及氣火 通爲一球, 自西徂東, 每日一周耳. 如人行舟[船], 不見岸樹等, 不覺己行而覺岸行. 地以上人, 見諸星之(西)行, (理)亦如此. 是則以地之一行, 免天上之多行. 以地 之小周, 免天上之大周也". ( )안의 내용은 생략된 『五緯曆指』의 원문임. 『五緯

이렇듯 지구의 자전을 설정하게 되면, 지금까지 좌선설의 주요 근거가 되었던 천체의 일주운동이 간단하게 설명된다. 따라서 좌선설은 그 논리적 기반을 상실하게 되는 것이다. 주목할 것은 『오위역지』에는 위의 설명이 천체 운행을 설명하는 두 가지 이론 가운데 하나로, 잘못된 견해로 소개되어 있었다는 점이다.[132] 김석문은 이것을 창조적으로 해석하고 적극적으로 수용하였다. 그는 地轉을 부정하는 서양의 학설을 장재의 어법을 빌려 '至粗之論'이라고 비판하였다.[133] 여기에서 우리는 김석문이 서양 우주론의 수용을 통해 전통적인 우주론을 재해석하고 그 위에서 독창적인 우주론을 전개하는 모습을 확인할 수 있다. 전통적인 우선설은 김석문이 '地靜說'을 타파하고 '地轉說'로 나감으로써 과학적 기반을 확보하게 되던 것이다.

3) 생성론적 도식에 대한 재검토 : 五行說에 대한 論辨

주자학적 우주생성론은 周敦頤의 『太極圖說』과 그 주석서인 주희의 『太極圖說解』에 이론적 근거를 두고 있었다. 조선후기에는 『性理大全』의 보급이 확산되고 『近思錄』에 대한 관심이 증가함에 따라, 그 안에 수록되어 있는 『태극도설』에 대한 탐구 역시 심화되었다. 그것은 단순히 『태극도설』의 내용을 이해하는 수준을 넘어서 『태극도설』에 제시되어 있는 우주생성론의 세부적인 문제점까지 천착하는 수준으로 나가고 있었다.

『태극도설』에서 제시하는 우주생성론의 핵심은 "無極而太極, 太極動而生陽, 動極而靜, 靜而生陰, 靜極復動, 一動一靜, 互爲其根, 分陰分陽,

---

曆指』의 원문은 주 60)를 참조.

132) 주 61) 참조.

133) 「易學二十四圖總解」, 『易學二十四圖解』, 33쪽 6~8행. "西洋之說曰 地體恒不動 不去本所 亦不旋轉……可謂至粗之論也". 여기서 말하는 西洋之說의 원문은 『新法算書』 卷11, 測天約說 卷上, 測地學四題, 第3題 '地之體恒不動', 13ㄴ~14ㄱ(788책, 178쪽) 참조.

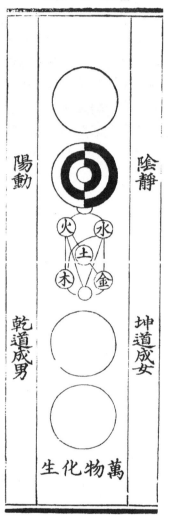

<그림 4-13> 太極圖

兩儀立焉, 陽變陰合, 而生水火木金土, 五氣順布, 四時行焉……無極之眞, 二五之精, 妙合而凝, 乾道成男, 坤道成女, 二氣交感, 化生萬物, 萬物生生, 而變化無窮焉"[134]으로 표현되는 바 '太極→陰陽→五行→萬物'이라는 도식이었다. 여기서 문제가 되는 것은 無極과 太極의 관계, 太極의 動靜 여부(太極이 動할 수 있는가), 陰陽에서 五行이 발생하는 순서 등등이었다. 이것은 本體論에 연관된 문제라는 점에서 주자학적 우주생성론에 찬성하는 논자이든, 거기에 반대하는 논자든지 자신의 철학에 근거한 확고한 견해를 제시할 필요가 있었다.

조선전기의 '無極太極논쟁'은 바로 무극과 태극의 관계를 둘러싸고 벌어진 李彦迪(1491~1553)과 曺漢輔의 논쟁이었다.[135] 이 논쟁을 통해 주자학적 태극론이 조선사회에 뿌리내림으로써 주자학 이외의 '異端' 사상-예컨대 老莊思想과 象山學·陽明學-을 비판할 수 있는 이론적 틀이 마련되었다고 하겠다. 이후 무극과 태극의 관련에 대한

134) 『性理大全』卷1, 太極圖, 13ㄱ~33ㄱ(89~129쪽) ;『近思錄』卷1, 1ㄱ~3ㄴ(15~ 20쪽-영인본 『近思錄』, 保景文化社, 1995의 쪽수).

135) 김교빈, 「태극논쟁-'태극'을 둘러싼 주자학적 이해와 비주자학적 이해의 대립」, 『논쟁으로 보는 한국철학』, 예문서원, 1995, 111~128쪽.

논의는 주자학의 입장에서 정리되었지만 여타의 문제들은 여전히 검토를 필요로 하였고, 조선후기에는 실제로 세부적인 문제들에 대한 치밀한 탐구가 이루어지게 되었다. 그것은 조선후기 사상계의 변동과 밀접한 관련을 맺으며 진행되어 갔다. 조선후기에는 기존의 지배 이데올로기인 주자학에 대한 비판의 일환으로 주자학과 다른 사유체계에 대한 모색이 다양하게 시도되었고, 그에 따라 주자학에 입각하여 조선후기 사회를 운영해 가려는 논자들의 입장에서는 異端 辨斥의 이론적 작업으로서 주자학의 미세한 부분들까지 확고하게 정리할 필요가 있었던 것이다. 서인-노론 계열(송시열 계열)의 주자학에 대한 정리 작업은 그러한 노력의 소산이었다.

『태극도설』을 둘러싼 조선후기 학계의 논변은 몇 가지 주제로 나누어서 살펴볼 수 있을 것이다. 예컨대 太極圖의 음양의 위치와 『周易』의 河圖·洛書·先天方位圖·後天方位圖, 八卦次序圖·六十四卦次序圖의 음양의 위치가 일치하지 않는 것을 어떻게 이해할까 하는 문제도 중요하게 다루어진 주제 가운데 하나였다. 이는 조선전기 權近(1352~1409)의 『入學圖說』,[136] 李滉(1501~1570)의 「天命圖說」의 논의[137]를 계승하는 의미를 갖는 것이기도 하였다.[138] 金榦(1646~1732)의 선구적인 문제제기[139]와 그것을 종합·정리한 朴世采(1631~1695)의 논의[140]를 통해 이

---

136) 「天人心性合一之圖」, 『入學圖說』 卷1, 1ㄱ~9ㄴ.

137) 「天命圖說後叙附圖」, 『退溪集』 卷41, 1ㄱ~11ㄱ(30책, 405~410쪽).

138) 『太極圖說』과 「天人心性合一之圖」, 「天命圖說」에 대한 비교·검토에 대해서는 이상은, 『퇴계의 생애와 학문』, 예문서원, 1999(瑞文堂, 1973), 124~185쪽 참조.

139) 「太極圖陰陽左右位次辨」, 『厚齋集』 卷36, 2ㄴ~4ㄱ(156책, 28~29쪽). 金榦이 이 글을 작성한 것은 그의 나이 33세 때인 1678년(숙종 4)이었다[『厚齋先生年譜』 卷1, 14ㄱ(156책, 296쪽)]. 그는 河圖·洛書와 太極圖의 陰陽의 左右位次가 다른 이유를 묻는 朴世采의 질문에 대한 답변으로 이 글을 지어 올렸다고 한다[「南溪先生語錄」, 『厚齋集』 別集, 卷4, 13ㄱ~ㄴ(156책, 279쪽)].

140) 「太極圖陰靜陽動位置說壬申六月十一日」, 『南溪集』 續集, 卷19, 18ㄱ~19ㄴ(142책, 459~460쪽). 여기서 朴世采는 朱熹, 權近, 李滉의 견해를 종합적으로 검토하였다.

들이 태극도와 하도・낙서의 음양의 위치를 각각 '立看'과 '臥看'이라는 구분을 통해 통일적으로 이해하고자 하였다는 사실을 확인할 수 있다. 그것은 주자학의 各論에서 발생한 이견을 종합・정리하여 하나의 완결된 체계를 수립하고자 했던 학문적 지향의 귀결이었다. 그리고 그 과정을 통해 종래 논란이 되었던 문제를 '朱子 定論'을 중심으로 정리해 갈 수 있었다.

이처럼 태극도에서 음양의 위치 문제가 중요한 논의 주제 가운데 하나였지만, 무엇보다 집중적으로 논의되었던 것은 『태극도설』의 생성론적 도식의 문제, 그 가운데서도 음양에서 오행이 생성되는 과정에 대한 문제였다. 『태극도설』의 오행설에 대한 재검토는 黃榦(1152~1221)의 견해를 중심으로 전개되었다. 황간은 주자학의 집대성자인 주희의 제자이자 사위로서, 주희 사후에 주자학의 도통을 이은 최고의 학자로 인정되었을 뿐만 아니라 元代 성리학의 두 조류라 할 수 있는 '金華學派'와 '朱陸和會論'에 모두 영향을 끼친 학자였다. 그는 주희 철학의 일면을 적극적으로 계승하는 한편, 象山學 계열의 비판을 염두에 두면서 주희 철학의 문제점을 보완하려고 하였던 것으로 보인다.[141]

황간의 오행설은 『태극도설』 가운데 "陽變陰合, 而生水火木金土, 五氣順布, 四時行焉"이란 구절에 대한 주석의 형태로 제시되었다.[142] 모두 6개 조항으로 되어 있는데, 주희의 『태극도설해』의 논리를 부연하는 데서 출발하여 자신의 독자적인 견해를 제시하는 형태로 구성되어 있다. 따라서 거기에는 주희의 견해와 다르다고 판단할 수 있는 내용이 포함되어 있었는데, 특히 2・4・5조의 내용이 그러했다.

---

141) 黃榦에 대해서는 『宋史』 卷430, 列傳 189, 道學4, 12777~12782쪽(標點本 『宋史』, 中華書局, 1985의 쪽수) ; 『宋元學案』 卷63, 勉齋學案, 2017~2038쪽 ; 高令印・陳其芳, 『福建朱子學』, 福建人民出版社, 1986, 72~87쪽 ; 洪元植, 「黃榦의 朱子學-南宋 '朱子學'의 展開와 관련하여-」, 『元代 性理學』, 포은사상 연구원, 1993, 27~47쪽 참조.

142) 『性理大全』 卷1, 太極圖, 28ㄱ~31ㄱ(119~125쪽). "陽變陰合而生水火木金土 五氣順布 四時行焉"에 대한 小註.

2조의 내용은 오행 생성의 次序 문제를 논한 것인데, 그 하단에서 황간은 주희의 "水陰盛, 火陽盛, 金陰穉, 木陽穉"라는 논리에 의문을 표시하면서 이것은 오행 생성의 순서를 설명한 것이므로 "水陽穉, 木陽盛, 火陰穉, 金陰盛"이 되어야 하는 것이 아니냐고 주장하였다.[143] 周敦頤의 태극도에는 水가 오른쪽에, 火가 왼쪽에 위치되고, 水火의 아래에 각각 金木이 배치되어 있다. 주희는 이것을 水는 陰盛이기 때문에 오른쪽에, 火는 陽盛이기 때문에 왼쪽에 위치시키고, 金은 陰穉라서 水의 아래에, 木은 陽穉라서 火의 아래에 배치한 것이라고 설명하였다. 이에 대해 황간은 陽이 처음에 水를 낳을 때는 陽이 미약하고, 木을 낳음에 이르러서야 陽이 왕성해지는 것이며, 陰이 처음에 火를 낳을 때는 陰이 미약하고, 金을 낳음에 이르러서야 陰이 왕성하게 되는 것이 아닌가 하는 의문을 제기하였던 것이다.

4조의 내용은 주희가 구분한 '生之序'와 '行之序'가 본질적으로 같은 것이라고 주장한 내용이다. 주희에 따르면 生之序는 '水火木金土'로서 음양에서 오행이 생성되는 과정을 설명한 것이고, 行之序는 '木火土金水'로 五行相生의 순서, 다시 말해 오행의 流行과 四時의 순환을 설명한 것이었다.[144] 황간은 음양에서 오행이 생성되는 과정을 처음에 水가 생기고, 이것이 따뜻해져서 火를 형성한 후, 水와 火가 母가 되어 木과 金이라는 子를 생성하는 것으로 파악하였다. 나아가 사계절이 겨울(冬=太陰=水)에서 봄(春=少陽=木)으로, 여름(夏=太陽=火)에서 가을(秋=少陰=金)로 운행하는 것을 "水生木, 火生金"이라는 오행 생성의 순서와 동일한 것으로 보고자 하였던 것이다.[145]

이와 같은 황간의 일련의 주장은 5조에서 절정을 이루었다. 이는 기존의

논의들을 자신의 새로운 논리를 중심으로 통일시키고자 한 것으로, 2조와 4조의 내용 역시 모두 여기에 수렴되었다. 통일의 구체적 방법으로 제시된 것이 바로 '水木火金土'라는 새로운 생성의 도식이었다. 황간은 이러한 생성의 도식에 따를 때 음양으로부터 오행이 생성되는 과정과 사계절의 운행을 일관되게 파악할 수 있다고 보았다.146) 왜냐하면 '水木火金土'의 순서가 되어야 2조에서 제기한 "水陽穉, 木陽盛, 火陰穉, 金陰盛"의 주장이나, 4조에서 제기한 오행의 생성과 사계절의 운행이 통일적으로 설명될 수 있기 때문이었다.

이상과 같은 황간의 견해는 주자학 내부에서 주희의 견해에 대해 異論을 제기한 것이었으므로, 조선후기 사회 변동에 따른 대내외적 모순을 '朱子 定論'에 입각해 타개하려고 했던 서인-노론계로서는 묵과할 수 없는 문제였다. 황간의 견해에 대한 집중적인 검토와 비판이 서인 계열의 학자들, 특히 송시열과 박세채를 중심으로 한 일군의 학자들을 중심으로 전개되었던 이유가 바로 이것이었다.

박세채의 嫡傳이라 할 수 있는 金榦은 일찍부터『太極圖說』에 관심이 많았다. 그는 24세 때인 1669년(현종 10) 深谷書院에서 3개월 동안 집중적으로『태극도설』을 공부하였다. 그 해에 송시열을 배알하고 經禮의 여러 문제와『태극도설』에 대해 논할 기회를 가졌는데, 이 때 김간이 제기한 견해가 송시열로부터 인정을 받아 '今世大儒'라는 평가를 받기에 이르렀다.147) 1673년(현종 14) 여름에는『太極圖說箚記』를 저술하였고,148) 그 해 9월 다시금 송시열을 배알하고 '五行相生先後之序' 등의 문제를 토론하였다.149) 이러한 김간의『태극도설』에 대한 탐구는 그 후 평생토록 지속

---

146)『性理大全』卷1, 太極圖, 29ㄴ~30ㄴ(122~124쪽).

147)『厚齋先生年譜』卷1, 7ㄱ(156책, 293쪽). "厥後每逢士友 輒問曰君識金直卿乎 如曰未也 則曰君何固陋之甚 直卿乃今世大儒也 須往訪問學云".

148)『厚齋先生年譜』卷1, 8ㄱ(156책, 293쪽). "癸丑 先生二十八歲 夏著太極圖說箚記".

149)『厚齋先生年譜』卷1, 8ㄱ~ㄴ(156책, 293쪽). "九月 拜尤菴先生於東郊……先生 與執義公往拜 講理氣先後 知禮成性之說 五行相生先後之序及家禮疑義

되었던 것으로 보인다.[150]

김간은 그의 나이 28세 때 작성한『태극도설차기』에서『태극도설』의
"陽變陰合, 而生水火木金土, 五氣順布, 四時行焉"이란 구절을 둘로 나누
어 해석하였다. 즉 "陽變陰合, 而生水火木金土"는 음양에서 오행이 생성
되는 순서를 말한 것으로, "五氣順布, 四時行焉"은 오행상생의 순서를
말한 것으로 파악하고자 하였다.[151] 나아가 음양으로부터 오행이 생성되
는 순서는 天地의 생성논리와 합치되는 것으로 보았다. 천지가 만물을
생성할 때 먼저 輕淸한 것을 생성하고, 뒤에 重濁한 것을 생성하게 되는데,
오행 가운데 水火가 먼저 생성되는 이유는 그것이 氣로서 有形無質하기
때문이었고, 木金이 생성됨에 이르러서는 단단히 굳어 質을 형성하게
되는 것이었다.[152]

또 하나 김간이 다루고 있는 것은 오행을 음양에 배당하는 문제였다.
그는 生數와 成數를 나누어서 보는 방법(分觀)과 합해서 보는 방법(合觀)
을 제시하고, 전자에 따를 경우 水木은 陽이 되고 火金은 陰이 되며,
후자에 따를 경우에는 木火가 양이 되고 金水가 음이 된다고 하였다.
왜냐하면 생수와 성수를 나눌 경우에는 "天一生水, 地二生火, 天三生木,
地四生金"이 되기 때문에 水는 양이 시작할 때 생기고, 木은 양이 성한
때에 생기며, 火는 음의 시작에서 생기고 金은 음이 성할 때 생기기 때문이
었다. 반면에 생수와 성수를 합해서 볼 경우에는 水가 비록 양의 시작에서
생기지만 地六이 이것을 완성하기 때문에 전체적으로 보면 陰數가 성하

······" ;「語錄」,『宋子大全』附錄, 卷15, 金榦錄, 8ㄴ(115책, 502쪽) ;「尤齋先生
語錄」,『厚齋集』別集, 卷3, 9ㄱ~ㄴ(156책, 262쪽).

150) 年譜에 따르면 1676년(肅宗 2)에 宋時烈에게 편지를 올려『太極圖解』에 대해
문의하였고, 1678년(肅宗 4)에는 「太極圖陰陽左右位次辨」을 작성하였으며,
1686년(肅宗 12)에는 閔以升의 「太極圖妙合而凝圈說」에 대해 논변하였고,
1693년(肅宗 19)에는 金載海와『太極圖』에 대해 문답하였다.『厚齋先生年譜』
卷1, 6ㄴ~21ㄱ(156책, 292~300쪽) 참조.

151)「箚記-太極圖說」,『厚齋集』卷35, 16ㄴ~17ㄱ(156책, 10~11쪽).

152)「箚記-太極圖說」,『厚齋集』卷35, 17ㄴ(156책, 11쪽).

며, 火가 비록 음의 시작에서 생기지만 天七이 이것을 완성하기 때문에 전체적으로 보면 陽數가 성하다는 것이다.[153] 이상과 같은 김간의 논리는 주희의 학설을 철저하게 부연함으로써 황간의 주장을 일축한 것이라고 볼 수 있다.

朴世采(1631~1695)는 동료·제자들과의 문답을 통해『태극도설』에 대한 이해를 심화시켜 가고 있었다. 그것은『周易』繫辭傳의 象數學的 생성론과『書經』洪範篇의 오행설 및『太極圖說』의 생성론을 통일적으로 이해하기 위한 시도였다. 박세채는 일찍이 1676년(숙종 2)에 황간의 오행설을 축조적으로 검토한 바 있었다.[154] 그것은『성리대 전』의 「태극도」 부분의 小註에 수록되어 있는 황간의 6개조의 논의를 세세하게 분석하여, 주희의『圖解』(太極圖說解)와의 차이를 밝힌 것으로, 주희의 입장을 중심으로 황간의 논의를 비판한 논문이었다. 때문에『圖 解』의 주장과 일치하는 2조와 3조의 논의는 수용한 반면, 주희와 다른 견해를 제시한 4조와 5조의 주장에 대해서는 적극적으로 반박하였다.[155]

박세채는 종래의 오행설 가운데 聖賢의 논의에 근거한 것은 오로지『서경』洪範篇과『태극도설』의 오행설뿐이라고 보았다. 洪範篇의 오행설은 전적으로 質로써 말한 것이고,『태극도설』의 오행설은 質과 氣를 겸해서 말한 것이었다. 그밖에『주역』繫辭傳에 "天一地二天三地四天五地六天七地八天九地十"[156]이라는 구절이 보이는데, 주희는『易學啓蒙』에서 이것을 "天以一生水 而地以六成之, 地以二生火 而天以七成之, 天以三生木 而地以八成之, 地以四生金 而天以九成之, 天以五生土 而地以十成之"[157]로 해석하였으니, 이것은 오행의 數로써 말한 것이라고 보았다.

153)「箚記-太極圖說」,『厚齋集』卷35, 18ㄱ~ㄴ(156책, 11쪽).

154)「太極圖勉齋五行說辨丙辰正月二十三日」,『南溪集』卷59, 22ㄴ~27ㄴ(140책, 213~216쪽).

155)「太極圖勉齋五行說辨丙辰正月二十三日」,『南溪集』卷59, 24ㄴ(140책, 214쪽). "愚意總之五行之論 圖解啓蒙之外 當以勉齋第二第三說及下文葉氏說爲正 其餘紛紛 不必取信".

156)『周易』, 繫辭上傳, 9章.

결국 박세채는 「홍범」과 『태극도설』, 그리고 『주역』의 오행설이 모두 긴밀히 연결되어 통일적으로 설명될 수 있는 것이라고 파악하였다.[158] 그것은 『태극도설』의 "陽變陰合, 而生水火木金土, 五氣順布, 四時行焉"이라는 구절을 주희의 견해에 따라 質과 氣로 나누어 전자를 오행의 생성 순서로, 후자를 오행의 운행 순서로 설명하는 논리였다.[159] 즉 오행이 생성되는 순서는 「홍범」이나 「태극도」의 앞 구절, 그리고 『주역』 「계사전」에 대한 주희의 해석처럼 '水火木金土'로 보아야 한다는 것이었다. 박세채는 바로 이러한 입장에 서서 황간의 견해를 비판적으로 검토하였다.

먼저 제2조의 "水陽穉, 木陽盛, 火陰穉, 金陰盛"의 논리에 대해서는 天地造化의 순서와 『주역』의 卦爻 次第에 근거해서 비판하였다. 먼저 천지조화를 참고해 보면 輕淸한 天이 먼저 생기고 重濁한 地가 뒤에 형성되지만 이것을 가지고 "天穉地盛"이라고 하지는 않는다는 것이다. 다음으로 卦爻의 次第를 보면 震卦는 乾卦의 初爻를 얻어 長男이 되고, 巽卦는 坤卦의 初爻를 얻어 長女가 되며, 坎·艮이나 離·兌는 각각 震卦와 巽卦의 다음에 생기지만, 이것을 가지고 "震巽穉, 坎艮離兌盛"이라고 하지는 않는다는 것이다. 결국 오행 가운데 水火는 '輕淸之物'로 음양을 받들어 먼저 생기고, 木金은 '重濁之物'로 水火의 뒤에 생기는데, 이것이 바로 주희가 『圖解』에서 말한 바 '陰陽盛穉之分'이며, 원래부터 形質의 强柔로 말한 것이 아니었다는 주장이었다.[160]

이어서 박세채는 황간의 4조를 氣와 質의 순서를 통합해서 말한 것으로, 5조를 生數와 行數를 통합해서 말한 것으로 파악하였다. 이와 같은 황간의 견해는 앞서 살펴본 바와 같이 생성의 순서와 운행의 순서를 통일시키려고 하였던 것인데, 박세채가 보기에 이러한 주장(幷通質生氣行之說)은 결정

157) 『性理大全』 卷14, 易學啓蒙 1, 7ㄴ(990쪽).
158) 「太極圖勉齋五行說辨丙辰正月二十三日」, 『南溪集』 卷59, 24ㄴ~25ㄱ(140책, 214~215쪽).
159) 「太極圖勉齋五行說辨丙辰正月二十三日」, 『南溪集』 卷59, 25ㄱ~ㄴ(140책, 215쪽).
160) 「太極圖勉齋五行說辨丙辰正月二十三日」, 『南溪集』 卷59, 25ㄴ~26ㄱ(140책, 215쪽).

적으로 사계절의 운행, 특히 여름과 가을의 교대가 반드시 土氣를 얻은 이후에 가능하다는 것을 제대로 파악하지 못한 결과였다.[161] 이러한 박세 채의 입장에 따르면 계절의 운행은 황간의 주장처럼 '水(冬)-木(春)-火 (夏)-金(秋)-土'가 되어서는 변화가 이루어질 수 없고, 오직 주희의 견해 와 같이 '木(春)-火(夏)-土-金(秋)-水(冬)'가 되어야만 한다는 것이었다.

한편 박세채는 황간이 오행 생성의 순서로 제시한 '水木火金土' 역시 이치에 합당하지 않은 것으로 보았다. 그에 따르면 오행의 근본은 음양에 서 생기는 것으로, 태극을 기준으로 말하자면 陽이 변해서 水가 생기고 陰이 합해서 火가 생기는 것이며, 河圖를 기준으로 본다면 하늘이 一로써 水를 생하고, 땅이 二로써 火를 생하는 것이니, 이것이 바로 음양이 오행을 생성하는 순서라고 하였다.[162] 결국 박세채는 황간의 견해가 처음에는 스승의 종지를 따라 매우 볼만한 것이었으나, 주희의 도해를 의심한 2조의 하단과 4조, 5조 이하의 견해는 이치에 합당하지 않게 되었다고 파악하였 다.[163] 오행의 생성 순서를 둘러싼 황간의 주장에 대한 검토는 그 이후에도 계속되어 1681년(숙종 7)에도 이에 대한 단편적인 언급을 찾아볼 수 있 다.[164]

황간의 오행설에 대한 비판은 林泳(1649~1696)에 의해서도 제기되었 다. 임영은 주희의 "水陰盛, 火陽盛, 木陽穉, 金陰穉"가 老陰·老陽·少 陽·少陰의 위치로써 말한 것인데, 황간이 이것을 생성의 순서로 이해함 으로써 문제가 발생했다고 보았다. 즉 주희의 도해는 오행이 質을 형성하 는 '陰陽老少之分'으로 위치의 유래를 말한 것일 뿐 '天一地二'라는 생성 의 순서로 음양을 나눈 것이 아니라는 설명이었다. 따라서 주희의 주장

---

161) 「太極圖勉齋五行說辨丙辰正月二十三日」, 『南溪集』卷59, 26ㄴ(140책, 215쪽). "然 要其歸趣則不過因冬春夏秋之序 附以一三四五之數 謂此可以幷通質生氣行 之說 而殊不知夏秋之交 必得土氣 然後能成四時 一四之極 必具生成 然後能 成變化".

162) 「太極圖勉齋五行說辨丙辰正月二十三日」, 『南溪集』卷59, 27ㄱ(140책, 216쪽).

163) 「太極圖勉齋五行說辨丙辰正月二十三日」, 『南溪集』卷59, 27ㄴ(140책, 216쪽).

164) 「隨筆錄」, 『南溪集』卷54, 51ㄴ~52ㄴ(140책, 131쪽).

그대로 "水木陽, 火金陰"은 '生質之序'를 말한 것으로, "木火陽, 金水陰"
은 '相生之序'를 말한 것으로 보아야 하며, 황간처럼 "水陽穉, 木陽盛,
火陰穉, 金陰盛"이라고 하여 '生之序' 일면만을 주장해서는 안 된다고
하였다. 임영은 이와 같은 황간의 주장은 火=太陽, 水=太陰, 木=少陽,
金=少陰이 '오행이 質을 형성하는 자연스러운 본체[五行成質自然之體]'
라는 사실을 이해하지 못한 것이라고 비판하였다.165)

임영은 '水火木金土'를 '生之次'로, '木火土金水'를 '行之序'로 해석하
는 주희의 견해가 명백하고 순리에 합당한 것이라고 평가하였다. 그리고
이것은 비록 그 순서가 다른 것 같지만 실제로는 '錯言'과 '別言'의 차이가
있을 뿐 그 次序는 한 가지라고 주장하였다. 여기서 그가 말하는 錯言이란
'生之次'를 말하는 것으로, 質이 형성되는 처음에는 陰陽이 모두 존재하지
만 輕淸한 것이 먼저, 重濁한 것이 나중에 생기기 때문에 먼저 輕淸한
것을 말하고 뒤에 重濁한 것을 말한 것이 이른바 '水火木金土'라는 것이다.
반면에 別言은 '行之序'를 말하는 것으로, 氣가 운행하는 때는 '先陽後陰'
의 원칙에 따라 陽의 穉老를 먼저, 陰의 穉老를 나중에 말한 것이 이른바
'木火土金水'라는 것이다.166)

이상과 같은 임영의 입장은 황간의 '水木火金土'說에 대한 비판으로
이어진다. 임영은 황간의 새로운 견해가 유약하고 먼저 생긴 것을 穉,
견고하고 광대한 것을 盛이라고 간주하여 水火를 陽穉·陰穉로 파악한
것으로 보았다. 그러나 무릇 사물은 먼저 생긴 것이 老盛이 되고, 뒤에
생긴 것이 穉少가 된다. 따라서 황간의 주장대로 하더라도 木과 金에
앞서서 水火가 존재하는 이상 水火를 陽穉·陰穉로 볼 수 없다는 것이
다.167) 요컨대 임영은 황간의 오행설 가운데 2조·4조·5조를 전면적으로
비판하는 한편, 황간이 주희의 견해를 부연한 3조를 가장 마땅한 논의로
평가하고 있었던 것이다.168)

---

165) 「讀書箚錄-性理大全」, 『滄溪集』 卷23, 3ㄱ~4ㄱ(159책, 509쪽).
166) 「讀書箚錄-性理大全」, 『滄溪集』 卷23, 4ㄴ~5ㄱ(159책, 509~510쪽).
167) 「讀書箚錄-性理大全」, 『滄溪集』 卷23, 5ㄱ~ㄴ(159책, 510쪽).

황간의 오행설에 대한 비판 위에서 임영은『태극도설』의 오행설을 세 가지 범주로 정리하였다. 質로써 그 생성의 순서를 말할 경우에는 "天一生水, 地二生火"의 원리에 따라 '水陽火陰'이 되고, 氣로써 그 운행의 순서를 말할 때는 "夏陽爲火, 冬陰爲水"의 원리에 따라 '火陽水陰'이 되며, 氣質을 합해서 그 體性을 통일적으로 말할 때는 '火陽水陰'이 된다는 것이다. 『태극도설』의 오행의 위치는 바로 體性의 자연스러움에 따라 구분한 것이었다.[169] 나아가 임영은 천지 사이의 對待·流行의 단서는 하나로 통일시킬 수 없는 것이 있다고 하면서 '行之序'를 '生之序'에 통합시키려 한 황간의 시도 자체를 위험한 발상으로 보았다. 그것은 잘못할 경우 '執一廢百之論'으로 빠져버릴 수 있기 때문이었다.[170]

황간의 오행설에 대한 검토는 宋時烈(1607~1689)을 중심으로 한 노론 학자들에 의해서도 이루어지고 있었다. 송시열은 황간이 주희의 嫡傳이므로 그의 견해가 實得에 입각한 것임을 전제하였다. 그러면서도 그의 견해가 주희의 그것과 다른 부분에 대해서는 주희의 주장에 따르는 것이 마땅하다고 주장하였다.[171]

송시열의 직계 제자인 權尙夏(1641~1721)도 1679년(숙종 5)에 황간의 견해에 대한 입장을 정리하였다. 그는 먼저 "水陽穉 木陽盛 火陰穉 金陰盛"이라는 황간의 주장에 대해 상수학적 지식을 바탕으로 비판을 전개하였다. 황간은 水를 양에, 火를 음에 배속시켜야 할 것으로 생각하지만, 河圖의 생성원리에 따르면 그렇지 않다는 것이었다. 水의 生數는 天一로서 양이지만 成數가 地六으로서 음이며, 火의 生數는 地二로서 음이지만 成數가 天七로서 양이라는 것이다.[172] 이것은 앞서 언급한 바와 같이

---

168) 「讀書箚錄-性理大全」, 『滄溪集』 卷23, 5ㄴ(159책, 510쪽). "復考勉齋第三說最當 不知何故復爲此說也 豈求之過深而然耶".

169) 「讀書箚錄-性理大全」, 『滄溪集』 卷23, 5ㄴ~6ㄱ(159책, 510쪽).

170) 「讀書箚錄-性理大全」, 『滄溪集』 卷23, 6ㄴ~7ㄱ(159책, 510~511쪽).

171) 「語錄」, 『宋子大全』 附錄, 卷15, 金榦錄, 8ㄴ(115책, 502쪽) ; 「尤齋先生語錄」, 『厚齋集』 別集, 卷3, 9ㄴ(156책, 262쪽). "夫勉齋是得朱子嫡傳者 他必有實見得 然後有此說 第與朱子說差不同 今從朱子說爲可".

『易學啓蒙』에 수록되어 있는 주희의 견해였다. 결국 火를 양에, 水를 음에 배속시키는 주희의 설명이 옳다는 주장이었다.

다음으로 권상하는 황간이 새롭게 제기한 오행의 생성 순서(水木火金土)에 대해서도 八卦의 생성 순서를 인용하여 비판하였다. 팔괘의 생성은 乾坤 두 괘로부터 시작한다. 건곤 두 괘의 互易을 통해 坎離卦, 즉 水火가 만들어지는 것이다. 따라서 乾坤(陰陽)에서 坎離(水火), 坎離에서 木金으로 이어지는 생성의 순서가 올바르다고 주장하였다.[173] 이러한 권상하의 주장은 결국 "음양의 위치와 生質의 순서는 마땅히 (주자의)『태극도설해』를 따라 바꿀 수 없는 것이다"[174]라는 결론에 도달하게 된다.

황간의 주석에 대한 권상하의 비판은 결국 황간의 학문 전체에 대한 비판적인 평가로 연결되었다. 그는 황간의 문집을 검토하여 황간이 주희와 견해를 달리한 부분을 지적하면서 "朱夫子의 가르침이 해와 별과 같이 밝은데도 한 번 전해지면서 微言大義가 이미 어두워졌으니 진실로 한탄할 일이다"[175]라거나, "朱先生의 註說은 헤아림을 지극히 하여 진실로 물도 새지 않는 것인데 황간이 자신의 역량을 헤아리지 않고 함부로 변경하였으니 한탄스럽다"[176]라고 하여 황간의 주장을 비판하였다. 이러한 권상하의 학문적 자세는 韓元震(1682~1751)에게 곧바로 이어졌다. 한원진이 황간의 오행설은 물론 性情說까지 비판적으로 검토하였던 것[177]은 바로 朱子

---

173) 「圖解記疑己未正月」, 『寒水齋集』 卷21, 14ㄱ(150책, 387쪽).

174) 「圖解記疑己未正月」, 『寒水齋集』 卷21, 14ㄴ(150책, 387쪽). "然則陰陽之位置 生質之次序 當從圖解 不可易矣".

175) 「勉齋集辨」, 『寒水齋集』 卷21, 12ㄱ(150책, 386쪽). "朱夫子立言垂訓 皎若日星 而一傳而微言大義已晦 良可歎也".

176) 「勉齋集辨」, 『寒水齋集』 卷21, 13ㄱ(150책, 387쪽). "朱先生註說 極用商量 盛水 不漏 而勉齋不自量 容易雌黃 可歎"(여기서 雌黃이란 종이에 글자를 잘못 썼을 경우 雌黃을 발라 지워버리고 다시 그 위에 글씨를 쓰는 것으로, 문장의 변경을 의미하는 것이다).

177) 「黃勉齋五行說辨」, 『南塘集』 卷27, 1ㄱ~2ㄴ(202책, 74쪽) ; 「黃勉齋性情說辨」, 『南塘集』 卷27, 2ㄴ~8ㄱ(202책, 74~77쪽).

道統主義 계열의 '守師門說'에 입각한 異端・異學・異說에 대한 비판의 일단이었다고 할 수 있다.

황간의 오행설에 대한 비판은 송시열의 "暮年知己"[178]로 통하는 朴光一(1655~1723)에 의해서도 제기되었다. 박광일은 1689년(숙종 15) 경에 황간의 견해에 대한 비판적인 논설을 작성했는데,[179] 여기서 그는 주희가 '水火木金土'라고 한 것은 생성의 순서를 말한 것이고, "水陰盛, 火陽盛, 木陽穉, 金陰穉"라고 한 것은 水火木金의 功用을 말한 것인데, 황간이 이것을 이해하지 못하고 모두 생성의 순서로 풀이하려고 했기 때문에 의문이 발생하게 되었다고 지적하였다.[180] 그는 '東=左=陽, 西=右=陰'이라는 천지 방위의 대원칙에 따라 河圖와 洛書, 伏羲의 先天圖와 文王의 後天圖, 그리고 周敦頤의 太極圖가 작성되었다고 주장하였다.[181] 따라서 황간의 견해대로 "水陽穉 木陽盛 火陰穉 金陰盛"이라면 천지 방위의 대원칙에 따라 「태극도」의 水火의 위치가 바뀌고, 그에 따라 木金의 위치도 바뀌어야 한다는 것이다. 박광일은 이것이 과연 주돈이가 「태극도」를 작성한 본래의 의도와 합치하는 것인가를 반문하였다.[182] 그가 보기에 도상의 그림에서 水는 '陽動'과 연결되어 있고, 火는 '陰靜'과 연결되어 있는 바, 이것은 바로 『通書』에서 말한 "水陰根陽 火陽根陰"의 뜻과 통한다고 주장하였다. 결국 그가 보기에 "天一生水"의 뜻은 "水陽"을 말하는 것이 아니라 "水陰根陽"을 말하는 것이며, "地二生火"는 "火陰"을 말하는

---

178) 「遜齋朴公墓碣」, 『遜齋集』 墓碣銘, 1ㄱ(171책, 226쪽). "文正許以暮年知己".
179) 「語錄」, 『遜齋集』 卷9, 47ㄱ(171책, 211쪽). "光一日 朱子太極圖解中所論五行一段 政是本於濂溪水陰根陽火陽根陰之說 而直解圖體者也 黃勉齋以爲可疑 而反謂水爲陽稚火爲陰稚者 大非濂溪作圖之本意 而又非朱子解圖之意 故侍生妄以管見有所辨說 而草本不來矣". 이것은 송시열과의 己巳年(1689)의 문답을 기록한 것이다.
180) 「書黃勉齋疑太極圖解說後」, 『遜齋集』 卷6, 22ㄴ~23ㄴ(171책, 119~120쪽).
181) 「書黃勉齋疑太極圖解說後」, 『遜齋集』 卷6, 23ㄱ(171책, 120쪽). "天地方位 東爲左而爲陽方 西爲右而爲陰方……".
182) 「書黃勉齋疑太極圖解說後」, 『遜齋集』 卷6, 23ㄴ~24ㄱ(171책, 120쪽).

것이 아니라 "火陽根陰"을 말하는 것이었다. 따라서 주돈이의 뜻을 정확하게 파악한 주희가 이것을 설명하면서 "水陽穉"라고 말하지 않고 "水陰盛"이라고 하였으며, "火陰穉"라고 말하지 않고 "火陽盛"이라고 하였다는 것이다.[183] 요컨대 주희는 주돈이의 뜻을 정확하게 파악하여 먼저 오행이 생성되는 순서를 기술하고, 이어서 각각의 공용을 말함으로써 주돈이의 뜻을 발명한 반면, 황간은 주돈이의 '水陰火陽之說'을 깨닫지 못하여 마침내는 주희의 『圖解』를 의심하기에 이르렀다는 것이다.[184]

　이상에서 살펴본 것처럼 주희와 다른 견해를 제시하였던 황간의 오행설은 17세기 후반 송시열과 박세채를 중심으로 한 서인 계열의 여러 학자들에 의해 철저히 비판되었다. 그러나 황간의 오행설이 아니더라도 『태극도설』의 생성론적 도식은 여러 가지 異論이 제기될 소지를 안고 있었다. 그것은 오행설 자체가 내포하고 있는 문제이기도 하였다.

　우리는 金載海와 朴世采의 논변[185]을 통해서 17세기 후반의 『태극도설』에 대한 일반적인 논의 수준을 가늠해 볼 수 있다. 여기에서 김재해는 주돈이의 『태극도설』 자체만이 아니라 그에 대한 주희의 주석까지 세부적으로 검토하여 의문을 제기하고 자신의 견해를 피력한 후, 그것에 대한 박세채의 견해를 묻고 있었다. 전체적으로 볼 때 그것은 주자학적 생성론의 범위를 벗어난 것은 아니었지만 세부적으로 볼 때 주목할 만한 몇 가지 문제제기가 있었다. 음양에서 오행이 생성되는 과정에 대한 질문은 그 가운데 하나였다.

　『태극도설』의 "陽變陰合, 而生水火木金土"라는 생성론적 도식에 따르면 오행 가운데 土가 가장 늦게 생성된다. 김재해는 이럴 경우 水火木金의 四行이 어디에 의지하게 되는가 하는 의문을 제기하였다. 아울러 태극에서 음양의 생성은 곧 천지의 생성으로 간주되는 바, 그렇다면 이때의 地는

---

183) 「書黃勉齋疑太極圖解說後」, 『遜齋集』 卷6, 24ㄱ~ㄴ(171책, 120쪽).

184) 「書黃勉齋疑太極圖解說後」, 『遜齋集』 卷6, 24ㄴ(171책, 120쪽). "朱子之所以深得濂溪之意者盖如此 勉齋何不致疑於濂溪水陰火陽之說 而獨於圖解疑之耶".

185) 「答金叔涵問太極圖○戊辰」, 『南溪集』 卷48, 5ㄱ~20ㄴ(139책, 467~474쪽).

土로 볼 수 있는데 어찌하여 土를 말하지 않느냐는 질문도 덧붙였다.[186]
이에 대한 박세채의 대답은 土가 비록 생성되지 않았더라도 地가 이미
형성되었다면 水火木金의 依附 문제는 알 수 있다는 다소 모호한 것이었
다. 그 역시 이러한 문제점을 인식하고 있었던지 "오행의 변화는 진실로
궁구할 수 없는 것이 있다"고 고백하였지만, 오행의 변화를 탐구하는 기준
으로는 주희의 '氣質論'을 고수하였다.[187]

생성론에 대한 검토는 『近思錄』에 대한 문답을 통해서도 이루어졌는
데,[188] 여기서도 비슷한 문제들이 제기되었다. 任元耈는 1676년(숙종 2)
박세채에게 보낸 편지에서 혹자의 의문을 소개하고 있는데, 그것은 바로
오행의 생성 순서에 대한 문제였다. 그에 따르면 혹자는 "火가 木을 기다려
생기는 것인데, 지금 생성의 순서로 보면 오히려 木이 火의 앞에 있다.
그렇다면 木이 없을 때 火는 어디에 깃들어 있는가"[189]라는 질문을 하고
있다. 이는 『태극도설』의 생성론적 도식이 오행상생의 순서(木火土金水)
로 표상되는 일반의 경험적 사실과 일치하지 않는다는 사실을 지적한
것이었다.

1673년(현종 14)에 金榦도 혹자의 말을 빌려 송시열에게 '水→火→木→
金→土'라는 순서를 따를 때 土가 생성되기 이전에 나머지 四行은 어디에

---

186) 「答金叔涵問太極圖○戊辰」, 『南溪集』 卷48, 14ㄱ(139책, 471쪽). "載海按五行之生
土在最後 土之未生也 四者依於何所 兩儀旣立 地便是土 而猶不云土者 豈以
地之成形 只是查滓 未成此土耶".

187) 「答金叔涵問太極圖○戊辰」, 『南溪集』 卷48, 14ㄴ(139책, 471쪽). "土雖未成 地旣成
形 則四者之依附可知也 五行之變 固亦有不可窮者 然言大體 只有氣質兩道而
已".

188) 「答沈龍卿問近思錄○丙午七月二十七日」, 『南溪集』 卷40, 1ㄴ~8ㄱ(139책, 304~307
쪽) ; 「答沈明仲問近思錄○乙卯九月六日」, 『南溪集』 卷41, 39ㄴ~41ㄱ(139책, 338
~341쪽) ; 「答任大年問近思錄○丙辰九月十六日」, 『南溪集』 卷43, 2ㄱ~17ㄱ(139
책, 363~371쪽).

189) 「答任大年問近思錄○丙辰九月十六日」, 『南溪集』 卷43, 2ㄱ~ㄴ(139책, 363쪽). "陽
變陰合而生水火木金土 或問火待木而生者 今其生之序反在於火前 然則未有
木之時 火寓於何處也".

있게 되는가를 묻고 있었다. 이에 대해 송시열은 그것은 地에 있게 된다고
설명하고 있다. 土는 地의 다른 이름이고, 地는 土가 생기기 이전에 존재한
다는 것이었다. 김간 역시 '天五生土'의 이전에 '地二生火', '地四生金'이
있다는 사실을 들어 이러한 송시열의 견해에 동조하였다.[190]

　같은 질문이 朴光一에 의해서도 제기되었다. 1680년 '庚申換局' 이후
거제도에서 귀환한 송시열을 방문한 박광일은 오행의 생성 순서에 대해
질문하였다. 그는 水・火가 土에서 형질을 얻지 않고 생성되는 것은 가능
하지만 木・金은 土에서 형질을 얻어야만 생기는 것인데, 土가 木・金보
다 뒤에 생성되는 원리를 이해할 수 없다고 하였다. 이에 대해 송시열은
"質具於地而氣行於天"이라는 주희의 언급에 근거하여 木・金만이 아니
라 水・火 역시 土에서 형질을 얻어 생성되는 것이라고 답하였다.[191]

　이상에서 살펴본 일련의 논의들은 오행설이나 주자학적 생성론에 대한
본질적인 문제제기에까지 도달하지는 못했다. 그것은 주자학적 생성론의
기본 범주라고 할 수 있는 태극・음양・오행이라는 개념들이 本體論의
문제와 직결되어 있었기 때문이다.

　예컨대 오행의 경우만 보더라도 그것은 자연계를 설명하는 틀로서만이
아니라 인간과 사회의 윤리・도덕 질서를 합리화하는 근거로서 기능하고
있었다.[192] 따라서 오행설이나 주자학적 생성론의 본질적 변화는 주자학
적 사유체계 전반의 구조적 변화가 수반되어야 가능한 것이었다. 그러나

---

190) 「語錄」, 『宋子大全』 附錄, 卷15, 金榦錄, 8ㄴ(115책, 502쪽) ; 「尤齋先生語錄」,
　　 『厚齋集』 別集, 卷3, 9ㄱ~ㄴ(156책, 262쪽).

191) 「語錄」, 『宋子大全』 附錄, 卷16, 朴光一錄, 15ㄴ~16ㄱ(115책, 522쪽) ; 「語錄」,
　　 『遜齋集』 卷9, 11ㄴ(171책, 193쪽).

192) 天地人 三才를 五氣・五行・五事의 相應 관계로 설명하는 金得臣(1604~1684)
　　 의 논리나[「策」, 『柏谷集』 文集, 冊6, 30ㄴ(104책, 179쪽). "蒼蒼者天而其氣也有
　　 五 雨也暘也燠也寒也風也 茫茫者地而其行有五 金也木也水也火也土也 林林
　　 者人而其性有五 仁也義也禮也智也信也者 各有其理 莫不相應"], 주희의 설명
　　 방식에 따라 陰陽五行을 자연계와 인간계의 운영원리로 설명하는 蔡之洪(1683
　　 ~1741)의 견해는[「讀學蔀補總辨」, 『鳳巖集』 卷11, 11ㄱ~12ㄱ(205책, 389쪽)]
　　 그 단적인 예이다.

주자학적 사유체계를 유지·옹호하고, 그 범위 내에서 문제 해결을 모색했던 서인-노론계 일반의 논의에서 그것을 기대할 수는 없었다. 그럼에도 불구하고 陰陽五行說과 '太極→陰陽→五行→萬物'이라는 주자학적 생성론은 그 내적 모순으로 인해 변화가 예고되고 있었다. 음양오행설의 내적 모순은 현상세계에 대한 경험적 관찰을 통해 추출한 陰陽·五行이라는 개념을 형이상학적으로 전환시킨 데 그 근본적 원인이 있었다. 즉 음양·오행을 태극으로부터 파생되어 만물을 구성하는 기본 질료로서 간주하고, 그것을 통해 天地萬物의 생성과 변화를 모두 설명하려고 함으로써 나타난 필연적인 무리였다. 결국 그것은 주자학적 자연학의 이론틀을 깨뜨리지 않고는 본질적인 변화를 기대할 수 없는 문제였는데, 조선후기에는 그 모순에 대한 내부적인 문제 제기와 '四行說'이라는 서양 생성론의 외적 자극에 의해 전환의 계기들이 마련되고 있었다.[193]

3. 金錫文의 易學的 宇宙論과 西洋 天文學 이해

1) 象數學과 西洋 天文學의 결합

17세기 중·후반에 본격적으로 도입되기 시작한 서양 과학의 내용을 소화·흡수하여, 그것을 전통적인 사유체계의 바탕 위에서 재정리한 대표적인 인물이 金錫文(1658~1735)이었다. 그의 象數學과 宇宙論은 金昌翕(1653~1722)·李喜朝(1655~1724)를 거쳐 金元行(1702~1772)·洪大容(1731~1783)·黃胤錫(1729~1791) 등 老論 洛論系 학자들에게 많은 영향을 끼쳤다고 평가된다. 김석문이 『易學圖解』를 저술한 것은 그의 나이 40세 때인 1697년(숙종 23)이었고, 현존하는 『易學二十四圖解』가

---

193) 조선후기 음양오행론의 변화에 대한 개괄적인 연구로는 김문용, 「조선 시대 유학자들의 음양오행론」, 『조선 유학의 자연철학』, 예문서원, 1998, 293~347쪽을 참조.

판각된 것은 그로부터 30년이 지난 1726년(영조 2)이었다.[194]

김석문이 1697년에 작성한 『역학도해』는 대략 5권 5책이었던 것으로 추정되며,[195] 현존하는 『易學二十四圖解』는 『역학도해』 가운데서 24圖와 總解를 중심으로 재구성한 것이었다.[196] 원본 가운데 제1권이 太極에 대해서 총론한 것이었음을 고려한다면,[197] 이것이 저본이 되었을 가능성도 생각해 볼 수 있겠다. 원래의 『역학도해』에는 오늘날 우리가 보는 우주론 이외에도 다양한 내용들이 담겨져 있었던 것 같다. 그것은 「易學二十四圖序目」에서 김석문 자신이 밝히고 있는 저술의 범위를 통해서 확인할 수 있으며,[198] 현존하는 20여 개의 圖象이 나타내는 내용을 통해서도 추론해 볼 수 있다. 자연학적인 내용만 보더라도 우주론 이외에 潮汐·月蝕·日蝕 등의 문제가 다루어지고 있었다. 한편 『역학도해』에는 인간사회의 예의·풍속에 관한 내용도 수록되어 있었던 것 같다. 예컨대 숙종조에

194) 閔泳珪, 「十七世紀 李朝學人의 地動說-金錫文의 易學二十四圖解-」, 『東方學志』 16, 1975 참조.

195) 『頤齋亂藁』 卷16, 庚寅(1770년) 12월 8일(三, 480쪽). "聞海運之子李參奉命贊方以其外曾祖金大谷錫文 易學圖解全帙五大冊 已謄兩冊 餘未畢功"; 『頤齋亂藁』 卷16, 辛卯(1771년) 정월 3일(三, 504쪽) ; 「書金大谷錫文易學圖解後」, 『頤齋遺藁』 卷12, 17ㄱ(246책, 267쪽). "炳如 淸風金公錫文字也……其學深於易 發前人所未發者甚多 而莫之識 惟三淵金文康公昌翕獨亟稱焉 所著易學圖解五卷 不及行".

196) 閔泳珪, 「十七世紀 李朝學人의 地動說-金錫文의 易學二十四圖解-」, 『東方學志』 16, 1975, 2~4쪽 ; 김용헌, 「김석문의 우주설과 그 철학적 성격」, 『실학의 철학』, 예문서원, 1996, 140~143쪽. 1697년본은 총 5권(5책)으로 된 필사본이었고, 1726년본은 그 일부를 판각한 목판본이었다.

197) 『頤齋亂藁』 卷16, 辛卯(1771년) 정월 3일(三, 504쪽). "退與海運之子李參奉命贊初相見爲其爲金通川錫文之外曾孫 方收通川所著易學圖解 一邊謄出故也 因請見之 共五卷 其下四卷 卽余舊因鄭忠州得見者也 其首卷總論太極 要於早晚借覽 則許之 蓋二十四圖 固有印本 粧作十二疊大屛 而其原本題曰太極圖 係是寫本 自言前年 往其外家 收來者云".

198) 「易學二十四圖序目」, 『易學二十四圖解』, 3쪽 6~8행. "年四十始著書 上自太極體段 下至天地萬物體用 數卦中衍爲蓍象納甲 海之潮汐 氣之元會 迄于天地返終于太極".

시행되었던 異姓 8寸간의 혼인 금지 조항 같은 사안도 수록되어 있었던 것으로 확인되며,[199] 남녀의 정서상의 차이에 대한 언급도 찾아볼 수 있다.[200]

黃胤錫에 따르면 서양의 新法이 중국으로부터 조선에 전해지자 이에 김석문이 『역학도해』 25편을 지었는데, 그것은 利瑪竇·熊三拔 등 서양의 논의를 포괄하고 공자와 소옹의 견해를 결합시킨 저술이었다고 한다.[201] 황윤석은 그 내용이 장재의 『正蒙』이나 주돈이의 『通書』와 유사하다고 평가하였다.[202] 이와 같은 김석문의 역학과 그의 저술 『역학도해』는 18세기 지식인 사회에서 수준 높은 것으로 평가되고 있었다. 김석문의 수학은 徐敬德의 수준을 넘어서는 것으로 평가되었고,[203] 그의 저술은 비록 소옹과 주희의 역학에 비해 다소의 출입이 있었지만 송대 이래 일찍이 없었던 것으로서 반드시 읽어보아야 할 대상으로 간주되었다.[204]

이미 황윤석이 적절하게 지적하고 있듯이 김석문의 저술은 전통적인 易學(象數學)과 서양의 천문역산학을 두 축으로 하여 구성되었다. 먼저 전통적인 역학은 『주역』을 중심으로 주돈이의 『태극도설』, 소옹의 『황극

---

199) 『頤齋亂藁』 卷14, 庚寅(1770년) 2월 29일(三, 80쪽). "大谷易解又言 肅廟朝特敎 異姓八寸(卽三從)亦不許婚"; 『頤齋亂藁』 卷18, 辛卯(1771년) 4월 11일(三, 646 쪽). "而肅宗朝 又令限三從勿婚 此載大谷子易學圖解".

200) 『頤齋亂藁』 卷18, 辛卯(1771년) 4월 11일(三, 648쪽). "大谷子易學圖解云 男子先 動而後泄 女子先泄而後動 蓋男女之際 情欲一耳 而其所相感 男猶淺女爲甚 男陽也 陽淸而輕且薄 女陰也 陰濁而重且厚 以此究之 居可知矣 是故男子之愛 不如女子之愛之切也 男子之哀 不如女子之哀之深也 七情諸想 無往而不然".

201) 『頤齋亂藁』 卷14, 庚寅(1770년) 4월 21일, 「與林成滿書」(三, 156쪽). "而西洋新 法 自華而東 爰有大谷金公 作易學圖解二十五篇 包幷利熊 叅合孔邵".

202) 『頤齋亂藁』 卷17, 辛卯(1771년) 2월 3일(三, 529쪽). "是日瓠泉金丈臨訪 對閱大 谷子易圖 問余曰 此解文字何如 余曰 源類正蒙通書模樣矣".

203) 『頤齋亂藁』 卷25, 己亥(1779년) 4월 24일(五, 511쪽). "近世金大谷錫文炳如 最精 于數 過花潭不翅遠矣".

204) 『頤齋亂藁』 卷29, 己亥(1779년) 5월 14일, 「與李上舍應之東運書」(五, 533쪽). "其書 雖於邵朱有出入 要之亦當爲宋季以下所未有 不可不一玩也".

경세서』, 장재의『정몽』등이 주로 참고되었다.205) 그는『역학이십사도
해』에서 주돈이의 생성론적 도식을 차용하여 우주 생성의 원리를 설명하
였고, 지전설의 역사적인 전거로 장재의『정몽』을 인용하였으며, 우주의
'變滅'을 설명하면서 소옹의 원회운세설을 적극적으로 원용하고 있었다.
『역학이십사도해』의 小註 곳곳에 인용되어 있는 주돈이·소옹·장재·
주희의 견해와 그에 대한 합리화는 김석문의 학문적 바탕이 성리학·역학
이었음을 여실히 보여주는 것이라 할 수 있다.

　이러한 성리학과 역학류의 저서 이외에 전통적인 역법서도『역학이십
사도해』의 우주론을 구성하는 데 커다란 역할을 하였다.206) 김석문은『漢
書』등 각종 역사서의 기록을 동원하여 자신의 견해에 대한 방증으로
삼기도 하였다.

　한편 김석문은 당시 도입된 서양 천문역산학의 정밀성을 분명하게 인식
하고, 그것을 적극적으로 자신의 저술 속에 수용하였다. 이처럼 김석문이
용이하게 서학을 수용할 수 있었던 데는 그의 家系가 큰 작용을 하였던
것으로 짐작된다. 그는 시헌력의 도입을 주장한 金堉과 같은 가문에 속했
다.207) 김육이 1645년에 들여온 것이『西洋新法曆書』의 일부였다는 점을
상기할 때, 이 때 중국에서 들여온 천문역법서들이 김석문의 공부에 활용

---

205)「易學二十四圖序目」,『易學二十四圖解』, 3쪽 6행. "尤喜易·周·邵·程·張等
　　書……".
206)「易學二十四圖序目」,『易學二十四圖解』, 3쪽 7~8행. "泛濫諸子百家 如曆法·
　　地誌·六藝之書 無不取舍會通".
207) 淸風 金氏의 家系에 대해서는 閔泳珪의 논문(1975)에 자세하다. 다만 閔泳珪가
　　인용한 光武 3년(1899) 刊本『抱川邑志』의 金錫文에 대한 내용은 영조 34년
　　(17858)에 작성된 필사본『堅城誌』(古4790-9)의 그것을 바탕으로 한 것이었다고
　　추측된다.『堅城誌』, 人物(영인본『朝鮮時代 私撰邑誌』11(京畿道 11), 韓國人
　　文科學院, 1989, 206쪽). "金錫文 字炳如 號大谷 郡守坰孫 忠簡公權玄孫 自少
　　遇物輒思其理 不得則不止 及長深於易學 族兄金淸城錫冑見而歎曰 大成公性
　　理之學有所傳矣 年四十始著書 上自太極 下至萬物 盡其體用之妙 名之曰 易
　　學圖解 凡爲圖四十有四 解十二萬七千二百餘言 肅廟朝以遺逸累典郡邑 晩居
　　多大谷 種蓮養魚 作亭其上 名以一節 頗有林居之趣 及遇疾 預占日時不差 而
　　卒年七十八".

되었으리라 짐작할 수 있다. 김석문이 『역학이십사도해』에서 인용하고 있는 서학서들이 『恒星曆指』, 『曆指五緯(五緯曆指)』, 『時憲曆法』, 『七政曆指』 등이었다는 점[208]을 고려해 볼 때 이러한 추론은 신빙성을 더한다. 이 책들은 모두 『서양신법역서』에 수록되어 있는 것들이기 때문이다.[209]

이들 서학서와 함께 주목되는 것이 당시 淸의 지식인들이 서양 과학을 소화하여 전통적인 학문의 토대 위에서 재정리한 연구 성과들이다. 당시 淸의 대표적 지식인이라 할 수 있는 梅文鼎(1633~1721)은 전통 학문과 서학의 절충을 꾀한 사람으로 유명하다. 그는 서양학문의 우수성을 인정하면서도 그 연원을 중국에 두는 이른바 '중국원류설'의 주창자였다.[210] 김석문은 바로 이 매문정의 저서를 인용하고 있었는데 그것이 바로 『曆象本要』였다.[211] 매문정은 중국의 전통적인 역학의 바탕 위에서 서양의 수학・천문역산학을 소화하여 여러 종류의 책을 저술하였다. 『역상본요』는 『曆學疑問』(3권), 『曆學騈技』(4권), 『筆算』(5권), 『三角法擧要』(5권), 『弧三角擧要』(5권), 『環中黍尺』(5권), 『塹堵測量』(2권)등과 함께 『曆學正宗』이란 총서명으로 당시 조선에 소개되어 있었다.[212]

이처럼 김석문은 전통적인 상수학의 토대 위에서 서양 과학을 수용하였

---

208) 『恒星曆指』는 31쪽 14행, 『五緯曆指』는 32쪽 8행과 10행, 『時憲曆法』은 37쪽 14행, 『七政曆指』는 39쪽 14행에 각각 인용되어 있다.

209) 文淵閣 四庫全書에 수록되어 있는 『新法算書』에는 卷24에 「日躔曆指」, 卷28~31에 「月離曆指」, 卷36~44에 「五緯曆指」, 卷56~68에 「恒星曆指」가 들어 있다.

210) John B. Henderson, "Ch'ing Scholars' Views of Western Astronomy", *Harvard Journal of Asiatic Studies* 46-1, Harvard-Yenching Institute, 1986, pp 139~144 참조.

211) 「易學二十四圖總解」, 『易學二十四圖解』, 40쪽 8행.

212) 『頤齋亂藁』 卷25, 戊戌(1778년) 윤6월 1일(五, 136~138쪽). 당시 黃胤錫은 鄭東愈를 통해 이 책을 보았는데[『頤齋亂藁』 卷22, 丙申(1776년) 8월 4일(四, 384쪽) ; 『頤齋亂藁』 卷25, 戊戌(1778년) 6월 9일(五, 53쪽)], 鄭東愈는 이 이외에도 많은 西學書를 보유하고 있었다[『頤齋亂藁』 卷24, 戊戌(1778년) 3월 18일(四, 578쪽) ; 『頤齋亂藁』 卷24, 戊戌(1778년) 3월 25일(四, 591쪽) ; 『頤齋亂藁』 卷24, 戊戌(1778년) 4월 21일(四, 627~628쪽)].

다. 그가 전통적인 상수학과 천문역법을 숙지하고 있었다는 사실은 그의 자신에 찬 학문적 회고를 통해서도 확인할 수 있다.[213] 이러한 토대 위에서 서양 과학을 수용하고 그것을 자신의 학문체계에 소화하고자 하였던 것이 김석문의 작업이었다. 따라서 우리는 이 저술을 통해 17세기 후반의 조선 지식인이 서양 과학을 수용하여 그것을 기존의 사유체계 속에서 어떻게 소화해 나갔는가 하는 구체적인 모습을 확인해 볼 수 있다.

김석문의 『역학이십사도해』에서 상수학과 서양 과학이 결합하고 있는 모습은 그가 인용하고 있는 서양 천문역법서의 목록이나 티코 브라헤의 행성구조론을 차용한 우주론 등에서도 살펴볼 수 있지만, 가장 극명한 모습은 그가 제시하고 있는 각종 수치들을 분석함으로써 확인할 수 있다. 따라서 여기에서는 김석문이 사용하고 있는 몇 가지 天文常數에 대한 분석을 통해, 그의 체계 속에서 상수학과 서학의 결합이 어떤 형태로 이루어지고 있었는지 살펴보도록 하겠다.

첫째, 1虛라고 하는 수치의 산출이다. 1虛라는 수치는 김석문의 우주론에서 핵심적인 상수로서, 태극으로부터 생성되는 太虛가 미동하는 수치이다.[214] 그런데 이 1虛의 값은 지구상의 里數로 계산하면 9萬里에 해당한다. 이것은 지구가 하루에 회전하는 양이며, 곧 지구 둘레의 길이에 해당하는 값이다. 그런데 지구 둘레가 9만 리라고 하는 계산은 서양의 지구설로부터 유래한 것이었다. 利瑪竇 이래로 땅이 둥글다는 것을 입증하기 위해 위도에 따른 북극 고도의 변화를 이용하였는데, 지구상에서 남북으로 250리 이동할 때마다 북극 고도가 1도씩 변화한다는 내용이었다. 지구는 전체적으로 360도이기 때문에 1도=250리에 따라 계산하면 그 둘레는 9만 리가

---

213) 「易學二十四圖序目」, 『易學二十四圖解』, 3쪽 4~6행. "尤喜易·周·邵·程·張等 書 能究觀天地日月星辰水火土石 以至飛走草木 人性之善惡死生 通陰陽之故 達古今之變 泛濫諸子百家 如曆法·地誌·六藝之書 無不取舍會通".

214) 「易學二十四圖總解」, 『易學二十四圖解』, 31쪽 10~11행. "太虛微動 陽始動之 數也 其數一虛 一虛於地爲九萬里 於日爲一日弱 積至九千九百三十三萬○千 六百○十一億二千八百三十九萬五千九百八十餘年而一周 自西而東 文煩省 之".

되는 것이었다(360×250= 9,0000). 김석문은 이렇게 계산된 9만 리의 값을 그의 우주론에서 기초 상수로 사용하고 있었던 것이다.

둘째, 歲差値의 계산이다. 김석문은 經星天의 운동 속도를 2,5440년에 하늘을 한 바퀴 도는 것으로 설정하였다.[215] 여기서 그가 제시하고 있는 2,5440년이라는 수치는 바로 세차치였다. 그런데 주목할 것은 당시 김석문이 접하고 있던 각종 세차의 값은 이것과는 약간의 차이를 보이고 있었다는 점이다. 그가 제시하고 있듯이 授時曆의 세차치는 약 2,4319년이었고, 『恒星曆指』의 '叙目'에 소개되어 있는 세차치도 약 2,5202년과 2,5411년이라는 값이었다.[216] 이 가운데 당시 시헌력에서 사용하고 있던 세차치는 1년에 51초씩 항성이 동쪽으로 이동한다는 관측 결과에 입각하여 계산해낸 2,5411년이었다.[217] 그런데 김석문은 이 수치를 그대로 채용하지 않았다. 그는 소옹의 一元消長의 4甲子法을 이용하여 4갑자(4×60=240)의 정수비가 되는 2,5440(=240×106)이라는 근사값을 만들어냈던 것이다.[218] 이것은 김석문이 서양 천문학의 성과를 그대로 수용하지 않고 자신의 학문체계 속에서 변형시킨 가장 대표적인 예로 주목할 필요가 있다.

셋째, 지구의 1년 동안의 自轉 회수의 산출이다. 김석문은 우주의 중심부에 위치한 지구의 회전이 가장 빨라서 1년에 366회전한다고 주장하였다.[219] 이것이 그의 유명한 地轉說이다. 그렇다면 366이란 수치는 어떻게 계산된 것일까? 김석문은 이것을 지구의 평행 속도로부터 계산해 내고 있었다. 그에 따르면 지구가 하루에 회전하는 도수는 58分58秒38微38纖

---

215) 「易學二十四圖總解」, 『易學二十四圖解』, 31쪽 11~12행. "是生經星 故經星於 太虛中 其動也最遲 二萬五千四百四十年而一周 自西而東焉".

216) 「易學二十四圖總解」, 『易學二十四圖解』, 31쪽 12~17행.

217) 360도를 초로 환산하면 360×60×60=129,6000(초)이 되며, 이것을 51(초/년)로 나누면 그 값은 25411.76470588(년)이 된다. 이 가운데 소숫점 이하의 값인 39초 (0.764705882×51=38.999999982)를 제외하면 대략 2,5411(년)이 된다.

218) 「易學二十四圖總解」, 『易學二十四圖解』, 31쪽 17~19행.

219) 「易學二十四圖總解」, 『易學二十四圖解』, 32쪽 4~6행. "最下地質 其動也極疾 一年而三百六十有六轉 亦自西而東焉".

30芒26末21塵47忽31虛였다.[220] 이것으로 周天度數 360도를 나누면 그 값은 다음과 같다.

$$58\times(60)^8+58\times(60)^7+38\times(60)^6+38\times(60)^5+30\times(60)^4+26\times(60)^3+$$
$$21\times(60)^2+47\times60+31=9.905938551294\times10^{15}(虛/日)$$
$$\rightarrow 지구의 1일 평행률$$
$$360(度)=360\times(60)^9=3.62797056\times10^{18}(虛) \rightarrow 주천도수$$
$$3.62797056\times10^{18}\div9.905938551294\times10^{15}=366.2419811322(日)$$

그런데 김석문은 이 계산에서 전제가 되는 지구의 1일 평행률이 어떻게 나오게 된 것인지에 대해서는 밝히지 않았다. 또 이 계산에서 산출된 결과값의 단위는 日數이지 回轉數가 아니다. 따라서 이 계산을 통해 지구의 자전 회수를 도출하는 김석문의 방식에는 약간의 문제가 있다고 볼 수 있다.

넷째, 우주구조에서 각 천체의 거리와 둘레, 다시 말해 9重天의 徑圍와 遠近에 대한 계산이다.[221] 김석문은 자신의 우주를 9天으로 나누고 天心으로부터 지구까지의 거리와 지구로부터 각 천체까지의 거리를 계산해 내고 있었다. 그 구체적인 값은 다음의 <표 4-3>과 같다.

중요한 것은 김석문이 어떠한 방법을 사용하여, 어떠한 수치에 근거하여 이런 값을 계산해 냈는가 하는 점이다. 이미 기존의 연구를 통해 太虛天과 經星天의 수치를 계산한 방법은 밝혀져 있다.[222] 따라서 여기서는 그 이외에 日月五星天의 원근을 계산한 방법에 대해 살펴보기로 하겠다.

---

220) 「易學二十四圖總解」, 『易學二十四圖解』, 32쪽 4~5행. "三百六十六轉爲全轉 故謂之地平行 地一轉 日行五十八分五十八秒三十八微三十八纖三十○芒二十六末二十一塵四十七忽三十一虛 零餘則入於七日 故不計 餘倣此".

221) 「易學二十四圖總解」, 『易學二十四圖解』, 36쪽 5행. "是故自地至于太極 凡九層 皆有徑圍遠近之數存焉".

222) 小川晴久, 「地轉(動)說에서 宇宙無限論으로-金錫文과 洪大容의 世界-」, 『東方學志』 21, 1979, 69~71쪽.

<표 4-3> 9重天의 遠近과 大小

구분		遠近(거리)	大小(각 천체 : 지구)
第1天	天心~地	18,0000餘里	
第2天	地~月輪	37,7029里餘	38 1/3 : 1
第3天	地~日輪	521,7386里餘	1 : 165 3/8
第4天	地~熒惑	982,5439里餘	1 : 1 1/2
第5天	地~歲星	6202,2130里餘	1 : 94 1/2
第6天	地~鎭星	1,5063,5493里餘	1 : 90 1/8
第7天	地~經星	1329,4698,2484里餘	
第8天	地~太虛	519,6686,1129,9999,9998,5676里餘	
第9天	太極天		

계산의 원칙은 태허천이나 경성천의 원근을 구하는 방식과 동일하다. 먼저 각 천체가 하루에 움직이는 도수(一日 平行率)를 확인하여, 여기에 '諸天能力必等'이라는 원칙에 입각하여 9만 리를 곱하면 그것이 각 천체가 하루에 이동하는 里數(一日行天經度里數)가 된다. 여기에 각 천체가 1周天하는데 걸리는 시간(周天之數)을 곱하면 그것이 바로 각 天의 둘레(中距天之里數=中距之周)가 된다. 각 天의 둘레를 원주율(3.141592)로 나누면 각 天의 직경(經數)을 구할 수 있고, 그것을 반으로 나누면 지심으로부터 각 天까지의 거리(地心去中距天之里數)가 된다. 여기에서 지반경을 빼면 지상으로부터 각 天까지의 거리(地平上去中距天之里數)가 되는 것이다.223) 이 방법에 따라 계산한 日月五星天의 원근은 다음과 같다.

① 地上에서 月輪天까지의 거리(自地至月)

---

223) 「易學二十四圖總解」,『易學二十四圖解』, 36쪽 10~14행. 다음과 같은 방법으로도 같은 결과를 얻을 수 있다. 각 천체가 하루에 움직이는 도수[1日 平行率]로써 周天度數를 나누고, 여기에 9만 리를 곱하면 그것이 바로 각 天의 둘레가 된다. 왜냐하면 모든 천체가 하루에 움직이는 거리는 9만 리로 동일하고, 따라서 여기에 1주천하는 데 걸리는 시간을 곱하면 각 天의 둘레를 구할 수 있기 때문이다. 그것을 원주율로 나누고, 다시 반으로 나눈 다음 지반경을 빼면 지상으로 각 天까지의 거리를 구할 수 있다.

1항성월=27.32166일

1일 行天經度里數=9,0000里

월륜천의둘레(月中距天之里數=月中距之周)

 =27.32166×9,0000=245,8949.4(里)

월륜천의 직경=245,8949.4÷3.141592=78,2708.0665

地心에서 月中距天까지의 거리=78,2708.0665÷2=39,1354.0332(里)

地上에서 月中距天까지의 거리

 =(地心에서 月中距天까지의 거리)-地半徑

 =39,1354.0332-(9,0000÷3.141592÷2)=37,7030.0854≒37,7029(里)

② 地上에서 日輪天까지의 거리(自地至日)

 1회귀년=365.2422일

 일륜천의 둘레=365.2422×9,0000=3287,1798(里)

 월륜천의 직경=3287,1798÷3.141592=1046,3420.46(里)

 地心에서 日中距天까지의 거리=1046,3420.46÷2

 =523,1710.228(里)

 地上에서 日中距天까지의 거리

 =523,1710.228-(9,0000÷3.141592÷2)=521,7386.281

 ≒521,7386(里)

③ 地上에서 火星(熒惑)天까지의 거리(自地至熒惑)

 화성 1일 평행률=31分26秒36微53纖51芒33末

  → $31×(60)^5+26×(60)^4+36×(60)^3+53×(60)^2+51×60+33$

 =244,5052,9893(末)

 주천도수 360도=$360×(60)^6=1.679616×10^{13}$(末)

  $1.679616×10^{13}÷244,5052,9893=686.9446213846$(日)

  686.9446213846×9,0000÷3.141592÷2=983,9758.938241(里)

  9839758.938241-(9,0000÷3.141592÷2)=982,5434.990383

234

$$≒982,5439(里)$$

④ 地上에서 木星(歲星)天까지의 거리(自地至歲)

목성 1일 평행률=4分59秒14微26纖46芒31末

$$→ 4×(60)^5+59×(60)^4+14×(60)^3+26×(60)^2+46×60+31$$
$$=38,7816,0391(末)$$

주천도수 $360도=360×(60)^6=1.679616×10^{13}(末)$

$$1.679616×10^{13}÷38,7816,0391=4330.960637(日)$$
$$4330.960637×9,0000÷3.141592÷2=6203,6454.33(里)$$
$$62036454.33-(9,0000÷3.141592÷2)=6202,2130.39≒6202,2130(里)$$

⑤ 地上에서 土星(鎭星)天까지의 거리(自地至鎭)

토성 1일 평행률=2分3秒13微31纖28芒51末

$$→ 2×(60)^5+3×(60)^4+13×(60)^3+31×(60)^2+28×60+51$$
$$=15,9700,1331(末)$$

주천도수 $360도=360×(60)^6=1.679616×10^{13}(末)$

$$1.679616×10^{13}÷15,9700,1331=1,0517.31121(日)$$
$$1,0517.31121×9,0000÷3.141592÷2=1,5064,9417.3(里)$$
$$1,5064,9417.3-(9,0000÷3.141592÷2)=1,5063,5093.4$$
$$≒1,5063,5493(里)$$

이상의 계산에서 중요한 것은 김석문이 사용하고 있는 수치들이 『서양신법역서』에 소개되어 있는 각 천체의 평행률이라는 사실이다.[224] 요컨대 김석문은 당시 서양의 천문역산학이 소개한 최신의 데이터를 자신의 상수학적 체계 속에 적극적으로 도입하는 한편, 부분적으로는 세차치와 같은 수치를 자신의 체계에 맞추어 개정하기도 하였다. 이는 그의 서학 수용이

224) 『新法算書』卷36, 五緯曆指 1, 定五星之平行率, 18ㄱ~ㄴ(788책, 641쪽).

자신의 사상적 기준에 근거하여 진행되었다는 것을 암시해 준다. 그의 사상 체계 속에서 전통적 상수학과 서학은 상호 작용을 통해 양자 모두 변형을 겪게 되었다. 우리는 그 구체적 실상을 그의 우주론을 분석함으로써 확인할 수 있을 것이다.

2) 朱子學的 宇宙構造論의 轉變

『역학이십사도해』의 저술에는 커다란 두 가지 목적이 있었다. 하나는 '天舒地疾'의 원리를 밝히고자 하는 것이었고, 다른 하나는 '二五之說'에 대한 해명이었다.[225] 『역학이십사도해』는 바로 이 같은 두 가지 문제를 중심으로 하여 구성되어 있다. 전자가 천체의 운행을 포함한 우주구조론의 문제라면, 후자는 천지만물의 생성과 운영의 원리를 포괄한 우주생성론의 문제라고 할 수 있다. 김석문의 서양 과학 수용은 전자의 문제에 국한되며, 陰陽五行으로 대표되는 전통적인 생성론의 도식은 의연히 유지되고 있었다. 이에 우리는 김석문의 우주론을 통해 서양 우주론과 전통적인 우주론의 교묘한 결합을 보게 되는 것이다.

우주의 구조와 운행의 원리를 설명하고자 하는 김석문의 작업은 생성의 원리를 규명하는 것으로부터 출발한다. 김석문이 천지만물의 근원자로 설정하고 있었던 것은 '眞精明虛'를 속성으로 하는, 말로 표현하기 어려운 그 무엇이었다. 이른바 『周易』의 '太極', 『太玄』의 '太一', 『中庸』의 '誠明', 『大學』의 '明德' 등은 모두 이것을 표현한 용어였다. 이러한 근원자와 천지만물의 차이점은 動靜・淸濁・內外・遠近・大小・古今・變滅의 유무로 결정된다.[226] 김석문이 『역학이십사도해』의 「總解」를 통해 설명

---

225) 「易學二十四圖總解」, 『易學二十四圖解』, 30쪽 6~9행. "無乃以筆之行也舒 而墨之行也疾 舒者近乎天 而疾者近乎地 崔侯之遺以是物也 豈欲使我言天之舒而地之疾耶 天有陰陽而筆則有二 地有五行而墨亦有五 無乃崔侯之意欲聞二五之說而然耶".

226) 「易學二十四圖總解」, 『易學二十四圖解』, 30쪽 17~19행. "是故是物也 無變滅無古今 無大小 無遠近 無內外 無淸濁 無動靜 眞而精 明而虛 虛而精 明而眞

<그림 4-14> 『易學二十四圖解』의 우주구조

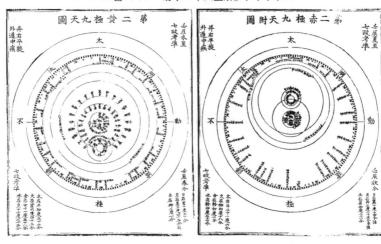

하고 있는 우주의 생성과 구조 및 운행에 대한 일체의 논의는 바로 '寂然·
湛然'하여 動靜도 形氣도 없는 근원자로부터 動靜의 과정을 거쳐 천지가
탄생하고, 그것이 淸濁·內外·遠近·大小의 차별을 드러내게 되는 과
정과 나아가 우주의 전체 역사 속에서 천지가 變滅하게 되는 전 과정을
밝히고자 한 것이었다. 이 가운데 오늘날의 관점에서 볼 때 우주구조론에
속하는 것은 動靜·淸濁·內外·遠近·大小이며, 우주생성론의 측면에
서 논의할 수 있는 것은 動靜·古今·變滅이다. 動靜이라는 요소가 양자
에 걸쳐 있는 것은 김석문의 우주론에서 구조론과 생성론이 밀접한 관련성
을 갖고 있다는 사실을 말해주는 것이기도 하다.

김석문의 우주는 '湛然寂然'한 道體(=太極)로부터 생성되는 것이었다.
원래 도체는 動靜·形氣가 없는 것으로, 텅 비어 형체도 없고 밝아서
아무 색깔도 없는 상태(虛而無形, 明而無色)였다. 그런데 바로 이 '아무
색깔도 없는 밝음(無色之明)'으로부터 고요함이 나오게 되고, 이 고요함

誠明而精虛 虛明而精眞 眞精明虛 妙合爲一 易所謂太極 玄所謂太一 中庸所
謂誠明 大學所謂明德……".

으로부터 미약한 움직임이 발생하게 된다.[227] 이 미묘한 과정을 김석문은 太極의 體用으로 설명하고 있다.[228] 이것은 결국 道體의 動靜에 의해 천지만물이 생성된다는 논리였고, 이때 道體의 動靜이란 도체 자체의 동정이 아니라 그 안에 내재하는 氣의 동정을 뜻하는 것이었다.[229]

김석문의 우주구조에서 太極天은 우주의 중심으로부터 가장 외곽에 위치하는 것으로 설정되었다. 따라서 태극으로부터 천지만물이 파생되는 과정은 우주의 가장 바깥으로부터 중심으로 향하는 운동 방향을 나타내게 된다. 그것이 이른바 '動靜'의 과정이었는데, 김석문은 이 동정의 메커니즘에 『태극도설』의 논리를 적극적으로 채용하였다. "太極動而生陽, 動極而靜, 靜而生陰, 靜極復動, 一動一靜, 互爲其根, 分陰分陽, 兩儀立焉"이 바로 그것이었다. 먼저 태극의 움직임에 의해 천체로서의 太虛가 생기고, 태허의 미동에 의해 經星 이하의 각종 행성들이 출현하게 된다. 그 순서는 太虛→經星→鎭星→歲星→熒惑→日輪→太白→辰星→月輪→地質이었다. 가장 바깥에 위치한 不動의 태극천으로부터 태허가 생기는 과정을 『태극도설』의 이른바 "太極動而生陽"의 의미로, 태허의 미동에 의해 경성 이하 일월오행성이 생성되고 그 움직임이 지구를 향하면서 점점 빨라지게 되는 과정을 『태극도설』의 이른바 "動極而靜"의 의미로 해석하였다.[230]

이러한 김석문의 우주구조에서 먼저 주목되는 것은 그의 우주론이 서양

---

227) 「易學二十四圖總解」, 『易學二十四圖解』, 31쪽 6~9행. "道體寂然湛然 本無動靜 本無形氣 無動靜之至 其體常寂 無形氣之至 其體常湛 湛寂常體 其大無外 其小無內 寂然不動 微密而廣大者 眞精之體也 眞精之體 虛而無形 明而無色 惟其無色之明 乃能有靜 靜者 動之微也 故能靜而漸動 以有太虛 濂溪所謂太極動而生陽也".

228) 「易學二十四圖總解」, 『易學二十四圖解』, 32쪽 13행. "太極理也 理有體用 則不得不動 太極之不動 體也 太極之動 用也 靜而漸動 以有太虛 太虛者 理之用也 故太虛之體 微動於不動之中".

229) 「易學二十四圖總解」, 『易學二十四圖解』, 31쪽 9~10행. "所謂太極動者 非眞太極動也 謂氣動於太極之中 而太極又在氣中也".

230) 「易學二十四圖總解」, 『易學二十四圖解』, 31쪽 9행~34쪽 6행.

의 지구설과 중천설을 전제로 구성되었다는 사실이다. 김석문은 太虛 안에서 생겨난 것은 둥글지 않은 것이 없다는 기본 전제[231] 아래 지구 역시 태허 안의 물체이므로 그 형체가 둥글지 않을 수 없다고 주장하였다.[232] 태허 안에서 생겨난 것은 上下 八方에 의착할 것이 없기 때문에 그 형체와 본성이 저절로 원형이 되며, 이것은 日月星辰 등의 형태를 통해 알 수 있다는 것이었다.[233] 기존의 '地方'의 논리에 대해서는 지구가 바깥으로 햇빛을 받아 八方에 차이가 있다는 사실을 말하는 것일 뿐 바둑판과 같은 네모를 뜻하는 것이 아니라고 재해석하였다.[234]

김석문은 이러한 지구설을 바탕으로 하여 서양의 행성구조론을 받아들였다. 그것은 9중천설과 티코 브라헤의 행성구조론이 혼합된 형태였다. 일반적으로 김석문의 우주구조론은 티코 브라헤의 그것을 수용한 것으로 이해되지만, 몇몇 부분에서는 중요한 차이를 보이고 있었다. 특히 지구를 우주의 중심으로 보지 않았다는 것[235]과 화성·목성·토성의 회전이 태양을 중심으로 하지 않았다는 점[236] 등은 티코 브라헤의 체계와 비교할 때

---

231) 「易學二十四圖總解」, 『易學二十四圖解』, 35쪽 1행. "是故生於太虛者 無不形圓".

232) 「易學二十四圖總解」, 『易學二十四圖解』, 35쪽 5행. "地本太虛中之物 其體不得不圓".

233) 「易學二十四圖總解」, 『易學二十四圖解』, 35쪽 1행. "生於太虛者 上下八方 俱無倚着 故其形與性 自爾皆圓 觀於日月星辰等象 可見也".

234) 「易學二十四圖總解」, 『易學二十四圖解』, 35쪽 5~6행. "所謂地方者 地爲陰物 外受日光而有八方之異耳 非謂如棋局之方也".

235) 「易學二十四圖總解」, 『易學二十四圖解』, 33쪽 13행. "黃道之心 與地心不同 是謂兩心之差 則地不在天之正中 可知也".

236) 「易學二十四圖總解」, 『易學二十四圖解』, 33쪽 13~14행. "黃道者 界乎南北黃極之半 日輪依此而環轉 五星及地 依乎黃道而出入黃道之內外 以受日光 則地雖在黃心之側 而其實則與七政共宗乎黃心黃極而回轉不已者也". 日月五行星의 (정확하게는 水星과 金星을 제외한) 七政과 地球는 공히 黃心(=天心)을 중심으로 회전하는 것으로 간주된다(39쪽 10행. "金水二星 以日爲心 環抱於地腰而有四遊行圈之異 土木火日月及地 皆以黃心爲心 各有行圈"). 이것은 24圖 가운데 第2圖인 「黃極九天圖」와 합치되는 내용이다. 문제는 赤極을 중심으로 그린 「赤極九天附圖」가 티코 브라헤의 그것과 유사하다는 점인데, 양자의 관계

본질적인 차이라 할 수 있다. 이는 김석문의 우주구조론을 서양 우주론의 단순한 이식이 아닌, 자기 나름의 합리성을 추구한 독자적인 체계로 평가할 수 있는 가능성을 보여주는 하나의 예이다.

이상과 같은 김석문의 우주구조는 운행론의 측면에서 보면 '中動外靜'·'外遲中疾'[237]이라는 개념으로 요약할 수 있다. 바로 이러한 구조적 특징으로부터 다음과 같은 중요한 두 가지 주장이 제기되었다. 하나는 '中動外靜'·'外遲中疾'의 구조에서 종전의 左旋說이 비판되고 右旋說이 주장되었다는 것이며,[238] 다른 하나는 그 연장선상에서 地轉說이 주장됨으로써 종래의 '天動地靜'의 우주구조가 파탄을 맞이하게 되었다는 것이다. 양자는 모두 김석문이 우주의 바깥으로부터 안쪽으로 향하면서 점점 빨라지는 '動靜'의 구조를 설정하고 있었기 때문에 가능한 것이었다. 그가 당시 도입된 서양 천문학의 관측 수치들을 적극적으로 활용하면서도, 서양 천문학의 地靜說을 비판하고 나름대로의 독창적인 견해를 제시할 수 있었던 데에는 이러한 그의 구조론적 도식이 커다란 작용을 하였다고 판단된다.

어쨌든 이러한 우주구조에서 天心으로부터 가장 바깥의 太極天까지는 아홉 개의 하늘로 구성되며, 그 운동은 가장 아래의 지구에 이르면 1년에 366회전하는 매우 빠른 움직임을 보이게 된다. 김석문은 이어서 "動極而靜, 靜而生陰, 靜極復動, 一動一靜, 互爲其根, 分陰分陽, 兩儀立焉"의 각각의 의미를 해석하였다. 먼저 "動極而靜 靜而生陰"은 地上의 사람들이 지구가 매우 빠른 속도로 회전한다는 사실을 알지 못하고 도리어 지면을 고요하다고 여기거나, 지면의 고요함이 陰을 낳는다고 생각하는 인식상의 문제를 지칭하는 것으로 설명되었다. "靜極復動"의 의미 역시 땅이

에 대해서는 좀 더 상세한 고찰이 요구된다.

237) 「易學二十四圖總解」, 『易學二十四圖解』, 37쪽 20행~38쪽 1행. "是故太虛暎徹 光明 渾渾圓動 中動而外靜 外遲而中疾".

238) 구만옥, 「朝鮮後期 天體運行論의 변화」, 『實學思想硏究』 17·18, 2000, 259~360쪽.

정지해 있다고 생각한 결과, 지전으로 인해 태양이 나타나는 것을 하늘의 움직임으로 인해 陽이 생기는 것—지구는 정지해 있는데 하늘이 회전하여 태양이 떠오르는 것—으로 생각하는 주관적 인식의 문제로 재해석되었다.[239] "一動一靜, 互爲其根"은 지구상의 초목·금수·인물의 생성원리인 '交相顚倒'를 뜻하는 것으로 풀이되었다.[240]

한편 "分陰分陽, 兩儀立焉"의 의미는 '動靜'의 차원을 떠나서 天地萬物의 '淸濁'의 문제로 해석되었다. 이는 陰陽의 비율에 따라 천지만물의 淸濁의 정도를 평가한 것이었다. 그것은 태허 가운데를 운행하는 천체의 경우에도 마찬가지였다. 淸濁의 정도는 動靜의 정도와 비례하여 움직임이 적으면 적을수록 맑은 것으로 간주되었다.[241] 예컨대 지구의 경우 1淸 9濁인 반면, 태양의 경우에는 淸濁이 반반이며, 태허는 완전히 淸한 것으로 파악되었다.[242] 김석문은 주희가 말한 九天說의 내용이 바로 이것을 의미한다고 보았다.[243]

이상과 같이 『태극도설』의 생성론적 도식에 입각해 動靜과 淸濁의 문제를 설명한 김석문은 이어서 內外·遠近·大小의 문제를 다루고 있다. 그에 따르면 道體는 한계를 설정할 수 없는 '無外'의 상태였지만 氣로 이루어진 태허 이하는 모두 內外를 갖추고 있었다.[244] 내외의 구분은

---

239) 「易學二十四圖總解」, 『易學二十四圖解』, 34쪽 6~10행. "何謂動極而靜 地上之 人 不知地之極疾 而反見地面以爲靜也 何謂靜而生陰 陰者地影也 地轉背日則 陰生 地上之人 不知地之極疾 而反以地面見靜爲生陰也 何謂靜極復動 地上之 物 旣以地面爲靜 則反以地轉見日爲天之動而生陽也".

240) 「易學二十四圖總解」, 『易學二十四圖解』, 34쪽 10~19행. '交'에는 '象之交'와 '氣之交'가 있으며, 動靜이 顚倒되어 萬物의 性을 형성하는데 이것이 '氣質之性' 이며, 圓偏이 顚倒되어 萬物의 體를 형성하는데 이것이 '氣質之體'였다.

241) 「易學二十四圖總解」, 『易學二十四圖解』, 38쪽 1행. "外靜者 淸淨而近道 中動 者 勞濁發而道爲隱也".

242) 「易學二十四圖總解」, 『易學二十四圖解』, 34쪽 19행~35쪽 9행.

243) 「易學二十四圖總解」, 『易學二十四圖解』, 35쪽 9~10행. "朱子曰 天有九重 分 九處爲號非也 只是旋有九耳 但下面氣較淸濁而暗 上面至高處則至淸至明".

244) 「易學二十四圖總解」, 『易學二十四圖解』, 35쪽 10행. "然而太虛者 氣之有外也 而道則無外".

두 가지 기준에 의해 행해졌다. 하나는 '塵質'이었고, 다른 하나는 '塵質之處'였는데, 전자는 氣質 문제였고, 후자는 動靜 문제였다. 김석문은 먼저 氣質을 기준으로 3內와 5外로 구분하였는데, 지구상의 물이 그 분기점이 되었다. 3內란 물 밑에 있는 石·土·火를 가리키는 것으로, 이것은 모두 '質'에 속하는 것이었다.[245] 반면에 5外란 물 위에 존재하는 風·寒·暑·夜·晝를 뜻하며, 이것들은 '氣'에 속하는 것이었다.[246] 요컨대 氣質을 포괄하여 전체적으로 보면 지구 중심의 火로부터 바깥의 晝까지는 9층이 된다(火→土→石→水→風→寒→暑→夜→晝).

'動靜'에 따른 내외의 구분은 8內와 3外로 나눌 수 있다. 8內란 鎭星 이하의 歲星→熒惑→太白→辰星→日輪→月輪→地質을 가리키는 것으로 이들은 모두 '動'에 속한다.[247] 3外란 鎭星 바깥의 經星→太虛→太極을 뜻하며, 이들은 모두 '靜'에 속한다.[248] 그런데 이 가운데 太白과 辰星은 日輪과 같은 공간에 속하기 때문에 地質로부터 太極까지는 전체적으로 9층이 되는 것으로 간주되었다(地質→月輪→日輪·辰星·太白→熒惑→歲星→鎭星→經星→太虛→太極). 결국 '動靜'과 '淸濁'에 따른 우주구조가 9층이었던 것과 마찬가지로 '內外'에 따른 우주구조 역시 9층으로 구분되었던 것이다. 그리고 이렇게 9층으로 되어 있는 구조에는 각각 徑圍와 遠近의 수치가 존재하는데,[249] 이 수치를 계산한 것이 바로 '遠近'과

---

245) 「易學二十四圖總解」, 『易學二十四圖解』, 35쪽 12~16행. "就其光中 辨其塵質 塵質有三內 而水居乎外 水內石居 石內土居 土內火居 是則屬乎質也". 이 가운데 火는 본래 氣에 속하는 것이지만 지구 내부에서 土와 만나 石을 형성하면서 그 안에 잠겨있기 때문에 質로 간주된 것이다.

246) 「易學二十四圖總解」, 『易學二十四圖解』, 35쪽 16~20행. "又有五外 水外有風 風外有寒 寒外有暑 暑外有夜 夜外有晝 是則屬乎氣也".

247) 「易學二十四圖總解」, 『易學二十四圖解』, 36쪽 1~3행. "就其光中 辨其塵質之處 塵質之處有八內 而鎭居于外 鎭內有歲 歲內有熒惑 熒惑之內有太白 太白之內有辰 辰內有日 又自日內有月 月內有地 是則屬乎動也".

248) 「易學二十四圖總解」, 『易學二十四圖解』, 36쪽 4~5행. "又有三外 鎭外有經星 經星之外有太虛 太虛之外有太極 是則屬乎靜也".

249) 「易學二十四圖總解」, 『易學二十四圖解』, 36쪽 1행, 5행. "凡九層 皆有徑圍遠近

‘大小’의 문제였다.

‘遠近’이란 앞에서 이미 살펴보았듯이 9중천의 각각의 둘레와 직경 및 지상으로부터의 거리를 계산한 것이었다. 이것은 지구의 둘레는 9만 리이며, 이 수치는 모든 천체의 1일 운행거리와 동일하다는 가정을 전제로, 당시 서양 역법이 소개한 일월오행성의 1일 평행률에 입각하여 산출해 낸 값이었다. 한편 ‘大小’는 태허 안의 모든 천체의 크기를 상호 비교한 것이었다. 예컨대 지구는 달에 비해 38 1/3배만큼 크고, 태양은 지구에 비해 165 3/8배만큼 크다는 것 등이다(<표 4-3> 참조).[250] 김석문은 이러한 비교치가 曆家의 추산으로부터 나온 것으로,[251] 時憲曆法에서 그 수치를 인용했다고 밝히고 있는데,[252] 그것은 다름 아닌 利瑪竇의『乾坤體義』에 소개된 바로 그 값이었다.[253]

이상에서 살펴본 것처럼 김석문은 動靜·淸濁·內外·遠近·大小라는 범주를 이용하여 太極으로부터 생성된 太虛 이하의 우주구조에 대해 상세하게 설명하였다. 그는 서양 천문역산학의 地球說·重天說·행성구조론을 수용하고, 그것을 자신의 전체 사상체계에 맞추어 적극적으로 재해석함으로써 右旋說과 그 연장으로서의 地轉說을 주장하게 되었고, 그를 통해 천체운행론의 획기적인 전환을 이룩하였다. 그것은 종래의 ‘天動地靜’의 우주구조에서 ‘天靜地動’의 우주구조로의 轉變이었다. 우리는 그의 우주론을 통해 이전 시기에 찾아볼 수 없었던 구조론과 운행론의 질적 전환을 경험하게 된다. 이러한 점들은 김석문의 우주론이 갖는 역사적

之數存焉".

250) 「易學二十四圖總解」,『易學二十四圖解』, 37쪽 7~14행.

251) 「易學二十四圖總解」,『易學二十四圖解』, 37쪽 7행. "曆家以是推之 測得太虛天中諸有物象比類而相況".

252) 「易學二十四圖總解」,『易學二十四圖解』, 37쪽 14행. "此等數俱出時憲曆法 苟明其法 必無不得之理 故姑取之 以明太虛中之物 有遠近高低大小之有必然也".

253) 「地球比九重天之星遠且大幾何」,『乾坤體義』卷上, 6ㄱ~ㄴ(787책, 759쪽). 차이점이 있다면 經星의 구분 방식(1等星~6等星)이 利瑪竇의 그것과 반대로 되어 있다는 점이다.

의미로 평가될 수 있을 것이다. 그럼에도 불구하고 그의 우주론에는 여전히 전통적인 요소들이 확고하게 자리잡고 있었다. 太極天의 존재는 그 대표적인 예이다. 우주만물의 근원자로서, 운동의 원인자로서 태극은 우주의 생성과 운행을 주재하는 존재로 확고부동하게 위치하고 있었다.[254] 그런데 그것은 경험적 관찰을 통해 획득된 자연의 법칙이 아니라, 선험적으로 규정된, 천지만물 일체를 포괄하는 理法이었다. 이와 같은 김석문 우주론의 보수적 성격은 그의 생성론적 도식에서 더욱 분명하게 그 모습을 드러내고 있었다.

3) 朱子學的 宇宙生成論의 심화

앞에서 살펴본 바와 같이 김석문은 우주 생성의 근원으로 '眞精明虛'한 속성을 갖는 근원자를 상정하고 있었다. 그것은 動靜·淸濁·內外·遠近·大小·古今·變滅이 없다는 점에서 천지만물과 구별되는 존재였다. 眞精明虛는 달리 표현하면 仁義禮智가 되며, 천지에서는 道, 사물에서는 理, 사람에게서는 本然之性, 마음에서는 道心이 된다. 즉 인간·사회의 운영원리라고 할 수 있는 仁義禮智道理性心과 우주만물의 근원인 眞精明虛는 서로의 본체가 되는 관계에 있었으며, 각각의 이름은 다르지만 그 실상은 하나인 것이었다.[255] 아래 인용문은 김석문이 이들 사이의 상호관계를 어떻게 설정하고 있었는가를 극명하게 보여주고 있다.

---

254) 「易學二十四圖總解」, 『易學二十四圖解』, 32쪽 11~15행. "所謂不動天者 太極天也 易所謂寂然不動而爲天地萬物之體者也……太極理也 理有體用 則不得不動 太極之不動 體也 太極之動 用也 靜而漸動 以有太虛 太虛者 理之用也……此爲有太極天然後 自太虛以下諸天 可從而度其動靜遠近也 故太極天者 其體不動".

255) 「易學二十四圖總解」, 『易學二十四圖解』, 30쪽 20행~31쪽 3행. "故見乎眞 謂之仁 見乎精 謂之義 見乎明 謂之智 見乎虛 謂之禮 於天地謂之道 於物謂之理 於人謂之本然之性 於心謂之道心也 由是觀之 仁義禮智道理性心者 眞精明虛之體也 眞精明虛者 仁義禮智道理性心之體也 仁義禮智道理性心眞精明虛 是十有二者 異名而同實 其實一而已也".

　　이런 까닭으로 仁義禮智에 근거해서 道理性心의 본체를 보고, 道理性心에 근거해서 眞精明虛의 본체를 보며, 眞精明虛에 근거해서 天地人物의 본체를 본다. 天地人物은 진실로 眞精明虛로부터 온 것이다.[256]

위 인용문에서 알 수 있는 바와 같이 김석문에게서 天地人物로 표상되는 자연계의 원리와 仁義禮智라는 인간·사회의 윤리·도덕적 질서는 밀접한 관련을 갖고 있는 것이었다. 이 논리에 따른다면 자연계의 법칙적 질서는 인간·사회의 합리적 질서로부터 유추 가능한 것이었다. 전통적인 성리학적 자연인식의 특징, 즉 道理와 物理의 결합을 여기에서도 확인할 수 있다.

　　이렇듯 김석문의 우주는 眞精明虛한 道體=太極의 작용에 의해 생성된 것으로, 그 구체적 과정은 위에서 살펴본 바와 같이 『태극도설』의 생성론적 도식에 따라 설명될 수 있었다. '動靜'의 작용에 의해 태극으로부터 태허를 비롯하여 지구에 이르기까지 일체의 천체와 지구상의 초목·금수·인류 등 만물이 생성되었던 것이다. 그리고 그것은 각각 청탁·내외·원근·대소의 구별을 지닌 정연한 구조로 존재하고 있었다.

　　그런데 이렇게 태극으로부터 형성된 각종 천체는 형체를 지니고 있다는 점에서 하나의 사물에 지나지 않았다. 따라서 여타의 사물이 그렇듯이 천체 역시 始終의 역사를 지니게 된다. 그것이 바로 '古今變滅'이었다.[257] 그것은 지구의 역사적 변천과정을 다루는 문제였다. 따라서 김석문의 '變滅'에 대한 논의는 지구상의 開物과 閉物, 하루와 일년, 그리고 그 연장으로서의 元會運世의 문제를 중심으로 전개되었다. 이러한 논의의 사상적·이론적 배경은 두말할 필요 없이 邵雍의 象數學이었다.

---

256) 「易學二十四圖總解」,『易學二十四圖解』, 31쪽 3~5행. "是故由仁義禮智 見道理性心之體 由道理性心 見眞精明虛之體 由眞精明虛 見天地人物之體 天地人物 固自眞精明虛中來耳".

257) 「易學二十四圖總解」,『易學二十四圖解』, 37쪽 15~17행. "天體渾圓 明透光潔 光潔之中 有動靜淸濁內外遠近大小諸象等等有別 不可以紊也 雖然是亦物也 旣有形氣 則其起也必有始 其滅也必有終 自起至滅 指爲古今".

먼저 김석문은 지구상의 만물의 생성과 변화에 미치는 태양과 달의 역할에 주목하였다. 지구는 천체들 가운데서 가장 빠르게 운동하고 있는 이른바 '勞濁'한 존재였고, 때문에 스스로 빛을 낼 수 없었다.[258] 지구는 태양과 달의 주변에 위치하므로 회전하면서 그 빛을 받는 것이었다. 태양빛이나 달빛을 많이 받는 부분을 '開物', 그렇지 못한 부분을 '閉物'이라고 하였다. '開物'의 시기에는 태양과 달이 밝게 빛나서 陽氣가 왕성하게 되므로 초목·금수들이 번식하고, 인류 역시 발달된 문명생활을 영위할 수 있었다. 반면에 '閉物'의 시기에는 태양과 달이 하행함으로써 地陰이 가득 쌓이게 되어 초목·금수가 생겨나지 않고, 인류 역시 윤리와 도덕을 모르는 오랑캐로서 살아갈 따름이었다.[259] 요컨대 태양빛을 제대로 받을 수 있느냐 없느냐 하는 문제가 김석문이 생각하는 '古今變滅'의 가장 기본적인 원칙이었던 것이다.

다음으로 김석문은 이상의 원칙에 입각해서 元會運世의 구체적인 수치를 마련하였다. 모든 수치의 기초가 되는 하루라는 길이는 明暗 두 氣가 동서로 운행하는 것으로서, 만물이 자고 깨어나는 한 단위(=晝夜)였다. 여기서 明이란 지구가 회전하면서 태양을 마주보는 것이고, 暗이란 태양을 등지는 것을 뜻한다. 따라서 明은 태양에서 생기고, 暗은 지구로 인해 생기는 것이라고 할 수 있다.[260] 하루를 확장한 1년이란 시간은 寒暑 두 氣가 남북으로 운행하는 것으로서 만물이 성쇠하는 한 단위였다. 태양은 日道=黃道를 따라 地腰=赤道의 남북으로 이동하는데, 태양이 적도의 북쪽에 있을 때는 暑, 남쪽에 있을 때는 寒이 된다. 이러한 태양의 운동에 따라 寒暑의 진퇴, 즉 계절의 변화가 일어나게 되며, 그 길이는 360일이 된다.[261] 김석문은 소옹이 바로 이러한 曆數에 근거하여 원회운세의 수치를 연역해낸 것으로 파악하였다.

---

258) 「易學二十四圖總解」, 『易學二十四圖解』, 38쪽 4~5행.

259) 「易學二十四圖總解」, 『易學二十四圖解』, 38쪽 10~15행.

260) 「易學二十四圖總解」, 『易學二十四圖解』, 38쪽 16~17행 ; 39쪽 5~7행.

261) 「易學二十四圖總解」, 『易學二十四圖解』, 38쪽 17~19행 ; 39쪽 7~10행.

그러나 김석문은 소옹의 수치 가운데 역법과 일치하지 않는 부분이 있다고 보았다.[262] 따라서 그는 자신의 우주론적 체계에 맞추어 元會運世를 새롭게 설정해야 할 필요성을 느꼈던 것이다. 이것은 기존의 상수학적 수치에 변화를 가져왔다는 점에서 일정하게 그 의미를 평가할 수 있겠지만, 그것이 과연 상수학적 체계를 극복하거나 변화시켰다고 볼 수 있는지는 의문이다. 왜냐하면 상수학과 역법을 일치시키려는 그 의도는 모든 것을 易學의 체계 속에서 해소시키려는 철학적 목적을 바탕에 깔고 있었기 때문이다.[263]

어쨌든 김석문은 소옹의 그것과는 다르게 運·會·元의 각각의 의미와 수치를 새롭게 정의하였다. 먼저 運의 경우에 그 길이를 360년으로 설정한 것은 소옹과 같았으나, 그 의미는 새롭게 해석되었다. 김석문은 태양이 지구상을 운행할 때 그 고도에 변화가 있다고 보았다. 예컨대 같은 夏至日의 경우라도 태양의 고도가 높아서 지구의 상하에 태양빛을 길게 드리우는 경우가 있고, 반대로 태양의 고도가 낮아서 지구의 상하에 태양빛을 짧게 드리우는 경우도 있다는 것이다. 전자의 경우 '陽長消陰'하기 때문에 문물이 번성하고 人道가 크게 다스려지며, 후자의 경우에는 '陰長消陽'하기 때문에 문물이 쇠퇴하고 人道가 크게 문란해지게 된다. 바로 이와 같은 陰陽消長의 주기가 바로 '運'으로서 그 길이가 360년이라는 것이었다.[264]

여기서 문제가 되는 것은 '日行의 高低'라는 현상이다. 김석문은 이 현상의 역사적 근거로『漢書』天文志의 기록과 隋나라 袁充의 말을 인용

---

262)「易學二十四圖總解」,『易學二十四圖解』, 39쪽 5행. "然未能盡合曆法 故下文元會數與此異".

263) 金錫文이 인용하고 있는 邵雍의 다음과 같은 말은 이런 사실을 반영하고 있는 것이라 여겨진다.「易學二十四圖總解」,『易學二十四圖解』, 37쪽 18행. "康節謂天地雖大 是亦形器 既有消長 豈無終始 易之數 乃窮天地始終者也 亦此意也". 邵雍의 원문은『性理大全』卷12, 皇極經世書 6, 觀物外篇 下, 15ㄱ~ㄴ(907~908쪽). "易之數窮天地終始 或曰 天地亦有終始乎 曰 既有消長 豈無終始 天地雖大 是亦形氣 乃二物也".

264)「易學二十四圖總解」,『易學二十四圖解』, 39쪽 14행~40쪽 4행.

하고 있다. 그런데 이 두 가지 기록은 태양과 달의 운행을 陰陽論에 입각해서 人事의 문제와 관련시켜 설명하려고 한 災異論的 성격을 띠고 있는 것이었다. 『漢書』의 기록은 먼저 二至와 二分에서의 해 그림자의 길이 변화를 통해서 태양이 북극과 떨어져 있는 거리를 측정할 수 있음을 말하고, 이어서 해는 陽이기 때문에 陽이 用事를 하면 해는 전진해서 북으로 가고, 陰이 用事를 하면 해는 물러나서 남쪽으로 간다고 설명하고 있다. 즉 寒暑의 발생이라는 계절의 변화를 해의 進退에 따라 나타나는 현상으로 설명하였던 것이다.265) 따라서 이것만 가지고는 김석문이 말하고 있는 '日行의 高低'에 대한 증거라고 말하기는 어렵다.

김석문의 뜻과 부합되는 내용을 담고 있는 것은 袁充의 발언이었다. 袁充의 上奏는 당시의 정치적 상황과 밀접한 관련을 갖고 있는 것으로, 天象의 변화를 통해 당시의 정국을 정당화하려는 의도를 지닌 것이라고 볼 수 있다. 그는 隋나라가 건국된 이후로 동지와 하지의 해 그림자가 해마다 짧아진다는 사실을 근거로 당시의 정세가 太平의 시대에 가깝다는 것을 입증하려 하였다. "太平의 시대에는 태양이 上道로 운행하고, 升平의 시대에는 次道로, 覇道의 시대에는 下道로 운행한다"는 京房의 말을 인용한 것도 바로 이런 목적에서였다.266) 그러나 이는 관측의 문제에서 파생된

---

265) 『漢書』 卷26, 天文志第6, 1294~1296쪽. "……日 陽也 陽用事則日進而北 晝進而長 陽勝 故爲溫暑 陰用事則日退而南 晝退而短 陰勝 故爲涼寒也 故日進爲暑 退爲寒 若日之南北失節 暑過而長爲常寒 退而短爲常燠 此寒燠之表也 故日爲寒暑……" ; 「易學二十四圖總解」, 『易學二十四圖解』, 39쪽 17~19행. "漢天官書 有日行而有寒暑 月行而有風雨 謂日行黃道而時有高低 日行高則多暑而少寒 低則多寒而少暑 是係於表影之長短也 月行亦有高低之時 月行高則多雨而少風 低則多風而少雨 所謂離箕離畢陰間陽間之候 可知也".

266) 『隋書』 卷69, 列傳第34, 袁充, 1610~1611쪽. "充復表奏 隋興已後 日影漸長 日 開皇元年 冬至日影 一丈二尺七寸二分 自爾漸短 至十七年 冬至影一丈二尺六寸三分 四年冬至 在洛陽測影 一丈二尺八寸八分 二年 夏至影一尺四寸八分 自爾漸短 至十六年 夏至影一尺四寸五分 周官以土圭之法正日影 日至之影 尺有五寸 鄭玄云 冬至之影一丈三尺 今十六年夏至之影 短於舊影五分 十七年冬至之影 短於舊影三寸七分 日去極近則影短而日長 去極遠則影長而日短 行內道則去極近 外道則去極遠……京房別對曰 太平日行上道 升平行次道 覇世

것이지 실제로 태양의 고도가 변화하였다고 보기는 어렵다. 같은 하지일이나 동지일에 태양의 고도가 변화했다는 것은 천체상의 실질적인 변화를 반영한 사실이라기보다는 관측의 기준점을 어떻게 설정하고 있었는가 하는 문제에 따라 빚어진 현상으로 보아야 한다.[267] 따라서 그것은 엄밀한 의미에서 객관적인 변화라고 볼 수 없으며, 그러한 차이에 의해 人道의 治亂이 결정된다는 사실은 더욱 믿을 수 없는 것이다. 또 그 주기가 360년이라는 것도 전혀 증명되지 않았다. 따라서 '運'에 대한 김석문의 설명은 전적으로 그의 '變滅'에 대한 상수학적 전제로부터 연역된 것일 따름이었다.

다음으로 김석문은 '會'에 대한 기존의 견해도 수정하였다. 그것은 바로 歲差와 관련된 지구의 운동에 의해 파생되는 문제였다. 기존의 연구에서는 이것을 天心=黃心을 중심으로 한 지구의 공전운동, 즉 地動으로 설명하였다.[268] 이에 따르면 지구는 자전운동 이외에 黃心을 중심으로 서쪽에서 북쪽, 동쪽, 남쪽을 거쳐 다시 서쪽으로 이동하는 공전운동을 하며, 그 주기는 각각 6360년씩으로 지구가 黃心 주위를 1회전하는데 걸리는 시간은 세차치와 같은 2,5440년이라는 것이다. 그러나 이러한 지구 공전의 주기가 왜 세차치와 일치해야 하는가 하는 문제에 대해서는 분명하게 언급하지 않았다.

김석문의 우주구조에서 지구는 하늘의 중심으로부터 약 2度의 거리만큼 떨어진 곳에 위치한다. 금성과 수성을 제외한 모든 천체는 黃心을 중심으로 회전하고 있다.[269] 다만 恒星天과 日輪天은 黃道와 평행한 운동

行下道 伏惟大隋啓運 上感建元 影短日長 振古未之有也"; 「易學二十四圖總解」, 『易學二十四圖解』, 39쪽 20행~40쪽 4행.

267) 실제로 지구는 타원궤도에 따라 태양 주위를 회전하기 때문에 그 회전 속도가 일정하지 않다. 이것은 바꿔 말하면 황도상을 움직이는 태양의 운행 속도가 일정하지 않다는 것을 의미한다. 따라서 정확한 하지일과 동지일의 산정은 천체상의 태양의 실제 운동에 따라서 결정되어야 할 문제였다. 그러나 전통적으로 24氣의 설정은 평균적인 태양의 운동에 근거한 平氣法을 사용하였으므로, 실제 천구상의 二至點과 상용력에서의 二至點 사이에는 차이가 있었다. 아마도 이런 요소들로 인해 해 그림자의 변화가 일어난 것으로 추측할 수 있다.

268) 小川晴久, 앞의 논문, 1979, 64쪽, 68~69쪽.

을 하며, 지구를 비롯한 나머지 천체는 黃道와 경사를 가지고 운행하고 있었다.[270] 이로 인해 나타나는 문제가 바로 '兩心差'였다. 지구는 태양이 운행하는 황도라는 원의 중심인 黃心으로부터 2도 떨어져 있었기 때문에 지구에서 바라보는 태양의 고도에는 차이가 있을 수밖에 없었다. 지구로부터 가장 거리가 먼 지점을 最高, 반대로 가장 가까운 지점을 最卑라고 하였다. 오늘날의 천문학에서는 타원궤도를 통해 지구와 태양 사이의 거리의 변화를 설명하고 있지만, 원궤도를 고집했던 예전에는 이 문제를 해결하기 위해 周轉圓-離心圓 모델이 사용되었다. '兩心差'는 바로 이러한 離心圓의 문제라고 볼 수 있다.

이른바 김석문이 말하는 地動이란 바로 최고점과 최비점의 이동 현상으로부터 추론할 수 있는 것이었다. 김석문에 따르면 兩心差로 인해 나타나는 최고점과 최비점은 元代에 郭守敬이 역법을 제정할 당시에는 하지점·동지점과 일치했었는데, 그 이후에 점점 이동하여 최고점의 경우 하지 후 7도로 이동하였다.[271] 이로부터 확인할 수 있는 사실은 최고점과 최비점은 매년 이동한다는 것, 그 이동의 방향은 옛날에는 하지 전에 있었고, 元代에는 하지점에 있었으며, 지금은 하지 후에 있다는 것(東行), 그리고 그 이동량은 대략 67년에 1도 가량이라는 것이다.[272] 김석문은 이처럼

---

269) 「易學二十四圖總解」, 『易學二十四圖解』, 39쪽 10행. "金水二星 以日爲心 環抱於地腰 而有四遊行圈之異 土木火日月及地 皆以黃心爲心 各有行圈……".

270) 「易學二十四圖總解」, 『易學二十四圖解』, 34쪽 1~2행. "以是推之 日輪之行則七政中無出入之象 而一依恒星天 兩黃極之半 爲其行圈之界 故恒星與日輪相準黃道而行 亘古不易 六政與地 此比日爲陰類 而統攝於日 故雖依黃道而行 而出入於黃道之內外 各自環轉 受日之光 以成性體".

271) 「易學二十四圖總解」, 『易學二十四圖解』, 33쪽 18~19행. "地之所處 自元以前在於內赤圈高度之前 至元甲子 地行適入於內赤圈高度之上 故日高行則在於夏至之日 而高冲則在於冬至之日 甲子以後 則高在夏至後七度 而冲在冬至後七度 歲歲東移"; 「易學二十四圖總解」, 『易學二十四圖解』, 40쪽 10행. "上古最高在夏至前 今在夏至後 郭太史作曆時 最高約與夏至同度 今在夏至後七度 是其每歲移動之驗也".

272) 「易學二十四圖總解」, 『易學二十四圖解』, 40쪽 11행. "日高之動也微 約六七十年而始行一度".

최고·최비점이 동쪽으로 이동하는 현상을 지구가 '西移'하기 때문에 나타나는 것으로 파악하였다.[273)]

김석문의 논리를 이해하기 위해서는 內赤圈과 外赤道의 개념을 정리할 필요가 있다. 外赤道란 일반적으로 우리가 이해하고 있는 天球赤道의 개념이다. 지구상의 적도를 천구상에 투영한 것이다. 따라서 외적도는 황도와 23.5도 가량 경사를 이루고 있다. 반면에 김석문이 사용하는 內赤圈이란 地心이 黃心 주위를 공전하는 궤도를 의미한다. 따라서 내적권은 천구상에 투영할 경우 黃道와 일치하게 된다.[274)] 태양이나 지구나 황심을 중심으로 회전하기는 마찬가지이기 때문이다. 최고점이나 최비점은 바로 황도=내적권과 적도=외적도의 상호관계에서 결정되는 것이다. 따라서 최고점이나 최비점이 동쪽으로 이동한다는 것은 황도와 적도의 교점이 서쪽으로 물러나는 현상으로 설명될 수 있었다.

그런데 이는 바로 세차현상을 의미하는 것이었다. 세차란 항성천의 東行에 의해서 나타나는 춘분점의 이동 현상이었다. 춘분점이 황도를 따라 서쪽으로 이동하는 이러한 현상은 김석문의 우주구조에서 보면 지구의 위치가 내적권을 따라 서쪽으로 이동하는 현상으로 설명될 수 있었다. 다시 말해 지구는 제자리에서 회전하고 있는데 항성천이 1년에 51초씩 동쪽으로 이동하기 때문에, 상대적으로 지구는 서쪽으로 그 만큼의 양씩 후퇴하고 있다고 볼 수 있는 것이었다. 결국 세차치와 지구 공전의 주기가 일치할 수밖에 없었던 이유는 지구 공전이라고 하는 것이 세차운동으로 인해 나타나는 변화였기 때문이다.[275)]

---

273) 「易學二十四圖總解」, 『易學二十四圖解』, 40쪽 7~8행. "此當北極亦有歲差 而古今未有其法 故人未易知之 惟有日行最高冲及歲差之法 可以推之 又有不動處 古在北極星 今去極星三度半 則是極星歲差之象 與日最高東移 地轉西移之理 一也 盖歲差則恒星天之運也 最高則地轉西移之行也 是乃地之大四遊也".

274) 「易學二十四圖總解」, 『易學二十四圖解』, 33쪽 12행~34쪽 6행 참조.

275) 「易學二十四圖總解」, 『易學二十四圖解』, 41쪽 20행~42쪽 1행. "最高之行 亦由於地轉移西也 然是非地之移西 乃天行歲差也 天行東移 故地自西移入於黃赤之交也".

이상과 같이 파악하고 나면 김석문의 '會'에 대한 새로운 해석은 세차운동으로 인해 나타나는 黃極에 대한 지축의 회전현상으로 설명될 수 있을 것이다. 그것은 각 會에서의 地勢에 대한 김석문의 설명을 통해 확인할 수 있다. 김석문은 西交點으로부터 6360년을 경과하여 맞이하게 되는 제1開物의 시기에 地勢는 '俯'하다고 하였으며, 다시 6360년을 경과한 東交點에서는 '平', 다시 6360년을 경과한 제2開物의 시기에 地勢는 '仰'하다고 하였으며, 다시 6360년을 경과한 西交點에 이르면 地勢는 '平'해지는 것으로 보았다.[276]

이렇게 '會'의 의미를 새롭게 정리한 김석문은 '元'의 의미도 재정리하였다. 그것은 日道와 地道의 거리 변화를 통해 규정되었다.[277] 일반적으로 日道=黃道와 地道=赤道는 23.5도 가량 기울어져 있는 것으로 관측된다. 그런데 김석문은 이러한 양자 사이의 각도가 역사적으로 변천한다고 보았다. 변화의 양은 0度에서 45度强에 걸치는 것이었다. 그것은 0도인 子會에서 下元·中元·上元四甲을 거쳐 日道가 점점 높아져 45度强의 午會에 이르게 되고, 다시 上元·中元·下元四甲을 거쳐 日道가 점점 낮아지면서 子會에 이르게 되는 과정이었다. 각각의 1元에 포함되는 연수는 1,2722년이었고, 전체적으로 1元의 수는 60會에 해당하는 76,3200년이었다.[278]

김석문은 이 1元의 수로부터 그 제곱인 小運의 수를 연역해내고, 그것을 다시 제곱하여 大運의 수를 구하고 있다. 이 大運의 수치는 바로 지구의 '冬夏之數'가 된다. 그리고 다시 이 大運의 수를 제곱하여 지구의 '始終之數'를 산출하였다.[279] 김석문이 '古今變滅'의 과정을 추적하여 도달한 최종 수치는 바로 이것이었다. 이 세월이 경과하고 수명을 다한 지구는 하늘로 돌아가고, 하늘은 다시 道로 돌아가는 광대한 순환의 고리가 만들어지

---

276) 「易學二十四圖總解」, 『易學二十四圖解』, 40쪽 13~19행.
277) 「易學二十四圖總解」, 『易學二十四圖解』, 40쪽 20행~41쪽 1행. "日道與地道距離濶狹 古今不同".
278) 「易學二十四圖總解」, 『易學二十四圖解』, 41쪽 1~12행.
279) 「易學二十四圖總解」, 『易學二十四圖解』, 42쪽 4~17행.

252

게 되는 것이다.[280]

　이상에서 살펴본 김석문의 元會運世說을 정리하면 다음과 같다. 그는 상수학과 역법을 일치시킨다는 차원에서 자신이 파악한 천체운행의 원칙에 입각해 상수학의 내용을 재정리하였다. 하루는 지구의 1회전으로 나타나는 주야로, 1년은 태양이 황도를 따라 1회전함으로써 나타나는 계절의 변화로 정의하였다. 運의 의미는 '日行의 高低'에 따른 陰陽消長으로, 會의 의미는 세차현상에 따른 지구의 '西移'현상으로, 그리고 元의 의미는 '日行의 升降'에 따른 黃道와 赤道 사이의 각도 변동으로 재해석하였다. 이상의 내용은 주관적으로는 분명 상수학적 수치를 역법에 맞추어 합리적으로 재정리하려 한 시도라고 평가할 수 있다. 그러나 그것이 진정 객관적인 자연법칙, 다시 말해 천체운행과 우주생성의 원리를 제대로 반영하고 있었는지는 의문이다. 특히 運·會·元의 경우 그 규정의 객관성 여부는 차치하더라도 그에 따라 古今의 變滅이 이루어졌다고 보기는 어렵기 때문이다. 1元을 제곱한 값인 小運을 다시 제곱하여 얻은 大運의 수치를 지구의 年數로, 大運을 제곱한 값을 지구의 始終의 수로 설정하는 방식은 상수학적인 수의 연역 이상의 의미를 부여하기 힘들 것이다.

　이상과 같은 김석문의 우주론은 그 자체 내에 진보성과 보수성을 함께 갖추고 있었다고 평가할 수 있다. 易學的 宇宙論의 전통을 고수하고 있다는 점에서 보수적이라고 할 수 있지만 서양 천문역산학의 성과들을 적극적으로 흡수·소화하고 있다는 점에서는 진보적이었다. 우주구조론의 차원에서 서양의 地球說과 행성구조론을 도입하고 右旋說·地轉說을 비롯한 天體運行論의 획기적 轉變을 꾀했다는 점에서는 확실히 진보적이었다. 그러나 생성론의 측면에서 여전히『태극도설』이래의 성리학적 도식을 유용하게 생각하였고, 나아가 원회운세설의 상수학적 원리에 입각해 역법의 수치들을 재조정하려 하였다. 지구의 年數와 始終의 수치를 계산해 내고 있는 방식에서는 古來의 그것들과 방법론적으로 차이점을 보여주지

---

280)「易學二十四圖總解」,『易學二十四圖解』, 42쪽 18행. "地盡返天 天盡返道".

못했다. 보다 중요한 문제는 그가 생각하고 있는 우주생성의 원리와 道理·物理의 관련성이다. 그는 도리와 물리를 통일적으로 파악하려 하였고, 근본적으로는 도리를 우위에 두고 있었다. 道理心性이나 眞精明虛에 근거해서 天地人物을 파악하려는 시도가 바로 그것이었다. 이러한 점들은 분명 김석문 우주론의 보수성을 반영한 것으로 볼 수 있다.

　요컨대 김석문의 우주론은 전통적인 우주론에 학문적 기초를 두고 당시 도입된 서양 과학의 성과를 창조적으로 吸收하여 새로운 易學的 우주론의 모델을 만들려고 했던 17세기 후반 조선 지식인의 지적 산물로 평가할 수 있을 것이다. 그 모델이 지닌 많은 문제점들은 이후의 다양한 논의를 통해 보완·극복될 수 있었다. 김석문의 우주론을 적극적으로 계승했다고 할 수 있는 洪大容(1731~1783)의 우주론은 그 대표적인 성과물이었다.[281]

---

281) 「太學留館錄」, 『燕巖集』 卷12, 別集, 熱河日記, 87ㄴ(252책, 219쪽). "余曰 敝友 (洪大容을 지칭-인용자)未嘗著書 先輩金錫文 先有三丸浮空之說 敝友特演說 以自滑稽 亦非見得委實如是 又不曾要人委實信他" ; 「鵠汀筆談」, 『燕巖集』 卷14, 別集, 熱河日記, 8ㄱ(252책, 261쪽). "余曰 吾東近世先輩 有金錫文 爲三大丸 浮空之說 敝友洪大容 又刱地轉之論".

제5장 朱子學의 道統主義와 宇宙論의 黨論化

조선왕조의 集權體制, 이른바 '經國大典體制'는 16세기 말부터 동요하고 있었다. 지주제의 확대에 따른 토지문제가 절실하게 대두되었고, 貢納制의 폐단으로 대표되는 賦稅制度의 모순 또한 심각하였다. 이와 같은 내부의 모순을 주체적으로 해결하지 못한 상태에서 왜란과 호란이라는 미증유의 전란을 경험하면서 조선왕조는 해체의 위기에 직면하게 되었다. 17세기는 이러한 對內外的 모순으로 파생된 사회문제를 수습하기 위한 노력이 국가적 차원에서 경주된 시기였다. 그러한 노력은 단순히 전후수습의 차원에 국한된 것이 아니라 국가체제의 전면적인 개조와 향후의 국가상을 염두에 둔, 이른바 '國家再造'[1]의 차원에서 진행된 것이었다.

당시의 정부와 官人 · 儒者들은 공통적으로 현실의 상황을 위기로 인식하면서도 각자가 처한 계급적 · 정치적 · 사상적 처지에 따라 각기 다른 방향에서 다양한 타개책을 제시하고 있었다. 國家再造를 둘러싸고 전개된 조선후기 정계 · 사상계의 대립은 단순한 정책상의 차이를 넘어 국가 운영과 관련한 정치적 주도권의 장악, 사회경제적 이권의 획득, 나아가 학문적 정통성의 확보와 연관되어 있었기 때문에 매우 치열한 형태로 전개되었다. 反正 · 換局 · 處分으로 점철된 조선후기의 '黨爭'은 국가재조를 둘러싼 정치 · 사상적 대립을 정치사의 측면에서 반영한 것이었다.

17세기에 제기된 국가재조 방략은 크게 두 가지 흐름으로 정리할 수

---

1) '國家再造'의 개념과 범주에 대해서는 金駿錫, 「兩亂期의 國家再造 문제」, 『韓國史研究』 101, 1998 참조.

있다.[2] 하나는 주자학을 이념적 기반으로 구래의 '經國大典體制'를 복구하려는 保守·改良 노선이었고, 다른 하나는 주자학 이외의 다양한 사상조류와 연결되는 가운데 조선왕조 국가체제의 전면적 변혁을 주장하는 進步·改革 노선이었다. 전자가 중세사회의 신분제와 지주제를 그대로 유지하면서 賦稅制度의 개혁을 통해 당시의 사회문제를 수습함으로써 兩班士大夫·地主層의 기득권을 保持하려고 하였다면, 후자는 신분제와 지주제를 전면적으로 개혁하여 小農經濟의 안정을 이룩하고, 國家 公權의 강화를 통해 私的 지배를 배제함으로써 봉건질서의 해체를 지향하였다.

保守·改良的 노선의 국가재조 방략은 西人-老論系가 주축이 되어 추진되었다. 이들은 朱子와 朱子學의 절대화, 이른바 '朱子道統主義'를 기치로 自派의 학문적·정치적 입지를 확보하는 한편, 주자학의 정치사회 운영론을 근간으로 당시의 국가적 위기를 극복할 수 있다고 신념하였다. 한편 이들 서인-노론계와 정치적 주도권, 학문적 정통성을 둘러싸고 對立·拮抗하였던 嶺南-南人系 역시 또 다른 형태의 朱子道統主義를 표방하였다. 비록 주자도통주의의 기치를 내세우는 데서 서인-노론계에게 선수를 빼앗기고, 중앙 정계에서의 失勢로 말미암아 학문적 정통성을 국가적 차원에서 공인받는 데 많은 어려움을 겪었지만, 그들 스스로는 自派의 학문을 주자의 도통을 계승한 正統으로 자처하고 있었다.

이와 같은 두 계열의 학문·사상적 입장은 이들의 정치사회운영론뿐만 아니라 自然觀·自然認識에도 막대한 영향을 미치게 되었다. 주자와 주자학을 통해서만 학문적 진리에 도달할 수 있다고 보는 이들의 기본 자세가 자연학에서도 주자학적 자연관의 옹호·고수라는 형태로 나타나게

---

2) 朝鮮後期의 社會變動에 대한 官人·儒者들의 國家再造方略에 대해서는 다음을 참조. 金容燮, 「朱子의 土地論과 朝鮮後期 儒者-地主制와 小農經濟의 問題-」, 『延世論叢』 21, 1985(『增補版 朝鮮後期農業史研究』 II, 一潮閣, 1990, 388~423쪽에 재수록) ; 白承哲, 『朝鮮後期 商業史研究-商業論·商業政策-』, 혜안, 2000 ; 오영교, 『朝鮮後期 鄉村支配政策 研究』, 혜안, 2001 ; 金駿錫, 『朝鮮後期 政治思想史 研究-國家再造論의 擡頭와 展開-』, 지식산업사, 2003.

되었던 것이다.

1. 老論-湖論系의 道統 계승 의식과
   朱子學的 宇宙論의 재확립

1) '朱子=聖人'論의 제기와 道統 계승 운동

老論-湖論 系列 朱子道統主義者들의 자연학과 우주론은 宋時烈 (1607~1689)→權尙夏(1641~1721)→韓元震(1682~1751)→姜浩溥(1690 ~1778)→李恒老(1792~1868)로 이어지는 학문적 계보를 통해 살펴볼 수 있다. 이들은 조선후기의 사회변화와 그에 따른 사상계의 변동에 맞서 주자학을 절대화하고 주자의 言說을 敎條化함으로써 그것과 배치되는 일체의 학문·사상을 異端·邪說로 배척하였다. 그러나 이미 살펴본 바 와 같이 주자학의 여러 요소들은 내외적인 영향으로 말미암아 그 절대적 위치가 동요하고 있었다. 그것은 자연학의 측면에서도 마찬가지였다. 기 존에 주자학적 우주론의 주요 논거로 기능했던 天圓地方說, 九天說, 左旋 說과 陰陽五行說 등이 학문적 비판에 직면하고 있었다. 그것은 '朱子의 定論'에 대한 회의였다. 요컨대 주자학에 비판적인 학자들 가운데는 주자 의 논설에 초년과 만년의 차이가 있음을 지적하고, 자신의 논의를 '朱子의 晩年定論'에 결부시킴으로써 사상적 정당성을 확보하고자 하였던 이도 있었다. 이러한 일련의 시도는 주자도통주의자들로서는 간과할 수 없는 문제였다. 이들이 장구한 세월에 걸쳐 수행한『朱子大全』과『朱子語類』 에 대한 축조적인 검토는 이러한 필요에 따른 것이었다.

宋時烈은 주자를 無謬의 聖人으로 推尊하였다.[3] "말씀마다 옳은 분도 朱子요, 일마다 맞는 분도 朱子"라는 예찬은 송시열의 평생에 걸친 소신이 었다.[4] 그것은 '朱子=聖人'論의 본격적인 제기였다. 주자를 성인으로 추

---

[3]「語錄(崔愼錄下)」,『宋子大全』附錄, 卷18, 29ㄱ(115책, 569쪽). "朱子非聖人乎".

존하였다는 것은 곧 '주자의 정론'을 불변의 논의로 확정하고자 한 의도였다. "朱子 이후에 義理가 크게 밝혀져서 한 마디 한 구절도 發明되지 않은 곳이 없다. 이 이후에 저술한 것은 쓸데없는 말(剩說)이 됨을 면치 못한다. 만약 朱子의 학설에 조금이라도 위배된다면 그것은 雜說이 됨을 면치 못한다"[5]라는 송시열의 언급은 주자도통주의자들의 학문적 자세를 극명하게 보여주는 것이었다. 주자 이후의 독창적인 저술이나 주자와 다른 견해는 剩說·雜說로 매도되었다. 이제 모든 학문적 진리는 주자를 통해서만 찾아질 수 있는 것이었고, 그것으로 충분하다고 여겨졌다.

반면 송시열과 상반된 학문적·정치적 입장을 견지했던 尹鑴(1617~1680)의 경우에는 주자를 聖人으로 보지 않았다. 주자가 훌륭한 유학자인 것은 분명한 사실이지만 無誤謬의 聖人일 수는 없다는 것이었다. 이러한 태도는 주자의 주석에 대한 자유로운 해설과 비판을 가능하게 하였다. 義理는 公共의 것이며, 無窮한 것이기 때문에 학자라면 누구나 자신의 견해를 주장할 수 있다고 하였다.[6] 사실 이것은 학문에서 自得의 중요성을 강조하는 학자라면 누구에게서나 찾아볼 수 있는 자세였다. 張顯光(1563~1628) 같은 이도 公共의 義理에 대해서 각자의 견해를 표명하는 것은 자신의 분수 안의 일이기 때문에, 주자가 程子의 견해를 모두 따르지 않았던 것처럼 후대의 학자들도 주자와 다른 견해를 제시할 수 있다고 보았다. 그는 그것이 先賢에게 죄를 짓는 행위가 아니며 오히려 선현들도 허락하는 바라고 주장하였다.[7]

---

4) 「語錄(崔愼錄上)」, 『宋子大全』 卷17, 27ㄴ(115책, 552쪽). "先生每言曰 言言而皆 是者 朱子也 事事而皆當者 朱子也……朱子非聖人乎".

5) 「年譜」, 『宋子大全』 附錄, 卷3, 崇禎 31年(戊戌 : 1658), 12월 13일(辛巳), 29ㄴ (115책, 241쪽). "但自朱子之後 義理大明 無一言一句未發明處 後此而著述者 似不免爲剩說 而如或少違於朱子之說 則不免爲雜說也".

6) 金駿錫, 「17세기 畿湖朱子學의 동향-宋時烈의 「道統」계승운동-」, 『孫寶基博士 停年紀念韓國史學論叢』, 知識産業社, 1988, 363~364쪽.

7) 「錄疑竢質」, 『旅軒集』 續集, 卷5, 49ㄱ(60책, 375쪽). "大學中庸二書 固經程朱之 眼與手也 而明道所正 伊川旣不盡從 兩程所正 晦菴亦不盡從 而不以不盡從爲 自嫌焉者 公共義理 各發其所見 乃亦分內事也 不敢不自盡焉 以竢後之君子者

이러한 입장에 서 있던 사람들은 조선후기 학계·사상계의 문제점을 주자학 그 자체가 아니라 주자학을 공부하는 사람들의 잘못된 자세에서 찾고 있었다. 鄭齊斗(1649~1736)는 그 문제점을 다음과 같이 신랄하게 비판하였다. 그가 보기에 주자학의 '致知之學'에 대해서는 '迂直緩急'의 功過를 이야기할 수 있었지만, 그 학문의 근본은 성현의 그것과 다름이 없는 것이었다. 그런데 후대의 학자들이 이러한 학문의 근본을 상실한 것이 문제였다. 당시 주자학을 표방하는 학자들은 주자를 배우는 것이 아니라 주자에 假托하려는 자들이었고, 나아가 주자를 附會하여 자신의 뜻을 이루고, 주자를 끼고 위세를 부려 자신들의 사사로움을 이루려는 자들이었던 것이다.[8] 주자와 주자학을 절대화하고, 그것에 이견을 제시하는 일체의 주장을 異端·邪說로 규정함으로써 조선후기 사상계의 변동에 대응하려 했던 老論系의 道統論的 학문 자세를 염두에 둔 지적이 아닐 수 없었다.

　송시열은 주자를 성인으로 추존하는 동시에 그를 공자와 연결시켜 道統의 계승자로 자리매김 하였다.[9] 아울러 주자의 도통을 계승한 우리나라 학자로 李珥와 金長生을 연결시킴으로써[10] 서인-노론 계열의 학문적 정당성을 확보하고자 하였다. 그것이 이른바 道統 계승 운동이었다.[11]

　　豈是得罪於先賢哉 其亦先賢之所許可也明矣".
8) 「存言下」, 『霞谷集』 卷9(160책, 264쪽). "朱子之學 其說亦何嘗不善 只是與致知 之學 其功有迂直緩急之辨 其體有分合之間而已耳 其實同是爲聖人之學 何嘗 不善乎 後來學之者 多失其本 至於今日之說者 則不是學朱子 直是假朱子 不 是假朱子 直是傅會朱子 以就其意 挾朱子而作之威 濟其私".
9) 「年譜」, 『宋子大全』 附錄, 卷3, 崇禎 26年(癸巳：1653), 윤7월 21일(甲寅), 32ㄱ (115책, 218쪽). "天之繼孔子而生朱子 實爲萬世之道統也 自朱子以後 無一理 不顯 無一書不明".
10) 「告沙溪先生墓文」, 『宋子大全』 卷151, 39ㄴ~40ㄱ(113책, 250쪽). "竊惟集羣聖 而大成者 孔子也 集羣賢而大成者 朱子也 前後聖賢 其揆雖一 然其博約兩至 功力俱到 無一不合於堯舜禹以來大成之道 則未有若朱子之專者也 以故栗谷 先生之學 專出於此 嘗曰 幸生朱子之後 學問庶幾不差 惟我先生實承其統緖 矣".
11) 金駿錫, 앞의 논문, 1988.

공자를 "集羣聖而大成者"로, 주자를 "集羣賢而大成者"로 평가한 송시열의 논리는 그의 嫡傳인 權尙夏에게 그대로 이어졌다.12) 권상하는 주자를 공자의 도통에 연결시키는 한편, 송시열을 주자의 도통을 계승하고 諸儒의 논의를 집대성함으로써 百世의 師宗이 된 인물로 추켜세웠다.13) 주자의 全體大用을 온전히 전수받아 "繼往開來"의 책무를 자임한 사람이 바로 송시열이라는 것이었다.14) 이에 따라 송시열은 공자와 주자를 잇는 도통의 계승자로 자리매김 되었다.15)

이러한 도통론적 시각에서 韓元震도 송시열이나 권상하가 그랬던 것처럼 주자를 공자의 도통에 곧바로 연결시키고 있었으며,16) 주자 사후에 傳道의 책임을 짊어지고 주자의 본지를 계승한 인물로 李珥를 거론하였던 것이다.17) 한원진은 '孔子→朱子→李珥→宋時烈'의 도통 전수가 결코 과장된 것이 아니라고 역설하였으며,18) 자신은 이렇게 주자의 본지를 수호

---

12) 「孔朱二夫子眞像跋」, 『寒水齋集』 卷22, 39ㄴ(150책, 414쪽). "孔子集羣聖而大成 以開萬世之昏蒙 朱子集羣賢而大成 使孔子之道 如日月之中天 是以諸老先生以爲朱子孔子後一人".

13) 「記述雜錄(權尙夏)」, 『宋子大全』 附錄, 卷19, 1ㄱ(115책, 577쪽). "至我尤菴先生則擴而大之 闡而明之 遠接考亭之統 近集諸儒之成 蔚然爲百世之師宗 其功可謂大矣".

14) 「懷德興農影堂晦菴朱夫子奉安祭文」, 『寒水齋集』 卷23, 2ㄱ~ㄴ(150책, 418쪽). "東人之中 得其全體大用之傳 以任繼往開來之責者 又莫如尤菴宋文正公也".

15) 「記述雜錄(權尙夏)」, 『宋子大全』 附錄, 卷19, 1ㄴ(115책, 577쪽). "晦翁 孔子後一人 尤菴 晦翁後一人也"; 『雅言』 卷12, 堯舜 第36, 23ㄴ(1180쪽-영인본 『華西先生文集』, 曹龍承 發行, 1974의 쪽수. 이하 같음). "遂菴曰 集羣聖而大成者 孔子也 集羣賢而大成者 朱子也 集羣儒而大成者 尤翁也".

16) 『朱子論同異攷』 序, 1ㄴ(1141쪽-영인본 『南塘集』, 蔡仁植 發行, 1976의 쪽수. 이하 같음). "孔子 天地間一人而已矣 朱子 孔子後一人而已矣".

17) 「內篇上」, 『南塘集』 卷35, 雜識, 6ㄱ~ㄴ(202책, 265쪽). "至朱夫子出然後 道之精微 毫分縷析 而義理之辨 無復餘憾矣……肆我栗谷李先生繼朱子而興 任傳道之責 則又合而言之 以捄其弊".

18) 「經筵說下」, 『南塘集』 卷6, 說說, 37ㄱ~ㄴ(201책, 152쪽). "盖有孔子則不可無朱子 有朱子則不可無李珥 有李珥則不可無宋時烈 而天之生是人 皆不偶然矣 今

하고 도통을 계승한 송시열을 중심으로 한 師門의 학설을 평생 학문의
종지로 삼고 있다고 자부하였다.[19] 이렇듯 권상하와 한원진을 거치면서
노론-호론 계열에서는 도통 전수 관계를 '孔子→朱子→李珥→金長生→
宋時烈→權尚夏→韓元震'으로 확정하기에 이르렀다.[20]

姜浩溥 역시 주자를 공자와 함께 '宇宙間兩大人' 가운데 한 사람으로
추앙하였다.[21] 주자는 세상 사람들이 알고 있듯이 大賢에 그치는 것이
아니라 '眞聖人'이었으며,[22] 그의 事功은 오히려 공자를 능가하는 것으로
볼 수도 있을 정도[23]라고 주장하였다. 이처럼 송시열에 의해 제기된 '朱子
聖人'論과 도통 계승 운동은 이후 그의 제자들을 통해 19세기까지 계승되
었다. 그리고 그것은 '朱子聖人'論을 뛰어넘어 '宋子聖人'論으로까지 확
산되었다. 19세기의 李恒老 단계에 이르러 송시열은 공자와 주자에 버금
가는 성인으로 자리매김 되었던 것이다.

이항로는 하늘이 공자와 주자와 송시열을 배출한 것은 결코 심상한
일이 아니라고 주장하였다.[24] 三綱五倫과 '尊華攘夷'라는 天地의 大義가
위기에 처했을 때 하늘은 이들 성인을 배출하여 인류를 구제하고자 하였다
는 것이다. 다만 공자와 주자, 그리고 송시열이 처했던 각각의 시대적

臣以李珥宋時烈 直接孔朱之統 其言似誇大 而實不誇大".

19) 「與宋士能別紙庚申同月」, 『南塘集』 卷19, 書門人問答, 35ㄱ(201책, 447쪽). "愚陋平
   生論性大目 本皆守師門說 而師門說 又皆本於老先生(宋時烈-인용자 주)之說
   也".

20) 「經筵說下」, 『南塘集』 卷6, 筵說, 38ㄱ~ㄴ(201책, 152쪽). "李珥傳之先正臣金長
   生 金長生傳之先正臣宋時烈 時烈學宗朱子 義秉春秋 崇節義闢邪說 其事業之
   磊落光明 自東方以來 未有盛者也 宋時烈傳之先正臣權尚夏 尚夏受其衣書之
   托 主盟斯道三十餘年矣 至今一脉正論之未泯 義理之不至全晦者 皆其力也".

21) 「宇宙間兩大人說」, 『贅言』 卷15, 1ㄱ. "自生民以來 宇宙間有兩大人 孔朱二夫
   子是已".

22) 「宇宙間兩大人說」, 『贅言』 卷15, 2ㄱ. "若吾朱夫子 人皆知其爲大賢而已 鮮能
   知其爲眞聖人也".

23) 「宇宙間兩大人說」, 『贅言』 卷15, 4ㄱ. "其事功豈非孔子後一人耶 此所以宇宙間
   只有兩大人者也 然其事功 孔子少而易 朱子多而難".

24) 『雅言』 卷11, 武王 第32, 10ㄴ(1161쪽). "孔朱宋三夫子 天之養得 最不尋常".

상황이 달랐으므로, 그 공에 차이가 있다고 보았다. 즉 주자의 시대는 夷狄의 침입을 받고 있던 때여서 공자의 시대보다 상황이 어려웠으므로 주자의 공이 공자의 그것보다 빛나고, 송시열의 시대는 夷狄이 천하를 지배하는 때라서 주자의 시대보다 어려웠으므로 송시열의 공이 주자에 비해 더욱 빛난다는 것이었다.25) '孔子-朱子-宋子'로 이어지는 도통론에 따라 송시열은 주자를 계승하여 나타난 성인으로 推尊되었던 것이다. 따라서 송시열이 尊崇되지 못하면 주자 역시 尊崇될 수 없는 것으로 보았다. 송시열은 '一國之士'나 '一代之賢'일 수 없었던 것이다.26) 이항로가 송시열의 작업을 계승하여 『朱子大全箚疑輯補』의 편찬에 힘을 기울이게 된 것27)은 바로 이러한 강렬한 도통 인식에 바탕하고 있었다.

　그렇다면 이러한 도통론적 인식을 바탕으로 한 학문 연구의 태도는 어떤 것이었을까? 이항로는 "말마다 다 옳은 분도 朱夫子요, 일마다 다 옳은 분도 朱夫子다"라는 송시열의 주장을 그대로 수용하여28) '朱子=聖人'論을 개진하였다. 그는 주자가 경전을 해설한 공로를 舜임금이 천하를 다스린 것과 그 규모가 동일하다고 보았다.29) 주자의 경전 해석을 절대화하고 있었던 것이다. 주자의 말씀 가운데 한 구절, 한 글자라도 어두워지게 되면 그 해는 백성들에게 미치고, 그 화는 후세에 미치게 될 것으로 판단하였다.30) 따라서 그러한 주자의 해석에 異論을 제기하는 사람에 대해서는 '逆臣'이라고까지 극언하였다.

---

25) 『雅言』卷11, 武王 第32, 10ㄴ~11ㄱ(1161~1162쪽).
26) 『雅言』卷11, 易者 第33, 21ㄴ(1167쪽). "謂宋子繼朱子而作者也 宋子失尊 則朱子不可獨尊 而世無知德 視之殆同一國之士 一代之賢 則非細憂也".
27) 『雅言』卷11, 易者 第33, 21ㄱ~ㄴ(1167쪽).
28) 『雅言』卷12, 堯舜 第36, 22ㄴ(1179쪽). "先賢有言曰 言言皆是者 朱夫子也 事事皆是者 朱夫子也".
29) 『雅言』卷12, 堯舜 第36, 21ㄱ(1179쪽). "朱夫子解釋經傳 與大舜之治天下 同一規模".
30) 『雅言』卷11, 易者 第33, 20ㄴ(1166쪽). "先生謂朱子聖人也 其言一句一字 或有所晦 則害流於生民 禍及於後世".

　　朱子는 말씀마다 옳고 일마다 합당하여 이른바 三王에 상고해 보아도 어긋나지 않고, 天地 사이에 세워놓아도 어그러지지 않고, 百世를 기다려 보아도 의혹되지 않으며, 費隱을 겸하고 細大를 포괄하여 一以貫之하였으니 다른 賢人들과 비교할 수 있는 분이 아니다. 朱子를 따르는 사람은 佞臣이 아니라 純臣이며, 朱子를 어기는 사람은 忠臣이 아니라 逆臣이다.[31]

따라서 공부하는 학자는 먼저 주자가 聖人이라는 사실을 염두에 두어야 한다. 그리고 자기 자신은 그러한 주자에 미칠 수 없는 凡人이라는 사실을 먼저 자각해야 한다. 따라서 나의 생각과 주자의 생각이 같지 않은 것은 주자에게 문제가 있어서가 아니라 그에 미치지 못하는 나 자신에게 문제가 있기 때문이었다. 결국 독서·공부의 방법은 나와 주자의 일치하지 않는 부분을 파내어 버리고 나 자신을 변화시켜 주자와 동일해지기를 바라는 것뿐이었다.[32]

　　그렇다면 주자 학문의 범위와 내용은 어떤 것이었을까? 이항로는 그것을 다음과 같이 규정하였다.

　　머리를 들어 天地의 德을 관찰하고, 머리를 숙여 聖賢의 글을 읽어 그 全體大用의 학문을 발명한 분은 오직 朱夫子뿐이다.[33]

이것은 주자에 의해서 道理뿐만 아니라 物理까지도 모두 밝혀졌다는 믿음을 표명한 것으로 볼 수 있다. 즉 三綱五倫이나 尊華攘夷와 같은 인간·사회의 道理만이 아니라 天地의 德으로 표현되는 物理까지도 남김없이

---

31) 『雅言』卷4, 蓋天 第12, 22ㄱ(1089쪽). "朱子言言皆是 事事皆當 所謂考三王而不謬 建天地而不悖 俟百世而不惑 兼費隱 包細大 一以貫之 非他賢比也 順之者 非佞臣 乃純臣也 違之者 非忠臣 乃逆臣也".

32) 『雅言』卷12, 堯舜 第36, 22ㄱ～ㄴ(1179쪽).

33) 『雅言』卷12, 異端 第34, 4ㄴ(1170쪽). "仰以觀乎天地之德 俯以讀乎聖賢之文 而發明其全體大用之學者 惟朱夫子是已".

밝혀졌다는 것이다.[34] 이럴 경우 道理에 대한 새로운 해석이나 物理에 대한 탐구는 모두 불필요한 것이었다. 오로지 주자의 논설에 따라 주자가 밝혀 놓은 이치를 체득하는 학습의 과정만이 남아 있을 따름이었다.

이항로가 보기에 후세 사람들의 의논이 분분한 것은 '朱子 定論'에 대해 투철한 인식을 갖지 못해 발생하는 문제였다. 그는 "朱子의 註解는 初年에는 講究를 극진히 하여 同異와 本末에 빠뜨린 바가 없고, 晚年에는 折衷을 극진히 하여 은미한 말과 오묘한 뜻에 잘못된 바가 없다"고 보았다. 다만 후세 사람들은 주자가 초년에 여러 학설을 널리 구한 것에 구애되어 도리어 만년의 정론을 헤아리지 못하고 있었던 것이다.[35] 이러한 관점에서 볼 때, 후세 학자들의 공부 방법은 자명해진다. 이미 주자에 의해 완성된 가르침을 가지고 반복해서 보고 침잠하여 그 뜻을 이해하도록 노력하는 것이었다. 스스로 얻은 바가 있다고 하여 주자와 다른 해석을 시도하는 것(別生新解)은 금물이었다. 일찍이 송시열이 '好新尙奇之病'을 경계한 이유가 바로 여기에 있었다.[36]

이와 같은 학문적 자세를 견지할 때 새로운 학설이나 주자와 다른 견해들은 읽을 필요조차 없었다. 심지어 기존의 經書를 공부할 때에도 주자의 주석 이외의 것은 읽지 않았다. 그 방법을 이항로는 다음과 같이 말하고 있다.

> 반드시 朱子의 定本을 玩繹하여 通透하게 의심이 없게 하여 피부에 적셔지고 뼈에 사무치게 한 연후에 다른 학설을 보았다. 그것을 朱子의 定本에 준거해서 합치되는 것은 따르고 합치되지 않는 것은 따르지 않았다.[37]

---

34) 『雅言』 卷12, 異端 第34, 4ㄱ(1170쪽). "蓋天地之德 語其大 則上覆下載而不限其大矣 語其小 則花彫葉鏤而不遺其小矣".

35) 『雅言』 卷4, 蓋天 第12, 20ㄱ(1088쪽). "朱子註解 初極講究 同異本末 無所遺漏 晚極折衷 微辭奧旨 無所差謬 後之學者 不能潛心活觀 或滯初年同異廣求之實 反迷晚年折衷決案之正 是可懼也".

36) 『雅言』 卷4, 蓋天 第12, 20ㄴ~21ㄱ(1088~1089쪽).

이상과 같은 학문 자세는 자연학의 경우도 마찬가지였다. 자연학 분야 역시 주자의 언설을 통해 학문적 진리에 도달할 수 있다고 보았다. 기존의 학설과 가치를 절대화하고자 하였던 것이다. 그런데 주자의 자연학은 『朱子大全』과 『朱子語類』에 산견되어 있다. 따라서 주자 자연학의 전체적인 모습을 파악하기 위해서는 그것을 체계화할 필요가 있었다. 그것은 바로 『朱子大全箚疑』와 『朱子言論同異攷』라는 저술을 통해 시도되었다. 『주자대전차의』가 주자 언론에 대한 상세한 고증·주석작업이었다면, 『주자언론동이고』는 주자 언론의 통일과 그 無謬性을 관철하기 위한 궁극적 작업이었다.[38]

송시열은 일찍이 『朱子語類小分』을 작성한 바 있었다. 그것은 『주자어류』의 기사가 착잡하고 번복되어 있는 문제점을 해소하기 위한 저술이었다. 즉 착잡한 것을 정리하고, 번복된 것을 산삭하여 부문별로 정리한 것이었다.[39] 이러한 송시열의 작업은 다음 세대에 魚有鳳의 『朱子語類要略』과 李縡의 『朱子語類抄節』로 연결되었고, 다시 李宜哲의 『朱子語類考文解義』를 거쳐 韓元震의 『朱子言論同異攷』에 이르러 완성되었다.[40]

그런데 『주자대전차의』는 『주자대전』에 대한 주석서였고, 『주자언론동이고』는 주자 언론의 상이한 부분을 비교·대조하여 정론을 찾아가는 작업이었다. 따라서 그것을 통해 주자 학문의 전체상을 요령있게 파악하기에는 부족한 점이 있었다. 이런 문제점을 염두에 두고 나온 것이 바로 姜浩溥의 『朱書分類』였다. 자연학의 경우 『주서분류』에 이르러 세부적인 이론에 대한 주자의 견해를 종합적으로 파악할 수 있게 되었다. 거기에는

---

37) 『雅言』卷4, 蓋天 第12, 22ㄱ(1089쪽). "必須玩繹朱子定本 通透無疑 淪肌浹骨 然後看他說 準之以朱子定本 合者從之 不合者不從".

38) 金駿錫, 「조선후기 畿湖士林의 朱子인식-朱子文集·語錄연구의 전개과정-」, 『百濟研究』18, 1987 참조.

39) 「年譜」, 『宋子大全』附錄, 卷7, 崇禎 52年(己未 : 1679), 12월 27일(戊子), 54ㄴ (115책, 360쪽). "朱子語類小分成 先生每嫌語類記事錯雜 且多煩複 自入島中 與孫疇錫 日夕對勘 整其錯雜 刪其煩複 隨類移分".

40) 金駿錫, 앞의 논문, 1987, 106~112쪽.

『주자대전』과 『주자어류』에 산견되어 있는 주자의 견해들이 세부적인 분류 항목에 따라 종합·정리되어 있었고, 『주자언론동이고』의 견해를 첨부함으로써 이른바 '朱子 定論'을 확인할 수 있도록 구성되었던 것이다.[41]

요컨대 宋時烈이 '孔子→朱子→李珥→金長生'으로 이어지는 계통을 도통으로 확립하였다면, 權尙夏는 '孔子→朱子→宋子'의 계통을 설정하여 송시열을 직접 주자의 적전으로 연결하였고, 이에 송시열은 이이를 뛰어넘어 바로 주자에 연결되는 도통의 계승자로 자리매김 되었다. 韓元震은 호론 계열의 입장에서 '孔子→朱子→李珥→金長生→宋時烈→權尙夏'로 이어지는 도통의 흐름 위에 자신을 위치시켰고, 李恒老 단계에 오면 마침내 송시열은 공자·주자에 버금가는 성인의 반열에 오르게 되었던 것이다.

이들은 이와 같은 도통론적 인식 하에서 학문 연구를 진행하였는데, 그것은 철저하게 주자와 송시열을 통한 진리 탐구였다. 이러한 경직된 학문 자세는 자연학의 경우도 예외가 아니었다. 17세기 중·후반 이후 西學을 통해 수많은 자연학적 지식들이 유입되고, 그에 대한 다양한 논의가 전개되고 있었지만 이들은 이러한 논의 자체에 관심을 기울이지 않았다. 이들이 보기에 진리는 자명한 것이었고, 주자를 통해 충분히 그것에 도달할 수 있다고 자신했기 때문이었다. 따라서 이들은 서학에 대해서 무관심한 태도로 일관하면서, 한편으로는 서학에 관심을 기울이고 있던 다양한 경향에 대해 주자학적 자연인식에 기초하여 철저한 비판을 가했던 것이다.

---

41) 예컨대 朱子의 自然學과 관련된 내용은 『性理大全』 이래의 전통적 분류 방법에 따라 '理氣' 항목 아래 정리되어 있었는데, 세부 항목을 보면 天地(開闢), 天文(日月星辰·雷電虹霓·雨雪霜露), 四時, 渾天儀, 曆法, 氣數, 地理(山水·疆界·沿革), 潮汐(海), 陰陽家風水說(都邑), 山川地名訂誤 등으로 구성되어 있다. 『朱書分類』(奎1344) 卷1·2 目錄 참조.

2) 曆法의 尊周論的 이해와 反西學論의 전개

朱子道統主義者들이 西學(서양과학)에 대해 어떤 입장을 취하고 있었는지를 분명하게 확인할 수 있는 자료는 많지 않다. 그 이유는 일차적으로 이들이 주로 심혈을 기울였던 부분이 자연학보다는 理氣心性論과 禮論을 중심으로 한 異端·異說 변척이었기 때문이다. 이로 인해 이들의 서양학문에 대한 비판은 자연과학적인 측면(西學)보다는 종교적인 측면(西敎)에 집중되는 경향이 있었다. 또 서양과학에 대한 비판은 그에 합당한 자연학적 지식을 필요로 하는데, 이들은 자신의 학문적 원칙에 입각하여 이단의 책을 보지 않았고, 따라서 서양과학의 원리를 이해할 수 있는 체계적인 지식을 갖출 수 없었다. 때문에 이들의 서학에 대한 비판은 기존의 상식에 입각한 추상적인 논의가 되기 쉬웠다. 따라서 이들의 서양과학에 대한 태도를 살펴보기 위해서는 다소 우회적인 방법을 사용할 수밖에 없다.

그 가운데 한 가지 방법이 時憲曆의 시행으로 인해 폐기된 大統曆에 대한 이들의 태도를 살펴보는 것이다. 일찍이 金尙憲(1570~1652)은 1637년(인조 15)에 조선에 頒賜된 大統曆 10襲을 하사받아 소장하고 있었다. 그는 이것을 그의 庶孫인 金壽徵에게 전수하면서 후일 이 책을 애호할 줄 아는 사람이 나타나면 전해주라고 유언하였다. 1704년(숙종 30) 宋時烈의 유지에 따라 萬東廟가 건립되자 김수징은 이것을 權尙夏에게 주었다. 그것은 권상하가 스승의 뜻을 잊지 않고 '尊周'의 擧事를 하였기에, 김상헌이 말한 바 이 책을 애호할 줄 아는 사람이라고 판단했기 때문이었다. 권상하는 이것을 받들어 萬東廟(萬東祠)에 봉안하였다.[42] 그 후 권상하는 이것을 鄭澔(1648~1736)에게 보여주면서 소감을 청하였다. 이에 대해 정호는 이 책을 '皇朝恩頒之遺書', '一統遺書'로 평가하였다.[43] 중세사회에서 역법의 수립과 반사가 『春秋』'大一統'의 이념을 구현하는 정치사상

---

42) 「崇禎大統曆跋」, 『寒水齋集』 卷22, 31ㄴ~32ㄱ(150책, 410쪽).
43) 「敬題皇明崇禎丁丑大統曆後」, 『丈巖集』 卷25, 5ㄱ~6ㄱ(157책, 553쪽).

적 機制였음을 엿볼 수 있는 대목이다. 위와 같은 정호의 평가는 明이 망하고 대통력이 사라진 후 '若天授時', '協月正日'로 표상되는 堯舜의 역법 제도[44]가 붕괴되었다는 인식에 기초한 것이었다.[45]

시헌력의 시행에 따른 대통력의 폐기에 대해 조선후기의 많은 지식인들이 불만과 아쉬움을 가지고 있었으리라는 점은 충분히 짐작할 수 있다. 그것은 明의 멸망과 淸의 중국 지배에 연이어서 나온 제도 변화였기 때문이다. 당시 조선은 淸과의 외교 관계 때문에 시헌력을 도입하지 않을 수 없었지만, 시헌력을 '淸曆'으로 간주하는 지식인들은 일단 시헌력 자체에 대해 거부감을 가지고 있었다. 그러한 사실을 우리는 李景奭(1595~1671)을 통해 확인할 수 있다.[46] 그는 1654년(효종 5) 이래로 시헌력을 사용하게 되었는데, 이로 인해 1日 100刻 체제가 96刻 체제로 변경되었고, 24절기의 순서에 어그러짐이 발생했다고 파악하였다. 이러한 비판적인 평가는 물론 시헌력의 과학성을 올바르게 이해하지 못한 데서 연유한 것이었지만, 기본적으로는 시헌력이 서양 오랑캐로부터 연유한 것이며, 그로 인해 대통력의 이름이 사라지고 '東國의 舊章'이 변경되고 말았다는 안타까움의 발로였다.[47]

송시열은 明의 멸망 이후 典章제도의 변화로 인해 인심 또한 달라졌다고 보았다.[48] 대통력은 그렇게 변경된 전장제도 가운데 하나였다. 송시열

---

44) 『書經』, 虞書, 堯典. "乃命羲和 欽若昊天 曆象日月星辰 敬授人時" ; 『書經』, 虞書, 舜典. "協時月 正日".

45) 「敬題皇明崇禎丁丑大統曆後」, 『丈巖集』 卷25, 5ㄱ(157책, 553쪽). "嗚呼 皇明屋社甲子 已一周矣 典章文物 邈然無徵 矧其太平盛際 如若天授時 協月正日之制 雖欲尋其彷彿於影響之末 何可得也".

46) 「散地錄中」, 『白軒集』 卷11, 30ㄴ~31ㄱ(95책, 524~525쪽). "自甲午年 用湯若望曆法 大統曆變爲時憲曆 時憲乃淸曆之名也 刻數減書夜 古則百刻而今則九十六刻 節序舛 古則寒食後一日乃淸明 而今則淸明先於寒食矣 此特其槩也".

47) 「散地錄中」, 『白軒集』 卷11, 31ㄱ(95책, 525쪽). "朝廷自有新頒制 曆日還無大統名 何物西洋老虜幻 却敎東國舊章更".

48) 「庚午大統曆跋」, 『宋子大全』 卷146, 17ㄴ~18ㄱ(113책, 147쪽). "凡皇祖遺章舊典 變盡無餘 而今日所見者 非復舊監之推步矣 自是以來 不惟典章之異昔 而

은 중국에서 역법을 반사하는 제도를 『춘추』 '大一統'의 뜻을 취한 것으로 파악하였다. 그러한 관점에서 본다면 당시 시행되고 있던 시헌력은 이러한 의의에 위배되는 것이었다. 星座와 하늘을 분할하여 곳에 따라 다르게 관측하기 때문(割星分天 隨處異候)이었다.[49] 이것은 결국 역법의 자연과학적 측면보다는 정치사상적 측면을 강조하여 이해하고자 하는 태도였다.

이러한 송시열의 관점은 18세기에도 지속되었다. 1741년(영조 17) 兪拓基(1691~1767)는 1636년과 1637년에 조선에 반사된 대통력을 沈聖希로부터 얻어보고[50] 이에 대해 題辭를 붙였는데, 여기에 나타난 시헌력에 대한 태도는 이전의 선배들이 보여준 그것과 동일한 것이었다. 시헌력은 24절기 사이의 간격이 일정하지 않고, 해와 달의 운행에 疾徐의 변화가 있으며, 각 省에 따라서 관측하는 바가 같지 않다는 점을 들어 대통력의

人心不能不異也".

49) 「庚午大統曆跋」, 『宋子大全』 卷146, 18ㄴ(113책, 147쪽). "且念皇祖命曆之意 實取春秋一統之義 而厥今所行 則顧乃割星分天 隨處異候 無復無二日二王之意 豈陰陽正閏之分 其勢自異也歟".

50) 이것은 沈誗(號 南厓)이 소유하고 있던 曆書였는데, 沈誗은 이 책 안에 公私의 事跡을 대략 기록하면서 丙子胡亂 당시 순절한 형 沈誢(字 士和, 贈吏曹判書, 諡號 忠烈)의 사실을 特書하였다[李宜顯(1669~1745), 「南厓沈公大統曆日記跋」, 『陶谷集』 卷26, 13ㄴ~14ㄴ(181책, 405쪽)]. 이것이 바로 『丙子日記』, 『南厓日錄』 등으로 불렸던 것이다. 이 책은 아마도 후에 그의 집 벽 속에 숨겨두었던 것 같은데, 이것을 그의 후손 沈聖希(字 而天)가 발견해서 여러 사람들에게 보여주었다. 당시 사람들은 이것을 孔子의 집 벽에서 나온 古文에 비유하여 고귀하게 생각하였다[趙顯命(1691~1752), 「次樝川韻書南厓沈尙書丙子日記後」, 『歸鹿集』 卷3(212책, 103쪽)]. 兪拓基가 본 것도 이것이었으며, 南有容(1698~1773)이 본 것 역시 이것이었다[「書崇禎大統曆南厓日錄後」, 『雷淵集』 卷3, 33ㄱ~34ㄴ(217책, 76쪽)]. 沈誗의 가계를 정리하면 다음과 같다[『萬姓大同譜』 下, 明文堂, 1983, 237~246쪽].

'大一統'의 뜻과 어긋난다고 비판하였던 것이다.51)

이러한 일련의 사정을 통해 알 수 있는 것은 노론-호론계의 대통력에 대한 태도가 그들의 정치적 이념인 '尊周論'에 연결되어 있었다는 사실이다. 그들이 崇禎 연호의 사용을 고집하였던 것도 바로 이런 이유 때문이었다. 이러한 그들의 태도에서 시헌력에 대한 객관적인 평가를 기대하기는 어려운 일이었다. 시헌력의 과학성조차 그들에게는 大一統의 뜻에 위배되는 것에 지나지 않았기 때문이다. 鄭齊斗가 이들의 崇禎 年號 고집에 대해 연호 사용과 국제적인 사대관계(拜跪)를 분리하여 사고할 수 없다는 입장에서 간접적으로 비판하였던 것은,52) 당시 淸과 실질적인 사대관계에 있으면서도 연호만은 明의 것을 고집하는 이들의 허위의식을 지적하고자 한 의도였다.

曆法에 대한 尊周論的 이해 방식은 19세기의 주자도통주의자들에게도 줄기차게 계승되었다. 李恒老는 당시 전개된 反西學論의 중심에 위치했던 인물이었다. 그는 이미 이전 시기에 선진적인 지식인들에 의해 인정되었던 시헌력의 정확성마저 부정하고 있었다.53) 물론 이항로도 서양의 기술이 중국이나 조선의 그것에 비해 뛰어나다는 사실을 인정하지 않을 수는 없었다. 그러나 그가 보기에 서양인들의 기술이란 해가 저물어가는 서쪽의 기운을 타고난 사람들에 의해서 形氣의 사사로움에 下達한 것에 불과할 뿐 性命의 善함에는 上達하지 못한 것이었다.54) 때문에 그것은

---

51) 「題判書沈公所藏崇禎大統曆後」, 『知守齋集』 卷15, 13ㄴ~14ㄱ(213책, 580쪽). "又其法二十四氣之進退遲速 日月出入之疾徐 區別割裂 逐省各異 視皇朝大一統之古義 不翅違背已也".

52) 「答閔彦暉書」, 『霞谷集』 卷2(160책, 34~35쪽). "夫正朔者 天王之事 旣奉其正朔 則是成之爲天王 而自居於陪臣也……凡書前後皆以拜跪則主華夷而不屈 年號則主君臣而奉行 非不審盛意所在 而反復推究 終有不如此者……".

53) 『雅言』 卷2, 乾爲 第6, 16ㄱ(1064쪽). "世人之競新鬪奇者 皆曰 西曆非堯曆可比 此則考之未精之過也".

54) 『雅言』 卷10, 尊中華 第30, 19ㄴ(1152쪽). "禀東方升之氣者 多上達性命之善 禀西方將夕之氣者 多下達形氣之私".

性命과 仁義禮智에 어둡고 통하지 못하게 되어 그 화가 다른 사람에게까지 미치게 된다고 하였다.[55] 결국 道德과 術業은 가치론적으로 볼 때 도덕이 우월한 것이며,[56] 따라서 서양의 기술에 현혹되어 기존의 도덕을 돌아보지 않는 것은 커다란 잘못이라고 생각하였다.

그는 시대적 흐름에 따른 기술의 발전은 인정하였지만 그것이 후세 사람들이 더 지혜로워졌기 때문은 아니라고 보았다.[57] 오히려 기술의 발전은 근본을 해칠 수도 있는 것이라고 간주하였다. 당시 널리 인정되고 있던 시헌력의 우수성 역시 이런 관점에서 보면 비판의 대상이었다.

西洋의 曆法이 精細하고 詳密하지 않은 것은 아니다. 다만 그 대원칙이 확립되지 않았다. 왜냐하면 堯임금 때의 曆法은 오로지 하늘의 마음을 공경하고 사람의 윤리를 밝히는 것으로써 근본을 삼았기 때문에 시행하는 명령이 五倫五常에 관한 법이 아닌 것이 없었다.……지금 西洋에서는 天叙・天秩・天命・天討의 大綱과 細目을 전혀 거론하지 않고, 오직 하늘을 우러러 기도하여 죄를 없애주고 복을 내려주기를 바라는 것으로써 終日의 事業으로 삼고 있을 뿐이니, 어디에 이 天時와 月令을 쓰겠는가.[58]

堯임금 때의 曆法은 오로지 天心을 공경하고 人倫을 밝히는 것으로써 근본을 삼았는데, 西洋의 曆法은 오로지 天心을 업신여기고 人倫을 폐지하는 것을 위주로 한다. 그 방법이 더 세밀한지 아니한지는 마땅히 별도로

---

55) 『雅言』卷10, 尊中華 第30, 19ㄴ(1152쪽). "凡人禀下愚昏貪之性者 類多形氣利欲一邊 通人所不能通 測人所不能測 然於性命仁義禮智上 愈益昏塞不通 是以灾必逮身 禍必及人".

56) 『雅言』卷10, 尊中華 第30, 20ㄱ(1152쪽). "明於道德 名以聖賢 能於術業 名以工匠 斯二者卽孟子所謂大人小人之分也".

57) 『雅言』卷10, 尊中華 第30, 21ㄱ(1153쪽). "百工技藝 後出愈巧 非前愚而後智 前拙而後巧也 其勢則然也".

58) 『雅言』卷10, 尊中華 第30, 21ㄱ~ㄴ(1153쪽). "西洋曆法 非不精細詳密 但大本不立 何也 堯時曆法 専以敬天之心・明人之倫爲本 故所行之令 無非五倫五常之典……今夫西洋則於天叙天秩天命天討之大綱細目 全不擧論 惟以仰天祈懇・滅罪資福爲終日事業而止言 則烏用是 天時月令爲哉".

272

논하여야 할 것이다.[59]

인간사회의 윤리·도덕이 배제된 자연법칙의 탐구란 비록 정확성이 뛰어나다 할지라도 그 가치를 인정할 수 없다는 주자도통주의자들의 완고한 입장을 여기에서 분명하게 확인할 수 있다. 그것은 중세적 자연관이 뛰어넘어야 할 뿌리깊은 심연이었다.

노론-호론 계열의 尊周論的 曆法 이해는 그들의 反西學論과 표리 관계에 있었다. 서학이 전래되어 선진적인 학자들 사이에서 지구설을 비롯한 서양 천문역산학의 주요 개념들이 활발하게 논의되고 있었던 17세기 후반 이후에도 노론-호론계의 학문적 담론에서는 이러한 문제들에 대한 적극적인 토론을 찾아볼 수 없다. 그 이유는 이들이 당시 전래된 서학의 실체를 모르고 있었기 때문이 아니라, 이들이 서학의 정확성과 가치를 인정하려고 하지 않았기 때문이었다. 거기에는 이들의 도통론적 학문 태도가 중요한 요소로 작용하였다. 그것은 지구설을 둘러싸고 진행된 서인-노론계 일각의 논의 과정을 살펴보면 알 수 있다.

지구설을 수용하는 과정에서 여러 가지 변용이 있었던 것으로 추측되는데, 그 가운데 하나가 이른바 '六面世界說(無上下六面世界之說)'이었다.[60] 그 주장의 요점은 크게 두 가지로 요약된다. 하나는 天地를 통틀어 보면 하늘과 땅은 상하가 없다는 것이며, 다른 하나는 지면의 상하사방은 모두 개별 세계로서 사람과 사물이 모여 살고 있다는 것이었다.[61] 李柬 (1677~1727)의 견해에 따르면 '六面世界說'은 권상하의 문인인 申愈(晦

59) 『雅言』卷10, 尊中華 第30, 21ㄴ(1153쪽). "堯時曆法 專以敬天心明人倫爲本 西洋曆法 專以慢天心廢人倫爲主 其法之加密與否 又當別論也".

60) 「天地辨後說」, 『巍巖遺稿』卷12, 1ㄱ~10ㄴ(190책, 445~449쪽). 李柬이 '六面世界說'에 처음 접한 것은 1705년 경이며[「與申伯謙愈別紙乙酉」, 『巍巖遺稿』卷6, 12ㄴ~15ㄱ(190책, 340~342쪽)], 이 글을 작성한 것은 1723년이다.

61) 「天地辨後說」, 『巍巖遺稿』卷12, 2ㄱ(190책, 445쪽). "其開口第一綱領 卽無上下三字耳……而擧天地全體而通貫言之 則天地原無上與下矣 故地面上下四方 均有世界 人物林林 譬如栗房四外 稜刺鬆鬆然 此其大拍頭也".

<그림 5-1> 六面世界冬夏兩至相配圖

谷)가 제시한 것이었으며, 韓弘祚(巖村)·宋一源·成晩徵(秋潭) 등을 비롯한 많은 사람들의 동조를 얻고 있었다.[62] 그런데 '六面世界說'은 利瑪竇에 의해 소개된 서양의 지구설을 근본으로, 蔡元定의 학설을 일부 수용해서 申愈가 자기 나름의 해석을 곁들여 변용시킨 것이었다.[63]

이간은 이러한 '육면세계설'을 '虛眩之說'이라고 통렬하게 비판하였다. 먼저 '無上下'라는 주장에 대해 물이 아래로 흐른다는 경험적 사실을 통해 반론을 제기하였다.[64] 이간의 이러한 비판은 천지 사이에 존재하는 사물의 이치에 상하가 없을 수 없다는 기본적인 관점에서 나온 것이었다. 이는 '天尊地卑'라는 자연에 대한 인식을 현실 사회의 인간관계에 대한 자연학적 근거로 삼는 주자학의 기본틀을 보여주는 것이라 할 수 있다. 다음으로 이간은 하늘에는 四時가 있을 뿐인데 만약 땅이 육면이라면 春夏秋冬이 각각의 세계에 어떻게 배치될 수 있는가 하는 문제를 제기하였다.[65] '육면세계설'의 주장대로라면 어떤 면의 세계(冬夏相界處)는 춘하추동이 동시에 나타나는 문제가 생긴다는 지적이었다.[66]

---

62) 「天地辨後說」, 『巍巖遺稿』 卷12, 7ㄴ(190책, 448쪽).

63) 「天地辨後說」, 『巍巖遺稿』 卷12, 6ㄴ~7ㄱ(190책, 447~448쪽).

64) 「天地辨後說」, 『巍巖遺稿』 卷12, 3ㄱ(190책, 446쪽). "凡此虛眩之說……天地果無上下 則水雖欲就下 實無下可就矣".

65) 「天地辨後說」, 『巍巖遺稿』 卷12, 3ㄴ~4ㄱ(190책, 446쪽).

'육면세계설'은 지구설의 영향을 받은 조선의 학자들이 그것을 자신의 사유체계 속에서 변용하는 모습을 보여준다는 점에서 당시 서학의 수용태도와 관련하여 주목할 만하다. 이간의 비판을 거친 후에도 '육면세계설'은 여전히 호론의 일부 학자들에게 영향을 끼치고 있었다. 신유 이래로 한홍조·송일원·성만징 등이 동조하였고, 玄尙璧(?~1731)이나 崔徵厚 등도 조금씩 경도되어 있었다. 호론계의 후배들 가운데도 그 뒤를 잇는 사람들이 있었다.

일찍이 韓元震은 이간에 앞서 1712년(숙종 38)에 육면세계설(地下世界之說)을 주장한 朴正源·玄尙璧을 비판한 바 있었다.67) 그 冒頭에서 한원진은 이 주장이 참된 이치(實理)라면 이것은 천지의 大義理·大議論과 관계된 일인데 어째서 前聖이 이에 대해 말하지 않고, 西域의 오랑캐가 말하기를 기다렸겠느냐고 반문하였다.68) 이것은 천지의 모든 이치는 이전의 聖人들을 통해 모두 밝혀진 것이라는 믿음을 바탕에 깔고 있는 견해라는 점에서 일단 주목할 필요가 있다. 한원진은 이러한 주장에 대한 비판의 논거를 주자의 말에서 찾고 있었는데, 그것이 바로 주자의 '地浮水之說'이었다.69) 이에 따르면 땅은 물 위에 떠 있으며, 땅 밑에는 물이 쌓여있을

---

66) 「天地辨後說」, 『巍巖遺稿』 卷12, 8ㄱ~9ㄴ(190책, 448~449쪽). '六面世界說'과 그에 대한 李柬의 비판은 후에 黃胤錫(1729~1791)에 의해 다시 비판되었다. 황윤석은 지구설에 입각하여 양자를 비판하고, 마테오 리치에 의해 소개된 지구설은 이치에 합당한 것이라고 주장하였다. 「題巍巖集天地辨六面世界冬夏兩至相配圖乙酉」, 『頤齋續稿』 卷4, 21ㄴ~22ㄱ(I , 387쪽-『頤齋全書』, 景仁文化社, 1976의 책수와 쪽수. 이하 같음) ; 「漫錄中」, 『頤齋續稿』 卷11, 9ㄱ(I , 542쪽) ; 「漫錄中」, 『頤齋續稿』 卷11, 12ㄱ~ㄴ(I , 544쪽).

67) 「南塘先生語錄」, 『寒澗先生文集』 卷37(749책, 275쪽-영인본 『韓國歷代文集叢書』, 景仁文化社, 1993의 책수와 쪽수. 이하 같음). "吾少時 朴心甫玄尙璧諸人主此論 故余以無理斥之".

68) 「與朴心甫正源別紙壬辰七月」, 『南塘集』 卷14, 32ㄱ(201책, 331쪽). "此說果是實理則此繫天地大義理大議論 前聖何故不言 而必待西域一胡豎耶".

69) 『朱子語類』 卷2, 理氣下, 天地下, 沈僴錄, 28쪽. "地之下與地之四邊皆海水周流 地浮水上 與天接 天包水與地" ; 『朱子語類』 卷45, 論語 27, 衛靈公篇, 顔淵問爲邦章, 陳淳錄, 1156쪽. "天外無水 地下是水載".

<그림 5-2> 地浮水之說(渾天說)

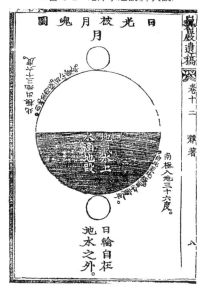

뿐이기 때문에 지하에는 人物世界가 존재할 수 없었다. 한원진은 이러한 주자의 주장을 定論으로 인정하지 않았던 일부의 견해—예컨대 현상벽의 경우70)—를 염두에 둔 듯, 주자의 문집이나 어록 가운데 '地浮水之說'을 주장한 부분은 많고, 그와 반대되는 주장은 하나도 보이지 않는다는 점을 들어 이것이 주자의 '定論'임을 강조하였다.71) 요컨대 눈으로 확인할 수 없는 六合·四極 바깥의 일에 대해서는 주자의 학설을 따르는 것이 잘못을 범하지 않는 방법이라는 주장이었다.72) 철저한 '주자 절대화'의 입장을 여기서도 확인할 수 있다.

---

70) 「沙川問答」, 『冠峯遺稿』 卷7, 26ㄴ~30ㄱ(191책, 123~125쪽). 이것은 金榦과 玄尙璧 사이의 문답을 기록한 것이다. 여기에서 현상벽은 水는 五行 가운데 하나이고, 오행은 그 質을 地에서 구비한다(五行 質具於地而氣行於天)는 朱子의 주장을 '定論(雅言)'으로 보고, 이에 입각하여 '地浮水'說을 비판하였다. 왜냐하면 水는 地에서 나오는 것인데, 다시금 地가 水에 의지한다고 해서는 말이 되지 않으며, '土克水'라는 五行相剋의 이치에도 합치되지 않는다는 것이었다. 나아가 그는 『朱子語類』의 논설 가운데 문인들이 잘못 기록한 것이 있다고 봄으로써, '地浮水'說을 門人들의 誤錄으로 간주하였다.

71) 「與朴心甫正源別紙壬辰七月」, 『南塘集』 卷14, 32ㄱ~ㄴ(201책, 331쪽). "朱子嘗言 地浮水面 地下旣是積水 則更安得有人物世界耶 若疑朱子此言之或非定論 則 如此言者 見於文集語錄中者 不勝其多 而反此之言 一不槩見 顧安得以未言者 爲信 而已言者爲疑耶".

72) 「與朴心甫正源別紙壬辰七月」, 『南塘集』 卷14, 32ㄴ(201책, 331쪽). "……不如且從 朱子之說 爲庶幾寡過耳".

한원진의 地浮水之說에 대한 확신은 地球說을 비판하는 논거로 그 제자들에게 계승되었다. 한원진이 1731년(영조 7)에 甥姪인 姜奎煥(1697~1731)에게 보낸 편지에는 '地浮水面之說'을 둘러싸고 그와 현상벽 사이에 존재했던 견해차가 분명하게 드러나 있는데,[73] 이를 통해 한원진이 육면세계설을 利瑪竇의 지구설로 이해하고 있었다는 사실을 확인할 수 있다.[74] 이 문제는 당시 호론 내부의 논란거리였고, 강규환도 沈潮(1694~1756)와 함께 이 문제를 토론하였는데[75] 그들의 결론은 현상벽의 견해를 비판하고 주자의 地浮水之說을 옹호하는 것이었다.[76] 그리고 그 연장선상에서 분명하게 지구설을 부정하였다.[77] 이들의 논의에 대한 논평에서 姜浩溥 역시 天圓地方의 전통적 관념을 고수하면서 지구설을 '好新好奇'하는 怪異之說에 불과하다고 일축하였다.[78]

---

73) 「答姜甥辛亥正月」,『南塘集』卷22, 55ㄱ~56ㄴ(201책, 527쪽).

74) 「答姜甥辛亥正月」,『南塘集』卷22, 56ㄱ(201책, 527쪽). "彦明之爲此說 盖有由矣 世傳西洋國人利瑪竇之說 以爲地之上下四旁六面 皆有世界 而逐面世界 皆有山川人物 一如地上世界 申伯兼首先惑其說 而彦明永叔隨風而靡矣".

75) 「章齋講議」,『賁需齋集』(藏書閣 藏本 : K4-6081) 卷10, 12ㄴ~26ㄱ. 「章齋講義」는 姜奎煥이 章陵參奉으로 재직 중이던[金謹行,「行狀」,『賁需齋集』卷12, 7ㄴ. "己酉冬 除章陵參奉 以王父命黽勉出仕 律己淸苦 奉職誠謹 隸卒感頌 久而不忘 齋所距靜窩沈公(沈潮-인용자)村里密邇 鎭日講討 所論不約而契"] 1730년(英祖 6)에 沈潮가 章齋로 찾아와 3일 동안 講論한 내용을 정리한 것이다 [「章齋講議」,『賁需齋集』卷10, 20ㄴ. "庚戌仲秋上旬 沈信夫來會余章齋直中 三日講論 余曰 橫渠之妙契疾書 亦一工夫 請記之 信夫曰 余志也 遂箚錄如右"; 「書章齋講義後庚戌」,『靜坐窩先生遺稿』(국립중앙도서관 장본 : 古朝46-1999) 卷6].

76) 「章齋講議」,『賁需齋集』卷10, 17ㄱ~ㄴ; 「章齋講義卞質」,『贅言』卷13, 8ㄴ~9ㄱ.

77) 「章齋講議」,『賁需齋集』卷10, 19ㄱ; 「章齋講義卞質」,『贅言』卷13, 10ㄴ~11ㄱ.

78) 「章齋講義卞質」,『贅言』卷13, 11ㄱ~ㄴ. "地圓之說 恐不待廣引博證而後知其非矣……從古以來 皆以爲地方 而及反其說者 好新好奇之過 此等怪異之說 恐不足深卞矣". 姜浩溥(1690~1778)와 姜奎煥(1679~1731)은 연배가 엇비슷하지만 촌수로 따지면 姜浩溥는 姜奎煥의 庶從祖가 된다. 이들의 家系를 정리하면 다음과 같다[萬姓大同譜』下, 明文堂, 1983, 225쪽, 227쪽; 林在達,「四養齋姜先生行狀」,『贅言』; 金謹行,「行狀」,『賁需齋集』卷12, 1ㄱ~13ㄱ].

　이와 같은 한원진의 노력에도 불구하고 그의 제자들 가운데서도 육면세계설에 경도된 인물이 나오고 있었다. 그 가운데 대표적인 인물이 송시열의 玄孫인 宋能相(1710~1758)이었다. 송능상이 육면세계설을 주장하고 있다는 이야기를 전해들은 한원진은 다음과 같이 탄식하였다.

　　道學이 밝혀지지 않아 異論이 우리 黨에서도 생겨났으니 이는 진실로 괴이한 일이다. 내가 젊었을 때 朴正源·玄尙璧과 같은 여러 사람들이 이러한 논의(六面世界說)를 주장하였으므로 내가 이치에 어긋난다는 것으로써 변척하였다. 내가 心性의 論辨에서는 다시금 남김이 없도록 하였으나, '六面世界說'에 대해서는 일찍이 그 설에 나아가 변척하지 못하고 다만 이치가 이와 같지 않다는 것으로써 泛論하였다. 차후에 이러한 논의가 성행하는 일이 있게 되면, 모름지기 힘을 기울여 明辨할 것이다.[79]

　이와 같은 한원진의 자세는 당시 시헌력 도입에 실무를 담당했던 실무 관인들의 서학에 대한 인식과는 상당한 차이를 갖는 것이라 할 수 있다. 송시열이나 권상하, 그리고 18세기 단계의 한원진에게서 서학에 대한 논의를 전혀 찾아볼 수 없는 것은 이들의 강렬한 反西學觀 때문이라고 볼 수 있으며, 그것은 이들이 당시 사상계의 변동에 대해 '주자 절대화'라는 방식으로 대응하려고 하였기 때문이기도 하다. 주자학을 절대화하는 이상 그것과 다른 사상, 다른 논의는 일절 허용할 수 없었던 것이다. 그들이 보기에 서학은 단지 이단의 학문일 뿐이었다.

79) 「南塘先生語錄」, 『寒澗先生文集』 卷37(749책, 275~276쪽). "又歎曰 道學不明 異論生於吾黨 眞是怪事 吾少時 朴心甫玄尙璧諸人主此論 故余以無理斥之 余 於心性之辨 無復餘蘊 而於世界說 則不曾就其說辨之 只以理不如此泛論之 此 後如有此論盛行之事 則須着力明辨矣".

한편 이항로는 지구설에 입각하여 중국이 세계의 중심이라는 기존의 華夷觀에 의문을 제기하는 논자들의 주장80)에 대해서 나름대로의 논리를 세워 반박을 시도하였다.81) 太一이 거주하는 곳이 하늘의 축이 되고, 심장이 인간 신체의 주재가 되듯, 대지 가운데서는 風氣가 조화로운 중국이 중심이 된다는 것이었다. 이는 하늘과 인체의 비유를 들어 기존의 지리적 화이관을 옹호하고자 한 것이었으나, 그것이 과연 설득력을 가질 수 있었는지는 의문이다. 그는 서양인들이 만든 세계지도의 정확성과 신빙성에 대해서도 의심하였다. 그것은 서양인들의 추론에서 나온 것이지 실제로 답사한 결과가 아니라는 억측이었다. 이러한 억측의 논리적 배경은 바로 陰陽思想이었다. 음양설에 입각하면 陰界와 陽界가 합하여 땅이 된 것인데, 양계와 음계는 '大分之界'로서 양계의 인물이 음계에 가서 살 수 없다는 것이다.82) 이는 북반구에 살고 있는 사람의 소견으로서 북반구와 남반구는 상통할 수 없다는 억측에 불과한 것이었다. 그럼에도 불구하고 이항로는 음양설에 입각하여 이것을 신념하였고, 그 결과 세계지도를 부정하기에 이르렀던 것이다.

음양설은 주자도통주의자들이 서양을 이해하는 중요한 방법론이었다. 이항로는 서양을 다음과 같이 이해하였다.

西洋은 天地의 大勢로써 말하자면 서쪽 끝의 肅殺의 치우친 기운이며, 水國의 鱗甲과 동일한 流이다. 그러한 까닭으로 그 성질은 生을 가볍게 여기고 死를 편안하게 여기며, 그 마음은 利害에 밝고 義理에 어두우며,

---

80) 『雅言』 卷10, 尊中華 第30, 28ㄱ(1156쪽). "或問天包地外 地在天中 上下四方 都是此地 今所謂中國者 特崑崙之東 丸泥之地也 自天觀之 均是地也 固無華 夷中外尊卑主客之別 而聖賢乃立中國外夷之說 而著尊攘之義 無乃傷於不公乎".

81) 『雅言』 卷10, 尊中華 第30, 28ㄱ(1156쪽). "曰 六合內外 均是天也 而太一之居 獨天之樞也 四肢百體 均是身也 而方寸之心 獨身之主也 四方八面 均是地也 而風氣之均 獨土之中也 知此說者 知夷夏內外之妙 尊攘扶抑之義矣".

82) 『雅言』 卷2, 乾爲 第6, 18ㄱ～ㄴ(1065쪽).

그 기술은 속임수를 좋아하고 항상된 것을 싫어하니, 이것이 그 대강이다.[83]

이항로가 이해한 서양의 모습은 '輕生樂死'(性), '喩利昧義'(心), '喜幻厭常'(術)으로 대표된다. 이러한 이해는 음양설에 입각한 자연관에 기초한 것이었다. 東北의 氣는 陽과 義를 위주로 하고, 西南의 氣는 陰과 利를 위주로 하기 때문이라는 것이다.[84] 따라서 서양의 과학기술 역시 '喜幻厭常'의 범주에서 벗어나지 않는 것이었다.

이기론에서 道理를 강조한 이항로는 인식론에서도 물리의 인식보다는 도리의 인식을 강조하였다.[85] 이항로는 모든 事事物物은 道理와 形氣로 구성되어 있다고 파악하였다.[86] 인식 주체에게는 이러한 도리와 형기를 구분해 내는 것이 중요한 문제였다. 이항로는 형체를 따라갈 경우 궁해서 통하지 못하게 되고, 의리를 따를 경우에는 통해서 막힘이 없게 된다고 보았다.[87] 요컨대 사물을 탐구한다는 것은 각 사물의 객관적 법칙을 찾아내는 데서 그치는 것이 아니라 그러한 법칙을 가능하게 한 본원적 실체를 찾아가는 것이 중요하다는 주장이었다. 문제는 여기서 그가 말하는 본원적 실체라고 하는 것이 인간사회의 윤리·도덕적 이치였다는 사실이다.[88]

---

83) 『雅言』卷10, 尊中華 第30, 18ㄴ(1151쪽). "西洋 以天地大勢言之 則西極肅殺之偏氣 水國鱗甲之同流 是以其性輕生而樂死 其心喩利而昧義 其術喜幻而厭常 此其大槩也".

84) 『雅言』卷10, 尊中華 第30, 19ㄴ(1152쪽). "東北之氣 主陽主義 西南之氣 主陰主利".

85) 李恒老의 인식론에 대해서는 김낙진, 「조선 유학자들의 격물치지론-자연 인식 방법과 관련하여」, 『조선 유학의 자연철학』, 예문서원, 1998, 113~118쪽 참조.

86) 「格致說贈柳穉程」, 『華西集』卷25, 25ㄴ(651쪽). "盖事事物物 自有形氣 自有道理" ; 『雅言』卷4, 生知 第11, 16ㄴ(1086쪽).

87) 「格致說贈柳穉程」, 『華西集』卷25, 25ㄴ~26ㄱ(651쪽). "從形體上去 則路窮而不通 從義理上去 則路通而不塞" ; 『雅言』卷4, 生知 第11, 17ㄱ(1087쪽).

88) 『雅言』卷12, 洋禍 第35, 9ㄱ(1173쪽). "四德卽天道之眞 五倫卽人道之常 外此則皆異端邪說也" ; 『雅言』卷12, 洋禍 第35, 12ㄱ~ㄴ(1174쪽). "吾儒之所事者 上帝也……吾所謂上帝者 指太極之道也 太極之道 何也 至誠生生 上帝之心也

물리 탐구가 아무리 정밀하다고 할지라도 그것이 인간사회의 윤리·도덕의 본체를 밝히는 데 하등 도움이 되지 않는다면 그것은 폐기되어도 무방하다는 주장에 다름 아니었다.[89] 서양의 정밀한 물리 탐구에 대해 이항로가 부정적인 태도로 일관했던 것은 바로 이런 이유 때문이었다.

3) '朱子 定論'의 확정과 朱子學的 宇宙論의 재확립

(1) '朱子 定論'의 확정과 老論-湖論의 結集

仁祖反正 이후 몇 차례의 정치적 굴곡이 있었지만 서인-노론 계열은 정권의 핵심부를 장악하고 있었다. 이것은 그들이 조선후기 정치·경제·사회 운영에서 주도권을 쥐고 있었음을 의미한다. 정치 권력의 핵심을 장악하고 있다는 것은 각종 정보의 획득에 유리한 위치를 선점하고 있었다는 뜻이기도 하다. 그것은 自然學의 측면에서도 마찬가지였다. 조선후기 최신의 과학 정보라고 할 수 있는 것은 단연 서학이었고, 그것은 燕行使節들을 통해 조선사회에 수입되었다. 따라서 이런 정보의 유통 경로에 쉽게 접근할 수 있는 사람들이 누구였던가가 주목의 대상이 된다. 서인-노론 계열의 학자들은 그들 주변에 정권의 핵심에 포진해 있는 실무 관료들을 많이 확보하고 있었으므로, 이들을 통해 새로운 과학 정보에 접할 수 있는 유리한 위치를 차지하고 있었다고 볼 수 있다.[90] 그럼에도 불구하고

仁義禮智 上帝之性也 愛敬宜知 上帝之情也 父子有親·君臣有義·夫婦有別·長幼有序·朋友有信 上帝之倫也 有德則賞 賞有厚薄 有罪則罰 罰有輕重 是皆上帝之命也 非一毫人力所得而私也 是所謂理也".

89) 道理와 形氣를 이분법적으로 파악하고, 形氣보다 道理에 가치를 부여하는 李恒老의 기본 자세와 그에 입각한 서학 비판에 대해서는 임종태, 「'道理'의 형이상학과 '形氣'의 기술-19세기 중반 한 주자학자의 눈에 비친 서양 과학 기술과 세계 : 李恒老(1792-1868)」,『한국과학사학회지』제21권 제1호, 1999 참조.

90) 老論 4大臣 가운데 한 사람인 李頤命(1658~1722)과 서양인 蘇霖(Joseph Suarez)·戴進賢(Ignatius Kögler)의 만남(1720년)은 그 대표적인 예로 거론할 수 있다. 「燕行雜識」,『疎齋集』卷11, 雜著, 44ㄴ(172책, 295쪽) ;「與西洋人蘇霖戴進賢庚子」,『疎齋集』卷19, 書牘, 1ㄱ~3ㄴ(172책, 461~462쪽).

몇몇 사람들을 제외하고 노론계 일반의 자연인식이 획기적인 변화를 보여주지 못했던 것은 앞에서 살펴본 여러 가지 원인들이 복합적으로 작용했기 때문이었다.

그렇다고 해서 노론계열의 학자들이 자연학에 대해 무관심했던 것은 아니다. 그들이 저토록 신봉해 마지않았던 주자학 내에 자연학이 한 부분을 차지하고 있었으므로 그에 대한 이해를 필요로 하였다. 물론 이때의 자연학이란 經學의 일종으로서의 자연학이 될 터였다. 한편 조선후기에는 자연학, 특히 천문역법의 측면에서 주목되는 두 가지 국가시책이 행해졌는데, 하나는 時憲曆으로의 改曆이었고, 다른 하나는 각종 天文儀器의 보수·제작이었다. 이러한 정책의 입안과 시행에는 당시 많은 실무관료들이 동원되었다. 따라서 노론 계열의 학자들도 이러한 변화에 대응하여 어떠한 형태로든 자기 나름의 학문적 태도를 확보할 필요가 있었을 것이다.

송시열의 노론계열에서도 경학의 일환으로 자연학에 대한 탐구가 이루어지고 있었다. 그 핵심은 역시 『書經』에 제시된 '朞三百'과 '璿璣玉衡'의 문제였다. 송시열은 제자들과의 문답을 통해 「堯典」의 歲差法과 朞三百 및 璿璣玉衡에 대해 자세하게 설명해주고 있었다. 1677년(숙종 3)에는 長鬐의 유배지로 찾아온 朴光一에게 '合朔之說'과 歲差法을 설명하였다.[91] 여기서 송시열은 孝宗이 세차법에 대해 높은 식견을 가지고 있었다고 하였고, '75년 退1度'로써 세차의 기준을 삼아야 한다는 하교를 근거로 효종의 聖學이 고명했다고 주장하였다. 효종의 성학에 대한 송시열의 높은 평가는 다른 곳에서도 확인할 수 있다.[92] 1682년(숙종 8)에는 '天西歲東'의 歲差法을 매일매일의 태양과 하늘의 운행 차이로 오해하고 있던 李喜朝에게 그 원리를 설명하였고,[93] 아울러 璿璣玉衡의 제도를 분명하

---

91) 「語錄(朴光一錄)」, 『宋子大全』 附錄, 卷16, 9ㄴ~10ㄴ(115책, 519쪽) ; 「語錄」, 『遜齋集』 卷9, 7ㄱ~8ㄱ(171책, 191쪽).
92) 「語錄(崔愼錄上)」, 『宋子大全』 附錄, 卷17, 25ㄱ(115책, 551쪽).
93) 「尤庵先生語錄」, 『芝村集』 卷30, 29ㄴ(170책, 609쪽). "先生曰 不然 盖謂一年後 日與天會時 雖同會一度 而天則在西 日則在東云也".

게 파악하지 못했던 그에게 李敏哲이 제작한 선기옥형을 가지고 세세히
설명해 주었다.[94] 송시열 계열에서 자연학에 대한 탐구를 착실히 진행하
고 있었음은 經筵 기록을 통해서도 확인된다. 1680년(숙종 6)에 領府事의
직책을 가지고 경연석상에 참가한 송시열은 肅宗에게 일식의 이치에 대해
서 상세하게 설명하기도 하였다.[95]

노론-호론 계열의 주자도통주의자들은 장구한 세월에 걸친『朱子大
全』과『朱子語類』에 대한 축조적 검토를 통해 이른바 '朱子 定論'을 확정
하고자 하였다. 그것은 자연학의 측면에서도 마찬가지였다. 주자학의 자
연학 가운데 기존에 논란이 되었던 여러 주제들과 西學의 도입에 따라
학문적 비판에 직면했던 주자의 견해에 대해서 주자도통주의자들은 그들
나름의 해답을 제시해야만 했던 것이다. 이러한 작업의 결과가 과연 주자
의 본뜻과 일치하는가 하는 점에 대해서는 의문의 여지가 있다. 왜냐하면
그들이 자연학을 통해 발견하고자 했던 이치는 인간·사회의 윤리·도리
와 밀접한 관련을 맺고 있는 物理였기 때문이다. 이것은 유기체적 자연관
의 기본 구조로부터 파생된 문제였다. 만약 이러한 기본적 전제와 배치되
는 내용이 주자의 발언에서 발견된다면, 그것은 다른 측면으로 해석되거나
무시되었다. 다음과 같은 예는 바로 이러한 정론 확정 작업의 특색을 잘
보여주는 것이다.

『주자어류』卷2에는 沈僩이 기록한 다음과 같은 주자의 발언이 수록되
어 있다.

생각해 보면 봄과 여름 사이에 하늘이 조금 느리게 돈다. 그러므로 기후

---

94) 「語錄(李喜朝錄)」,『宋子大全』附錄, 卷14, 41ㄴ~42ㄱ(115책, 494쪽) ; 「尤庵先
生語錄」,『芝村集』卷30, 29ㄴ~30ㄱ(170책, 609쪽). "……先生且曰 此乃白江妾
子李敏哲所造也 李君(公-『芝村集』)且造一本 其度(制-『芝村集』)甚大 且有激
水旋回之法 在於蘇堤云". 李敏哲은 老論 4大臣의 한 사람인 李頤命의 庶叔이
었다. 「漫錄」,『疎齋集』卷12, 雜著, 23ㄱ~24ㄴ(172책, 309쪽).

95) 「經筵錄」,『滄溪集』卷18, 17ㄱ~ㄴ(159책, 411쪽). "至日食 時烈曰 上知日食之
理乎 上曰 卿宜仔細陳之 以誨寡昧 時烈陳日食之法頗詳……".

는 느슨해져서 가물가물하며, 남쪽 지방은 더욱 심하다. 가을과 겨울이
되면 하늘의 회전이 점점 더 빨라진다. 그러므로 기후는 상쾌해지고 우주
는 맑게 개인다. 그러므로 "하늘은 높고 기운은 맑다"고 말하는 것은 그
회전이 빨라서 기운이 팽팽해지기 때문이다.[96]

주자의 이 언급이 분명하게 무엇을 염두에 둔 것이었는지는 분명하지
않다. 다만 1년 중 하늘의 회전속도가 변화한다는 발언은 매우 중요한
것이다. 오늘날 천문학의 관점에서 보면, 지구는 태양 둘레를 타원궤도로
운행하기 때문에 근일점과 원일점에서의 속도가 다르다. 근일점에서는
속도가 빠르고, 원일점에서는 속도가 느린 것이다. 북반구의 경우 근일점
은 겨울에 있다. 요컨대 여름에는 지구의 공전속도가 상대적으로 느리고,
겨울에는 상대적으로 빠른 것이다. 지구를 우주의 중심에 놓고 생각하는
전근대 사람들에게는 이 현상이 겨울에는 하늘이 빠르게 돌고, 여름에는
하늘이 느리게 도는 것으로 보였을지 모른다. 그리고 주자의 위와 같은
발언이 이러한 사실을 염두에 두고 나온 것인지도 모른다. 만약 이렇게
해석할 수 있다면 주자의 발언은 상당한 의미를 지닌 것으로 평가할 수도
있다.[97]

　그러나 이러한 해석이 가능하기 위해서는 하늘의 운행에 변화가 있다는
사실을 인정해야 한다. 주자도통주의자들에게 그러한 전제는 타당하지
않은 것이었다. 그들이 보기에 하늘의 운행은 영원히 변화가 없으며, 그것
을 본받아 구성된 인간사회의 질서 역시 영구불변한 것이었기 때문이다.
따라서 위와 같은 주자의 발언을 처리하는 방식은 기존의 사고 체계를
변화시키거나, 또는 그 발언에 문제가 있다고 하는 수밖에 없었다. 주자도

---

96) 『朱子語類』 卷2, 理氣下, 天地下, 沈僴錄, 28쪽. "想得春夏間天轉稍慢 故氣候緩
　　散昏昏然 而南方爲尤甚 至秋冬 則天轉益急 故氣候淸明 宇宙澄曠 所以說天
　　高氣淸 以其轉急而氣緊也".
97) 山田慶兒는 이것을 계절에 따른 기후 변화를 하늘의 회전과 결부시켜 설명한
　　것으로 해석하고 있다. 야마다 케이지(김석근 옮김), 『朱子의 自然學』, 통나무,
　　1991, 180~181쪽.

통주의자들은 후자의 방식을 택했다. 그것이 주자의 발언이라는 사실 자체를 부정했던 것이다.

한원진은 『朱子言論同異攷』에서 이 구절이 아마도 잘못 기록된 것 같다고 推斷하였다. 그는 하늘의 운행은 영원히 일정한 것이며, 만약 느리고 빠른 차이가 있게 된다면 절기가 고르지 못하고 歲功이 이루어지지 않을 것이라고 주장하였다.[98] 이것은 현상에 따라 사물을 해석하는 방식이 아니고, 기존의 전제나 원칙으로부터 현상을 演繹的으로 설명해 내는 방식이었다.

마찬가지 방식으로 한원진은 天體運行論에서 左旋說을 '朱子의 定論'으로 규정하였다. 앞서 살펴본 바와 같이 주자는 『詩傳』의 '十月之交'에 대한 주석과 『論語或問』에서는 右旋說에 입각하여 천체의 운행을 설명한 반면, 『書傳』 「堯典」의 주석에서는 좌선설에 입각한 설명 방식을 보여주었다. 때문에 조선후기의 일부 학자들은 이것을 주자의 初年說과 晩年說로 구분하려는 경향이 있었다.[99] 이에 대해 한원진은 『주자어류』의 한 구절을 인용하여[100] 『詩傳』의 견해는 사람들의 이해를 돕기 위해 曆家說을 수록한 것이며, 주자의 견해가 좌선설과 우선설로 차이가 있는 것이 아니었다고 주장하였다.[101] 이것은 천체운행론에서 주자의 견해에 초년설과 만년설의 차이가 있다는 사실 자체를 부정하는 것이었다.

주자의 日月蝕論 역시 논의가 다단하여 여러 가지 해석이 가능하였다.

---

98) 『朱子言論同異攷』 卷1, 天地, 10ㄴ~11ㄱ(1147~1148쪽). "按此錄恐誤 天行一日一夜 一周而過一度 每日一般 豈有慢急之差也 果有慢急 若非春夏之天行不盡於一日 則必是春夏之晝夜差長於秋冬矣 若是而節氣可均而歲功可成乎".

99) 『書永編』, 208쪽. "所以朱子諸註 不能無初年晚年之辨 如詩十月之交註 言日月右旋 書朞三百註 言日月左旋之類 是也".

100) 『朱子語類』 卷2, 理氣 下, 天地 下, 沈僩錄, 16쪽. "問 經星左旋 緯星與日月右旋 是否 曰 今諸家是如此說 橫渠說天左旋 日月亦左旋 看來橫渠之說極是 只恐人不曉 所以詩傳只載舊說".

101) 『朱子言論同異攷』 卷1, 天地, 10ㄴ(1147쪽). "僩錄曰 橫渠說天左旋 日月亦左旋 看來橫渠說極是 只恐人不曉 所以詩傳只載舊說 據此則詩傳所載 只爲人易曉 姑存曆家之說 非有初晚之異見耳".

일월식에 관한 주자의 견해 가운데 중요한 몇 가지를 제시하면 다음과
같다.

(1) 해와 달의 薄蝕은 日月이 서로 회합하는 곳에서 양자가 정확히
일치하기 때문에 그 빛이 가려져 버리는데, 초하루에는 日食이 되고 보름
에는 月蝕이 된다.……오직 달이 해의 바깥쪽을 지나가서 해의 안쪽을
가릴 때만 日蝕이 되며, 해가 달의 바깥쪽을 지나가서 달의 안쪽을 가릴
때만 月蝕이 된다.102)

(2) 日蝕은 해와 달이 회합하는 곳에서 달은 해의 아래쪽에 있게 되는
데, 간혹 거꾸로 (달이 해의) 위에 있게 되면 蝕하게 되는 것이다. 月蝕은
해와 달이 똑바로 서로 마주보면서 비추는 것이다.103)

(3) 초하루에 日蝕이 일어나는 까닭은 달은 언제나 아래에 있고, 해는
언제나 위에 있어서 서로 회합할 때 아래에 있는 달이 해를 가리기 때문이
다. 보름에 月蝕이 일어나는 것은 진실로 陰이 감히 陽과 대적하는 것으
로, 曆家는 또한 그것을 暗虛라고 부른다. 火와 日은 바깥은 빛나지만
그 속은 사실 어둡다. 보름이 되면 그 속의 어두운 곳이 정면으로 보이기
때문에 월식이 일어난다.104)

(4) 合朔 때에 해와 달의 東西가 비록 같은 도수에 있어도 月道의 南北
이 태양으로부터 멀면 일식은 일어나지 않는다. 또 南北의 도수가 비록
서로 가까워도 해가 안에 있고 달이 바깥에 있다면 일식은 일어나지 않는
다. 이것은 바로 한 사람이 등불을 들고 다른 한 사람은 부채를 들고 서로
교차하면서 지나가는 것과 같다. 또 다른 한 사람이 안에서 이것을 볼

---

102) 『朱子語類』 卷2, 理氣下, 天地下, 周謨錄, 18쪽. "日月薄蝕 只是二者交會處
二者緊合 所以其光掩沒 在朔則爲日食 在望則爲月蝕 所謂紓前縮後 近一遠三
如自東而西 漸次相近 或日行月之旁 月行日之旁 不相掩者皆不蝕 唯月行日外
而掩日於內 則爲日蝕 日行月外而掩月於內 則爲月蝕 所蝕分數 亦推其所掩之
多少而已".

103) 『朱子語類』 卷2, 理氣下, 天地下, 童伯羽錄, 21쪽. "日蝕是日月會合處 月合在日
之下 或反在上 故蝕 月蝕是日月正相照".

104) 『朱子語類』 卷2, 理氣下, 天地下, 沈僩錄, 12~13쪽. "日所以蝕於朔者 月常在下
日常在上 旣是相會 被月在下面遮了日 故日蝕 望時月蝕 固是陰敢與陽敵 然
曆家又謂之暗虛 蓋火日外影 其中實暗 到望時恰當着其中暗虛 故月蝕".

때 두 사람의 거리가 서로 멀면 비록 부채가 안에 있고 등불이 바깥에 있어도 부채는 등불을 가릴 수 없다. 또 등불을 든 사람이 안에 있고 부채를 든 사람이 바깥에 있다면 서로 가까이 있어도 부채는 또한 등불을 가릴 수 없다. 이것으로써 추론하면 대략을 알 수 있다.105)

여기서 문제가 되는 것은 첫 번째와 두 번째의 논의였다. 첫 번째 인용문의 "月行日外而掩日於內, 則爲日蝕, 日行月外而掩月於內, 則爲月蝕"이라는 구절과 두 번째 인용문의 "或反在上, 故蝕"이라는 구절은 땅을 중심으로 보았을 때 달이 태양보다 높은 곳에 위치할 때도 있다는 식으로 해석될 수 있었다. 실제로 조선후기에는 이러한 주자의 언급에 주목하여 그의 日月蝕論을 비판하는 논의가 대두되었다. 李瀷(1681~1763)의 비판적인 검토는 그 대표적인 예이다. 그는 먼저 "해가 달의 바깥쪽을 지나가서 달의 안쪽을 가릴 때 월식이 일어난다(日掩月內則爲月蝕)"는 주자의 주장에 대해, 월식은 보름에 일어나는 것이고, 보름은 해와 달이 마주보고 있는 때인데 어떻게 태양이 달을 가릴 수 있느냐고 비판하였다.106) 다음으로 등불과 부채의 비유를 들어 일월식을 설명한 것에 대해서도 비유의 상황 설정 가운데 잘못된 부분이 있다고 지적하였다. 이는 일식이 일어나는 경우와 일어나지 않는 경우, 즉 '當蝕'과 '不蝕'을 설명한 것인데, 지구를 중심으로 볼 때 본래 태양의 궤도는 높은 곳에, 달의 궤도는 낮은 곳에 위치하기 때문에 주자가 설정한 "日在內, 月在外"라는 상황은 본래부터 존재하지 않는다는 지적이었다.107)

---

105) 「答廖子晦」, 『朱熹集』 卷45, 2192쪽. "故合朔之時 日月之東西雖同在一度 而月道之南北或差遠於日則不蝕 或南北雖亦相近 而日在內 月在外 則不蝕 此正如 一人秉燭 一人執扇 相交而過 一人自內觀之 其兩人相去差遠 則雖扇在內 燭在外 而扇不能掩燭 或秉燭者在內 而執扇在外 則雖近而扇亦不能掩燭 以此推之 大略可見".

106) 「日月蝕辨」, 『星湖全集』 卷43, 18ㄱ~ㄴ(199책, 279쪽). "朱子曰 月掩日內則爲日蝕 日掩月內則爲月蝕 夫日蝕於朔 月蝕於望 望者相對也 豈有日掩月而蝕哉".

107) 「日月蝕辨」, 『星湖全集』 卷43, 18ㄴ(199책, 279쪽). "又曰 日在內 月在外 則不蝕

이익의 논의 가운데 가장 눈에 띄는 부분은 '暗虛'說에 대한 비판이라할 수 있다. 암허설은 漢代의 張衡이 제창한 이후로 曆家들이 월식을설명하는 논리로 이용되었다. 그것은 지구설과 그에 입각한 월식이론이도입되기 이전의 일반적인 정황이었다. 때문에 주자 역시 이것을 인용하여 "火와 日은 바깥은 빛나지만 그 속은 사실 어둡다. 보름이 되면 그속의 어두운 곳이 정면으로 보이기 때문에 월식이 일어난다"고 하였던것이다. 이익은 이에 대해 먼저 불의 내부가 비록 어둡기는 하지만 그것이사물을 비출 때 사물에 어두운 구석이 나타나게 되는 경우를 보지 못했다는 경험적인 사실을 들어 이러한 논리의 허구성을 지적하였다.[108] 불빛이사물을 비출 때 어두운 구석이 나타나지 않는다면, 태양빛을 받는 달이태양의 '暗虛' 때문에 어둡게 되는 일은 없을 것이었다. 暗虛說에 대한이와 같은 비판은 이익이 서양의 우주구조론과 월식 이론을 수용함으로써가능할 수 있었다. 그것이 바로 '地影之說'로, 달은 태양빛을 받아 빛을내는데 지구가 그 가운데서 태양빛을 차단하기 때문에 월식이 발생하게된다는 내용이었다.[109] 『天問略』의 우주구조론과 湯若望의 『日月蝕推步』는 이런 논의의 참고서였다.[110]

柳僖(1773~1837)는 『觀象志』에서 일식의 문제를 다루면서 부분적으로 예전의 일식론을 비판적으로 검토하였다. 비판의 대상이 된 것은 程頤와 朱子의 일식론이었다. 일찍이 정이는 "해와 달은 하나인데, 해가 달보다높을 이치가 있겠는가"[111]라고 하였고, 주자는 "달이 해의 바깥쪽을 지나

如秉燭者在內 執扇者在外 扇不能掩燭 此指日之當蝕不蝕 而日輪本高 月輪本下 豈有月在外時節耶".

108) 「日月蝕辨」, 『星湖全集』 卷43, 18ㄴ(199책, 279쪽). "又曰 火日外影 其中實暗到望時恰撞著其中暗處 故月蝕也 此古來曆家所遵用 而謂之暗虛者 是也 火雖內暗 光之被物 未見有撞著暗虛處 則何獨月之受日爲然哉".

109) 「日月蝕辨」, 『星湖全集』 卷43, 19ㄱ(199책, 280쪽). "月受日之光而始明 故地遮於中 影之所射者爲月蝕".

110) 「日月蝕辨」, 『星湖全集』 卷43, 18ㄴ~19ㄴ(199책, 279~280쪽).

111) 『河南程氏遺書』 卷18, 伊川先生語 4, 238쪽(『二程集』, 漢京文化事業有限公司, 1983의 쪽수). "曰 日月一也 豈有日高於月之理" ; 『性理大全』 卷27, 理氣 2,

가서 해의 안쪽을 가릴 때 일식이 생기며, 해가 달의 바깥쪽을 지나가서 달의 안쪽을 가릴 때 월식이 일어난다"[112]고 하였다. 유희는 정이의 주장을 "해가 달보다 높지 않다"고 한 것으로, 주자의 주장은 "달이 간혹 황도의 위로 올라갈 때도 있다"고 한 것으로 이해하였다.[113] 그것은 지구로부터 해와 달까지의 거리에 대한 문제였다.

유희는 이 두 가지 주장이 모두 사실과 다르다고 지적하였다. 정이의 주장처럼 일월의 궤도에 높낮이가 없이 거의 비슷하다면 交食할 때 해와 달이 아무런 장애 없이 통과할 수 없다는 것이었고, 주자의 주장처럼 달이 황도를 升降한다면 外合의 위치에서 낮에 달이 보여야 한다는 것이었다. 따라서 유희는 해와 달 사이의 거리가 달과 지구 사이의 거리보다 훨씬 멀다고 보았다.[114] 이것은 일식이 해와 달과 지구의 상호 위치관계로 인해 나타나는 현상이라는 점을 분명히 염두에 둔 지적이었다.

이상과 같은 비판으로 인해 한원진은 주자의 일월식론 가운데 정론을 설정할 필요를 느꼈을 것이다. 그는 주자의 논의 가운데 첫 번째와 두 번째를 제자들이 잘못 기록한 것으로 단정하였다. 왜냐하면 이들 논의 가운데 일식론은 네 번째 논의의 '秉燭執扇'의 비유와 일치하지 않고, 월식론은 암허설과 일치하지 않기 때문이었다. 이와 같은 입장에서 한원진은 세 번째 논의를 주자의 정론으로 단정하였던 것이다.[115]

이러한 일련의 과정을 거쳐 주자도통주의자들이 추출한 주자학의 우주론은 『朱書分類』를 통해 정리해 볼 수 있다. 『주서분류』의 구성에서 姜浩溥의 독자적인 견해를 찾아보기는 어렵다. 그것은 『주서분류』의 구성

天文, 日月, 1ㄴ(1828쪽). 여기서 程頤가 말하고자 한 것은 일식에 대한 설명은 아니었고, 달의 위상 변화에 대한 설명이었다.

112) 주 102) 참조.

113) 「觀象志」下, 日蝕, 『方便子遺稿』(延世大 귀중본 도서 : 522.19/유희/방) 50ㄱ. "程子謂日不高於月 朱子謂月或高出黃道之上".

114) 「觀象志」下, 日蝕, 『方便子遺稿』 50ㄱ~ㄴ.

115) 『朱子言論同異攷』卷1, 日月, 13ㄱ~ㄴ(1149쪽). "按此論日蝕 與秉燭執扇之諭 不同 論月蝕 與暗虛所中之說不同 恐皆誤錄(日月蝕見上儞錄 當以是爲正)".

자체가 주자의 다양한 논의들을 커다란 주제에 따라 종합·정리해 놓은 방식이었기 때문이다.116) 예컨대 우주론이 집약되어 있는 「天地」 부분 역시 『주자대전』과 『주자어류』에 산발적으로 제시되어 있는 논의를 구조론, 운행론, 생성론, 우주주기론 등의 주제로 분류하고, 각각의 견해에 차이점을 있을 경우에는 한원진의 『朱子言論同異攷』를 인용하여 '朱子定論'을 확정하는 방식을 취하고 있었다.117) 때문에 강호부 개인의 견해는 전혀 들어있지 않다. 다만 그 정리 방식을 통해 강호부가 생각했던 주자 정론의 내용을 파악할 수 있고, 그 내용이 바로 강호부가 생각한, 나아가 주자도통주의자들이 재확립한 주자학적 우주론이라고 추론해 볼 수 있는 것이다.

(2) 朱子學的 宇宙論과 天觀의 擁護

『朱書分類』에서 정리된 주자학적 우주론의 구체적인 모습은 老論-湖論系 학자들의 개별적인 논의를 통해서 분명하게 확인해 볼 수 있다. 먼저 우리는 崔愼(1642~1708)의 傳言을 통해서 다음과 같은 宋時烈(1607~1689)의 우주론에 접할 수 있다.

蒼蒼한 것은 氣일 따름이다. 어찌 굳세고 단단한 形質이 있겠는가?……
하늘은 가볍고 맑으니, 氣가 응결하여 모인 것으로 안과 밖이 있다. 日月星辰이 운행하는 것은 하늘의 안이며, 蒼蒼한 바깥은 곧 하늘의 바깥이다. 日月星辰도 또한 氣일 뿐이고 견고한 형질을 가진 것이 아니다. 그러므로 위로 하늘에 붙어서 무궁토록 운행하는 것이다.118)

---

116) 「朱書分類序」, 『贅言』 卷22, 53ㄴ~56ㄱ.
117) 『朱書分類』 卷1 참조.
118) 「語錄」, 『鶴庵集』 卷3, 華陽見聞錄, 12ㄱ~ㄴ(151책, 246쪽). "先生曰 蒼蒼者氣而已 豈有堅剛之形質耶……曰 天是輕淸 氣之所凝聚 而有內有外 日月星辰所行者 則天之內也 蒼蒼之外 則天之外也 日月星辰 亦是氣而已 而非有堅質者 故上附於天而行無窮也". 이것은 『宋子大全』 附錄, 卷17~18에 수록된 「崔愼錄」에는 포함되지 않은 내용이다. 『宋子大全』에는 『鶴庵集』 卷2의 「語錄」만이

여기서 주목되는 것은 송시열이 하늘과 천체의 고체성을 분명하게 부정하고 있다는 사실과 하늘의 안팎을 구분하고 있다는 점이다. 하늘의 바깥은 무엇을 의미하는 것일까? 일찍이 주자는 천지에 內外가 있다는 주장과 없다는 주장을 하였다.[119] 한원진에 따르면 상반되어 보이는 듯한 주자의 주장은 사실은 그 논의하는 바가 다른 것이라고 한다. 즉 주자가 "天地에는 內外가 있다"고 하였을 때의 그 내외란 일월성신의 운행을 기준으로 하여 그 바깥(위쪽)을 外, 그 안쪽(아래쪽)을 內라고 한 것이고, "天地에는 內外가 없다"고 한 것은 하늘의 氣가 끝이 없다는 사실을 말한 것이라고 설명하였다.[120] 송시열이 말하고 있는 내외의 개념 역시 이와 다르지 않았던 것이다. 따라서 그가 말하는 하늘의 바깥이란 氣로 충만한 太虛의 공간[121]을 의미하는 것이었다.

이러한 송시열의 논의는 渾天說의 연장선상에 서 있는 것이라고 할 수 있다. 이처럼 조선후기에는 우주구조론의 측면에서 혼천설을 정론으로 간주하는 논의들이 지속되고 있었다. 그것은 『書傳』의 주에서 혼천설을 채용하고 있었던 사정이 크게 작용한 결과였다. 兪棨(1607~1664)는 개천설(周髀之術)을 불교의 수미산 우주론(須彌之說)과 비슷한 것으로 비판적으로 소개하는 한편, 하늘을 '一氣'의 운행으로 파악하는 전제 위에서 혼천설의 각종 상수를 설명하였다.[122] 朴尙玄(1629~1693)[123] 역시 다음

수록되어 있다.

119) 『朱子語類』 卷1, 理氣上, 太極天地上, 陳淳錄, 7쪽. "理無內外 六合之形須有內外" ; 『朱子語類』 卷115, 朱子12, 訓門人3, 楊道夫錄, 2774쪽.

120) 『朱子言論同異攷』 卷1, 天地, 10ㄱ~ㄴ(1147쪽). "天地門淳錄 以天地爲有內外 訓門人門道夫錄 以天地爲無內外 按前說據日月星辰運行處 以上爲外 以下爲內也……後說以天之氣無涯而言也".

121) 『朱子語類』 卷2, 理氣下, 天地下, 黃義剛錄, 15쪽. "季通常有言 論日月 則在天裏 論天 則在太虛空裏……又曰 天無體 只二十八宿便是天體".

122) 「讀書瑣說」, 『市南集』 卷16, 3ㄴ~4ㄱ(117책, 240쪽).

123) 朴尙玄의 字는 景初, 號는 寓軒, 본관은 平陽이다. 『太極圖』·『通書』·『正蒙』·『皇極經世書』·『易學啓蒙』 등을 정밀하게 연구하여 「陰陽消長圖」를 편찬하였고, 渾天儀를 만들어 天象을 연구하기도 하였다. 그의 학문적 성향은 栗谷-沙

과 같이 전형적인 혼천설의 우주구조를 보여주고 있었다.

> 하늘은 땅을 둘러싸고 반은 地上으로 나와있고 반은 地下에 있다. 물은 하늘을 싣고 있으며, 땅은 물 위에 떠 있다(水載於天而地浮於水). 그러므로 하늘은 돌고 땅은 저절로 고요한 것이 배가 물 위에 떠 있으면서 저절로 평평한 것과 같다. 이것으로써 天地의 바깥은 곧 하나의 커다란 허공임을 알 수 있다. 하늘은 그 가운데서 운행하고 있으나 그 형체를 볼 수 없다. 참으로 이른바 '太虛無外'라고 하는 것이다.[124]

이와 같은 혼천설의 우주구조에서는 다음과 같은 문제들이 논란이 될 수 있다. 첫째는 박상현의 논의에서 보이듯이 "水載於天而地浮於水"라는 명제의 문제이다.[125] 이것은 결국 혼천설의 우주구조 속에서 하늘과 땅이 어떻게 안정적인 구조를 유지할 수 있느냐 하는 문제였다. 전통적인 혼천설에서는 이 문제를 물을 통해 설명하려고 하였지만, 그것은 곧바로 개천설 지지자들에 의해 비판되었다.[126] 그래서 등장하게 된 것이 天地의 상호 依附를 주장한 邵雍의 설명이나,[127] 하늘이 물 위에 떠있다는 전통적

溪-尤菴으로 이어지는 계통을 정통으로 간주하는 老論的 학풍이었다[權尙夏, 「處士朴公墓碣銘」, 『寓軒集』 墓碣銘, 1ㄱ~3ㄴ(134책, 516~517쪽) ; 李喜朝, 「贈司憲府掌令朴公墓誌銘」, 『寓軒集』 墓碣銘, 3ㄴ~6ㄴ(134책, 517~518쪽)].

124) 「雜說」, 『寓軒集』 卷5, 7ㄱ(134책, 512쪽). "天包乎地 而半出地上 半在地下 水載於天而地浮於水 故天旋而地自靜 如舟之浮在水上而自平也 是知天地之外則一大空也 天運於其中 不見其體 眞所謂太虛無外者也".

125) 원래 『渾天儀注』에 설명되어 있는 내용은 다음과 같다. 『晉書』 卷11, 志 第1, 天文上, 天體, 281쪽. "渾天儀注云 天如鷄子 地如鷄中黃 孤居於天內 天大而地小 天表裏有水 天地各乘氣而立 載水而行……".

126) 대표적인 논자는 王充이었다. 『晉書』 卷11, 志 第1, 天文上, 天體, 281쪽. "王仲任據蓋天之說 以駁渾儀云 舊說天轉從地下過 今掘地一丈輒有水 天何得從水中行乎 甚不然也……". 蓋天說과 渾天說의 논쟁에 대해서는 이문규, 『고대 중국인이 바라본 하늘의 세계』, 문학과지성사, 2000, 제3부 '천체구조론' 참조.

127) 『性理大全』 卷13, 皇極經世書 7, 外書, 漁樵問對, 3ㄴ(932쪽). "樵者問漁者曰 天何依 曰 依乎地 地何附 曰 附乎天 曰 然則天地何依何附 曰 自相依附 天依形 地附氣 其形也有涯 其氣也無涯".

인 혼천설의 주장은 부정하고, 땅이 물 위에 떠있다는 사실만 인정한 주자의 이른바 '地浮水上說(地下水載之說)'[128]이었다. 둘째는 이와 같이 초기의 혼천설에서 전제했던 하늘의 고체성을 부정하고 무한한 氣의 공간으로 그것을 설정할 경우, 이것이 곧바로 無限宇宙의 개념과 연결될 수 있는가 하는 문제였다. 위와 같은 박상현의 언급에서도 이것은 문제로 남는다. 그러나 그가 말하는 '大空'이나 '太虛無外'가 곧바로 무한우주의 개념으로 해석될 수 있을지는 미지수다. 왜냐하면 그것은 송시열의 경우와 마찬가지로 실질적인 천체가 존재하지 않는 다분히 관념적인 공간이었기 때문이다.

어쨌든 우주구조론에서 노론-호론계의 학자들은 혼천설의 우주구조를 계승하면서 주자의 '地浮水上說'을 그대로 용인하였다. 그런데 이런 우주 구조에 대해 이미 당시 학계에서는 여러 가지 의문이 제기되고 있었다. 앞에서 살펴보았듯이 '地浮水上說'은 특히 논란의 대상이었다.[129] 이러한 문제는 崔是翁(1646~1730)[130]과 尹拯(1629~1714)·朴世采(1631~1695)의 문답을 통해서도 확인할 수 있다. 이것은 1689~1690년 사이에 있었던 논란으로 보이는데, 이 문답에서 최시옹은 기존의 우주구조론을 두 가지로 정리해서 윤증과 박세채에게 질문하였다. 하나는 '天依形, 地附氣'로 표현되는 것으로『造化論』[131]에 수록되어 있는 내용이었고, 다른

---

128) 『朱子語類』卷45, 論語 27, 衛靈公篇, 顔淵問爲邦章, 陳淳錄, 1156쪽. "淳問 晉志論渾天 以爲天外是水 所以浮天而載地 是否 曰 天外無水 地下是水載".

129) 일찍이 張維(1587~1638)는 '地載水上'의 학설을 부정하고 '以地載水'가 바른 이치임을 주장한 바 있다.『谿谷漫筆』卷1, 17ㄴ~18ㄱ(92책, 570쪽).

130) 崔是翁의 字는 漢臣, 號는 東岡, 本貫은 朔寧이며, 徽之의 아들이다. 艮湖 崔攸之(1603~1673)가 그의 숙부이며 小北系로 분류된다(『萬姓大同譜』下, 明文堂, 1983, 16쪽). 문집으로는『東岡先生遺稿』(奎章閣 藏本 : 奎5567 ; 국립중앙도서관 장본 : 古3648-82-107)가 있다.

131) 崔是翁은『造化論』을 王柏(1197~1274)의 저술로 소개하고 있다[「答崔漢臣是翁」,『明齋遺稿』卷18, 2ㄱ(135, 403쪽). "王魯齋造化論則……"]. 王柏은 宋 金華人으로 字는 會之, 謚號는 文憲이다. 많은 저서를 남겼는데, 그 가운데는『天文考』·『地理考』등 자연학 관련 저술도 포함되어 있다.『宋史』卷438, 列傳

하나는 '地浮水上, 天包水地之說'로 표현되는 바 『朱子語類』와 『性理大全』에 기재되어 있는 내용이었다.[132] 전자에 따르면 하늘은 形(大地)에 의지하기 때문에 태허 가운데를 운행하면서 정지하지 않고, 땅은 氣에 부착되어 있기 때문에 빠른 회전의 와중에서도 추락하지 않는다는 것이다. 후자에 따르면 땅은 물 위에 떠서 하늘과 접하고, 하늘은 물과 땅을 감싸고 있다는 것이다. 최시옹은 후자의 논의에 비해 전자의 견해가 낫지 않느냐고 윤증과 박세채에게 문의하였다. 이러한 논의는 조선후기 사회에서 혼천설이 정론으로 통용되고 있었다고는 하지만 그 구체적이고 세부적인 내용에서는 여전히 논란의 여지가 있었다는 사실을 반증하며, 실제로 그러한 논의들이 부분적으로 이루어지고 있었음을 보여주는 것이었다.

그러한 논의의 연장선상에서 혼천설과는 다른 우주구조에 대한 상상이 전개되기도 하였다. 이른바 '冬苽'說이 그것으로 땅의 형태를 '동고'에 비유한 것이었다. 이에 따르면 동고와 같은 모양의 땅이 허공 가운데 꼭지를 높게, 아래쪽을 낮게 하여 비스듬히 가로놓여 있고, 인간과 사물은 그 윗면에 붙어서 살아가고 있다고 한다.[133] 물론 이러한 설명은 일반적으로 지지를 받지 못하였다. 땅의 형세는 서북쪽이 높고 동남쪽이 낮다는 당시의 일반적인 상식과 잘 들어맞지 않았기 때문이다. 송시열은 땅이 동고와 같다면 그 꼭지가 매달린 부분이 있을 터인데, 그곳이 과연 어디냐

第197, 儒林 8, 12980~12982쪽 ; 『宋元學案』 卷82, 北山四先生學案, 北山門人, 文憲王魯齋先生柏, 2729~2735쪽.

132) 「答崔漢臣是翁」, 『明齋遺稿』 卷18, 2ㄱ~ㄴ(135책, 403쪽). "天依形 故運行太虛冲漠之際而無停 地附氣 故束於勁風旋轉之中而不墜 乃造化論語 地浮水上與天接 天包水與地 乃語類及性理大全語 兩說固不同矣 天之蒼蒼 乃是氣之積則恐難包得水以載地 似不若造化論之易曉也" ; 「答崔漢臣問庚午十二月十一日」, 『南溪集』 卷50, 42ㄱ(140책, 44쪽) ; 「疑義問目」, 『東岡遺稿』 卷3, 22ㄴ~23ㄱ.

133) 「語錄」, 『宋子大全』 附錄, 卷15, 金榦錄, 18ㄱ(115책, 507쪽) ; 「尤齋先生語錄」, 『厚齋集』 別集, 卷3, 20ㄱ(156책, 267쪽). "李聖碩問 董家曆言天下地形 如冬苽懸空橫臥 頭高尾低 凡人物都貼點他上面而生" 여기서 '冬苽'가 정확하게 무엇을 말하는지는 알 수 없다. 아마도 '冬瓜'(동아)와 같은 것이 아닌가 여겨지는데, 동아는 박과의 1년생 덩굴식물로 그 열매는 원형이나 타원형이다.

고 반문하였다.[134]

　구조론에서 주자학적 우주론의 내용을 고수했던 노론-호론계 학자들은 생성론의 측면에서도 주자가 설파한 생성의 도식과 元會運世說을 그대로 수용하였다. 송시열이 보기에 천지라는 것은 비록 크기는 하지만 形象이 있기 때문에 소멸의 과정을 밟을 수밖에 없는 존재였다. 시작과 끝 있는 천지란 大小遲速의 차이는 있을지언정 본질적으로 만물과 다를 바 없는 것이기 때문이었다. 따라서 그것은 形象과 始終이 없는 무궁한 존재인 道와 비교하면 하나의 작은 사물에 지나지 않았다. 요컨대 천지는 생성과 소멸의 과정을 거치는 것으로, 그 과정은 끝없이 반복된다는 것이었다. 그것이 이른바 소옹이 말한 一元의 세계였다.[135]

　이처럼 송시열은 소옹의 우주주기론을 그대로 수용하였다. "과거에도 무한히 많은 천지가 있었고, 장래에도 또한 무한히 많은 천지가 있을 것이다"[136]라는 그의 언급은 우주의 무한한 순환에 대한 의식의 일단을 반영한 것이었다. 그런데 이러한 순환론적 사고는 세계의 객관적·과학적 탐구와는 거리가 있는 것이었다. 우주의 순환을 동일한 과정의 반복으로 간주하는 관점에서 볼 때, 인간이 추구해야 할 것은 가변적 물질 세계에 대한 탐구가 아니라 불변하는 궁극적 존재에 대한 탐구일 것이기 때문이다. 그것이 바로 송시열이 추구하는 道의 세계, 太極의 세계였다. 그가 보기에 道란 공간적·시간적으로 무한한 것이며, 聖人이란 바로 이러한 道를

---

134)「語錄」,『宋子大全』附錄, 卷15, 金榦錄, 18ㄱ~ㄴ(115책, 507쪽);「尤齋先生語錄」,『厚齋集』別集, 卷3, 20ㄱ(156책, 267쪽). "先生曰 天下地勢 西北高 東南低 自崑崙迤迤而下 至南方漸低了 不是緊急傾側 所謂冬苽橫懸 人居其上之說 猶或似矣 第其冬苽蔕懸在甚處 且其蔕懸處 人物必居生不得 想無是理".

135)「看書雜錄」,『宋子大全』卷131, 5ㄴ(112책, 429쪽). "盖天地雖大 旣有形象 有形象者 終歸於消化 又有終始 有始者必有終 此與萬物何異 但有大小遲速之分而已 若夫道則無形象無終始 不可名狀 只一箇無窮底物事 而天地者 其中一塊小物 成壞生滅 如一瞬息 過去無窮 將來亦無窮".

136)「看書雜錄」,『宋子大全』卷131, 7ㄱ(112책, 430쪽). "過去有無限天地 將來有無限天地 皆是道中之一物".

마음 속에 갖추어 둔 사람이었다. 때문에 聖人은 우주의 바깥은 물론 先天과 後天까지도 사고작용을 통해서 환히 깨달을 수 있는 존재였다.137) 道의 본체는 무궁한데 인간의 마음은 본질적으로 이 道를 포함하고 있으므로 인간 마음의 본체 역시 무궁하다는 것이며, 이로써 '道=太極=心'의 도식이 성립한다는 논리였다.138) 이와 같은 송시열의 입장에서 보면 태극의 유행이라는 차원에서 천지는 변화가 없는 것이었다. 현재의 천지를 통해서 과거의 천지는 물론 미래의 천지까지도 알 수 있었다. 천지 사이의 만물도 마찬가지였다. 그들은 모두 '統體一太極'으로써 통일되어 있는 것이었다.139)

韓元震도 기본적으로 소옹의 원회운세설에 입각한 우주주기론을 받아들이고 있었다. 그에 따르면 우리가 살고 있는 이 우주 역시 개벽과 소멸의 과정을 밟게 되어 있었다. 그렇다면 우리의 우주는 어떤 경로를 통해 생성된 것일까? 천지가 형성되기 이전에는 다만 '一元之氣'가 있었을 따름이다. 이 氣 가운데 가볍고 깨끗한 것이 바깥으로 나가서 하늘이 되고, 무겁고 탁한 것이 안으로 모여서 땅이 되었다. 이렇게 天地가 형성된 다음에 日月이 출현하고, 그 다음에 인물이 생성되었다. 우주의 생성 과정을 이와 같이 '一元之氣→天地→日月→萬物'의 순서로 정리할 수 있다면, 소멸의 과정은 그 반대가 될 것이다. 즉 인물이 먼저 소멸하고, 일월이 떨어지고, 대지가 녹아 흩어지고, 이어서 하늘이 괴멸하여 다시금 혼돈의 상태인 一元之氣로 돌아가는 것이다.140)

---

137) 「看書雜錄」, 『宋子大全』 卷131, 7ㄱ(112책, 430쪽). "所謂道者 無邊際無終始 聖人旣囿此道於方寸之中 故六合之外 思之卽至 先天地後天地 坐而致之".

138) 「看書雜錄」, 『宋子大全』 卷131, 7ㄱ(112책, 430쪽). "道體無窮 而心涵此道 故心體亦無窮 故曰道爲太極 心爲太極".

139) 「看書雜錄」, 『宋子大全』 卷131, 7ㄴ~ㄴ(112책, 430쪽). "以見在天地觀之則過去亦必如是 將來亦當如是 然則天地間萬物 統體一太極也 三箇世天地 亦統體一太極也".

140) 「外篇上」, 『南塘集』 卷37, 2ㄱ(202책, 299쪽). "天地未生之前 只有一元之氣 混混沌沌 其氣之輕淸者 騰出於外而爲天 重濁者 凝結於內而爲地 其次日月出焉

이러한 일련의 생성 과정은 '先虛後實'의 원칙에 따르는 것으로 간주되었다. 즉 虛한 것이 먼저 생기고 實한 것이 나중에 생긴다는 것이다.[141] 예컨대 하늘이 가장 먼저 생기는 이유는 그것이 가장 虛하기 때문이었다. 한원진이 생각하기에 문제는 水와 地 가운데 어느 것이 먼저 생기는가 하는 것이었다. 그는 여러 가지를 고려한 끝에 水가 地보다 먼저 생기는 것이 아닌가 하는 견해를 제시하였다.[142] 먼저 '先虛後實'의 원칙에 입각해 볼 때 水가 地보다 虛하다는 사실을 거론하였다. 地는 水의 찌꺼기가 모여서 만들어진 것이기 때문이었다.[143] 다음으로는 천지 사이에 水가 가장 크기 때문에 천지·만물의 생성과 소멸(開闔·消息)은 모두 水로써 始終을 삼는다는 사실을 근거로 들었다. 한원진은 이러한 天地開闔說의 논리적 근거로 주자와 胡宏(1106~1162 : 號 五峯)의 견해를 제시하였다.[144] 끝으로 오행의 생성 과정을 보아도 水가 土보다 앞선다는 사실을 지적하였다. 오행의 생성 순서는 '水火木金土'이기 때문에 만물의 생성은 水에서 시작하여 土로 돌아간다는 것이었다.[145] 그리고 이것은 虛한 水火가 實한 金木보다 먼저 생긴다는 점에서 '先虛後實'의 원칙에도 합치된다고 보았다.[146]

李恒老의 생성론은 철저하게 『태극도설』 이래의 생성론적 도식을 고수하는 것이었다. 그것은 그의 철학 전반을 관통하고 있는 음양오행설에 대한 확고한 신념에 기초하고 있었다. 그는 『태극도설』에서 제시한 오행 생성의 순서를 가지고 우주 생성의 과정을 설명하였다. 그에 따르면 태초

其次人物生焉 及其將闔 人物先消 其次日月隕墜 其次大地融散 其次周天壞滅 混混沌沌 復歸於一元之氣矣".
141) 「外篇上」, 『南塘集』 卷37, 1ㄱ(202책, 299쪽). "天地之生 先虛而後實".
142) 「外篇上」, 『南塘集』 卷37, 1ㄱ(202책, 299쪽). "地與水之先後 則有難言者 然以水 漾成山 水退山出者觀之 則似是水先於地矣".
143) 「外篇上」, 『南塘集』 卷37, 1ㄱ(202책, 299쪽).
144) 「外篇上」, 『南塘集』 卷37, 1ㄱ~ㄴ(202책, 299쪽).
145) 「外篇上」, 『南塘集』 卷37, 1ㄴ(202책, 299쪽).
146) 「外篇上」, 『南塘集』 卷37, 1ㄱ(202책, 299쪽).

의 우주에는 混沌未判하여 어떠한 사물도 없고, 단지 일단의 濕氣만이 混濛한 상태로 존재할 뿐이었다. 이러한 습기의 회전에 따라 溫氣가 형성되고, 습기와 온기의 상호작용에 의해서 '滋長生發'→'凝合結聚'→'成形質'의 과정이 진행된다고 하였다. 그는 이러한 일련의 과정을 水火木金土라는 오행생성의 순서와 결합시켰다. 최초의 습기는 水이고, 그 회전에 의해 생기는 온기는 火이며, 生發은 木, 結聚는 金, 形質은 土라는 것이었다.[147] 그의 이러한 생성론적 도식은 한원진의 그것과도 상통하는 것이었으며, 본질적으로는 주자의 그것을 부연한 것이라 할 수 있다.

이상과 같은 노론-호론 계열의 우주론은 '理法天觀'과 연결됨으로써 그 정치사상적 목적을 분명히 드러내고 있었다. 그것은 이들이 말하는 '敬天', '事天'의 의미가 무엇인지를 찾아보면 분명해진다. 송시열의 理法天觀은 그의 災異上疏를 통해서 살펴볼 수 있다. 여기서 송시열은 재이가 일어나게 되는 원인을 철저하게 君主의 도덕수양 문제로 귀결시키고 있었다. 효종 9년(1658)에 발생한 雷變에 대해서 송시열은 임금이 혼자 있을 때에 어두운 마음을 가졌던 것이 아니냐고 하면서 군주의 심성에 혐의를 두었다.[148] '宴安之毒', '惜財之意' 등에 대한 지적 역시 편안함과 재물을 추구하는 군주의 심성을 경계하고자 한 것이었다. 현종 9년(1668)에 올린 상소에서는 이러한 송시열의 입장이 더욱 분명하게 나타나고 있다.[149] 숙종 8년(1682)에 올린 상소문에서도 재이의 문제는 군주의 마음과 연결되어 해석되었다. 군주가 홀로 한가하게 거처하고 있을 때 天理에 순수하지 못하고 人欲을 다 제거하지 못했기 때문에 재이가 발생한다는 것이었다.[150] 결국 모든 재이는 군주의 '一念之失'로 귀결되었다.[151]

---

147) 「五行生成之序流行之序不同說」, 『華西集』 卷19, 42ㄴ(505쪽).

148) 「雷變進戒箚 戊戌十月十九日」, 『宋子大全』 卷8, 25ㄱ(108책, 257쪽). "未知聖上幽獨隱微之中 有何纇黮蔽痼之心 而天之示警 一至於此也".

149) 「遇灾陳戒箚 戊申十二月」, 『宋子大全』 卷13, 8ㄴ(108책, 339쪽). "殿下之怠於政事猶前 惡聞直言猶前 不畏天變猶前 時弊雖多而無矯革之志 朝綱已紊而無振擧之意 有一於此 足以覆亡 況其兼有之耶".

150) 「虹變陳戒箚 癸亥二月十日」, 『宋子大全』 卷17, 36ㄱ~ㄴ(108책, 420쪽). "無乃殿下

재이의 발생 원인을 군주의 도덕수양 문제로 보는 송시열의 입장에서 그 해결책은 역시 군주의 도덕수양을 강화하는 것으로 귀결될 수밖에 없었다. "反躬引咎 以圖自新",[152] "恐懼修省"[153] 등이 바로 그것이었다. 이른바 '聖學'이었던 것이다. 성학의 내용은 讀書窮理를 통한 克己에 다름 아니었다.[154] 이러한 송시열의 재이관은 철저하게 程子와 주자를 계승하는 것으로 표방되었으며, 그것은 '鄙儒俗士'들의 술수(應文備數之說)와는 차원이 다른 것이라고 강조되었다.[155] 이처럼 송시열이 파악하고 있는 程朱의 재이론은 군주의 개인 수양에 근본을 두고 있는 것이었다.[156]

한원진은 군주가 '代天理物'하는 존재라는 사실을 전제로 하였다. 그때 군주의 실질적인 임무는 '敬天勤民',[157] 또는 '事天育物'[158]이었다. 그런데 한원진이 '敬天勤民'·'事天育物'의 실질적인 방법으로 제시하였던 것은 修德과 用賢이었다. 양자는 體用의 관계를 갖추고 있는 것으로, 修德이 근본(大本)이라면 用賢은 도구(大要)였다.[159] 이것은 노론의 정

於燕閒幽獨之中 天理有未純 人欲有未盡 以致如此耶".

151) 「虹變陳戒箚 癸亥二月十日」,『宋子大全』 卷17, 36ㄴ(108책, 420쪽). "此實殿下一念之失 有以致之也".

152) 「雷變進戒箚 戊戌十月十九日」,『宋子大全』 卷8, 26ㄱ(108책, 257쪽).

153) 「應旨進弭災之策疏 乙巳十一月」,『宋子大全』 卷11, 35ㄱ(108책, 317쪽).

154) 「遇災陳戒箚 戊申十二月」,『宋子大全』 卷13, 9ㄱ(108책, 340쪽). "如欲祛此 則惟在於懋聖學 而聖學之要 不過讀書窮理".

155) 「應旨進弭災之策疏 乙巳十一月」,『宋子大全』 卷11, 32ㄴ(108책, 315쪽). "惟是臣少讀程朱書 其論災異之道 甚詳且備 此非如鄙儒俗士應文備數之說".

156) 「應旨進弭災之策疏 乙巳十一月」,『宋子大全』 卷11, 36ㄱ(108책, 317쪽). "故程朱之所以爲弭災之說者 必本於人主之身".

157) 「外篇上」,『南塘集』 卷37, 雜識, 3ㄴ(202책, 300쪽). "人君代天理物 故其職只在敬天勤民".

158) 「外篇上」,『南塘集』 卷37, 雜識, 19ㄴ(202책, 308쪽). "且以君之職言之 事天育物 是其職耳".

159) 「外篇上」,『南塘集』 卷37, 雜識, 3ㄴ(202책, 300쪽). "故修德爲敬天勤民之本 用賢爲敬天勤民之具";「外篇上」,『南塘集』 卷37, 雜識, 19ㄴ(202책, 308쪽). "惟修德可以盡其理 用賢可以致其事 故治天下有大本 修德是已 治天下有大要 用賢是已".

치사상인 君主聖學論・世道宰相論을 주장한 것에 다름 아니었다.

　이항로는 理의 主宰性과 先驗性, 倫理性을 인정하고 있었다. 이항로에게서 理는 바로 윤리였으며, 그것은 구체적으로 '尊華攘夷', '上下本末', '先後尊卑'의 차별이었다. 그는 다음과 같이 말하고 있었다.

　　天地 사이에 一物이 있게 되면 바로 上下本末이 구비되고, 一事가 있게 되면 바로 先後尊卑가 구비되는 것이니 이것이 이치(理)이다.[160]

이렇듯 이항로는 三綱五倫으로 대표되는 중세사회의 윤리・도덕적 질서, 上下尊卑의 禮的 질서를 자연적인 이치와 동일시하여 파악하고 있었다. 따라서 인간사회에서 華夷의 분별은 天地의 陰陽・剛柔의 분별과 마찬가지로 중요한 구분이었다.[161]

　이처럼 朱子道統主義者들이 전개했던 우주론은 天理의 파악이라는 사상적 목적을 바탕에 깔고 있었다. 그런데 이들이 파악하고자 했던 천리는 우주와 천체에 대한 객관적 관찰에 기반하여 귀납적으로 추구해 가는 것이 아니라, 우주 생성 이전에 이미 선험적으로 주어진 것이었다. 이것은 物理를 윤리・도덕에 종속시키는 理法天觀의 논리적 귀결이었다. 따라서 이때의 천체와 우주는 분명 자연학의 대상이었지만 그것은 객관적인 자연이 아니라 인간에 의해 주관적으로 파악된, 인간사회의 윤리도덕적 질서를 표상하고 있는 자연이었을 따름이다. 이처럼 인간・사회・자연을 일원적・통일적으로 파악하려는 유기체적 자연관의 근본 태도를 극복하지 않는 한 새로운 物理의 탐구는 실상 불가능한 일이었던 것이다.

---

160) 『雅言』卷10, 尊中華 第30, 16ㄴ(1150쪽). "天地之間 纔有一物 便具上下本末 纔有一事 便具先後尊卑 此理也".

161) 『雅言』卷10, 尊中華 第30, 17ㄱ(1151쪽). "天有陰陽 地有剛柔 人有男女 統有夷夏 此天地之大分界也".

2. 嶺南 南人系의 보수화 경향과
朱子學的 宇宙論의 재정립

1) '嶺南'의 소외와 象數學 연구의 계승·발전

　조선후기 남인계열의 학문은 京南(近畿南人·在京南人)과 嶺南(嶺南南人)의 두 계통으로 발전하였다.162) 양자는 서인-노론계와의 정치적·학문적 대립 속에서 열세를 만회하고자 제휴를 시도하기도 하였다. 17세기 후반 許穆(1595~1682)과 18세기 전반의 李瀷(1681~1763), 18세기 후반의 蔡濟恭(1720~1799)은 京南과 嶺南의 제휴를 매개한 중요한 인물들이었다. 이들에 의해 '李滉→鄭逑→許穆→李瀷'의 학통이 체계화되기도 하였다. 그러나 京南과 嶺南 사이에는 공통점 못지 않게 차이점도 많았다고 여겨진다. 그것은 그들의 出自와 현실인식, 나아가 세계관의 차원에서 세밀히 검토되어야 할 문제이지만, 여기서는 일단 宇宙論과 관련한 象數學의 측면에서 嶺南의 학문적 특징을 검토해 보기로 하겠다.

　17세기 이후 嶺南의 학적 계보는 다시 몇 가지 갈래로 나누어 살펴볼 수 있는데, 그 가운데 중심이 되는 인물이 바로 李玄逸(1627~1704)이었다. 李滉→金誠一→張興孝로 이어지는 학통을 계승한 李玄逸은 '己巳換局'(1689년) 때 남인정권의 '山林'으로 중앙정계에 등장함으로써, 그 학문적 명성을 바탕으로 영남지역의 많은 신진학자들을 규합하여 이른바 '葛庵學派'를 형성하기에 이르렀다.163) 따라서 鄭逑·張顯光 이후로 영남에

---

162) '嶺南'과 '京南(近畿南人)'의 구분 및 각각의 학문 전수과정에 대해서는 다음의 글을 참조. 李佑成,「韓國 儒學史上 退溪學派의 形成과 그 展開」,『退溪學報』 26, 1979(李佑成,『韓國의 歷史像』, 創作과 批評社, 1982에 재수록) ; 李樹健,「朝鮮後期 '嶺南'과 '京南'의 提携」,『民族史의 展開와 그 文化』上(碧史李佑成 敎授定年退職紀念論叢), 창작과비평사, 1990(李樹健,『嶺南學派의 形成과 展開』, 一潮閣, 1995, 제3장 Ⅳ「朝鮮後期 嶺南學派와 '京南'의 提携」로 재수록).
163) 李玄逸의 학문과 사상에 대한 기존의 연구로는 다음을 참조. 劉明鍾,『朝鮮後期 性理學』, 以文出版社, 1982, 242~252쪽 ; 이애희,「이현일의 사단칠정론」,『四端七情論』, 서광사, 1992 ; 정호훈,「17세기 후반 영남남인학자의 사상-이현일을

서 이른바 退溪學統의 계승은 이현일을 중심으로 살펴보아야 한다. 이현
일은 양란 이후에 조선왕조의 체제가 동요하는 원인을 도덕적 원리의
무력화로 파악하고 있었다. 그가 '理'의 능동성을 강조한 이유가 바로 여기
에 있었다. 즉 그는 理의 능동성을 강화함으로써 현실에서의 도덕 원리의
有爲的 作動을 진작시켜 시대적 상황에 대응하고자 하였던 것이다. 이현
일은 이황의 主理論을 17세기의 역사상황에 맞게 재편하였던 인물로 평가
된다.[164]

易學·象數學 연구라는 측면에서 보아도 이현일 계열은 영남 상수학의
계승과 발전에서 중요한 역할을 담당하였다. 영남 상수학의 한 줄기가
張興孝(1564~1633)의 상수학을 계승한 李徽逸(1619~1672)·李玄逸·
李嵩逸(1631~1698) 형제를 통해 그 후배들에게 전수되었기 때문이다.
이들은 장흥효의 「一元消長圖」[165]를 부연하는 형태로 자신들의 상수학
을 전개하였다. 장흥효의 「일원소장도」는 伏羲의 先天圖와 文王의 後天
圖를 邵雍의 우주주기론에 입각하여 1元 12會로 확장한 것이었다. 이에
따르면 복희의 선천도는 巳會(6會)에, 문왕의 후천도는 午會(7會)에 해당
하게 된다.

본래 상수역학에서 사용하는 도상 가운데 先天圖는 '伏羲八卦次序之
圖', '伏羲八卦方位之圖', '伏羲六十四卦次序之圖', '伏羲六十四卦方位
之圖'를, 後天圖는 '文王八卦次序之圖', '文王八卦方位之圖'를 의미하는
것이었다. 장흥효의 「일원소장도」는 이 가운데 '伏羲六十四卦方位之圖'
를 문제삼은 것이었다. 일찍이 주자의 제자 周謨는 선생과의 문답에서
이 도상의 구성과 12辟卦, 24節氣의 배치 사이의 문제점을 제기하였다.
그것은 크게 두 가지로 요약할 수 있는데, 하나는 12벽괘 사이의 간격이

중심으로-」, 『역사와 현실』 13, 1994 ; 琴章泰, 「葛菴 李玄逸의 인물과 사상」,
    『退溪學派의 思想』 Ⅰ, 集文堂, 1996 ; 김학수, 「葛庵 李玄逸 研究-政治活動을
    중심으로-」, 『朝鮮時代史學報』 4, 1998.

164) 이동환, 「해제」, 『국역 갈암집』 1, 민족문화추진회, 1999, 12~17쪽 참조.

165) 「一元消長圖」, 『敬堂集』 卷2, 1ㄱ~12ㄴ(69책, 173~178쪽).

<그림 5-3> 張興孝의 「一元消長圖」 第1會

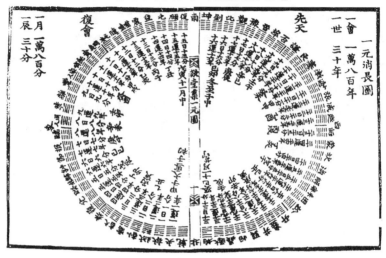

일정하지 않다는 것이었고, 다른 하나는 春分과 秋分을 12月卦인 臨卦와 6月卦인 遯卦에 배당한 것이 실제 절기와 일치하지 않는다는 것이었다.166) 周謨의 질문에 대한 주자의 답변은 분명하지 않았다.167) 이에 대해 장흥효는 周謨의 의문에 주자 역시 동의하였으나 定論을 제시하지는 못했다고 보고,168) 오랜 세월에 걸친 '反覆推究'를 통해 12개의 도상으로 구성된 「일원소장도」를 작성하기에 이르렀던 것이다.

---

166) 「一元消長圖序」, 『敬堂集』 卷2, 13ㄱ~ㄴ(69책, 179쪽). 원문은 『朱子語類』 卷65, 易1, 綱領上之上, 伏羲卦畫先天圖, 周謨錄, 1618~1619쪽 ; 『性理大全』 卷15, 易學啓蒙 2, 原卦畫 第2, 伏羲六十四卦圖, 21ㄱ~ㄴ(1055쪽)을 참조.

167) 『朱子語類』 卷65, 易1, 綱領上之上, 伏羲卦畫先天圖, 周謨錄, 1619쪽. "曰 伏羲易自是伏羲說話 文王易自是文王說話 固不可以交互求合 所看先天卦氣嬴縮極仔細 某亦嘗如此理會來 尚未得其說 陰陽初生 其氣固緩 然不應如此之疏 其後又却如此之密 大抵此圖布置皆出乎自然 不應無說 當更共思之".

168) 「一元消長圖序」, 『敬堂集』 卷2, 13ㄴ(69책, 179쪽). "伏羲此圖布實 出乎自然 固無可疑者 而二十四氣之分配 則周謨疑問 而朱先生亦疑之 蓋必有所以於其間 而終不爲一言以定者何也……".

<그림 5-4> 伏羲六十四卦方位之圖

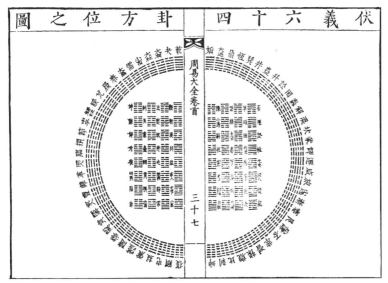

　　장흥효의 「일원소장도」에는 그의 사위이자 문인이었던 李時明(1590～
1674)이 序와 跋을 붙였고,[169] 이시명의 아들이자 장흥효의 외손이었던
이휘일과 이현일은[170] 「一元消長圖後語」를 작성하여 「一元消長圖」를
둘러싼 몇 가지 논란을 문답식으로 정리하였다.[171] 이러한 논란은 柳元之

---

169) 「一元消長圖序」, 『敬堂集』 卷2, 14ㄴ～15ㄴ(69책, 179～180쪽) ; 「一元消長圖
　　　跋」, 『敬堂集』 卷2, 15ㄴ～17ㄱ(69책, 180～181쪽).

170) 이들의 家系를 『萬姓大同譜』[『萬姓大同譜』 上, 明文堂, 1983, 302쪽]와 李玄逸
　　　의 行狀[「行狀」, 『葛庵集』 附錄, 卷2, 1ㄱ～36ㄴ(128책, 538～555쪽)]에 따라
　　　정리하면 다음과 같다.

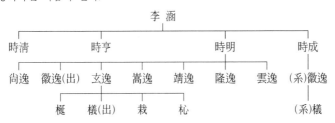

(1598~1674)가 「일원소장도」에 대해 문제를 제기함으로써 한층 증폭되었다.172) 유원지는 「일원소장도」의 학문적 가치를 옹호하였던 이시명과의 편지를 통해 「일원소장도」의 여러 문제점에 대한 논란을 전개하였다.

　유원지는 1673년(현종 14)에 장흥효의 「일원소장도」에 대해 16개 조목에 걸친 의문을 이시명에게 제시하였고,173) 이어진 이시명의 답변에 대해 장문의 편지를 통해 조목조목 반론을 제기하였다.174) 이러한 이시명과 유원지의 논란은 이시명의 아들인 李嵩逸을 자극하였다. 이에 이숭일은 장흥효의 「일원소장도」를 개작하기에 이르렀는데,175) 이 역시 당시에 여러 가지 측면에서 논란거리가 되었다.176)

　이상에서 살펴본 바와 같은 학습과 토론을 거쳐 이현일 형제의 상수학은 심화되었다. 이휘일은 外祖 장흥효를 통해 학문의 대체를 전수받았고,177) 역학에 대해서도 10대 초반부터 많은 관심을 기울이고 있었다.178) 그의 학문은 장흥효의 그것으로부터 발단하였다고 평가받고 있었는데179)

171) 「一元消長圖後語」, 『存齋集』 卷4, 10ㄱ~14ㄴ(124책, 52~54쪽) ; 「一元消長圖跋」, 『敬堂集』 卷2, 17ㄱ~21ㄴ(69책, 181~183쪽).

172) 柳元之는 기본적으로 周謨의 질문에 대한 주자의 답변이 주자의 말이 아니고 기록한 사람의 착오일지 모른다고 의심하였고, 만약 주자의 말이라고 하여도 晩年 定論이 아닌 初年說일 것이라고 보았다. 「象數小說幷序○壬寅」, 『拙齋先生文集』 卷8, 26ㄴ(905책, 117쪽-영인본 『拙齋先生文集』 二, 景仁文化社, 1994의 책수와 쪽수. 이하 같음). "愚因竊思之 朱子此答 或非朱子之言 無乃記者誤耶 不然則似是朱子初年偶未照管時事 必有後來分析示人之定論".

173) 「與李晦叔時明論一元消長圖第一書癸丑」, 『拙齋先生文集』 卷5, 1ㄱ~5ㄱ(904책, 276~284쪽).

174) 「答李晦叔論一元消長圖第一書」, 『拙齋先生文集』 卷5, 5ㄱ~38ㄱ(904책, 284~350쪽).

175) 「敬堂先生一元消長圖改本」, 『恒齋集』 卷4, 8ㄴ~20ㄴ(137책, 528~534쪽).

176) 「一元消長圖改本後紋」, 『恒齋集』 卷4, 21ㄱ~29ㄱ(137책, 535~539쪽).

177) 「行狀」, 『存齋集』 卷8, 附錄, 2ㄴ(124책, 82쪽). "嘗至金溪 從敬堂先生 得聞修身飭行之要 無極太極之說 既歸 張先生又貽書 告以大學格致誠正之方 孟子收心養性之旨".

178) 「行狀」, 『存齋集』 卷8, 附錄, 2ㄴ(124책, 82쪽). "日取易圖性理諸書 閉戶默對 人或非笑而不知輟".

<그림 5-5> 李嵩逸의 「一元消長圖改本」

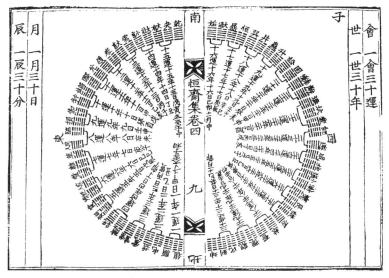

그가 『一元消長圖發揮』라는 저서를 기획하였던 것[180]도 장흥효의 상수
학을 계승·발전시키고자 한 노력의 일환이었다. 이현일 역시 일찍부터
상수학에 조예가 있었다고 한다. 그는 10대 초반에 方圓圖를 그려 天地를
묘사한 후 先天八卦를 그려 동서남북의 위치를 정하였고, 太極으로부터
兩儀·四象·八卦·六十四卦가 나오게 되는 순서를 도식화하였으며, 아
울러 元會運世說을 推衍함으로써 주위 사람들을 놀라게 하였다고 한
다.[181] 그는 선천도와 후천도의 상호 관계에 대해서도 자기 나름의 견해를
제시하였고,[182] 역법의 수치를 이해하는 데 어려움이 되었던 분수법의

---

179) 「行狀」, 『存齋集』 卷8, 附錄, 3ㄴ(124책, 83쪽). "發端於敬堂之門 而所自推廣者
　　爲多".

180) 「行狀」, 『存齋集』 卷8, 附錄, 9ㄱ(124책, 86쪽). "所著書俱未及成說 若洪範衍義
　　集說 若一元消長圖發揮".

181) 「年譜」, 『葛庵集』 附錄, 卷1, 2ㄴ(128책, 510쪽) ; 權斗寅, 「行狀」, 『葛庵集』 附錄,
　　卷2, 2ㄴ(128책, 538쪽) ; 權斗經, 「墓誌銘」, 『葛庵集』 附錄, 卷3, 2ㄱ(128책, 556
　　쪽) ; 李栽, 「先府君家傳」, 『葛庵集』 附錄, 卷4, 2ㄴ~3ㄱ(128책, 571~572쪽).

문제에 대해서도 자세하게 풀이하고 있었다.[183] 이러한 작업들은 기본적으로 상수학적 지식에 바탕을 둔 것이었다.

이와 같은 이현일의 상수학은 기본적으로 주자의 상수학에 기초하고 있었다. 그가 "평생토록 존신한 것이 朱子書"[184]였다는 평가에서 볼 수 있듯이, 이현일은 『朱子大全』과 『朱子語類』의 학습을 중요시하였고, 주역에서도 주자의 『本義』를 중시하였다. 왜냐하면 주자야말로 공자 이후에 공자의 사업을 제대로 계승한 학자였기 때문이었다.[185] 그가 『본의』의 저본이 되었던 古易을 중시한 것도 바로 이러한 이유에서였다.[186] 이현일은 "易은 卜筮를 위해 만들어진 것이다"[187]라는 주자의 논리에 의문을 제기한 胡居仁(1434~1484)의 주장을 조목조목 비판하였다.[188] 이휘일의 경우 역시 학습의 주요 텍스트로 삼았던 문헌이 『近思錄』·『心經』·『性理大全』·『易學啓蒙』·『朱子書節要』·『退溪先生文集』 등이었다는 점을 염두에 두면,[189] 학문의 규모와 내용이 이현일의 그것과 크게 다르지 않았다고 짐작할 수 있다.

이현일 형제의 상수학은 이현일의 아들 李栽(1657~1730)와 申益愰(1672~1722), 權榘(1672~1749) 등에게 전수되었다. 李栽의 학문 방법은 이휘일·이현일 이래의 家學的 전통을 추종하는 것이었다. 그는 고금

---

182) 「愁州管窺錄」, 『葛庵集』 卷19, 26ㄴ~27ㄴ(128책, 190쪽).

183) 「愁州管窺錄」, 『葛庵集』 卷19, 28ㄱ~ㄴ(128책, 190쪽) ; 「月行分度推筭法」, 『葛庵集』 別集, 卷3, 23ㄴ~24ㄴ(128책, 432쪽).

184) 李栽, 「先府君家傳」, 『葛庵集』 附錄, 卷4, 56ㄴ(128책, 598쪽). "平生尤尊信朱子書".

185) 李栽, 「先府君家傳」, 『葛庵集』 附錄, 卷4, 56ㄴ(128책, 598쪽). "嘗曰 孔子刪詩書 定禮樂 修春秋序易象說卦文言 爲萬世開太平 自經秦火 千五百年之後 惟朱子爲能辦此事業".

186) 「書易經本義後」, 『葛庵集』 卷21, 8ㄴ~9ㄱ(128책, 210~211쪽).

187) 「答鄭子上」, 『朱熹集』 卷56, 2864쪽. "易之爲書 本爲卜筮而作 然其義理精微 廣大悉備 不可以一法論".

188) 「愁州管窺錄」, 『葛庵集』 卷19, 15ㄴ~17ㄱ(128책, 184~185쪽).

189) 「行狀」, 『存齋集』 卷8, 附錄, 3ㄱ(124책, 83쪽).

학술의 同異 문제까지 근원적으로 탐구하였지만, 그 학문적 귀결점은 한결같이 가학을 위주로 하여 이황과 주자의 그것에 합치시는 데 두었다.190) 이는 이황을 '海東의 朱子'로 간주하는 영남 남인의 기본적 입장에 따른 것이었다.191) 따라서 그 기준과 다른 異說에 대해서는 '衛道反經'을 자임하는 강한 변척의 자세를 견지할 수밖에 없었다.192)

李栽는 대외관계에서 강렬한 崇明排淸의 北伐論的 의식을 보여주었다. 그것은 '尊周大義'에 대한 강한 천명이었다. 이재가 활동하던 17세기 후반은 이미 淸이 중원을 지배하면서 안정적인 기반을 확립하고 있던 때였다. 따라서 당시 조선의 지식인들 가운데는 이러한 시대상황을 고려하여 당시 淸과의 事大관계를 현실적으로 인정해야 한다고 주장하는 사람들이 있었다. 이들은 吳三桂·鄭之舍·孫延齡 등의 반란이 실패로 끝나고 말았다는 현실을 들어 북벌론의 비현실성을 지적하였고, 북벌론 자체를 '處士之大言'에 불과한 것으로 폄하하였다.193) 이에 대해 이재는 천하의 사업은 그 행위의 득실을 볼뿐이지 大小强弱을 논하는 것은 부당하다는 입장에서, 明은 우리에게 만세토록 반드시 갚아야 할 再造의 은혜를 베풀었으므로 군신간의 의리에 비추어 볼 때 북벌은 정당하다고 역설하였다.194)

申益愰은 27세 되던 1698년(숙종 24)에 光陽에 유배되어 있던 이현일을 배알하였고, 이후 이현일이 세상을 떠난 1704년(숙종 30)까지 학문적 가르침을 받았다.195) 그는 역학에 대해서 전론한 성과물을 남기지는 않았지만

---

190) 「行狀」, 『密菴集』 卷24, 24ㄴ~25ㄱ(173책, 512~513쪽). "博考經傳 旁通百家 沈潛積久 融會貫穿 以極夫古今學術同異之源流 而其歸則一以家學爲主 以求合於退陶考亭".

191) 「行狀」, 『密菴集』 卷24, 33ㄱ(173책, 517쪽). "退陶先生爲海東考亭".

192) 「行狀」, 『密菴集』 卷24, 26ㄱ(173책, 513쪽). "其於異說 辨之尤甚力 慨然有衛道反經之志".

193) 「北伐議」, 『密菴集』 卷12, 5ㄴ~6ㄱ(173책, 240쪽).

194) 「北伐議」, 『密菴集』 卷12, 6ㄱ~7ㄴ(173책, 240~241쪽).

195) 「年譜」, 『克齋集』 卷12, 4ㄱ~6ㄱ(185책, 491~492쪽).

그가 47세 되던 1718년(숙종 44)에 저술한 『性理彙言』에는 상수학에 대한 논의들이 포함되어 있었다.196) 이것은 원래 20권으로 계획되었는데 완성하지 못했고, 문집에는 그가 일찍이 정리해 놓은 1·2·5권의 3편만이 수록되어 있다.197) 그럼에도 불구하고 그 목록을 통해서 신익황의 상수학에 대한 관심의 폭과 깊이를 가늠할 수는 있는데, 그것은 철저하게 理本體論·主理論의 입장에 서 있었다. "天下에 理를 벗어나 존재하는 사물은 없으며, 理가 존재하지 않는 곳이 없다",198) "象數가 형체를 드러내지 않아도 그 理는 이미 갖추어져 있다",199) "理가 氣를 낳는다"200)는 그의 단편적인 언급은 그의 학문적 태도를 단적으로 보여주는 것이라 할 수 있다.

영남의 상수학에서 빼놓을 수 없는 한 갈래가 豊山 柳氏 가문의 상수학적 성과였다. 그것은 柳贇(1520~1591)→柳元之(1598~1674)→柳世鳴(1636~1690)으로 이어지면서 그 나름의 상수학적 전통을 확립하였다. 이들은 유빈이 작성한 『易圖目錄』(1576년)을 중심으로 논의를 전개하였다. 유빈의 『역도목록』은 易에 관련한 52개의 도상을 제시한 것으로 해설을 붙이지 않았다.201) 이에 유원지가 1672년(현종 13)에 해설을 붙였고,202)

---

196) 「年譜」, 『克齋集』 卷12, 11ㄱ(185책, 495쪽). "上自天人性命理氣之奧 下至王覇夷狄異端雜學 排條分門 未及卒業".

197) 「性理彙言」, 『克齋集』 卷8, 1ㄱ~ㄴ(185, 432쪽). 20권의 전체 목차는 다음과 같다. 1卷(理·理氣), 2卷(太極·動靜·靜·動), 3卷(陰陽·五行·天地·天文·地理), 4卷(鬼神·物類), 5卷(人身·心), 6卷(性命·命·性), 7卷(性情·情), 8卷(道德·道·德), 9卷(神·機·勢), 10卷(人倫), 11卷(誠敬·誠·敬), 12卷(忠信·忠恕), 13卷(道統·聖賢), 14卷(敎學·敎·學), 15卷(存養省察·存養·省察), 16卷(知行·致知·力行·言行), 17卷(出處·經權), 18卷(禮樂·政法), 19卷(歷代·王覇), 20卷(雜學·異端).

198) 「性理彙言-理義附」, 『克齋集』 卷8, 1ㄴ~2ㄱ(185책, 432쪽). "余亦謂天下無理外之物 而理無不在"; 「性理彙言-理氣象數附」, 『克齋集』 卷8, 16ㄱ(185책, 439쪽).

199) 「性理彙言-理義附」, 『克齋集』 卷8, 2ㄱ(185책, 432쪽). "象數未形 而其理已具 卽無理外之物"; 「性理彙言-太極」, 『克齋集』 卷8, 23ㄴ(185책, 443쪽).

200) 「性理彙言-理氣象數附」, 『克齋集』 卷8, 13ㄴ(185책, 438쪽). "理生氣".

201) 『易圖目錄』(奎 9884); 『韓國經學資料集成』88(易經 2), 成均館大學校 大東文

<그림 5-6> 柳贇의 『易圖目錄』

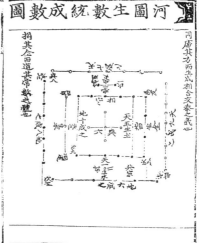

유세명은 1684년(숙종 10)에 유빈의 도상과 유원지의 해설 가운데 의문이 있는 곳에 논변을 가했다.203)

柳贇은 상수학을 통해 易의 이치를 구명할 수 있다고 보았다. 상수학이 비록 易의 糟粕이지만 易學에 會通하기 위해서는 상수학이 필수적이라는 입장이었다.204) 그가 보기에 象數는 매우 광대해서 끝이 없고, 이치는 지극히 정미해서 쉽게 볼 수 없는 것이었다.205) 때문에 象數에 근거해서 이치에 會通한 사람이 드물었는데, 宋代의 程頤는 상수학에 근거하여 이치를 밝혔고, 邵雍은 상수학에 이치를 담았으며, 주자는 諸儒의 상수학을 집대성한 인물이었다.206) 결국 유빈의 『역도목록』은 주자의 상수학을

化研究院, 1996, 209~288쪽.

202) 「柳倦翁贇易圖解壬子」, 『拙齋先生文集』 卷9, 1ㄱ~9ㄴ(905책, 135~151쪽).

203) 「倦翁易圖記疑」, 『寓軒集』 卷5, 1ㄱ~11ㄱ(147책, 75~80쪽).

204) 『易圖目錄』, 212쪽. "雖然若固以象數爲易之糟粕 而不足致意焉則已矣 誠欲觀會通以行其典禮也 則舍是圖何以哉".

205) 『易圖目錄』, 210쪽. "然其爲象 極廣大而不可涯涘 其爲理 至精微而未易窺測".

206) 『易圖目錄』, 210쪽. "宋興諸儒 因象而明理 如程伊川 縣象而寓理 如邵康節

바탕으로[207]   蔡元定(1135~1198)·董銖·翁泳·胡方平·程直方·胡
一桂·胡炳文(1250~1330)·董眞卿 등의 상수학을 참조하여 작성한 것
이었다.[208] 이러한 유빈의 작업은 柳成龍(1542~1607)과 李時發(1569~
1626)에 의해 후대에 전수될 수 있었다.[209]

柳元之[210]의 상수학에 대한 태도는 유빈의 그것과 동일한 것이었다.
그는 상수학의 의미를 다음과 같이 정리하였다.

> 易의 이치는 은미해서 알기 어렵고, 易의 象數는 현저해서 가히 볼
> 수 있다. 象數는 진실로 易의 찌꺼기이다. 그러나 이치는 象數가 아니면
> 나타낼 수 없기 때문에 易을 배우는 자는 반드시 象數로부터 시작해야
> 한다.[211]

象數가 비록 易의 糟粕이기는 하지만 상수를 통해서만 易의 이치를 밝힐
수 있다는 이러한 입장은 柳世鳴에게서도 유사한 형태로 발견된다. 유세
명은 먼저 천지에 가득찬 것을 理로, 消長盛衰하는 것을 數라고 정의한다.
따라서 理는 하나로서 불변이지만 數는 변화가 있는 것이었다.[212] 유세명

是二先生者 實能致乎觀翫而盡其精微者也 至於朱子 則集諸儒而大成".

207) 『易圖目錄』, 211쪽. "此圖盖本於朱子".

208) 『易圖目錄』, 212쪽. "某之爲此 本於朱子 而參諸儒 其說備見於周易本經 及圖
　　說啓蒙會通等書中 而拈出要約 綴入圖中耳 諸儒則西山蔡氏·盤澗董氏·思齋
　　翁氏·玉齋胡氏·新安程氏·雙湖胡氏·雲峯胡氏·鄱陽董氏圖之所取也".

209) 「題倦翁易圖後」, 『西厓集』 卷18, 28ㄱ(52책, 358쪽). "李監司時發見而愛之 登梓
　　印布 欲與世之事葦編者共焉".

210) 柳元之의 생애와 사상에 대해서는 薛錫圭, 「拙齋 柳元之의 理氣心性論 辨說과
　　政治的 立場-17세기 退溪學派 理氣心性論의 政治的 變容(1)-」, 『朝鮮史硏究』
　　6, 1997 ; 琴章泰, 「拙齋 柳元之의 경학과 성리설」, 『退溪學派와 理철학의 전개』,
　　서울대학교 출판부, 2000 참조.

211) 「象數小說幷序○壬寅」, 『拙齋先生文集』 卷8, 19ㄴ(905책, 103쪽). "易之理微而難
　　知 易之象數顯而可見 象數固易之糟粕 然理非象數不形 故學易者 必自夫象數
　　始".

212) 「孟子不言易論」, 『寓軒集』 卷6, 13ㄴ(147책, 99쪽). "盈天地者 理也 而一消一長

은『易』이 본래 象數의 책이지만 거기에 理가 깃들어 있는 것으로 보았다. 이때의 理란 性命仁義의 근원을 말하는 것이고, 數란 盛衰消長의 변화와 천하의 一治一亂을 말하는 것이었다.[213] 요컨대 유세명은 변화를 의미하는 상수를 통해 불변의 이치를 추구하는 것이 易을 공부하는 근본 목적이라고 보았던 것이다. 理一의 입장에서 본다면 詩·書·春秋의 이치나 易의 이치가 마찬가지였던 것이다.[214]

柳贇 이래로 豐山 柳氏家의 상수학은 주자의 그것을 계승하고 있었다. 앞에서 잠깐 살펴보았듯이 유원지는 「일원소장도」를 둘러싸고 이현일 계열과 치열한 토론을 전개하였는데, 그것은 결국 장흥효의 학문적 성과를 평가하는 데도 반영되었다. 洪汝河(1620~1674)는 1668년(현종 9)에 장흥효의 墓誌를 작성하면서 「일원소장도」의 학문적 가치를 긍정적으로 평가하였는데,[215] 유원지는 이에 대해 문제를 제기하였다. 장흥효의 학문적 성과를 '前賢所未言'이라고 평가한다면, 그것은 주자가 미치지 못한 것을 장흥효가 투시하였다는 뜻인데 이것은 결국 주자에게 미안한 일이 된다는 지적이었다.[216] 이는 장흥효의 상수학에 대한 부정적 평가와 관련된 것이었는데, 유원지는 기본적으로 「일원소장도」 작성의 발단이 되었던 주자와 그 제자의 문답을 인정하지 않았고,[217] '伏羲六十四卦方位之圖'는 그 자

或盛或衰者 數也 理本一 故百慮而一致 殊途而同歸 凡著於經者 皆是也 數有
變 故方衰而復盛 既消而還長 未始不由乎人也".

213) 「孟子不言易論」,『寓軒集』卷6, 14ㄴ(147책, 99쪽). "夫易乃象數之書 而理寓焉
者也 言其理則爲性命仁義之原 聖賢之所雅言也 語其數則有盛衰消長之變 天
下之所以一治一亂也".

214) 「孟子不言易論」,『寓軒集』卷6, 14ㄱ(147책, 99쪽). "夫理一而已 詩書春秋之理
卽易之理也".

215) 「敬堂張公墓誌戊申」,『木齋集』卷7, 26ㄴ(124책, 462쪽). "尤邃於易學 嘗觀易學
啓蒙胡玉齋分配節氣圖 疑其差謬 反覆參究 積功餘二十年 遂推演爲十二圖 以
配十二會十二月 而分排二十四氣於其中 名之曰 一元消長圖……此前賢所未
言者 公昉推而得之".

216) 「與洪伯源別紙論張敬堂墓誌」,『拙齋先生文集』卷6, 27ㄱ~28ㄴ(904책, 404~406
쪽). "……今若曰 前賢所未言而敬堂獨見云 則是以敬堂爲透見得朱子所未及
處 無乃未安耶".

체로 천지자연의 형세를 완벽하게 표현한 것이라고 보았다.[218] 따라서 역학을 공부하는 사람은 종래의 도상을 '反復玩繹'하여 開明하기를 바라는 것이 옳은 태도이며, 새로운 도상을 창출하고자 하는 시도는 바른 자세가 아니라고 보았던 것이다.[219]

이와 같이 象數學을 통한 이치의 추구는 귀납적이기보다는 다분히 연역적인 것이었다. 천지조화는 음양오행을 통해 이루어지며 이것을 주관하는 것은 太極=理였다. 천지 1元의 운행이나 1歲의 운행은 음양의 조화라는 관점에서 보면 하등 다를 것이 없었다. 따라서 그러한 음양의 이치를 파악하여 이것을 事事物物에 추리해 나가면 事事物物의 이치 역시 모두 밝힐 수 있다고 보았다. 다만 그 이치라는 것은 미묘해서 指擬·目擊하기 어려운 것인데 聖人만은 이것을 능히 할 수 있는 사람, 즉 '卽物觀理'의 능력을 갖춘 사람이었다. 따라서 성인의 '卽物觀理之說'은 천지·인사의 모든 이치를 관통하는 것으로 간주되었다.[220] 이와 같이 자연과 인사를 무매개적으로 연결하는 '天人一理', '上下一體'의 관념 속에서 객관적·과학적 물리 탐구는 근본적으로 제약을 받을 수밖에 없었다.[221]

---

217) 「與洪伯源別紙論張敬堂墓誌」, 『拙齋先生文集』 卷6, 28ㄱ(904책, 406쪽). "且曾見啓蒙小註中有周謨問十二辟卦相去疎密之不同 朱子所答 有理會不得其說之語 此恐記者之誤".

218) 「象數小說幷序○壬寅」, 『拙齋先生文集』 卷8, 20ㄱ~ㄴ(905책, 104~105쪽). "而所傳伏羲先天六十四卦圓圖……且細觀圓圖諸卦次第 各有自然法象 不容人力安排 非聖人强爲此圖 乃其畫出自然之象也".

219) 「先天圖摠論壬子」, 『拙齋先生文集』 卷9, 24ㄴ~25ㄱ(905책, 181~182쪽). "然則後之學易者 其將求諸羲文所畫之易 反復玩繹 學而又學 以冀其漸得路脈有所開明乎 抑將小看聖人之易 謂其有所不足於用 而輒復創出別圖 途瘢抹瘡 穿鑿孔穴 以毀傷其形體乎".

220) 「象數小說幷序○壬寅」, 『拙齋先生文集』 卷8, 33ㄱ~ㄴ(905책, 130~131쪽). "天地造化 只是陰陽二字 而陰陽之分爲五行 故曰 五行一陰陽也 陰陽一太極也……聖人之心 至虛而至靈 聖人之目 至明而不蔽 獨得於昭曠之原 卽物觀理 能指出而言之 大哉 聖人之智也……此卽卽物觀理之說 而末乃歸之於人事者也……".

221) 「象數小說幷序○壬寅」, 『拙齋先生文集』 卷8, 31ㄱ(905책, 126쪽). "至於人事之相

權榘(1672~1749)[222]는 초학의 단계에서 天文・筭數・卜筮・師律 등의 이른바 雜學에 관심을 두어 나름대로 일가를 이루었다. 후에 학문의 本末・緩急의 次序를 인식하게 됨에 따라 六經・四書의 세계에 침잠하였지만, 초년의 학문적 관심이 이후 그의 육경・사서학 연구에도 일정한 영향을 끼쳤을 것으로 짐작할 수 있다.[223] 그는 일찍이 이현일에게 사사하였고, 李栽 등과도 종유하였다.[224] 그가 이현일의 둘째 아들로 이휘일의 후사가 되었던 李檥의 딸을 아내로 맞이하게 된 것도 이런 학문적 교류와 무관하지 않았다고 보인다.[225] 한편 그는 母系를 통해 豐山 柳氏 계열의 학맥과도 연결되었는데, 그의 어머니는 바로 유원지의 딸이었다.[226] 요컨대 권구는 영남 상수학의 양대 줄기라고 할 수 있는 이현일 계열과 유원지 계열의 학문적 성과를 종합적으로 수용하여 자기 나름의 상수학 체계를 구축하고 있었던 것이라 할 수 있다.[227]

參 則亦以天人一理 上下一體 故吾之心正 則天地之心亦正 吾之氣順 則天地之氣亦順 固有相感相應之理矣".

222) 權榘의 생애와 사상에 대해서는 아직까지 본격적으로 다루어지지 않았다. 다만 그의 역사인식에 대해서는 朴仁鎬,「『中國古今歷代沿革之圖』에 나타난 權榘의 역사인식」,『朝鮮時代史學報』4, 1998을 참조할 수 있다.

223)「行狀」,『屛谷集』卷9, 1ㄴ(188책, 154쪽) ;「家狀」,『屛谷集』續集, 卷3, 2ㄱ(188책, 234쪽). "自年十三四時 慨然有經世大志 嘗曰 一物不通 是余之耻也 於是汎濫羣書 天文筭數卜筮師律之流 幷皆旁治而默會其要領 旣而審知本末緩急自有其序 乃專意于六經四子及洛建諸書 更不看外家雜書".

224)「行狀」,『屛谷集』卷9, 2ㄱ(188책, 154쪽). "旣冠 出入葛菴李先生之門 親承旨訣 退而與密菴諸公 更相切磨 見聞益富 而妙契深造之功 自得爲多" ;「家狀」,『屛谷集』續集, 卷3, 3ㄱ(188책, 235쪽).

225)「行狀」,『屛谷集』卷9, 附錄, 5ㄴ(188책, 156쪽). "配載寧李氏 考諱檥 卽葛庵先生諱玄逸之次子 而出爲存齋先生諱徽逸之後".

226)「行狀」,『屛谷集』卷9, 1ㄱ(188책, 154쪽). "姚宜人豐山柳氏 縣監拙齋先生諱元之之女 領議政豐原府院君西厓先生諱成龍之曾孫也" ;「家狀」,『屛谷集』續集, 卷3, 1ㄴ(188책, 234쪽). 이런 연유로 權榘의 문집은 外孫 柳一春에 의해 安東의 屛山書院에서 간행되었다[「識」,『屛谷集』卷10, 附錄, 26ㄱ~ㄴ(188책, 182쪽)].

227) 象數學의 측면에서는 外家인 豐山 柳氏 계열의 영향을 많이 받았던 것으로

314

<그림 5-7> 權榘의「二五交感圖」

　　권구가 본격적으로 역학을 탐구한 것은 屛山에 寓居하기 시작한 1716
년(숙종 42) 이후였으며, 그 성과물이『讀易瑣義』와「二五交感圖」,「歷
代沿革圖」등이었다.[228] "천하의 사물은 數가 아닌 것이 없으며, 그 이치
가 易이다"[229]라는 언급은 상수학에 대한 그의 태도를 보여주는 것이라

볼 수도 있다. 權榘는 李玄逸과 柳元之의 논란에 대한 논평에서 張興孝의「一元
消長圖」에 문제가 있었으며, 李玄逸이 초년에는 張興孝의 주장을 옳게 여겼지
만, 만년에는 柳元之의 비판을 바른 것으로 여겼다고 증언하였다[「慕山瑣錄」,
『屛谷集』卷10, 20ㄱ～ㄴ(188책, 179쪽). "先生論敬堂一元消長圖曰……葛庵初
亦是之 晩以拙齋所辨爲是"]. 이러한 사실은 그가 張興孝의「一元消長圖」에
대해 비판적이었던 柳元之의 견해를 수용하고 있었던 것이 아닌가 하는 추론을
가능케 한다.

228)「行狀」,『屛谷集』卷9, 7ㄴ(188책, 157쪽) ;「家狀」,『屛谷集』續集, 卷3, 5ㄱ～ㄴ
(188책, 236쪽).

229)「讀易瑣義」,『屛谷集』卷5, 1ㄱ(188책, 76쪽). "蓋天下萬事萬物 無非數 而其理

할 수 있다. 그가 지향하는 학문의 최종 목적은 理를 파악하는 것이었다. 그런데 理는 형상이 없기 때문에 파악하기 쉽지 않다. 때문에 理를 파악하기 위해서는 자취가 있어서 알아보기 쉬운 氣를 통하는 방법이 채택되었다.[230] 그런데 氣로 이루어진 사물은 형상과 數를 갖추고 있기 때문에 상수학이 필수적인 공부가 된다는 것이다.

권구의 상수학은 주자의 그것을 충실히 계승하고 부연하는 형태로 전개되었다. 그는 주자를 聖人으로 간주하면서 그 註釋을 바꿀 수 없는 것이라고 평가하였다.[231] 그것은 상수학의 측면에서도 마찬가지였다. 일찍이 韓百謙(1552~1615)은 주자가 『易學啓蒙』에서 제시한 揲蓍法에 대하여 일곱 가지 의문점을 제기하고, 그것을 변통할 수 있는 자신의 비판적인 견해를 제시한 바 있었다.[232] 이에 대해 권구는 『역학계몽』이 주자가 평생토록 정력을 바친 책으로 의리에 밝혀지지 않은 바가 없다는 평가를 전제로, 한백겸의 주장을 大義에 통하지 못한 것이라고 비판하였다.[233] 이러한 평가는 결국 한백겸의 학문이 '義理'라고 하는 문제에 투철하지 못하여 절목에서는 상세하지만 학문의 근본에는 밝지 못하다는 전반적인 비평으

則易也"; 「家狀」, 『屛谷集』 續集, 卷3, 5ㄱ(188책, 236쪽). "喜讀周易曰 蓋天下 事物 無非數 而其理則易也".

230) 「讀易瑣義」, 『屛谷集』 卷5, 1ㄱ(188책, 76쪽). "理只是氣之所以然 然理無象而氣 有迹 無象者難見 有迹者可知 故必因其可知者 推得難見者 然後始有箇頭緒可 尋"; 「慕山瑣錄」, 『屛谷集』 卷10, 21ㄱ(188책, 180쪽). "又曰 余作二五圖 密翁 謂爲氣學 理無形 氣有形 從有形底 求無形底 方可知 余作是圖 亦以是耳".

231) 「慕山瑣錄」, 『屛谷集』 卷10, 16ㄱ(188책, 177쪽). "朱子眞是聖人 註解平常的當 不可移易".

232) 「啓蒙揲蓍辨」, 『久菴遺稿』 上, 23ㄴ~27ㄴ(59책, 169~171쪽).

233) 「韓久庵揲蓍辨疑義」, 『屛谷集』 卷6, 29ㄴ(188책, 109쪽). "然朱夫子一生精力 尤在此書 折衷羣言 闡微正訛 莫不有自然法象 豈去就之際 理有所未明 文字 之間 義有所未察也 今韓說 宛轉說去 義亦粗通 然恐有見於名目分數之間 而 未及融會於大義所關也". 이러한 평가는 韓百謙의 논의 역시 經文에 근거한 것이므로 그 나름의 타당성이 있다고 주장한 尹鑴의 입장과 분명하게 대비되는 것이다[「漫筆下」, 『白湖全書』 卷27, 1174~1175쪽(『白湖全書』, 慶北大學校 出 版部, 1974의 쪽수. 이하 같음)].

로 연결되었다.234) 그것은 결국 방법에서는 차이가 있지만 서인-노론
계열의 학자들이 보여준 것과 마찬가지로 주자의 학문과 사상을 절대시한
결과였다. 그의 사상 속에 면면히 흐르고 있는 尊周論的 역사의식과 우리
나라를 '海外一中華'로 간주하는 小中華 의식 역시 이러한 맥락에서 이해
해야 할 것이다.235)

한편 이현일 계열이나 풍산 유씨 계열과는 다르게 나름대로의 상수학을
추구했던 일군의 학자들도 있었다. 이들은 영남이라는 큰 테두리 안에서
서로 교류하면서 학문을 연마하였지만 학문적 지향에서는 앞서 살펴본
두 계열과 약간의 차이를 두고 있었다. 그들은 바로 丁時翰(1625~1707),
李衡祥(1653~1733), 李萬敷(1664~1732), 權相一(1679 ~1760) 등이었
다. 이들은 상호간의 학문적 교류를 통해 영남의 학문적 깊이를 더하는
한편, 李瀷을 매개로 한 京南과 嶺南의 학문적 교류에도 일조하였다.
상수학 연구라는 측면에서 볼 때 이형상과 이만부의 학문적 성과가 우선
주목된다.

이형상은 문집 이외에도 방대한 양의 저서를 남겼는데, 그 가운데 상수
학을 전론한 것만도 『甁窩講義(周易)』, 『衍易注解』, 『文周衍』, 『先後天』
등 다수가 있다.236) 이형상은 기본적으로 易을 卜筮를 위한 책이라고
규정한 주자의 논리를 그대로 수용하였다.237) 그는 "만약 역이 복서를

---

234) 「韓久庵撰著辨疑義」, 『屛谷集』 卷6, 32ㄴ(188책, 110쪽). "大抵韓公之學 初無浸
灌義理之工 而多出於强探力索 故其發爲議論者 明白剴切 往往有至到處 而亦
無餘味可咀嚼 又論理不如論事 節目雖詳 大原未甚明了 不但此一篇爲可疑而
已"

235) 「麗史彙纂疑義」, 『屛谷集』 卷6, 33ㄴ~35ㄱ(188책, 111~112쪽).

236) 李衡祥의 방대한 학문적 규모는 『甁窩全書』1~10(韓國精神文化硏究院, 1982)
를 통해 살펴볼 수 있다. 李衡祥의 생애와 저술에 대한 대략적인 소개는 趙鍾業,
「國譯 甁窩集 解題」, 『國譯 甁窩集』 I, 韓國精神文化硏究院, 1990, 1~36쪽을,
李衡祥의 사상을 본격적으로 다룬 것으로는 『韓國思想家의 새로운 發見-甁窩
李衡祥・壺山 朴文鎬 硏究-』, 韓國精神文化硏究院, 1993에 수록된 金容傑・
南明鎭・池敎憲의 논문을 참조.

237) 「易爲卜筮書說」, 『甁窩集』 卷13, 25ㄱ(164책, 438쪽). "易本爲卜筮而作".

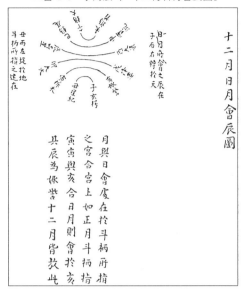

<그림 5-8> 李萬敷의 「十二月日月會辰圖」

위한 책이 아니라고 한다면 나는 다만 대답하지 않을 뿐이다"[238]라고 한 주자의 가르침을 따르겠다는 뜻을 분명히 하고 있었다.[239] 주자는 역을 복서의 책으로 강조하면서 역의 經과 傳을 구별할 것을 주장하였다. 즉 易經은 본래 卜筮를 위한 책이었는데, 공자의 十翼 이후 傳이 작성되면서 비로소 역의 의리를 논설하게 되었다는 것이다. 주자가 역을 복서의 책으로 강조한 이유는 의리로 역을 해석하려는 시도를 부정하려는 것이 아니라, 筮法에서 벗어나 경문을 해석하면서 억지로 부회하고 道理를 공담하는 일에 반대하였기 때문이었다.[240] 이형상은 이러한 주자의 견해를 온전히 수용하고 있었던 것이다.[241]

한편 주자는 流行變易을 강조한 程頤의 견해와 對待交易을 강조한

---

238) 『朱子語類』卷66, 易2, 綱領上之下, 卜筮, 黃義剛錄, 1623~1624쪽. "或問 易解伊川之外誰說可取 曰 如易 某便說道聖人只是爲卜筮而作 不解有許多說話……今人却道聖人言理 而其中因有卜筮之說 他說理後 說從那卜筮上來做什麼 若有人來與某辨 某只是不答".

239) 「易爲卜筮書說」, 『甁窩集』卷13, 27ㄱ(164책, 439쪽). "若說易非卜筮書 則某只是不答云者 亦語類說也……顧衆信旣久 指單辭爲僻 此自誦朱訓而已 不敢向人道".

240) 廖名春・康學偉・梁韋弦(심경호 옮김), 『주역철학사』, 예문서원, 1994, 511~513쪽.

241) 「易爲卜筮書說」, 『甁窩集』卷13, 26ㄱ~ㄴ(164책, 438쪽).

소옹의 견해를 종합하여 주역을 유행변역과 대대교역의 두 가지 뜻으로
설명하였다. 이를 통해 주자는 象數易과 義理易을 종합함으로써 상수로
의리를 밝히고 의리로 상수를 해석하는 방법을 취했던 것이다.242) 이형상
은 이러한 주자의 견해 역시 충실히 따르고 있었다.243) 이형상의 상수학이
주자학의 범주를 크게 벗어나지 않으리라는 것을 짐작케 하는 대목이다.

李萬敷 역시 역학에 조예가 있었으며, 만년에는 역학에 더욱 힘을 쏟아
새로운 견해들을 제시하기도 하였다. 『易統』과 『大象便覽』은 그의 대표
적인 역학 관련 저술이었다.244) 이만부의 상수학은 이형상의 그것과 마찬
가지로 주자학의 범주를 벗어나지 않았다. 그는 易에 天·地·人의 '三才
之道'가 있으며 그 핵심은 交易과 變易이라고 파악하였다. 상수학을 공부
하는 목적은 至顯한 象數를 통해 至微한 道體를 파악하기 위함이었다.245)
그의 대표적인 저술인 『역통』 역시 道와 易을 하나로 보는 관점에서,
道의 전수 관계를 道統이라고 하듯이 易의 源流를 易統이라 이름붙인
것이었다.246) 따라서 이만부는 자신의 저서가 소옹과 주자의 상수학을
宗主로 삼는다고 표방하였고,247) 역을 공부하는 사람들은 河圖·洛書를

242) 廖名春·康學偉·梁韋弦(심경호 옮김), 앞의 책, 1994, 517~525쪽 참조.
243) 「陰陽互生說」, 『瓶窩集』 卷13, 25ㄱ(164책, 438쪽). "以其流行也 自有變易 以其
    對待也 又稱交易 此聖人所以有易也"; 「易爲卜筮書說」, 『瓶窩集』 卷13, 25ㄴ
    (164책, 438쪽). "易者 以變易之稱 有交易之義".
244) 盧啓元, 「家狀」, 『息山集』 附錄上, 5ㄱ(179책, 322쪽). "晚年讀周易 熟味玩繹
    爲究竟工夫 演爲一書 多發四聖言外之旨也"; 李瀷, 「行狀」, 『息山集』 附錄上,
    16ㄱ(179책, 327쪽). "晚年尤致力於易 以爲究竟工夫 多發四聖言外之意 撰易
    統三卷 大象便覽一卷".
245) 「易統序」, 『息山集』 卷17, 25ㄱ~ㄴ(178책, 383쪽). "易者 有天道焉 有地道焉
    有人道焉 三才之道 交易(而)變易者也 至微者體 至顯者用 其微者 無形無眹
    不息不貳 先萬化而無始 後萬化而無終 其顯者 著于象數 則[陳]于神聖[聖神]
    而形于卦畫". ( )와 [ ]는 『易統』(『韓國經學資料集成』 97(易經 11), 成均館大學
    校 大東文化硏究院, 1996)에 수록된 「易統序」와 비교해 볼 때 빠지거나 다른
    부분임.
246) 「題語」, 『易統』 6~7쪽. "故以道之傳受曰 道統 以易之源流曰 易統 蓋道者
    易之體也 易者 道之施也 其實一也 道以統言 易亦可以統言也".

비롯한 종래의 도상을 자연의 法象으로 간주하고 거기에 '沉潛玩繹'해야 한다고 주장하였던 것이다.[248]

이렇듯 이형상과 이만부의 상수학은 주자의 상수학적 전통을 계승한 영남학파 상수학의 범주를 크게 벗어나지 않았다. 그럼에도 불구하고 이들에게서는 몇 가지 차이점을 찾아볼 수 있는데, 그 가운데 대표적인 것이 西學의 수용 문제였다. 일반적으로 이 시기 영남계열의 학자들에게서는 다른 계열의 학자들에 비해 서학에 대한 언급을 찾아보기 어렵다. 그 이유는 이들이 서학을 이단의 학문으로 단정하고 아예 '存而不論[249]'의 자세로 일관하였거나, 또는 조선후기에 중앙 정계에서 정치적으로 소외됨으로써 새로운 문물의 유통경로에서 배제되어 서학에 접할 기회가 적었기 때문으로 생각해 볼 수 있다. 어쨌든 이현일 계열이나 풍산 유씨 계열의 상수학에서는 긍정적이든, 부정적이든 서학에 대한 분명한 언급을 찾아보기가 어렵다.

嶺南의 서학 인식은 18세기 후반에 들어서면 본격적으로 그 모습을 드러낸다. 그것은 이현일 계열의 학자들을 통해서 확인할 수 있다. 李玄逸→李栽→李象靖의 계보를 잇는 鄭宗魯(1738~1816)와 南漢朝(1744~1809), 李玄逸→李栽→金聖鐸의 계보를 잇는 李萬運(1736~1820)이 그들이었다. 이들은 서학을 이단으로 단정하였고,[250] 자연학의 측면에서 서학의 우수성을 인정하는 논의조차 일체 인정하지 않았다.[251] 특히 近畿南人系(星湖學派)의 학문적 경향에 대해서도 의심의 눈초리를 보냈고, 심지어는 安鼎福의 서학 비판에 대해서조차 만족하지 않았다.[252] 南漢朝

247) 「凡例」, 『易統』 8쪽. "古人圖說 以邵子朱子爲主 而以諸儒爲之羽翼……是亦同歸於宗邵朱也".

248) 「凡例」, 『易統』 10쪽.

249) 『莊子』 內篇, 「齊物論」. "六合之外 聖人存而不論 六合之內 聖人論而不議".

250) 「答南宗伯論天學辨」, 『默軒集』 卷2, 3ㄱ~ㄴ(251책, 245쪽) ; 「書天學考後」, 『立齋集』 卷25, 22ㄴ(253책, 433쪽). "大抵吾道之外 皆是異端".

251) 「安順庵天學或問辨疑」, 『損齋先生文集』 卷12, 12ㄱ~ㄴ(189책, 406~407쪽-영인본 『韓國歷代文集叢書』, 景仁文化社, 1987의 책수와 쪽수. 이하 같음).

의 경우 당시 星湖學派에서 중시하였던 '自得'과 '博學'이라는 학문적 태도를 '近世 학문의 두 가지 폐단'으로 지적하기도 하였다.253)

이들에 비해 이형상이나 이만부에게서는 서학에 대한 논의를 다소나마 발견할 수 있다. 단 이들이 서학을 대하는 태도는 다른 계열의 그것과는 조금 다른 것 같다. 이들은 기본적으로 서학의 수용에 소극적이었다. 이형상은 利瑪竇의 저술과 당시 홍문관에 보관되어 있던 그의 天文圖을 보았다고 한다. 그는 利瑪竇의 천문도에 근거하여『周禮』의 '測影之法'을 비판하기까지 하였다.254) 그러나 이형상은『職方外紀』를 利瑪竇의 저술로 소개하고 있을 정도로 서학에 대한 이해에서 한계를 지니고 있었다.255) 時憲曆이 授時曆을 모방한 것이라 하여 낮게 평가하였던 것도 그러한 예이다. 이러한 자세는 결국 유구한 역사를 지닌 중국이 올바른 역법을 갖추지 못하여 서쪽 오랑캐에게 역법을 물려주고도 부끄러워할 줄 모른다는 탄식으로 이어졌다.256)

이에 비해 李萬敷의 서학에 대한 평가는 좀 더 적극적이었다. 그는 일찍이 利瑪竇의 책을 열람하였고, 利瑪竇를 '神人'으로 평가하였으며, 5帶說에 대해서도 나름대로 이해하고 있었다.257) 이것은 그가 家學을 통해 北人系 南人의 학문적 전통을 계승하고 있었다는 점에서 주목할

---

252)「安順庵天學或問辨疑」,『損齋先生文集』卷12, 11ㄴ~23ㄴ(189책, 405~429쪽).

253)「李星湖瀷天主實義跋辨疑」,『損齋先生文集』卷12, 26ㄴ(189책, 435쪽). "大抵近世之學 其弊有二 學必以自得爲貴 道必以博取爲務……".

254)「子集考異議」,『瓶窩集』卷12, 18ㄴ~19ㄱ(164책, 417~418쪽).

255)「子集考異議」,『瓶窩集』卷12, 18ㄴ(164책, 417쪽). "昔在萬曆辛丑年 大西洋歐邏巴人利瑪竇爲名之儒……著書二十餘卷而上之 今行天下 余亦得見 其所謂職方外紀者……". 이러한 인식은 그의 다른 저술에서도 확인할 수 있다.『瓶窩講義』, 尙書, 舜典, 349쪽(『瓶窩全書』四, 韓國精神文化硏究院, 1982의 쪽수). "西儒利瑪竇 生於九萬(里)地之外 萬曆辛丑 舟到中國 著其所經諸國風土而爲職方外紀……".

256)「子集考異議」,『瓶窩集』卷12, 17ㄱ~ㄴ(164책, 417쪽). 같은 내용이『世曆』에도 수록되어 있다(『瓶窩全書』九, 韓國精神文化硏究院, 1982, 514~515쪽).

257)「露陰山房錄」,『息山集』卷12, 26ㄴ~27ㄱ(178책, 282~283쪽).

필요가 있다. 그의 아버지 李沃은 李睟光의 둘째 아들 李敏求의 제자였고,258) 그의 어머니는 이수광의 첫째 아들인 李聖求의 손녀(李同揆의 딸)였다.259) 李睟光→李敏求→李沃을 통해 계승된 북인계 남인의 학문적 전통이 이만부에게 가학을 통해 전수되었음을 짐작케 하는 대목이다.260)

그러나 후술하는 바와 같이 이들은 서학을 자신의 사유체계 속에 적극적으로 수용하지 않았다. 이는 서학에 대한 이들의 유보적인 태도에 연유하는 것으로, 서학에 대한 깊은 이해와 수용으로 연결되지 못하는 결과를 초래하였다. 요컨대 영남계열의 상수학은 주자의 그것을 골간으로 이황 이래의 상수학적 전통을 계승·발전시킨 것이라 할 수 있으며, 각 계열 사이에 다소간의 논란은 있었지만 상수학에 대한 본질적인 이해에서는 주자학의 범주를 벗어나지 않는 것이었다고 평가할 수 있다. 이는 정치적 소외 상태에서 수행된 영남의 상수학 연구가 현상 타개의 적극적인 의미를 띠지 못하고, 종래의 상수학적 내용을 자연의 法象으로 간주하고 거기에 '反復玩繹'·'沉潛玩繹'하는 소극적·퇴행적인 모습으로 전개되었음을 뜻하는 것이었다.

---

258) 「先府君家狀」, 『息山集』 卷22, 2ㄴ(178책, 456쪽). "府君始受業於東州公 東州公 卽議政公弟也".

259) 「家狀」, 『息山集』 附錄上, 1ㄴ~2ㄱ(179책, 320쪽). "考諱沃 號博泉……妣貞夫人 完山李氏 吏曹判書文簡公睟光之曾孫 領議政貞肅公聖求之孫 承旨同揆之女".

260) 李萬敷의 학문 자세는 李潛·李㴶 등 北人系 南人의 猛將들과 비교하면 상대적으로 보수적인 경향이 엿보이지만[「中原講義」, 『息山集』 卷12, 1ㄱ~4ㄴ(178책, 270~271쪽)], 嶺南 계열의 일반적 학자들에 비해서는 상당히 진보적이었다고 볼 수 있다. 그의 독특한 학문적 입장은 聖賢書에 대한 '致疑'의 자세에서 분명하게 확인할 수 있는데, 聖賢의 無謬性을 강조하는 權相一의 견해와 대비해 보면 그 특징이 잘 드러난다[「觀書錄」, 『淸臺先生文集』 卷15, 20ㄴ~21ㄱ(293~294쪽-영인본 『淸臺全集』 上, 驪江出版社, 1989의 쪽수). "今世學者 雖經傳文字 與己意不合 則必生疑異 別作議論 息山嘗謂讀聖賢書 必以己意相㸜 句句疑異 乃有新得 若謂聖賢言語皆是 豈可致疑云 則甚不可 鄙見則學者當篤信聖賢 讀 經傳時 須虛心玩味 若有疑異於吾心處 以爲吾是錯見 聖賢之言 豈有差謬 必 須反復思量 以吾見有合於聖賢而釋然無疑爲期 可也"].

2) 朱子學的 宇宙論에 대한 檢討와 變奏

조선후기 영남계열의 학자들 사이에서도 주자학적 우주론의 여러 문제에 대한 검토가 진행되고 있었다. 그것은 물론 經學에 대한 탐구의 일환으로서 행해졌다. 앞 장에서 살펴본 李徽逸과 李嵩逸의 천체운행론에 대한 논의는 그 대표적인 예가 될 것이다. 이들은 劉瑾의 우선설을 비판하고 주자 이래의 좌선설을 옹호함으로써 주자학적 우주론의 기본 구도를 견지하였다. 이른바 '曆家說'에 대한 비판과 '儒家說'의 옹호가 그것이었다. 이를 통해 우리는 이들이 전통 천문학의 이론적 바탕 위에 굳건한 학문적 기초를 수립하고 있었다는 사실을 알 수 있었다. 이러한 이들의 학문적 입지는 다른 곳에서도 확인할 수 있다.

이휘일은 일찍이 曆法의 문제에 대한 '策題'를 작성한 적이 있었는데, 여기에 나온 질문들을 통해 그의 역법에 대한 기본적인 인식을 유추해 볼 수 있다. 그는 먼저 '曆'이란 것이 '王天下之大法'이라는 사실을 전제로 논의를 전개하였다.[261] 이어서 그는 역법 작성의 역사적 연원과 改曆의 문제점, 左旋說과 右旋說 문제, 우주구조론으로서의 周髀說 · 宣夜說의 문제, 璿璣玉衡의 제도, 歲差說, 分數法, 時刻法, 置閏法의 문제 등을 제기하였다.[262] 여기서 주목되는 것은 그가 시각법의 문제에서 1日 100刻의 舊法과 1日 96刻의 新法 가운데 어느 것이 정확한가를 묻고 있었다는 점이다. 1일 96각 체제는 말할 것도 없이 시헌력이 정착된 이후의 시각법이다. 이휘일은 기존의 시각법을 '陰陽始終盈溢自然之妙'라고 단정하고 있었으며, 시헌력의 그것에 대해서는 의구심을 표시하였다.[263] 이렇듯 그의 策題에는 기본적으로 당시 시헌력으로의 개력 이후 연속적으로 추진된

---

261) 「策題(曆)」,『存齋集』卷7, 7ㄴ(124책, 81쪽). "問 曆者 所以欽天授時 王天下之大法也".

262) 「策題(曆)」,『存齋集』卷7, 7ㄴ~8ㄴ(124책, 81쪽).

263) 「策題(曆)」,『存齋集』卷7, 8ㄱ~ㄴ(124책, 81쪽). "一日分爲百刻 而十二時各占八刻 餘四刻 各入於子午兩時 此是陰陽始終盈溢自然之妙 而今之造曆者 必用九十六刻而無餘刻 未知今之人能得恰好之法而然邪".

일련의 역법 개정 사업에 대한 불만과 불신이 자리하고 있었다고 볼 수 있다.264)

李玄逸은 혼천설의 우주구조에 대해 의문을 제기하였다. 그것은 혼천설의 좌표계에 대한 의문이었다. 기존의 혼천설에서 천구의 북극과 남극을 잇는 회전축은 땅을 중심으로 볼 때 36도 정도 기울어진 것으로 간주되었다. 이것은 물론 관측자의 관측지점이 북위 36도선상에 위치하기 때문에 나타나는 현상이었다. 그러나 지구와 지구의 회전에 대한 개념이 없던 당시에는 이것을 하늘의 회전축이 기울어져 있기 때문이라고 파악하였다. 渾天儀 역시 이러한 구조론에 입각하여 제작되었다. 이현일이 제기한 문제는 바로 이러한 좌표계가 잘못된 것이 아닌가 하는 의문이었다. 이현일의 견해에 따르면 천체는 기울어진 것이 아니라 바로 서 있는데, 다만 지세가 북쪽이 높고 남쪽이 낮아서 마치 사람이 안석에 기대어 비스듬히 누워있는 것과 같은 형상이라고 하였다.265) 이것은 현대 천문학의 개념을 빌리면 지평좌표계(the horizon system)와 천구적도좌표계(celestial equatorial system)의 차이점을 지적한 것이라 할 수 있다. 물론 이현일의 지적이 양 좌표계의 차이와 정확하게 일치하는 것은 아니다. 다만 이현일은 기준점의 차이에 대해 언급하고 있었을 뿐이다. 이것은 혼천설의 기준점에 대해 문제를 제기하였다는 점에서는 의미를 찾을 수 있지만, 결국 지구설을 수용하지 않음으로써 보다 과학적이고 합리적인 설명으로 전진할 수 있는 가능성이 차단되고 말았다.

우주생성론의 문제와 관련하여 주자의 『太極圖說解』에 대한 黃榦의 문제 제기와 그에 대한 서인계 학자들의 논변에 대해서는 이미 살펴보았

---

264) 「策題(曆)」, 『存齋集』 卷7, 8ㄴ(124책, 81쪽). "至於閏月 或先或後 歲曆纔頒 旋卽改之 民莫知所從 其於敬天授時之道何如哉 曆有一定之規 非有難筭之事 苟求其故 則雖千歲之遠 可坐而致也 豈有變更差謬之理乎 人時不定 歲功將 乖⋯⋯".

265) 「愁州管窺錄」, 『葛庵集』 卷19, 28ㄱ(128책, 190쪽). "愚意妄竊以爲天體正立 若 鍾在懸 無所傾側 獨地勢北高南下 若人倚几而偃臥⋯⋯而出地入地 各不過三 十六度者 非天之側轉也 乃地勢北高使然也".

다. 李栽 역시 이 문제에 대해 자신의 견해를 표명하였다. 그는 먼저 주자의
‘解剝圖體’ 부분의 설명과 “陽變陰合 而生水火木金土” 부분에 대한 설명
이 일치하지 않으며, 이 때문에 黃榦이 의심을 품게 되었다는 사실을
확인하였다.[266] 그러나 이재는 주자의 학설을 신봉하는 입장에서 주자의
해석에는 반드시 그럴만한 이유가 있었을 것이라 전제하고, 그것을 주자가
경전을 해석할 때 반드시 본문에 의거했기 때문에 발생한 문제로 파악하고
자 하였다.[267] 이런 추론을 바탕으로 이재는 “水陰盛, 火陽盛, 金陰穉,
木陽穉”라는 주자의 주장을 다음과 같이 해석하였다. 水가 생길 때는
陽에 근거하지만 그것을 이루어주는 것은 地六이기 때문에 陰盛이라고
하며, 火가 생길 때는 陰에 근거하지만 그것을 이루어주는 것은 天七이기
때문에 陽盛이라고 한다. 또 木의 경우 水에서 생겨나지만 그 위치가
火의 다음으로 ‘春木柔嫩之象’이 있어서 陽穉가 되고, 金의 경우 火에서
생겨나지만 그 위치가 木의 다음으로 ‘秋金寒凉之象’이 있어서 陰穉가
된다는 것이다. 요컨대 五行이 생성되는 때에 이미 流行의 體를 갖추고
있는데, 주자가 이것을 감안하여 生出과 流行을 포괄해서 말했기 때문에
이런 표현이 나오게 되었다고 李栽는 해석하였던 것이다.[268] 이것은 그가
주자의 생성론적 도식을 정론으로 수용하고 있었음을 보여준다.

한편 柳元之(1598~1674)는 「論天地」라는 논문을 통해 전통적인 천
문·지리학의 주요 개념들에 대한 검토를 시도하였다. 그것은 크게 일곱
가지 주제로 나누어 볼 수 있는데, 元會運世說, 周天度數, 九州說, 尾閭之
說, 四遊說, 地之幅員, 赤髮國·鶴民國 등에 대한 문제제기였다. 이 가운
데 우주론과 직접적으로 관련되는 것은 元會運世說, 周天度數, 四遊說이
며, 九州說, 尾閭之說, 地之幅員 등은 땅의 문제를 다룬 것으로 간접적으

---

266) 「錦水記聞」, 『密菴集』 卷11, 16ㄱ~ㄴ(173책, 225쪽).

267) 「錦水記聞」, 『密菴集』 卷11, 16ㄴ(173책, 225쪽). “然竊嘗以意推之 朱夫子解釋
經傳 必依本文推說去”.

268) 「錦水記聞」, 『密菴集』 卷11, 16ㄴ(173책, 225쪽). “……就其生出之中 合流行之
序而言者”.

로 연관된다고 할 수 있다.

먼저 유원지는 원회운세설에 대해 邵雍의 견해를 충실히 답습하고 있었다. 그는 천지의 1元의 數와 1년의 數가 상호 연관된다고 보았다. 천지 始終의 수치인 1元의 수는 1歲의 수를 통해 추론할 수 있다고 보았던 것이다.[269] 왜냐하면 하늘에는 元亨利貞의 이치가 있고, 1년 동안에는 춘하추동의 운행이 있는데, 양자는 비록 '大小久暫'의 차이는 있었지만 그 道는 하나였기 때문이다.[270] 氣로 이루어진 모든 사물은 비록 그것이 천지와 같이 크다고 할지라도 반드시 始終이 있다고 간주되었다.[271] 이는 氣와 理의 세계를 구분하여 사고하는 '理氣不相雜'의 입장을 분명히 보여 주는 것이었다.

그러한 태도는 천지의 시종은 있어도 1元의 본체는 시종이 없다는 주장을 통해서 분명히 엿볼 수 있다. 즉 천지의 氣數는 그것이 다하는 때가 있지만, 천지의 본체(天地不息之體)는 다하는 때가 없다는 것이다. 그 이유는 氣는 유형하지만 理는 무궁하기 때문이었다.[272] 이처럼 유원지는 "氣有形而理無窮"이라는 원칙에 입각하여 천지의 생성과 소멸을 설명하였다. 우리가 살고 있는 이 우주는 생성과 소멸의 과정이 있는 유한한 세계다. 왜냐하면 그것은 形氣에 속하는 사물이기 때문이다. 따라서 오늘날 우리가 살고 있는 천지의 앞에는 과거의 천지가 있었고, 현재 천지의 뒤에는 미래의 천지가 오리라는 것을 예상할 수 있다. 반면에 천지의 생성

---

269) 「論天地」,『拙齋先生文集』卷9, 20ㄴ(905책, 173쪽). "曰 歲有十二月 月有三十日 日有十二時 一年之有年月日時 如一元之有元會運世 故推此而知之耳".

270) 「象數小說幷序○壬寅」,『拙齋先生文集』卷8, 31ㄱ～ㄴ(905책, 126～127쪽). "曰 一歲之數推之而知其然也 天有元亨利貞之理 歲有春夏秋冬之運 有理斯有氣 有氣斯有理 是歲之與元 雖有大小久暫之殊 而其爲道則同也".

271) 「象數小說幷序○壬寅」,『拙齋先生文集』卷8, 31ㄴ(905책, 127쪽). "蓋理無窮而氣 則有限 無窮者 彌久而自如 有限者 有時而終盡 然則天地雖大 旣屬形氣 亦安 得長存而不壞乎".

272) 「論天地」,『拙齋先生文集』卷9, 20ㄴ～21ㄱ(905책, 173～174쪽). "曰 天地旣以 形氣而有始終 則一元之體 亦隨形氣而有會窮之時乎 曰 否 天地之氣數 有時 而窮 而天地不息之體 無時而或窮……以氣有形而理無窮故也".

과 소멸을 주관하는 원리(天地不息之體=一元之體)는 무궁하게 존재한다. 그것은 이치이기 때문이다. 여기에서 理의 역할과 기능을 강조하는 '退溪學派'의 일반적인 모습을 확인할 수 있다.

그렇다면 天地는 한량없이 커서 그 끝을 알 수 없음에도 불구하고 365 1/4度라는 周天度數를 설정하는 이유는 무엇일까? 이에 대해 유원지는 소옹의 견해를 수용하여 천지의 안에서 보면 그 형체는 끝이 있지만, 천지의 바깥에서 보면 그 氣는 끝이 없다는 주장을 전제로 답변을 전개하였다.[273] 그는 만약 하늘에 끝이 있다고 한다면 그것이 건실하고 항상적인 운행으로써 대지를 그 가운데 실어 밑으로 떨어지지 않게 할 수 없다고 판단하였다. 결국 하늘의 度數는 하늘과 日月의 회합에 常度가 있음을 이야기한 것일 뿐 하늘에 限量이 있다는 의미가 아니라는 설명이었다.[274] 요컨대 유원지는 氣의 무한한 공간으로서의 太虛와 그 氣에 의해 대지가 우주 공간 속에 떠 있을 수 있다는 전통적 우주론의 관념을 그대로 유지하고 있었던 것이다.

전통적인 四遊說은 미약하지만 '地動'의 관념을 내포하고 있다는 점에서, 그리고 운동의 상대성을 이야기하고 있다는 점에서 일찍부터 주목받아 온 문제였다.[275] 이러한 사유설은 張載를 거쳐[276] 주자에게로 이어지면

---

273) 「論天地」, 『拙齋先生文集』 卷9, 21ㄱ(905책, 174쪽). "曰 天地之大而不可極 誠若子之言也 然自天地之內而觀之 則其形也有涯 自天地之外而究之 則其氣也無涯 此先儒之說也". 이러한 설명은 邵雍의 그것을 차용한 것으로 보이며[『性理大全』卷13, 皇極經世書 7, 外書, 漁樵問對, 3ㄴ(932쪽). "天依形 地附氣 其形也有涯 其氣也無涯"], 보다 직접적으로는 이에 대한 朱子의 언급[『朱子語類』卷100, 邵子之書, 周謨錄, 2548쪽. "天地無外 所謂其形有涯 而其氣無涯也 爲其氣極緊 故能扛得地住 不然 則墜矣 氣外須有驅殼甚厚 所以固此氣也"]을 염두에 둔 것이라 생각된다.

274) 「論天地」, 『拙齋先生文集』 卷9, 21ㄴ(905책, 175쪽). "若其有涯 則何以健而常運 扛載厚地而不陷哉 且其所謂度者 以天行與日月之會有常度而言耳 固亦初未嘗有限量也".

275) 야마다 케이지(김석근 옮김), 앞의 책, 1991, 49~52쪽 참조.

276) 『性理大全』 卷5, 正蒙 1, 10ㄴ(404쪽). "地有升降" ; 11ㄱ(405쪽), 黃瑞節의 細註 참조. "今考先儒皆謂地在天中 水環地外 四遊升降 不越三萬里……".

서277) 전통적 우주론의 다양한 주제 가운데 하나로 자리잡았다.278) 조선후기 영남의 학자들 가운데도 사유설을 신봉하는 사람들이 있었다. 李萬運(1736~1820)은 사계절의 변화가 日行의 진퇴에 따라 발생하는 것이라는 曆家의 주장을 비판하고, 땅의 四遊에 의해 계절의 변화가 일어나는 것이라고 주장하였다.279) 鄭宗魯(1738~1816) 역시 사계절에 일정한 방향으로 부는 '四時之風'과 달리 일정한 방향이 없는 '非時之風'을 설명하는 논리로 사유설을 이용하였다.280) 유원지는 이러한 사유설에 대해 근본적으로 부정적인 태도를 보이고 있었다. 왜냐하면 그것은 '天動地靜', '陽動陰靜'이라는 기본적 사유 체계와 어긋나기 때문이었다. 사유설의 주장대로 대지가 움직이는 것이라면 이는 陰靜의 본체를 상실한 것이며, 이러한 논리대로라면 陽動의 하늘 역시 운행을 멈출 수 있다고 보아야 한다는 것이었다. 하늘이 그 항상된 운동을 멈춘다고 하는 것은 곧 四時가 성립하지 못하고 조화가 이루어지지 않는다는 의미였다. 유원지는 결코 이러한 일은 벌어질 수 없다고 보았다. 따라서 晝夜나 寒暑의 長短과 같은 계절의 변화는 대지의 운동에 의해 설명될 수 있는 것이 아니라 태양이 운행하는 길(日道=黃道)이 수시로 달라지기 때문이라고 설명해야 한다고 보았다.281)

이상과 같은 유원지의 우주론에 대한 논의는 전통적인 우주론의 범주를 벗어나지 않는 것이었다고 평가할 수 있다. 元會運世說과 같은 상수학적 도식을 그대로 수용하였고, 陰陽五行說에 입각한 자연 이해의 태도 역시 변함이 없었기 때문이다. 그럼에도 불구하고 유원지가 주자의 몇 가지 견해에 대해 비판적인 태도를 보일 수 있었던 것은 이황 이래의 학문적

---

277) 『朱子語類』卷86, 禮3, 周禮, 地官, 沈儞錄, 2214쪽. "問 何謂四遊 曰 謂地之四遊 升降不過三萬里 非謂天地中間相去止三萬里也 春遊過東三萬里 夏遊過南三萬里 秋遊過西三萬里 冬遊過北三萬里 今曆家算數如此 以土圭測之 皆合".

278) 야마다 케이지(김석근 옮김), 앞의 책, 1991, 181~184쪽 참조.

279) 「論曆法」, 『默軒集』卷5, 8ㄴ~9ㄱ(251책, 295~296쪽).

280) 「風氣說」, 『立齋集』卷24, 27ㄱ~32ㄱ(253책, 420~422쪽).

281) 「論天地」, 『拙齋先生文集』卷9, 22ㄱ~ㄴ(905책, 176~177쪽).

전통282)이 계승된 결과였다고 여겨진다. 아울러 이때 비판의 대상이 되었던 문제들은 주자학의 학문적 근간을 해치는 것이 아니었다는 사실도 주목할 필요가 있다. 이러한 태도는 결국 자연학의 문제에서 눈에 보이고 분명하게 검증할 수 있는 것 이외의 문제에 대해 소극적인 자세를 보이게 된다. 그것이 이른바 '存而勿論'의 자세였다.283) 우주의 생성과 진화에 관한 문제들은 형이상학의 주제는 될 수 있을지언정 자연학의 적극적인 주제로 수용될 수 없었던 것이다. 西學에 대해 이들이 시종 소극적인 자세로 일관하였던 것 역시 이러한 입장에 기인하고 있었다고 볼 수 있다.

權榘는 金德五(1680~1748)와의 문답을 통해 전통적으로 우주론과 관련하여 다루어 왔던 여러 주제, 예컨대 기삼백・세차 등의 문제에 대해 토론하였고,284) 碁三百과 璿璣玉衡에 대한 별도의 논문을 작성하기도 하였으며,285) '月中黑影'・潮汐 등 자연학의 여러 문제들에 대해서도 자신의 의견을 활발하게 개진하였다.286) 대부분 그의 논의는 종래의 그것을 부연하는 수준이었지만, 월식의 문제에 대해서는 독특한 견해를 제시하기도 하였다. 그는 전통 천문학의 이론 가운데 月食에 대해서는 先儒들의 정론이 없었다는 전제 아래287) 자신의 월식론을 다음과 같이 전개하였다.

---

282) 「答黃仲擧論白鹿洞規集解」, 『退溪集』 卷19, 27ㄴ(29책, 482쪽). "夫非議前輩固後學之不敢輕也 然至於析理論道 則一毫不可苟也……以弟子而議師門之書 不以爲嫌者 豈不以義理天下之公也 何先何後 何師何弟 何彼何此 何取何舍 一於至當而不可易耳". 道理에 대한 논의(析理論道)에서는 후배가 선배의 견해에 대해 반론을 제기할 수도 있으며, 제자라 할지라도 師門의 학설에 대해 비판하는 것을 조금도 꺼리길 것이 없다는 것이 李滉의 기본 입장이었다. 그 바탕이 된 것은 義理란 天下의 公共된 것이라는 인식이었다. 柳元之 역시 이러한 李滉의 태도를 학문적 자세로 견지하고자 하였다[「答李晦叔論一元消長圖第二書」, 『拙齋先生文集』 卷5, 37ㄱ~ㄴ(904책, 348~349쪽)].

283) 「論天地」, 『拙齋先生文集』 卷9, 23ㄴ(905책, 179쪽). "故曰 六合之外 存而勿論".

284) 「答金(士一)德五論碁三百」, 『屛谷集』 卷3, 25ㄴ~28ㄱ(188책, 50~51쪽).

285) 「碁三百註解」, 『屛谷集』 卷5, 32ㄴ~34ㄴ(188책, 91~92쪽) ; 「璣衡註解」, 『屛谷集』 卷5, 34ㄴ~37ㄱ(188책, 92~94쪽) ; 「雙環說」, 『屛谷集』 續集, 卷2, 14ㄱ~16ㄱ(188책, 216~217쪽).

286) 「謾錄」, 『屛谷集』 卷6, 8ㄴ~9ㄱ(188책, 98~99쪽).

태양이 지하로 들어가면 대지가 모두 어둡게 되는 것은 땅이 중간에서 가로막기 때문이다. 그 가로막는 그림자는 멀어질수록 작아져서, 星宿가 하늘에 걸려 있는 곳에 이르면 태양빛의 가리움이 바야흐로 그치게 된다 (星宿에 다다르면 가로막는 그림자가 사라지고 태양빛이 다시 나타나게 된다). 달은 陰質로서 본래 태양과 별의 아래에 위치한다. 그 운행하는 躔度에 地面의 한 점 圓暈이 오히려 다하지 않은 것이 있다(그 운행하는 궤도에 땅의 그림자가 미치게 되는 경우가 있다). 보름에 태양과 달이 동일한 도수에 들어가서 달이 태양을 피하지 않고 서로 마주보게 되면 달은 문득 圓暈에 의해 가려져서 태양빛을 받지 못하게 된다.[288]

위 인용문에서 '圓暈'의 의미는 분명하지는 않지만 지구의 그림자라는 뜻으로 해석될 수 있다. 물론 이것이 분명하게 지구설을 염두에 두고 사용된 개념인지는 확실하지 않다. 그러나 문장의 전체 맥락과 논지 전개과정을 살펴보면, 이는 당시 서학에서 설명하고 있는 月蝕論=地影暗虛說과 논리적으로 일치하는 것으로 볼 수 있다. 이러한 추측은 그가 당시 정론으로 받아들여지고 있던 주자의 '暗虛所射'說의 문제점을 정확하게 지적하고 있었다는 점에서도 가능하다.[289] 현재로서는 권구가 서학의 영향을 받았다고 단정할 만한 직접적인 자료가 없어 평가하기 어렵지만, 만약 그의 월식론이 지구설을 염두에 둔 독자적인 견해였다면 그것은 주자학적 우주론의 變奏로서 충분히 주목할 만한 가치가 있는 것이라 하겠다.

조선후기에는 우주론의 변화와 관련하여 천문역산학에서도 변화의 바람이 일고 있었다. 특징적인 변화로는 두 가지를 꼽을 수 있는데, 하나는 時憲曆의 도입에 따른 曆法觀의 변화이고 다른 하나는 각종 天文儀器의 제작과 병행된 璿璣玉衡에 관한 논의였다. 이형상은 이만부를 영결하는

---

287)「謾錄」,『屛谷集』卷6, 9ㄱ(188책, 99쪽). "日食 先儒說已分曉 但月食未有定論".

288)「謾錄」,『屛谷集』卷6, 9ㄱ~ㄴ(188책, 99쪽). "日入地下 大地皆黑者 地在中間 橫遮故也 其所遮之影 漸遠漸小 至星宿所麗處 日光方盡圍映 月是陰質 本在 日星之下 其所行躔度 地面一點圓暈 猶有未盡者 當望時 日月同入一度 而月 不避日 正與相當 則月便爲圓暈所蔽 不能受日光".

289)「謾錄」,『屛谷集』卷6, 9ㄴ(188책, 99쪽).

제문에서 다음과 같은 시 한 수를 읊었다.

秋水精神玉灑塵 / 知公如我亦無人 / 深衣盡制璣衡古 / 地下空潛席
上珍290)

여기서 "深衣盡制璣衡古"라는 구절은 이형상과 이만부가 강론한 핵심적
인 내용을 압축적으로 표현한 것이다. 전자가 深衣 제작으로 대표되는
예학·예론이었다면, 후자는 璿璣玉衡으로 대표되는 천문역산학·상수
학이었던 것이다. 전자에 대한 논의는 양자가 주고 받은 편지글 속에 담겨
있고, 후자의 논의에 대해서는 이형상이 「璣衡說」이라는 독립적인 논문을
통해 정리하였다.291)

　여기서 주목되는 것은 선기옥형에 대한 이형상의 입장이다. 전통적으로
선기옥형은 『書傳』의 蔡沈 주에 입각하여 천문관측 의기의 일종인 渾天
儀를 의미하는 것으로 이해되어 왔다. 그러나 채침 역시 주석의 말미에서
밝히고 있듯이 선기옥형을 북두칠성으로 보는 견해도 존재하였다. 『史記』
「天官書」이래의 해석이 그러했으며, 伏生의 『尙書大傳』의 해석292)도
그와 유사하였다. 이형상은 선기옥형에 대한 역대의 논의를 면밀히 고증
하여 선기옥형이 혼천의를 말하는 것이 아니라 북두칠성을 뜻하는 것이라
고 단정하였다. 그의 고증은 선기옥형의 명칭에 대한 것과 그것을 북두칠
성이라고 보았을 경우 북두칠성을 통해 어떻게 하늘의 운행을 형상화할
수 있는가 하는 문제에 집중되었다. 그것은 물론 『書經』「舜典」의 "在璿璣
玉衡 以齊七政"이라는 문구에 대한 해석의 문제에 다름 아니었다.

　이형상은 『史記』·『漢書』·『晉書』·『隋書』등 역대 중국 정사의 「天

---

290) 「祭李別提萬敷文」, 『瓶窩集』卷15, 19ㄴ(164책, 474쪽).

291) 「璣衡說」, 『瓶窩集』卷13, 13ㄴ～21ㄱ(164책, 433～436쪽).

292) 『尙書大傳』, 「唐傳」, 堯典(16쪽-영인본 『四部叢刊正編』, 法仁文化社, 1989의
　　쪽수). "旋機者 何也 傳曰 旋者 還也 機者 幾也 微也 其變幾微而所動者大
　　謂之旋機 是故旋機 謂之北斗".

<그림 5-9> 尹鑴의 璿璣玉衡

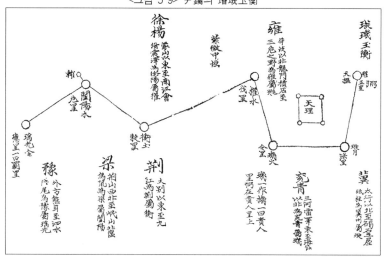

『文志』와 『天元發微(天原發微)』・『太玄』・『爾雅疏』 등의 문헌을 광범위하게 인용하여 선기옥형의 명칭을 분석하였다. 그를 통해 선기옥형이 북두칠성을 뜻하는 것이었음을 밝히고, 斗建의 변화를 통해 계절의 흐름을 비롯한 천상의 변화를 일목요연하게 파악할 수 있다는 점을 들어 天運을 형상화하는 데 북두칠성이 불가결의 요소임을 증명하고자 하였다.[293]

이러한 작업은 그 자체로서는 경학 연구에서 고증적인 방법의 한 예로 볼 수 있다. 그러나 이형상에 앞서 이러한 작업을 시도했던 인물이 尹鑴였다는 사실[294]을 상기해 보면 이러한 작업의 의미가 단순하지 않음을 알 수 있다. 윤휴에 따르면 天의 의지는 氣를 통해 구체적으로 이루어지는데, 이를 주관하는 주체가 바로 북두칠성이었다. 북두칠성은 天皇大帝의 주관 하에 元氣를 斟酌하고 음양을 펼쳐 만물을 생성하고, 四時・風雨를

---

293) 「璣衡說」, 『瓶窩集』 卷13, 13ㄴ~17ㄴ(164책, 433~434쪽). 논의의 결론은 "合而觀之 北斗之重於璣衡者如此"라는 말로 요약된다.

294) 「七政六符書」, 「帝舜在璿璣玉衡以齊七政」, 『白湖全書』 卷26, 雜著(1082~1087쪽).

조율하는 운동의 근원이며, 인간사회의 정치적 변화를 반영하는 존재였다.[295]

한편 후대의 丁若鏞(1762~1836)은 『尙書古訓』에서 선기옥형에 대한 전면적인 재해석을 시도하였다. 종래 선기옥형을 혼천의로, 七政을 일월오행성으로 해석하던 방식에서 벗어나, 칠정을 財賦斂散과 같은 실제적 정치행위로, 선기옥형도 혼천의가 아닌 尺度와 權稱, 즉 도량형으로 이해하였던 것이다.[296] 이렇게 되면 "在璿璣玉衡 以齊七政"이란 구절은 도량형을 정비하여 부세제도와 같은 정치행위를 가지런하게 했다는 뜻으로 풀이된다.[297]

이와 같은 재해석은 우선 주자학적 경학에 대한 부분적인 회의와 비판으로 연결될 수 있다는 점에서 주목된다. 윤휴나 정약용 모두 주자의 경서 해석과는 다른 독자적 견해를 제시하였고, 그와 같은 經學의 기초 위에서 각자의 독특한 經世論을 전개하였다. 윤휴의 경우는 그것이 세계관의 변화와도 연결되고 있었다. 이형상의 경우에 선기옥형에 대한 인식의 변화가 그의 사유체계 전반과 어떤 관련을 맺고 있는지 현재로선 판단하기 어렵다. 다만 영남계열의 학자 가운데 實學的인 성향을 지닌 인물로, 또는 성리학과 실학의 양면성을 공유한 인물로 흔히 이형상과 이만부가 거론되고 있다는 점에서[298] 그 의미를 적극적으로 평가할 수 있는 개연성이 존재한다고 하겠다.

이상에서 살펴본 바와 같이 조선후기 영남계열의 학자들은 주자학적

---

295) 정호훈, 「尹鑴의 經學思想과 國家權力强化論」, 『韓國史硏究』 89, 1995, 101~105쪽.

296) 「尙書古訓」 卷1, 『與猶堂全書』 第2集 第22卷, 28ㄴ(283책, 42쪽). "自古及今 凡以政爲名者 皆財賦斂散之類 豈有日月五星在天成象而可云七政者……竊謂璿璣者 尺度也 玉衡者 權秤也 七政者 洪範八政之類也".

297) 金成潤, 「茶山 丁若鏞의 洪範說 硏究」, 『歷史學報』 170, 2001, 37~38쪽.

298) 趙鍾業, 「國譯 甁窩集 解題」, 『國譯 甁窩集』 I, 韓國精神文化硏究院, 1990, 13~14쪽, 34쪽 ; 權泰乙, 「息山李萬敷의 傳 硏究-그 實學思想의 側面에서-」, 『嶺南語文學』 11, 1984 ; 權泰乙, 「息山 李萬敷의 地行錄 硏究-그의 實心思想을 中心으로-」, 『嶺南語文學』 14, 1987 등.

우주론의 여러 문제에 대해 검토하였다. 그것은 물론 경학의 일환으로서 행해진 작업으로, 右旋說 비판과 左旋說 옹호, 黃榦의 五行說에 대한 비판적 검토, 元會運世說에 대한 확인 등이 대표적인 예이다. 이들은 때로 전통적인 견해에 대해 異論을 제기하는 경우도 있었다. 李玄逸은 渾天說의 좌표계 설정에 의문을 표시하였고, 柳元之는 전통적인 四遊說을 부정했으며, 權榘는 독자적인 月蝕論을 제기하였고, 李衡祥은 璿璣玉衡을 渾天儀가 아닌 北斗七星으로 해석하였다. 이 가운데 일부는 적극적으로 해석될 경우 기존의 자연학 체계에 대한 회의와 비판으로 연결될 수도 있는 내용이었다. 그러나 嶺南의 우주론과 그것을 포괄하고 있는 학문체계는 결코 그런 방향으로 전개되지 않았다. 이들의 논의는 대부분 주자의 견해를 定論으로 수용하는 것으로 귀결되었다. 이상의 논의들이 주자학적 우주론의 變奏로서 평가되는 이유이다.

3) 理法天觀의 계승과 朱子學的 宇宙論의 圖式化

18세기 전반기에 활약한 嶺南의 학자 가운데 우주론 분야에서 주목되는 인물은 權榘(1672~1749)다. 이미 살펴본 바와 같이 그는 가계상으로는 柳元之와 李玄逸의 가문에 연결되고, 학통상으로는 이현일 계열로 분류되고 있다. 그러나 그가 이현일에게서 사사받은 기간은 이현일의 말년에, 그것도 이현일이 중앙정계에서 활동하면서 유배 중이던 때였다.[299] 이현일은 '己巳換局'(1689년 : 숙종 15) 이후 남인정권의 山林으로 徵召되어 중앙정계에서 활동하다 '甲戌換局'(1694년 : 숙종 20) 이후 '名義罪人'으로 낙인찍혀 洪原·鍾城·光陽 등지에서 유배생활을 했다. 그가 유배생활을 마치고 고향으로 돌아온 것은 그의 나이 74세 때인 1700년(숙종 26)이었다.[300] 따라서 권구의 학문에 끼친 이현일의 영향력은 제한적이었

---

299) 「詳記謹書」, 『屛谷集』 卷9, 12ㄱ~ㄴ(188책, 159쪽). "是年(1690년, 肅宗 16-인용자)聘海上葛庵李先生孫女也……時先生(李玄逸-인용자)僶勉赴召繼而罹擯者多年 故未克朝夕於門屛 而授受之端의 比他及門諸公 尤有所親切者焉".

다고 할 수 있으며, 결국 그의 학문적 성과는 영남의 학풍 속에서 선배·동학들과의 토론을 거쳐 '自得'한 것으로 보아야 한다.301)

권구의 우주론은 전통적인 우주론에 뿌리를 박고 있었다. 그에 따르면 우주는 氣로 이루어져 있으며 氣의 動靜에 따라서 日月星辰을 비롯한 천체들이 만들어지게 된다. 그것은 '上天下地',302) '天動地靜'303)이라는 전통적인 우주론의 답습이었다. 주자학의 우주론에서 하늘은 氣의 회전속도에 따라 몇 겹의 하늘로 구분되며 그 공간을 일월성신과 같은 천체가 운행하는 구조로 되어 있다. 이는 나름대로 渾天說의 하늘이 지닌 고체성을 부정하고 氣의 운동으로 하늘을 설명한 것이며, 무한우주론의 가능성을 연 것으로 평가되기도 한다.304) 그러나 이 때의 無限宇宙란 관념적인 것이었고, 천체가 존재하는 진정한 의미의 무한우주는 아니었다. 여기에 주자학적 우주론의 '無限宇宙'로서의 한계성이 있는 것이다.

권구는 이러한 전통적 우주론의 구조를 좀 더 분명하게 부연하였다. 그에 따르면 하늘은 氣로 구성되어 있어서 본래 形質이 없는 것이지만, 氣의 회전에 따라 일월성신의 궤도가 생기게 된다. 땅을 중심으로 볼 때 위로 올라갈수록 氣는 가볍고 맑아서 속도가 매우 빨라지고, 아래로 내려올수록 氣는 무겁고 탁해서 느려지는 것으로 간주되었다.305) 땅이

---

300) 주 163) 참조.

301) 「行狀」, 『屛谷集』 卷9, 2ㄱ(188책, 154쪽). "旣冠 出入葛菴李先生之門 親承旨訣 退而與密菴諸公 更相切磨 見聞益富 而妙契深造之功 自得爲多".

302) 「謾錄」, 『屛谷集』 卷6, 1ㄱ~ㄴ(188책, 95쪽). "上自蒼蒼 下至地上地下而無不通 貫者 天也 但日月星辰 在氣之掠過地面勁迅處 仰而可見 故對地而曰上天下 地".

303) 「謾錄」, 『屛谷集』 卷6, 1ㄴ(188책, 95쪽). "天常動而不靜 地常靜而不動".

304) 야마다 케이지(김석근 옮김), 앞의 책, 1991, 143~164쪽(하늘의 구조와 운동) 참조. 山田慶兒는 "주 시의 우주론은 그런 의미에서는 유한우주론으로서의 혼천 설이 기의 무한우주론으로 발전하고 있는 과정에서 그 최고의 단계를 보여주고 있다고 하지 않으면 안된다"(172~173쪽)고 주장하였다.

305) 「謾錄」, 『屛谷集』 卷6, 5ㄱ(188책, 97쪽). "天是積氣 本無形質 然其旋轉掠過地 面處 卻勁迅樽縋 日月星辰躔度 正在其中 上面益輕淸而飄疾 下面益重濁而遲

우주 공간에서 추락하지 않는 이유는 바로 이와 같은 氣가 대지를 감싸면서 회전하고 있기 때문이었다.[306] 이 구조에 따르면 하늘은 땅을 중심으로 외부로 가면 갈수록 무한히 빠른 속도로 회전하게 되는데, 권구는 회전하는 하늘의 바깥에 정지해 있는 大氣의 존재를 설정하였다. 그리고 그 과정에는 '動極復靜'이라는 『太極圖說』의 생성론적 도식이 적용되었다. 결국 하늘이 우주공간에서 흩어지지 않고 운동을 계속할 수 있는 이유는 하늘의 안과 밖에 움직이지 않는 존재가 있기 때문이라고 설명되었다. 권구는 바로 이것이 '陽一陰二'의 실제적 증거라고 주장하였다.[307]

이처럼 內氣와 外氣를 구분하여 內氣는 운동하는 氣로, 外氣는 정지해 있으면서 內氣를 감싸고 있는 것으로 간주하는 권구의 우주구조론은 張顯光의 그것을 연상시킨다. 일찍이 장현광은 大殼子와 最大元氣라는 개념을 통해 이와 유사한 우주구조를 제시한 바 있었다.[308] 하늘을 지탱하고 있는 '軀殼'의 개념은 주자로부터 제기된 것이었고[309] 그것을 독창적인 스타일로 변화시킨 이가 장현광이었다면, 권구의 우주구조는 장현광의 그것에서 시사받은 점이 많았다고 볼 수 있다. 어쨌든 권구는 주자가 軀殼이라고 말한 내용은 실제로 존재하는 것이 아니라 氣가 정지해 있는 상태(氣靜)라고 해석하였다.[310]

이처럼 氣의 운동을 통해 우주의 구조와 운동을 설명하는 권구의 논리

緩".

306) 「謾錄」, 『屛谷集』 卷6, 2ㄱ(188책, 95쪽). "氣至健 旋繞大地 扛得不墜".

307) 「謾錄」, 『屛谷集』 卷6, 5ㄱ(188책, 97쪽). "天外又是大氣 動極復靜 包住天地 天之所以樿緬不散 運轉不息者 以其內外俱靜 自有所激射 此亦陽一陰二之驗也".

308) 전용훈, 「朝鮮中期 儒學者의 天體와 宇宙에 대한 이해-旅軒 張顯光(1554-1637)의 「易學圖說」과 「宇宙說」-」, 『한국과학사학회지』 제18권 제2호, 1996, 145~151쪽 참조.

309) 『朱子語類』 卷100, 邵子之書, 周謨錄, 2548쪽. "天地無外 所謂其形有涯 而其氣無涯也 爲其氣極緊 故能扛得地住 不然 則墜矣 氣外須有軀殼甚厚 所以固此氣也".

310) 「謾錄」, 『屛谷集』 卷6, 5ㄱ(188책, 97쪽). "朱夫子以謂氣外更須有軀殼甚厚 所以固此氣云者 以此 然亦非實有軀殼 氣靜而已".

적 틀은 철저하게 理氣論·陰陽五行說에 근거하고 있었다. 우주공간, 즉 太虛를 가득 채우고 있는 것은 氣인데,[311] 그 본질은 살아있는 氣(生氣)이므로 항상 운동하고 있다.[312] 氣의 운동은 '一動一靜'하는 것으로 잠시도 정지해 있는 때가 없다. 움직임이 극에 달하면 문득 고요해져 陰이 되고, 고요함이 극에 달하면 문득 움직여서 陽이 된다.[313] 음양이라는 명칭은 動靜을 통해 수립되는 것이다.[314] 이 '一動一靜'의 부단한 운동 원리는 '機自爾'로 표현되기도 하는데, 그것을 주재하는 것은 다름아닌 '理'였다.[315]

이렇듯 理의 주재 하에 진행되는 氣의 운동과정은 氣化와 形化의 반복을 통해 무궁한 조화를 이루어내게 된다.[316] 기화란 음양이 相交하여 이루어지는 것이고, 형화란 오행이 서로 이어지면서 생기는 것이다.[317] 다시 말해 水火木金土라는 오행의 생성 과정은 기화이며, 木火土金水라는 오행의 상생 과정은 형화였다.[318] 요컨대 천지 사이에 형체가 있는 사물은 모두 '五行의 質'이며, 형체가 없는 氣는 모두 '五行의 氣'인 것이다.[319]

이처럼 氣로 이루어진 우주는 생성과 소멸의 과정을 반복하게 된다. 천지라고 하는 것 역시 하나의 사물로 볼 수 있기 때문이다.[320] 천지는

---

311) 「謾錄」, 『屛谷集』 卷6, 1ㄱ(188책, 95쪽). "太虛空裏都是氣".
312) 「謾錄」, 『屛谷集』 卷6, 1ㄱ(188책, 95쪽). "天地之間 無非生氣 生故常動".
313) 「謾錄」, 『屛谷集』 卷6, 1ㄴ(188책, 95쪽). "一動一靜 其機自爾者 勢也 蓋氣無一刻停息 動之極則便靜而爲陰 靜之極則便動而爲陽".
314) 「謾錄」, 『屛谷集』 卷6, 3ㄱ(188책, 96쪽). "陰陽之名 以動靜而立 故曰 動而生陽 靜而生陰".
315) 「謾錄」, 『屛谷集』 卷6, 3ㄱ(188책, 96쪽). "然氣之有動靜而其機自爾者 理爲之主故也".
316) 「謾錄」, 『屛谷集』 卷6, 2ㄴ(188책, 95쪽). "氣靜則成形 形動則氣行 此氣化形化之所以反覆相因而造化無窮也".
317) 「謾錄」, 『屛谷集』 卷6, 3ㄴ(188책, 96쪽). "氣化者 陰陽相交而成 形化者 五行相嬗而生".
318) 「謾錄」, 『屛谷集』 卷6, 3ㄱ~ㄴ(188책, 96쪽).
319) 「謾錄」, 『屛谷集』 卷6, 4ㄴ(188책, 96쪽). "天地間 有形之物 皆五行之質也 無形之氣 皆五行之氣也".

시작과 끝이 있지만 元氣는 시작과 끝이 없이 항상 존재한다. 결국 천지의 개벽이란 원기의 움직임이며, 천지의 혼돈이란 원기의 정지 상태를 의미하는 것이고, 천지의 始終이란 '一陰一陽'하는 무궁한 과정의 하나일 뿐이었다.[321] 이처럼 始終하는 천지의 전과정을 통해서 볼 때 理는 항상적으로 존재한다.[322]

이상과 같은 구조 속에서 문제가 되는 것은 권구가 설정하고 있는 理의 실체가 과연 무엇인가 하는 점이다. 그것은 일차적으로 生氣에 구비된 理로서 '生理'로 표현된다. 이 生理는 천지만물의 가장 본질적인 도리인 生道, 즉 仁의 바탕이 된다.[323] 다음으로 그것은 '當然의 이치'이기도 하다. 모든 사물은 태어날 때 바꿀 수 없는 당연의 원칙을 타고나는데 그것이 바로 理라는 것이다.[324] 권구는 천지 사이의 모든 사물에는 하늘로부터 부여된 天叙·天秩이 있다고 간주하였다.[325] 그것은 일종의 질서 관념이었다. 따라서 인간을 포함한 천지만물은 각각에 부여된 질서에 합당하게 운동·생활해야 한다. 사람의 경우에 한정시켜 본다면 動靜語默과 酬酢萬變이라고 하는 개인의 일상생활에도 하늘로부터 부여받은 각각의 이치가 있기 때문에 사사로이 할 수 없다는 것이다. 만약 조금이라도 私意가 개입된다면 그것은 곧 天理에 위배되는 것이고 따라서 사람다워질 수

---

320) 「謾錄」, 『屏谷集』 卷6, 5ㄴ(188책, 97쪽). "天地亦一物……天地卽其成形之大者耳".

321) 「謾錄」, 『屏谷集』 卷6, 7ㄱ(188책, 98쪽). "天地亦元氣中一物 天地有終始 而元氣卻常存 天地之開闢 只是此氣之動而陽 天地之混沌 只是此氣之靜而陰 一陽一陰 往來無窮者 亦必有所以然".

322) 「謾錄」, 『屏谷集』 卷6, 9ㄱㄴ(188책, 99쪽). "未有人物之時 理在天地 則在天地之理 卽所以生人物之理也 未有天地之時 理在元氣 則在元氣之理 卽所以生天地之理也 從天地人物有形後推上去 則却似理先而氣後 從氣上看 則却無先後".

323) 「謾錄」, 『屏谷集』 卷6, 10ㄱ~ㄴ(188책, 99쪽).

324) 「謾錄」, 『屏谷集』 卷6, 11ㄴ(188책, 100쪽). "物之已生 必有當然而不可易者 理也".

325) 「謾錄」, 『屏谷集』 卷6, 12ㄴ(188책, 100쪽). "天地之間 無物無叙 無物無秩 敍者先後之次 秩者彼此之別".

없다고 단정한다.[326] 중세적 理法天觀의 구조가 고스란히 관철되고 있었던 것이다.

이처럼 권구는 자연학의 탐구를 윤리의 문제와 연결시키고 있었다. 그것은 그의 학문체계 전체 구조와 관련된 문제이기도 했다. 그에 따르면 학문의 목적은 인륜을 밝히는 것인데, 인륜을 밝히기 위해서는 善惡을 분별하는 것이 필요하고, 선악을 분별하기 위해서는 '物理'에 밝아야 한다는 것이었다.[327] 결국 물리의 탐구가 인륜을 밝히는 문제와 연결되어 있었던 것이다. 이러한 상태에서는 그 이치라고 하는 것이 과학적·객관적인 자연법칙이 되기 어려울 뿐만 아니라, 물리 탐구의 범위 자체도 제한적일 수밖에 없게 된다. 따라서 道理로부터 物理의 자립화, 나아가 인간학으로부터 자연학의 자립화를 이룩하기 위해서는 이러한 인식 태도가 근본적으로 변해야만 했다.

한편 李衡祥과 李萬敷는 상호간의 토론을 통해서 천지의 구조와 운행을 포괄하는 일련의 도표를 작성하였는데, 그것이 이른바 '混元罩八圖'였다. 이들은 우주의 구조를 이원적으로 파악하고 있었다. 하나는 일반적으로 우리가 '天地'로서 인식하고 있는 우주였다. 해와 달이 운행하고 星辰이 배열되어 있으며 사람과 사물이 운동하고 있는 곳이다. 이곳을 안이라고 한다면 그 바같은 '混元之氣'로 구성되어 있는 공간이었다.[328] 이것이 이들이 이해한 전통적인 우주의 모습이었다. '混元罩八圖'는 바로 이러한 우주의 구조를 도식화한 것이었다.[329] 도표의 구성은 <표 5-1>과 같다.[330]

---

326) 「謾錄」, 『屛谷集』 卷6, 12ㄱ(188책, 100쪽). "此身之有動靜語默 酬酢萬變者 是孰使之然哉 莫非自然之天 而各有其理 非我所能私也 此所以一爲私意所梏 則違天悖理而人不得爲人矣".

327) 「謾錄」, 『屛谷集』 卷6, 13ㄱ(188책, 101쪽). "學只是明人倫 欲明人倫 當分別善惡 欲分別善惡 當明物理 欲明物理 當存此心……".

328) 「答瓶窩」, 『息山集』 卷4, 39ㄱ(178책, 119쪽). "凡天地之形 日月運行 星辰布列 人物動息處 是其內 其外則只是混元之氣也".

329) 李衡祥과 李萬敷는 璿璣玉衡의 제도에 대해 깊이 토론하였다[「璣衡說」, 『瓶窩集』 卷13, 13ㄴ(164책, 432쪽). "仲舒問我以璿璣玉衡 作璣衡說以解"]. 그 과정에서 李衡祥은 璿璣玉衡을 보호하기 위한 장치로서 8면으로 된 덮개를 제작하였

<표 5-1> 混元罩八圖

	李衡祥	李萬敷	내　　　용
1圖	卦氣圖	卦氣合節候圖	64卦를 24氣에 배당
2圖	四仲中星圖	四仲中星圖	2至2分에 昏中하는 별자리 표시
3圖	經星分野圖	經星分野圖	天球上의 經星을 12分野에 따라 방위별로 배치
4圖	緯星行度圖	緯星行度圖	5行星의 공전주기, 출몰시각, 방위 등을 표시
5圖	日月會辰圖	日月會辰圖	日月의 會合點을 표시
6圖	明魄朔望圖	明魄朔望圖	1朔望月 동안 달의 위상변화를 표시
7圖	月退行圖	月退行會日圖	日月의 회합주기 계산
8圖	氣朔置閏圖	氣朔置閏圖	각종 천문상수를 이용한 置閏法 계산

「卦氣圖」는 邵雍(1011~1077)의 「괘기도」에 입각하여 64괘를 24기에 배당한 것이다. 소옹은 「伏羲八卦方位之圖」·「六十四卦圓圖」·「天植月窟圖」·「六十四卦方圖」 등과 함께 「괘기도」를 작성하였는데,[331] 이 일련의 도식들은 8괘 및 64괘의 방위를 역법지식과 결합시켜 1년 중의 계절변화와 음양소장의 과정을 설명한 것이었다.

이형상과 이만부는 卦氣에 대한 입장에서 차이를 보이고 있었다. 이만

고, 그 덮개의 각 면에 부착하기 위한 6개의 도표를 작성하였던 것으로 보인다. 李衡祥은 이 덮개와 도표를 李萬敷에게 보내주었고, 이에 李萬敷는 그 덮개의 명칭을 '混元之罩'로 할 것을 제안하고, 아울러 이형상이 작성한 6개의 도표가 '混元之罩'의 8개의 면에 부합하지 않는다고 보아 李衡祥의 도면을 刪削·보충하여 8면으로 개작하여 이형상에게 질정하였던 것이다[「答甁窩」, 『息山集』卷4, 39ㄱ(178책, 119쪽). "璿璣用冪 以防其塵汚 乃謹護之意 分惠一件 多謝多謝 然物必有名稱 此物能包天地 將何以名之……今名之曰混元之罩 如何 別紙圖子 俱出古人 書之罩面 甚便考見 固好矣 然罩旣八面 每一面書一例 似齊正而垂示者六而已 且其取舍 亦似有未當 敢略刪補 治成八圖以呈……"]. 요컨대 '混元罩八圖'는 '混元之罩'에 부착하는 8개의 그림을 뜻하는 것이며, 그 내용은 天地의 구조와 운행을 일목요연하게 파악하기 위한 것이었다고 할 수 있다.

330) 「答李仲舒混元罩八圖」, 『甁窩集』卷7, 6ㄴ~13ㄴ(164책, 306~310쪽) ; 「答甁窩」, 『息山集』卷4, 39ㄱ~ㄴ(178책, 119쪽).

331) 邵雍의 「卦氣圖」는 『宋元學案』卷10, 百源學案 下(『宋元學案』, 華世出版社, 1987, 399쪽)에 수록되어 있다.

<그림 5-10> 邵雍의 卦氣圖

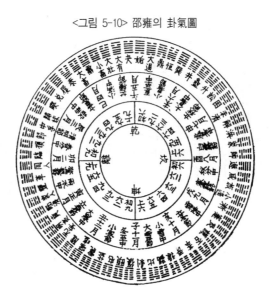

부는 卦氣를 先天學으로 인식하였다. 따라서 그것은 소옹에게서 나왔지만 실은 伏羲易=先天易에 근거한 것이라고 생각하였다. 그는 선기옥형이 천지의 형상을 본뜬 것이라면 괘기는 조화의 근본을 미루어 밝힌 것으로, 양자는 상호 참고·발명의 관계에 있다고 파악하였다.332) 반면 이형상은 卦氣를 京房으로부터 연원한 것으로 보아 비판적인 태도를 취하였다. 경방의 역학은 삼대 이후의 것으로 잡박한 혐의가 있으며,333) 따라서 선천학으로 볼 수 없다는 것이었다. 이형상이 中孚卦로부터 시작하는 京房의 卦氣說을 부정하고334) 이만부의 卦氣圖를 수정하였던 것은 바로 이러한 이유에서였다.335)

---

332) 「答瓶窩」, 『息山集』卷4, 40ㄱ(178책, 119쪽). "卦氣 乃先天之學也 出自邵子 而實本於羲易……璿璣 是摸象天地之形 卦氣 是推明造化之本 正宜與之參考 而相發".

333) 「答李仲舒混元罩八圖」, 『瓶窩集』卷7, 5ㄱ(164책, 306쪽). "卦氣 始於京房…… 且是虞典以後事 無乃或雜乎".

334) 「答李仲舒」, 『瓶窩集』卷7, 14ㄱ~ㄴ(164책, 310쪽).

「四仲中星圖」는『書經』「堯典」의 내용에 근거하여 사계절에 南中하는 별의 변화를 도식화한 것이다. 經星은 본래 움직이지 않는 것으로 간주되지만, 하늘에 부착되어 있으므로 하늘의 회전을 따라 동쪽에서 서쪽으로 左旋한다. 하늘은 하루에 한 바퀴를 돌고 1도를 더 가므로 계절에 따라 남중하는 경성이 변화하게 된다. 이것을 「요전」에서는 四仲의 中星으로 표현하였다. 四仲中星이란 春分(仲春)·夏至(仲夏)·秋分(仲秋)·冬至(仲冬)의 昏時에 子午線上에 남중하는 별자리를 말하며, 「사중중성도」는 바로 이러한 中星을 기준으로 하여 방위별로 28수의 위치를 묘사한 것이었다.[336)

그런데 문제가 되는 것은 시대의 흐름에 따라, 각각의 기록에 따라 사계절의 중성이 다르게 나타난다는 점이다. 이는 歲差로 인해 나타나는 현상인데, 비근한 예로 「요전」에 묘사된 中星과『禮記』「月令」에 기록된 중성 사이에는 차이가 있었다.[337) 이만부의 「사중중성도」는 「요전」의 내용을 중심으로 작성된 것이었다. 이만부는 「월령」과 역대 曆家의 학설을 참조하면 중성에 변화가 있음을 알 수 있지만 도표에 다 싣지 못했다고 하였다.[338) 이에 대해 이형상은 사중중성의 경우 「요전」의 것을 기준으로 삼으면 되고 「월령」 이하의 논의들은 제시할 필요가 없다고 보았다.[339)

그 이유는 子午가 음양의 시초이고, 卯酉가 음양의 처소이며, 子半이 동지가 되고, 午半이 하지가 된다는 불변의 사실만 숙지하고 있으면 나머지는 서로 비교하여 변통할 수 있다고 보았기 때문이다.[340)

---

335) 李衡祥의 易學에 대한 개괄적인 설명으로는 南明鎭, 「甁窩 李衡祥의 經學思想」,『韓國思想家의 새로운 發見-甁窩 李衡祥·壺山 朴文鎬 硏究-』, 한국정신문화연구원, 1993, 54~66쪽 참조.

336)「堯典四仲中星圖」,『六經圖』卷2, 7ㄱ~8ㄴ(183책, 185~186쪽-『文淵閣 四庫全書』, 臺灣商務印書館의 책수와 쪽수).

337) 陳遵嬀,『中國天文學史』4, 明文書局, 1987, 5~29쪽.

338)「答甁窩」,『息山集』卷4, 39ㄴ(178책, 119쪽). "此本堯典 若衆以月令及歷代曆家說 中星不同 而多不暇錄耳".

339)「答李仲舒混元罩八圖」,『甁窩集』卷7, 5ㄱ(164책, 306쪽). "四仲中星 旣有堯典月令以下 不必更提也".

<그림 5-11> 堯典四仲中星圖

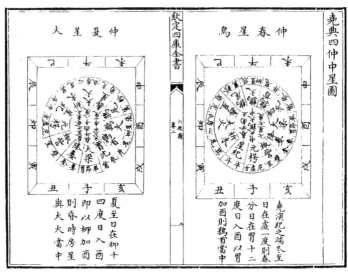

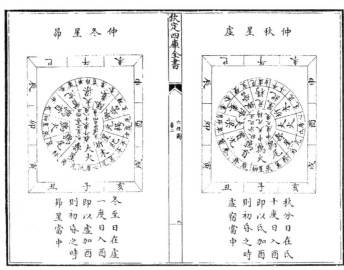

---

340) 「答李仲舒混元罩八圖」, 『瓶窩集』卷7, 8ㄱ(164책, 307쪽). "惟子午爲陰陽之始
卯酉爲陰陽之處 而子半冬至 午半夏至 則終不可易 知乎此 則其間差異 可以
變通矣".

「經星分野圖」는 말 그대로 천구상의 경성을 12분야에 따라 방위별로 배치한 것이다. 우리가 흔히 보는 천문도의 형태인 것이다. 이형상은 『晉書』「天文志」에서 체계화된 분야설에 입각하여 12辰과 12分野 및 12次의 도수를 각각 정리하였다. 그 내용은 <표 5-2>와 같다.[341]

<표 5-2> 經星分野圖

月	斗建	合	日月會辰	12次	度數
1	寅	亥	亥	娵訾	危17~奎 4
2	卯	戌	戌	降婁	奎 5~胃 7
3	辰	酉	酉	大梁	胃 8~畢12
4	巳	申	申	實沈	畢13~井16
5	午	未	未	鶉首	井17~柳 9
6	未	午	午	鶉火	柳10~張18
7	申	巳	巳	鶉尾	翼 1~軫11
8	酉	辰	辰	壽星	軫12~氐 4
9	戌	卯	卯	大火	氐 5~尾 9
10	亥	寅	寅	析木	尾10~斗11
11	子	丑	丑	星紀	斗12~女 7
12	丑	子	子	玄枵	女 8~危16

「緯星行度圖」는 5행성의 운행속도 및 경로에 대해서 정리한 것이다. 이형상은 歲星(木星)의 경우 1년에 하늘의 운행과 대략 30도의 차이가 발생하므로 그것이 1周天하는 데 걸리는 시간(=공전주기)은 12년이며, 화성의 경우에는 60일에 30도의 차이를 보이므로 그 공전주기는 대략 2년이 되고, 토성의 경우는 28개월에 30도의 차이를 보이므로 그 공전주기는 대략 28년이 된다고 하였다. 내행성인 수성과 금성의 경우에는 그 출몰 시간과 위치를 정리하였다.[342] 이와 같은 정리에서 이형상은 전통적인 방

---

341) 「答李仲舒混元罩八圖」, 『瓶窩集』 卷7, 8ㄱ~9ㄱ(164책, 307~308쪽).
342) 「答李仲舒混元罩八圖」, 『瓶窩集』 卷7, 5ㄱ~ㄴ(164책, 306쪽), 9ㄱ~ㄴ(164책, 308쪽).

법, 그 가운데서도 점성서에 나와 있는 방법을 원용하였다. 예컨대 화성의 경우 그 행로에 다양한 변화가 나타나는 이유에 대해서 "항상 10月에 太微垣에 들어가서 지침을 받고 나와 列宿 사이를 운행한다. 무도하게 행동하는 사람을 맡아서 다스리므로 그 출입이 일정치 않다"[343]라고 설명하였다. 그런데 이것은 『天文類抄』에서 화성을 설명하는 내용 그대로였다.[344]

이만부는 이와 같은 이형상의 설명 방식에 만족하지 않았던 것으로 보인다. 그는 五星의 운행에 遲疾의 차이가 나타나는 원인을 다음과 같은 세 가지로 정리하였다. 첫째는 五星의 性情에 따라 遲疾의 차이가 발생하는 경우이다. 토성·목성·화성은 운행이 느리고, 금성과 수성은 운행이 빠른 것이 그것이다. 둘째는 五星과 태양의 원근에 따라 遲疾의 차이가 발생하는 것이다. 예컨대 오성의 행도가 태양에 가까우면 빨라지고, 멀어지면 느려지며, 합의 위치에서는 멈추고, 衝의 위치에서는 역행하게 된다는 것이다. 셋째는 氣의 順逆에 따라 遲疾의 차이가 나타나는 것이다.[345]

「日月會辰圖」는 해와 달의 會合주기를 일년 12달로 나누어 설명한 것이다. 옛날에 특정한 하나의 별자리를 선정하여 1년 사계절의 표준으로 삼았던 것을 '辰'이라고 하였다. 후대에 辰의 의미는 다양하게 변화하였는데,[346] 여기서 辰이란 해와 달의 회합점을 의미하는 것이다. 그 내용을 도표로 정리하면 <표 5-3>과 같다.[347] 도표에서 알 수 있듯이 斗建의 방향과 會辰의 방향이 반대로 설정된 것은 斗建의 진행방향(동→서)과

---

343) 「答李仲舒混元罩八圖」, 『瓶窩集』 卷7, 9ㄱ(164책, 308쪽). "火熒惑 常以十月入太微垣 受制而出行列宿 同(司의 잘못-인용자)無道 其出入無常".

344) 『天文類抄』 下, 4ㄴ(498쪽). "熒惑主執法 常以十月入太微垣 受制而出行列宿 司無道 出入無常".

345) 「答瓶窩」, 『息山集』 卷4, 40ㄱ~ㄴ(178책, 119쪽). "大抵五星之行 其遲疾有三 土木火行遲 金水行速 此本於星之性情也 各行其道 近日則疾 遠日則遲 三合逢陽則留 與日相衝(衝)則逆 此其係於日之遠近也 行順假度則當加 行逆假度則當減 遲疾一周 加減適平 復與日相合 謂之周率 及各入其曆 又因入氣之淺深而有盈縮之加減焉 此其由乎氣之順逆也".

346) 陳遵嬀, 앞의 책, 1987, 30~34쪽.

347) 「答李仲舒混元罩八圖」, 『瓶窩集』 卷7, 9ㄴ~11ㄱ(164책, 308쪽).

日月의 운행방향(서→동)이 반대이기 때문이다(<표 5-2>와 비교).

<표 5-3> 日月會辰圖

	12辰	28宿	分野	地域	12次	度數
1	辰	軫·角·亢·氐	鄭	兗州	壽星	軫12~氐 4
2	卯	氐·房·心·尾	宋	豫州	大火	氐 5~尾 9
3	寅	尾·箕·斗	燕	幽州	析木	尾10~斗11
4	丑	斗·牛·女	吳越	楊州	星紀	斗12~女 7
5	子	女·虛·危	齊	靑州	玄枵	女 8~危15
6	亥	危·室·壁·奎	衛	幷州	娵訾	危16~奎 4
7	戌	奎·婁·胃	魯	徐州	降婁	奎 5~胃 6
8	酉	胃·昴·畢	趙	冀州	大梁	胃 7~畢11
9	申	畢·觜·參·井	晉	益州	實沈	畢12~井15
10	未	井·鬼·柳	秦	雍州	鶉首	井16~柳 8
11	午	柳·星·張	周	三河	鶉火	柳 9~張16
12	巳	張·翼·軫	楚	荊州	鶉尾	張17~軫11

<그림 5-12> 日月會次舍圖

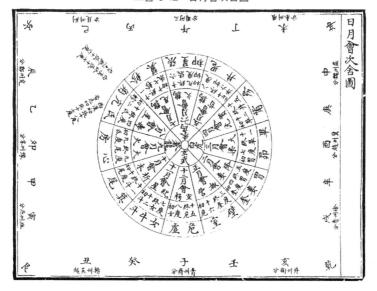

<그림 5-13> 明魄朔望之圖

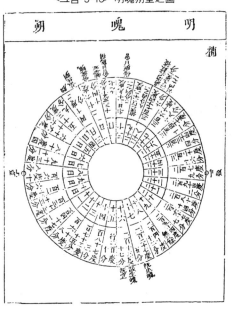

『書經』에는 '旁死魄', '哉生明', '旣生魄',[348] '哉生魄'[349] 등의 용어가 나온다. 이것은 모두 달의 위상 변화를 표현한 것인데, 「明魄朔望圖」는 이러한 달의 위상변화를 일월의 회합주기에 근거하여 도식화한 것이다. 여기서 '明'이란 달의 어두운 부분이 사라지고 밝은 부분이 나타나는 것을 말하며, 반대로 '魄'이란 달의 밝은 부분이 사라지고 어두운 부분이 나타나는 것을 말한다. 따라서 '死魄'이란 朔日을 의미하며, '生魄'이란 16일을 말하는 것이다.[350] 「日月會辰圖」와 「明魄朔望圖」에 대해서 이형상과 이

---

348) 『書經』, 「周書」, 武成. "惟一月壬辰旁死魄越翼日癸巳……厥四月哉生明…… 旣生魄……".

349) 『書經』, 「周書」, 康誥. "惟三月哉生魄……"; 『書經』, 「周書」, 顧命. "惟四月哉 生魄……".

350) '哉'는 '始'의 뜻이므로 '哉生明'은 달이 나타나기 시작하는 初3일을, '哉生魄'은 16일을 의미한다. 또 '旣生魄'은 17일을, '旁死魄'은 初2일을 의미하는 것이다.

만부는 대체로 견해를 같이했던 것으로 보인다.[351]

「月退行圖」는「明魄朔望圖」를 작성하는 데 기초가 되는 수치 계산을 도식화한 것이다. 일월의 회합주기=삭망주기를 계산하기 위해서는 천구상에서 해와 달의 운행속도와 천구·해·달의 상호관계를 정리할 필요가 있었다. 좌선설에 입각해 볼 때 태양과 달은 하늘에 비해 운행속도가 더디므로 '退行'이란 표현을 사용하였다. 하루에 태양은 하늘에 비해 1도, 달은 13 7/19도 퇴행하므로 이것을 기본 상수로 일월의 회합 주기를 도식화한 것이다.[352] 그 일부를 수식으로 나타내면 다음과 같다.

29일 동안의 달의 퇴행도수 :

$$29 \times 13 \frac{7}{19} = 387 \frac{13}{19} \,,\, 387 \frac{13}{19} - 365 \frac{1}{4} = 22 \frac{33}{76} = 22 \frac{8\frac{1}{4}}{19} \quad \cdots\cdots ①$$

1/2일 동안의 달의 퇴행도수 : $\frac{1}{2} \times 13 \frac{7}{19} = 6 \frac{13}{19} \quad \cdots\cdots ②$

29 1/2일 동안의 달의 퇴행도수 : ①+②$= 22 \frac{8\frac{1}{4}}{19} + 6 \frac{12}{19} = 29 \frac{2\frac{1}{4}}{19}$

이 계산에 따르면 29.5일 동안 달은 천구상을 한 바퀴 退行하고 대략 29.1도만큼 더 退行하게 된다. 같은 기간 동안 태양은 하루에 1도씩 29.5도를 퇴행하며, 따라서 양자는 대략 29.5일을 간격으로 천구상에서 같은 지점에 위치하게 된다.[353] 이것은 결국 약 29.5일을 주기로 일월의 회합이 이루어진다는 사실을 수식으로 설명한 것이었다.

「氣朔置閏圖」는 각종 천문상수를 이용하여 역법의 핵심인 치윤법을

---

351) 「答李仲舒混元罩八圖」, 『甁窩集』 卷7, 5ㄱ(164책, 306쪽). "日月會辰明魄朔望謹聞命".

352) 「答李仲舒混元罩八圖」, 『甁窩集』 卷7, 11ㄱ~12ㄱ(164책, 309쪽).

353) 정확하게 1朔望月의 길이(29.530588일)를 기준으로 계산하면 다음과 같다.

$$29.530588(일) \times 13 \frac{7}{19}(도/일) - 365 \frac{1}{4}(도) = 29.527334(도)$$

$$≒ 29.530588(= 29.530588 \times 1)$$

설명한 것이다. 전통적인 역법에서 매월의 기점을 정하는 방법은 '定朔法'을 사용하였으므로, 여기에서도 일월의 회합주기를 결정하는 것이 중요한 문제가 된다. 그 내용을 간단히 수식으로 나타내면 다음과 같다.[354]

$$周天度數 = 365\frac{1}{4}\ (도)$$

$$태양의\ 공전주기(1태양년) = 365\frac{235}{940}\ (일)$$

$$日月의\ 會合주기(1삭망월) = 29\frac{499}{940} \leftarrow 365\frac{1}{4} \div 12\frac{7}{19} = 29\frac{499}{940}\ (일)$$

$$氣盈 = 365\frac{235}{940} - 360 = 5\frac{235}{940}\ (일)$$

$$朔虛 = 354\frac{348}{940}\ (\leftarrow 29\frac{499}{940} \times 12) - 360 = -5\frac{592}{940}\ (일)$$

$$一歲閏率 = 氣盈 + 朔虛 = 5\frac{235}{940} + 5\frac{592}{940} = 10\frac{827}{940}\ (일)$$

$$三歲一閏 = 10\frac{827}{940} \times 3 = 32\frac{601}{940}\ (일)$$

$$五歲再閏 = 10\frac{827}{940} \times 5 = 54\frac{375}{940}\ (일)$$

$$19歲7閏 : 10\frac{827}{940} \times 19 = 29\frac{499}{940} \times 7$$

이상에서 살펴본 것처럼 '混元罩八圖'는 상수학과 경학, 천문역산학을 종합적으로 정리한 것이었다. 그것은 다음과 같은 몇 가지 특징을 갖는다.

먼저 '混元罩八圖'는 상수학의 발달에 따라 도식화의 경향이 진전되고 있었다는 사실을 반증하고 있다. 도식화는 학문의 발달에 따라 체계화·종합화의 성격을 띠고 나타나는 것이다. 宋代에 편찬된 『六經圖』(楊甲撰)는 그러한 성격을 지니는 저술이었다.[355] 조선 주자학의 발달과정에서

---

354) 「答李仲舒混元罩八圖」, 『瓶窩集』 卷7, 12ㄱ~ㄴ(164책, 309쪽).
355) 『文淵閣 四庫全書』 183冊, 臺灣商務印書館, 137~454쪽에 수록.

도 이러한 도식화의 전통을 쉽게 찾아볼 수 있다. 일찍이 조선초에 權近 (1352~1409)은 『入學圖說』을 통해 성리학의 주요 개념들을 도식화하고 자 시도하였다. 이것은 이후 「天命圖說」을 둘러싼 鄭之雲(1509~1561)과 이황의 논의로 연결되어 조선 주자학의 심화에 기여하였다.[356] 조선후기 에는 상수학의 발달에 따라 '易學圖說'·'易學圖解'라는 제목으로 많은 도식화가 시도되었다. 장현광의 『易學圖說』은 그러한 시도의 선구를 이 루는 것이었다. 이형상의 역학 관련 저술이나 이만부의 『易統』, 그리고 양자의 공동 작업으로 이루어진 '混元罩八 圖' 역시 그러한 도식화의 연장 선상에 위치하고 있었던 것이다.

둘째, '혼원조팔도'는 경학과 상수학의 상호 연관성을 확인해 볼 수 있는 자료이다. 여기에서 상수학은 자연사물에 대한 객관적 탐구 방식이 라기보다는 경전의 내용을 정확히 이해하기 위한 경학의 방편으로서 사용 되고 있다. 8개의 그림이 모두 『주역』·『서경』의 내용을 해설하기 위한 경학으로서의 성격을 띠고 있었던 것이다. 이는 상수학이 그 자체로서 독립적인 의미를 지니는 것이 아니라 理學·經學의 하위 개념으로 존재하 고 있었음을 뜻한다.

셋째, '혼원조팔도'는 종래의 경학과 상수학, 천문역법을 통일적으로 정리하였다는 데서 그 의미를 찾을 수 있다. 그것은 서학의 도입으로 전통 학문에 대한 일대 변혁이 모색되기 직전의 단계에서 종래의 학문을 종합· 정리하였다는 역사적 의미를 갖는다. 당시 노론계열에 속하는 金錫文이나 소론계열의 鄭齊斗와 같은 경우 서양의 천문역산학을 적극적으로 수용하 여 전통적인 상수학에 변용을 꾀하고 있었다. 이들과 비교할 때 李衡祥과 李萬敷의 작업은 차이를 보여준다. 그들 역시 부분적으로 西學書에 접하 고 있었지만 그것을 자신들의 경학 체계 속에 적극적으로 수용하지는 않았다. 이것이 바로 서인계나 근기남인계와 대비되는 이 시기 영남남인

---

356) 『太極圖說』과 「天人心性合一之圖」, 「天命圖說」에 대한 비교·검토에 대해서 는 이상은, 『퇴계의 생애와 학문』, 예문서원, 1999(瑞文堂, 1973), 124~185쪽 참조.

계의 특징적인 모습이라고 생각한다.

그것은 표면적으로 보수적인 모습으로 비춰질 수 있다. 그리고 그러한 측면이 없는 것도 아니다. 그럼에도 불구하고 이들의 작업은 다른 각도에서 그 의미가 찾아져야 한다. 이들의 주된 관심은 상수학적 엄밀성이나 자연학의 탐구와는 일정한 거리를 둔 人間學·心學이었기 때문이다. 이들이 이 시기에 와서 李滉의 '理發論'을 적극적으로 천명하고 나선 이유가 바로 여기에 있었다. 이들이 보기에 당시 조선사회의 가장 큰 모순은 도덕적 질서의 파괴였고, 그것을 회복할 수 있는 길은 강력한 도덕 원리의 유위적 작동을 진작시키는 방법뿐이었다. 즉 道學의 이데올로기화였던 것이다.357) 경학이나 상수학 역시 이러한 학문적 목적에 기여할 수 있는 방향으로 전개되었다. 六經學에 대한 탐구는 바로 그러한 작업의 일환이었던 셈이다.

357) 이동환, 「해제」, 『국역 갈암집』 1, 민족문화추진회, 1999, 16쪽.

제6장 實證的 宇宙論의 등장과 世界觀의 轉回

17세기 이후 조선의 정치·사상계는 '國家再造'를 둘러싸고 크게 두 계열로 분화하였다. 하나가 舊秩序·舊體制의 保守·改良을 통해 국가 재조를 추구하는 흐름이었다면, 다른 하나는 舊體制의 전면적 改造·變革을 통해 국가재조를 모색하는 흐름이었다. 전자가 朱子道統主義에 입각하여 주자·주자학을 절대화하는 입장이었다면, 후자는 인식태도와 방법론의 전향을 통해 새로운 사상적 지평을 개척하고자 하는 非朱子學·脫朱子學·反朱子學의 입장이었다. 西人-老論系가 전자를 대표하는 학파였다면, 17세기 후반 이후의 近畿南人系와 少論系, 18세기 이후의 老論-洛論系 일각의 학자들이 후자의 범주에 속하는 부류였다.

진보·개혁적인 국가재조 방략을 주창했던 이들은 정통 주자학을 강조하는 朱子道統主義者들과는 여러 가지 면에서 근본적인 차이를 보이고 있었다. 먼저 그들은 정치사상·정치운영론에서 주자도통주의자들과 달랐다. 주자도통주의자들이 朱子 朋黨論에 입각해서 君子小人論·是非明辨論을 강조하며 실질적으로 군주 주도의 蕩平論에 반대했던 반면, 이들은 군주를 중심으로 한 蕩平論=皇極蕩平論을 적극적으로 개진하였다. 이는 양반사대부들의 私的 지배를 제도적으로 배제하고, 군주로 대표되는 國家 公權의 강화를 통해 중세 봉건사회의 모순을 타개하고자 한 것이었다.

社會經濟運營論에서도 이들은 정통 주자학과 차이를 보였다. 예컨대 중세사회 운영의 근간이 되는 신분제와 지주제를 유지·옹호하고자 하였

던 주자도통주의자들과 달리 이들은 井田制를 위시한 일련의 토지개혁론
을 주장하였고, 노비제 폐지를 비롯한 신분제 개혁안을 제시하기도 하였
다. 朱子道統主義者들이 주자학을 절대화하고, 주자의 교시에 따라 구질
서·구체제를 복구하는 방향으로 사회 모순의 타개책을 마련하였다면,
이들은 정통 주자학의 획일적 사상 경향에 반대하면서 당시의 사회변동을
시대의 추세로 받아들여 시대 상황에 맞는 變通의 방법을 모색하였던
것이다.

이들의 학문·사상 운동은 이른바 '實學'의 태동으로 이어지게 되었다.
그것은 현실의 정치·경제·사회적 현안을 實事·實務의 차원에서 직시
하고 國家·公·民生 위주의 개혁적인 타개방안을 모색하는 조선후기의
새로운 학풍이었다. 그리고 그것은 학문 활동에서 實證에 바탕을 둔 實理
의 탐구로 이어졌고, 實事學의 일환으로 자연학에 주목하는 계기가 되었
다. 物理의 가치에 대한 새로운 이해와 인간학으로부터 자연학의 자립화,
서양과학의 적극적인 수용은 이와 같은 학문·사상적 변화에 따라 가능했
던 것이다.

1. 近畿南人系의 物理 인식과 '天人分二'의 宇宙論

1) 道理와 物理의 분리 : 朱子學的 自然學 批判

이른바 '近畿南人'의 학문·사상적 계보에 대해서는 비교적 이른 시기
부터 관심이 기울여져 왔다. 그것은 南人 實學의 계통을 찾아가는 작업의
일환이었다. 일찍이 洪以燮은 李瀷(1681~1763)을 중심으로 한 남인 실학
의 학통을 정리하였는데, 그에 따르면 이익의 현실인식과 역사인식에 영향
을 끼친 국내 학자는 愼懋와 柳馨遠이었다. 아울러 홍이섭은 남인 실학의
사상 조류를 '外朱內王'으로 보는 관점에서 당시 顧炎武나 黃宗羲와 같은
淸朝 학자들의 사상이 외부적으로 영향을 주었다고 보았으며, 그것은

이익을 계승한 丁若鏞의 경우도 마찬가지라고 하였다.[1] 요컨대 愼懋・柳
馨遠→李瀷→丁若鏞으로 이어지는 남인 실학의 계보가 시론적으로 정리
되었던 것이다.

　이후의 연구를 통해 '星湖學派'의 학문적 계보는 '退溪學派'라는 커다란
범주 속에서 재정리되었고, 그 결과 李滉→鄭逑→許穆→李瀷으로 이어
지는 '近畿學派'는 柳成龍・金誠一 계열의 '嶺南學派'와 더불어 퇴계학
파의 한 분파로서 주목되기에 이르렀다. 동시에 이익 이후의 성호학파
역시 사상적 분화에 따라 安鼎福→黃德吉→許傳으로 이어지는 '星湖右
派'와 權哲身→丁若銓・丁若鏞으로 이어지는 '星湖左派'로 구분되기도
하였다.[2] 한편 조선후기 정치사의 관점에서 남인의 분열과 '畿湖南人'
학통의 성립과정을 추적한 연구에서는 숙종 초년 許穆이 남인의 영수로서
'기호남인'의 학문적 구심점으로 그 지위를 확고히 함에 따라 李滉→鄭逑
계열의 嫡傳으로 공인되었고, 이후 영조대에 들어 淸南系의 門外派가
남인의 주도권을 쥐게 되면서 李滉→鄭逑→許穆의 학통이 '기호남인'
사이에서 확고한 것으로 자리잡게 되었으며, 정조대의 蔡濟恭에 의해
이익이 이 학통에 연결됨으로써 기호남인 학통이 정립되는 것으로 파악하
였다.[3]

　이상에서 살펴본 바와 같이 이황→정구→허목→이익으로 이어지는 근
기남인계 성호학파의 학문적 계보는 대체로 공인된 것으로 볼 수 있다.[4]
그러나 이러한 계통의 설정이 이익을 중심으로 한 성호학파의 학문적

---

1) 洪以燮,「實學에 있어 南人學派의 思想的 系譜」,『人文科學』10, 1963(『洪以燮
　　全集』2(實學), 延世大學校 出版部, 1994, 407~422쪽에 재수록).
2) 李佑成,「韓國 儒學史上 退溪學派의 形成과 그 展開」,『退溪學報』26, 1979(『韓
　　國의 歷史像』, 創作과 批評社, 1982, 87~95쪽에 재수록).
3) 유봉학,「18세기 南人 분열과 畿湖南人 學統의 성립-≪桐巢謾錄≫을 중심으
　　로-」,『한신대학교 논문집』1, 1983(『조선후기 학계와 지식인』, 신구문화사, 1998,
　　15~42쪽에 재수록).
4) '星湖學派'의 학문적 계보에 대한 연구사적 검토로는 강세구,『성호학통 연구』,
　　혜안, 1999, 18~33쪽 참조.

연원에 대한 충분한 설명이라고는 볼 수 없다. 앞선 연구에서 이미 지적된 바와 같이 이익의 학문에 영향을 끼친 인물로는 許穆 이외에도 유형원 등이 있었고, 그 시야를 조금 더 확장시켜 보면 17세기 '北人系 南人學者'들의 학문적 영향을 충분히 고려할 수 있기 때문이다.[5] 이른바 '星湖左派' 계열로 분류되는 인물들 가운데는 이익의 학문적 계보를 尹鑴에 연결시키는 이도 있었고,[6] 실제로 이익의 아버지 李夏鎭은 윤휴의 경서 해석에 대해 적극적인 지지를 보이기도 하였다.[7] 요컨대 이익은 학문적으로 이황의 계승을 표방하는 한편 앞 세대의 대표적 북인계 남인학자라고 할 수 있는 허목·윤휴·유형원의 영향을 고루 받고 있었으며, 동시에 丁時翰·李萬敷 등 당시 영남계열의 학문적 성과도 수용하여 자기 나름의 학문적 체계를 구축하였던 것이다.[8] 그것은 이전 시기 남인학자들의 성과와 문제

---

5) 北人系 南人學者의 형성 과정과 그 학문적 특징에 대해서는 鄭豪薰, 『17세기 北人系 南人學者의 政治思想』, 延世大學校 大學院 史學科 博士學位論文, 2001을 참조. 李瀷은 초기 北人系 南人의 대표적 학자 가운데 한 사람인 李睟光의 가문과 혼인관계를 맺기도 하였다. 이수광 본인은 당색을 드러내지 않았지만 그의 가문은 그 아들 때부터 南人으로 自定하게 되었다. 특히 李敏求(이수광의 둘째 아들)는 尹鑴에게 학문을 전했고, 윤휴는 李聖求(이수광의 맏아들)의 자식들(李同揆)과 밀접한 정치적 동맹관계를 유지함으로써 이후 이수광의 자손들은 당쟁의 전면에 등장하게 되었다. 이수광의 7대 후손인 李克誠은 성호 이익의 사위가 되었고, 이극성의 양자인 李潤夏는 천주교신앙운동을 일으킨 인물로 알려져 있다(柳洪烈, 「李睟光의 生涯와 그 後孫들의 天主教 信奉」, 『歷史教育』 13, 1970 참조). 이렇게 볼 때 이수광의 가계는 이수광 사후 근기남인으로서의 길을 걸었으며, 그 한쪽에서는 천주교를 적극적으로 수용하고 신앙하는 인물까지 나타나게 되었다는 사실을 확인할 수 있다.

6) 「鹿菴權哲身墓誌銘-附見閒話條」, 『與猶堂全書』 第1集, 第15卷, 35ㄴ(281책, 335쪽). "公少時慕夏軒 嘗曰 退溪之後 夏軒之學 有本有末 夏軒之後 星翁之學 繼往開來".

7) 尹鑴와 李瀷의 학문적 연관성에 대해서는 원재린, 「星湖 李瀷의 人間觀과 政治改革論-朝鮮後期 荀子學說 受容의 一端-」, 『學林』 18, 1997, 58~67쪽 참조.

8) 李瀷은 丁時翰에게서 직접 배울 기회는 없었으나 李萬敷와는 접촉이 있었다. 李萬敷는 李瀷의 仲兄·三兄인 李潛·李潊 등과 친분이 있었다. 李萬敷와 李瀷의 교류를 확인할 수 있는 자료로는 「與李子新」, 『息山集』 卷8, 1ㄱ~2ㄱ(178책, 194쪽); 「答李子新」, 『息山集』 卷8, 2ㄱ~6ㄴ(178책, 194~196쪽); 「鶴城問

점을 비판적으로 계승·발전시키는 작업의 일환이기도 하였다.

이러한 추론은 자연학의 측면에서도 가능하다. 먼저 이익의 학문적 계보는 윤휴를 통해 대표적인 북인계 남인학자 가운데 한 사람인 李睟光에게 연결된다. 3장에서 살펴보았듯이 이수광은 事理(道理)와 物理를 분리시킴으로써 事事物物에 대한 탐구를 통해 도덕원칙을 확인하고자 하는 종래의 방식을 지양하고, 人事의 문제를 오로지 인간 주체의 문제로 전환시키고자 하였다. 그의 주된 관심은 인간의 주체적인 자각을 통해 실천성을 확보하고, 그에 기반하여 당대의 사회 문제를 해결하고자 한 것이었지만, 그가 제시한 事理와 物理의 분리라는 話頭는 그것이 자연학의 영역에 적용될 때 객관적인 物理 탐구를 추동할 수 있는 중요한 계기가 될 수 있다는 점에서 커다란 의미를 갖는다.

윤휴는 주자학에 의해 부정되었던 天의 人格的·主宰的 성격을 복원시켰다. 그것은 인격천에 대한 재인식이었다. 윤휴의 天人分二的 天觀은 天에 대한 敬畏心을 강조하고, 인간으로 하여금 天의 명령인 인간 사회의 禮의 질서를 준행토록 규제하는 기능을 하였다.[9] 그것은 이수광 단계에서 보였던 心學的 天觀을 극단으로 추구한 결과였다고 여겨진다. 한편 허목은 理法天觀의 문제를 해결하기 위한 방법으로 災異論的 사고를 강조함으로써 漢唐代의 인격천으로 회귀하고자 하였다. 그가 재이를 강조한 이유는 그것이 인간 사회의 禮的 질서가 문란해진 데 대한 하늘의 경고라고 여겼기 때문이다. 허목은 禮를 天과 人을 매개하는 중요한 수단으로 간주하였고, 궁극적으로는 그러한 禮制의 회복을 통해 조선후기의 사회모순을 해결하고자 하였던 것이다.[10]

答」, 『息山集』 卷12, 11ㄴ~15ㄱ(178책, 275~277쪽) ; 「與李子新」, 『息山集』續集, 卷1, 39ㄱ~40ㄱ(179책, 121쪽) ; 「答李子新」, 『息山集』 續集, 卷1, 40ㄱ~42ㄱ(179책, 121~122쪽) ; 「答李子新」, 『息山集』 續集, 卷1, 42ㄱ~47ㄱ(179책, 122~124쪽) ; 「答息山李先生甲辰」, 『星湖全集』 卷9, 5ㄴ~9ㄱ(198책, 199~201쪽) ; 「上息山」, 『星湖全集』 卷9, 9ㄱ~12ㄴ(198책, 201~202쪽).

9) 정호훈, 「尹鑴의 經學思想과 國家權力强化論」, 『韓國史研究』 89, 1995, 101~105쪽 참조.

이익은 이상과 같은 선배들의 논의에서 드러난 한계와 성과를 종합하여 새로운 자연인식의 틀을 마련하였다. 그는 天人分二的 사고를 계승하는 한편, 災異論을 새롭게 해석함으로써 道理와 物理의 관계를 재정립하였다. 그것은 종전의 주자학적 물리 개념에 대한 변경을 의미하는 것이었다.

한국중세사회의 지배 이데올로기로 기능하였던 주자학의 자연인식은 '有機體的 自然觀'으로 특징지을 수 있다. 그것은 자연을 유기적인 생명체로 간주하는 한편, 인간과 사회와 자연을 동일한 구조 속에서 파악하는 논리 체계였다. 주자학의 자연학 체계는 두 개의 축으로 구성되어 있었으니 하나는 張載의 氣一元論이었고, 다른 하나는 程頤의 理本體論이었다. 자연학의 체계 내에서만 본다면 자연현상에 대한 설명은 氣一元論的 설명으로 충분히 감당할 수 있는 문제였다. 현상세계의 사물을 설명하는 데서 理는 필수불가결한 개념은 아니었던 것이다. 자연학의 영역에서는 氣라는 개념만으로도 사물의 생성과 진화를 비롯한 일련의 현상을 설명할 수 있었다. 그럼에도 불구하고 理라는 개념이 필요했던 것은 자연학의 측면 때문이 아니라 주자학적 사유체계의 내적 요구 때문이었다.[11]

자연학이 자연학 그 자체로서 독립되지 않고 인간학 내지 윤리학의 철학적 기초가 된다고 할 때, 자연학의 모든 개념들은 윤리학의 여러 개념들과 유기적인 관련성을 갖추어야 한다. 그래야만 자연질서와 인간질서의 유기적인 통일이 논리적으로 가능하기 때문이다. 인간학의 측면에서 주희는 인간의 도덕적 당위성(性善)을 전제로 하고 있었다. 인간의 도덕적

---

10) 李東麟, 「17세기 許穆의 古學과 春秋災異論」, 서울大學校 大學院 國史學科 碩士學位論文, 2000 ; 구만옥, 「朝鮮後期 尊君卑臣論의 災異觀-許穆(1595~1682)의 春秋觀과 災異論을 중심으로-」, 『韓國 實學의 새로운 摸索』, 景仁文化社, 2001 참조.

11) 야마다 케이지(김석근 옮김), 『朱子의 自然學』, 통나무, 1991, 終章('자연학에서 인간학으로') 참조. "사실 자연학의 영역에서는 때때로 인식론의 입장에서 리라는 말이 사용되긴 하지만 이론구성에 있어서 리의 개념은 본질적인 것이 아니라 그것 없이도 이론전체를 기술할 수 있는 것이다"(349쪽) ; "바로 이 점은 존재론 그 자체의 요청인 기와는 달리 리(理)는 다른 어떤 요청에 근거하여 바깥으로부터 존재론 속으로 도입된 개념이라는 것을 강하게 시사해 준다"(350쪽).

행위의 철학적 근거가 바로 형이상학적인 理(天理)였다. 동시에 이 理는 모든 인간과 사물에 두루 갖추어져 있는 것으로 간주되었다. 즉 理는 모든 존재의 근거임과 동시에 자연과 인간이 지향해야 할 본연의 상태였다. 한편 理는 모든 존재의 근거라는 의미에서 총체적 원리로서 '理一'이면서 동시에 구체적인 만물 속에 내재하는 개별적 원리로서 '萬殊'가 되었다. 이것이 바로 '理一分殊論'이었다. 주자학은 이 '理一分殊論'에 의거해서 자연과 인간·사회를 관통하는 통일적인 질서를 구축하였다. 그리고 그 안에서 구체적 인간과 사물은 이 같은 통일적 질서, 즉 天理에 합당한 행동을 수행해야 했다.

주자학의 理에는 '존재의 理'와 '당위의 理'라는 양면이 있었다. 존재의 理란 자연세계의 生生之理요, 당위의 理란 인간세계의 도덕적 원리였다. 그것이 이른바 '所以然之故'와 '所當然之則'이었다.[12] 그런데 주희는 당위의 理를 가지고 자연의 존재까지도 보려고 했다. '所以然之故'가 '所當然之則'의 근원이 되는 까닭이었다.[13] 요컨대 주희에게 理는 所以然과 所當然의 양면을 兼有한 것이며, 所以然은 존재의 理로서 天理였고, 所當然은 當爲의 理로서 人道였다. 이처럼 주희의 理는 天道와 人道를 일관하는 것이었다.[14]

자연학의 측면에서 理는 사물의 법칙, 또는 질서의 원리로서의 의미만을 갖는다. 그러나 자연학과 인간학이 유기적인 체계로 연결될 때 자연학의 理는 윤리학의 도덕적 理(三綱五倫)의 개념과 관련을 갖게 되고, 자연학의 理와 윤리학의 理는 동일한 것으로 취급된다. 요컨대 주자학의 理는 物理임과 동시에 道理이고 自然임과 동시에 當然이었다. 물리와 자연법

---

12) 『大學或問』 11ㄱ(8쪽-영인본 『四書或問』, 保景文化社, 1986의 쪽수). "至於天下之物 則必各有所以然之故與所當然之則 所謂理也".

13) 『朱子語類』 卷17, 大學4或問上, 經一章, 沈僩錄, 383쪽(點校本 『朱子語類』, 中華書局, 1994의 쪽수. 이하 같음). "郭兄問 莫不有以知夫所以然之故 與其所當然之則 曰 所以然之故 卽是更上面一層".

14) 裵宗鎬, 『韓國儒學史』, 延世大學校 出版部, 1974, 27~29쪽.

칙은 도리와 도덕규범에 완전히 포섭되어 있었다.15) 주자학의 특징은
바로 이와 같은 윤리성에 있으며, 주자학적 합리주의는 자연을 도덕에,
나가서는 역사마저 도덕에 종속시키는 名分論을 만들어내기에 이르렀다.
바로 여기에 주자학의 중세적·계급적 성격이 있는 것이다. 이것은 주자
학적 사유체계가 자연과 인간을 통일적인 관점에서, 유기체적으로 파악하
려고 하였기 때문에 나타난 결과였다. 따라서 주희가 아무리 자연을 氣의
이론에 의해 구성했다고 할지라도 그 배후에 도덕적 성격을 갖는 理의
법칙성을 전제하고 있다고 할 때, 그의 자연학은 일정한 한계를 가질 수밖
에 없었다. 주희의 자연학이 중세적인 틀을 벗어나 근대과학으로 이행하
기 위해서는 인간(학)과 자연(학)의 분리라는 질적인 변화 과정을 거쳐야
만 했던 것이다.

　이러한 자연관 하에서 자연인식의 방법으로서 제시된 '格物致知論'
역시 과학적인 인식론과는 일정한 거리가 있었다. 왜냐하면 격물치지를
통해 파악하고자 한 것이 자연세계의 원리·법칙이라기보다는 인간사회
의 윤리·도덕·수양의 원칙이었기 때문이다.16) 다만 유기체적 자연관의
성격상 격물치지론에는 자연학적 인식론으로서의 성격이 포함되어 있었
다. 그것이 진정한 의미에서 과학적 인식론으로 발전하기 위해서는 앞서
이야기한 바와 같이 인간학으로부터 자연학의 분립, 도리로부터 물리의
자립화가 선행되어야 했다.

　따라서 이러한 주자학적 자연학으로부터 벗어나 근대적인 자연인식으
로 전진하기 위해서는 주자학적 자연학의 유기체적 구조를 깨뜨리는 것이
하나의 방법이 될 수 있다. 그것은 天으로 표상되는 자연과 인간 사이에

---

15) 야마다 케이지(김석근 옮김), 앞의 책, 1991, 343~387쪽 ; 張東宇, 「朱子學的
　　패러다임의 반성과 해체 과정으로서의 實學-自然學과 人間學의 分離를 中心으
　　로-」, 『泰東古典硏究』 12, 1995, 146~152쪽 참조.
16) 『大學或問』 28ㄱ(16쪽). "然而格物 亦非一端 如或讀書講明道義 或論古今人物
　　而別其是非 或應接事物而處其當否 皆窮理也" ; 陳來, 『朱熹哲學硏究』, 中國
　　社會科學出版社, 1987, 218~228쪽 참조.

맺어진 선험적 관계를 분쇄하는 것이었다. 이것이 바로 주자학적 '天人合一'에 대한 반발로서의 '天人分二'인 것이다. 道理와 物理의 분리는 당연히 '三綱五倫'으로 규정된 理의 내용에 변화를 초래하게 될 것이며, 나아가 理를 파악하기 위한 방법론으로서의 격물치지론에도 일정한 영향을 미치게 되어 주자학적 자연학의 전면적 동요·해체로 이어질 수 있었다.

이익은 바로 이와 같은 방법으로 주자학적 자연학의 틀을 분해하고 새로운 자연인식의 틀을 확보하였다.[17] 그것은 크게 세 가지 측면에서 이야기될 수 있다. 첫째는 주자학적 理氣論 체계의 변화이다. 그것은 유기체적 자연관의 철학적 근간이 되는 '理一分殊論'의 해체를 의미하는 것이었다. 이익은 경험 세계의 근거로서 본체 세계를 설정하지 않았다. 그는 '統體太極'과 '萬殊太極'을 통일적으로 파악하는 대신 범위를 기준으로 구별하였다.[18] 즉 統體太極이 관계하는 세계와 萬殊太極이 관계하는 세계가 각각의 독자적 경계를 가지고 존재한다는 것이었다. 결국 세계 안에 존재하는 모든 사물은 각각 하나의 경계를 갖고 있으며, 모든 존재는 독자

---

17) 李瀷의 自然認識, 科學思想, 宇宙論에 대한 기존의 연구로는 다음을 참조. 洪以燮, 『朝鮮科學史』, 正音社, 1946, 237~261쪽 ; 李龍範, 「法住寺所藏의 新法天文圖說에 對하여-在淸天主敎神父를 通한 西洋天文學의 朝鮮傳來와 그 影響-」, 『歷史學報』 32, 1966, 91~116쪽(李龍範, 『韓國科學思想史硏究』, 東國大學校出版部, 1993에 재수록) ; 李龍範, 「李瀷의 地動說과 그 論據-附 : 洪大容의 宇宙觀-」, 『震檀學報』 34, 1972(李龍範, 『韓國科學思想史硏究』, 東國大學校出版部, 1993에 재수록) ; 李元淳, 「星湖 李瀷의 西學世界」, 『敎會史硏究』 1, 1977(李元淳, 『朝鮮西學史硏究』, 一志社, 1986에 재수록) ; 朴星來, 「韓國近世의 西歐科學 受容」, 『東方學志』 20, 1978 ; 박성래, 「星湖僿說 속의 서양과학」, 『震檀學報』 59, 1985(震檀學會 編, 『韓國古典심포지움』(第3輯), 一潮閣, 1991에 재수록) ; 李龍範, 「李朝實學派의 西洋科學受容과 그 限界-金錫文과 李瀷의 경우-」, 『東方學志』 58, 1988 ; 金弘炅, 「星湖 李瀷의 科學精神-神秘主義思想 批判을 중심으로-」, 『大東文化硏究』 28, 1993 ; 김홍경, 「이익의 자연 인식」, 『실학의 철학』, 예문서원, 1996 ; 金容傑, 「星湖의 自然 認識과 理氣論 體系 變化」, 『韓國實學硏究』 創刊號, 솔, 1999.

18) 『星湖僿說』 卷3, 天地門, 物各太極, 12ㄴ(Ⅰ, 77쪽-『국역 성호사설』, 민족문화추진회, 1977의 책수와 原文 쪽수. 이하 같음). "然統體太極 非分爲萬殊 萬殊太極 非合爲統體 於理爲差……".

적인 근거를 가지고 개별성·개체성을 유지하고 있다는 것이다. 여기서
주목되는 것은 하나의 사물에 일관되게 적용되는 理가 다른 사물에는
관통되지 않는다는 점이다.[19] 이것은 理一의 부정이라고 할 수 있다.

둘째는 理의 내용을 변화시킨 것이었다. 이익은 理의 형이상학적이고
도덕적인 의미를 탈색시키고 근대적인 의미의 이법·원칙으로서의 理를
강조하였다. 그것은 '理一'의 부정으로부터 예견되는 것이었다. 주자학적
자연관에서 '理一'의 강조는 자연과 인간·사회를 하나의 이법으로 총괄
하려는 것이었다. 이제 그 연결고리를 끊어버림으로써 理의 성격 역시
도덕적인 차원에서 벗어날 수 있게 되었다. 이익은 氣와 분리되어 존재하
는 理를 인정하지 않았다. 그것은 경험세계와 분리된 본체의 세계를 염두
에 두지 않았다는 것이며, 이럴 경우 理는 각각의 사물에 일 대 일로
작용하는 개별 條理(=分殊理)로서의 성격을 띠게 된다.[20]

셋째는 격물치지론의 변화이다. 그것은 理氣論 체계의 변화에 수반되
는 것이었다. 理一의 통일성을 부정하고 개별사물의 고유한 이치만을
인정하는 이익에게 격물이란 당연히 각각의 사물이 지니고 있는 개별적인
이치를 분별하는 것이었을 뿐이다. 그가 '格'자의 '各'의 의미에 착안하여
개별사물의 이치를 강조한 것은 바로 그러한 이유에서였다.[21] 격물의
의미를 이렇게 본다면 격물의 범위는 이 세상에 존재하는 사물의 다양함만
큼 풍부해지게 된다. 따라서 사물의 이치를 탐구하기 위해서는 풍부한
공부가 필요하였다. 『星湖僿說』에 나타난 博學的 학풍은 바로 이러한
이치 탐구의 결과물이었다고 판단된다. 그가 일찍이 궁리공부를 통한 '大
心'을 강조하였던 이유도 바로 이것이었다.[22]

---

19) 金容傑, 『星湖 李瀷의 哲學思想研究』, 成均館大學校 大東文化研究院, 1989,
    39~45쪽 참조.
20) 『星湖全書』第7冊, 四七新編, 四端有不中節第三, 6쪽(영인본 『星湖全書』, 驪江
    出版社, 1984의 쪽수. 이하 같음). "氣有淸濁偏全之殊 故理之顯不顯不同".
21) 『星湖僿說』卷22, 經史門, 格致誠正, 17ㄴ(Ⅷ, 84쪽). "格從各 各有辨別之義";
    『星湖僿說類選』卷7上, 經史篇 3, 經書門 3, 格致誠正(下, 109쪽-星湖僿說類選,
    朝鮮古書刊行會, 1915의 책수와 쪽수. 이하 같음).

　이렇게 얻어진 자연인식은 기존의 자연인식과는 분명하게 차별성을 보일 수밖에 없었다. 기존의 자연 탐구가 유기체적 자연관의 틀 속에서 天人合一의 관점에 연계되어 수행된 측면이 강했다면, 이제 이익은 그런 부담과 질곡으로부터 해방되어 자유롭게 자연세계의 문제를 논할 수 있었던 것이다.[23] '天人分二'의 관점에 입각하여 전개되는 이익의 자연 탐구는 철저한 窮理공부였다. 그것은 개개의 이치를 탐구하는 작업이었고, 때문에 '博學'이 될 수밖에 없었다. 『星湖僿說』의 전편에 흐르는 다양한 문제에 대한 관심과 실증적 연구는 바로 개개 사물의 각각의 이치(=分殊理)를 탐구해 가는 博學의 산물이었다. 자연학의 측면에서만 이야기한다면 그것은 전통적인 자연학의 바탕 위에서 새롭게 도입된 서양과학을 비교·대조하여 그 동이점을 분별하고, 실증적인 차원에서 개별 사물의 이치를 考究하는 것이었다.

　理一分殊의 부정은 결국 道理와 物理의 분리, 天人의 분리를 의미하였다. 천인의 분리는 기존의 天人合一과 天人感應論, 그리고 그에 입각한 災異說의 재편으로 이어졌다. 그것은 한편으로는 天에 대한 새로운 탐구를, 다른 한편으로는 人에 대한 새로운 규정을 뜻한다. 이익은 自然天과 道德天을 분리시켰고, 그 연장선상에서 인간의 능동적인 역할을 강조하였다. 이익은 자연적인 하늘을 '天'으로, 그 하늘의 운행 원리를 上帝라고 표현하였다. 이때의 상제는 인격적인 상제와는 다른 개념이었다. 하늘이란 지각의 심장이 있는 것이 아니며, 다만 만물에 따라 응하여 생성하기를 좋아하는 이치가 있을 뿐이었다. 결국 하늘의 이치란 생성하는 것이며, 그 이치에 따라 財成輔相하는 것은 바로 사람인 것이다.[24] 이것은 天에

---

22) 『星湖僿說』卷10, 人事門, 心大心小, 7ㄱ(Ⅳ, 42쪽). "然則學者須大其心 心大則 萬物皆通 必有窮理功夫 心纔會大……".
23) 물론 여기서 자유롭다는 것은 당시의 자연과학의 수준과 그에 대한 이익 개인의 인식에 규정되는 것이기는 하다. 그럼에도 불구하고 이것이 의미를 가질 수 있는 것은 건전한 비판정신의 확립이라는 점에서 커다란 역할을 하였기 때문이다.
24) 『星湖僿說』卷27, 經史門, 神理在上, 56ㄱ~ㄴ(Ⅹ, 116쪽).

대한 인간의 상대적 자립성을 강조한 것으로 볼 수 있다. 天이란 인간에게 명령을 내리거나 인간의 운명을 주재하는 존재가 결코 아니었다. 그것은 다만 生生의 이치를 가진 자연적인 것에 지나지 않았다. 따라서 인간의 운명은 인간 자신의 노력 여하에 달린 것이었다. 이익은 이것을 '造命'이라고 표현하였다.[25]

2) 事天論의 전개와 自然天에 대한 과학적 탐구

(1) 天觀의 분화와 事天論의 전개

李瀷의 우주론을 살피기에 앞서 그가 사용하고 있는 天·上帝 등의 용어를 면밀하게 분석할 필요가 있다. 종래 주자학에서는 道·天·帝·鬼神·神·乾 등의 용어가 통일적으로 사용되어 왔다.[26] 그것은 자연과 인간·사회를 일원적으로 파악하는 유기체적 자연관에서는 당연한 일이었다. 그러나 '天人合一'의 유기체적 자연관에 변화가 발생할 경우, 天을 표현하는 여러 용어들 사이에도 차별이 생길 수 있다. 道理와 物理를 분리하여 사고하고 있는 이익의 경우에도 당연히 이런 변화가 기대되는 것이다.

이익은 일단 전통적인 견해에 따라 天과 上帝를 구분하였다. "저 하나의 둥근 것을 天이라 하고, 主宰하는 것을 上帝라고 하는데, 天이라 하고 上帝라고 하는 것은 모두가 칭량하여 이름을 붙인 것이다"[27]라는 주장이 그것이다. 이것은 이익이 자연적인 하늘을 '天'으로, 그 하늘의 운행 원리를 '上帝'로 표현하고 있었음을 뜻한다. 한편 우주론의 측면에서 天과 帝는

---

25) 『星湖僿說』卷3, 天地門, 造命, 36ㄴ(Ⅰ, 89쪽). "造命者 時勢所値 人力參焉".

26) 『周易程氏傳』卷1, 周易上經上, 乾, 695쪽(『二程集』, 漢京文化事業有限公司, 1983의 쪽수). "夫天 專言之則道也 天且弗違是也 分而言之 則以形體謂之天 以主宰謂之帝 以功用謂之鬼神 以妙用謂之神 以性情謂之乾" ; 『星湖僿說』卷2, 天地門, 釋天, 50ㄴ(Ⅰ, 55쪽).

27) 『星湖僿說』卷27, 經史門, 神理在上, 56ㄱ(Ⅹ, 116쪽). "夫一圓謂之天 主宰謂之帝 其曰天曰帝 莫不稱量名之".

천지의 생성과 운행을 기준으로 구분되기도 하였다. 天은 천지의 생성과정을 의미하며, 帝란 천지가 생성된 이후 '造化의 所以然'을 의미하는 것이었다.[28] 그런데 여기서 天과 帝는 각각 사물과 인격으로 비유되었다. 요컨대 天이란 자연물로서의 天地를 뜻하고, 帝란 그 천지의 운행을 주재하는 인격적인 존재와 같다는 말이다. 때문에 天은 배나 수레에, 帝는 배를 띄우고 수레를 끄는 행위에 비유되기도 하였다.[29]

이처럼 自然天과 主宰天(人格天)=道德天을 구분하는 이익의 의도는 앞서 살펴본 道理와 物理의 분리라는 관점에서 이해될 수 있다. 종래의 理法天觀에서는 자연천과 도덕천을 무매개적으로 연결시켜 이해하였고, 그것은 궁극적으로 자연천을 도덕천에 종속시키는 결과를 초래하였다. 조선시기 지식인들의 天에 대한 대부분의 논의가 도덕천으로 귀결되었던 원인이 바로 여기에 있었다(天卽理). 그 결과 자연천에 대한 자연과학적인 탐구는 도덕천의 의미를 뒷받침하는 범위 내에 제한될 수밖에 없었다. 따라서 이익이 자연천과 도덕천을 분리하여 이해하고 있었다는 것은 자연천의 독자적인 의미를 인정하기 시작했다는 것으로 해석할 수 있고, 그것은 새로운 물리 탐구의 길을 여는 것이었다고 평가할 수 있다. 단 이러한 이익의 시도가 종래의 도덕천의 의미를 훼손시키는 것이 아니었다는 점에 유의할 필요가 있다. 그것은 그가 생각하는 主宰天=道德天의 내용을 살펴봄으로써 이해할 수 있다.

이익의 主宰天은 인격적인 상제의 개념으로 비유되었지만 그것이 정말로 인격적인 존재라는 의미는 아니었다. 하늘이란 知覺의 심장이 있는 것이 아니었기 때문이다. 하늘에는 다만 생성하기를 좋아하는 이치(好生之理)가 있을 뿐이고, 이 이치에 따라 자연스럽게 만물을 생성하는 것이었다.[30] 거기에는 '知覺'이라는 인격성이 개입할 여지가 없었다. 그럼에도

---

28)『星湖僿說』卷1, 天地門, 配天配帝, 40ㄴ~41ㄱ(Ⅰ, 22~23쪽). "上一節推本天地之始 則其事屬天 下一截方說造化之所以然 則其事屬帝".

29)『星湖僿說』卷1, 天地門, 配天配帝, 41ㄱ(Ⅰ, 23쪽). "比之天如爲舟爲車 帝如泛舟引車 而各有主宰者在也 天以物爲況 故祀於郊 帝以人爲況 故祀於堂".

불구하고 경전에서 성현들이 '天地의 마음(天地之心)'31)을 말한 이유는 무엇인가? 이익이 보기에 그것은 다만 '이치의 자연스러운 상태(理之自然)'를 표현한 것일 뿐이었다.32) 하늘의 마음이라고 하는 것은 사람의 마음과는 달라서, 착한 것을 보고 기뻐하거나 나쁜 것을 보고 화내는 것이 아니라는 지적이었다. 그것은 하늘이 인간을 仁愛한다고 말할 때도 마찬가지였다. 그때의 仁이란 '生의 원리(生道)'를 말하는 것이고, 愛란 그러한 仁의 작용을 뜻하는 것이었다.33)

主宰天의 의미와 내용을 이상과 같이 정의하고 보면 이익이 생각하는 天人관계가 기존의 理法天觀에서 말하는 그것과 차별성을 갖게 될 것으로 예상할 수 있다. 이법천관의 특징은 우주의 생성과 운행의 근본 원리로 理=太極이라는 개념을 설정하고, 이 理를 통해 하늘과 인간을 연결시킴으로써 天人合一·天人感應의 체계를 理의 원리에 입각하여 설명하는 것이었다. 이법천관에서 하늘은 인격적인 존재가 아니라 자연의 필연적인 이치·추세이며, 동시에 인간이 지켜야 할 원리로 파악되었다. 여기서 중요한 사실은 이때의 理가 자연법칙인 物理와 도덕원리인 道理를 관통하고 있다는 것이다. 요컨대 天으로 표상되는 자연세계의 운행법칙과 人으로 대표되는 인간사회의 운영원리가 天理라고 하는 동일한 理法의 적용을 받게 되는 것이었다. 이처럼 기존의 이법천관에서는 자연천의 운행법칙 속에 인간사회의 윤리도덕적 질서가 내포되어 있다고 보았고, 인간사회의 윤리도덕적 질서에 이상이 벌어졌을 때 하늘이 이에 대한 경고의

---

30) 『星湖僿說』卷27, 經史門, 神理在上, 56ㄴ(X, 116쪽). "天地化生萬物 如人之胚胎子姓 故營衛交運 自然而化 何嘗有知覺者與有力哉 天道亦然 天何嘗有知覺之心臟 隨物輒應 但有好生之理而已".

31) 『周易』復卦, 象辭. "復其見天地之心乎"(本義: "積陰之下 一陽復生 天地生物之心 幾於滅息 而至此乃復可見").

32) 『星湖僿說』卷2, 天地門, 天變, 10ㄴ~11ㄱ(Ⅰ, 35~36쪽). "心者 不過以理之自然者言 何嘗如人心之見善而喜 見惡而怒也耶".

33) 『星湖僿說』卷2, 天地門, 天變, 11ㄱ(Ⅰ, 36쪽). "然則仁愛云者 何謂也 天地之大德曰生 仁生道也 仁之用則愛".

의미로 災異를 발생시키는 것이라고 믿었던 것이다.

그런데 이익은 주재천을 정의하면서 '生道', '好生之理'라는 자연법칙 이외의 어떠한 인격적인 개념의 개입도 부정하였다. 뿐만 아니라 인사의 잘잘못에 대해 하늘이 반응한다는 사실도 인정하지 않았다. 이러한 이익의 사고는 인간의 주체적 작용에 대한 긍정을 나타냄과 동시에 종래의 災異論에 변화를 불러오는 요인이 되었다. 재이론의 핵심은 天의 이법적인 주재에 대한 人事의 괴리와 그에 대한 天의 譴告라는 메커니즘으로 되어 있기 때문이다.

이익은 기본적으로 재이론의 관점을 견지하고 있었다. 현실적으로 인간사회에서 至尊의 지위를 차지하고 있는 군주를 도덕적으로 규제할 수 있는 것은 오직 하늘이었기 때문에 전통적인 敬天·畏天·事天의 관념이 유지되었던 것이다. 때문에 그는 군주가 하늘을 두려워하지 않는 것은 곧 백성이 군주를 두려워하지 않는 것과 같다고 보았다.[34] 그런데 이익의 재이론에서는 종래의 그것과는 다른 모습들도 발견된다. 예컨대 재이의 종류를 범주화시킨다든지, 재이를 극복할 수 있는 존재로서 사람의 역할을 강조한다든지, 신하들이 재이를 빌미로 군주의 통치행위에 대해 문제를 제기해서는 안 된다고 주장한 것 등이 그것이다.[35]

먼저 이익이 재이를 범주화시킨 것은 종래의 재이론이 불합리하다고 생각하였기 때문이다. 그는 재이를 하늘에 속한 것, 땅에 속한 것, 사람에 속한 것으로 분류하기도 하였고,[36] 재이가 영향을 미치는 범위에 따라 家·國·天下·古今의 재이로 나누기도 하였다.[37] 이러한 분류는 종래

---

34) 『星湖僿說』 卷1, 天地門, 災異, 33ㄱ(Ⅰ, 19쪽). "人君至尊也 君之上有天 君不畏天 如民不畏君也".

35) 『星湖僿說』 卷1, 天地門, 災異, 33ㄱ~35ㄱ(Ⅰ, 19~20쪽).

36) 『星湖僿說』 卷1, 天地門, 災異, 33ㄴ(Ⅰ, 19쪽). "盖災異有屬天者 有屬地者 有屬人者 不可不辨".

37) 『星湖僿說』 卷16, 人事門, 古今之災, 49ㄴ(Ⅵ, 61쪽). "有家之災 牝鷄司晨 野鳥入室之類 是也 有國之災 水旱疾疫 山川崩竭之類 是也 有天下之災 兩曜薄蝕 五緯失次之類 是也 有古今之災 小人逐君子 夷狄侵中國 是也".

재이와 인사를 일 대 일로 대응시켜 설명하는 방식에 대한 불만에서 나온 것이었다. 사실 각종 재이와 인사 사이에 개별적 대응관계를 설정하는 것은 무리였다. 董仲舒 이래의 재이론은 이러한 개별적 대응 관계를 강조했지만, 그것은 결국 사람들로 하여금 재이론 자체를 믿지 않게 하는 상황을 초래하였다. 이익 당시에도 수많은 재이가 발생하고 있었지만 그것은 인사와의 필연적 대응관계를 보여주지 못했고, 사람들은 믿지 않으면서도 겉으로만 두려워하는 체 하였다. 이것은 결국 虛文만을 키우고 事天의 실상은 버려 버리는 결과를 불러왔다.[38] 이는 조선후기 사회의 재이에 대한 일반적인 태도를 보여주는 것이기도 하였다.[39] 이익이 재이론 자체를 부정하는 王安石 類의 견해에 부정적인 태도를 보이면서, 동시에 董仲舒나 劉向・匡衡 類의 재이론에 대해서도 비판하였던 것은 바로 이런 이유 때문이었다.[40]

여하튼 이익은 재이의 범주화를 통해 재이에 대해 보다 합리적인 자세로 접근하려는 태도를 보여주었고, 이에 따라 종래 재이로 간주되었던 각종 현상들이 재해석되기도 하였다. 예컨대 日月五星과 관련된 天災의 경우 하늘이 한 나라나 한 가지 일의 잘못 때문에 常度를 변경시키지는 않는다고 보았으며, 혜성의 경우도 세계의 모든 나라에서 볼 수 있기 때문에 그것은 '時運'에 관계되는 것이지 한 나라의 일에 관계된 것은 아니라고 지적하였다. 땅에 관계되는 재이의 경우도 본질적으로는 '地運'에 관련된

---

38) 『星湖僿說』卷2, 天地門, 天變, 10ㄴ(Ⅰ, 35쪽). "又若近世灾異數見 而未必皆驗 人內不信而外示懼 此徒長虛文 事天不誠也".

39) 다음과 같은 金鍾秀(1728~1799)의 말에서 天에 대한 당시 사람들의 인식을 간취할 수 있다. 「事天第五」, 『夢梧集』卷3, 經筵故事, 38ㄴ(245책, 524쪽). "唐虞三代之間 上下所以脅訓戒者 一則曰天 一則曰帝 若有物臨之在上有所作爲者然 及孔孟始以理言天 而繼以程朱之論 則益精微矣 然而不善觀者 或將天作窈冥不可知之物 則惕畏之情不幾於弛乎".

40) 『星湖僿說』卷2, 天地門, 慕齋論天灾, 61ㄴ(Ⅰ, 61쪽). "余謂王氏之無天 雖曰可罪 劉向匡衡之徒 津津說灾異 亦偏矣" ; 『星湖僿說』卷26, 經史門, 劉向董仲舒, 60ㄴ(Ⅹ, 72쪽). "仲舒爲春秋洪範之學 專說灾異 莫不指事以爲應 及其難合 則旁引曲取而遷就其說 失聖人之本意 與劉向父子同一圈套".

문제이지 人事에 감응하는 것은 아니라고 보았다.[41]

이상과 같은 범주적 분석의 연장선상에서 이익은 종래 가장 중요한 재이로 인식되어 왔던 日蝕을 재이의 대상에서 제외하게 되었다. 그것은 서양의 과학적인 日蝕論을 수용한 결과였다. 그는 중국의 종래 역법들이 일식의 계산에 정밀하지 못하였고, 따라서 역법은 서양의 천문역산학을 받아들인 다음에야 잘못이 없게 되었다고 평가하였으며, 일식 계산에서 정확한 것은 오로지 時憲曆뿐이라고 하였다.[42] 종래 주자학의 일식론에서는 계산상의 어려움으로 인해 발생하는 일식 예측의 부정확함을 배경으로, 인간의 도덕 수양 결과에 따라서는 당연히 일어나야 할 일식이 일어나지 않을 수도 있다는 주장(當食而不食)이 꾸준히 제기되었다.[43] 이익은 이러한 견해를 일식의 원리를 제대로 파악하지 못한 결과라고 평가하였다. 즉 종래에는 천문역산술이 정밀하지 못해서 일식의 계산이 부정확하였기 때문에 이런 논의가 나오게 되었다는 것이다.[44] 그는 일식이란 규칙적인 것이기 때문에 그 발생 시각과 일식의 정도까지 모두 정확하게 예측할 수 있다고 주장하였다.[45] 다만 일식은 상징적인 의미에서 여전히 재이로 인정되었는데, 그것은 아래에서 살펴볼 事天論과 관계된 문제였다.

---

41) 『星湖僿說』卷1, 天地門, 灾異, 33ㄴ(Ⅰ, 19쪽).

42) 『星湖僿說』卷2, 天地門, 衛朴, 24ㄱ～ㄴ(Ⅰ, 42쪽). "曆法得西洋術十四條 然後方始不漏 雖郭守敬不能吻合 所以自元以上不免頻易其書 其一定籌而交食皆合者 惟今時憲曆爲然";『星湖僿說』卷2, 天地門, 曆象, 43ㄴ(Ⅰ, 52쪽).

43) 『詩傳』卷11, 小雅, 祈父之什, 十月之交 註. "然王者修德行政 用賢去奸 能使陽盛足以勝陰 陰衰不能侵陽 則日月之行 雖或當食 而月常避日 故其遲速高下必有參差而不正相合 不正相對者 所以當食而不食也 若國無政 不用善 使臣子背君父 妾婦乘其夫 小人陵君子 夷狄侵中國 則陰盛陽微 當食必食 雖曰行有常度 而實爲非常之變矣".

44) 『星湖僿說』卷2, 天地門, 日蝕, 13ㄱ(Ⅰ, 37쪽). "意者 古時曆術猶有未精 人疑其有當蝕不蝕 不當蝕亦蝕之例 於是有此說";『星湖僿說』卷2, 天地門, 衛朴, 24ㄴ(Ⅰ, 42쪽). "前史所載當食不食 不當食亦食 何也 不過術猶未精也".

45) 『星湖僿說』卷2, 天地門, 天變, 13ㄱ～ㄴ(Ⅰ, 37쪽). "日蝕者 與月東西同度南北同道則蝕 不但無時刻之違 其淺深之分 莫不前知".

 앞서 살펴본 바와 같이 이익은 당시 사람들의 재이에 대한 태도가 잘못 되었다고 지적하였다. 그것은 본질적으로 '事天'의 문제였다. 이익이 재이 론적 관점을 유지하고 있었던 것은 그의 事天論과 관련지어 생각해 볼 필요가 있다. 이익은 인사의 잘못에 따라 하늘이 재이를 내린다는 종래의 재이론적 관점을 거부하였다. 그것은 극단적으로 말하면 君主로 하여금 하늘에 대해 걱정하지 않고 두려워하지 않는 단서를 여는 것이라고 하였 다.[46] 왜냐하면 어떤 재앙이 무슨 일의 징험이라고 규정하고 나서 만약 징험이 없게 되면 군주의 교만하고 방자한 마음만 북돋워주는 꼴이 되기 때문이었다.[47] 이러한 관점에서 이익은 신하들이 재이의 발생을 빌미로 군주의 통치행위에 대해 문제삼는 것은 옳지 않다고 주장하였다. 조선왕 조의 전 시기 동안 재이의 발생에 즈음해서 신하들은 災異上疏라는 명목 으로 군주의 통치행위에 문제를 제기하였다. 그리고 그것은 대부분 군주 의 德과 心術에 대한 문제로 귀결되었다. 이익은 이러한 방식에 반대하며 재이를 군주의 주체적인 덕성함양의 계기로서만 인정하였다. 신하들은 개별적 재이 사례를 문제삼지 말아야 한다는 것이었다.[48] 요컨대 하늘의 마음이라고 하는 것은 사람의 마음과는 달라 착한 것을 보고 기뻐하거나 악한 것을 보고 화내는 것이 아니며, 따라서 인사의 잘못을 기다려 재이를 내린다고 하는 것은 잘못된 논리라는 것이다.[49]

 그렇다면 재이란 과연 무엇인가? 재이란 천지의 자연적인 법칙에 위배 되는 '氣數之變',[50] 또는 '天數之厄運'[51]을 뜻하는 것이었다. 이익은 천지

---

46) 『星湖僿說』卷2, 天地門, 天變, 11ㄱ(Ⅰ, 36쪽). "……此所謂徒啓人君不憂不畏 之端者也".

47) 『星湖僿說』卷2, 天地門, 慕齋論天災, 61ㄱ(Ⅰ, 61쪽). "自古言灾異者 謂某灾爲 某事之應 及其未驗 則人君益驕恣侈之心".

48) 『星湖僿說』卷1, 天地門, 灾異, 35ㄱ(Ⅰ, 20쪽). "事君者 若但以事事拘牽 則徒惹 不信之心 何益哉".

49) 『星湖僿說』卷2, 天地門, 天變, 11ㄱ(Ⅰ, 36쪽). "然則仁愛云者 何謂也 天地之大 德曰生 仁生道也 仁之用則愛 貫古今遍四海 而天地無一時不仁愛下民也 何待 人事之失而後然哉".

자연의 이치는 본래 바르지만, 사물이라고 하는 것은 氣數의 영향을 받기 때문에 언제나 바를 수는 없다고 보았다.52) 따라서 재이는 '厄運'으로 간주되었다. 그것은 해마다 겨울이 있고, 날마다 밤이 있는 것처럼 피할 수 없는 것이었다. 예컨대 수재와 한재가 겹쳤던 湯王의 시대도 탕왕의 덕에 잘못이 있어 그런 것이 아니고 탕왕이 바로 이와 같은 '厄運을 만났기 때문이었다.53) 하늘은 항상 만물을 생성·양육하려고 하지만 '氣數'에 따라 그것이 왜곡되는 때가 있다는 것이다.54) 氣數란 만물이 기품을 통해 생성될 때 長短의 운수가 있게 됨을 말하는 것으로,55) 천지 사이를 가득 채우고 있는 모든 사물은 이러한 성쇠의 이치에서 벗어날 수 없는 것이었다.56) 요컨대 기수의 변화란 元氣의 성쇠에 따른 운수의 변화를 의미하는 것으로 볼 수 있다.

이렇게 볼 때 재이란 천지의 자연적·항상적인 질서에 위배되는 일체의 현상을 뜻하는 것이며, 그것은 氣數의 변화에 따른 일종의 厄運이었다. 따라서 그것은 직접적으로 인사와 관련을 갖는 것이 아니었다. 그럼에도 불구하고 사람들이 재이를 흉한 것으로 간주하는 것은 사람이 천지와 더불어 우주를 구성하고 있는 유기체적 존재이기 때문이었다. 결국 하늘의 경고라고 하는 재이의 의미는 자연의 법칙적인 질서에 내포되어 있을

---

50) 『星湖僿說』 卷2, 天地門, 天變, 11ㄱ(Ⅰ, 36쪽). "灾孽者 氣數之變也".

51) 『星湖僿說』 卷2, 天地門, 慕齋論天灾, 61ㄴ(Ⅰ, 61쪽). "然灾異之見 亦必是天數之厄運".

52) 『星湖僿說』 卷14, 人事門, 福善禍淫, 20ㄱ(Ⅴ, 86쪽). "天理本正 而物主於氣數 故未必皆正".

53) 『星湖僿說』 卷24, 經史門, 桑林禱雨, 59ㄱ(Ⅸ, 73쪽). "魏伯陽曰 湯遭厄際 水旱隔幷 是天有厄運 而湯適際其會 非湯有愆德而然也 其厄運也 如歲之有冬 日之有夜 不可免也".

54) 『星湖僿說』 卷12, 人事門, 頑氓怨天, 22ㄱ(Ⅴ, 11쪽). "天豈不欲栽養之哉 氣數或有不免也".

55) 『星湖僿說』 卷5, 萬物門, 元氣, 8ㄴ(Ⅱ, 45쪽). "物生氣稟 元有長短之數".

56) 『星湖僿說』 卷5, 萬物門, 元氣, 8ㄴ(Ⅱ, 45쪽). "天地亦然 盈於兩間者 莫非元氣 而亦必有衰息之時".

따름이었고, 하늘 안에 거처하는 모든 사람은 '天數之厄運'이 닥치면 경계하여 게을리하지 않아야 한다는 것이었다.[57]

그렇다면 결국 재이를 대하는 태도에서 가장 중요한 것은 재이를 당한 사람들의 마음 자세였다. 그것은 자기에게 비록 잘못이 없더라도 잘못이 있는 것처럼 반성하는 자세였으니,[58] 일종의 종교적인 심성에 다름 아니었다. 때문에 수재나 한재가 있을 때 제사를 지내 기도하는 것은 매우 중요한 행위로 인정되었다. 그것은 단순한 의례에 그치는 것이 아니고 民生과 관련된 구체적인 政事를 행하는 것이었기 때문이다.[59] 재이가 발생했을 때 宰相이 책임을 지고 물러나야 한다는 주장 역시 재이를 도덕적 반성의 계기로 삼고자 하는 관점에서 나온 것이었다. 君主는 물론 군주를 보좌하는 재상까지도 재이를 자신의 허물로 간주하는 마음의 자세가 절실히 요구되었던 것이다. "위와 아래가 모두 재이로써 걱정하지 않는 이가 없다면 모든 정사에 도움이 될 것"으로 이익은 생각했던 것이다.[60]

여기서 이익은 종래의 '財成輔相(裁成輔相)'[61]이라는 개념을 재해석하고 있다. 먼저 '財成'의 의미는 천지의 자연스러운 이치에 따라 천지의 화육을 돕는 행위였다. 비유하자면 소에게 코뚜레를 하고 말에 굴레를 씌우는 행위와 같은 것이었다. 이러한 '財成'의 의미에는 아직까지 선악이라는 가치 판단은 개입되지 않는다. 사물들이 氣數의 영향을 받아 바르지

---

57) 『星湖僿說』卷2, 天地門, 慕齋論天灾, 61ㄴ(Ⅰ, 61쪽).

58) 『星湖僿說』卷24, 經史門, 桑林禱雨, 59ㄱ~ㄴ(Ⅸ, 73쪽). "執此究之 聖王之懼灾省愆 雖無若有 兢兢乎惟恐一毫之不察 而或干神怒 故必誠必信 旣齋旣戒 則一理昭格 已十分靈感矣".

59) 『星湖僿說』卷11, 人事門, 水旱報祭, 42ㄱ~43ㄱ(Ⅳ, 103쪽). 여기서 李瀷이 예로 들고 있는 蕭梁時의 祈雨 七事는 다음과 같다. ①理冤獄及失職者, ②賑鰥寡孤獨, ③省徭輕賦, ④擧進賢良, ⑤黜退貪邪, ⑥命合男女㢠怨曠, ⑦徹膳羞樂縣而不作.

60) 『星湖僿說』卷10, 人事門, 灾異責免, 20ㄱ~ㄴ(Ⅳ, 49쪽). "國有灾異 責免宰相 古義也……上下莫不以灾爲憂 其於政理 將有裨益矣".

61) 『周易』泰卦, 大象. "象曰 天地交泰 后以財成天地之道 輔相天地之宜 以左右民".

못하다고 하여도 천지라고 하는 자연물은 그러한 선악의 행위에 대해
간여할 수 없다. 善惡에 따라 禍福을 내리는 것은 천지 자연의 이치를
본받은 聖人의 행위에 의해 가능한 것이었다. 그것이 바로 '輔相'이었다.
요컨대 '福善禍淫'이라는 원칙은 인간의 적극적인 개입(財成輔相)에 의
해 비로소 가능한 것이었다.[62] 재이를 극복할 수 있는 존재로서 사람의
역할을 강조하고 있었던 것[63]도 이러한 인식에 기초한 것이었다.

　이처럼 자연천과 분리된 도덕천의 문제를 종교적인 심성에 입각하여
추구하는 이익의 재이론은 祥瑞와 妖孽을 구별하는 그의 태도에서 분명하
게 확인할 수 있다. 그는 다음과 같이 말하고 있다.

　　재이와 상서의 구별은 다만 사람에게 이익이 되는가 사람에게 해로운
　가 하는 사이에 달려있는 것이다.……이로 미루어 말하자면, 아무 하는
　일없이 백성을 학대하고 재물을 거두어들이는 것만 일삼고, 四體가 근면
　하지 못하여 다만 따뜻하고 배부른 것만 생각하며, 자기 몸을 반성하지
　않고, 인재를 꺼리고 사람을 상하게 하는 무리는 妖孽 가운데 가장 커다란
　것이다.[64]

이익은 재이와 상서를 구분하는 기준으로 이로움과 해로움을 제시하였
다.[65] 때문에 이익은 "衰亂의 시기에는 재이는 있어도 상서는 없다"고

---

62) 『星湖僿說』卷14, 人事門, 福善禍淫, 20ㄱ(Ⅴ, 86쪽). "天道任運 地道生養 贊佐
　化育在人 故天地自然而財成者人也 比之牛馬 四足天地也 穿鼻絡頭者 人之功
　也 然只財以成之 未見有從善背惡之義 天理本正 而物主於氣數 故未必皆正
　而天地不能隨事糾違 必待聖人之法天地而宜之也 是謂輔相也".

63) 『星湖僿說』卷1, 天地門, 灾異, 34ㄱ(Ⅰ, 19쪽). "天地之所不免而能禳之者 人
　也"；『星湖僿說』卷27, 經史門, 神理在上, 56ㄴ(Ⅹ, 116쪽). "天何嘗有知覺之心
　臟 隨物輒應 但有好生之理而已 因其理而財成輔相者 人也".

64) 『星湖僿說』卷16, 人事門, 妖祥, 44ㄴ(Ⅵ, 58쪽). "然則災祥之別 只繫利人害人之
　間……推此言之 凡無所事 事虐民斂財 四體不勤 但思溫飽 不合修己 忌才傷人
　之類 妖之最大者也".

65) 『星湖僿說』卷6, 萬物門, 災祥, 64ㄱ(Ⅱ, 111쪽). "凡祥瑞者 益人之名 災孽者
　有害之物 不可以形色別也".

자신있게 단정할 수 있었다.[66] 이는 결국 재이론을 人道의 차원에 국한시켜 보려는 것이었다. 인간사회의 구성원들이 道理에 따르지 않을 때 그것이 가장 큰 재이라는 관점의 표현이었다.

요컨대 하늘을 본받는다는 것은 사람의 마음으로써 하는 것이었다. 천지의 자연스러운 운행법칙 속에서 생성의 원리를 발견하고, 그것을 미루어 인간사회의 질서도 그와 같은 자연스러운 것이 되도록 노력해야 한다고 하였다. 그를 위해서는 인간사회의 구성원 모두가 스스로의 행위가 그러한 이치에 합당한가, 다시 말해 인간사회의 운영원리인 두리에 적합한 것인가를 반성해야 한다는 것이었다.[67]

(2) '後出愈工'의 西學 인식과 自然天의 탐구

李瀷은 기본적으로 西學과 西敎를 분리하여 이해하고 있었다. 서학에 대해서는 적극적인 긍정과 수용의 태도를 보인 반면, 서교에 대해서는 비판적인 태도를 견지하였다. 서학에 대한 우호적인 태도는 時憲曆을 비롯한 서양 과학의 우수성에 대한 인식을 바탕으로 한 것이었다. 이른바 '仰觀俯察器數機械之妙',[68] '仰觀俯察推算授時之妙'[69]가 바로 그것이었다. 이익은 '器數之法'은 후대로 내려갈수록 더욱 정밀해지며, 비록 聖人의 지혜라 할지라도 다하지 못하는 바가 있다는 역사적 인식과[70] 당시 중국의 학문적 능력(志業力量)이 서양보다 뒤떨어져 있다는 현실 인식[71]을 바탕으로 서학수용론을 전개하였다. 특히 서양의 천문역법에 대해서는

---

66) 『星湖僿說』卷6, 萬物門, 有災無祥, 64ㄱ(Ⅱ, 111쪽). "余則謂衰亂之際 有災而無祥".

67) 『星湖僿說』卷10, 人事門, 匹夫體天, 7ㄱ~ㄴ(Ⅳ, 42쪽).

68) 「答族孫輝祖壬申」, 『星湖全集』卷33, 33ㄴ(199책, 94쪽).

69) 「跋天主實義」, 『星湖全集』卷55, 28ㄱ(199책, 516쪽).

70) 『星湖僿說』卷2, 天地門, 曆象, 43ㄱ~ㄴ(Ⅰ, 52쪽). "凡器數之法 後出者工 雖聖智有所未盡 而後人因以增修 宜其愈久而愈精也".

71) 「跋職方外紀」, 『星湖全集』卷55, 26ㄴ(199책, 515쪽). "中國之士 比諸洋外列邦 固宜大有秀異者 而今於西士之志業力量 反有望洋向若之歎 何如其愧哉".

그것이 매우 정확하여 중국역법이 미치지 못하니72) 마땅히 따라야 한다고
주장하였으며,73) 시헌력의 경우 "聖人이 다시 태어난다 해도 이것을 따를
것이다"74)라고 하여 그 정확성을 인정하였다. 그가 서학의 실용성을 '星曆
籌數之法'에서 찾고 있었던 것75)에서도 서양 천문학에 대한 그의 높은
평가를 읽을 수 있다.

이러한 이익의 인식은 曆法의 역사적인 발전 과정에 대한 객관적인
분석에 기초하고 있었다. 이익은 역법을 黃帝 이래 역대 제왕들이 계승·
발전시켜 온 사업으로 보았다. 특히 帝嚳에서부터 堯를 거쳐 舜에 이르는
일련의 역법 사업을 천문역산학에 대한 연구 성과의 축적 과정으로 간주하
였다.76) 요컨대 '器數之法'으로 표현되는 역법은 후대의 사람들이 전대의
그것을 토대로 增修하면 시대의 흐름에 따라 더욱 정밀하게 만들 수 있다
는, 이른바 '後出愈工'의 발전론적 입장이었다.77) 이러한 관점에서 보면
종래 역법의 개폐과정은 더욱 정밀한 역법을 만들기 위한 발전의 역사로
파악된다. 그리고 그 발전의 정점에 당시 최신의 역법인 시헌력이 자리하
고 있었던 것이다. 시헌력이 '曆道之極'으로 평가되는 이유가 바로 이것이
었다.78)

---

72) 『星湖僿說』卷1, 天地門, 中西曆三元, 49ㄱ(Ⅰ, 26쪽).

73) 『星湖僿說』卷2, 天地門, 日天之行, 48ㄱ~ㄴ(Ⅰ, 54쪽) ; 『星湖僿說類選』, 卷1
上, 天地篇上, 天文門, 談天(上, 8쪽).

74) 『星湖僿說』卷2, 天地門, 曆象, 43ㄴ(Ⅰ, 52쪽). "今行時憲曆 卽西洋人湯若望所
造 於是乎曆道之極矣 日月交蝕 未有差謬 聖人復生 必從之矣".

75) 『河濱集』卷2, 內篇, 紀聞篇. "西學則頗有實用處……吾之所謂實用者 取其天
問略幾何原本所論星曆籌數之法 前人未發 大有益於世也".

76) 『星湖僿說』卷1, 天地門, 五星, 16ㄱ(Ⅰ, 10쪽). "帝嚳能序星辰 堯述父業 曆象日
月星辰 舜承之以齊七政" ; 『星湖僿說』卷2, 天地門, 方星圖, 5ㄴ(Ⅰ, 33쪽) ; 『
星湖僿說』卷2, 天地門, 曆象, 43ㄱ(Ⅰ, 52쪽).

77) 『星湖僿說』卷1, 天地門, 九重天, 46ㄴ(Ⅰ, 25쪽). "……此後出者益工也" ; 『星
湖僿說』卷2, 天地門, 曆象, 43ㄱ~ㄴ(Ⅰ, 52쪽) ; 『星湖僿說』卷2, 天地門, 帝嚳
序星辰, 44ㄱ(Ⅰ, 52쪽). "殆所謂後出愈工者乎".

78) 주 74) 참조.

이상의 논의에서 중요한 것은 '器數之法'에 관한 한 聖人 역시 부족한 점이 있을 수 있다는 지적과 역법은 후대로 내려올수록 더욱 정밀해지는 것(後出愈工)이라는 발전론적 관점이다. 上古의 聖人들에 의해 인간사회의 道理는 물론 자연세계의 物理까지 모두 밝혀졌다고 보는 입장에서는 새로운 물리 탐구에 대한 적극적인 자세가 나오기 어렵다. 이익의 경우 분명하게 언급되지는 않았지만 물리에 관한 한 성인에 의해 모든 것이 밝혀졌다고 보기 어렵다는 입장을 취하고 있었다고 볼 수 있다. 서양과학에 대한 적극적인 수용은 이런 자세에서 가능하지 않았을까 짐작된다. 이익의 이러한 태도는 당시 사람들로부터 '西洋之學'을 하고 있다는 비방을 듣게 되는 원인이 되기도 하였다.79)

반면에 이익은 西教=天主教에 대해서는 비판적인 태도를 견지하였다. "歐羅巴天主之說은 내가 믿는 바 아니다"80)라는 단적인 표현이 그것이다. 그러나 서교의 天主를 儒家의 上帝로 해석한다든지,81) 『七克』을 유가의 克己之說로 단정하면서, 간간이 유학에서 밝히지 못한 것을 밝혔다고 평가함으로써82) 補儒論的 입장을 취하였다. 愼後聃의 천주교 배척에 대해서도 그것이 서학에 대한 깊은 고찰을 배제한 맹목적 비판이 될 위험성이 있음을 경고한 것83)도 서교의 가치에 대한 이익의 유보적인 자세를 보여주는 것이라 하겠다. 그는 서교를 비롯한 異端의 책일지라도 그것이 유학의 克己 공부에 도움이 되는 것이라면 섭취해도 무방하다고 생각하였다.84)

---

79) 「天學問答-附錄」, 『順菴集』 卷17, 26ㄱ~ㄴ(230책, 150쪽). "先生曰 西洋之人 大抵多異人 自古天文推步 製造器皿 筭數等術 非中夏之所及也 是以中夏之人 以此等事 皆歸重於胡僧 觀於朱夫子說 亦可知矣 今時憲曆法 可謂百代無弊 曆家之歲久差忒 專由歲差法之不得其要而然也 吾常謂西國曆法 非堯時曆之 可比也 以是人或毁之者 以余爲西洋之學 豈不可笑乎".

80) 「答安百順丁丑」, 『星湖全集』 卷26, 19ㄴ(198책, 527쪽).

81) 「跋天主實義」, 『星湖全集』 卷55, 27ㄴ(199책, 516쪽).

82) 『星湖僿說』 卷11, 人事門, 七克, 2ㄴ(Ⅳ, 83쪽).

83) 『河濱集』 卷2, 內篇, 紀聞.

이상과 같은 서양 과학에 대한 적극적인 태도와 물리 탐구에 대한 개방적인 자세를 바탕으로 이익은 자신의 독자적인 우주론을 구축하였다. 이익 우주론의 특징적인 모습은 地球說과 重天說, 그리고 地轉說에 대한 논의를 통해 살펴볼 수 있다.

이익은 서양의 지구설을 받아들였다. 그는 대지가 탄환과 같이 둥근 구체이며 그 둘레는 9만 리라고 주장하였다.[85] 9만 리라는 계산은 남북으로 250리 이동할 할 때마다 북극 고도가 1도씩 변화한다는 사실에 근거한 것이었다. 그것은 바로 利瑪竇 이래로 지구설의 증거로 인용되어 온 위도에 따른 북극 고도의 변화였다. 250리=1도설을 따를 경우 지구의 둘레는 9,0000리, 지구의 직경은 대략 3,0000리가 되며, 지표면 위의 사람들은 지구의 중심으로부터 약 1,5000리 떨어진 곳에 위치하고 있는 것이다.[86] 이와 같은 이론적 설명과 함께 이익은 지구설의 증거로 서양인들이 항해를 통해 세계를 일주했다는 경험적 사실을 제시하였다.[87]

지구설은 종래의 '天圓地方'이라는 개념을 부정하는 것이었다. 따라서 지구설을 주장하는 논자들은 이에 대한 적절한 설명을 제시할 필요가 있었다. 이익은 '天圓地方'의 개념이 『주역』에서 유래한 것임을 밝히고, 그것은 지면 위의 사람이 눈에 보이는 현상을 기준으로 설명하였기 때문에 나온 것이라고 주장하였다. 그는 실제로는 '地方'이 아니라는 사실을 『大

---

84) 「天學問答-附錄」, 『順菴集』 卷17, 27ㄱ(230책, 151쪽). "於吾儒克己之功 未必無少補 異端之書 其言是則取之而已".

85) 『星湖僿說』 卷2, 天地門, 地厚, 9ㄴ(Ⅰ, 35쪽). "地如彈丸 以北極言 則北走二百五十里 而極高一度 南走二百五十里 而極低一度 此不可誣也 從此推之 天有三百六十度 故北走南走 皆九萬里而極還"；『星湖僿說』 卷2, 天地門, 日天之行, 47ㄴ~48ㄱ(Ⅰ, 54쪽).

86) 『星湖僿說』 卷2, 天地門, 日出入, 20ㄱ(Ⅰ, 40쪽). "地居天中 天半出地上 地厚亦三萬里 則人之所處 距地心萬五千里也"；『星湖僿說』 卷2, 天地門, 一萬二千峰, 45ㄴ(Ⅰ, 53쪽). "余考萬國全圖 大地一周不過九萬里"；『星湖僿說』 卷3, 天地門, 天行健, 14ㄱ(Ⅰ, 78쪽)；『星湖僿說』 卷3, 天地門, 測天, 23ㄱ(Ⅰ, 83쪽)；『星湖僿說』 卷3, 天地門, 天半出地, 43ㄴ(Ⅰ, 93쪽).

87) 「跋職方外紀」, 『星湖全集』 卷55, 24ㄴ~25ㄱ(199책, 514~515쪽).

戴禮』의 曾子와 單居離의 문답을 통해 증명하려고 하였다.[88]

　땅의 형체가 구형이라고 할 때 일반인의 일상적인 경험과 마찰을 일으킬 수 있는 것은 나와 반대편(對蹠地)에 있는 사람이 허공으로 떨어지지 않겠는가 하는 문제였다. 중력의 개념이 정립되지 않았던 당시에는 이것이 지구설이 해명해야 할 가장 큰 문제점이었다. 이익은 이것을 '地心論'을 통해 설명하였다. 그것은 地心을 향해 상하사방의 모든 힘이 집중되기 때문에 지구 아래쪽에도 사람이 존재할 수 있다는 것이었다.[89] 이것은 지구를 우주의 중심에 놓고 '天動地靜'의 운동을 설정하고 있는 이익의 우주론적 도식에서 자연스럽게 도출된 생각이었다. 지구가 둥근 하늘의 한 가운데 위치하고 있다면 '上下'가 있을 수 없고, 또 하늘이 하루에 한 바퀴씩 지구 주위를 회전한다면 그 속도가 엄청나게 빠르기 때문에 하늘 안에 있는 모든 물체의 힘은 중앙으로 모이게 된다는 것이었다.[90] 그 힘이 모이는 지점이 바로 우주의 중심으로서의 天心=地心이었다. 따라서 지구 위의 모든 지역은 상하사방을 막론하고 모두 땅을 아래로 하고 하늘을 위로 하고 있다는 것이다.[91]

　종래 이익의 우주구조론은 9重天說의 연장인 12重天說로 이해되어 왔으며, 당시에 이미 티코 브라헤의 우주구조론이 '新圖'로 소개되고 있었다는 점을 들어 이익의 우주론을 시대에 뒤떨어진 것이라고 평가하기도 하였다. 그리고 그 원인으로 이익이 티코 브라헤의 우주구조론이 소개된 새로운 서학서에 접하지 못했다는 사실이 거론되었다.[92] 물론 이익의

---

88)『星湖僿說』卷2, 天地門, 天圓地方, 78ㄴ(Ⅰ, 69쪽).

89)『星湖僿說』卷2, 天地門, 地毬, 53ㄴ(Ⅰ, 57쪽). "此宜以地心論 從一點地心 上下四旁都湊向內 觀地毬之大 懸在中央 不少移動 可以推測也".

90)「跋職方外紀」,『星湖全集』卷55, 24ㄱ~ㄴ(199책, 514쪽). "夫地居天圓之中 不得上下 天左旋 一日一周 天之圍 其大幾何 而能復於十二時之內 其健若此 故在天之內者 其勢莫不輳以向中".

91)「跋職方外紀」,『星湖全集』卷55, 24ㄴ(199책, 514쪽). "上下四傍 皆以地爲下天爲上".

92) 李瀷의 宇宙論에 대한 기존의 연구로는 주 17)의 논저를 참조.

저술 가운데서 9중천설과 12중천설에 대한 논의가 들어있는 것은 사실이다. 그렇다고 이익의 우주구조론을 곧바로 9중천설이나 12중천설이라고 단정할 수 있는 것은 아니다. 그가 분명히 받아들이고 있었던 것은 重天의 개념이었을 뿐이고, 그것이 몇 겹이나 되는지에 대해서는 논의를 유보하고 있었기 때문이다.[93]

이익이 보았던 서학서 가운데 9중천설이나 12중천설을 소개한 것으로는 「坤輿萬國全圖」(1602년 刊)의 서문, 『乾坤體義』, 『天問略』(1615년 刊), 『主制群徵』(1629년 刊), 『天主實義』 등을 들 수 있다. 「곤여만국전도」의 서문에는 9중천에 대한 간단한 언급이 있으며, 「곤여만국전도」를 발전시킨 「兩儀玄覽圖」의 주기에는 '九重天圖'라는 항목이 있어 9중천설을 비교적 소상히 소개하고 있다.[94] 利瑪竇의 『乾坤體義』에는 9중천에 대한 설명과 함께 변형된 형태의 11중천이 '乾坤體圖'라는 제목으로 소개되어 있다.[95] 또 『天主實義』의 「物宗類圖」에는 형태가 있는 것 가운데 '或不朽如天星'이라는 이름 아래 9중천의 명칭이 소개되어 있다.[96] 陽瑪諾의 『天問略』에는 「天有幾重及七政本位」라는 항목에서 12중천의 내용을 설명하고 있으며, 그림을 첨부하고 있다.[97]

이익은 이상의 서적들을 통해 서양의 우주구조론인 중천설을 수용하고 있었다. 그것은 결과적으로 日月五星과 經星天 이외에 또 다른 하늘이 있다는 사실을 받아들이고 있었음을 뜻하는데,[98] 이익이 이런 판단을

---

93) 『星湖僿說』 卷27, 經史門, 神理在上, 55ㄴ(Ⅹ, 116쪽). "凡地上皆天 天包地外 重天疊裏如葱頭 然其氣淸明 不能蔽隔 術家以日月星辰爲證有九重之說 其實 不知更有幾重包在也";『星湖僿說類選』 卷1上, 天地篇上, 天文門, 十二重天 (上, 4쪽). "地上皆天 其無星之天 不知更有幾重在也".

94) 金良善,「明末淸初 耶蘇會宣敎師들이 製作한 世界地圖와 그 韓國文化史上에 미친 影響」, 『崇大』 6, 1961, 44~58쪽 참조(『梅山國學散稿』, 崇田大學校 博物館, 1972, 193~213쪽에 재수록).

95) 「地球比九重天之星遠且大幾何」, 『乾坤體義』 卷上, 5ㄱ~6ㄴ(787책, 758~759 쪽)과 「乾坤體圖」, 『乾坤體義』 卷上, 9ㄱ~ㄴ(787책, 760쪽) 참조.

96) 『天主實義』 上卷, 43ㄴ(132쪽-영인본 『天學初函』, 亞細亞文化社, 1976의 쪽수).

97) 「天有幾重及七政本位」, 『天問畧』 1ㄱ~4ㄴ(787책, 852~854쪽).

378

하게 된 이유는 歲差의 원인을 설명하기 위한 것이었다. 그는 일찍부터 역대 역법의 문제점은 세차법의 부정확함에서 유래한다고 보았고,[99] 이러한 세차를 설명하기 위해서는 별도로 또 하나의 하늘을 설정할 필요가 있다고 생각해 왔는데, 그것을 12중천설의 '東西歲差天'에서 발견하였던 것이다.[100] 요컨대 中星의 변화나 北極星의 이동은 세차에 따른 것이었는데, 이것을 설명하기 위해서는 恒星天(經星天)의 운동과는 다른 또 하나의 운동을 설정할 필요가 있었던 것이다.[101] 12중천설에서는 그것을 東西歲差天과 南北歲差天으로 구분하여 설정하고 있었는데, 이익은 그것을 宗動天 하나의 운동으로 통합할 수 있다고 생각하였다. 따라서 종동천 이외에 별도의 하늘을 설정하는 방식에 대해서는 회의적이었다.[102]

종동천과 경성천, 그리고 七政天이 중첩되어 둘러싸여 있는 이 우주구조에서 각각의 하늘은 정기가 모여 이루어진 것으로 간주되었다. 그것은 유리와 같이 투명하기 때문에 사람들은 아무런 막힘 없이 모든 하늘을 관측할 수 있었다.[103] 그런데 앞서 언급한 바와 같이 이익은 전체 우주가 몇 겹의 하늘로 구성되어 있는지 단언하지 않았고, 태양계의 구체적인 구조에 대해서도 상세하게 논하지 않았다. 그는 다만 이러한 우주의 구조에 대해 몇 가지 다른 견해가 있다는 사실을 소개하고 있었다. 그것은

---

98)『星湖僿說』卷1, 天地門, 九重天, 46ㄴ(Ⅰ, 25쪽). "九重天之說 始於屈原天問 謂日月五星及經星之外 更有一重 西曆所謂宗動天也".

99)「天學問答-附錄」,『順菴集』卷17, 26ㄴ(230책, 150쪽). "曆家之歲久差忒 專由歲差法之不得其要而然也".

100)「跋天問略」,『星湖全集』卷55, 31ㄱ~ㄴ(199책, 518쪽). "余昔與曆家論 妄謂天圓回轉 四時生焉 是必有四時所繫之天 今以古今中星之差驗之 列宿天之上 又必有一天 爲四時之符者也 聽者或未契悟 今其言曰 有一重東西歲差之天 恰與符合".

101)『星湖僿說』卷1, 天地門, 九重天, 46ㄴ(Ⅰ, 25쪽).

102)『星湖僿說類選』卷1上, 天地篇上, 天文門, 十二重天(上, 3쪽). "此則恐皆宗動之所司 不必言別有二重天".

103)『星湖僿說』卷1, 天地門, 星月變, 41ㄴ(Ⅰ, 23쪽). "經星及七政之天 重重包裏 如葫蒜之根 有內外之苞也 然精氣所成 明如玻瓈之通望不碍其中".

두 가지였는데, 하나는 금성과 수성이 독자적인 하늘을 구성하고 있는가 하는 문제였고, 다른 하나는 금성과 태양, 화성의 상호 위치에 대한 문제였다.[104]

그런데 이 두 가지 사실을 종합하면 우리는 색다른 우주구조를 연상해 낼 수 있게 된다. 먼저 수성천과 금성천은 태양천에 붙어서 회전하는 것으로 생각되었는데, 비유하자면 大輪 가운데 다시 小輪이 있는 것과 같았다.[105] 이것은 전형적인 12중천설에서는 가능하지 않은 설명이었다. 왜냐하면 12중천설에서는 지구를 중심으로 12겹의 하늘이 그야말로 양파 껍질처럼 구성되어 있기 때문이다. "대륜 가운데 소륜이 있는 것과 같다"는 이익의 설명은 티코 브라헤의 우주구조론을 연상시킨다. 그것은 두 번째 문제에서도 마찬가지다. 12중천설에서는 화성이 태양천의 안쪽으로 들어올 수 없다. 그러나 티코 브라헤의 우주구조에서는 이것이 가능하다.[106] 이것은 이익의 우주구조가 단순하지 않다는 사실을 말해주는 것이며, 종래의 평가와는 달리 이익이 티코 브라헤의 우주구조를 알고 있었을 가능성을 시사해 주는 것이라 할 수 있다.

어쨌든 이상과 같은 우주구조에서 핵심적인 역할을 하는 것은 經星天과 太陽天이었다. 그것은 경성천과 태양천의 운행이 다른 행성들의 운동에 비해 상대적으로 일정하기 때문이었다.[107] 이익은 오행성의 운행은 궤도와 속도가 일정치 않다고 보았으며,[108] 따라서 오행성의 行度를 추산하는

104)『星湖僿說類選』卷1上, 天地篇上, 天文門, 十二重天(上, 4쪽). "或謂金水獨不經天 隨日旋轉則爲一天 或謂火星有時在日天之上(下의 잘못-인용자) 金星有時在日天之上 亦必有測候而云 未可臆料斷其是非也".

105)『星湖僿說』卷1, 天地門, 星月變, 42ㄱ(Ⅰ, 23쪽). "如金水二星天 附日天環回大輪之中 復有小輪也".

106)『新法算書』卷36, 五緯曆指 1, 周天各曜序次, 3ㄴ～4ㄱ(788책, 633～634쪽). "古曰 土木火星恒居太陽之外 今曰 火星有時在太陽之內".

107)『星湖僿說』卷1, 天地門, 星月變, 41ㄱ～ㄴ(Ⅰ, 23쪽). "經星及太陽二天 運行不停 萬古不忒 歲功所以成也 其他或有遲疾南北之差 各自不同".

108)『星湖僿說』卷1, 天地門, 五星, 16ㄴ(Ⅰ, 10쪽). "以今考之 或疾或遲 或橫或逆 又縱橫不定 時運乖變 何從而知其必如此耶".

것은 어렵다고 생각하였다.109) 그는 역대의 역사서와 역서에 대한 검토를 통해 이런 결론에 도달하게 되었다.110) 경성천과 태양천의 極이 바로 北極과 黃極이었다. 이익은 북극을 紫微, 황극을 太微에 비유하였다. 천지 간의 음양 조화는 태양에 근거하기 때문에 태양이 운행하는 황도의 極, 즉 黃極은 北極 못지않게 중요한 곳이었다. 북극과 황극 사이에서 양자를 조율하는 것은 북두칠성의 책무였다.111) 북극과 황극은 星辰天極과 日天 之極으로 지칭되기도 하였다.112) 이익은 『主制群徵』이나 『天問略』과 같 은 서학서를 참고하여 경성천과 태양천의 직경 및 지구로부터의 거리를 계산해내고 있었다.113) 그는 이러한 계산의 수치를 검증할 만한 정교한 기구가 없기 때문에 그 잘잘못을 알 수는 없지만, 서양의 기술이 매우 정밀하기 때문에 마땅히 따라야 한다는 입장을 취하고 있었다.114)

지구설에서 설명한 바와 같이 천체 운행에 대한 이익의 기본적인 입장 은 '天動地靜'이었다. 經星天 이하의 각각의 하늘은 宗動天에 이끌려 회전 하는 것(帶動)이었다. 종동천은 운동의 근원이기 때문에 그 운행 속도가 가장 빠르고, 그 나머지 하늘은 종동천과 가까운 것은 빠르고 먼 것은 느리게 된다.115) 우주 전체로 보자면 '外疾內遲'의 모습이었다. 태양의

---

109) 『星湖僿說』 卷1, 天地門, 五星聚井, 21ㄱ(Ⅰ, 13쪽). "不獨金水 凡木火二政 遲疾 無常 史策可驗 亦何得以準其行度耶".

110) 『星湖僿說』 卷1, 天地門, 五星, 16ㄴ(Ⅰ, 10쪽). "今七政之曆 年年不同 其非準行 可見".

111) 『星湖僿說』 卷1, 天地門, 日月道, 43ㄱ~ㄴ(Ⅰ, 24쪽). "黃道之天 亦必有極 在星 辰天極之左 其象如紫微之有太微 凡天地間陰陽造化 皆原於日 太微之帝座公 卿之類 如王居之有外朝也 以人體言 紫微爲根本 腎之象也 太微爲行政之所 七竅之象也 北斗居間用事 喉舌之象也".

112) 『星湖僿說』 卷1, 天地門, 日天之極, 45ㄴ~46ㄱ(Ⅰ, 25쪽).

113) 『星湖僿說』 卷2, 天地門, 日天之行, 46ㄴ~48ㄴ(Ⅰ, 53~54쪽).

114) 『星湖僿說』 卷2, 天地門, 日天之行, 48ㄱ~ㄴ(Ⅰ, 54쪽). "天度之准地 此無巧器 可以驗視 只憑彼說爲據 未知孰爲得失 然西洋之術極精當從".

115) 『星湖僿說類選』 卷1上, 天地篇上, 天文門, 十二重天(上, 3쪽). "凡物動者 必有 其宗 其行最疾 統領諸天 近者疾而遠者遲 莫非其帶動"; 「黃道辨」, 『星湖全 集』 卷43, 22ㄴ(199책, 281쪽). "凡盈天地之間者 莫非氣也 氣爲天帶動 日月隨

운행이 하늘보다 하루에 1도씩 늦는 이유는 하늘로부터 멀리 떨어져 있기 때문이었다.116)

이익의 지전설에 대한 논의는 위와 같은 천체운행론이 갖는 문제점으로부터 촉발되었다. 지전설이 설득력을 갖는 가장 중요한 이유는 하늘이 하루에 한 바퀴씩 지구 주위를 돌려면 그 속도가 엄청나게 빨라야 한다는 것이었다. 때문에 당시 일부 논자들은 하늘이 하루에 한 바퀴 돌 수 없을 것으로 생각하였고, 그 대안으로 하늘 대신 지구의 회전을 생각하게 되었던 것이다. 전통적인 우주론 가운데 安天說이 이 범주에 속하는 것이라고 이익은 판단하였다.117) 뿐만 아니라 이러한 사고는 동양의 전통적인 사유체계 속에서 그 원형을 찾을 수도 있었다. 『莊子』의 天運篇은 그 대표적 논의였다.118) 일찍이 주희도 『장자』의 이 논의가 지니는 가치를 인정한 바 있었다.119) 『장자』의 글에서 적극적으로 추출해 낼 수 있는 것은 '天動地靜'의 사고와는 다른 '天靜地轉'의 견해와 일월의 左旋說에 반대되는 右旋說이었다.120) 이익은 또 주희의 단편적인 언급을 이와 같은 지전설을

以運行 徐疾以之".

116) 『星湖僿說』 卷1, 天地門, 日月道, 43ㄱ(Ⅰ, 24쪽). "黃赤二道 俱隨天左轉 而黃道 每日不及赤道一度 其繞天則隨南北極之勢 則其日爲天之帶動可知 遠於天故 差遲也".

117) 『星湖僿說』 卷3, 天地門, 談天, 47ㄱ(Ⅰ, 95쪽). "安天者 亦可意推 凡天地之間 最疾者 莫如銃丸 地周九萬里 而銃丸之疾 經七日有奇 然後當復也 天之周比 地周 不知幾千百倍 則疑若不能一日而一環也 故或疑天實不動 而地右旋一日 一周 如人在舟中 舟或旋回 而但覺四面地轉 不復知身轉也 余每謂其說雖有理 乾大象云天行健 此非可信耶";『星湖僿說』 卷3, 天地門, 天隨地轉, 48ㄱ(Ⅰ, 95쪽). "或疑天常不動而地轉於內 此安天之說所以起".

118) 『星湖僿說』 卷1, 天地門, 配天配帝, 40ㄱ~41ㄱ(Ⅰ, 22~23쪽);『星湖僿說』 卷3, 天地門, 天問天對, 40ㄴ~41ㄴ(Ⅰ, 91~92쪽).

119) 『朱子語類』 卷125, 老氏莊列附, 莊子書, 郭友仁錄, 3001쪽. "先生曰……莊子這數 語甚好 是他見得 方說到此 其才高". 李瀷은 이것을 근거로 『莊子』 天運篇의 논의는 朱熹의 감교를 거친 것이라는 점에서 신뢰할 수 있다고 주장하였다[『星 湖僿說』 卷1, 天地門, 配天配帝, 40ㄴ(Ⅰ, 22쪽). "朱子以爲極是 莊說未必皆信 此旣經朱子勘破 則信之而已"].

주장한 것으로 인용하기도 하였다.121)

그럼에도 불구하고 이익은 결과적으로 地轉의 가능성을 승인하지 않았다. 그 이유는 몇 가지로 거론할 수 있는데, 기존의 연구에서는 이익이 聖賢의 말씀인『周易』의 '天行健'이라는 명제를 위배할 수 없었기 때문이라고 파악하였다.122) 그러나 이것은 단순히 이익이 경전의 권위에 압도되어 신념을 굽힌 것이라고는 볼 수 없다. 그것은 앞서 살펴본 것과 같이 이익이 설정한 '天動地靜'123)이라는 우주의 운동 도식으로부터 자연스럽게 도출된 결론이었던 것이다. 지구가 하늘의 중심에 위치해서 아래로 추락하지 않는 이유는 하늘이 매우 빠른 속도로 회전하고 있기 때문이다. 하늘과 땅이 모두 회전한다면 땅은 추락하고 말 것이라고 이익은 생각하였다.124) 氣의 회전 속에서 지구가 허공에 떠 있다고 하는 사고방식125)에서 하늘은 정지해 있고 지구가 회전함에도 불구하고 땅이 추락하지 않을 수 있다는 사고방식으로의 전환은 쉽지 않았다. 그것은 결국 근대적인

---

120)『星湖僿說』卷3, 天地門, 天問天對, 41ㄱ(Ⅰ, 92쪽). "其意盖曰 人謂天運而地靜 安知天不動而地回轉耶 天其形至大 其行至疾 一日之間 疑若不能旋復 此如乘 舟泛海 不覺舟回而只見岸旋 故地若一日右轉一周 則人居大地一面 隨地而東 只見天行 而不覺地斡也 日月麗天 人謂日疾而月遲 安知非二者皆右轉 月反疾 而日反遲耶".

121)『星湖僿說』卷3, 天地門, 天隨地轉, 47ㄴ(Ⅰ, 95쪽). "朱子曰 安知天運於外 而地 不隨之而轉耶 其意若曰 天一日一轉 地隨而轉 不及天一度耶". 원문은『朱子語 類』卷86, 禮3, 周禮, 地官, 沈僴錄, 2212쪽을 참조. 山田慶兒 역시 朱熹의 이 주장을 지구 자전의 가능성을 인정하는 것이라고 보았다[야마다 케이지(김석근 옮김), 앞의 책, 1991, 177쪽].

122)『星湖僿說類選』卷1上, 天地篇上, 天文門, 天行健(上, 2쪽). "然乾之象曰天行健 聖人無所不知 此一句爲可信 且從之" ;『星湖僿說』卷3, 天地門, 談天, 47ㄱ(Ⅰ, 95쪽). "余每謂其說雖有理 乾大象云天行健 此非可信耶".

123)「黃道辨」,『星湖全集』卷43, 23ㄱ(199책, 282쪽). "蓋萬物莫不就靜 天常動而地 常靜 故物皆以地爲下".

124)『星湖僿說』卷3, 天地門, 天隨地轉, 48ㄱ(Ⅰ, 95쪽). "然地居天心而不墜下 因天 之運也 故曰天行健 又若天與地俱轉 地亦墜下矣".

125) 李瀷은『周易』乾卦의 '天行健'이라는 명제를 이런 의미로 해석하였다.『星湖僿 說』卷15, 人事門, 腹痛, 36ㄱ(Ⅵ, 13쪽).

力學의 원리에 대한 이해를 전제하지 않고는 어려운 것이었다. 이것이 그가 『莊子』天運篇의 논의를 긍정적으로 평가하고, 그것이 서양의 '永靜不動天'의 개념과 합치된다는 점을 인정하면서도 결국은 永靜天의 개념을 받아들이지 못하는 원인이었다.[126]

地轉을 받아들이지 않았던 또 하나의 이유는 운동의 원인자에 대한 이익의 관념이었다. 이익은 운동의 근본은 고요함(靜)이라고 보았다. 고요함만이 운동을 제어하여 오차가 발생하지 않게 할 수 있다는 것이었다. 따라서 운동의 원인자인 '機緘'은 靜에 속하는 것이지 動에 속하는 것이 아니었다.[127] 그런데 이익의 우주구조에서 '常靜不動'한 곳은 兩極이었다.[128] 그것은 지구의 남북극을 천구상에 투영한 것이었다. 따라서 그 축의 중심인 지구 역시 움직이지 않아야 한다고 생각하였을 수 있다.

3) 義理와 事實의 분리 : 時勢論的 歷史認識

自然觀에서 '天人分二'가 갖는 사상적 의미는 그것과 인간관·사회관·역사관의 관련성을 살펴봄으로써 더욱 분명하게 알 수 있다. 먼저 天人分二는 인간관에서 心性論의 변화와 연결된다. 종래 주자학에서는 '性卽理'의 명제가 말해주듯 인간 존재를 天理와의 관계 속에서 파악하였다. 그러나 '천인분이'를 통해 天(理)과 人(性)의 직접적인 관련성을 부정하게 될 때, 이와 같은 기존의 인간관에도 변화가 일어날 수밖에 없다.

---

126) 『星湖僿說』卷3, 天地門, 天隨地轉, 48ㄱ(I , 95쪽). "莊子天運之說 朱子亟許 却與西曆永靜不動天之論合 然永靜却依於何處".

127) 『星湖僿說』卷3, 天地門, 天問天對, 41ㄱ(I , 92쪽). "靜者 動之本 惟靜然後可以 管其動 而主張綱維之也 未有以動制動而能不差者也 其居無事而推行之者誰 耶 機緘屬乎靜 不已屬乎動".

128) 「黃道辨」, 『星湖全集』卷43, 22ㄴ(199책, 281쪽). "今觀星文 其天腹者最疾 漸迤 漸徐 至二極則常靜不動". 北極[北辰]이 강조된 이유는 바로 이런 관점에서였다 [『星湖僿說』卷1, 天地門, 北辰, 44ㄱ(I , 24쪽). "北極者 極星之頭不動處 所謂 北辰也"].

이익은 理(天理)와 性을 구분하여 파악하였다. 性이 理로부터 연원한 것임은 분명하지만, 性은 氣稟 이후의 명칭이므로, 그것을 곧바로 理와 동일시할 수는 없다는 입장이었다.[129] 따라서 理는 純善한 것이었지만, 性에는 善惡이 공존하고 있었다.[130] 그것은 결국 本然之性을 부정하고 氣質之性만을 인정하는 것으로 귀결되었다.[131] 氣質之性의 측면에서 인간을 볼 때, 인간은 선과 악의 양 측면으로 모두 전개될 수 있는 가능성을 안고 있는 존재였다.[132] 이때 善과 惡으로 갈라지게 만드는 요인은 '利名'이었다. 그것은 인간의 과다한 욕구에 기인한 것이었다.

그렇다고 해서 이익이 주자학의 天理人欲說을 그대로 따르고 있는 것은 아니었다. 이익은 기본적으로 인간의 생리적 욕구를 긍정하고 있었다.[133] 그러한 이익의 태도는 人心과 人欲을 등치시키지 않는다는 점에서 분명하게 드러난다. 그는 人心 역시 본래 선한 것으로 간주하였다. 다만 그것이 분수를 넘어서게 될 때, 인욕이 치열해져서 不善이 된다고 하였다.[134] 이러한 이익의 견해는 天理에 입각한 객관적 善(公的인 善)의 확보는 물론 신체의 私的인 善의 근거를 확보하고자 한, 다시 말해 인간 존재의 구체적 實在에 기초하여 善性 실현의 보편근거를 확보하려는 철학

---

129) 『星湖全書』第4冊, 中庸疾書, 618쪽. "理是共公之名 性是墮在形氣者 然以理訓性 非謂一理字可以盡性之義也".

130) 『星湖全書』第4冊, 近思錄疾書, 788쪽. "愚謂從氣稟以後說 已不是在天底理 故有善惡".

131) 「答洪亮卿重寅○庚午」, 『星湖全集』卷15, 6ㄱ(198책, 311쪽). "從理在物上說則只須言氣質之性";『星湖全書』第7冊, 四七新編附錄, 獨退溪先生書記疑, 20쪽. "本然之性 與氣稟之性 非二性也 或與氣稟合言之 或剔去氣稟而言之 一則單言 一則兼言 本非對立物也".

132) 『星湖僿說』卷13, 人事門, 善惡不定, 16ㄴ(V, 46쪽). "中人之性 非有以素定 率因利與名而駸駸入也……".

133) 『星湖僿說』卷19, 經史門, 性善, 54ㄴ(Ⅶ, 73쪽). "人生而有欲 墮地便飢 這飢也 是人心之合有者 不待道心之節制 而何嘗有不善".

134) 『星湖僿說』卷19, 經史門, 性善, 54ㄴ(Ⅶ, 73쪽). "人之歸咎於惡者 只繫乎人心 而人心之最初原頭 無有不善 則知不善從人欲熾蕩而生也".

적 노력으로 평가된다.[135]

이처럼 천리와 인성의 직접적 관련성이 부정됨에 따라 수양론의 내용 역시 변화를 겪게 된다. 인간의 도덕적 자각만으로는 인간 본성의 회복을 기대하기 어렵게 되었기 때문이었다. 그것은 결국 도덕성의 회복을 외적 으로 규제할 수 있는 사회적 장치에 대한 관심으로 연결되었다. 사회관에 서 살펴보게 될 禮法·刑政에 대한 관심이 바로 그것이었다. 이와 같이 인간의 지나친 욕구(=人欲=惡)를 외적 규제에 의해 제어하고자 했던 이익 은 그것을 실현할 주체로서 心의 역할에 주목하였다. 이익은 心의 기능을 중심으로 生長之心, 知覺之心, 義理之心(理義之心)을 구분하였다.[136] 그것은 草木, 禽獸, 人間을 구분하는 기준이기도 하였다. 인간의 도덕적 행위와 관련하여 주목되는 것은 역시 義理之心(道心)이다.[137] 義理之心 은 '趨利避害'로 대변되는 知覺之心의 감각기능과는 구별되는 도덕적 인식·판단능력을 갖춘 것이었다.[138] 그것은 인간의 감각 능력을 통해 수집한 각종 경험자료를 토대로 하여 公的·道德的 판단을 내리는 것이 었다. 이것이 바로 이익의 '心活論'이 지니는 본질적인 의미였다.[139]

요컨대 自然天과 道德天을 분리한 이익은 인간 심성의 문제를 오로지 道德天과의 관련 속에서 해명하고자 하였다. 그것이 이른바 事天論이었 다. 事天의 주체는 인간, 그 가운데서도 인간의 마음이 된다. 이것은 일찍이 이수광 단계에서 시도된 것이었고, 윤휴에 의해 계승된 것이기도 하다.[140]

---

135) 金容傑, 앞의 책, 1989, 148~155쪽 참조.

136) 「心說」, 『星湖全集』 卷41, 20ㄴ~21ㄴ(199책, 240~241쪽).

137) 「心說」, 『星湖全集』 卷41, 21ㄱ~ㄴ(199책, 241쪽). "而又有所謂理義之心者 知 覺之心 知之覺之而止 故其用不過乎趨利避害 在人則人心是也 若人者必以天 命所當然者爲主宰 而欲或甚於生 惡或甚於死則道心是也".

138) 「心說」, 『星湖全集』 卷41, 22ㄱ(199책, 241쪽). "心者 載性者也 性理而心氣 故理 御于氣 則知覺循乎理 而爲理義之心 氣偏理昧 則只有知覺之心 而同乎禽獸".

139) 「答沈判事─義○甲寅」, 『星湖全集』 卷14, 3ㄴ(198책, 310쪽). "心是活物 故自有此 虛靈 如禽獸之心 其有私無公 雖與人之道心者不同……".

140) 정호훈, 앞의 논문, 1995, 101~105쪽 ; 정호훈, 「17세기 전반 京畿南人의 世界觀

事天論=事心論=事天心學은 바로 인간사회를 운영해 가는 실질적인 주체로서 인간의 有爲的 역량에 초점을 맞춘 것이었다. 이익은 本然之性과 氣質之性의 구별에 찬성하지 않았다. 그에게서 현상세계의 性이란 오직 기질지성을 의미할 뿐이었다.[141] 이처럼 인간의 도덕적 근원으로서의 天理와 그것을 품부받아 이루어졌다고 간주되어 온 本然之性을 부정할 경우, 인간이 도덕성을 회복할 수 있는 유일한 근거는 一身을 主宰하는 인간의 心이었다.[142] 여기에 心活論의 논리적 근거가 있었다. 결국 事心·心活에 대한 문제 제기는 인간의 作爲·實踐을 강조하고자 한 것이었고, 그 연장선상에서 '造命論'[143]이 출현할 수 있었다.

둘째, 天人分二는 사회관에서 天理와 人事의 분리라는 형태로 발현되었다. 그것은 기존의 天理人欲說에 입각한 사회운영 원리에 대한 부정이었다. 가장 이상적인 사회 운영의 모습은 물론 모든 인간이 자신의 마음 속에 함유되어 있는 도덕적 본성(=道德天)에 따라 윤리적·도덕적 삶을 영위하는 것이었다. 그러나 현실 사회 속의 인간이란 존재는 道德(=天理)과 利欲(=人欲)이 혼재되어 있는 氣質의 세계 속에서 살아가고 있으므로, 평범한 사람들이 완벽하게 자신의 도덕적 본성을 발현하는 데는 어려움이 있었다. 이러한 문제에 주목한 近畿南人系 학자들은 인간의 作爲와 實踐이 天理에 어긋나지 않도록 규제할 수 있는 외적 장치, 인간의 도덕성을 발현시킬 수 있는 사회조직, 사회제도의 필요성에 공감하게 되었다. 그리고 그것은 禮制·刑政에 대한 관심으로 이어졌다. 일찍부터 近畿南人系 학자들이 예법·형정에 관심을 기울였던 이유가 바로 여기에 있었다.

이익의 禮法·刑政에 대한 인식은 이전 시기 '北人系 南人學者'의 그것에 많은 영향을 받은 것이었다. 이익은 禮를 저수지의 제방에 비유하면

과 政治論」,『東方學志』111, 234~245쪽 참조.

141) 「答洪亮卿重寅○庚午」,『星湖全集』卷15, 6ㄱ(198책, 311쪽). "從理在物上說則只須言氣質之性".

142) 「心統性情解」,『星湖全集』卷43, 28ㄴ~31ㄴ(199책, 284~286쪽).

143) 『星湖僿說』卷3, 天地門, 造命, 36ㄴ~37ㄱ(Ⅰ, 89~90쪽).

서,144) '亡國敗家'가 '禮防'이 허물어지는 데서 비롯된다고 파악하였다.145) 이처럼 그가 禮를 중시한 이유는 그것이 일상생활의 小節에 국한되지 않고 종국에는 '處家事君'이라는 정치사회운영과 관련된다고 보았기 때문이다.146) 나아가 이익은 法이 禮에 근본한 것이라고 전제하였다. 즉 禮에 따라 제도를 정하고, 이를 어기면 처벌하는 것이 바로 法이라는 것이었다.147) 禮와 法의 긴밀한 관계를 언급한 것이라 볼 수 있다. 요컨대 刑法이란 '인민을 제어하는 굴레와 코뚜레(制民之羈絏)'이며, 인간이 형법을 만드는 것은 人智가 天에 참여하는 행위로서 적극적으로 평가되었다.148) 禮法에 대한 이익의 기본 자세는 다음과 같은 언급을 통해 분명하게 확인할 수 있다.

> 國家의 治亂은 오로지 憲令을 엄하게 하고 너그럽게 하는 데 달린 것이니, 法이 실행되지 않으면 비록 어진 마음과 좋은 정사(仁心善政)가 있다고 하더라도 國家에 도움이 되지 않는다.149)

이처럼 이익은 종래 德治·仁政論에서 보조적인 수단으로 치부되었던 刑法·제도의 문제를 전면적으로 부각시켰다. 그는 德禮와 政刑의 관계를 상보적인 수단으로 간주하였고, 따라서 政刑이 구비되지 않고서는

---

144) 『星湖僿說』卷19, 經史門, 儀禮經傳, 47ㄴ(Ⅶ, 70쪽). "夫禮者 民之防也 防如蓄水之防 防去則水未有不散也".

145) 『星湖僿說』卷10, 人事門, 率禮定名, 15ㄱ(Ⅳ, 46쪽). "吾見亡國敗家 莫不由先毁禮防始".

146) 『星湖僿說』卷10, 人事門, 率禮定名, 15ㄱ(Ⅳ, 46쪽). "禮防必自席不正不坐 割不正不食 搏飯流啜 莫不致意而始 而處家事君 皆從此養成".

147) 『星湖僿說』卷10, 人事門, 率禮定名, 14ㄴ(Ⅳ, 46쪽). "法者 本乎禮 率禮而定制 違則有刑 是謂之法 不本其禮 法爲虛".

148) 『星湖僿說』卷12, 人事門, 刑法制民, 31ㄴ(Ⅴ, 16쪽). "牛馬四足 謂之天 穿牛鼻絡馬首 謂之人 是人智可以參天也……刑法者 制民之羈絏也".

149) 『星湖僿說』卷10, 人事門, 祀官摘奸, 24ㄴ(Ⅳ, 51쪽). "國之治亂 專在憲令張弛 法之不行 雖有仁心善政 無補於國矣".

인민을 제대로 통치할 수 없다고 보았다.150)

그런데 이러한 政令과 制度는 '時勢'라는 시대의 흐름에 따라 항상 변화하는 것이었고, 그것은 聖人이라 할지라도 어찌 할 수 없는 것이었다.151) 따라서 禮法·政令·制度를 마련하기 위해서는 먼저 시대의 변화에 합치하는 '因時制宜'의 자세가 요구되었으며, 그러한 요구에 부응하기 위해서는 시대의 변화를 헤아려 타개책을 마련하는 새로운 학문 방법이 필요하였다.

> 만약 天下의 物理를 모두 헤아리고 古今의 事變을 널리 궁구하여, 시대에 따라 알맞게 하고(因時制宜) 법규에 맞게 시원스레 결단하지 못한다면, 장차 무엇으로 危亂을 바로잡고 도탄에 빠진 백성을 구제할 수 있겠는가? 그러므로 선비는 평소에 글을 읽고 道를 말할 적에 모름지기 천하의 일을 헤아려 쓸모가 있는 것을 구해야 하고, 오직 일을 만나서 어그러짐이 있을까 두려워해야 한다. 그래야만 바야흐로 썩은 선비(腐儒)가 되는 것을 면할 수 있을 것이다.152)

이러한 이익의 태도는 儒術과 事功을 이분화시켜 事功을 배척하였던 당시 經生·學士들의 학문 자세를 비판한 것이기도 하였다.153) 진정한 학자라면 당연히 현실문제를 인식하고 그것을 타개할 수 있는 적극적인 방안을 모색하는 학문자세가 필요하다는 절실한 호소였던 것이다.

그렇다면 이러한 예법과 형정을 운용하는 주체는 과연 누구인가? 근기

---

150) 『星湖僿說』卷24, 經史門, 賡載明良, 32ㄴ(Ⅸ, 59쪽). "治道始於德禮 終於政刑 德禮雖明 政刑不修 民不可得以治也".

151) 「國風總說」, 『星湖全集』卷41, 1ㄴ~2ㄱ(199책, 231쪽). "及埰其詩 而其事不能 自別於衛 則時也勢也 聖人亦奈何也".

152) 『星湖僿說』卷10, 人事門, 恭儉, 77ㄴ~78ㄱ(Ⅳ, 77~78쪽). "若不該盡天下物理 博極古今事變 因時制宜 快斷中窾 將何以斡旋危亂 救拯焚溺哉 是以士居平世 讀書談道 須準擬天下事 要有用 惟恐遇事齟齬 方免爲腐儒".

153) 『星湖僿說』卷10, 人事門, 恭儉, 77ㄴ(Ⅳ, 77쪽). "然後世儒術事功 判爲二塗 互相譏議 經生學士 至謂擎拳曲跽 可以了辦天下事 則誤矣".

남인계 학자들은 그 주체로 君主를 상정하고 있었다. 그것은 國家權力・國家公權의 강화를 뜻하는 것이었다. 尹鑴의 國家權力 强化論이나 許穆의 尊君卑臣論, 淸南系列 학자들의 破朋黨論・立法蕩平論은 모두 그 구체적 실천 방안이었다.154) 이익의 정치운영론과 사회개혁론은 그 연장 선상에서 제기된 것이었다.155)

셋째, 天人分二는 역사관의 측면에서 天理와 역사적 사실의 분리, 즉 義理와 事實의 분리로 나타나게 되었다. 이익은 인류의 역사가 천리라는 도덕적 규범에 의해 전개된 것이 아니라 '時勢'에 따라 진행되었다고 파악하였다. 時勢論=形勢論의 제기였다.

> 天下의 일은 時勢를 잘 만나는 것이 최상이고, 幸・不幸이 다음이며, 是非가 최하가 된다.156)

이처럼 도덕적 是非를 최하에 설정한 것은 구체적인 역사 사실에 대한 탐구로부터 나온 경험적 결과였다. 이익은 과거 역사서술에서 나타나는 善惡・賢不肖의 문제는 사관의 서술 태도로 인해 그 진실을 알 수 없는 경우가 많다고 판단하였다.157) 예컨대 宋祖(宋 太祖)의 사적이 그 대표적인 경우였다.158) 이것은 결과를 가지고 성패를 논했기 때문에 발생한 착오였다.159) 따라서 이익은 역사적 사건의 원인, 또는 객관적 여건—예컨대

---

154) 金駿錫, 「許穆의 禮樂論과 君主觀」, 『東方學志』 54・55・56, 1987 ; 정호훈, 앞의 논문, 1995 ; 원재린, 「英・正祖代 星湖學派의 學風과 政治 志向」, 『東方學志』 111, 2001.

155) 원재린, 앞의 논문, 1997.

156) 『星湖僿說』 卷20, 經史門, 讀史料成敗, 20ㄴ(Ⅷ, 10쪽). "天下之事 所値之勢爲上 幸不幸次之 是非爲下".

157) 『星湖僿說』 卷20, 經史門, 讀史料成敗, 20ㄱ(Ⅷ, 10쪽). "其史書所見古今成敗利鈍 固多因時之偶然 至於善惡賢不肖之別 亦未必得其實也".

158) 『星湖僿說』 卷24, 經史門, 宋祖乘勢, 23ㄴ~24ㄱ(Ⅸ, 55쪽) ; 『星湖僿說』 卷27, 經史門, 陳迹論成敗, 68ㄱ~69ㄱ(Ⅹ, 122~123쪽).

159) 『星湖僿說』 卷27, 經史門, 陳迹論成敗, 68ㄱ(Ⅹ, 122쪽). "人每以陳迹論成敗

五季反覆之際,[160) 五季朝孅暮遞之際・混一之餘[161) 등－을 고려해야 한다고 주장하였다. 그것이 이른바 그의 時勢論이었다. 그는 기본적으로 역사는 시세에 의해 결정되며, 인간의 행위는 부차적인 요소라고 간주하였다.[162)

이와 같이 시세를 역사의 원동력으로 볼 때, 인간의 행위라는 요소는 역사의 객관적 여건을 뛰어넘는 초월적 행위가 아니라 시세에 적응하려는 노력(=乘勢)에 불과한 것이었다. 즉 인간의 행위에서는 乘勢가 기본적 요소로, 智力이 부차적 요소로 파악되었던 것이다.[163) 造命을 時勢의 만남과 人力의 참여로 파악하는 것도 동일한 논리였다.[164) 결국 이익은 극히 제한된 범위 내에서 인간의 주체적 행위가 역사에 참여하는 것을 인정하였던 것이다.

어떠한 형태의 법칙성・도덕성도 거부하고 역사를 우연적인 것으로 이해하는 이익의 입장에서 볼 때 역사상의 '襃貶'이라는 것은 사실에 맞지 않는 것으로 간주되었다.[165) 그것이 비록 勸善懲惡・善善惡惡하려는 도덕적 목적에서 나온 것이긴 하지만, 객관적으로 보면 善 속에도 惡이 있고 惡 속에도 善이 있기 때문에 결국은 편견에 불과하다는 것이었다.[166)

所以多失也".

160) 『星湖僿說』 卷27, 經史門, 陳迹論成敗, 68ㄱ(X, 122쪽).

161) 『星湖僿說』 卷24, 經史門, 宋祖乘勢, 23ㄴ(Ⅸ, 55쪽).

162) 『星湖僿說』 卷27, 經史門, 陳迹論成敗, 68ㄱ(X, 122쪽). "以余考之 古今興亡 莫非時勢所驅 而成未必由於人之才德".

163) 『星湖僿說』 卷24, 經史門, 宋祖乘勢, 24ㄱ(Ⅸ, 55쪽). "吾也始知天下之事 乘勢爲 上 智力次之".

164) 『星湖僿說』 卷3, 天地門, 造命, 26ㄴ(Ⅰ, 89쪽). "造命者 時勢所値 人力叅焉". 이와 같은 李瀷의 造命論은 唐代 李泌(字 長源)의 논의로부터 그 유래를 찾을 수 있다[『新唐書』 卷139, 列傳 64李泌(點校本 『新唐書』, 中華書局, 1975, 4637 쪽). "夫命者 已然之言 主相造命 不當言命 言命 則不復賞善罰惡矣"].

165) 『星湖僿說』 卷24, 經史門, 宋祖乘勢, 24ㄱ(Ⅸ, 55쪽). "史策之襃與貶 八九非眞".

166) 『星湖僿說』 卷20, 經史門, 古史善惡, 2ㄱ～ㄴ(Ⅷ, 1쪽). "常時讀史每疑 善者偏善 惡者偏惡 在當時未必然 作史雖因懲惡勸善之至意 今人平地上看過 以爲善者

따라서 도덕적 포폄에 근거한 이전의 正統論 역시 부정되었다.[167] 도덕적 褒貶과 正統의 문제는 무관한 것이었기 때문이다.[168]

時勢論·形勢論에 입각한 현실 인식이 역사관에 투영될 때 그것은 기존의 화이관을 부정하고 自國史, 自國文化에 대한 적극적인 이해(東國自東國)로 전진하게 되었다. 그것이 바로 '東史'에 대한 관심이었다.[169] 이익은 먼저 地球說에 입각하여 중국이 세계의 중심이라는 지리적 華夷觀을 부정하였다.[170] 나아가 문화적인 차원에서의 華夷의 구별도 부정하였다. 이러한 입장에서 이익은 遼·金·元과 같은 북방 이민족 국가 역시 禮樂을 갖추고 있다고 평가하였고,[171] 일본의 역사와 지리, 문화에 대해서도 관심을 표명하였다.[172] 이익은 국제간의 관계를 철저히 형세론의 입장에서 파악하고자 하였고, 전통적인 事大交隣의 외교정책 역시 그런 관점에서 이해하였다.[173] 따라서 '尊華攘夷'의 春秋大義에 입각한 역사적 평

固當彼 惡者胡此至極 其實善中有惡 惡中有善 當時之人 實有是非之眩 故有去取不審 貽譏得罪者也"；『星湖僿說』卷27, 經史門, 陳迹論成敗, 68ㄱ(X, 122쪽). "史策所見者 多出於善善惡惡之偏也".

[167] 「答安百順問目」,『星湖全集』卷25, 9ㄱ(198책, 506쪽). "正統之說 終有說窮處 仁義也則三代後無聞".

[168] 「答安百順問目」,『星湖全集』卷25, 11ㄱ(198책, 507쪽). "褒善自褒善 與正統何干".

[169] 「答安百順乙亥」,『星湖全集』卷25, 21ㄱ(198책, 512쪽). "今人生乎東邦 惟東事全不省覺 至曰東國通鑑有誰讀之 其乖戾如此 東國自東國 其規制體勢 自與中史有別 其事大交鄰之間 驗古準今 誠有不可不商量者 東人蓋昧昧然也 此尤合立說而分曉之也".

[170] 『星湖僿說』卷2, 天地門, 分野, 7ㄱ(Ⅰ, 34쪽). "今中國者 不過大地中一片土".

[171] 『星湖僿說』卷18, 經史門, 遼金禮樂, 24ㄴ(Ⅶ, 12쪽). "余略閱過 禮樂未嘗無刑政未嘗闕 苟爲不然 兆民之廣 恐不可一朝禦也"；『星湖僿說』卷26, 經史門, 中國賴孝文, 91ㄴ(X, 88쪽). "其實遼金元三國 禮樂未嘗不備".

[172] 河宇鳳,「李瀷의 日本觀」,『朝鮮後期實學者의 日本觀硏究』, 一志社, 1989, 54~96쪽.

[173] 『星湖僿說』卷9, 人事門, 華夷之辨, 73ㄱ~74ㄱ(Ⅳ, 37쪽). "隣國之道 小弱不可敵大强"；『星湖僿說』卷13, 人事門, 和戰, 43ㄴ~44ㄱ(Ⅴ, 60쪽)；『星湖僿說』卷22, 經史門, 高麗事大, 18ㄴ~19ㄱ(Ⅷ, 84~85쪽).

가에 대해서는 부정적이었다. 신라·고려 이래로 중국에 事大한 사실을 기술하는데 漢族의 정통 왕조와 이민족 왕조와의 사대관계에 차별을 두어야 하지 않겠는가라는 安鼎福의 질문에 元明과 遼金을 구별할 필요가 없다고 한 것이나,[174] 麗末에 事明과 事元을 둘러싼 논의의 어려움을 토로한 안정복에게 "華夏를 귀하게 여기고 夷狄을 천시하는 것은 옳은 것이 아니다"[175]라고 답변한 것은 그 구체적인 예라 할 수 있다.

이상에서 살펴본 것처럼 이익은 역사운동·역사사실을 도덕적 선악으로부터 완전히 차단·분리시키고, 역사운동·역사사실과 차단·분리되는 범위 안에서의 인간행위에만 도덕적 선악에서의 시비를 국한하였다. 이와 같은 이익의 역사관은 道德으로부터 事實을 분리시킨 것으로, 사실에 대한 현실적·과학적 인식의 길을 열었다는 점에서 의미있게 평가할수 있다.[176] 그것은 동시에 도덕에 기준을 두고 역사적 褒貶을 단행하는 이전의 정통론을 거부하는 것이었다. 정통론의 거부는 중국 중심의 역사 서술에서 벗어나는 계기가 되었고, 自國의 역사를 비롯한 다른 나라의 역사를 객관적으로 탐구할 수 있는 사상적 기초를 제공하였다. 그 결과 '東史'에 대한 적극적인 탐구가 이루어졌고, 일본의 역사에 대해서도 객관적으로 접근할 수 있었다.

---

174) 「答安百順問目」, 『星湖全集』 卷25, 16ㄴ(198책, 509쪽). "元明與遼金何別 只合 自爲一史 分註年號 遺使奉表則同".

175) 「答安百順問目」, 『星湖全集』 卷25, 19ㄱ(198책, 511쪽). "貴夏賤夷 爲無義也".

176) 鄭昌烈, 「實學의 歷史觀-李瀷과 丁若鏞을 중심으로-」, 『碧史李佑成教授定年 退職紀念論叢 民族史의 展開와 그 文化(下)』, 창작과비평사, 1990, 229~239쪽 참조.

2. 少論系의 實理論과 實測·實證的 宇宙論

1) '少論系 陽明學派'의 實理論的 自然學

우주론과 관련해서 주목되는 소론의 학문적 계보는 크게 두 갈래이다. 하나는 徐命膺(1716~1787)→徐浩修(1736~1799)→徐有本(1762~1822)·徐有榘(1764~1845)로 이어지는 達城(大丘) 徐氏 系列의 가학적 전통이다.[177] 이들의 학문적 성과는 서명응을 중심으로 하여 일단『保晚齋叢書』로 정리되었는데, 그 가운데 우주론과 관련하여 주목되는 저술은『先天四演』·『髀禮準』·『先句齊』등이다. 이후 이 계열의 천문역산학은 서호수에 의해『東國文獻備考』「象緯考」로 정리됨으로써 18세기 조선왕조의 천문역산학에 지대한 영향을 끼치게 되었다. 따라서 우리는 이들 저작을 통해 이들의 천문역산학이 지닌 특징을 개략적으로 파악할 수 있다.[178]

또 하나의 갈래는 이른바 鄭齊斗를 중심으로 한 이른바 '少論系 陽明學派'이다. 일찍이 鄭寅普(1893~1950?)는 근세 조선학의 유파를 세 갈래로 구분하면서, 그 가운데 하나로 정제두의 학맥을 지적하였다.[179] 그리고

---

177) 『萬姓大同譜』에 의해 이들의 가계를 정리하면 다음과 같다(『萬姓大同譜』下, 明文堂, 1983, 326쪽).

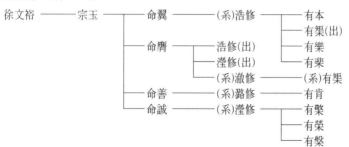

178) 徐氏 一家의 天文曆算學에 대해서는 박권수, 「徐命膺(1716-1787)의 易學的 天文觀」, 『한국과학사학회지』제20권 제1호, 1998 ; 문중양, 「18세기 조선 실학자의 자연지식의 성격-象數學的 우주론을 중심으로-」, 『한국과학사학회지』제21권 제1호, 1999 ; 문중양, 「18세기 후반 조선 과학기술의 추이와 성격-정조대 정부 부문의 천문역산 활동을 중심으로-」, 『역사와 현실』39, 2001을 참조.

이 안에 포함될 수 있는 인물로 李匡師·李匡呂·鄭東愈·李肯翊·柳僖 등을 지목하였다.[180] 이러한 구분의 타당성 여부는 여러 측면의 검토를 거쳐 검증되어야 하겠지만, 여기서는 일단 지금까지 확인된 몇 가지 사실을 토대로 鄭齊斗(1649~1736)→李匡師(1705~1777)·李匡呂(1720~1783)→鄭東愈(1744~1808)→柳僖(1773~1837)로 이어지는 하나의 계통을 설정해 보고자 한다.

정동유와 유희의 학문적 연관성은 국문학계의『諺文志』에 대한 검토를 통해서 이미 충분히 확인된 바이다.『언문지』는 유희가 스승 정동유와 더불어 正音에 대해 강론하기를 수개월 만에 저술한 것이었는데, 이것을 분실하고 20년이 지난 1824년(순조 24)에 다시 한 책으로 만든 것임을 서문에서 밝히고 있기 때문이다.[181] 정동유는 圓嶠 李匡師의 아우인 月巖 李匡呂의 문인이었다. 정동유와 이광려의 관계에 대해서는 일찍이 정인보가 밝힌 바 있으며,[182] 최근 '江華學派'에 대한 연구에서 재차 확인되었다.[183]『언문지』에 이광사의『圓嶠集』에 수록된 韻學의 이론이 인용된 것은 이러한 학문의 전수과정에서 가능한 것이었다고 여겨진다. 이광사와 이광려가 정제두에게 학문을 전수받아 '江華學派'를 형성하였음은 널리

---

179) 鄭寅普,『薝園國學散藁』, 文敎社, 1955, 32쪽. "近世 朝鮮學의 流派 대략 三派 l 있으니 星湖를 導師로 하고 農圃의 傳緖까지 아울은 一系 있고 李疎齊[齋] 頤命, 金西浦 萬重으로부터 流衍된 一系(湛軒이 이 系에 屬함)있고, 霞谷의 學을 承受한 一系 있다."

180) 鄭寅普는『薝園國學散藁』의 곳곳에서 이런 견해를 표명하였다. 한편『陽明學演論』에서는 聲音文字學에 한정한 것이긴 하지만 鄭齊斗→李匡師→李令翊·李忠翊→鄭東愈→柳僖의 전수관계를 설정하였다(鄭寅普,『陽明學演論(外)』, 三星美術文化財團 出版部, 1972, 170쪽).

181)『諺文志』序文, 1쪽(영인본『訓民正音韻解·諺文志』, 漢陽大學校 國學硏究院, 1974의 쪽수). "鄭丈東愈工格物 嘗語不佞……乃不佞與講辨 旣數月 歸著一書 名諺文志……".

182) 鄭寅普, 앞의 책, 1955, 1쪽. "그때 鄭玄同 東愈ㅣ 月巖의 弟子라……".

183) 鄭良婉,「月巖李匡呂論」,『江華學派의 文學과 思想(1)』, 韓國精神文化硏究院, 1993, 11~16쪽.

알려진 사실이다.184)

이상과 같은 근거를 통해서 볼 때 정인보가 지적한 세 번째 유파의 학문 전수과정은 어느 정도 확인되는 바이다. 학맥을 따져보면 이들은 대체로 정제두의 영향을 받았던 인물들이다. 정제두가 한국 양명학사에서 독보적인 위치를 점하고 있다는 점을 고려할 때 이들은 일정 정도 양명학의 세례를 받았으리라고 짐작할 수 있다. 유희의 경우는 아직까지 분명하게 확인할 수 없지만 정동유 단계까지는 대체적으로 그렇게 볼 수 있을 것이다.185) 黨色으로 볼 때 이들은 명백히 소론계로 분류된다. 정제두나 이광사·이광려는 두말할 필요 없이 소론계이며, 정동유 역시 그렇다. 정동유의 5대조는 인조·효종·현종년간에 중앙 정계에서 활약했던 鄭太和(1602~1673)로서 소론계의 원류로 볼 수 있기 때문이다.186) 기존의 연구를 참고해 볼 때 유희의 당색 역시 소론으로 추론해 볼 수 있다.187)

---

184) 劉明鍾, 『韓國의 陽明學』, 同和出版公社, 1983, 第4章 「江華學派의 陽明學」 참조.

185) 鄭東愈가 陽明學에 호의적인 태도를 가지고 있었음은 단편적인 자료를 통해 추론해 볼 수 있다(『晝永編』, 254~255쪽-영인본 『晝永編』, 서울大學校出版部, 1971의 쪽수. 이하 같음). 그는 주자학 이외의 다양한 학문에 대해 비교적 개방적인 자세를 가지고 있었다. 日本 古學派의 대표적 인물 가운데 하나인 伊藤仁齋(伊藤維楨 : 1627~1705)에 대한 긍정적인 평가는 그 같은 자세의 반영이라고 볼 수 있다(『晝永編』, 235~242쪽).

186) 鄭東愈의 가계를 『萬姓大同譜』에 따라 정리하면 다음과 같다(『萬姓大同譜』上, 明文堂, 1983, 473~477쪽).

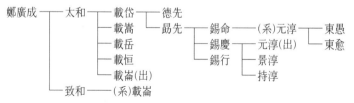

187) 高橋亨, 「物名考解說」, 『朝鮮學報』 16, 1960, 198쪽. 여기에서 高橋亨은 柳僖의 학풍이 老論의 그것과 다르고 南人系나 少論系의 그것과 유사하다는 점과 晋州 柳氏의 주요 가문-柳宜貞·柳來維·柳泰東·柳來駿-이 모두 少論이었다는 사실을 전제로, 柳僖 집안의 혼인 관계를 분석해 그것이 少論系와 연결된다는

요컨대 정제두에서 유희로 이어지는 이들은 소론계 양명학파로 분류할 수 있는 인물들이었다. 이들은 일찍부터 천문역산학을 비롯한 자연학 일반에 관심을 두고 있었다. 정제두는 일찍이 「璇元經學通攷」를 통해 당시 역법의 잘못을 바로잡고자 하였으며,[188] 정제두에게 사사한 이광사는 富寧 유배 시절 작성한『斗南集』에서 주희의 자연학 체계에 대한 전면적인 재검토를 시도한 바 있다.[189] 정동유 역시『書永編』을 통해 전통적 자연학에서 논란이 되었던 여러 문제에 대해 새로운 견해를 제시하고 있다.[190] 유희는『文通』(100권)이라는 방대한 저술을 통해 박학자로서의 면모를 보여주었는데,[191] 여기에 수록된『觀象志』는 시헌력 채택 이후 실제의 역 계산과 역법의 원리에 대한 이해 사이의 괴리, 다시 말해 曆家와 儒家 사이의 인식차를 해소하기 위한 목적으로 저술된 것이었다.[192]

이렇게 볼 때 이들의 자연학에 대한 관심은 상당한 수준이었음을 짐작할 수 있다. 그런데 일반적으로 양명학자들은 '心卽理'의 원리에 입각하여 인간 내면의 문제에 치중하고 객관 사물에 대한 탐구를 소홀히 하는 것으

점을 지적하였다. 柳僖의 아버지 柳漢奎의 첫 번째 부인은 吳明欽의 딸이었는데, 오명흠은 海州 吳氏로 肅宗代의 대표적 少論인 吳道一 가문이었다.

188) 「霞谷先生年譜」,『霞谷集』卷10(160책, 277쪽). "(英宗大王)六年……○著天元說(先生病曆法乖失 著說以正之 亦名璇元故)".

189) 沈慶昊, 「員嶠의 學術思想」,『江華學派의 文學과 思想(3)』, 韓國精神文化硏究院, 1995, 136~155쪽.

190) 鄭東愈는 분명하게 地球說을 주장하였고(『書永編』, 48쪽, "然而欲以實理明之 則地球在天之中 地球之心 卽天之心也"), 그에 바탕하여 分野說을 부정하면서 중국중심의 지리인식에서 탈피하는 모습을 보였으며(『書永編』, 146쪽, "分野之說 實似無理……中國之於天 不過彈丸之一方 今朝鮮與日本 比中國爲小云爾 若自天視之 卽五十步百步之間也"), 潮汐說에 대해서도 그 나름의 비판적 견해를 제기하였다(『書永編』, 147~148쪽 ; 304쪽).

191) 鄭寅普, 앞의 책, 1955, 15~18쪽.

192) 「觀象志」下,『方便子遺稿』64ㄴ. "然儒士則只挈大領 不擧其小差 歷家則務修萬目 反昧其本理 是故活看者 漸成呑棗 固守者 終歸畵葫 二者皆病也 且其所用之文字各殊 所据之圖式不同 或使相對而難之 有同問麗而聞玉 互咲其無知也 余常以是爲嘅然……".

로 평가된다.[193] 양명학의 핵심적인 공부 방법이라고 할 수 있는 '致良知'
가 선천적으로 지니고 있는 良知의 실현에 치중하는 것이기 때문이다.
그러나 이러한 일반적인 이해는 앞서 살펴본 '소론계 양명학파'의 자연학
탐구라는 사실과 일치하지 않는 것이다. 그렇다면 이들의 자연학에 대한
관심은 어떻게 이해해야 할까? 그것은 이들의 物理에 대한 인식과 공부방
법론을 통해 추론해 볼 수 있을 것이다.

　정제두의 철학사상에 대한 최근의 연구성과에 따르면 정제두의 理氣論
을 비롯한 철학체계 전반은 중층구조와 일원구조의 양면성을 띠고 있는
것으로 파악된다. 자연학과 관련하여 주목되는 것은 그의 理氣論에서
理와 氣의 구조를 중층적으로 파악하고 있다는 점이다. 예컨대 理의 경우
物理(凡理)와 生理·眞理의 구분, 氣의 경우 氣之條通과 生氣·浩然之
氣의 구분이 바로 그것이다.[194] 여기서 물리와 생리·진리의 구분은 자연
계와 인간계의 구분으로 범주화시킬 수 있다. 결국 그것은 자연계의 법칙
과 인간·사회의 운영원리를 별개의 것으로 구분한 것이라고 할 수 있다.
이러한 분석이 타당하다는 것은 다음과 같은 정제두의 말을 통해 확인할
수 있다.

　　임금의 어짐과 아버지의 자애로움은 '所當然之則'으로 마음이 당연하
　게 되는 바의 이치인 것이니, 이것은 天地萬物이 하나가 되는 것이고,
　義理로서 나면서부터 알게 되는 것이다. 하늘이 높은 것과 땅이 두터운
　것은 '所以然之理'로 사물이 당연하게 되는 바의 이치인 것이니, 이것은
　知識과 技能·技藝에서 나오는 것이다.[195]

193) 藪內淸, 「陽明學と明代の科學」, 『陽明學入門』, 明德出版社, 1971, 365~366쪽.
194) 김교빈, 『양명학자 정제두의 철학사상』, 한길사, 1995, 제2장 「이기론의 구조」
　　참조.
195) 「存言中」, 『霞谷集』 卷9(160책, 256쪽). "君之仁父之慈 所當然之則 心所以當然
　　之理 是天地萬物一體者 義理生而知之者 天之高地之厚 所以然之理 物所以當
　　然之理 是知識技能藝之出者".

여기서 정제두는 인간사회의 운영원리로서의 '所當然之則'과 자연 법칙으로서의 '所以然之理'를 구분하고, 전자가 인간의 마음 속에 본래부터 존재하는 것으로 '生而知之'한 것인 반면에 후자는 지식과 기예를 통해 탐구해 가야 하는 것임을 명시하고 있다. 이것은 '生而知之'者로 간주되는 聖人의 학문 범위가 인간사회의 '소당연지칙'에 국한되는 것이었다는 의미로 해석될 수 있다. "名物·度數·律曆·象數는 반드시 배운 이후에 알 수 있는 것으로 聖人도 또한 반드시 이것에 능하지는 못했다"[196]는 정제두의 언급이 그것을 증명한다. 결국 인간사회의 운영원리와 자연법칙은 각각 '生而知之'라는 선천적 지식과 '學而知之'라는 후천적 지식으로 구분되었으며, 양자 사이의 직접적인 관련성은 부인되었다.

정제두를 비롯한 양명학자들이 우선적으로 심혈을 기울였던 것은 두말할 필요 없이 선천적 지식으로서의 良知를 확인하는 것이었다. 공부방법론으로서의 '致良知'가 강조되고 주자학의 格物致知論이 배격되었던 이유가 바로 여기에 있다. 인간사회의 '所當然之則'을 확인하기 위해서 그와 아무런 관련을 갖지 못하는 자연 사물의 '所以然之理'를 탐구할 필요가 없었던 것이다. 그러나 이것이 곧바로 자연계에 대한 탐구를 도외시하는 것이었다고 말할 수는 없다. 그것은 다만 학문의 근본을 인간의 도덕적 주체성을 확립하는 것에 두어야 함을 강조한 것으로, 자연계에 대한 탐구는 그러한 학문의 근본이 세워진 다음에 추구해야 할 일임을 말하고자한 것으로 보아야 한다. 도리와 물리 탐구의 선후 관계에 대해 정제두는 다음과 같이 언급하였다.

心理가 밝아야만 天地萬物의 性도 밝게 할 수 있을 것이고, 心物을 바로잡아야 天地萬物의 이치도 얻지 못함이 없을 것이니, 術技도 또한 그러하다.[197]

---

196) 「存言中」, 『霞谷集』 卷9(160책, 256쪽). "名物度數 律曆象數 必學而后知 聖人亦未必能之".
197) 「存言中」, 『霞谷集』 卷9(160책, 256쪽). "心理明而天地萬物之性皆可明矣 格心

이것은 물리 탐구에서 그 주체가 되는 인간의 마음가짐을 중요하게 생각한 것으로 볼 수 있다. 즉 도덕적 자각 능력인 良知가 확충되어야만 천지만물의 이치도 밝게 파악할 수 있다고 여기는 것이다. "心體가 밝아지면 만 가지 이치가 밝아지고 만 가지 이치가 모두 이로부터 나와 부족함도 없고, 다함도 없게 된다"[198]고 보았던 것이다.

道理와 物理를 통합적으로 이해하는 주자학에서는 본질적으로 도리는 물론 물리 역시 聖賢에 의해 이미 해명된 것으로 보았다. 이럴 경우 학자들의 공부 방법은 聖經賢傳에 대한 탐구만으로 충분한 것으로 인식되었다.[199] 經傳에 대한 축조적인 분석 작업은 이러한 인식 하에서 수행된 것이었다. 현실에서 나타나는 잘못된 행위와 자연법칙에 대한 그릇된 이해는 모두 경전에 대한 오해 내지 인식 부족에서 연유한 것으로 간주되었다. 주자학의 공부방법론인 '격물치지론'이 사사물물에 대한 탐구를 중시했다는 점에서 종종 합리적·과학적으로 오해되기도 하지만, 일찍이 정인보가 지적한 것처럼 주자학의 격물치지론은 자연탐구의 방법으로 활용되지 못하고 심성수양론으로 국한되었던 것이다.[200] 요컨대 주자학의 격물치지론은 경전상의 심성론에 대한 지리한 해석으로 전락할 위험성을 안고 있었던 것이다.

近畿南人系의 일단의 학자들이 그러했던 것처럼 소론계 양명학파에 속하는 학자들도 이와 같은 주자학적 인식에 기본적으로 부정적이었다. 도리의 측면은 성인에 의해 다 밝혀졌다고 볼 수도 있지만 물리는 무궁한 것으로 성인도 모두 통달하지는 못하였다는 것이다. 柳僖는 그것을 『논

物而天地萬物之理無不得矣 術技亦然".

198) 「與閔彦暉論辨言正術書」, 『霞谷集』卷1(160책, 21쪽). "陽明只以心體明則萬理明 萬理皆由此出而無不足無窮盡云耳 非謂萬理預先羅列也".

199) 「白鹿洞書院揭示」, 『朱熹集』卷74, 3894쪽. "然聖賢所以敎人之法具存於經 有志之士固當熟讀深思而問辨之" ; 「書臨漳所刊四子後」, 『朱熹集』卷82, 4255쪽. "聖人作經 以詔後世 將使讀者誦其文 思其義 有以知事理之當然 見道義之全體而身力行之 以入聖賢之域也 其言雖約 而天下之故幽明巨細靡不該焉".

200) 鄭寅普, 앞의 책, 1972, 23쪽.

어』에 나오는 孔子와 樊遲의 대화[201]를 통해 간접적으로 확인하려고 하였다. 구체적인 기예의 측면에서는 성인 역시 전문적인 기술자에 비해 뒤지는 부분이 있으며, 천문역산학 또한 그러한 것 가운데 하나라는 것이었다. 그가 『觀象志』를 작성할 때 儒家의 이론에 따르지 않고 曆家의 논의를 주로 참고한 것도 바로 이러한 이유 때문이었다.[202] 한편 성인에 의해 밝혀진 도리·의리라 할지라도 그에 대한 후대의 주석이 다 정확하다고 볼 수 없으므로, 학자라면 누구나 자신의 '實心'에 입각해 의문점을 개진하고 정확한 의리의 해명을 추구할 수 있다고 보았다. 옳고 그름을 판별하는 기준은 나의 마음 속에 이미 갖추어져 있으므로, 인식의 주체인 인간은 자신의 權度에 입각해 의리를 강명할 수 있다는 것이었다.[203] 경전 해석의 다양성을 인정하는 학문적 분위기는 바로 이러한 관점에서 나온 것이라 할 수 있다.

정제두의 心學은 두말할 필요 없이 도리를 추구하는 학문이었다. 그것은 양명학 일반도 마찬가지였다. 그러나 심학이라고 하는 것이 인간의 심성을 중시하고 그를 통해 도리·의리의 추구에 치중한다고 해서, 그들이 經世의 문제라 할 수 있는 사회의 운영 원리와 방법, 더 나아가 자연계의 법칙에 무관심했던 것은 아니다. 그들이 강조하고자 했던 것은 그러한 여타의 학문 추구가 올바른 심성의 확립 없이는, 다시 말해 주체의 확립 없이는 무용지물이라는 것이었다.[204] 결국 實心에 입각한 實事의 추구가

---

201) 『論語集註』卷13, 「子路」第13, 4章. "樊遲請學稼 子曰 吾不如老農 請學爲圃 曰 吾不如老圃 樊遲出 子曰 小人哉 樊須也".

202) 「觀象志」下, 『方便子遺稿』64ㄴ~65ㄱ. "第是書始終 只用歷家爲例 故於儒者之諭 則雖所願學如洛閩諸夫子 尙多不從之處 此實非所主之專在一書 竊有然於聖人不如老農之意也".

203) 「霞谷先生年譜」, 『霞谷集』卷10(160책, 274쪽). "世之斥陽明者 旣未能盡其說 遽然目之以異端 至使禁不得語言 先生之意殊不然曰 彼獨非學孔子者耶 苟可取則取之 不可取則不取 惟在我之權度而已 豈可以不問顚末而隨世雷同也"; 「遺事」, 『霞谷集』卷11(160책, 292쪽). "其說苟或有可取則取之 不可則不取 惟在我之權度而已 豈可以人言爲輕重耶".

204) 朱子學과 陽明學의 공부 방법의 차이를 "사물의 존재법칙에 대한 탐구에서

되는 것인데, 이때 실사의 범위는 이 세상에 존재하는 事事物物의 양만큼 다양할 수 있는 것이었다. 그리고 그러한 물리는 성인에 의해 다 밝혀진 것이 아니기 때문에 학자라면 누구나 올바른 주체의 확립에 근거하여, 기존의 학설에 구애되지 말고 眞理의 탐구에 매진해야 하는 것이었다. 정제두를 비롯한 소론계 양명학파의 자연학 탐구는 바로 이런 인식에 기초하여 수행된 것이었다.

2) 實理論的 自然學의 전개와 實證的 宇宙論

(1) 朱子學的 自然觀에 대한 實理論的 批判

實心에 입각한 實事의 추구는 자연학의 측면에서는 實理의 탐구로 나타나게 되었다. 그것은 기존의 학설이나 견해를 추수하는 것이 아니라 그 타당성 여부를 객관적·합리적 기준에 입각해서 판별하고, 그를 통해 올바른 물리를 탐구하고자 하는 비판적인 자세를 띠게 되었다. 따라서 그것은 기존의 학문체계인 주자학적 자연학 전반에 대한 회의와 비판으로 연결될 수 있는 가능성을 내포하고 있었다. 이때 중요한 것은 소론계 양명학파의 학자들이 '합리적'이라는 판단의 준거를 어떻게 마련하고 있었는가 하는 문제이다. 그것이 선험적으로 규정된 것이었는지, 아니면 경험적·귀납적으로 유추된 것이었는지에 따라 그 역사적 의미를 판단할 수 있기 때문이다.

李匡師는 1755년(영조 31) '乙亥獄事'에서 백부 李眞儒에게 연좌되어 함경도 富寧에 유배되었다. 그는 유배시절 『斗南集』을 작성하였는데,[205]

시작하여 내 속의 도덕법칙으로 수렴해 들이려는 공부 방법"과 "내 속의 도덕법칙을 먼저 확립해서 사물의 존재법칙에까지 확산해 가려는 공부 방법"으로 대별한 김교빈의 지적은 이러한 맥락에서 주목할 필요가 있다(김교빈, 「조선 후기 주자학과 양명학의 논쟁-정제두와 박세채·윤증·민이승·박심·최석정의 논쟁을 중심으로-」, 『시대와 철학』 10-2, 1999, 217쪽).

205) 『斗南集』(古 3428-347)의 작성 경위에 대해서는 鄭良婉, 『江華學派의 文學과 思想(2)』, 韓國精神文化研究院, 1995, 13~16쪽 참조.

여기에 수록된 「讀朱子語類識疑」, 「問朱子天問答一則」, 「天地水火說」, 「天問辨答四條」 등의 논설을 통해 그의 자연관을 살펴볼 수 있다.[206] 여기에서 이광사는 『朱子語類』와 『楚辭集註』에 대한 축조적 분석을 통해 주자학적 자연관의 문제점을 지적하였다. 그것은 우주구조론에서 생성론에 걸치는 본질적인 문제 제기였다. 『주자어류』에 대한 이광사의 비판은 元會運世說, 地下水載說, 海水無邊說, 天地水火說 등 7개 항목에 걸친 것이었다.[207] 그것은 『朱子語類』 卷1~2에 수록된 '天地'에 대한 논의와 卷45에 수록된 『論語』 「衛靈公篇」(顔淵問爲邦章)에 대한 논의를 집중적으로 다룬 것이었다.

먼저 이광사는 주희의 원회운세설에 대해 의문을 제기하였다. 그것은 원회운세설 자체에 대한 본질적인 문제제기라기보다는 원회운세설을 적용한 주희의 계산치에 대한 의문이었다. 일찍이 주희는 『皇極經世書』의 원회운세설을 설명하면서 堯의 시대는 巳會와 午會의 사이에 위치하며, 주희 당시는 未會에 도달한 것으로 이야기하였다.[208] 원회운세설에 따르면 1會는 1,0800年에 해당한다. 따라서 堯의 시대가 巳會와 午會 사이에 위치하고, 南宋이 未會에 위치한다면 요의 시대와 남송 사이에는 최소한 1,0800년에 해당하는 시차가 있어야만 했다. 이광사가 지적하고 있는 것은 바로 이러한 계산상의 문제였다. 이광사가 살고 있던 당시에 堯의 시대는 4000년 전으로 추산되었다. 그렇다면 주희의 남송과 요의 시대 사이는 3500여 년에 불과할 뿐이었다.[209] 이 계산의 문제점에 대해서는 당시 노

206) 李匡師의 自然觀에 대해서는 沈慶昊, 『江華學派의 文學과 思想(3)』, 韓國精神文化研究院, 1995, 136~155쪽 참조.

207) 『斗南集』 가운데 『朱子語類』에 대한 비판적 분석은 「讀朱子語類識疑」와 「天地水火說」을 참조.

208) 『朱子語類』 卷45, 論語27, 衛靈公篇, 顔淵問爲邦章, 輔廣錄, 1155쪽. "至堯時會在巳午之間 今則及未矣 至戌上說閉物 到那裏則不復有人物矣".

209) 「讀朱子語類識疑」, 『斗南集』. "朱子曰 至堯時會在巳午之間 今則及未矣 是不可知 一會爲一萬八千(百의 잘못-인용자)年 距堯至今 纔過四千年 朱子時則三千五百餘年 何謂及未也".

론 계열의 학자들도 인식하고 있었다. 韓元震은 특별한 논평을 달지는 않았지만, 소옹의 학설에 입각해 볼 때 주희 당시는 午會의 姤卦 3爻에 해당한다고 추산함으로써[210] 『주자어류』의 기록에 문제가 있다는 것을 간접적으로 시인하였다.

다음으로 이광사는 주희의 '地下水載說'에 대해 비판하였다. 초기의 渾天說에서는 천지를 떠받치고 있는 것이 물이라고 생각하였다. 이것이 蓋天說과의 논쟁과정에서 비판을 받게 되면서, 혼천설은 氣의 개념을 적극적으로 도입하여 구조론의 결함을 보강하였다. 주희의 우주구조론은 바로 발전된 형태의 혼천설을 수용한 것이었다. 따라서 '天外是水'라는 혼천설의 고전적인 주장은 부정하였지만, '地下水載'라는 주장은 그대로 용인하였던 것이다.[211] 이에 대해 이광사는 '天外無水'라는 주희의 주장은 당연한 것이지만, '地下水載'라는 주장은 당치 않은 것이라고 평가하였다. "땅에 어찌 아래가 있을 수 있으며, 물이 어느 곳에서 (땅을) 실을 수 있겠는가"라는 것이 이광사의 본질적인 물음이었다.[212] 그것은 지구설의 수용에 의해 가능한 비판이었다. 지구설에 입각할 때 지구상의 上下라는 구분은 무의미한 것이었다. 지구상의 사람들은 어느 지역에서나 하늘을 이고 땅을 밟고 살아가고 있기 때문이다.[213] 요컨대 주희의 '地下水載說'

---

210) 『朱子言論同異攷』卷1, 天地, 11ㄱ(1148쪽). "按以康節說推之 今方在午會姤之第三爻上矣". 12會에 12辟卦를 대응시키면 午會는 바로 姤卦에 해당하며, 따라서 각각의 爻는 1800년에 상당한다(1,0800÷6=1800). 따라서 堯의 시대가 巳會(=乾卦)의 끄트머리에 위치하고, 南宋이 姤卦의 3爻에 위치한다면 양자 사이의 시간 간격은 대략 4000년 정도로 추산할 수 있는 것이다[『性理大全』卷8, 皇極經世書 2, 經世一元消長之數圖, 12ㄱ~ㄴ(591~592쪽)].

211) 『朱子語類』卷45, 論語27, 衛靈公篇, 顔淵問爲邦章, 陳淳錄, 1156쪽. "淳問 晉志論渾天 以爲天外是水 所以浮天而載地 是否 曰 天外無水 地下是水載".

212) 「讀朱子語類識疑」, 『斗南集』. "有問朱子曰 渾天儀云 天外是水 所以浮天以載地 是否 曰 天外無水 地下是水載 天外無水 果然 地下水載之說 亦不敢知 地豈有下 水載於何處邪".

213) 「讀朱子語類識疑」, 『斗南集』. "循地而行 循環至於與此地相反地 其人皆頭戴天足履地 與此地人 足勢相向 如車輻之相轂……地豈有上下 水在何處 可以載地邪".

에 대한 이광사의 비판은 지구설의 수용을 통해 기존의 상하관념을 부정함으로써 지리적 중심의 개념을 타파할 수 있는 기초를 만들었다는 점에서 역사적 의미를 갖는 것이었다.

이와 같은 지구설이 일반인들의 경험적 인식과 마찰을 일으키는 것은, 만약 지구설이 사실이라면 나와 반대쪽(對蹠地)에 사는 사람들이 어떻게 밑으로 떨어지지 않을 수 있는가 하는 문제였다. 널리 알려진 바와 같이 李瀷은 이것을 地心論을 통해 설명하려 하였고, 洪大容은 '上下之勢'라는 개념을 도입해서 이 문제를 해결하려 하였다. 이광사 역시 자기 나름의 설명 방식을 마련하고 있었는데, 그것이 바로 '無上下'의 논리였다. 대지는 氣로 둘러싸여 있으며, 지구상의 모든 곳은 다 하늘을 위로 하고 있다는 것이다. 따라서 나와 반대편의 사람 역시 하늘을 위로 하고 있으니, 밑으로 떨어질 리 없다는 것이었다.214)

이러한 이광사의 주장은 주희의 논리와 상반되는 것이었다. 일찍이 주희는 대지가 氣 가운데 존재하면서 추락하지 않는 이유를 땅을 둘러싸고 있는 하늘의 운동을 통해 설명한 바 있었다.215) 이광사는 이런 주희의 논리가 바로 이곳의 하늘을 위로, 나와 반대쪽에 있는 하늘을 아래로 생각하는 사고 방식에 연유한 것임을 지적하였다.216) 따라서 이광사는 극단적으로 말해 하늘의 운동이 정지하더라도 땅이 아래로 추락할 이치는 없다고 보았다. 왜냐하면 지구를 둘러싸고 있는 하늘이 모두 위이기 때문이었다.217)

---

214) 「讀朱子語類識疑」, 『斗南集』. "或曰 與此地足相向 其人豈不跌倒 而水豈不傾落乎 曰 循環大地 皆包積氣中 而處處皆以天爲上 人何以倒 水何以落".

215) 『朱子語類』 卷1, 理氣上, 太極天地上, 楊道夫錄, 6쪽. "天運不息 晝夜輾轉 故地㩲在中間 使天有一息之停 則地須陷下" ; "天以氣而運乎外 故地㩲在中間 隤然不動 使天之運有一息停 則地須陷下".

216) 「讀朱子語類識疑」, 『斗南集』. "朱子曰 使天之運有一息之停 則地便陷下 是亦以此地之天爲上 而足下之天爲下故也".

217) 「讀朱子語類識疑」, 『斗南集』. "藉令天有大變 有不運之時 地之四面 皆是天而上也 地將何處陷下邪".

지구설을 적극적으로 받아들인 이광사의 자연인식은 본질적으로 '天圓地方'의 전통적 사고에 기초하고 있던 주희의 자연학 체계와 연속적으로 마찰을 일으킬 수밖에 없었다. 주희는 자신의 자연인식을 기초로 종래의 역사적 사실들을 합리적으로 설명하기 위해 노력하였는데, 그 가운데 하나가 唐太宗의 고사였다. 일찍이 唐太宗은 병사들을 이끌고 북쪽 지방(또는 骨利幹)으로 진출하였는데, 거기에서 낮이 아주 길고 밤은 극히 짧으면서 어둡지도 않은 자연 현상을 경험하게 되었다.218) 또 『資治通鑑』에는 외국 가운데 양의 넓적다리 하나를 삶으면 날이 밝아질 정도로 밤이 짧은 곳도 있다고 기록되어 있었다.219) 이에 대해 주희는 그러한 지역들이 '地尖處(地之角尖處)'·'地絶處'에 해당하기 때문에 이와 같은 현상이 벌어지는 것이라고 설명하였다. 즉 그러한 곳에서는 하늘과 땅 사이의 거리가 서로 멀지 않아서 햇빛을 완전히 가릴 수 없기 때문에 항상 밝게 빛난다는 것이었다.220) 이러한 주희의 설명 방식은 地方說을 전제하였기 때문에 나오게 된 것이었다. 그러나 이광사처럼 지구설에 입각할 경우 地尖處의 설정 자체가 불가능하였다. 나아가 하늘이 지구를 둘러싸고 있는 구조에서 지구의 크기는 태양이나 달이 운행하는 궤도에 비하면 극히 작은 것이고, 따라서 天地 사이의 거리는 상하사방이 모두 같아서 주희의 설명처럼 '하늘과 땅 사이의 거리가 멀지 않은 곳'도 있을 수 없었다.221)

---

218) 『朱子語類』卷1, 理氣上, 太極天地上, 包揚錄, 7쪽. "唐太宗用兵至北極處 夜亦不曾太暗 少頃卽天明"; "地有絶處 唐太宗收至骨利幹 置堅昆都督府 其地夜易曉 夜亦不甚暗".

219) 『朱子語類』卷1, 理氣上, 太極天地上, 黃義剛錄, 7쪽. "通鑑說 有人適外國 夜熟一羊脾而天明"; 『資治通鑑』卷198, 唐紀 14, 太宗文武大聖大廣孝皇帝下之上. "(二十一年 八月)辛未 骨利幹遣使入貢 丙戌 以骨利幹爲玄闕州 拜其俟斤爲刺史 骨利幹於鐵勒諸部爲最遠 晝長夜短 日沒後天色正曛 煮羊脾適熟 日已復出矣".

220) 『朱子語類』卷1, 理氣上, 太極天地上, 包揚錄, 7쪽. "謂在地尖處 去天地上下不相遠 掩日光不甚得"; "蓋當地絶處 日影所射也"; 『朱子語類』卷1, 理氣上, 太極天地上, 黃義剛錄, 7쪽. "此是地之角尖處 日入地下 而此處無所遮蔽 故常光明 及從東出而爲曉 其所經遮蔽處亦不多耳".

406

'地下水載說'에 대한 비판의 연장선상에서 주희의 '海水無邊說'에도
비판이 가해졌다. 물이 평평한 대지를 떠받치고 있다고 생각하는 주희의
우주구조에서 海水의 끝은 氣와 만나게 되어 있었다.[222] 그러나 지구설에
따르면 四海의 바깥은 이 세계와 동일한 또 다른 인간세계가 존재할 뿐이
었다.[223]

지구설을 바탕으로 주희의 우주구조론에 대한 비판적인 분석을 시도한
이광사는 우주생성론에서도 주희와는 다른 견해를 제시하였다. 그것이
이른바 '天地水火說'에 대한 비판이었다. 天地水火說로 명명할 수 있는
주희의 우주생성론의 대략은 混沌未分의 상태에서는 다만 水火가 있었을
뿐이고, 이 가운데 水가 응결되어 땅(地)을 형성하고, 火가 風霆雷電이나
日月星辰을 형성한다는 것이었다.[224] 이광사는 이에 대해 五行의 이치는
太極에 근본하는 것으로 그것이 응결하여 형체를 이룰 때에는 그 시초부
터 각각 質을 구비하고 있다는 것[225]을 전제로 비판을 전개하였다. 그가
생각하기에 땅이 처음 열리는 때에 이미 오행의 이치는 구비되어 있으며,
땅이 형체를 이룰 때에 오행은 이미 완비되어 있었다.[226] 요컨대 이것은

---

221) 「讀朱子語類識疑」, 『斗南集』. "朱子曰 唐太宗用兵至極北骨利幹地 夜亦不曾
太暗 少頃卽天明(日入烹羊胛 熟 東方已明) 謂在地尖處 去天地上下不相遠處
掩日光不甚得 此亦恐不然 地德方而其體則圓 豈有尖處 天之包地 六合相距皆
同 豈有天地上下不相遠處……".
222) 『朱子語類』卷2, 理氣下, 天地下, 包揚錄, 28쪽. "海水無邊 那邊只是氣蓄得在".
223) 「讀朱子語類識疑」, 『斗南集』. "朱子曰 海水無邊 那邊只是氣畜得在 是又不可
知 海水豈無邊 四海之外 有世界人民 必與此世界同 彼邊岸 亦必與此邊岸同
此三隅反之理也".
224) 『朱子語類』卷1, 理氣上, 太極天地上, 沈僴錄, 7쪽. "天地始初混沌未分時 想只
有水火二者 水之滓脚便成地……初間極軟 後來方凝得硬……水之極濁便成
地 火之極淸便成風霆雷電日星之屬".
225) 「讀朱子語類識疑」, 『斗南集』. "愚謂五行之理 根於太極 凝結成形之時 其始已
自然各具其質 豈獨水火而已".
226) 「讀朱子語類識疑」, 『斗南集』. "地之始闢 土之理成隤然之質 水之理成泉川河
海 木之理成草木 金之理成質於水土中 火之理藏質金木石之中 地始成形也 五
行已皆具而無缺".

水로부터 땅을 비롯한 土石木金이 형성되었다고 간주하는 주희의 생성론적 도식을 전면적으로 부인하는 것이었다. 이광사가 보기에 그것은 經學的으로도 확실한 근거를 갖고 있는 것이었다. 만약 주희의 논리대로 水로부터 地가 형성된 것이라면 『주역』에서 "天一生水 地二生火 天三生木 地四生金 天五生土"라고 하지 않고, "水而生水而火而木而金而土"라고 했으리라는 판단 때문이었다.[227]

한편 이광사는 火로부터 風霆雷電과 日月星辰이 형성된다는 주희의 견해에도 문제가 있다고 보았다. 風의 경우 木의 이치를 얻은 것이 많기 때문에 火에 의해서만 형성되었다고 말하기 어려우며, 雷霆電과 같은 것은 항상적으로 존재하는 사물이 아니어서 開闢의 시기에 火로부터 형성된 것이라고 보기 어렵다는 지적이었다.[228] 이것을 설명할 수 있는 방법은 오직 오행의 이치를 통해서라고 이광사는 생각하였다. 왜냐하면 오행의 이치는 옛날부터 지금까지 존재하는 것이기 때문이었다. 陰陽이 서로 부딪치면 震이 되어 雷霆의 소리를 발하게 되는데, 그 이치는 木에 속하게 되며, 陰陽이 부딪치면 빛을 발해서 電光이 있게 되는데, 그것은 離火의 정수라고 설명할 수 있었다.[229] 결국 風霆雷電이라고 하는 것은 火로부터만 생성되는 것이 아니라 木과 火의 이치가 뒤섞여 있는 것으로 보아야 한다는 것이었다. 일월성신의 경우는 더욱 더 오행을 통해 설명되어야 할 것으로 보았다. 태양은 火에 속한다고 볼 수 있지만, 月은 뭇 陰의 근원으로 水의 정수이며, 五緯는 星의 근원으로서 각각 오행에 속하여, 그 색깔 역시 다섯 가지라고 하였다. 經星의 경우는 오행과 오색을 나누어 형성된 것이며, 경성 이외의 천체 역시 유사한 경로를 거쳐 형성되는 것으

227) 「讀朱子語類識疑」, 『斗南集』. "攷以洪範周易 水特先生於五行中耳 若水以成 地 則周易必不曰 天一生水 地二生火 天三生木 地四生金 天五生土 而必曰 水而生水而火而木而金而土也".

228) 「讀朱子語類識疑」, 『斗南集』. "風得木理居多 不可但曰火之成 雷霆電 非恒有 物 不可謂開闢時 火之所成".

229) 「讀朱子語類識疑」, 『斗南集』. "特五行之理 終古長在 陰陽之薄 則震而發雷霆 聲 而理屬於木 陰陽之激 則耀發而有電光 果離火之精也".

로 파악하였다.230) 이렇듯 달과 오행성 및 경성의 형성 과정은 火만 가지고
는 성립할 수 없으며, 그것은 오행의 상호 작용을 통해서만 설명될 수
있다는 것이었다.

『주자어류』를 중심으로 한 주희의 우주론에 대한 이광사의 비판은 『楚
辭集註』에 대한 분석을 통해서 인식론적 차원으로 전진해 갔다. 이제
비판적 자연인식에 기초하여 중국 중심, 인간 중심의 인식에 대해 문제를
제기하였던 것이다. 『초사집주』는 주희 만년의 저작으로,231) 우주론의
측면에서 볼 때에도 주희의 완성된 견해가 제시된 것으로 평가되고 있
다.232) 따라서 『초사집주』에 대한 비판은 이른바 '朱子晚年定論'에 대한
문제 제기일 수도 있었다. 『초사집주』에 대한 이광사의 비판은 다섯 가지
항목에 걸쳐 이루어졌는데,233) 여기서는 인식론과 관련된 문제를 중심으
로 살펴보도록 하겠다.

이광사는 먼저 해와 달이 물에서 나와서 물로 들어간다는 주희의 해
석234)을 '인간의 소견'이라 하여 비판하였다. 전체 우주구조의 차원에서
보면 해와 달은 지구로부터 상당히 멀리 떨어져 있고, 물이라고 하는 것은

---

230) 「讀朱子語類識疑」, 『斗南集』. "日固火也 月爲羣陰之宗 積水之精 獨其生明
借日光而已 五緯爲星之宗 而各屬五行 其色亦如之而爲五 經星皆分五行分五
色 經星之外 則皆地生一物 而天生一星 皆以地之五行而各分五色 其物澌則其
星實滅 但其光明 亦借日之光已 豈皆火之成邪".

231) 『朱子年譜』 卷4, 263쪽(王懋竑 撰(何忠禮 點校), 『朱熹年譜』, 中華書局, 1998의
쪽수). "(慶元) 五年己未(1199) 七十歲 春三月 楚辭集註後語辨證成"; 『朱子年
譜考異』 卷4, 406~407쪽.

232) 야마다 케이지(김석근 옮김), 앞의 책, 1991, 149~150쪽.

233) 『斗南集』 가운데 『楚辭集註』의 문제를 전론한 것으로는 「問朱子天問答一則」
과 「天問辨答四條」를 들 수 있다. 양자는 모두 『楚辭集註』의 天問篇에 대한
분석이었다.

234) 『楚辭集注』 卷3, 天問 第3, '出自湯谷'의 注, 61쪽(영인본 『楚辭集注』, 國立中央
圖書館(臺北), 1991의 쪽수. 이하 같음). "答之曰 湯谷蒙汜 固无其所 然日月出
水 乃昇于天 乃其西下 又入于水 故其出入 似有處所 而所行里數 曆家以爲周
天赤道一百七万四千里 日一晝夜而一周 春秋二分 晝夜各行其半 而夏長冬短
一進一退 又各以其什之一焉".

다만 땅 위에 실려있는 것일 뿐인데, 어떻게 하늘에 있는 해와 달이 물에서 나왔다 들어갔다 할 수 있겠느냐는 지적이었다.[235] 이광사는 주희의 이런 견해가 기존의 혼천설적 입장을 완전히 탈각하지 못하고 '地下水載說'을 고집한 데서 비롯되었다고 파악하였다. 주희가 天問篇의 다른 곳에서 "발해의 동쪽은 몇 억만 리인지 모르겠으나 커다란 골짜기가 있다"고 한 『列子』의 견해[236]를 인용한 것[237]도 땅의 아래와 사방이 물로 채워져 있으며 그 바깥은 하늘과 접하고 있다는 '地下水載說'에서 연유한 것으로 보았다.[238] 요컨대 이광사의 이러한 비판은 인간 중심적으로 자연을 이해하고자 한 전통적인 자연인식 태도에 문제를 제기한 것으로 볼 수 있다. 인간들은 땅의 한 모퉁이에 거처하면서 땅의 전체를 보지 못하기 때문에 땅이 무한히 넓은 것으로 생각하는 반면, 우러러 보이는 천체는 그 전체적인 운동을 볼 수 있기 때문에 유한한 것으로 여기는 잘못을 범하고 있다는 것이다. 그 결과 땅을 논하면서는 過大하게 생각하고, 하늘을 논할 때는 극히 작은 것으로 생각하게 되었다는 지적이었다.[239]

이광사는 주희의 '九州中心說'도 부정하였다. 그는 九州를 천지의 중앙으로 생각하는 것은 '중국인의 소견'일 뿐이라고 단정하였다.[240] 또한 땅의

---

235) 「天問辨答四條」, 『斗南集』. "此以人間所見言 非日月出入之理也 天周外 地處中 天之去地 上下前後 處處皆同 其遠不知幾億萬里也 地比天特一彈丸 水只載於地 在天之日月 安得降於地而出水入水也".

236) 『列子集釋』 卷5, 湯問 第5, 151쪽(楊伯峻 撰, 『列子集釋』, 中華書局, 1979의 쪽수). "湯又問 物有巨細乎 有修短乎 有同異乎 革曰 渤海之東不知幾億萬里 有大壑焉 實惟無底之谷 其下無底 名曰歸墟".

237) 『楚辭集注』 卷3, 天問 第3, '東流不溢'의 注, 65쪽.

238) 「天問辨答四條」, 『斗南集』. "朱子亦不自究測 而爲曆象所欺 亦於下東流不溢註 引列子說曰 渤海之東 不知幾億萬里 而有大壑 信其說而爲據昭載之 不知其言甚虛妄也 遂疑地之下及地之東西南北 皆積水而與天相接 屢作地下水載之說".

239) 「天問辨答四條」, 『斗南集』. "人在地之一處 不見地之圓徑 故認爲其大無外 仰見天體周復 而列宿環之 其大有限 故强以意量之 論地則過大 論天則極小".

240) 「天問辨答四條」, 『斗南集』. "天問九州安錯 朱子答曰 九州所錯天地之中 是亦據中國人所見".

동남쪽이 비어서 모든 하천이 그쪽으로 흘러가게 되었다는 중국 중심의 전통적 지리인식[241)에 대해서도 마찬가지로 '중국인의 소견'으로 비판하였다.[242) 중국의 땅은 높은 산이 모두 서북쪽에 있어서 물길이 동남쪽으로 흐르지만, 지역에 따라 남쪽·북쪽·서쪽으로 물이 흐르는 곳도 있으며, 지구 반대편의 땅에서도 역시 물이 각각 사방의 바다로 흘러 들어가는 것이라고 주장하였다.[243) 그것은 세계지도와 지리서가 다량으로 보급된 조선후기의 확장된 지리인식에 기초한 비판이었다.

이상에서 살펴본 것처럼 이광사는 기존의 주자학적 자연학에 대해 회의와 비판의 태도를 견지하면서 나름의 기준에 입각해서 합리적 견해를 제시하려고 하였다. 이와 같은 태도는 소론계 양명학파의 후배 학자들에게서도 확인되는 바이다. 鄭東愈는 '實理'에 입각한 자연 탐구를 중시하면서 지구설을 주창하였고,[244) 그에 근거해서 分野說을 부정함으로써 중국 중심의 지리인식에서 탈피하는 모습을 보여주었다.[245) 여기서 우리는 '實理'에 입각한 자연탐구라는 것이 '自天視之'라는 관점의 변화를 수반하는 것이었음에 주목할 필요가 있다.

이러한 관점은 柳僖 단계에 이르면 좀 더 분명한 모습으로 나타나게 된다. 유희는 주희의 日月蝕論을 비판하였다.[246) 그것은 이전 시기에 이광

---

241) 『列子集釋』卷5, 湯問 第5, 150~151쪽. "其後共工氏與顓頊爭爲帝 怒而觸不周之山 折天柱 絶地維 故天傾西北 日月星辰就焉 地不滿東南 故百川水潦歸焉". 같은 내용이 『淮南子』「天文訓」과 『博物志』에도 수록되어 있다.

242) 「天問辨答四條」, 『斗南集』. "故上所引地不滿東南 百川水潦歸焉者 亦國中人所見已".

243) 「天問辨答四條」, 『斗南集』. "中國在東南 故高山皆在西北 而水流東南也 黑水在東西之中而近南 故流于南 于實之西 皆流于西 北極之北 必流北 然此特地之半邊 與此地足相向之地 亦必水各流四方之海 與此地同 其勢皆自然 非東南不滿也".

244) 『書永編』, 48쪽. "然而欲以實理明之 則地球在天之中 地球之心 卽天之心也".

245) 『書永編』, 146쪽. "分野之說 實似無理……中國之於天 不過彈丸之一方 今朝鮮與日本 比中國爲小云爾 若自天視之 卽五十步百步之間也".

246) 「觀象志」下, 月蝕, 『方便子遺稿』48ㄴ ; 「觀象志」下, 日蝕, 『方便子遺稿』50 ㄱ~ㄴ.

사가 시도한 '地影說'에 대한 비판247)의 연장선상에 서 있는 것이라 할 수 있다. 동시에 아래에서 살펴보게 되는 바와 같이 천체운행론에서도 주자학의 좌선설을 비판하였고, 나아가 주자학의 자연학 체계, 특히 천문역산학의 오류를 신랄하게 지적하였다. 유희는 바로 이러한 비판적 관점에서『觀象志』를 저술하면서 儒家의 견해를 채택하지 않고 서양의 천문역법을 따랐던 것이다. 그것은 서양의 천문역산학이 '實測'에 기반한 것이어서 신뢰할 수 있다고 보았기 때문이었다. 그는 자연탐구의 방법으로 사물에 따라 법칙을 취하는 '隨物取則'의 원칙을 제시하였다.248) 그것은 선입관을 배제하고 實測을 통해 검증된 사실에 입각해서 物理를 수립해 가는 귀납적·과학적 방법에 다름 아니었다. 요컨대 소론계 양명학파의 實理를 추구하는 자연 탐구의 태도는, 주자학의 천문역산학 체계, 나아가 자연학 체계 전반이 정밀하지 못하다는 결론에 도달하게 되었고, 그만큼 새로운 물리 탐구의 가능성은 확대되었다. 그리고 그 가능성은 당시 최고의 정밀성과 객관성을 자랑하고 있었던 서학의 그것으로 채워지게 되었다.

(2) 實測의 重視와 實證的 宇宙論

소론계 양명학파의 우주론적 특성은 여러 각도에서 조명할 수 있지만, 여기서는 우주생성론, 구조론으로서의 地球說과 渾天說, 천체운행론으로서의 右旋說을 중심으로 살펴보도록 하겠다. 소론계 양명학파의 학자들 가운데 우주생성론을 비교적 온전하게 제시하고 있는 것은 柳僖였다. 유희는 先儒들의 말을 인용하여 천지의 형성과정을 설명하였다. 그에 따르면 개벽 이전에는 단지 一氣의 혼돈상태였을 뿐이었는데, 그 가운데

---

247) 「天問辨答四條」,『斗南集』. 여기에서 李匡師는 달에 보이는 검은 그림자가 天地의 그림자라는 견해를 비판하면서, 해와 달 속의 검은 그림자는 그 바탕이 그런 것이라는 주장을 개진하였다.

248) 「觀象志」下, 閏月,『方便子遺稿』63ㄴ. 實測을 중시하는 柳僖의 天文曆算學이 갖는 역사적 의미에 대해서는 具萬玉,「方便子 柳僖(1773~1837)의 天文曆法論-조선후기 少論系 陽明學派 自然學의 一端-」,『韓國史研究』113, 2001 참조.

맑고 깨끗한 氣가 바깥으로 나가 하늘을 형성함에 따라 무겁고 탁한 氣는 가운데로 모여 땅이 되었다. 바깥으로 나간 氣는 움직일수록 더욱 더 커졌고, 안으로 모여드는 氣는 응결할수록 점점 작아졌다. 이에 따라 커다란 하늘과 작은 땅 사이에는 넓은 허공이 생기게 되었고, 이 공간 속에서 각종 청명한 氣(灝明之氣)로부터 日·月·五星과 恒星이 만들어지게 되었다. 이들 천체는 각기 부여받은 이치가 본래 달랐고 운행 도수 역시 같지 않았다.[249]

氣의 운동을 통해 우주의 생성과정을 설명하는 것은 중국 우주론의 역사에서는 『淮南子』「天文訓」이래의 오랜 전통이었다. 그것이 氣 자체의 운동인가, 아니면 氣의 운동을 주재하는 또 다른 무엇이 있느냐 하는 문제, 즉 우주 생성의 본체에 대해서는 많은 논란이 있었지만, 氣로부터 천지가 생성된다는 도식은 커다란 변화 없이 계승되었던 것이다. 정제두가 天元의 회전에 의한 元陽의 생성과 그에 기초한 陰陽의 운동(氣化)을 통해 천체의 운행을 설명한 것이나,[250] 이광사가 천지 생성의 시초에 이미 오행의 이치가 존재한다고 주장하였던 것[251]도 같은 맥락에서였다.

이처럼 氣의 운동에 의해서 우주의 생성을 설명하는 방식으로부터 도출된 주목할 만한 성과는 重天說의 부정이었다. 서양 우주론의 중천 개념은 수정천구로부터 유래한 것이었다. 원래의 수정천구설에서 각각의 천구는 독자적인 운동을 행하며 상호 유통이 불가능한 것으로 간주되었다. 이것은 이후 티코 브라헤의 관측 성과에 의해 부정되기에 이르렀지만, 중국의

---

249) 「觀象志」上, 開闢, 『方便子遺稿』1ㄱ. "天地未開之前 吾不知其何狀 先儒只言 是一氣混沌而已 及乎輕淸之氣漸出于外 而重濁之滓不得不聚於內……漸出 而外 故愈動而愈大 漸聚而內 故愈凝而愈小 兩間旣成許多空虛 於是乎各種灝 明之氣 爲日爲月爲五緯爲恒星 稟理本殊 行度亦不同".

250) 「先後天說」,『霞谷集』卷20(160책, 513쪽). "天經周運一日一營而元陽生焉 氣 化出焉";「璇元經學通攷」1ㄱ, 天元故驗篇,『霞谷集』卷21(160책, 523쪽). "天 元一周而元陽生 元陽一生而天元運";「璇元經學通攷」7ㄱ, 天元故驗篇,『霞 谷集』卷21(160책, 526쪽). "天經左行 一日一營 而元陽生焉".

251) 「天地水火說」,『斗南集』.

전통적인 氣의 우주론과는 커다란 차이를 보이는 것이었다. 정제두 이래
로 소론계 양명학파의 학자들은 氣의 우주론에 입각해서 서양의 重天
개념을 부정하였다.

정제두는 당시 시헌력의 중천설을 각 천체의 운행 궤도를 설명한 것으
로 간주하면서, 실제로 여러 겹의 하늘이 존재한다고는 생각하지 않았다.
그것은 계산상의 편의를 위해 임의로 설정한 것이지 실제 하늘의 모습은
아니라는 것이었다.252) 이것은 티코 브라헤의 행성구조론을 적극적으로
수용했던 유희의 경우도 마찬가지였다. 서양의 우주론에 따르면 일·월·
오성 및 항성의 운행을 각각의 하늘로 설정할 때 모두 8天이 된다. 이것은
주희의 '九天'과 다르다. 유희는 이 여덟 개의 하늘 이외에 또 다른 하늘을
설정하는 것에 반대하였다. 아울러 서양의 우주론에서 '宗動天' 위에 '不動
天'을 설정하는 것에 대해서도 비판적이었다. 비록 그것이 존재한다 하더
라도 헤아려 볼 수 있는 실제가 없다면, 다시 말해 실측할 수 없다면 그것은
'妄造'에 불과할 따름이기 때문이었다.253)

여기서 우리는 重天說을 부정하는 소론계 양명학파의 논리 가운데 '實
測'을 중시하는 실증적 학문태도가 자리하고 있었다는 사실에 주목할
필요가 있다. 유희는 역법의 제작에서 전통적으로 중시되어 왔던 曆元의
설정방식(=齊元)을 비판하면서, 중요한 것을 실측의 정밀함이라고 강조
하였다.254) 또 천문역법에서 삼각법을 이용한 이론적인 계산(=推步)이
아무리 정밀하다 하더라도 그것은 반드시 實測을 통해 증명되어야 한다고
주장하였다.255) 그가 實測을 위한 天文儀器의 제작을 중요시했던 것은

---

252) 「璇元經學通攷」12ㄴ, 天元故驗篇, 『霞谷集』卷21(160책, 528쪽). "如近世西曆
   以七曜各設一天 而爲其高下遠近 各爲一輪行之者 特爲籌法强設耳 以爲論天
   則錯矣".
253) 「觀象志」上, 恒星, 『方便子遺稿』16ㄱ~ㄴ. "……○又問時憲宗動天之上 又有
   不動天 如何 愚曰……假使有之 旣無可稽之實 則終歸於妄造之科矣".
254) 「觀象志」下, 曆元, 『方便子遺稿』34ㄱ~ㄴ. "……然則後之爲籌者 只講實測之
   必精 而不必多事於合璧連珠也".
255) 「觀象志」下, 實測, 『方便子遺稿』36ㄱ. "推步雖精 必待實測而有所照驗"

바로 이런 맥락에서였다.[256)

정제두 이래로 소론계 양명학파의 학자들은 '天圓地方'으로 대표되는 종래의 천지 관념을 부정하고 지구설을 적극적으로 주장하였다. 정제두의 저술 가운데 우주론과 관련하여 주목되는 것은 「河洛易象」, 「先後天說」, 「璿元經學通攷」, 「碁三百說」, 「天地方位里度說」 등이다.[257) 그 제목에서 알 수 있는 바와 같이 이것들은 기본적으로 經學, 그 가운데서도 易學= 象數易(先天易)에 대한 탐구에서 출발하여 천문·역법의 영역으로 나아간 것이었다. 이 가운데 핵심적인 것이 「璿元經學通攷」였다. 年譜에 따르면 이것은 정제두가 영조 6년(1730)에 당시 역법이 잘못된 것을 안타깝게 생각하여 이를 바로잡기 위해 저술한 것으로 되어 있다.[258) 그러나 그 논의 내용을 살펴보면 단순히 역법의 문제만을 다룬 것이 아님을 알 수 있다. 정제두는 經書 가운데서 천문·역법과 관련된 내용과 그 형이상학적 원리를 설명한 명제들을 앞에 제시하고 그것에 대한 자신의 해설을 덧붙였다. 결국 이것은 단순하게 서양 역법의 우수성을 인정하고 그것을 그대로 수용한 것이 아니라, 기존의 경학이라는 틀 속에 서양의 천문역법을 새롭게 짜맞추고자 하였던 것이다.

> 지구(地圜)의 형체는 사방의 둘레가 둥글고(渾然), 그 上下四方의 하늘과의 거리가 30度이다. 하늘의 氣를 받음으로써 天元이 이로 말미암아 오르락내리락한다. 그 형태(形)는 다함이 있는 것 같지만, 그 형체(體)는 모나지 않았다. 모나지 않을 뿐만 아니라 하늘과 간격이 없다. 만일 조금이라도 간격이 있다면 치우칠 것이고, 하늘은 반드시 기울어질 것이며, 땅은 반드시 떨어질 것이다.[259)

---

256) 「觀象志」下, 實測, 『方便子遺稿』36ㄱ~40ㄴ.

257) 이 저술들은 대부분 鄭齊斗의 만년 作으로 추정된다(尹南漢, 『朝鮮時代의 陽明學 硏究』, 集文堂, 1982, 340쪽).

258) 「霞谷先生年譜」, 『霞谷集』卷10(160책, 277쪽). "(英宗大王)六年……○著天元 說(先生病曆法乖失 著說以正之 亦名璿元故)".

259) 「璿元經學通攷」13ㄱ, 坤厚久成篇, 『霞谷集』卷21(160책, 529쪽). "地圜之體

여기서 정제두는 하늘과 땅 사이에는 간격이 없다는 것을 전제하였다. 간격이 없으려면 하늘의 형체가 구형인 이상 땅도 구형이어야만 했다. 그가 생각하고 있는 천지의 구조는 지름이 120도(360/3=120)인 천구와 그 가운데 위치한 지름이 60도인 지구로 구성된 것이었다. 따라서 하늘과 땅 사이의 거리는 어디나 30도이며 그 30도를 채우고 있는 것이 바로 대기였다.[260]

　　地圜[地球]은 또한 하늘과 同體이다. 地平의 설과 같은 것은 다만 假借해서 말한 것으로서 그 전체를 가리켜 말한 것은 아니다.[261]

정제두는 지구의 개념을 『中庸』의 '博厚'의 개념[262]과 연결하여 설명하고 있다. 만약 땅이 평면이라면 그것은 경험적으로 사방이 넓고 상하가 얇은 모습일 수밖에 없다. 결국 '博厚'한 天地의 道와 일치하려면 땅의 모습 역시 사방과 상하가 똑같아야 한다는 논리였다.[263]

　정제두가 지구설의 논거로 삼고있는 것은 지구상에서 남북으로 이동하면 천체의 도수에 변화가 온다는 과학적 사실이었다. 그는 350리=1도설을 주장하고 있었다.[264] 이것은 이전의 250리=1도설이나 당시 새로운 학설로

　四周渾然 其上下四方 去天皆三十度 以受天之氣 天元由此而升而降 其形於有盡而其體無窮(一作方) 非徒無窮[方] 與天無間 若有小間則偏矣 天必傾焉 地必墜焉".

260) 「璿元經學通攷」10ㄱ, 天元故驗篇,『霞谷集』卷21(160책, 527쪽).

261) 「璿元經學通攷」13ㄴ, 坤厚久成篇,『霞谷集』卷21(160책, 529쪽). "地圜亦與天同體 如地平之說 特出假借而言 非謂其全體者也".

262) 『中庸章句』26章.

263) 「璿元經學通攷」13ㄴ, 坤厚久成篇,『霞谷集』卷21(160책, 529쪽).

264) 「璿元經學通攷」13ㄴ, 坤厚久成篇,『霞谷集』卷21(160책, 529쪽). "地圜南北行三百五十里 差天一度 是三百五十里 當爲地一度也 卽周十二萬九千六百里也". 여기에 가장 근사한 자료는『唐書』「天文志」에서 발견된다(『舊唐書』卷35, 志15, 天文上. "三百五十一里八十步而差一度" ;『新唐書』卷31, 志21, 天文1. "大率三百五十一里八十步 而極差一度"). 그것은 마테오 리치가 '古法'이라고 소개하고 있었던 바로 그것이었다[「附徐太史地圜三論」,『乾坤體義』卷中, 30ㄴ

416

<그림 6-1> 鄭齊斗의 地球說

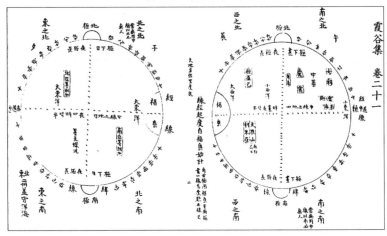

수용되었던 200리=1도설과도 다른 것이었다. 정제두가 무엇에 근거하여 이런 결론에 도달했는지는 알 수 없다. 그러나 그 방법과 논리는 서양 천문학의 바로 그것이었다.

이미 살펴보았듯이 이광사는 『斗南集』의 여러 논설을 통해서 주희의 자연학 체계에 대한 전면적인 재검토를 실시하였는데, 그가 주자학적 자연관의 여러 논리를 비판하는 논거로 삼은 것 가운데 하나가 바로 지구설이었다.

> 땅의 덕은 모나지만 그 형체는 둥근데, 어찌 뾰족한 곳이 있겠는가?……
> 利瑪竇는 "땅의 형체도 역시 둥글다"고 하였다. 무엇으로 징험할 수 있느냐고 묻자, "일식이나 월식 때 검은 것이 땅의 그림자인데, 일식이나 월식 때마다 4면에서 먹어 들어가는 것이 모두 둥글다"고 하였다. 그 말이 아주 명백하다.[265]

(787책, 777쪽). "唐人云 南北相去每三百五十一里八十步而差一度"].

265) 「讀朱子語類識疑」,『斗南集』. "地德方而其體則圓 豈有尖處……利瑪竇曰 地形亦圓 問何以驗 曰 月食時 黑者是地影 而每蝕從四面入者 皆圓 其說甚透".

여기에서 이광사는 일식과 월식(엄밀히 말한다면 월식의 경우만 해당된다) 때 달에 비추는 것이 지구의 그림자라는 과학적 근거를 가지고 지구설을 주장하고 있다. 이것은 물론 서학을 수용한 결과였다.

이러한 생각들은 鄭東愈를 거쳐 柳僖의 지구설에 그대로 연결되었다. 유희는 먼저 '天圓'과 '地圓'은 그 크기는 같지 않지만 그것이 球體를 이루고 있다는 점에서는 동일하다고 보았다. 따라서 땅 위에 살고 있는 사람들은 각자의 지역에 따라 북극이나 남극, 또는 적도를 머리 위에 지고 있으며, 각자가 발딛고 서 있는 지형에 따라 상하를 나누는 것일 뿐이었다. 그렇다면 '上下'라는 개념은 상대적인 것으로, 다른 관점에서 보면 똑바로 서 있다고 생각하는 나 자신이 거꾸로 서 있을 수도 있는 것이었다.[266]

유희는 지구설의 논리적인 근거로 여섯 가지를 거론하였다.[267] 첫째, 만약 '天圓地方'이 사실이라면 땅을 기준으로 보았을 때 하늘에는 높은 곳과 낮은 곳이 있게 되는데-땅의 중앙에서 하늘까지의 거리는 멀고, 모서리 지역에서 하늘까지의 거리는 가깝다-, 땅과 日月 사이의 距度를 측정해 보면 그렇지 않음을 알 수 있다. 둘째, 만약 '地方'이라면 동쪽에 가까운 지역은 오전이 반드시 짧을 것이고, 서쪽에 가까운 지역은 오후가 반드시 짧을 것이며, 중앙의 한 곳만 오전과 오후가 균등하게 될 것이다. 그러나 실제로는 모든 나라에서 태양이 南中하는 시각을 정오로 하고 있다.

셋째, 지면이 만약 평평하다면(地平) 해나 달이 뜨고 질 때 모든 지역에서 동시에 이것을 볼 수 있어야 한다. 그러나 월식 시각을 가지고 따져보면, 서쪽에 가까운 곳에서 해질 무렵에 월식을 보았다면, 동쪽에 가까운 지역에서는 밤 늦게야 비로소 월식을 볼 수 있다. 이것은 땅이 둥글지 않다면 일어날 수 없는 일이었다. 넷째, 이처럼 땅이 동서로 둥글다면 남북 또한

---

266) 「觀象志」 上, 地圓 地靜, 『方便子遺稿』 4ㄴ. "天之圓則大 地之圓則小 大小不同 爲球則均耳 山水人物 遍被球體而在 或戴兩極 或戴赤道 各以所立之形 定上 下 殊不知自隔地觀之 以我爲倒棲也".

267) 「觀象志」 上, 地圓 地靜, 『方便子遺稿』 5ㄱ~ㄴ.

둥글지 않을 수 없다. 남쪽에서 북쪽으로 이동하면서 보면 북극의 높이가
점점 높아지고, 북쪽에서 남쪽으로 이동하면 멀리 떨어진 별들이 보이게
되는데, 이것은 땅이 남북으로 둥글다는 증거였다. 이 세 번째와 네 번째의
증거는 당시 전래된 서학서에서 지구설의 증거로 제시하였던 바로 그것이
었다.[268]

다섯째, 물은 지극히 평평한 것이기 때문에 산처럼 높이 솟아오를 이치
가 없는데, 지금 大水의 물높이가 산의 높이와 같다. 이것은 아마도 높은
산에 올라가서 바다를 보았을 때 눈 앞에 보이는 수평선을 연상하여 지평
설을 반박한 것으로 판단된다. 땅이 평평하다면 수평선이 그렇게 보일
이치가 없기 때문이다. 여섯째, 만물의 형체는 자연스럽게 원형을 이루고
있으므로, 달이나 물방울과 같은 지극한 陰物조차도 역시 둥글지 않을
수 없다는 것이다.

유희의 주장을 살펴보면 첫 번째와 두 번째 및 다섯 번째 주장은 '천원지
방'에 대한 비판적 증거를 제시한 것이었다. 과학적이라고 할 수는 없지만,
경험적 사실에 바탕을 둔 것이기 때문에 일반적인 논의에서 설득력을
가질 수 있었다. 세 번째와 네 번째 주장은 서양의 지구설에 바탕을 둔
과학적인 증거를 제시한 것이었다. 여섯 번째 주장은 선험적인 견해로
과학적이라고 할 수는 없지만, 일찍이 박지원 역시 비슷한 주장을 펼친
바 있었다.[269]

지구설을 수용함으로써 '天圓地方'이라는 전통적인 개념을 새롭게 해
석해야 할 필요가 생겼다. 예컨대 『周髀算經』의 "方屬地, 圓屬天, 天圓地
方"[270]이라는 구절은 대표적인 것이었다. 이 구절은 원래 하늘은 움직이고
땅은 정지해 있다는 天動地靜, 하늘은 양이고 땅은 음이라는 天陽地陰의

---

268) 구만옥,「朝鮮後期 '地球'說 受容의 思想史的 의의」,『河炫綱教授定年紀念論叢
    韓國史의 構造와 展開』, 혜안, 2000, 718~724쪽 참조.
269) 구만옥, 위의 논문, 2000, 745쪽.
270) 『周髀算經』卷上, 17ㄴ(12쪽-영인본『四部叢刊 正編』, 法仁文化社, 1989의 쪽
    수).

논리와 결합되어 전통적인 天地觀을 대표하는 것으로 해석되었다. 유희는 '地方'이라는 구절을 이치를 말한 것이지 형체를 말한 것이 아니라고 해석하였다.271)

　그렇다면 왜 '지방'이라는 주장이 나오게 되었을까? 유희는 전통적인 지방설을 땅의 형태에 대한 설명으로서가 아니라, 地靜說을 의미하는 것(地之安靜有方之理)으로 이해하였다.272) 유희는 지질은 고요하여 움직이지 않는다고 보았다. 따라서 움직이지 않는 지구의 동서남북은 예로부터 변함이 없기 때문에 이치로 말할 때 '地方'이라고 하였다는 것이다. 또 사람은 땅에 비해 작고, 땅은 하늘에 비해 작기 때문에 땅 위에서 사람이 하늘을 바라보면 天體大圓의 절반을 볼 수 있다. 때문에 형세로 말할 때 '地平'이라고 한다는 것이었다.273)

　소론계 양명학파는 천체운행론에서 주자학의 좌선설을 비판하고 우선설을 주장하였다. 김석문과는 다른 입장에서 象數學的 宇宙論을 전개했던 정제두는 김석문처럼 地轉說을 주장하지는 않았다. 그러나 그 역시 서양과학을 적극적으로 수용하였으며, 그것을 자신의 經學체계 속에 용해시키기 위해 노력하였다. '七曜右行說'은 그러한 과정의 산물이었다.

　그는 먼저 하늘에는 방위가 없다는 사실을 전제하고 있다.274) 엄밀한 의미에서 말한다면 좌선이니 우선이니 하는 것은 의미가 없었다. 그럼에도 불구하고 좌선·우선을 말하는 이유는 운동을 측정하기 위한 불가피한 선택이었다. 즉 운동과 변화를 측정하기 위해서는 不動·不變의 기준이 필요하였고,275) 이에 따라 하늘을 기준으로 좌선이니 우선이니 하는 표현

---

271)「周髀(算)經章句釋」,『方便子遺稿』75ㄱ. "天地本皆圓形 而此云地方者 以理言也".

272)「觀象志」上, 地圓 地靜,『方便子遺稿』5ㄴ.

273)「觀象志」上, 地圓 地靜,『方便子遺稿』4ㄴ. "蓋地質安靜 一定不動 東西南北亘古無變 故以理言之曰地方 人小於地 地小於天 人目所窮適得天體大圓之一半 故以勢言之曰地平".

274)「七曜右行說」1ㄱ,『霞谷集』卷21(160책, 545쪽). "天體本無方" ;「七曜右行說」1ㄴ,『霞谷集』卷21(160책, 545쪽). "乾象無方".

이 나오게 되었던 것이다. 따라서 정제두는 좌선과 우선이 운동의 기준을 어떻게 설정하는가에 따라 달라질 수 있다는 점을 인정하였다. 예컨대 지구를 중심으로 한 일주운동의 관점에서 보면 모두가 좌선이고, 하늘에 매달려 운동한다는 관점에서 보면 '天左旋 日月五星右移'로 볼 수 있으며, 하루와 일년의 운동을 기준으로 하면 '天左旋 日月五星右行'이고, 歲差를 기준으로 해서 보면 반대로 하늘은 오른쪽으로 가고 日月五星은 왼쪽으로 간다고 말할 수 있었다.276)

이처럼 운동의 상대성을 인정하면서도 정제두가 좌선설을 비판하고 우선설을 주장하였던 것은 그것이 천문현상을 설명하는 데 보다 합리적이라고 판단했기 때문이었다. 좌선설로도 천체의 운행을 설명할 수는 있었지만 그 경우에는 다음과 같은 두 가지 문제가 발생하였다. 하나는 오행성의 운동이었다. 하늘도 왼쪽으로 돌고, 해와 달과 오행성도 왼쪽으로 돌지만 각각의 회전속도의 차이에 의해 운동의 遲速이 발생한다는 것이 좌선설의 요점이었다. 예컨대 태양의 경우 하루에 하늘에 비해 1도, 달은 13 7/19도 더디게 운행한다는 것이었다. 정제두는 日月의 경우에는 이러한 설명이 가능하지만, 오행성의 경우에는 문제가 있다고 보았다. 왜냐하면 수성과 금성의 경우에는 그 좌선의 속도가 하늘보다 빠르게 설정되기 때문이었다.277) 하늘이라는 大元氣 속에서 운행하는 천체가 하늘의 운행보다 빠를 수 있다는 사실을 정제두는 인정할 수 없었던 것이다.

다음으로 日月五星이 하늘을 따라 좌선한다고 하면, 그것은 각각의

---

275) 「七曜右行說」3ㄱ, 『霞谷集』卷21(160책, 546쪽). "夫必有不動者后 其動者乃可運 必有不變者而后 其變者乃可行".

276) 「七曜右行說」1ㄱ, 『霞谷集』卷21(160책, 545쪽). "夫以繞地 則固皆左回矣 以其麗天 則天左旋 而日月五星爲右移矣 且以一日也 以一歲也 則天左旋 而日月右行 五星右行焉 又以歲差 則又天反右進 而日月五星乃左去矣".

277) 「七曜右行說」1ㄴ, 『霞谷集』卷21(160책, 545쪽). "然儒家若以左行爲疾進 以右行爲平常循度者 則亦所以爲解也 但五星之左行而疾也 其行有過於天行者 踰一度 爲星而過天理邪(……若以爲左旋 則其一日之行 旣過周天一周之後 又加數度 其過於天行甚矣……)".

천체가 하늘 위에서 나가기도 하고 물러가기도 하면서 스스로 운행하는 것이 되어, 비록 '隨天'이라고는 하지만 천체가 하늘에 統屬되는 의미가 없다는 것이다. 반면에 일월오성이 우행한다고 하면, 그것은 하늘이 회전하는데 일월오성이 하늘을 타고 하늘에 부착되어서 운행하는 의미가 된다고 파악하였다.[278] 좌선설의 논리는 天과 일·월·오성이 각각의 하늘을 구성하고, 저마다의 속도로 회전하고 있다는 '重天'의 개념을 전제하고 있었다. 그러나 정제두는 이런 '중천'의 개념을 부정하였다. 정제두와 같이 大元氣의 흐름 하나만으로 구성되어 있는 하늘을 생각할 때 이러한 설명은 받아들일 수 없었던 것이다. 이것은 대원기의 흐름 속에서 천체의 운행을 파악하고자 하는 정제두의 일관된 관점을 분명하게 보여주는 것이었다. 앞에서 보았듯이 그가 서양과학을 수용하면서도 서양우주론의 중천 개념, 즉 宗動天과 구별하여 日月五星(七曜)의 하늘을 설정하는 방식을 비판하였던 것은 바로 이러한 이유 때문이기도 하였다.

정제두는 이처럼 좌선하는 하늘 안에서 일월오성이 우행하는 것이 타당하다는 점을 입증하기 위해 여러 가지 논리를 끌어다 설명하였다. 먼저 그는 일월오성이 하늘에 통속되어 있으면서도 하늘의 움직임을 그대로 따르지 않고 어긋나는 방향으로 운동하는 것을 '互交之道', '經緯之義'로 정당화시켰다.[279] 또 종래 음양의 動靜으로 태양과 달의 운행 속도를 설명하던 방식을 변형시켜, '君道'와 '臣道'의 대비로 태양과 달의 운행 속도의 차이를 설명하였다. 즉 태양의 운행이 느린 것은 '君道'로, 달의 운행이 빠른 것은 '臣道'로 설명하였던 것이다. 오성의 위치와 각각의 속도는 종래의 오행설에 입각하여 정당화시켰다.[280]

유희 역시 천체운행론에서 기존의 좌선설을 비판하고 우선설을 주장하였다. 천구상에서 태양은 하루에 1도를 움직이고 달은 13 7/19도를 움직인다. 이는 지구의 공전과 달의 공전으로 인해 파생되는 문제였다. 전통적으

---

278) 「七曜右行說」1ㄴ~2ㄱ, 『霞谷集』 卷21(160책, 545~546쪽).

279) 「七曜右行說」2ㄱ, 『霞谷集』 卷21(160책, 546쪽).

280) 「七曜右行說」3ㄱ~ㄴ, 『霞谷集』 卷21(160책, 546쪽).

로 이것을 설명하는 방법으로 좌선설과 우선설이 논쟁을 벌였다.[281] 曆家
는 하늘은 좌선하고 일월은 우선한다는 '右旋說'을 지지하였고, 儒家는
하늘과 일월이 모두 좌선한다는 '左旋說'을 지지하였다.[282] 유희는『素問』
·『逸周書』·『淮南子』·『白虎通』등과 송대의『正蒙』·『皇極經世書』
등이 모두 우선설을 주장하였는데, 오로지 주희만이 좌선설을 주장하였을
뿐이며, 주희 역시『詩傳』의 주석에서는 우선설을 따랐다고 지적하였다.[283]

　노론계열에서는 주희가 우선설을 주장한 적이 있다는 사실 자체를 부정
하였다. 그러나 일반적으로 주희의 우선설과 좌선설은 초년설과 만년설로
구분되었다. 유희 역시 이러한 견해를 따르고 있었다고 볼 수 있는데,
그것은 鄭東愈의 견해를 계승한 것이었다. 일찍이 정동유는 주희의 경서
주석에 初年說과 晚年說의 차이가 있음을 지적하면서 그 대표적인 예로
『詩傳』주의 우선설과『書傳』주의 좌선설을 거론하였다.[284]

　주희의 좌선설은 주자학의 인간중심적 사유체계의 논리적 귀결이었다.
좌선설은 常用曆을 기준으로 생각하는 논리 체계였다. 상용력의 기준은
태양의 일주운동과 그것이 쌓여서 만들어지는 1년이라는 시간 단위, 그리
고 그것의 영구적인 순환·반복이었다. 주희가 역가의 주장, 즉 태양이
하루에 1도씩 후퇴한다는 주장을 거부하고, 태양은 하루에 정확히 한 바퀴
도는 것이고, 하늘이 1도씩 더 간다고 주장하였던 이유가 바로 이것이었다.
만약 태양이 하루에 1도씩 후퇴하게 된다면 사계절의 질서가 어긋나게
된다고 생각했던 것이다. 유희는 주희의 이러한 논리를 잘 알고 있었다.[285]

---

281) 구만옥,「朝鮮後期 天體運行論의 변화」,『實學思想研究』17·18, 毋岳實學會,
　　 2000 참조.
282)「觀象志」上, 右旋,『方便子遺稿』12ㄴ~13ㄱ.
283)「觀象志」上, 右旋,『方便子遺稿』13ㄱ.
284)『書永編』, 208쪽. "所以朱子諸註 不能無初年晚年之辨 如詩十月之交註 言日月
　　 右旋 書碁三百註 言日月左旋之類 是也".
285)「觀象志」上, 右旋,『方便子遺稿』13ㄱ. "然姑無論日月之左旋右旋 以須以中星
　　 驗之 天行之爲三百六十度有餘者無疑 故朱子曰 若以爲天不過而日不及一
　　 度 則趲來趲去 將次午時便打三更矣";『朱子語類』卷2, 理氣下, 天地下, 黃義

이에 대해 유희는 좌선설의 문제점을 다음과 같은 다섯 가지로 제시하여 비판하였다. 첫째, 만약 좌선설이 옳다면 日月의 운행도 하늘의 운행을 따라서 赤道를 중심으로 회전해야 하는데, 어째서 적도와 기울어져 있는 黃道를 따라 움직이는가 하는 점이다. 둘째, 만약 그 이유를 적도를 따라 움직이는 일월이 한 바퀴 돌 때마다 조금씩 옆으로 비키는 것으로 설명한다면, 夏至와 冬至 때에는 옆으로 어긋나지 않고, 春分과 秋分 때에는 어긋나는 각도가 큰 이유는 무엇인가? 셋째, 옆으로 비키는 각도가 많고 적은 이유를 적도와의 거리가 가깝고 먼 것으로 설명한다면 이것도 하나의 설명은 될 수 있다. 그러나 그 많고 적은 각도에 빠르고 느린 차이가 있는데, 이것이 적도의 원근과 일치하지 않는 이유는 무엇인가? 넷째, 日月의 속도 차이는 세세한 문제라 논하지 않을 수도 있지만 五星의 順行과 逆行은 작은 차이가 아닌데, 좌선설로는 이것을 설명할 수 없다. 다섯째, 오성은 스스로의 운행이 있어서 몇 년이 지난 후에 비로소 하늘을 한 바퀴 돌게 되며, 매일매일 동쪽에서 떠서 서쪽으로 지는 것은 하늘을 따라 도는 것이라고 설명한다면, 日月과 五星은 모두 한 종류인데 어째서 오성은 우선설에 합치되고 일월만이 좌선설로 설명될 수 있는가 하는 점이다.[286]

좌선설에 대한 유희의 비판은 크게 두 가지로 요약할 수 있다. 하나는 日月이 적도가 아닌 황도상을 운행한다는 것이고, 다른 하나는 오행성의 운동을 좌선설로 설명할 수 없다는 것이다. 좌선설의 주장대로 하늘도 좌선하고, 일월도 하늘을 따라 좌선하는 것이라면 일월의 운행 궤도는 적도와 평행해야 하는데 그렇지 않다는 문제제기였다. 일월은 적도와 23.5도 가량 기울어져 있는 황도를 따라 운행하며, 오행성도 마찬가지였다. 이것은 결국 日月五星이 하늘을 따라 좌선하는 것이 아니라 황도를 따라

剛錄, 15쪽. "義剛言 伯靖以爲天是一日一周 日則不及一度也 日 此說不是 若以爲天是一日一周 則四時中星如何解不同 更是如此 則日日一般 却如何紀歲 把甚麼時節做定限 若以爲天不過而日不及一度 則趲來趲去 將次午時便打三更矣".

286) 「觀象志」 上, 右旋, 『方便子遺稿』 13ㄱ~ㄴ.

424

<그림 6-2> 柳僖의 宇宙構造

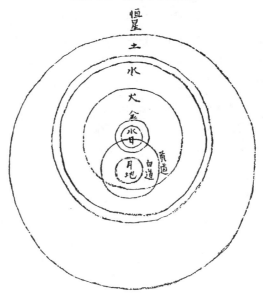

자기 나름의 속도를 가지고 우행하는 것으로 볼 수밖에 없다는 주장이었다. 아울러 오행성의 순행과 역행 등 복잡한 궤도 운동을 좌선설로 용이하게 설명할 수 없다는 점도 지적되었다.

유희에 따르면 우선설은 岐伯과 周公 이래로 천문(象緯)을 논하는 모든 사람들이 기초로 삼았던 것이다. 그럼에도 불구하고 주희와 그 문도들이 이것을 '簡捷超徑之法'이라고 비판하고 좌선설을 주장한 것[287]은 그들의 소략함을 드러낸 것이라고 지적하였다.[288] 이러한 유희의 비판은 주자학

---

287) 『性理大全』 卷26, 理氣1, 天度曆法附, 26ㄱ(1811쪽). "潛室陳氏曰 天行日剩一度 出鄭康成 日月俱左旋 聞橫渠有此語 但曆家用簡捷超徑法巧算 須用作右旋 却 取他背後欠天零數起算 故日只作行一度 月作行十三度有奇 庶乎簡捷超徑 易 布算也".

288) 「觀象志」 上, 右旋, 『方便子遺稿』 13ㄴ~14ㄱ. "日月五星右旋之論 自岐伯周公 以來 言象緯者 無不主之 陳潛室乃歸之簡捷超徑之法 然左旋之說 卻於遲疾順 逆上 有所不通 是則非曆家之簡捷 乃朱門之疎畧也".

의 천문역법에 관한 전반적인 회의와 비판으로 연결되었다. 邵雍의 『皇極經世書』에 나타난 우선설[289]이 분명함에도 불구하고 주희가 좌선을 주장한 것은 주희의 역법에 대한 정교함이 소옹의 그것에 미치지 못하기 때문이라고 보았다. 그리고 『書傳』에 제시한 상세한 계산법도 '一曆之成法'이 되지 못하였다고 비판하였다.[290]

이처럼 소론계 양명학파의 우주론에서는 地球說을 적극적으로 수용하여 전통적인 '天圓地方'의 사고방식은 극복하였지만, '天動地靜'이라는 또 하나의 전통적 사유에 대해서는 미온적인 태도로 일관하였다.[291] 물론 이들은 우선설을 적극적으로 받아들임으로써 주자학의 천체운행론을 전면적으로 부정하기는 하였다. 그럼에도 불구하고 이들의 논의에서는 '천동지정'을 깨뜨릴 수 있는 地轉說이 출현하지 않았다. 그것은 實測을 중시하는 이들의 입장에서 야기된 것으로 추론해 볼 수 있다. 天動의 증거는 실측을 통해 확실하게 확보할 수 있는 반면, 地轉의 증거는 실측을 통해서 쉽게 찾아볼 수 없기 때문이었다.[292] 관측기술에 한계가 있던 당시에 이것은 이론적인 논증을 통해서만 설명될 수 있었고, 그것을 받아들이기 위해서는 인식론적인 전환이 필요하였다. 그러나 소론계 양명학파의 자연학은 그러한 방향으로 전진해 가지는 않았던 것이다.

---

289) 『性理大全』 卷11, 皇極經世書 5, 觀物外篇 上, 23ㄱ~ㄴ(859~860쪽).

290) 「觀象志」 上, 右旋, 『方便子遺稿』 14ㄴ. "……蓋朱子之於巧歷 終不及康節 雖於書註 詳其籌率 尚無以爲一曆之成法……".

291) 「觀象志」 上, 地圓 地靜, 『方便子遺稿』 5ㄴ~6ㄴ.

292) 柳僖가 張載의 '地常右旋之說'=四遊說을 비판한 이유 가운데 하나가 바로 이것이었다. 柳僖는 四遊說의 주장대로 지구가 움직이기 때문에 계절 변화가 나타나는 것이라면 당연히 北極 高度에 변화가 있어야 한다고 생각하였다. 그러나 실제로 관측되는 것은 北極 高度의 변화가 아니라 태양궤도(躔次)의 변화였다(「觀象志」 上, 地圓 地靜, 『方便子遺稿』 6ㄱ. "若復寒暑永短 皆由於地 而不由於日 則北極何無低昻 而躔次乃有變易乎").

3) '君民一體'의 정치론과 實事學의 탐구

앞에서 살펴보았듯이 鄭齊斗는 眞理=實理(=道理)와 物理를 구분해서
파악하였으며, 진리의 확인을 위해 물리를 탐구할 필요가 없다고 주장하였
다. 이처럼 일면 물리에 대한 탐구를 도외시한 듯한 그의 기본적 태도가
역설적으로 물리에 대한 객관적 탐구를 가능케 하는 요인으로 작용하였던
것이다. 어쨌든 그의 주된 학문적 관심은 인간이 선천적으로 소지하고
있는 도덕성을 어떻게 하면 온전한 형태로 발현시킬 수 있을까 하는 문제
에 집중되었다.

> 統體로서 조리있는 흐름[條路]의 主가 되는 것은 곧 眞理가 있는 곳이
> 니, 내 마음의 明德이 바로 이것일 뿐이다. 그러므로 그 밝게 비추어주는
> 밝음을 가지고 가려진 하나의 膜을 연다는 것은 다만 내 本性의 성스러운
> 앎(聖知)을 닦아서 開通할 수 있는 것이다. 저 사물의 條路에서 진리를
> 구하여 開通할 수 있는 것이 아니다.[293]

위 인용문에서 알 수 있는 것은 정제두가 추구하는 진리는 내 마음 속에
들어 있는 明德이며, 그것은 바깥의 사물에 대한 탐구를 통해 획득할
수 있는 것이 아니고, 인간 본성의 성스러운 앎(聖知=良知)을 닦음으로써
얻을 수 있는 것이라는 사실이다.

이처럼 선천적 도덕성은 인간이면 누구나 마음 속에 간직하고 있는
것이다. 따라서 인간 개개인은 자신의 선천적 도덕성(=良知)에 입각하여
일체의 사무를 처결할 수 있는 능력(=良能)을 보유하고 있는 존재였다.[294]
이러한 良知說의 현실적 의미는 그것이 인간의 본래적 평등성을 긍정하고

---

293) 「存言上(睿照明睿說)」, 『霞谷集』 卷8(160책, 235쪽). "其所以統體 而爲其條路
之主者 卽其眞理之所在者 則卽吾心明德是已 然則其睿照之明 一膜之開 只有
修治於此性之聖知者 而可以開通者也 不當求之於彼物之條路 而有開通者
也".

294) 「存言下」, 『霞谷集』 卷9(160책, 259쪽). "性者天降之衷 明德也 自有之良也 有是
生之德 爲物之則者也 故曰明德 故曰降衷 故曰良知良能 故曰秉彝".

있었다는 점에서 찾을 수 있다. 인간이 자신에게 간직되어 있는 도덕성을 제대로 발현시킬 수만 있다면 현실의 인간사회는 조화롭게 운영될 수 있었다. 따라서 문제는 인간의 도덕성이 발현되는 길을 차단하고 있는 장애물이 무엇이며, 그 장애물을 어떻게 제거할 수 있는가 하는 것이었다.

정제두는 心의 본체를 性으로 파악한다. 그것은 구체적으로 '仁義禮智'의 이치를 뜻하며, 天命·明德과도 같은 것이었다.295) 그는 일원론적 관점에 입각하여 心=性=理=天命=明德을 하나로 파악하였던 것이다. 그리고 마음 속에 깃들어 있는 인의예지의 이치가 올바르게 발현될 때, 四端七情과 같은 개인 감정의 조절, 올바른 몸가짐(五事), 사회윤리(五倫)의 실현, 천하국가의 정치(禮儀三百, 威儀三千)가 모두 이치에 맞게 구현될 수 있다고 보았다. 心으로부터 身→倫→物에 이르는 일련의 과정을 心, 心의 본체로서의 性으로 파악하였던 것이다.296)

여기서 心의 본체는 곧 良知를 의미하는 것이다.297) 天地가 流行發育하고 萬物이 化化生生할 수 있는 것은 모두 양지·양능에 말미암은 것이다. 이와 같은 자연의 이치와 마찬가지로 인간이 능히 四端의 마음을 발현시키고, 仁民愛物하며, 中和位育할 수 있는 것도 모두 양지·양능에 말미암지 않은 것이 없다.298) 이러한 양지와 양능은 어린 아이부터 聖人에

---

295) 「答閔彦暉書」, 『霞谷集』 卷1(160책, 30쪽). "虛靈不昧 周流洞徹 應感不窮者 心也(其本體性也 是仁義禮智之理耳 是天之所命 所謂明德者也)".

296) 「答閔彦暉書」, 『霞谷集』 卷1(160책, 30쪽). "其喜怒哀樂惻隱羞惡者 其情也 而 其有中和之理(卽性之本然) 耳目口鼻之視聽言動者 其身也 而有聰明從恭之 理(卽性之本然) 父子君臣夫婦朋友者 其倫也 而其有仁敬孝慈之理(卽性之本 然) 家國天下天地萬物者 其物也 而發而有三千三百經曲之禮 溥博淵泉時出 之理(皆性之德 時措之宜 無非出於心 而卽性之本然) 原於心 發于身 以達於其 倫其物 皆心也 皆己之性也".

297) 「答閔誠齋書」, 『霞谷集』 卷1(160책, 31쪽). "故其書曰 良知是心之本體 心之體 卽天理之謂".

298) 「答閔誠齋書」, 『霞谷集』 卷1(160책, 30쪽). "如天地之能流行發育 萬物之能化 化生生 無非其良知良能 自然之理 無非是此體也 吾人之能惻隱羞惡 能仁民愛 物 以至能中和位育也 無非其良知良能".

이르기까지 모두 갖추고 있는 것이었다.[299] 현실 사회에서 나타나는 聖人
과 凡人(衆人)의 차이는 선천적인 양지·양능을 발현하느냐, 못하느냐에
달려 있을 뿐이었다.[300] 따라서 현실 사회의 인간의 구분은 절대적인 것은
아니었다. 이처럼 정제두는 모든 인간이 양지와 양능을 보유하고 있으며,
누구나 성인이 될 수 있는 가능성을 지니고 있다고 간주한다는 점에서
陽明學의 보편적인 인간관, 즉 평등한 인간관의 입장을 견지하고 있었다.

이렇듯 정제두가 파악한 진리의 내용은 '仁義禮智'라는 윤리·도덕을
실천할 수 있는 도덕적 주체성이었다.[301] 그것이 바로 聖學의 핵심인
天命이었던 것이다. 정제두는 『中庸』의 '天命之謂性'을 '仁義禮智(知)'
로, '率性之謂道'를 '致知·復禮·居仁·由義'로 정의하였다.[302] 이러한
聖學의 효용에 대해서 정제두는 다음과 같이 말하고 있다.

이렇게 한다면 이를 간직하면 誠敬이 되고, 이를 發하면 聰明이 되며,
여기에 居하면 忠信이 되고, 이를 행하면 孝弟가 되며, 펴서 이를 밝히면
禮樂·敎化가 되고, 확충하여 이에 통하면 仁義의 정치가 된다. 내 性이
극진히 하면 다른 사람의 性과 事物의 性이 다하지 않는 것이 없으며,
天地가 자리잡고 萬物이 길러지는 것이다.[303]

---

299) 「答閔誠齋書」, 『霞谷集』 卷1(160책, 30~31쪽). "自孩提以至聖人天地 無非此
體".
300) 「答崔汝和書癸未」, 『霞谷集』 卷2(160책, 42쪽). "惟聖人爲能立天下之大本 衆人
有大本而不能立者也(非謂無性善 爲不能存也 非謂無大本 爲不能立也) 故其
與堯舜同者 將無未發已發皆有之 其不能與堯舜同者 亦將無未發已發皆失
之".
301) 「存言上(睿照明睿說)」, 『霞谷集』 卷8(160책, 235쪽). "夫聖人以氣主之明體者
爲之理 其能仁義禮知者是也……盖能仁義禮知者 是爲性耳理耳".
302) 「存言上(聖學說)」, 『霞谷集』 卷8(160책, 237쪽).
303) 「存言上(聖學說)」, 『霞谷集』 卷8(160책, 237쪽). "如是則存之爲誠敬 發之爲聰
明 居之爲忠信 行之爲孝弟 叙而明之爲禮樂敎化 充以達之爲仁義之政 己之性
盡而人之性物之性無不盡 天地位焉 萬物育焉".

따라서 仁義禮智의 발명을 위주로 하는 聖學은 '名物制度'·'知識技能'과 같이 바깥에서 배워 얻을 수 있는 것이 아니며,[304] 오로지 자기 자신의 마음에 대한 탐구를 통해서 自得해야 하는 것이었다.[305]

자득을 가로막는 것은 私欲과 習氣가 마음을 가리고 있기 때문이다.[306] 따라서 수양의 핵심은 사욕과 습기로 인해 어지러워진 마음을 바르게 하는 것이 된다. 그것이 바로 誠意와 正心이었는데, 이것은 결국 格物致知의 문제로 귀결된다. 널리 알려진 바와 같이 주자학과 양명학의 格物致知論은 근본적인 차이점을 지니고 있다. 事事物物의 이치를 탐구하여 궁극적으로 천지만물의 총체적 이치인 太極을 체득한다는 주자학의 격물치지론에 대해, 양명학에서는 '格物'을 사람의 뜻이 들어있는 物을 바로잡는다(格=正)는 실천적 의미로, '致知'를 자신의 良知를 완성하는 것(致良知)으로 해석하였다.[307] 이와 같은 양명학의 논리에 따르면 格物의 物은 곧 事를 의미하며, 거기에는 사람의 뜻인 意가 포함되어 있기 때문에 格物(=誠意)과 致知(=致良知)는 서로 다른 일이 아니었다.[308] 이처럼 誠意와

---

304) 「存言上(聖學說)」,『霞谷集』卷8(160책, 238쪽). "至如名物制度之類 知識技能之事 可外學而知者".

305) 「存言上(聖學說)」,『霞谷集』卷8(160책, 238쪽). "仁義禮知之於天地萬物 其所一體 本無不貫通 寧有不明而可以外得乎 寧有不貫而可以兼資乎".

306) 「存言上(聖學說)」,『霞谷集』卷8(160책, 238쪽). "心之於義理 自無不知……其有不能者 以欲蔽之也 習昏之也(……心中有一私欲者蔽之 習氣者因之 以失其本體也……)".

307) 朱子學과 대비한 陽明學의 특징에 대해서는 다음의 글을 참조. 시마다 겐지(김석근·이근우 옮김),『朱子學과 陽明學』, 까치, 1986 ; 曹永祿,「陽明學의 成立과 展開」,『講座 中國史』Ⅳ(帝國秩序의 完成), 지식산업사, 1989 ; 楊國榮(김형찬·박경환·김영민 옮김),『양명학』, 예문서원, 1994 ; 윤천근,「'지식'에 대한 유학적 논의-『대학』해석을 둘러싼 주자학과 양명학의 갈등」,『논쟁으로 보는 중국철학』, 예문서원, 1994 ; 윤천근,「성리학적 이상과 현실의 틈새 메우기」,『역사 속의 중국철학』, 예문서원, 1999.

308) 「大學(2)」,『霞谷集』卷13(160책, 350쪽). "致至也 知者心之本體 卽至善之發也 格正也 物者事也 卽意所在之事 致其本體之知者 其實在於其所事之正焉 而其至也不過盡其物之實爾 故必卽其意之所在之物而正之".

正心이라는 과정이 자신의 구체적인 행위(事)를 바로잡는 일이 된다는 점에서, 그것은 실천성을 강조할 가능성을 내포하고 있었다. '知行合一'의 강조가 바로 그것이었다.

유교 주자학에서 추구하는 학문의 핵심은 聖人이 되기 위한 공부, 곧 '聖學'에 있었다고 할 수 있다. 聖學論은 修己治人이라는 유교의 궁극적 목적에 비추어 볼 때, 修身・修德의 문제에 국한되지 않고 정치의 기본 이념으로 자리하게 된다. 주자학의 정치론이라고 할 수 있는 '君主聖學論'과 '世道宰相論'은 그 학문적・이념적 기반을 聖學論에 두고 있었던 것이다.[309] 따라서 정치론의 영역에서 주자학과 양명학의 차이점을 찾아보고자 할 때 우리는 각각의 聖學論이 지니고 있는 함의에 주목하게 된다.

성학론의 차이는 聖人=大人의 학문으로서의 '大學'의 의미를 규정하는 데에도 영향을 끼치게 된다. 그 차이는 明德과 新民(親民)의 내용과 상호 관계에 대한 규정에서 분명하게 드러난다. 주자학에서 명덕과 신민을 준별하여 명덕을 治人者의 통치원리로, 신민을 治人者의 民에 대한 통치행위로 규정하는 반면, 양명학에서는 명덕과 친민을 일체화시켜 파악하는 동시에 그 주체로서 大人=聖人=君主를 설정하고 있었다.[310] 명덕과 친민을 통해 군주와 민이 일체가 되는 것이었다. 정제두는 바로 이와 같은 양명학의 親民說을 적극적으로 수용하여 자신의 정치론을 구축하였다.[311] 그것이 바로 정제두 經世思想의 특징인 '君民一體'의 정치론이었다.

정제두는 明德과 親民을 일원적 관점에서 파악하였다. 나아가 친민을 '與民一體'로 이해하였다.[312] 그것은 기존의 사대부를 중심으로 한 주자학

309) 金駿錫, 「朝鮮後期의 黨爭과 王權論의 추이」, 『朝鮮後期 黨爭의 綜合的 檢討』, 韓國精神文化研究院, 1992 참조.

310) 주 307)의 陽明學 관련 논저 참조.

311) 鄭在薰, 「霞谷 鄭齊斗의 陽明學受容과 經世思想」, 『韓國史論』 29, 1993, 168~177쪽 ; 정두영, 「18세기 '君民一體'思想의 構造와 性格-霞谷 鄭齊斗의 經學과 政治運營論을 중심으로-」, 『朝鮮時代史學報』 5, 1998, 152~162쪽.

312) 「大學說」, 『霞谷集』 卷13(160책, 376쪽). "親民之事者孝弟慈 事君事長使衆 是其事也……所謂敎也 是其親民之推而達於人者也 蓋與民一體 而民與我爲一

정치론에 대한 비판과 대안으로 모색된 것이었다. 그러한 사실은 그가
'人民之權'을 국가에 귀속시키고, 이를 양반이 나누어 갖는 것은 이치에
어긋난다고 주장하였다는 점에서 확인할 수 있다.[313] 그가 '罷兩班'[314]·
'消兩班'[315]을 주장하였던 것 역시 정치의 주체로서 군주를 상정하고 있었
음을 보여주는 단적인 예가 될 수 있다. 그것은 단순한 君主權의 강화가
아닌, 군주로 대변되는 國家公權의 강화를 의미하는 것이었다.

   이와 같은 국가공권의 강화는 조선후기에 사회경제적 변동의 와중에서
성장하고 있던 民의 위상과 요구를 반영하는 것이었다고 할 수 있다.
국가의 원활한 운영을 위해서는 民의 재생산 기반을 안정적으로 보장할
필요가 있었고, 성장하는 신흥세력의 순조로운 발전을 위해서는 양반·지
주층의 자의적인 수탈을 미연에 방지할 수 있는 강력한 규제장치가 필요하
였다. 이와 같은 국가와 민의 요구가 결합하여 '君民相與'의 정치론을
만들어내게 되었던 것이다.

   정제두의 정치론은 당시 치열하게 전개된 黨爭을 수습하기 위한 방안으
로 제출된 '皇極蕩平論'으로 구체화되었다. 그런데 그는 皇極의 의미를
설명하면서 '君民相與',[316] '與民相與'[317]라는 개념을 제시하였다. 그것은
군주가 자신의 마음 안에 '백성을 위하는 정치'라는 목표를 세우고, 그것에
바탕하여 실질적인 정치를 해 나간다는 의미로 해석된다. 따라서 '建極'이
라는 행위 역시 도덕적 표준을 세운다는 의미보다는, 통치의 객관적 규범
을 마련한다는 의미로 이해할 수 있다.[318] 이런 정제두의 황극탕평론은

   體者也".
313) 「箚錄」, 『霞谷集』 卷22(160책, 553쪽). "擧一國良者一而賤者二也 兩班者與國
   並人民之權 又君一而民一也 天下豈有是理也".
314) 「箚錄」, 『霞谷集』 卷22(160책, 553쪽). "罷兩班朋黨軍籍".
315) 「箚錄」, 『霞谷集』 卷22(160책, 564쪽).
316) 「書箚錄拾遺(皇極正解)」, 『霞谷集』 卷16(160책, 435쪽). "皇極章前一節 皇建其
   有極以下 君民相與者也".
317) 「書箚錄拾遺(皇極正解)」, 『霞谷集』 卷16(160책, 435쪽). "惟皇作極者 謂能以作
   此至極之道也 王者之道無他 惟以其大中至正之道 爲極於其心 以與民相與於
   德化而已".

432

한편으로 군주를 중심으로 한 일원적 정치구조를 지향하고 있다는 점에서, 다른 한편으로 성장하는 民을 정치의 현장에 적극적으로 개입시키고자 하였다는 점에서 역사적 의미를 갖는다.

앞에서 살펴본 바와 같이 이광사, 정동유, 유희 등은 새로운 자연학 지식을 바탕으로 기존의 중국중심, 인간중심의 인식을 비판하였다. 이들은 地理的 華夷觀의 차원을 넘어 文化的 華夷觀에 대해서도 비판의 화살을 돌렸다. 기존의 가치체계에 대한 이러한 비판은 새로운 학문론을 수립하는 기초가 되었고, 동시에 자국의 역사와 문화에 대한 관심을 촉진하는 계기로 작용하였다. 우리는 그것을 鄭東愈의 학문을 통해 확인할 수 있다.

정동유는 地球說을 수용한 토대 위에서 중국 중심의 지리적 화이관을 부정하였다. 그가 보기에 중국은 天地의 東北邊에 위치한 나라에 불과할 뿐이었다.[319] 비록 조선이나 일본보다는 크지만 하늘이라는 관점(自天視之)에서 본다면 커다란 차이가 없었다.[320] 따라서 중국 전역을 分野로 나누고 그것과 하늘의 대응관계를 설명하는 分野說은 이치에 어긋나는 것이었다.[321]

화이관의 부정은 일차적으로 자국 문화에 대한 새로운 인식을 가능케 하였다. 그 대표적인 것이 國語(訓民正音)에 대한 관심과 연구였다. 정동유는 훈민정음을 '天下의 大文獻'으로 평가하였고, 그것을 창제한 세종대왕을 '聰明睿知·神武不殺의 聖人'으로 추앙하였다.[322] 그것은 음운학의 측면에서 훈민정음이 漢字보다 우수하다는 객관적 인식[323]에 기초한 주

---

318) 정두영, 앞의 논문, 1998, 162~170쪽 참조.

319) 『書永編』, 95쪽. "大抵中國在天地之東北邊".

320) 『書永編』, 146쪽. "中國之於天 不過彈丸之一方 今朝鮮與日本 比中國爲小云爾 若自天視之 卽五十步百步之間也".

321) 『書永編』, 146쪽. "分野之說 實似無理".

322) 『書永編』, 169~170쪽. "訓民正音 卽天下之大文獻……嗚呼 惟我世宗大王 易所謂聰明睿知神武不殺之聖也".

323) 『書永編』, 169~170쪽. 訓民正音에 대한 鄭東愈의 논의는 『書永編』, 169~192쪽을 참조.

장이었다. 柳僖와의 토론에서 언급한 바와 같이 諺文으로 기록하면 본음
이 변하지 않고, 후세에도 그 뜻이 잘못 전해질 염려가 없다는 것이었
다.324) 정동유와 유희의 훈민정음에 대한 연구는 멀리는 정제두의 正音에
대한 관심325)에 연결되며, 가까이는 이광사의 韻學326)에 영향을 받은
것이기도 했다. 이와 같은 자국의 역사와 문화에 대한 관심은 李匡師·李
令翊(1738~1780) 부자의 「東國樂府」327)에서도 거듭 확인할 수 있다.

화이관의 부정은 자국 문화에 대한 새로운 인식과 함께 기존의 세계인
식에도 변화를 불러일으켰다. 그 대표적인 것이 일본에 대한 인식의 변화
이다. 日本 古學派의 대표적 인물 가운데 하나인 伊藤仁齋(伊藤維楨 :
1627~1705)에 대한 긍정적인 평가에서 알 수 있듯이 정동유는 일본 학계
의 학문적 수준을 높이 평가하였다. "豪傑之士가 文王을 기다리지 않고도
흥기한다"328)는 孟子의 말처럼 일본의 유학 역시 그들 나름의 발전을
이루어왔다는 것이다.329)

기존의 가치체계에 대한 부정은 새로운 학문론을 수립하는 사상적 기초
가 되었다. 이치 탐구에 대한 정동유의 기본적인 자세는 철저히 實事에
입각한 것이었다고 할 수 있다. 그는 천하의 이치는 세속적인 견해로써
모두 알 수 있는 것이 아니기 때문에 반드시 구체적인 사실에 입각하여

---

324) 『諺文志』, 1쪽. "子知諺文妙乎 夫以字音傳字音 此變彼隨變 古叶今韻 屢舛宜
   也 若註以諺文 傳之久遠 寧失眞爲慮 況文章必尙簡奧 以簡奧通情 莫禁誤看
   諺文往復 萬無一疑".

325) 「與崔汝和問目」, 『霞谷集』 卷2(160책, 46~47쪽) ; 「答崔汝和問目甲申」, 『霞谷
   集』 卷2(160책, 47쪽) ; 「與崔汝和問目乙酉」, 『霞谷集』 卷2(160책, 47쪽).

326) 「五音正序」, 『斗南集』 ; 「五音正序」, 『圓嶠集』 卷8, 12ㄱ~14ㄴ(221책, 540~
   541쪽).

327) 「東國樂府」, 『斗南集』 ; 「東國樂府」, 『圓嶠集』 卷1, 1ㄱ~21ㄴ(221책, 431~441
   쪽) ; 「東國樂府」, 『信齋集』 冊1, 1ㄱ~13ㄱ(252책, 407~413쪽).

328) 『孟子集註』, 盡心 上, 10章. "孟子曰 待文王而後興者 凡民也 若夫豪傑之士
   雖無文王 猶興".

329) 『晝永編』, 242쪽. "余謂孟子曰 豪傑之士 不待文王而興 如此人之謂也 雖謂之
   千古一人可也 誰謂倭國無儒術乎".

논의를 진행해야 한다고 주장하였다. 직접 경험해 보지 않은 일에 대해서 기존의 가치관에 따라 '그런 이치는 없다'고 미리 단정해서는 안 된다는 것이었다.[330] 세상 일을 논평할 때에도 반드시 사실을 상고한(考實) 뒤에 말해야 한다는 주장도 이와 상통하는 것이었다.[331] 이러한 관점에 입각해서 수행하는 학문 연구는 '實事學\'이라고 규정할 수 있을 터인데, 그러한 학문의 범위·내용·목적은 기존의 그것과는 질적으로 다른 방향으로 전개될 가능성을 내포하고 있었다.

일찍이 정제두가 奴婢制度의 문제점을 지적하고, 비록 점진적인 방법이기는 하지만 그 해소를 모색했던 것은[332] 그의 학문적 지향을 읽을 수 있는 하나의 단서가 된다. 그것은 본질적으로 萬民平等을 주장하는 양명학의 인간관에 기초하여 원리적으로 大同·均平의 이상사회를 희구하였던 그의 '君民一體'의 정치론으로부터 도출된 개혁론의 일환이었다. 이런 관점에서 본다면 정동유의 노비제도에 대한 태도 역시 주목의 대상이 된다. 정동유는 일찍이 노비제도의 역사적 연원에 대해 考究한 바 있었다.[333] 그는 이러한 역사적 고찰을 토대로 당시의 노비제도가 '無理'한 것으로,[334] '東夷의 나쁜 풍속'[335]이라고 결론지었다. 이것은 '소론계 양명학파'가 추구하는 實事學의 범주 속에 자국의 역사와 문화, 國土,[336] 民과 같은 새로운 주제들이 중심축으로 자리잡게 되었다는 사실을 의미하는 것으로 보아도 좋을 것이다.

---

330)『書永編』, 264쪽. "天下之理 非拘俗之見所可悉 第論其事之有無焉耳 不可斷爲 無理而不信也".

331)『書永編』, 67쪽. "是故論世者 不可不考實而後言之也".

332)「箚錄(絶罷私賤所生)」,『霞谷集』卷22(160책, 552~553쪽).

333)『書永編』, 316~320쪽.

334)『書永編』, 323쪽. "若究天賦生物之初 則事之無理 更無有過此(奴婢之法을 지 칭-인용자)者云爾".

335)『書永編』, 324쪽. "大抵是東夷之惡俗也".

336) 鄭東愈가 국경선의 확정 문제에 깊은 관심을 기울였던 것(『書永編』, 304~309쪽) 은 國土에 대한 새로운 인식을 반영하는 것으로 볼 수 있을 것이다.

3. 老論-洛論系의 '北學'과 氣一元的 宇宙論

1) 道理와 物理의 새로운 관계 정립 : '人物均'과 '以天視物'

일찍이 朴宗采는 그의 아버지 朴趾源(1737~1805)의 학문과 교유관계에 대해 다음과 같이 기술하였다.

아버지는 타고난 성품이 호방하고 고매했으며, 名利에 몸을 더럽힐까 봐 매우 경계하고 삼가하셨다. 중년에 과거를 단념하고는 사귀는 벗도 또한 많지 않았다. 오직 洪大容·鄭喆祚·李書九가 수시로 서로 왕래하였고, 李德懋·朴齊家·柳得恭이 늘 從遊하였다.……아버지는 늘 우리나라 사대부들이 대부분 利用厚生·經濟·名物學 등의 학문에 소홀하고, 그로 인해 잘못된 지식을 그대로 답습하고 있으며, 그 학문이 몹시 거칠고 조잡한 점을 병통으로 여기셨다. 洪大容의 평소 持論도 이와 같았다. 매번 만날 때면 며칠을 함께 지내며, 위로 古今의 治亂興亡에 대한 일로부터 옛사람들의 出處의 절도, 制度의 沿革, 농업과 공업의 이익 및 폐단, 貨殖과 糶糴의 방법, 山川, 關防, 曆象, 樂律, 나아가 草木, 鳥獸, 六書, 算數에 이르기까지 꿰뚫어 포괄하지 아니함이 없었으니 모두가 기록하여 전할 만한 내용이었다.[337]

이는 조선후기에 老論-洛論系로부터 발원하여 독자적인 사상체계를 구축하여 간 일단의 학자들, 이른바 '北學派'·'燕巖一派'의 형성과정과 그들의 학문 내용을 추적할 수 있는 중요한 자료이다. 이미 기존의 연구를 통해 밝혀진 바와 같이 '북학파'는 홍대용(1731~1783)과 박지원을 필두로

---

337) 『過庭錄』 卷1, 25條, 286쪽(박희병 옮김, 『나의 아버지 박지원』, 돌베개, 1998의 쪽수. 이하 같음). "先君天姿豪邁 於名利戒愼若浼 中藏旣不輒赴場屋 而交遊亦簡 惟洪湛軒大容·鄭石癡喆祚·李薑山書九 時相往還 而李懋官德懋·朴在先齊家·柳惠風得恭 常從遊焉……先君常病吾東士大夫 多忽於利用厚生·經濟名物之學 類多因訛襲謬 麤鹵已甚 湛軒平日持論亦如此 每相盍簪 輒留連累日 上自古今治亂興亡之故 古人出處大節 制度沿革 農工利病 貨殖糶糴 與夫山川關防 曆象樂律 以至艸木鳥獸 六書算數 無不貫穿該括 皆可記而誦也".

한 노론-낙론계의 일군의 학자들을 지칭하는 것으로, 그들은 洛論의 人物性同論을 발전적으로 계승하는 한편 西學의 수용을 통해 학문적 지평을 확대하였고, 당시의 心性論·禮論 위주의 학풍에 반기를 들며 經濟之學과 名物度數之學에 대한 관심을 촉구하였으며, 그 결과 북벌론이 지배하던 당시의 사상계에 北學으로의 전환과 화이관의 부정이라는 사상적 물꼬를 트는 선구적인 역할을 수행하였던 것으로 평가된다.338)

이들은 자연학의 측면에서도 사상사적으로 매우 주목할 만한 성과물을 제출하였다. 특히 우주론과 관련한 洪大容의 논의들은 일찍부터 학계의 주목을 끌어왔다. 문제는 이들의 자연학적 성과가 어떠한 사상적 기반을 바탕으로 나오게 된 것인가 하는 점이다. 기존의 연구를 통해 이에 대한 몇 가지 추론이 제시되었다. 하나는 사상의 내재적 발전이라는 관점에 입각해 老論-洛論系의 학문·사상적 전통에서 그 연원을 찾는 것이었다. 이에 따르면 이들은 낙론적 교양을 수용·변용하여 '人物均'의 논리를 추출하고 이를 토대로 새로운 物論을 전개함으로써 사물의 이치를 탐구하는 象數學·名物度數之學과 같은 자연학에 주목하게 되었다는 것이다.339)

다른 하나는 洛論的 사유체계의 계승이라는 측면보다는 세계관의 질적 전환이라는 측면에서 서양과학의 영향을 중시하는 입장이다.340) 이에 따르면 이들은 燕行을 통해 西學에 용이하게 접할 수 있었고, 그 과정을 통해 수용한 서양과학의 영향을 받아 기존의 성리학과는 다른 새로운

---

338) 이른바 '北學派'의 학문과 사상(北學思想)을 포괄적으로 다룬 연구로는 유봉학, 『燕巖一派 北學思想 硏究』, 一志社, 1995 ; 김인규, 『북학사상의 철학적 기반과 근대적 성격』, 다운샘, 2000 참조.

339) 유봉학, 위의 책, 1995, 86~100쪽 참조. 이와는 달리 洛論과 北學派의 사상 내적 관련성에 주목하면서도 그 계기를 人物性同論이 아닌 洛學의 氣重視論·器重視論으로 파악하는 李相益의 견해도 있다(李相益, 「洛學에서 北學으로의 思想的 發展」, 『철학』 46, 1996).

340) 許南進, 『朝鮮後期 氣哲學 硏究』, 서울大學校 大學院 哲學科 博士學位論文, 1994, 55~60쪽 ; 金容憲, 「서양과학에 대한 洪大容의 이해와 그 철학적 기반」, 『哲學』 43, 1995 참조.

物論의 탐구에 주목하게 되었다는 것이다.

양자는 모두 그 주장에 타당성과 함께 문제점을 지니고 있다. 서학의 영향과 그에 따른 세계관의 전환을 강조하는 것은 '北學派'의 자연학적 성과에 국한할 때에는 충분히 수긍할 수 있는 주장이다. 그러나 이들이 지향했던 궁극적인 학문의 세계를 염두에 두면 이러한 평가는 달라질 수밖에 없다. 그들의 학문적 지향은 아직도 전통 학문의 세계에 뿌리를 박고 있는 측면들이 많기 때문이다.[341] 반면 洛論的 사유체계의 계승을 주장하는 것은 사상사의 내재적 발전을 추구한다는 점에서 충분히 의미를 지닐 수 있다. 그러나 洛論系의 인물 대부분이 '북학파'가 보여준 것과 같은 학문적 지향을 갖지 않았다는 객관적 사실은 낙론적 사유체계의 계승만으로 이들의 사상 구조가 충분히 해명될 수 없음을 보여주는 단적인 예이다. 사실 이 주장을 제기한 연구자들이 이미 인정하고 있듯이 洛論이 곧바로 새로운 物論으로 전개되는 것도 아니며,[342] '북학파'의 학문적 자세는 낙론계 가운데서도 오히려 稀少한 경우에 속한다고 할 수 있었다. 이에 따라 제기된 주장이 '낙론적 사유체계의 변용'[343]이었다.

결국 문제가 되는 것은 그 '變容'의 메커니즘이 어떤 것인가, 그러한 변용을 통해 적극적인 自然學(物理)의 탐구가 어떻게 가능했는가, 그리고 그것은 서학의 수용과 어떤 관련을 맺고 있었는가 하는 점이다. 아래에서는 이상의 문제를 염두에 두고 洪大容의 物理에 대한 관점을 분석함으로써 '北學派' 자연인식의 특징을 살펴보도록 하겠다.

홍대용은 기본적으로 '有機體的 自然觀'의 관점을 바탕에 깔고 있었다. 유기체적 자연관의 특징은 자연을 생명이 충만한 유기체적 존재로 파악한다는 것, 그리고 그러한 자연의 원리를 인간·사회와의 관련 속에서 통일적으로 이해하고자 한다는 것으로 요약할 수 있다. 주자학의 자연관 역시

---

341) 「吳彭問答」, 『湛軒書』 外集, 卷7, 燕記, 2ㄴ(248책, 243쪽). "學有三等 有義理之學 有經濟之學 有詞章之學⋯⋯要之三者舍一 不足以言學 而義理非其本乎".
342) 유봉학, 앞의 책, 1995, 94쪽.
343) 유봉학, 위의 책, 1995, 97쪽.

넓은 의미에서 유기체적 자연관의 범주에 속하는 것이었다. 그런데 주자학적 자연관으로 대표되는 중세사회의 유기체적 자연관은 오늘날의 관점에서 보면 긍정적인 측면과 함께 부정적인 측면도 지니고 있었다. 긍정적인 측면이란 서양의 機械的 自然觀과 대비시켜 하는 말이고, 부정적인 측면이란 중세적 자연관이 갖는 한계성을 지칭하는 것이다. 요컨대 그것은 자연을 인간과 똑같은 생명체로서 이해하고 인간과 자연의 공존을 추구한다는 면에서는 근대적 자연관의 문제점을 보완할 수 있는 유효한 가능성을 내포하고 있는 반면, 인간과 자연을 통일적으로 이해하고자 한 결과 物理를 道理에 종속시키는 경향이 두드러졌다는 점에서 그 한계를 지적할 수 있다. 이러한 중세적 자연관의 특징이 결국 합리적 자연탐구의 길을 가로막고, 주자학을 心性論·禮論과 같은 인간학으로 始終하게 만든 한 원인이 되었다. 따라서 주자학적 자연학은 그 나름대로 많은 성과를 축적하였지만,[344] 자연을 그 자체의 독자적인 법칙성과 가치를 지닌 것으로 인식하기 위해서는 극복·지양되어야 할 대상이기도 하였다.

홍대용은 땅을 비롯한 자연물을 '活物'로 인식하였으며,[345] "草木의 理는 禽獸의 理요, 禽獸의 理는 사람의 理이며, 사람의 理는 하늘의 理이니, 理라는 것은 仁과 義일 따름이다"[346]라고 주장함으로써 사람과 사물의 이치를 하나로 파악하고자 하였다. 이것은 그가 유기체적 자연관을 바탕에 깔고 있었음을 보여주는 예이다. 그러면서도 그는 앞에서 朴宗采가 증언하고 있는 바와 같이 적극적인 物理 탐구를 주장하고 실천하였다. 이것은 어떻게 가능했던 것일까? 그것은 홍대용이 道理와 物理의 상호

---

344) 朱子學的 自然學·自然觀의 성과와 특징에 대해서는 야마다 케이지(김석근 옮김), 앞의 책, 1991 ; Yung Sik Kim, *The Natural Philosophy of Chu Hsi(1130-1200)*, American Philosophical Society, 2000 참조.

345) 「毉山問答」,『湛軒書』內集, 卷4, 補遺, 32ㄱ～ㄴ(248책, 97쪽). "地者活物也 脉絡榮衛 實同人身 特其體大持重 不如人身之跳動 是以少有變 則人必怪之 妄測其灾祥也".

346) 「心性問」,『湛軒書』內集, 卷1, 1ㄴ～2ㄱ(248책, 5쪽). "草木之理 卽禽獸之理 禽獸之理 卽人之理 人之理 卽天之理 理也者 仁與義而已矣".

관계를 재정리하고 있었다는 점에서 실마리를 찾을 수 있다.

홍대용은 그의 스승 金元行(1702~1772)을 통해 金昌協(1651~1708)·金昌翕(1653~1722) 이래의 洛論의 사상적 전통을 계승하고 있었다. 여기서 洛論的 사유체계의 핵심은 '人物性同論'이었다. 洛論의 인물성동론은 人과 物의 본성이 같다고 주장한 점에서는 분명 物의 가치를 인정한 것처럼 보인다. 그러나 그것은 본질적으로 心性論 위주로 전개된 조선후기 학풍의 연장선상에서 제기된 문제였고, 논의의 중점도 物性에 있는 것이 아니었다. 역사적으로 볼 때 18세기의 '湖洛論爭'은 양란 이후의 사회적 변동을 수습하기 위한 노론계열의 학문·사상 활동의 귀결로 나타난 것이었다. 노론계열은 조선후기 사회 모순의 타개책을 내적으로는 綱常倫理에 기초한 名分論的 사회질서의 강화, 외적으로는 華夷論的 세계질서의 재건이라는 방향에서 모색하고 있었다. 그를 위해서는 사상적으로 上下·貴賤·人物·華夷의 분별을 명확하게 제시할 필요가 있었던 것이다. 요컨대 湖洛論爭은 物과는 다른 인간, 禽獸·夷狄과는 다른 中華의 존엄성을 확인하기 위한 사상운동의 일환이었던 셈이다.347) 따라서 湖洛論爭의 본지와 다르게 人性과 같은 수준으로 物性의 가치를 인정하고, 그것을 바탕으로 자연학을 탐구해 간 홍대용의 사유구조는 낙론의 그것과는 질적으로 다른 것이라 할 수 있다.

---

347) 湖洛論爭에 대한 연구로는 다음을 참조. 玄相允,『朝鮮儒學史』, 玄音社, 1949, 275~307쪽 ; 裵宗鎬,『韓國儒學史』, 延世大學校出版部, 1974, 204~240쪽 ; 李楠永,「湖洛論爭의 哲學史的 意義」,『第二回 東洋文化 國際學術會議 論文集』, 成均館大學校 大東文化硏究院, 1980, 144~155쪽 ; 劉明鍾,『朝鮮後期 性理學』, 以文出版社, 1985, 89~175쪽 ; 李相益,「湖洛論爭의 根本問題 硏究-栗谷·巍岩·南塘說에 대한 醒菴 李喆榮의 理論的 照明에 根據하여-」, 成均館大學校 大學院 東洋哲學科 碩士學位論文, 1986 ; 李丙燾,『韓國儒學史』, 亞細亞文化社, 1987, 382~414쪽 ; 金駿錫,『朝鮮後期 國家再造論의 擡頭와 그 展開』, 延世大學校 大學院 史學科 博士學位論文, 1990, 378~393쪽 ; 한국사상연구회 편,『인성물성론』, 한길사, 1994 ; 李坰丘,「金昌翕의 學風과 湖洛論爭」,『韓國史論』36, 1996 ; 李坰丘,「영조~순조 연간 湖洛論爭의 展開」,『韓國學報』93, 1998.

전통적인 유기체적 자연관, 특히 주자학에서는 道理와 物理를 통일적으로 이해하고자 하였다. 그러나 그것은 도리와 물리를 가치론적으로 대등하게 파악하는 것이 아니었고, 도리를 위주로 하여 물리를 그 안에 포섭하고자 하는 방식이었다. 홍대용은 유기체적 자연관의 틀을 유지하면서도 이러한 방식에는 찬성하지 않았다. 그는 도리와 대등한 수준에서 물리의 의미를 파악하고자 하였다. 그것이 바로 '人物均'의 논리가 갖는 함의였다.

> 五倫과 五事가 인간의 禮義라면, 무리를 지어 다니면서 함께 먹이를 먹는 것은 禽獸의 禮義이고, 군락을 지어 가지를 뻗는 것은 草木의 禮義이다. 인간의 입장에서 物을 보면 인간이 귀하고 物이 천하지만, 物의 입장에서 인간을 보면 物이 귀하고 인간이 천하다. 그러나 하늘의 입장에서 보면 인간과 物은 균등하다.[348]

이것은 바로 인간과 사물의 동등성을 바탕으로 각자의 상대적 가치를 인정하고자 한 것이었다. 따라서 거기에 가치론적인 우열이 개재할 틈은 없었다. 사람들은 예의와 같은 인간적인 기준을 바탕으로 사람과 금수·초목을 구분하려고 하지만, 그것은 사람에게 사람의 예의가 있듯이 금수와 초목에게도 그 나름의 예의가 있으며, 그러한 예의는 어느 것이 낫고 어느 것이 못하다고 할 수 없다는 사실을 모르기 때문에 생겨난 오해일 뿐이었다. 인간의 예의와 마찬가지로 금수·초목의 예의도 중요한 것이었고, 인간의 도리와 마찬가지로 사물의 물리도 중요한 것이었다. 이러한 관점에서 홍대용은 禮學을 강조하면서 자신의 학문적 태도를 책망하였던 金鍾厚(1721~1780)의 논리에 대해,[349] 당시 '小道'로 폄하되었던 律曆·算數·錢穀·甲兵과 같은 실무에 관련되는 학문을 예학에 버금가는 '開物成務의 大端'이라고 당당하게 주장할 수 있었던 것이다.[350]

---

348) 「豎山問答」, 『湛軒書』內集, 卷4, 補遺, 18ㄴ(248책, 90쪽). "五倫五事 人之禮義也 羣行呴哺 禽獸之禮義也 叢苞條暢 草木之禮義也 以人視物 人貴而物賤 以物視人 物貴而人賤 自天而視之 人與物均也".

349) 「與洪德保己丑」, 『本庵集』卷4, 1ㄱ~7ㄴ(237책, 388~391쪽).

　이렇게 인물성동론에서 출발하여 인간과 사물의 가치를 대등하게 평가하기에 이른 홍대용의 사상적 입장은 인식론상에서도 질적인 변화를 가져왔다. 그것을 홍대용은 '以天視物'로 표현하였다.[351] '以天視物論'이 중요한 의미를 갖는 것은 상대주의적인 관점을 적극적으로 도입함으로써 기존의 가치체계를 부정할 수 있었다는 점 때문이다. 홍대용은 먼저 앞의 인용문에 나타난 것처럼 인간과 사물의 貴賤에 대한 기존의 관념을 거부하였다. 인간들이 '人貴物賤'이라고 생각한 이유는 인간이 설정한 관점에서 사물을 보았기 때문이며, 만약 사물의 관점에서 인간을 본다면 반대로 '物貴人賤'이 될 수도 있다는 것이었다. 또 사람들은 금수나 초목에게 지혜·지각이 없다는 사실을 들어 '人貴物賤'을 이야기하지만[352] 이것 역시 잘못된 이해였다. 오히려 금수나 초목은 知慧·知覺이 없기 때문에 속이는 일이 없고, 따라서 사물이 인간보다 더 貴하다고 볼 수도 있다는 것이다.[353]

　이와 같은 사물에 대한 적극적인 해석과 평가를 바탕으로 홍대용은 物理의 탐구와 그 중요성이 역사적 연원을 갖는 것이라고 주장하였다. 그것이 바로 '聖人師萬物'이라는 주장이었다. 홍대용이 판단하기에 옛사람들이 백성에게 혜택을 주고 세상을 다스리는 데는 物에 도움을 받지 않은 적이 없었다. 인간 사회의 禮樂·制度 등이 모두 物理의 파악을 통해 제정되었기 때문이다.[354] 요컨대 사물의 가치에 대한 적극적인 평가,

---

350) 「與人書二首」, 『湛軒書』 內集, 卷3, 22ㄴ(248책, 70쪽). "正心誠意 固學與行之體也 開物成務 非學與行之用乎 揖讓升降 固開物成務之急務 律曆算數錢穀甲兵豈非開物成務之大端乎".

351) 「毉山問答」, 『湛軒書』 內集, 補遺, 卷4, 19ㄱ(248책, 91쪽). "爾曷不以天視物而猶以人視物也".

352) 「毉山問答」, 『湛軒書』 內集, 補遺, 卷4, 18ㄴ(248책, 90쪽). "天地之生 惟人爲貴今夫禽獸也草木也 無慧無覺 無禮無義 人貴於禽獸 草木賤於禽獸".

353) 「毉山問答」, 『湛軒書』 內集, 補遺, 卷4, 18ㄴ(248책, 90쪽). "夫無慧故無詐 無覺故無爲 然則物貴於人 亦遠矣".

354) 「毉山問答」, 『湛軒書』 內集, 補遺, 卷4, 19ㄱ(248책, 91쪽). "是以古人之澤民御世 未嘗不資法於物 君臣之儀 盖取諸蜂 兵陣之法 盖取諸蟻 禮節之制 盖取諸

442

물리 중시의 태도가 홍대용을 사물에 대한 과학적인 해석과 관찰로 인도하였다고 볼 수 있을 것이다. 왜냐하면 '人貴物賤'이라는 기존의 관념 속에서는 사물에 대한 탐구가 '末藝' 정도로 치부되기 일쑤였고, 그로 인해 사대부 계층의 사물에 대한 탐구는 위축될 수밖에 없었기 때문이다. 그러나 인간과 사물 사이의 貴賤의 관념을 배제함으로써 道理와 마찬가지로 物理에 대한 탐구 역시 똑같은 중요성을 갖는 것으로 인정될 수 있었다. 결국 홍대용의 자연과학 탐구는 인간과 사물에 대한 새로운 가치론적 관점에서 수행된 것이며, 그것은 당시의 心性論·禮論 등 인간학의 탐구에 치중했던 학문 풍토에 대한 비판적 시각을 담고 있었던 것이라고 추론해 볼 수 있다.

以天視物論이 갖는 또 하나의 중요성은 그것이 聖人-凡人-萬物로 階層化·階梯化되어 있는 주자학의 세계, 명분론적 사회질서를 부정할 수 있는 논리가 된다는 사실이다. 실제로 홍대용은 '人物均'이라는 본체론적 동일성에 기반하여 人과 物의 가치론적 대등성을 확인하고, '以天視物'이라는 인식론을 바탕으로 절대주의를 부정하고 상대주의를 수립하였다.355) 이러한 사상적 전환이 홍대용으로 하여금 인간과 사물의 평등, 인간과 인간의 평등을 주장하게 하였고, 궁극적으로는 華夷論的 世界觀을 극복하고 '華夷一也'356)라는 세계관의 轉回를 가능하게 만들었던 것이다. 인간과 초목·금수의 차별을 이미 부정하고 있었던 홍대용의 관점에서 보면 인간과 인간 사이의 華夷의 분별이라고 하는 것은 이미 무의미하였을지도 모른다. 따라서 '人物均'과 '以天視物'을 통해 '華夷一也'를 도출해 냈다면, 다음 단계에서는 聖人과 凡人 사이의 차별까지도 부정할 수 있는 논리적 개연성을 충분히 갖추고 있었다고 할 수 있다.

拱鼠 網罟之設 盖取諸蜘蛛 故曰聖人師萬物".
355) 이러한 관점의 연구로는 朴熙秉, 「洪大容 硏究의 몇 가지 爭點에 대한 檢討」, 『震檀學報』79, 1995(박희병, 『한국의 생태사상』, 돌베개, 1999 및 震檀學會 編, 『湛軒書』, 一潮閣, 2001에 재수록) ; 박희병, 「홍대용 사상에 있어서 物我의 상대성과 동일성」, 『한국의 생태사상』, 돌베개, 1999 참조.
356) 「毉山問答」, 『湛軒書』內集, 補遺, 卷4, 36ㄴ(248책, 99쪽).

결국 이상과 같은 본체론적 동일성과 인식론상의 상대주의의 관점은 사람과 사물, 中華와 夷狄, 聖人과 凡人 사이의 優劣·貴賤을 부정하고 평등으로 나갈 수 있는 길을 열어놓았다는 점에서 사상사적으로 중요한 의미를 가지고 있다. 자연학의 측면에서 보면 기존에 도리에 포섭되어 있던 물리를 독자적인 영역으로 해방시킨 것이라고 할 수 있다. 이제 물리의 탐구는 도리에 못지않은 중요성을 획득할 수 있었다. 그리고 그것은 사람의 관점에서 수행되는 것이 아니라 철저히 객관적인 입장(以天視物)에서 수행되어야 했다. 따라서 物理의 본질에 접근할 수 있는 과학성을 확보하고 있다면 그것이 비록 이단의 학문일지라도 충분히 수용될 수 있었다. 그것이 바로 '公觀倂受(公觀並受)'의 논리였다.357)

학문관에서 상대주의적 관점의 확보는 홍대용으로 하여금 적극적인 서학 수용을 가능케 하였다. 홍대용 역시 당시의 일반적인 경향처럼 西敎와 西學을 분리해서 이해하고 있었고, 서교에 대해서는 불교의 下乘에서 나온 것이라고 폄하하였다.358) 그러나 서학에 대해서는 극찬을 아끼지 않았다. 서양의 算術·儀象·天文·曆法은 漢唐 이후에 없었던 '前人未發'의 것으로,359) 그것이 출현한 이후 천지의 萬象은 해명되지 않은 것이 없다고 격찬하였다.360) 때문에 그는 서학의 학문적 가치를 이해하지 못하

---

357) 李淞,「湛軒洪德保墓表」,『湛軒書』附錄, 2ㄴ~3ㄱ(248책, 321~322쪽). "其大心所存 公觀倂受 同歸大道 以袪夫尖小狹私 斯固今世之所難行 而顧其願則亦普矣"; 洪大應,「從兄湛軒先生遺事」,『湛軒書』附錄, 6ㄱ~ㄴ(248책, 323쪽). "嘗謂我東中葉以後 偏論出而是非不公 野史無足觀矣 雖以斯文事言之 中原則背馳朱子 尊崇陸王之學者滔滔皆是 而未嘗聞得罪於斯文 盖其範圍博大 能有以公觀並受 不若拘墟之偏見也".

358)「與孫蓉洲書」,『湛軒書』外集, 杭傳尺牘, 卷1, 47ㄴ(248책, 126쪽). "泰西人之學 雖極力闢佛 而其言則出於佛敎之下乘 近聞中國多崇其學 害甚異端".

359)「與孫蓉洲書」,『湛軒書』外集, 杭傳尺牘, 卷1, 47ㄴ(248책, 126쪽). "若其算術儀象之巧 實是中國之所未發";「劉鮑問答」,『湛軒書』外集, 燕記, 卷7, 9ㄴ(248책, 247쪽). "今泰西之法 本之以算數 衆之以儀器 度萬形 窺萬象 凡天下之遠近高深巨細輕重 擧集目前 如指諸掌 則謂漢唐所未有者非妄也".

360)「測管儀」,『湛軒書』外集, 籌解需用, 卷6, 24ㄱ(248책, 234쪽). "盖自西法之出而機術之妙 深得唐虞遺訣 儀器以覘之 算數以度之 天地之萬象 無餘蘊矣".

는 당시의 학계 풍토를 소경과 귀머거리에 비유하여 개탄하였던 것이다.[361] 홍대용은 이러한 입장에서 당시 최신의 서양과학을 적극적으로 받아들였고, 그것은 그의 자연학·자연인식에 지대한 영향을 미치게 되었다.

이상에서 살펴본 것처럼 홍대용은 본체론의 차원에서 인간과 사물의 가치론적 동등성을 확인하고, 以天視物論을 통해 인식론 상에서 상대주의적 관점을 확보함으로써 도리의 탐구에 버금가는 물리 탐구의 중요성을 주장하였다. 또 '公觀倂受'로 대변되는 학문론상에서의 상대주의적 관점의 확보는 적극적인 서학 수용을 가능케 하였고, 그것은 그의 자연관·자연인식에 지대한 영향을 끼치게 되었던 것이다. 이것이 바로 有機體的 自然觀의 바탕 위에서 적극적인 物理 탐구의 논리를 만들어낸 홍대용의 사상적 업적이었다. 이제 홍대용의 사유체계는 그가 출발하였던 洛論的 사유와는 질적으로 다른 사상사적 지평을 확보하게 되었다. 이른바 '洛論 的 사유체계의 變容'은 바로 이렇게 이루어지고 있었던 것이다.

2) 朱子學的 宇宙論의 극복과 氣一元的 無限宇宙論의 성립

(1) 有限宇宙論의 극복과 無限宇宙論의 성립

이전 시기의 우주론과 비교해 볼 때 洪大容의 우주론은 몇 가지 면에서 특이한 점을 보이고 있다. 우선 홍대용의 우주구조론에서 주목되는 부분은 地球說, 地轉說, 無限宇宙論이다. 地球說은 17세기 후반 이후에는 일부 학자들에 의해서 적극적으로 수용되고 있었다.[362] 홍대용 역시 그 연장선상에서 종래의 天圓地方說을 부정하고 지구설을 받아들였다.

대저 땅이란 그 바탕이 물과 흙이며, 그 모양은 원형인데 쉬지 않고

---

361) 「寄陸篠飮飛」, 『湛軒書』 內集, 詩, 卷3, 37ㄴ-(248책, 78쪽). "西叟眞慧識 盲聾謾驚怪".

362) 구만옥, 앞의 논문, 2000.

돌며 空界에 떠 있다. 萬物은 그 표면에 의지하여 사는 것이다.[363]

홍대용은 지구설을 月蝕에 대한 과학적 설명을 통해서 논증하였다. 월식이란 지구가 달과 태양 사이에 위치할 때 일어나는 현상으로, 月面의 전부 또는 일부가 지구의 그림자에 가려져서 지구에서 본 달의 밝은 부분의 일부 또는 전부가 어둡게 되는 것이다. 홍대용에 따르면 달의 가려진 부분은 곧 땅의 모습이며, 그 가려진 모양이 둥근 것은 땅이 둥글기 때문이었다. 결국 월식은 땅의 거울이고, 월식을 보고도 땅이 둥근 줄을 모른다면 이는 어리석은 것이었다.[364]

땅의 형체가 球形이라고 할 때 일반적인 상식과 배치되는 가장 큰 문제는 나와 반대편(對蹠地)에 있는 사람이 허공으로 떨어지지 않겠는가 하는 의문이었다. 오늘날에는 지구의 引力(만유인력)과 지구의 회전에 의해 발생하는 원심력의 합인 重力(gravity)이란 개념으로 이것을 설명하고 있지만, 그러한 개념이 존재하지 않았던 당시에는 地球說이 해명해야 할 가장 큰 문제점이 바로 이것이었다. 홍대용은 이것을 '上下之勢'라는 개념을 이용하여 설명하였다.[365] 그에 따르면 지구의 급속한 회전에 의해서 氣가 허공과 땅, 즉 天地에 모이게 되고 여기서 上下之勢가 형성된다고 한다. 그리고 이러한 상하지세, 다시 말해 地面의 세력(地面之勢)에 의해서 땅은 그 위의 萬物들을 끌어당기고 있다는 것이었다.

이상과 같은 홍대용의 지구설은, 구형 위에는 고정된 하나의 중심을 설정할 수 없다는 점에서 중국 중심의 세계관을 극복할 수 있는 과학적 근거가 되었다. 그것은 동시에 관점을 상대화시키면 누구나 중심이 될

---

363) 「毉山問答」, 『湛軒書』 內集, 補遺, 卷4, 19ㄱ(248책, 91쪽). "夫地者 水土之質也 其體正圓 旋轉不休 淳浮空界 萬物得以依附於其面也".
364) 「毉山問答」, 『湛軒書』 內集, 補遺, 卷4, 19ㄴ(248책, 91쪽). "月掩日而蝕於日 蝕體必圜 月體之圜也 地掩日而蝕於月 蝕體亦圜 地體之圜也 然則月蝕者 地之鑑也 見月蝕而不識地圜 是猶引鑑自照而不辨其面目也 不亦愚乎".
365) 「毉山問答」, 『湛軒書』 內集, 補遺, 卷4, 20ㄴ(248책, 91쪽). "地旣疾轉 虛氣激薄 閣於空而湊於地 於是有上下之勢 此地面之勢也 遠於地則無是勢也".

수 있다는 점에서 '相對主義的 認識'으로 전개될 수 있는 가능성을 내포하고 있었다.

다음으로 홍대용은 지구설과 함께 地轉說을 주장하였다. 그것은 上下之勢라는 개념의 설정에서 이미 예견된 것이었다.

> 대저 땅덩어리는 하루 동안에 한 바퀴를 도는데, 땅 둘레는 9萬 里이고 하루는 12시간이다. 9만 리의 넓은 둘레를 12시간에 도니, 그 속도는 번개나 포탄보다도 더 빠르다.[366]

地轉說의 의미는 단순한 지구의 자전 이상의 의미를 갖고 있다. 지전설이 출현하기 이전까지 운동하는 것은 어디까지나 하늘이라고 간주되었다. 지구는 우주의 중심에 정지해 있었고, 氣로 이루어진 하늘이 지구를 중심으로 원운동을 하고 있었으며, 각종 천체는 운동하는 하늘을 따라 회전하고 있었다(天動地靜). 지전설은 이와 같은 종래의 우주에 대한 이해 방식에 일대 전환을 가져왔다. 그리고 그것은 결국 인식론의 전환으로 이어졌다. 지구는 정지해 있고 하늘이 움직인다는 인간중심적인 사고로부터, 하늘은 정지해 있고 운동하는 것은 지구이며, 따라서 지구의 자전에 의해서 각종 천체현상을 설명해야 한다는 방식으로 사고의 전환이 이루어졌던 것이다. 이것은 그야말로 인식론상에서의 코페르니쿠스적 轉回였다.

홍대용은 지전설을 바탕으로 하여 이전의 天運說을 부정하고 그것을 지전설로 대체시킴으로써 우주론에서 코페르니쿠스적 전회를 이룩하였다. 이제 더 이상 氣로 이루어진 하늘이 회전한다고 볼 필요가 없게 된 것이다. 하늘은 그저 氣로 이루어진 무한한 공간일 뿐이고 그 공간을 운행하는 것은 천체들이었다.[367] 이전의 천운설은 天과 地를 일 대 일

---

366) 「毉山問答」, 『湛軒書』內集, 補遺, 卷4, 20ㄴ(248책, 91쪽). "夫地塊旋轉一日一周 地周九萬里 一日十二時 以九萬之濶 趨十二之限 其行之疾 亟於震電 急於炮丸".

367) 「毉山問答」, 『湛軒書』內集, 補遺, 卷4, 27ㄱ(248책, 95쪽). "今夫天者 其體至虛 其性至靜 其大無量 其塞無間 雖欲轉動 得乎 惟星宿衆界 各有轉動". 이상과

대응 관계로 파악함으로써 天에 대응하는 지구, 天에 대응하는 인간을
강조하였다. 그것은 地球中心的인 사고, 人間中心的인 사고의 宇宙論的
표현이었다. 따라서 천운설의 부정은 지구중심의 부정, 나아가 인간중심
의 부정으로 이어지는 상대주의적 인식으로의 전환과 관련하여 주목된다.
홍대용은 천운설이 우주의 실상을 제대로 파악하지 못한 것이라고 비판하
였다. 왜냐하면 거대한 天과 미소한 지구를 일 대 일 대응관계로 파악할
수 없기 때문이었다.[368] 天運에서 地轉으로의 변화, 이것은 종래의 우주론
과 비교해 볼 때 우주론의 질적인 변화·발전을 뜻하는 것이었다. 그리고
이러한 변화·발전이 조선 학자들의 독창적인 사고에 의해서 이루어졌다
는 것은 조선후기 사회의 사상적 변동과 관련하여 크게 주목되는 부분이기
도 하다.

그렇다면 어째서 地球說을 제창할 수 있을 정도로 과학이 발달한 서
양[369]에서는 '天運而地靜'이라고 하였고, 중국의 聖人인 孔子는 '天行健'
이라고 하였을까?[370] 홍대용은 이것을 天運이라는 기존의 관념이 일반인
들의 상식과 부합된다는 점과 관측 및 曆法의 계산에서 편리하다는 사실
을 들어 설명하고 있다. 즉 天運으로 보든 地轉으로 보든 관측할 때에는
별다른 차이가 없고, 하늘이 움직인다고 생각하고 관측하는 것이 편리하기
때문에 天運이라고 한 것이었지, 그것이 이치에 맞기 때문에 그렇게 말한
것은 아니라는 주장이었다. 9만 리를 회전하는 지구의 경우도 그 속도가

같은 홍대용의 구조론은 張載의 두 번째 構造論(일종의 地動說)을 적극적으로
해석한 것으로 볼 수도 있다. 홍대용 역시 地轉說을 설명하면서 張載가 이에
대해 조금 뜻을 비춘 적이 있다고 말하고 있다[「毉山問答」, 『湛軒書』 內集,
補遺, 卷4, 22ㄱ(248책, 92쪽). "在宋張子厚微發此義"].

368) 「毉山問答」, 『湛軒書』 內集, 補遺, 卷4, 20ㄱ(248책, 91쪽). "邵堯夫達士也 求其
理而不得 乃曰 天依於地 地附於天 曰地附於天則可 曰天依於地 則渾渾太虛
其依於一土塊乎".

369) 「毉山問答」, 『湛軒書』 內集, 補遺, 21ㄴ(248책, 92쪽). "惟西洋一域 慧術精詳
測量該悉 地球之說 更無餘疑".

370) 「毉山問答」, 『湛軒書』 內集, 補遺, 卷4, 22ㄱ(248책, 92쪽). "虛子曰 雖然西洋之
精詳 旣云天運而地靜 孔子中國之聖人也 亦曰天行健 然則彼皆非歟".

매우 빠른데, 만약 무한히 큰 하늘이 하루에 한 바퀴씩 지구 둘레를 회전한다면 그 속도는 가히 상상할 수 없었다. 요컨대 天運說이 이치에 맞지 않는다는 것은 명백한 사실이었다.371) 이처럼 천운을 부정하고 지전을 주장하는 홍대용은 종래 지구의 관점에서 하늘을 관측할 때 사용한 兩極이라는 개념도 재정립하게 된다. 즉 지금까지 하늘에 있다고 믿어왔던 두 極은 실은 하늘의 極이 아니라 바로 지구의 極이었던 것이다.372)

태양계, 은하계, 나아가 우주 전체의 구조를 설명하면서 홍대용은 기존의 地球中心說을 부정하였다. 그는 지구 자체를 상대화시킴으로써 이러한 인식에 도달하게 되었다. 이와 같은 그의 構造論의 결론이 無限宇宙論이었다.

하늘에 가득찬 별들은 세계가 아닌 것이 없으니, 星界로부터 본다면 地界도 또한 하나의 별이다. 한량없는 세계가 空界에 흩어져 있는데 오직 이 地界만이 공교롭게도 중심에 있다는 것은 있을 수 없는 일이다. 그러므로 모두 세계 아님이 없고 모두 회전하지 않음이 없다. 여러 다른 세계에서 보는 것도 이 지구에서 보는 것과 마찬가지로 각기 스스로를 중심이라 하고 다른 별들을 여러 星界로 여긴다. 七政이 지구를 휩싸고 있다는 것은 지구에서 보면 진실로 그렇게 되었으니, 지구를 七政의 중심이라고 할 수는 있으나, 바로 여러 星界의 중심이라 한다면 이것은 우물에 앉아서 하늘을 바라보는 것과 같은 소견이다. 七政의 體는 수레바퀴와 같이 스스로 돌고 연자매의 나귀처럼 주위를 휩싸고 돈다. 지구에서 볼 때 지구와

---

371) 「毉山問答」, 『湛軒書』內集, 補遺, 卷4, 22ㄱ~ㄴ(248책, 92쪽). "民可使由之 不可使知之 君子從俗而設敎 智者從宜而立言 地靜天運 人之常見也 無害於民 義 無乖於授時 因以制治 不亦可乎 在宋張子厚 微發此義 洋人亦有以舟行岸 行推說 甚辨 及其測候 專主天運 便於推步也 其天運地轉 其勢一也 無用分說 惟九萬里之一周 飇疾如此 彼星辰之去地 纔爲半徑 猶不知爲幾千萬億 況星辰 之外 又有星辰 空界無盡 星亦無盡 語其一周 遠已無量 一日之間 想其行疾 震電炮丸 擬議不及此 巧曆之所不能計 至辯之所不能說 天運之無理 不足多 辨".

372) 「毉山問答」, 『湛軒書』內集, 補遺, 卷4, 26ㄴ~27ㄱ(248책, 94~95쪽). "地界之人 不知地轉 故謂天有兩極 其實非天之極也 乃地之極也".

가까워서 사람에게 크게 보이는 것을 해와 달이라 이르고 지구와 멀어서 사람에게 작게 보이는 것을 五星이라 부르지만 실제로 그들은 모두 星界이다.373)

여기서 홍대용은 관측자의 입장에 따라 각자 자신의 위치를 중심으로 생각하기 때문에 절대적인 중심이 있을 수 없다고 주장하였다. 이것은 지구설에 기초하여 지구의 중심을 부정한 것과 마찬가지로 無限宇宙論에 근거하여 우주의 중심을 부정한 것으로 인식론에서 상대주의적 전환을 보여주는 좋은 예이다. 그는 이와 같은 관점을 기본적인 전제로 다음과 같이 태양계의 구조를 논하였다.

대개 五緯는 해를 둘러싸고 있으므로 해를 그 중심으로 삼고, 해와 달은 지구를 둘러싸고 있으므로 지구를 그 중심으로 삼는다. 금성과 수성은 해에 가까우므로 지구와 달은 그 包圈 밖에 있다. 三緯는 해와 멀리 떨어져 있으므로 지구와 달이 그 包圈 안에 있다. 금성과 수성 사이에는 수십 개의 작은 별이 있는데, 이들은 모두 해를 중심으로 하고 있다. 三緯 곁에는 4, 5개의 작은 별이 있는데, 이들은 모두 각 緯를 중심으로 하고 있다. 지구에서 보는 관점이 이와 같으므로 各界에서 보는 관점도 미루어 짐작할 수 있다. 그러므로 지구는 兩曜의 중심은 될 수 있지만, 五緯의 중심은 될 수 없다. 해는 五緯의 중심은 될 수 있지만 여러 星界의 중심은 될 수 없다. 해도 중심이 될 수 없거늘 하물며 지구에 있어서랴.374)

---

373) 「毉山問答」, 『湛軒書』 內集, 補遺, 卷4, 22ㄴ(248책, 92쪽). "滿天星宿 無非界也 自星界觀之 地界亦星也 無量之界 散處空界 惟此地界 巧居正中 無有是理 是 以無非界也 無非轉也 衆界之觀 同於地觀 各自謂中 各星衆界 若七政包地 地 測固然 以地爲七政之中則可 謂之衆星之正中 則坐井之見也 是以七政之體 自 轉如車輪 周包如磨驢 自地界觀之 近地而人見大者 謂之日月 遠地而人見小者 謂之五星 其實俱星界也".

374) 「毉山問答」, 『湛軒書』 內集, 補遺, 卷4, 22ㄴ~23ㄱ(248책, 92~93쪽). "盖五緯包 日 而以日爲心 日月包地 而以地爲心 金水近於日 故地月在包圈之外 三緯遠 於日 故地月在包圈之內 金水之內數十小星 並心於日 三緯之旁四五小星 並心 於各緯 地觀如是 各界之觀 可類而推 是以地爲兩曜之中 而不得爲五緯之中

위와 같은 홍대용의 태양계에 대한 논의가 티코 브라헤의 그것과 일치한다는 것은 널리 알려진 사실이다. 티코 브라헤의 학설은『五緯曆指』에 소개되어 있고,『오위역지』는『西洋新法曆書』에 수록되어 있다. 따라서『서양신법역서』를 참고하고 있었던 홍대용이 티코 브라헤의 학설에 대해 숙지하고 있었다는 사실은 의심할 여지가 없다. 이처럼 홍대용의 行星構造論은 서양천문학의 내용을 수용한 것이었다. 그러나 이미 기존의 연구에서 지적하고 있는 바와 같이 홍대용은 서양천문학의 이론을 받아들이고 있었지만 단순한 수용에 그치지 않고 자기 나름의 창조적인 해석을 덧붙였다. 지전설과 무한우주론은 그러한 독창성의 명백한 증거이다.

지구와 태양계에 대한 논의는 다음 단계에서 銀河系의 구조에 대한 논의로 진전되었다. 은하계란 여러 별들로 구성된 것으로 空界를 회전하며 하나의 큰 테두리[環]를 이루었는데, 이 테두리 안에는 수없이 많은 별(星界)이 있고, 지구와 태양은 그 가운데 하나일 뿐이었다. 따라서 은하계는 하늘 가운데에 있는 하나의 커다란 세계라고 할 수 있었다.[375] 그러나 이러한 은하계도 지구에서 볼 때 이와 같을 뿐이었다. 지구의 視界 밖에 은하계와 같은 세계가 몇 개나 되는지 가히 알 수 없으므로 인간의 視界에 국한하여 은하계를 천체 중에서 가장 커다란 세계라고 단정할 수는 없었다.[376] 물론 은하계가 무수한 별의 집합체라는 것은 陽瑪諾의『天問略』에 이미 소개되어 있었고, 李瀷도『星湖僿說』에서 이러한 사실을 지적하였다. 그러나 홍대용은 여기에서 한 걸음 더 나아가 지구를 은하계 가운데 하나일 뿐이라고 단언하였고, 이러한 은하계가 우리의 시야 밖에 무수히 많이 있을지도 모른다는 사실을 예견함으로써 우주론에서 그의 일관된 相對主義的 관점을 보여주었다.

日爲五緯之中 而不得爲衆星之正中 日且不得爲正中 況於地乎".

375)「毉山問答」,『湛軒書』內集, 補遺, 卷4, 23ㄱ(248책, 93쪽). "銀河者 叢衆界以爲界 旋規於空界 成一大環 環中多界 千萬其數 日地諸界 居其一爾 是爲太虛之一大界也".

376)「毉山問答」,『湛軒書』內集, 補遺, 卷4, 23ㄱ(248책, 93쪽). "雖然地觀如是 地觀之外 如河界者 不知爲幾千萬億 不可憑我渺眼邊 以河爲第一大界也".

이상과 같은 지구·태양계·은하계에 대한 홍대용의 생각은 기존의 天觀과는 다른 모델을 제시하기에 이르렀다.[377] 앞서 地轉說을 설명하면서 일부 언급하였듯이 지구와 일 대 일로 대응하는 天이란 홍대용에게 존재하지 않았다. 太虛라고 표현되는 天은 단지 氣의 집합체일 뿐이었다. 태허가 氣를 생성하는 것이 아니라 태허 자체가 氣인 것이다. 태허 자체는 운동하지 않는다. 운동하는 것은 태허를 가득 채우고 있는 氣가 모여서 質을 이룬 것들이다. 그것이 바로 天體였다. 太虛는 시간적·공간적으로 무한하다. 따라서 태허는 소멸하지 않으며 중심도 없다. 이상과 같은 홍대용의 天觀은 이전 시기의 그것, 예컨대 朱熹의 九重天說이나 太極天을 외곽으로 하는 金錫文의 九重天說과는 그 의미가 다른 '無限宇宙論'이었다. 천체가 운동하고 있는 무한한 공간을 상정한 것은 홍대용의 독창적인 사고였다. 그것은 이전의 관념적 무한의 공간—주희의 第九天과 김석문의 太極天—과는 질적으로 의미가 달랐다.

이상에서 우리는 홍대용의 우주구조론을 지구설·지전설·행성구조론·무한우주론을 중심으로 살펴보았다. 홍대용의 구조론이 기존의 그것과 구별되는 특징은 상대주의적 인식으로의 전환과 무한이라는 개념의 적극적인 도입[378]이라는 점에서 찾아볼 수 있다.

---

377) 「毉山問答」에 보이는 天(太虛·空界)에 대한 洪大容의 언급을 정리하면 다음과 같다. "太虛寥廓 充塞者 氣也 無內無外 無始無終"(19ㄱ : 248책, 91쪽) ; "夫渾渾太虛 六合無分"(20ㄱ : 248책, 91쪽) ; "空界無盡 星亦無盡"(22ㄱ : 248책, 92쪽) ; "無量之界 散處空界"(22ㄴ : 248책, 92쪽) ; "惟天者虛氣 蕩蕩灝灝 無形無眹"(23ㄴ : 248책, 93쪽) ; "今夫天者 其體至虛 其性至靜 其大無量 其塞無間 雖欲轉動得乎"(27ㄱ : 248책, 95쪽) ; "虛者天也 是以井坎之空 瓶罍之空 亦天也"(27ㄴ : 248책, 95쪽) ; "且天者 淸虛之氣 彌滿無際"(30ㄴ : 248책, 94쪽) ; "天者氣而已"(30ㄴ : 248책, 96쪽).

378) 朱熹의 宇宙論이나 金錫文의 宇宙論에서도 無限의 개념을 도출해 낼 수 있다는 주장이 있다. 그러나 이때의 無限은 가능성으로서 존재하는 것이거나 天體가 실재하지 않는 관념적인 공간이었다. 金錫文의 太極天은 이와 같은 사실을 명확하게 보여준다. 따라서 실재적인 無限宇宙論의 전개는 洪大容이 최초라고 보아야 한다.

　상대주의적 인식으로의 전환이란 기존의 중국 중심, 지구 중심, 인간 중심의 사고로부터의 탈피를 의미하는 것이었다. 먼저 홍대용은 지구설을 바탕으로 중국중심의 세계관을 부정할 수 있는 과학적인 근거를 마련하였다.379) 지리적 위치에서의 중국의 상대화는, 그것이 문화적인 상대주의와 결합될 때 華夷觀의 부정으로 전개될 수 있다는 점에서 중요하다. 실제로 홍대용은 이러한 작업을 수행하였다. 다음으로 홍대용은 地轉說・行星構造論・無限宇宙論을 통해 지구 중심의 사고를 부정하였다. 지전설을 통한 天運說의 부정과 무한우주론에 의한 지구 중심적 유한우주론의 극복이 바로 그것이다. 이러한 지구의 상대화는 인간의 상대화와 연결되면서 「毉山問答」을 관통하는 상대주의적 인식의 기초가 되었다. 그리고 홍대용은 이러한 상대주의적 인식을 바탕으로 종래와는 다른 세계관・화이론・심성론을 전개시켜 나갔다.

　홍대용에게서 無限의 개념은 기존의 관념적 무한의 개념과는 달랐다. 그에게서 무한의 공간은 태극이나 理의 세계가 아니라 천체가 실재하는 공간이었다. 이러한 無限 개념의 적극적인 도입은 기존의 유한우주론적 세계관을 극복할 수 있는 토대를 제공하였다는 점에서 의미가 있다. 유한우주론은 기본적으로 身分階序社會의 宇宙論이라고 할 수 있다.380) 그것은 유한한 크기를 가지고 있는 우주 안에 하늘과 땅이 상하의 관계를 유지하고 있듯이 인간사회도 階序的인 질서를 갖추고 있어야 한다는 논리를 제공하였다. 유한한 우주의 각각의 장소에는 고유한 성질이 부여되었으며, 각각의 장소는 그 장소에 부합되는 사물에게 할당되었다. 이러한 계서적이고 유한한 우주의 개념은 중세 봉건사회에서는 당연한 것이었다. 주자학적인 우주론이 본질적으로 유한우주론이라는 것은 바로 이러한 의미에서이다. 무한우주론은 바로 이와 같은 유한우주론을 극복하고 개방

---

379) 「毉山問答」, 『湛軒書』 內集, 補遺, 卷4, 26ㄱ(248책, 94쪽). "夫地界之於太虛 不啻微塵爾 中國之於地界 十數分之一爾"

380) 竹內 啓 編, 『無限と有限』, 東京大學出版會, 1980, 4~11쪽(다께우찌 게이 엮음 (김용준 옮김), 『무한과 유한』, 지식산업사, 1989, 10~16쪽).

적인 우주론의 지평을 확보함으로써 새로운 인간관계, 새로운 사회관계를
준비하고 있었던 것이다.

(2) 宇宙生成論의 변화와 氣一元論的 自然觀

홍대용의 宇宙生成論은 氣一元論的 구조를 가지고 있다. 그는 모든
사물의 운동변화, 만물형성의 기저에 陰陽의 원리가 작용한다는 종래의
견해를 비판하였다.[381] 그에 따르면 세계의 始原은 우주공간에 무한히
충만하여 있는 물질적인 氣였다. 이 氣가 쌓이고 모여서 응고하면 質을
형성하며, 이 質의 회전과 정지·운동에 의해서 天體들이 형성된다.[382]
홍대용은 天=太虛는 넓고 고요하며 그것을 채우고 있는 것은 氣라고
보았다. 태허는 안도 없고 바깥도 없으며, 처음도 없고 끝도 없다. 즉 공간
적으로나 시간적으로 무한한 것이다. 쌓인 氣가 엉켜 모여서 質(形體)을
이루며 허공에 두루 펴져 돌기도 하고 멈추기도 하는데, 이것이 바로 지구
와 달과 해와 별이다. 그 가운데 지구는 水와 土로써 이루어진 것으로,
그 모양은 둥글고 空界에서 쉬지않고 회전한다. 天地로부터 생성된 萬物
은 바로 이 지구의 표면에 붙어서 살고 있는 것이다. 여기서 만물, 즉
사람과 사물의 생성은 天地에 근본하며,[383] 천지는 氣로부터 생성된 것이
라는 洪大容 生成論의 기본 구조를 파악할 수 있다. 그리고 이러한 생성론
의 구조는 太極(理)→陰陽→五行→萬物이라고 하는 주자학의 생성론과
는 차이가 있으며, 張載의 氣一元論的 生成論과 유사한 것이었다.

이러한 기본 구도 속에서 홍대용은 기존의 氣質論과 陰陽五行說을
일부 수용하기도 하고, 일부 변용하기도 하면서 자기 나름의 이론을 전개

---

381) 「毉山問答」, 『湛軒書』 內集, 補遺, 卷4, 27ㄴ(248책, 95쪽). "拘於陰陽 泥於義理
  不察天道 先儒之過也".
382) 「毉山問答」, 『湛軒書』 內集, 補遺, 卷4, 19ㄱ(248책, 91쪽). "太虛寥廓 充塞者
  氣也 無內無外 無始無終 積氣汪洋 凝聚成質 周布虛空 旋轉停住 所謂地月日
  星是也 夫地者 水土之質也 其體正圓 旋轉不休 渟浮空界 萬物得以依附於其
  面也".
383) 「毉山問答」, 『湛軒書』 內集, 補遺, 卷4, 19ㄱ(248책, 91쪽). "人物之生 本於天地".

하였다. 먼저 그는 전통적인 陰陽說을 수정하여 새로운 형태로 개조하였
다.

> 陽의 종류가 많이 있지만 모두 불(火)에 근본을 두었고, 陰의 종류가
> 많이 있지만 모두 땅(地)에 근본했다. 옛사람이 여기에 깨달은 바가 있어
> 陰陽의 학설이 있게 되었다.
> 萬物이 봄과 여름에 화합하여 자라는 것을 交라 하고, 가을과 겨울에
> 거두어 저장하는 것을 閉라 했으니, 옛사람이 말을 만들어 낸 것도 각각
> 그 까닭이 있다. 그러나 그 근본을 미루어 본다면 실상 햇볕의 강약(淺深)
> 에 속할 뿐, 후세 사람의 말과 같이 天地 사이에 별도로 陰陽 두 氣가
> 있어서 때에 따라 나타나기도 하고 숨기도 하며 조화를 주장하는 것은
> 아니다.384)

홍대용은 음양이란 氣가 따로 존재하는 것이 아니고, 그것은 단지 햇볕의
강약을 표시하는 용어일 뿐이라고 주장하였다. 이런 설명은 주자학의 전
통에서 벗어난 것이었다. 주희는 음양이란 氣이며, 陰과 陽 두 氣의 상호감
응에 의해서 萬物이 생성된다고 하였다.385) 음양은 氣를 가리키며, 동시에
氣 가운데 포함되어 있는 대립과 통일의 속성을 가리키기도 한다. 요컨대
주희에게서 우주는 음양이 변화하고 그것을 통해 生成이 끊임없이 계속되
는 하나의 과정이며, 만물의 생장은 음양운동의 결과였던 것이다. 따라서
陰陽을 '日火之淺深'으로 귀속시키는 홍대용의 음양설은 주자학의 전통
에서 벗어난 것이라고 할 수 있으며, 여기서 한 걸음 더 나아가 "陰陽에

---

384) 「毉山問答」, 『湛軒書』 內集, 補遺, 卷4, 30ㄱ(248책, 96쪽). "雖然陽之類有萬
而皆本於火 陰之類有萬 而皆本於地 古之人有見於此 而有陰陽之說 萬物化生
於春夏 則謂之交 萬物收藏於秋冬 則謂之閉 古人立言 各有爲也 究其本則實
屬於日火之淺深 非謂天地之間 別有陰陽二氣 隨時生伏 主張造化 如後人之說
也".

385) 『朱子語類』, 卷53, 孟子3, 公孫丑 上之下, 人皆有不忍人之心章, 周明作錄, 1286
쪽. "天地只是一氣 便自分陰陽 緣有陰陽二氣相感 化生萬物 故事物未嘗無
對".

얽매이고 義理에 빠져 天道를 밝히지 못한 것은 先儒의 잘못"[386]이라고 비판하는 그의 태도는, 그가 명시적으로 언급하지는 않았지만 결국 음양설의 부정으로 나아가고 있음을 보여주는 것이었다.

　전통적인 陰陽說을 천문학이 발달하지 못한 데서 연유한 것으로 본 홍대용은 종래의 五行說에 대해서도 비판의 화살을 돌렸다. 전통적으로 유학자들은 天을 오행의 氣로, 地를 오행의 質로 보았다. 이에 대해 홍대용은 물질의 근본이 반드시 다섯 가지일 수 없다면서 예전의 물질관(원소설)에도 여러 가지가 있었음을 虞夏의 六府, 周易의 八象, 洪範의 五行, 佛敎의 四大 등을 들어 예시하였다.[387] 옛 사람들은 때에 따라 말을 만들어 萬物의 總名으로 삼았으나 반드시 정해진 수가 있어서 여기에 하나라도 더하거나 줄일 수 없다고 말한 것은 아니었다. 따라서 五行도 원래 다섯이라 단정한 것이 아닌데 후세 사람들이 이를 河圖·洛書에 연결시키고 주역과 관련지어 가며 相生說이니 相克說이니 하는 장황하고 복잡한 이론으로 발전시켜 놓았다는 것이다. 그러나 그따위 이치가 있을 리 없다고 하면서 홍대용은 오행설을 부인했다.[388]

　이상과 같이 동양의 전통적인 元素說인 五行說을 부정한 홍대용은 그 나름의 새로운 견해를 제시하였다.

　　대저 火란 태양이요 水와 土는 땅이다. 木과 金 따위는 해와 땅의 氣로 말미암아 생성되는 것이니, 세 가지(火·水·土)와 더불어 세워서 行으로 삼을 수는 없는 것이다.[389]

---

386) 「毉山問答」, 『湛軒書』 內集, 補遺, 卷4, 27ㄴ(248책, 95쪽). "拘於陰陽 泥於義理 不察天道 先儒之過也".

387) 「毉山問答」, 『湛軒書』 內集, 補遺, 卷4, 30ㄴ(248책, 96쪽). "虞夏言六府 水火金木土穀 是也 易言八象 天地火水雷風山澤 是也 洪範言五行 水火金木土 是也 佛言四大 地水火風 是也".

388) 「毉山問答」, 『湛軒書』 內集, 補遺, 卷4, 30ㄴ(248책, 96쪽). "古人隨時立言 以作萬物之總名 非謂不可加一 不可減一 天地萬物適有此數也 故五行之數 原非定論 術家祖之 河洛以傅會之 易象以穿鑿之 生克飛伏 支離綿繞 張皇衆技 卒無其理".

456

그러므로 하늘은 氣뿐이요, 해는 火뿐이며, 땅은 水와 土뿐임을 안다. 萬物이란 氣의 찌꺼기요, 불(火)의 거푸집이며 땅(地)의 군더더기이다. 이 세 가지 가운데 하나만 없어도 조화가 이루어질 수 없다는 것을 어찌 다시 의심하겠는가?[390]

우선 홍대용은 오행 가운데 木·金 두 가지를 火·水·土와 같은 원소로 보기는 어렵다고 판단하였다. 그렇다면 만물의 생성을 주도하는 것은 무엇인가? 홍대용은 그것을 天·日·地 삼자라고 생각하였다. 여기서 天은 氣이고, 日은 火이며, 地는 水·土로 이루어진 것이었다. 따라서 홍대용은 氣·火·水·土의 네 가지 원소를 생성의 주요 요소로 파악하고 있었던 것이다. 이처럼 氣·火·水·土를 물질의 기본 요소로 파악하는 4원소설은 그리스의 철학자 엠페토클레스(Empedocles)에 의해 제창된 것으로 『天主實義』를 비롯한 서학서에 그 내용이 소개되어 있었다.[391]

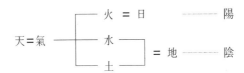

따라서 홍대용의 물질관은 서양과학의 영향을 받아 수립된 것이라고 판단할 수 있다. 홍대용의 물질관이 정확히 어떤 것이었는지 분명치는 않지만 그는 서양의 4원소설의 영향을 받아 다음과 같은 독특한 상하구조의 元素

389) 「毉山問答」, 『湛軒書』 內集, 補遺, 卷4, 30ㄴ(248책, 96쪽). "夫火者日也 水土者地也 若木金者日地之所生成 不當與三者並立爲行也".
390) 「毉山問答」, 『湛軒書』 內集, 補遺, 卷4, 30ㄴ(248책, 96쪽). "是知天者氣而已 日者火而已 地者水土而已 萬物者氣之粕糟 火之陶鎔 地之疣贅 三者闕其一 不成造化 復何疑乎".
391) 『天主實義』에는 「物宗類圖」라는 그림이 있는데, 여기에서 四行이라는 이름으로 火·氣·水·土를 소개하고 있다[『天主實義』 卷上, 第四篇 「辯釋鬼神及人魂異論而解天下萬物不可謂之一體」, 43ㄴ(132쪽)].

說을 도출하게 된 것 같다.[392] 여기서 그가 말하는 天·日·地의 세 요소는 "땅은 만물의 어머니요, 해는 만물의 아버지이며, 하늘은 만물의 할아버지다"[393]라는 언급에서 볼 수 있듯이, 그의 生成論에서 주요 요소로서 기능하고 있다. 만물의 생성은 水·土가 안에서 빚어내고 日火가 밖에서 쪼이고, 元氣가 모여서 이루어지는 것이었다.[394]

이처럼 기존의 陰陽五行說에 반론을 제기하였던 홍대용은 그것에 이론적 기반을 두고 있던 종래의 風水地理說·分野說·災異說 등에 대해서도 비판을 가하였다. 그는 먼저 五緯는 五行의 精氣요, 恒星은 衆物의 상징으로서 아래로 地界에 응해서 妖祥의 징표를 보인다는 天人感應論에 대해서 그것은 術家의 좁은 소견이라고 비판하였다.[395] 별에 명칭을 붙이는 것은 본래 曆家의 방편에 불과한 것인데, 卜術家들이 견강부회하고(繁衍牽合) 세속의 일을 곁들임으로써 복술가의 무기로 변했다고 파악하였다.[396] 따라서 하늘을 몇 개의 구역으로 분할해서 지상의 지역에 배당하고, 별의 변화에 따라서 상응하는 지역의 災殃과 祥瑞를 판단하던, 점성술의 기초 이론인 분야설 역시 허망한 것으로 비판되었다.[397] 일식과 월식 역시 천체 현상일 뿐이지 인간세계의 治亂과는 관계가 없는 것이었다.[398]

---

392) 朴星來, 「洪大容의 科學思想」, 『韓國學報』23, 1981, 163~166쪽.

393) 「毉山問答」, 『湛軒書』內集, 補遺, 卷4, 31ㄱ(248책, 97쪽). "地者萬物之母 日者萬物之父 天者萬物之祖也".

394) 「毉山問答」, 『湛軒書』內集, 補遺, 卷4, 34ㄱ(248책, 98쪽). "是以水土釀於內 日火熏於外 元氣湊集 滋生衆物".

395) 「毉山問答」, 『湛軒書』內集, 補遺, 卷4, 25ㄴ(248책, 94쪽). "虛子曰 然則五緯五行之精也 恒星衆物之象也 下應地界 妖祥有徵 何也 實翁曰 五星之體 各有其德 五行之分屬 術家之陋也".

396) 「毉山問答」, 『湛軒書』內集, 補遺, 卷4, 26ㄱ(248책, 94쪽). "惟曆象推步 資於宮度 星之有名 曆家之權定也 乃若繁衍牽合 傓以俗事 轉作術家之欄柄 支離乖妄 極於分野".

397) 「毉山問答」, 『湛軒書』內集, 補遺, 卷4, 26ㄱ(248책, 94쪽). "以九州之偏 硬配衆界 分合傅會 窺覘灾瑞 妄而又妄 不足道也".

398) 「毉山問答」, 『湛軒書』內集, 補遺, 卷4, 27ㄴ(248책, 95쪽). "且日食於地界 而地食於月界 月食於地界 而日食於月界 此三界之常度 不係於地界之治亂".

종래 '天道之變'이라고 생각해 왔던 風・雲・雨・雪・霜・雹・雷・霆・虹・暈 등의 기상현상에 대해서도 이것들은 모두 地氣의 증발로 인해서 발생하는 것으로 天道와는 상관없는 것이라고 갈파하였다.[399] 결국 홍대용은 천문에서의 상서와 재앙, 卜筮에서의 吉凶, 祈禱와 祭祀에서의 鬼神의 歆饗, 地術에서의 禍와 福은 모두 근거가 없는 것이라는 결론에 도달하였다.[400] 이는 인간사회의 治亂과 자연현상과는 아무런 관련이 없다는 사실을 과학적으로 입증한 것으로, 기존의 음양오행설에 입각한 天人感應論에 대한 전면적 비판으로서 의미를 갖는다.

이와 같은 홍대용의 비판 가운데서 주목되는 것은 그가 음양오행설의 부정을 통하여 기존의 풍수지리설을 반박하고, 거기에서 한 걸음 더 나아가 당시의 세태를 비판하는 논리적 근거로 삼고 있었다는 점이다. 이것은 喪禮에 대한 그의 비판에서 잘 드러나고 있다. 비판의 초점은 吉地를 찾는 明堂說과 厚葬說에 맞추어졌다. 무덤의 위치가 자손의 禍福과 관계있다고 보는 견해는 간사한 술법에 연유하는 것인데, 사람들이 이것을 맹신함으로써 명당자리를 차지하기 위한 다툼이 벌어졌고 이로 인하여 訟獄이 빈번하게 되었다. 명당설에 대한 홍대용의 비판은 朱熹의 「山陵議狀」[401]에 대한 부정적인 평가로 연결된다. 그에 따르면 주희의 '산릉의장'은 오직 술가의 말만을 주장한 것인데 후세의 사람들이 儒宗의 말이라 하여 감히 의논하지 못하였다. 그러므로 간사한 말이 거침없이 퍼지고 天下가 미친 듯하여 訟獄이 들끓고 人心이 날로 무너지게 되었으니, 그 폐단은 불교나 事功派의 그것보다도 심한 것이라고 하였다.[402] 이와 같은

---

399) 「毉山問答」, 『湛軒書』內集, 補遺, 卷4, 27ㄴ(248책, 95쪽). "凡風雲之屬 皆出於虛 故謂之道 其實地氣之蒸成 不專於天也".

400) 「毉山問答」, 『湛軒書』內集, 補遺, 卷4, 33ㄴ(248책, 98쪽). "夫天文之祥祲 卜筮之休咎 禱祀之格響 地術之禍福 其理一也".

401) 「山陵議狀」, 『朱熹集』卷15, 616~621쪽.

402) 「毉山問答」, 『湛軒書』內集, 補遺, 卷4, 34ㄱ(248책, 98쪽). "況紫陽之山陵議狀 專主術說甚矣 臺史言出儒宗 人不敢議 異說鴟張 天下若狂 訟獄繁興 人心日壞 流弊之酷 奚啻頓悟事功之比而已哉".

비판은 조선후기 山訟의 폐단을 염두에 두고 나온 것이라고 볼 수 있다.

홍대용은 厚葬說에 대해서도 비판하였다. 사람들은 葬禮時에 棺槨·旌翣 등의 장식을 이용하여 葬禮를 치르는 것을 후하다고 여기지만 이것은 실로 남들 보기에 아름답게 하는 장식에 불과할 뿐이며, 흙 속에 들어가면 썩어서 유해를 더럽힐 뿐이었다.[403] 이것은 生死의 도리가 다르다는 사실을 알지 못한 데서 비롯된 것이었다.[404] 周代 이후로 文을 숭상하여 禮樂과 文物이 지나치게 갖추어졌고 그로 인하여 厚葬의 풍습이 있게 되었다. 그러나 "棺을 무겁게 하고 明器를 써야 하며, 흙이 어버이의 피부에 닿지 않도록 해야 한다"는 후장설은 폐단이 없지 않았다.[405] 따라서 홍대용은 검소함을 숭상하고 그 꾸밈을 절제하며, 그 근본을 잊지 않고 時義를 참작하여 俗習에 따르지 않고 어버이의 安葬을 길이 도모하는 것이 가장 좋다고 생각하였다.[406] 실제로 홍대용은 자신의 喪禮에서 '飯含'을 하지 말라고 하였는데,[407] 이러한 그의 태도는 상례의 지나친 형식화에 대한 비판에서 나온 것이었다. 따라서 홍대용의 상례에 대한 비판은 조선후기 예론의 지나친 강조가 몰고 온 폐단에 대한 문제제기였다고 할 수 있다. 아울러 그것은 禮論의 폐단이 장지를 둘러싸고 각종 山訟을 야기하고 있다는 현실인식에 기초한 것이었다. 이처럼 음양오행설의 비판에서 명당

---

403) 「毉山問答」,『湛軒書』內集, 補遺, 卷4, 32ㄴ~33ㄱ(248책, 97~98쪽). "雖然布帛衣衾 養生之具也 棺槨旌翣 美觀之文也 入土則腐 汚穢遺骸 惟務目下之美觀 不念畢竟之汚穢 可謂孝且智乎".

404) 「毉山問答」,『湛軒書』內集, 補遺, 卷4, 33ㄱ(248책, 98쪽). "殊不知死生異道 貴賤殊物 黃中溫潤 莫貴於土 眞美眞淨 實爲遺骸之寶藏也".

405) 「毉山問答」,『湛軒書』內集, 補遺, 卷4, 33ㄴ(248책, 98쪽). "盖成周尙文 禮物太備 孟氏距墨 力排薄葬 重棺明器之具 無土親膚之論 不能無流弊也".

406) 「毉山問答」,『湛軒書』內集, 補遺, 卷4, 33ㄴ(248책, 98쪽). "崇其儉 節其文 不忘其本 叅以時義 勿循俗習 永思安厝".

407) 『過庭錄』卷1, 39條, 293쪽. "湛軒平日持論 以喪禮飯含爲不必行 且囑先君檢其終事 及是時 告其孤子薳 薳亦聞遺旨 遂贈之而不含 從其志也" ;『過庭錄』卷3, 27條, 350쪽. "飯含 吾於湛軒之喪 從其志不含之議 勿爲之 可也" ; 李東歡, 「朴燕巖의 洪德保墓誌銘에 대하여」,『雨田辛鎬烈先生古稀紀念論叢』, 創作과 批評社, 1983, 310~311쪽.

설과 후장설에 대한 비판으로, 다시 현실의 喪禮에 대한 비판으로 이어지는 홍대용의 사고는, 자연관의 변화로부터 현실인식의 변화로 이어지는 그의 사상적 전개과정의 전형을 보여주는 좋은 예라고 할 수 있다.

일찍이 邵雍은 天地에 開闢이 있다고 하면서 一元인 12,9600년을 開闢의 주기로 삼았다.[408] 소옹의 우주주기론이 주희에 의해서 그의 우주론 체계에 편입된 이후, 대부분의 유자들은 이러한 도식을 그대로 받아들였다. 조선의 학자들도 예외가 아니었다. 張顯光이나 金錫文의 우주론에서 볼 수 있는 象數學的 도식은 소옹의 그것을 모태로 삼은 것이었다. 그런데 홍대용은 이와 같은 소옹의 天地開闢說(元會運世 說)을 비판하였다. 그에 따르면 體質이 있는 물체, 즉 형체가 있는 물체는 모두 개벽이 있으며, 따라서 땅이 개벽이 있는 것은 이치로 보아 당연하다. 그러나 하늘은 虛氣로서 아무런 형체도 조짐도 없는 것인데 어찌 개벽이 있겠는가라고 홍대용은 비판하였다.[409] 그는 우주의 시간을 무한한 것으로 설정하고 있었다.[410] 요컨대 홍대용은 天은 무궁한 것, 생성과 소멸이 없는 것인 반면, 지구를 포함한 천체는 氣로 구성된 天으로부터 생성된 것으로 유한하다고 보았던 것이다. 이것은 우주를 시간적·공간적으로 무한한 것이라고 생각했던 홍대용에게는 당연한 결론이었다.

元會運世說에 대한 비판과 함께 주목해 볼 것은 氣와 萬物의 생성·소멸과의 관계이다. 일찍이 이 문제에 대해서 張載와 程頤는 각각 다른 주장을 피력하였다. 장재는 무형의 太虛와 유형의 萬物을 本原의 氣를

---

408) 「毉山問答」, 『湛軒書』 內集, 補遺 卷4, 23ㄱ(248책, 93쪽). "邵堯夫 謂天地有開闢也 以一元十二萬九千六百年 爲開闢之限". 邵雍의 天地開闢說은 『皇極經世書』에 들어있는 '經世一元消長之數圖'와 그에 대한 설명에 나타나 있다. 『性理大全』 卷8, 皇極經世書 2, 12ㄱ~17ㄴ(591~602쪽).

409) 「毉山問答」, 『湛軒書』 內集, 補遺, 卷4, 23ㄴ(248책, 93쪽). "物之有體質者 終必有壞 凝以成質 融以反氣 地之有閉闢 其理固也 惟天者虛氣 蕩蕩灝灝 無形無朕 開成何物 閉成何物 不思甚矣".

410) 「毉山問答」, 『湛軒書』 內集, 補遺, 卷4, 23ㄴ(248책, 93쪽). "夫吾之出世 計以一元 不知其爲幾千萬億 周遊各界 閱其凝融 又不知其爲幾千萬億 前乎吾者 又不知其爲幾千萬億 後乎吾者 又不知其爲幾千萬億".

표현하는 두 가지 다른 형태로 파악하였다. 따라서 氣가 모이면 유형의 사물이 되고, 氣가 흩어지면 무형의 태허로 되돌아가게 된다고 보았다.[411] 모이고 흩어지는 것은 모두 氣를 바탕으로 하는 것이었다. 그는 유명한 물과 얼음의 비유를 통해서 이것을 설명하였다.[412] 반면에 정이는 生生의 입장에서 氣가 모여 유형의 사물이 된다는 것은 인정하였지만, 氣가 흩어져 사물이 없어져 버린 다음에는 氣 역시 모두 사라져서 다시 본원의 氣로 돌아가지 않는다고 주장하였다. 뿐만 아니라 그는 물질적인 태허가 본원이 된다는 것을 근본적으로 부정하고, 氣가 모이고 흩어지는 것은 理에 의해 결정된다고 생각하였다.[413] 홍대용은 장재의 입장과 유사한 氣本體論을 제기하였다. 우주의 본체는 氣이며, 氣가 모여 體質을 이룬 구체적인 사물에는 소멸이 있는데, 사물은 녹아서 다시 氣로 돌아간다는 것이다. 장재가 '聚散'이라는 개념으로 표현하고 있는 氣와 만물의 생성 관계를 홍대용은 '凝融'이라고 하는 개념을 사용하여 표현하고 있다. 용어는 다르지만 그 의미는 한가지이다. 이러한 홍대용의 氣本體論은 理氣論의 변화와 직접적으로 연결됨으로써—氣를 최고범주로 가정할 때 理라는 것은 氣의 운동·변화의 과정, 또는 법칙을 나타내게 된다. 이때 理는 氣 위에 있는 本體가 아니라 氣를 떠나서는 존재할 수 없는 條理가 된다—사상의 질적 전환을 이룩하게 된다.

이상에서 살펴본 홍대용의 생성론을 정리하면 다음과 같다. 太虛=天은 무한한 시간 속에 존재하는 무한의 공간이며, 그것을 채우고 있는 것은 氣이다. 氣는 그 나름의 운동 방식을 가지고 있다. 氣가 凝聚하여 質을

---

411) 『性理大全』 卷5, 正蒙 1, 太和篇 第1, 3ㄱ(389쪽). "太虛不能無氣 氣不能不聚而 爲萬物 萬物不能不散而爲太虛".
412) 『性理大全』 卷5, 正蒙 1, 太和篇 第1, 5ㄱ(393쪽). "氣之聚散於太虛 猶冰凝釋於 水".
413) 『河南程氏遺書』 卷15, 伊川先生語 1, 入關語錄, 163쪽(『二程集』, 漢京文化事業 有限公司, 1983의 쪽수). "凡物之散 其氣遂盡 無復歸本原之理 天地間如洪鑪 雖生物銷鑠亦盡 況旣散之氣 豈有復在 天地造化又焉用此旣散之氣 其造化者 自是生氣".

형성한다. 地·月·日·星 따위가 그것이다. 여기서 地는 水土의 質이다. 인물의 생성은 천지에 근본한다. 그런데 종래의 오행설을 부정하는 홍대용은 일종의 四行說을 주장하고 있다. 그것이 氣·火·水·土이다. 氣는 天이며, 火는 日, 水·土는 地이다. 따라서 인물의 생성이 천지에 근본한다는 것은 바로 이 天·日·地 삼자의 상호작용에 의해서 생성된다는 것을 의미한다. 실제로 홍대용은 水土가 안에서 빚어내고 火氣가 밖에서 쪼이고 元氣가 모여 萬物이 생성된다고 이야기하고 있다. 이렇게 생성된 만물은 地球의 표면에 의지하여 산다. 그런데 質이 있는 것은 氣로 이루어진 太虛와 달리 소멸이 있다. 따라서 지구를 포함한 만물은 모두 소멸한다. 이들이 소멸하면 瀜解되어 氣로 돌아간다. 이상이 홍대용 生成論의 대체적인 내용이다.

이상의 논의에서 알 수 있는 것처럼 홍대용은 만물형성의 시원을 氣로 파악하였다. 그는 만물의 형성과 각각의 차이를 물질적인 氣의 운동으로 설명하였는데, 균일한 상태였던 氣가 뭉쳐서 각기 다른 質의 만물을 형성한다고 보았다. 동시에 그는 만물의 근원으로서의 氣는 무한하고 영원하다고 여겼으며, 天體를 포함한 구체적인 사물의 생성·소멸은 있어도 氣는 불멸한다고 생각하였다. 이처럼 홍대용은 세계의 물질적 통일성과 氣의 先次性을 바탕으로 세계만물을 물질적 氣의 운동으로 설명하였다.

홍대용의 氣一元論的 生成論은 모든 천체현상과 기상현상을 氣에 의해서 설명하고 있을 뿐만 아니라, 이전의 生成論과는 다르게 氣의 所以然으로서의 理의 의미를 탈색시키고 있다. 主宰的이고 근원적인 理의 의미가 사라지게 된 것이다. 그 결과 기존의 朱子學的 生成論이 우주를 氣一元的으로 설명하면서도 氣의 배후에 所以然으로서의 理의 의미를 강조했던 것과는 다른 모습을 보이게 되었다. 즉 홍대용은 氣 자체의 운동과 변화를 통해 일체의 자연현상을 설명함으로써 기존의 그것과는 다른 모습의 우주론을 구성하였던 것이다. 그리고 이와 같은 그의 생성론은 이기론의 변화와 연결됨으로써 결국은 그의 사상체계 전반에 질적인 전환을 불러일으키게 되었다.

3) 時變論的 現實認識과 華夷觀의 극복

홍대용의 우주론·자연관이 그의 사유체계상에 미친 가장 커다란 영향은 절대주의의 부정과 상대주의적 인식의 수립이라고 할 수 있다. 그것은 기존의 가치관을 전면적으로 수정하는 것이었으며, 가치관의 변화는 사회관·세계관의 측면에 영향을 미치게 되었다. 당시 사람들이 당연시·절대시하였던 기존의 체제와 질서—정치·경제·사회 제도와 학문론 등—에 대하여 홍대용은 회의하는 태도를 취하였고, 그것은 그의 현실인식의 논리, 현실 개혁의 논리로 확장되었다. 그것이 바로 '時變論'이었다.

'時變論'의 요체는 시대를 따르고 풍속에 순응함으로써 세상을 다스려야 한다는 것(因時順俗)으로, 홍대용은 이것을 다음과 같이 주장하였다.

> 시대를 따르고 풍속에 순응함은 聖人의 權道이며 다스리는 방법이다. 대저 태평하게 잘 지내는 것을 聖人이 원하지 않는 것은 아니지만, 시대가 바뀌고 풍속이 변해서 禁防이 행해지지 않는데 만약 거슬러 막는다면 그 혼란이 더욱 심해지게 된다. 이렇게 되면 聖人의 힘으로도 어쩔 수 없는 것이다. 그러므로 이르기를 '지금 세상에 살면서 옛 道를 회복시키려고 하면 재앙이 반드시 자신에게 미친다'고 하였다.414)

따지고 보면 禮樂과 制度는 사람의 情欲과 利欲을 일정한 한도 내에서 통제함으로써 한 시대를 제어하는 방편으로 사용되는 것이었다.415) 따라서 그러한 예악과 제도는 시대가 변하고 풍속이 바뀌면 당연히 그에 맞게 변화시켜야만 하는 것이었다. 홍대용은 오늘의 세상에 살면서 나라를 잘 다스리려고 도모하는 자는 반드시 '通變之制'416)·'通變之術'417)이 있어

---

414) 「毉山問答」, 『湛軒書』 內集, 補遺, 卷4, 35ㄱ(248책, 99쪽). "因時順俗 聖人之權 制治之術也 夫太和純厖 聖人非不願也 時移俗成 禁防不行 逆而遏之 其亂滋 甚 則聖人之力 實有不逮也 故曰 居今之世 欲反故之道 災及其身".

415) 「毉山問答」, 『湛軒書』 內集, 補遺, 卷4, 35ㄴ(248책, 99쪽). "是以禮樂制度 聖人 所以架漏牽補 權制一時 而情根未拔 利源未塞 勢如防川 畢竟潰決 聖人已知 之矣".

야 한다고 주장하였다. 이러한 그의 견해는 막연하게 옛날 聖王의 제도를 논하는 것은 쉽지만 현재의 실정에 맞게 제도를 고치는 것은 어렵다는 인식에서 출발한 것이었다. 따라서 그는 비현실적인 옛 제도를 空言하는 것보다는 현실에 적용시키는 것(適用)이 훨씬 중요하다는 점을 강조하였다.[418]

이와 같은 홍대용의 생각은 결국 시대와 풍속의 변화에 따라 옛법을 고쳐 更張해야 한다는 논리로 연결되었다.[419] 마땅히 고쳐야 할 일이라면 그것이 비록 父兄과 君長의 法일지라도 반드시 고쳐야 한다고 주장하였다.[420] 여기서 그의 時變論이 更張論으로 확장되고 있음을 볼 수 있다. 「林下經綸」[421]은 바로 이러한 更張論을 중심으로 구성된 것이었다. 이처럼 홍대용의 시변론은 현재의 제도와 법제를 무조건 존중하는 '是今論'과는 다른 것이며, 또 제도는 그대로 두고 그 운용만을 개선하자는 改良論·改善論과도 다른 것이었다. 그리고 당시에 남인계열의 실학자들이 주장했던 三代 法制로의 복귀(復古)를 통한 개혁론과도 차이가 있었다. 다만 그것이 小農經濟의 안정을 바탕으로 한 정치사회 개혁론이었다는 점에서는 상통하는 부분이 있었다고 볼 수 있다.

홍대용은 이러한 時變論을 바탕으로 당시 조선사회의 현실을 비판하면서 자기 나름의 개혁안을 모색하였다. 그는 자원의 개발,[422] 노동력의

---

416) 「林下經綸」, 『湛軒書』 內集, 補遺, 卷4, 11ㄱ(248책, 87쪽). "居今之世 雖不能盡反古道 而善護國者 必有通變之制矣".
417) 「林下經綸」, 『湛軒書』 內集, 補遺, 卷4, 11ㄴ(248책, 87쪽). "雖然智者護之 亦必有通變之術矣".
418) 「林下經綸」, 『湛軒書』 內集, 補遺, 卷4, 12ㄴ(248책, 87쪽). "語古非難 而通於今之爲難 空言非貴 而適於用之爲貴".
419) 「林下經綸」, 『湛軒書』 內集, 補遺, 卷4, 13ㄱ(248책, 88쪽). "爲今之計 當率由舊章而申明之耶 當一變前法而更張之耶".
420) 「史論」, 『湛軒書』 內集, 卷2, 22ㄱ(248책, 45쪽). "事而當改 雖父兄君長之法 有所不顧……且法久弊生 古今通患……故變法者 君子之所不得已也".
421) 「林下經綸」, 『湛軒書』 內集, 補遺, 卷4, 6ㄴ~15ㄴ(248책, 84~89쪽).
422) 「桂坊日記」, 『湛軒書』 內集, 卷2, 38ㄱ(248책, 53쪽). "我國銀鐵 山出基置 三面濱

확보,[423) 경제적인 富의 효율적 운용[424] 등이 경제생활의 향상을 위해서 중요한 요건들이라고 지적하였다. 그러나 당시의 여건 하에서 가장 시급히 해결해야 할 과제는 역시 토지문제였으므로, 구조적인 개혁의 필요성을 절감하고 있었던 사람들은 토지제도에 주목하지 않을 수 없었다. 홍대용 역시 토지문제의 해결을 선결 과제로 인식하고 있었다. 그러나 당시의 위정자들은 이러한 문제의 본질을 왜곡하고 禮學的 實踐을 통해 관념적으로 문제를 해결하려고 하였다. 홍대용은 이와 같은 당시의 사회현실에 대해 강한 불만을 표시하면서 土地改革의 당위성을 역설하였다.[425] '均田制'로 대표되는 그의 土地制度 改革論은 이러한 상황인식을 바탕으로 도출된 것이었다.

홍대용의 토지제도 개혁론은 '均田論'으로 정리된다. 조선후기 토지제도 개혁론의 추이를 검토해 보면 균전론은 限田論과 함께 현실을 고려하면서 井田制의 이상을 살리기 위한 토지제도였다고 이해할 수 있다.[426] 즉 균전제는 井田制의 이념을 취하여, 私有化되어 있는 전국의 토지를 公田으로 수용(國有化)하고, 이를 일정한 기준에 의하여 전국의 民에게 재분배함으로써 民産을 균등하게 하려는 제도였던 것이다. 홍대용은 이상적인 토지제도로 井田制를 상정하였으나,[427] 현실적인 여러 문제를 고려

海 煮鹽有無盡之藏 眞是貨財之府也 但山海之利 未盡闢 民國俱未免貧匱 則是無太公管仲之法故也".

423) 「桂坊日記」, 『湛軒書』 內集, 卷2, 40ㄱ(248책, 54쪽). "生者衆 食者寡 理國之大經 所謂游民倖位 耗國病民 宜深加睿念也".

424) 「林下經綸」, 『湛軒書』 內集, 補遺, 卷4, 9ㄱ(248책, 86쪽). "家國之匈 毋過於奢侈 凡第宅器用 敦朴精緻 惟務適用 其惟財之費而無益於用者 一切禁止 凡令行禁止 必自上始 金銀之飾 不入於宮闕 則公卿之堂 不敢爲山藻之畵 錦繡之服 不及於妃嬪 則士庶之婦 不敢爲紬帛之衣 躬行然後發令 自治然後勅法 民誰有不從者乎".

425) 「鄕約序」, 『湛軒書』 內集, 序, 卷3, 25ㄴ(248책, 72쪽). "嗚呼 凶年饑歲 民散久矣 不能施分田制産之政 而先之以法度禮義之敎者 人孰不笑其迂哉".

426) 金容燮, 「朝鮮後期 土地改革論의 推移」, 『東方學志』 62, 1989(『增補版 朝鮮後期農業史硏究[II]』, 一潮閣, 1990에 재수록).

하여 다음과 같이 '通變之制'로서 균전제를 구상하게 되었다.

> 井田制를 행하기 어렵다는 것은 先輩들이 이미 말하였다. 그러나 分
> 田·制産의 法이 없이 그 나라를 잘 다스리고자 하는 것은 모두 구차할
> 뿐이다. 지금 세상에서 비록 옛 道를 모두 회복시킬 수는 없다 하더라도
> 나라 일을 잘 계획하는 자는 반드시 變通하는 제도가 있을 것이니, 山川
> 이 狹窄하고 地勢가 평탄치 못함은 걱정할 바가 아니다.[428]

토지제도의 개혁과 함께 홍대용은 身分制의 개혁을 주장하였다. 신분
제의 개혁은 인간관의 변화를 전제로 하는데, 그것은 心性論의 변화를
통해서 확인할 수 있다. 홍대용은 人物性同論에서 출발하였으나 '人物性
同異 與否'라는 가치중심의 심성론을 탈피하여 몰가치적인 심성론, 즉
'人物均'의 논리를 이끌어냈다. 그가 보기에 원칙적으로 사람과 사물의
귀천은 없었다. 인간의 도덕을 기준으로 사물의 귀천을 판단하는 것은
일면적인 인식에 불과한 뿐이었다. 이러한 홍대용의 사고가 인간사회로
향하게 되었을 때, 그것은 당연히 인간평등의 개념에 주목하게 될 것이었
다. 그러나 당시의 현실 사회에는 신분제가 엄연히 존재하고 있었다. 홍대
용은 이러한 상황 속에서 時變論에 입각하여 원리적으로 人間平等의
이념을 실현하면서, 현실적인 제도의 틀과 큰 마찰을 일으키지 않는 更張
의 방법을 고려하게 되었다. 그가 분명하게 언급하지는 않았지만, 이러한
방법은 궁극적으로 身分制의 해체를 지향하고 있었다고 할 수 있다.

먼저 그는 모든 신분을 망라한 교육의 기회 균등을 주장하였다. 이를
위해서 그가 우선 생각했던 것은 교육기관의 개편이었다. 그의 계획에
따르면 중앙의 王都의 9部로부터 지방의 道에서 面에 이르기까지 모두

---

427) 「從兄湛軒先生遺事」, 『湛軒書』 附錄, 6ㄱ(248책, 323쪽). "嘗曰 後世無以復井田
　　則王道終不可行也".
428) 「林下經綸」, 『湛軒書』 內集, 補遺, 卷4, 11ㄱ(248책, 87쪽). "井田之難行 先輩固
　　已言之 雖然無分田制産之法 而能治其國者 皆苟而已 居今之世 雖不能盡反古
　　道 而善謨國者 必有變通之制矣 至若山川狹窄 地勢高低 非所當憂也".

학교를 설치하고 敎官을 둔다. 각급 학교는 面 단위로부터 齋→司→大學으로 구성된다. 각 학교에서는 유교적인 도덕(孝悌忠信之道)과 함께 실용사무에 쓸 수 있는 六藝의 학문(射御書數之藝)을 가르치고, 성적이 우수하고 '需時而適用' 할 수 있는 자를 선발하여 상급 교육기관으로 승진시킨다. 大學에서는 학생들의 행실·학식·재능에 따라 현명하고 능력 있는 자를 조정에 추천해서 관직에 나아가게 한다.429) 이는 기존의 科擧制를 부정하고 薦擧制(貢擧制)를 주장한 것이었다.

　이러한 논리의 연장선상에서 홍대용은 능력과 재질에 따라 사람을 쓰는 '適材適所論'을 제기하였다. 適材適所論은 사람의 인품에는 高下가 있고 재주에는 長短이 있지만 捨短取長한다면 세상에 쓸모 없는 재주란 없다는 생각에 기초하고 있었다.430) 이와 같은 생각은 그의 교육제도 개혁론과 관련하여 실제적으로는 신분제의 해체를 지향하게 된다. 왜냐하면 교육은 모든 民을 대상으로 시행되며, 교육의 결과에 따라 재주와 능력이 있는 자가 중앙정부에 진출하게 되므로 平民이나 賤民의 자식이라 하여도 재주와 능력만 있다면 관리가 될 수 있기 때문이다.431) 결국 홍대용이 말하는 職分·分數는 선천적으로 주어지는 신분에 의한 것이 아니라 능력(재주)

---

429) 「林下經綸」, 『湛軒書』 內集, 補遺, 卷4, 8ㄴ(248책, 85쪽). "內而王都九部 外而自道以至於面 皆設學校 各置敎官 面各有齋 齋必有長(取年高德邵司爲師表者) 面中子弟 八歲以上 咸聚而敎之 申之以孝悌忠信之道 習之以射御書數之藝 其有茂才卓行 可以需時適用者 貢之於司 司之敎官 聚而敎之 擧其最 而以次升之 至于大學 大學之敎 司徒掌之 聽其言而觀其行 考其講而試其才 每於歲首擧其賢者能者於朝 授之以職 而責其任 才高而官卑者 以次而陞之 其不能者斥之".

430) 「林下經綸」, 『湛軒書』 內集, 補遺, 卷4, 8ㄴ(248책, 85쪽). "凡人品有高下 材有長短 因其高下而舍短而用長 則天下無全棄之才 面中之敎 其志高而才多者 升之於上而用於朝 其質鈍而庸鄙者 歸之於下而用於野 其巧思而敏手者 歸之於工 其通利而好貨者 歸之於賈 問其好謀而有勇者 歸之於武 瞽者以卜 宮者以閽 以至於暗聾跛躄 莫不各有所事 其遊衣遊食 不事行業者 君長罰之 鄕黨棄之".

431) 「林下經綸」, 『湛軒書』 內集, 補遺, 卷4, 9ㄱ(248책, 86쪽). "有才有學 則農賈之子坐於廊廟 而不以爲僭 無才無學 則公卿之子 歸於輿儓 而不以爲恨 上下戮力共修其職 考其勤慢 明施賞罰".

에 따라 얻어지는 것이었다.

　이와 같은 홍대용의 신분제 개혁안은 양반 특권의 폐지, 기득권의 해체를 통한 신분제의 해체라고 하는 조선사회의 독특한 신분제 해체 방향432)에 부응하는 것이었다. 즉 그는 신분에 따라 직업이 결정되는 기존의 四民體制와 양반 신분만이 특권적으로 교육을 받아오던 교육제도의 개혁을 통해 양반 신분의 기득권을 폐지하고 그것을 일반 인민들에게 개방함으로써, 신분 위주의 사회에서 능력 위주의 사회로 개편하고자 했던 것이다. 그리고 이러한 제도개혁의 결과는 종국적으로 신분제의 해체를 통해 平等社會를 지향하는 길로 나가게 될 것이었다.

　宇宙論에서 보여준 홍대용의 독창적인 사고는 그의 세계관과 인식론의 변화에 중요하게 작용하였으며, 그것은 相對主義的 認識論의 수립이라는 결과를 낳았다. 홍대용의 '相對主義的 觀點'은 종래의 가치관·세계관과 비교해 볼 때 인간중심의 사고(지구중심의 사고), 중국중심의 사고로부터 벗어났다는 점에서 획기적인 의미를 갖는 것이었다. 먼저 홍대용은 行星構造論과 無限宇宙論에 근거하여 지구가 우주의 중심이라는 종래의 사고를 부정함으로써433) 天·地를 일 대 일 대응관계로 생각했던 전통적인 地(球)중심의 사고방식을 철저히 극복하였다. 홍대용이 보기에 지구를 우주의 중심이라고 생각하는 것은 우주의 실상을 모르는 '坐井之見'에 지나지 않는 것이었다.434) 우주를 구성하는 모든 것은 각기 界(星界)를

---

432) 金容燮, 「朝鮮後期 身分構成의 變動과 農地所有-大邱府租岩地域 量案과 戶籍의 分析-」, 『東方學志』 82, 1993, 91~93쪽(『증보판 朝鮮後期農業史研究[Ⅰ]-農村經濟·社會變動-』, 지식산업사, 1995에 재수록).

433) 「毉山問答」, 『湛軒書』 內集, 補遺, 卷4, 22ㄴ(248책, 92쪽). "滿天星宿 無非界也 自星界觀之 地界亦星也 無量之界 散處空界 惟此地界 巧居正中 無有是理" ; 「毉山問答」, 『湛軒書』 內集, 補遺, 卷4, 23ㄱ(248책, 93쪽). "是以地爲兩曜之中 而不得爲五緯之中 日爲五緯之中 而不得爲重星之正中 日且不得爲正中 況於地乎".

434) 「毉山問答」, 『湛軒書』 內集, 補遺, 卷4, 22ㄴ(248책, 92쪽). "若七政包地 地測固然 以地謂七政之中則可 謂之衆星之正中 則坐井之見也".

이루고 있으며, 또 회전하고 있다. 따라서 지구의 관점에서 보면 다른 星界가 지구를 중심으로 회전하는 것처럼 생각되지만, 반대로 다른 세계의 관점에서 보면 그 세계에 사는 사람들 역시 자신을 星界의 중심이라고 생각할 수 있다는 것이었다.[435]

이미 살펴본 바와 같이 인간중심적 사고방식에 대한 홍대용의 부정은 '以天視物論'으로 표현되었다.[436] 以天視物論을 통해 기존의 가치체계에 대한 전면적인 재검토를 실시했던 홍대용은 세계관의 측면에서도 커다란 변화를 이룩하였다. 실제로 홍대용은 상대주의적 인식론에 기초하여 '人物均'이라는 논리를 끌어내고,[437] 이것을 기초로 문화적 상대주의의 관점에서 인간사회의 평등성을 강조함으로써 華夷論的 世界觀을 부정하고 '華夷一也'을 주장하기에 이르렀던 것이다. 인간과 초목·금수의 차별을 이미 부정하고 있는 홍대용의 관점에서 보면 인간 사이의 구별인 華(中華)와 夷(夷狄)의 차별은 이미 무의미한 것인지도 몰랐다. 따라서 '以天視物論'의 적극적인 해석을 통해 '華夷一也'를 도출해 냈다면 다음 단계에서는 聖人과 凡人 사이의 차별까지도 부정하는 논리로 전개될 수 있는 개연성을 충분히 갖추고 있었다. 결국 이상과 같은 상대주의적 관점은 사람과 사물, 중화와 이적, 성인과 범인 사이의 우열·귀천을 부정하고 평등으로 나갈 수 있는 길을 열어놓았다는 점에서 사상사적 의미를 지니고 있다.

다음으로 홍대용은 地球說에 바탕하여 중국이 세계의 중심이 아니라고 주장함으로써 기존의 중국 중심의 세계관을 논리적으로 극복할 수 있는 토대를 마련했다.

지금 中國에서 배와 수레가 통하는 곳으로 北에 鄂羅가 있고 南에 眞臘

---

435) 「毉山問答」, 『湛軒書』 內集, 補遺, 卷4, 22ㄴ(248책, 92쪽). "是以無非界也 無非轉也 衆界之觀 同於地觀 各自謂中 各星衆界".

436) 「毉山問答」, 『湛軒書』 內集, 補遺, 卷4, 19ㄱ(248책, 91쪽). "爾曷不以天視物 而猶以人視物也".

437) 「毉山問答」, 『湛軒書』 內集, 補遺, 卷4, 18ㄴ(248책, 90쪽). "以人視物 人貴而物賤 以物視人 物貴而人賤 自天而視之 人與物均也".

이 있다. 鄂羅의 天頂은 북쪽으로 北極과의 거리가 20度이며, 眞臘의
天頂은 남쪽으로 南極과의 거리가 60度이다. 두 天頂의 거리는 90度이
며, 두 지역의 거리는 2만 2천 5백 리이다. 그러므로 鄂羅 사람은 鄂羅로
써 正界를 삼고, 眞臘으로 橫界를 삼으며, 眞臘 사람은 眞臘으로써 正界
를 삼고 鄂羅로써 橫界를 삼는다. 또 中國은 西洋에 대해서 經度의 차이
가 180度에 이르는데, 中國 사람은 中國을 正界로 삼고 西洋을 倒界로
삼으며, 西洋 사람은 西洋을 正界로 삼고 中國을 倒界로 삼는다. 그러나
사실상 하늘을 이고 땅을 밟는 것은 界에 따라 모두 그런 것이다. 橫界도
없고 倒界도 없으니, 모두 正界인 것이다.[438]

여기서 홍대용은 중국을 중심으로 하여 세계를 華와 夷로 구분했던 전통
적인 세계관에 대하여 華와 夷란 기준에 따라서 달라질 수 있는 것이라는
새로운 관점을 제시하였다. 즉 中國이 華(正)고 中國 이외의 지역이 夷
(倒)라는 것은 중국을 중심으로 보았을 때 그런 것이고, 중국 이외의 다른
지역을 기준으로 하여 세계를 파악한다면 중국도 夷(倒)라는 것이었다.
이러한 홍대용의 주장은 다음과 같은 직접적인 언급을 통해 명확하게
확인된다.

　하늘이 내고 땅이 길러주는, 무릇 혈기가 있는 자는 모두 사람이며,
여럿 중에서 뛰어나 한 나라를 맡아 다스리는 자는 모두 임금이다. 문을
여러 겹으로 만들고 해자를 파서 강토를 조심스럽게 지키는 것은 모두
나라이다. 章甫・委貌・文身・雕題는 모두 하나의 습속이다. 하늘에서
내려다보면 어찌 안과 밖의 구별이 있겠는가? 그러므로 각각 자기 나라
사람을 친애하고, 자기 나라 임금을 높이고, 자기 나라를 지키고, 자기

---

438) 「毉山問答」,『湛軒書』內集, 補遺, 卷4, 21ㄱ～ㄴ(248책, 92쪽). "今中國舟車之通
　　北有鄂羅 南有眞臘 鄂羅之天頂 北距北極爲二十度 眞臘之天頂 南距南極爲六
　　十度 兩頂相距爲九十度 兩地相距爲二萬二千五百里 是以鄂羅之人 以鄂羅爲
　　正界 以眞臘爲橫界 眞臘之人 以眞臘爲正界 以鄂羅爲橫界 且中國之於西洋
　　經度之差 至于一百八十 中國之人 以中國爲正界 以西洋爲倒界 西洋之人 以
　　西洋爲正界 以中國爲倒界 其實戴天履地 隨界皆然 無橫無倒 均是正界".

풍속을 편안하게 여기니 華와 夷는 마찬가지다(華夷一也).439)

이것이 유명한 洪大容의 '華夷一也論'의 핵심적인 내용이다. '天圓地方'
이라는 기존의 세계관은 지리상의 발견과 서양세력의 동점에 따라 서서히
부정되어 갔으며, 地球說의 본격적인 도입에 의해 그 논리적인 근거를
완전히 상실하고 있었다. 그러나 天圓地方說을 근거로 하여 성립된 초기
형태의 華夷觀이 부정되었음에도 불구하고, 그 이후 상당 기간 동안 화이
관은 다른 모습으로 변형되면서 그 명맥을 유지하였다. 그것이 이른바
'文化的 華夷觀'440)이었다. 특히 明의 멸망과 淸의 등장이라는 새로운
국제정세 속에서 '崇明排淸'와 '復讐雪恥'를 정치이슈화 하였던 조선의
朱子道統主義者들에게 문화적 화이관은 그들의 정치론을 이념적으로
뒷받침해주는 하나의 지주였다. 兩亂 이후 自國 역사에 대한 관심, 특히
箕子朝鮮에 대한 관심441)의 확대는 이러한 문화적 화이관, '小中華意識'
을 그 밑바탕에 깔고 있었던 것이라고 보아야 한다.

따라서 이러한 현실에 대해 비판적인 시각을 가졌던 사람이라면 당연히
文化的 華夷觀의 논리 근거를 재고하게 되었으리라 여겨진다. 그것은
한편으로는 당시 北伐論者들에 의해 禽獸·夷狄으로 매도되었던 淸에

---

439) 「毉山問答」, 『湛軒書』 內集, 補遺, 卷4, 36ㄴ(248책, 99쪽). "天之所生 地之所養
凡有血氣 均是人也 出類拔萃 制治一方 均是君王也 重門深濠 謹守封疆 均是
邦國也 章甫委貌 文身雕題 均是習俗也 自天視之 豈有內外之分哉 是以各親
其人 各尊其君 各守其國 各安其俗 華夷一也".

440) 조성을, 「조선후기 사학사 연구현황」, 『韓國中世社會 解體期의 諸問題』(上),
한울, 1987, 284~290쪽. 洪大容의 華夷觀에 대해서는 다음을 참조. 曹永祿, 「17
~8世紀 尊我的 華夷觀의 한 視覺」, 『東國史學』 17, 1982 ; 유봉학, 「北學思想의
形成과 그 性格-湛軒 洪大容과 燕巖 朴趾源을 중심으로-」, 『韓國史論』 8, 1982
; 申千湜, 「18世紀 實學派의 歷史認識」, 『傳統文化硏究』 1, 1983 ; 유봉학, 『燕
巖一派 北學思想 硏究』, 一志社, 1995 ; 趙誠乙, 「洪大容의 역사 인식-華夷觀을
중심으로-」, 『震檀學報』 79, 1995(震檀學會 編, 『湛軒書』, 一潮閣, 2001에 재수
록).

441) 朴光用, 「箕子朝鮮에 대한 認識의 변천-高麗부터 韓末까지의 史書를 중심으
로-」, 『韓國史論』 6, 1980.

대한 인식을 전환하는 것이었고, 다른 한편으로는 화이관 그 자체의 논리 구조를 비판적으로 검토하는 것이었다. 이는 당시의 현실 속에서 실천적인 힘을 갖지 못하고 관념의 영역에 머무르고 있던 북벌론을 실제적으로 해체하고 北學論을 전면에 등장시킬 수 있는 논리가 된다는 측면에서 중요한 의미를 갖는다. 그리고 이러한 일련의 작업은 결과적으로 北伐論 者들의 정치이데올로기를 부정하는 것이었으므로, 새로운 정치론이 대두할 수 있는 지평을 개척한다는 점에서도 의미가 있었다. 홍대용은 「毉山問答」을 통해 이와 같은 작업을 적극적으로 수행하였다. 「毉山問答」에서 그가 직접적으로 北伐을 반대하거나 北學을 주장하였던 것은 아니다. 그러나 '人物均'의 논리로부터 출발하여 '華夷一也'와 '域外春秋'442)로 끝을 맺은 「毉山問答」의 전개과정은 바로 北學論의 이념적 토대를 구축하는 과정이었으며, 바로 이 점에서 홍대용은 북학론의 선구적 역할을 충실히 수행하였던 것이다. '華夷一也論'은 바로 그러한 노력의 결실이었다.

이상에서 살펴보았듯이 홍대용은 '以天視物論'으로 대표되는 상대주의적 인식론을 통해 사물에 대한 새로운 인식을 가능케 하였으며, 이를 바탕으로 독자적인 물리 탐구의 가능성을 개척하였다. 또한 상대주의적 인식은 인간과 사물 사이의 차별뿐만 아니라 인간과 인간 사이의 차별 역시 상대화시킴으로써 기존의 화이론적 세계관을 극복할 수 있는 토대로 기능하였다. '人物均'에서 '華夷一也'·'域外春秋'로의 논리적 진전 과정은 상대주의적 인식론의 확대·심화 과정을 보여주는 것이었다. 나아가 이러한 상대주의적 인식은 인간과 인간 사이의 차별마저 부정하고 새로운 身分觀을 수립할 수 있는 인식론적 기초가 되었다. 따라서 이상과 같은 홍대용의 상대주의적 관점과 그에 기초한 사상적 전개과정은, 그가 분명하

---

442) 「毉山問答」,『湛軒書』內集, 補遺, 卷4, 37ㄱ(248책, 100쪽). "孔子周人也 王室日卑 諸侯衰弱 吳楚滑夏 寇賊無厭 春秋者周書也 內外之嚴 不亦宜乎 雖然使孔子浮于海 居九夷 用夏變夷 興周道於域外 則內外之分 尊攘之義 自當有域外春秋 此孔子之所以爲聖人也".

게 언급하지는 않았다고 하더라도, 당시 절대화되어 있던 주자학 이데올로기에 대한 소극적인 의미의 저항임과 동시에 새로운 이데올로기를 창출하기 위한 노력의 일환이었다고 할 수 있다. 즉 주자도통주의자들의 朱子絶對化와 小中華意識에 입각한 北伐論的 정치론에 대항하기 위한 일종의 思想運動이었던 것이다. 상대주의적 관점과 '北學'의 제기는 바로 그러한 사상운동의 산물이었다.

제7장 結 論

朝鮮王朝의 지배 이데올로기였던 朱子學의 自然認識은 '有機體的 自然觀'으로 규정할 수 있다. 그것은 자연을 유기적인 생명체로 간주하는 한편, 그러한 자연을 人間·社會와의 통일적인 구조 속에서 일원적으로 파악하려는 논리체계였다. 조선왕조의 구조적 특성을 해명하기 위해서는 토대로서의 사회경제 구조와 함께 지배 이데올로기인 주자학에 대한 이해가 선행되어야 하며, 주자학의 인간·사회관을 이해하기 위해서는 그 기초가 되는 자연관에 대한 분석이 필요하다. 주자학적 자연관의 성립·발전·변화 과정에 대한 탐구가 요청되는 까닭이 바로 여기에 있다. 이 연구에서는 이 같은 朱子學的 自然觀의 성립·발전·변화 과정을 宇宙論을 중심으로 살펴보고자 하였다.

麗末鮮初의 宇宙論은 '人格的 宇宙論'·'人格天觀'의 특성을 보여주고 있는데, 그것은 道教·佛教·漢唐儒學의 天觀 및 中國 古代의 神話·傳說을 통해서 확인할 수 있다. 도교·불교의 천관은 기본적으로 '人格天觀'이라고 정의할 수 있다. 거기에서는 日月星辰을 비롯한 天體가 인격적인 존재로 등장하고 있으며, 그들이 人間事를 主宰하는 것으로 간주되었다. 그것은 한당유학의 천관이나, 伏羲와 女媧의 전설로 대표되는 중국 고대의 신화·전설에서도 마찬가지였다. 이러한 인격천관 하에서는 인간사를 주재하는 하늘과 별에 대한 제사(祭天·祭星)가 당연한 것으로 인식되었다. 도교의 醮祭나 불교의 道場행사, 그리고 유교의 祭天禮는 모두 그러한 의식의 반영이었다.

天觀의 성격은 하늘과 인간의 관계(天人關係) 설정에도 영향을 끼치게 된다. 人格天觀에서는 인격적인 존재로서의 天이 人間事를 주재하며, 인간은 이러한 인격적 존재와의 원활한 교통을 통해 사회를 운영해 가야 하는 것으로 간주되었다. 이는 주자학에서 말하는 '理法的인 主宰'와는 구별되는 '人格的인 主宰'라고 할 수 있을 것이다. '인격적인 주재'의 관념은 일월성신을 비롯한 천체에 대한 醮祭의 이론적 바탕이 되었으며, 동시에 漢唐儒學的인 天人感應·天譴事應의 논리와도 일맥상통하는 것이었다. 조선초기의 醮祭 靑詞와 각종 문헌에서 산견되는 우주와 천체에 대한 天譴事應的·占星術的인 이해는 바로 이와 같은 인격적 우주론의 기초 위에서 나타난 것이었다.

조선전기 주자학적 사유체계의 확립과정은 이전의 전통적인 사유체계 속에서 非朱子學的인 요소들을 탈색시켜 가는 과정이었다. 이는 불교나 도교와 같은 非儒敎的인 사상·종교에 대한 부정을 의미할 뿐만 아니라 漢唐儒學과 같은 유교 내의 非朱子學的인 요소들에 대한 사상적 극복을 뜻하는 것이었다. 15세기 조선의 儒學思想史는 '朱子學의 수용과 정착'이라는 관점에서 이해할 수 있으며, 그것은 자연관·자연인식의 측면에서도 마찬가지였다. 15세기를 거치면서 이전의 人格天觀이 부정되고 주자학의 논리에 입각하여 새로운 天觀·宇宙論의 토대가 마련되고 있었던 것이다.

15세기 후반 이후 주자학의 정착에 따라 종래의 인격천관이 극복되고 理法天觀이 형성되었다. 理法天觀이란 종래의 天이 지닌 인격적 성격을 부정하고 天의 본질을 天理라는 일종의 理法으로 파악하는 것이었다. 理本體論을 바탕으로 한 有機體的 自然觀 하에서 理法은 인간·사회·자연을 일관하는 통일적인 원리로 추상되었으며, 구체적으로는 '三綱五倫'으로 대표되는 바 중세사회의 수직적 질서를 옹호하는 윤리·도덕적 질서 체계였다. 理法天觀에 따르면 인간은 태어날 때 하늘로부터 이와 같은 성격의 天理를 부여받은 존재였다. 인간 속에 존재하는 理法으로서의 하늘, 그것이 바로 마음 속에 들어있는 本性이었다. 이제 새롭게 정리된

天人關係 위에서 인간은 하늘로부터 부여된 本性을 충실히 발현함으로써 자신의 존재 의의를 주체적으로 확인할 수 있게 되었으며, 현실의 사회 역시 天理에 입각하여 운영함으로써 이상사회의 건설을 지향할 수 있게 되었다. 이처럼 理法天觀은 자연관의 영역에서 인간·사회관의 영역으로 전화될 때, 강렬한 이데올로기적 지향성을 띠게 된다. 실제로 조선전기 '士林派'의 정치사회운영론은 이러한 이념적 지평 위에서 제시된 것이었다.

이법천관에서는 天人合一의 궁극적 이상을 실현하기 위한 방안으로 '敬天勤民'이라는 명제가 제시되었는데, 그것은 君主의 修德을 강조하는 한편, 적극적인 仁政의 시행을 표방하고 있었다. 仁政論에 입각한 정치운 영은 體元調元論=君臣相資論을 거쳐 君臣共治論으로 발전하였고, 경제 운영에서는 保民論과 節用論을 바탕으로 중세사회 국가운영의 물적 토대 가 되는 民의 재생산 기반을 보장하고자 하였다. 사회운영에서는 名分論 이 강조되었는데, 그것은 상하관계의 수직적 구조를 갖는 중세사회의 身 分制를 이데올로기적으로 유지·옹호하는 역할을 수행하였다. 이와 같이 仁政論에 입각한 理法天觀의 정치사회운영론은 궁극적으로 주자학적 사회질서의 건설을 지향하는 것이었다. 이는 '勳舊' 세력과의 대립 속에서 주자학에 입각한 사회운영을 모색했던 조선전기 '士林' 세력의 현실인식 과 세계관을 반영하는 것이었고, 15세기 후반 이후 주자학에 대한 이해가 심화됨에 따라 사상계의 주도적인 이데올로기로 정착하게 된다.

16세기 말~17세기 초의 조선사회는 對內外的인 위기 상황에 직면하였 고, 당시의 官人·儒者들은 이러한 위기 상황을 타개하기 위한 다양한 모색을 시도하였다. 그리고 그러한 다양한 시도는 사유체계 상에 반영되 어 思想의 分岐로 나타나게 되었다. 조선후기에 본격화되는 격렬한 학 문·사상 대립의 단초가 여기에서 마련되고 있었던 것이다. 이 시기의 자연관은 사유체계의 중요한 부분으로서 당대 사상 변동의 양상을 직·간 접적으로 반영하고 있었다. 한편에서는 주자학적 자연관을 유지·강화함 으로써 기존의 이데올로기 체제를 옹호하려 하였고, 다른 한편에서는 주자학의 문제점을 비판적으로 검토하면서 그것을 내재적으로 극복할 수 있는 새로운 사유체계의 모색을 시도하였다.

16세기를 경과하면서 조선의 학자들은 주자학적 자연학의 주요 내용에 대한 이해를 심화시켜 나갔다. 그것은 『性理大全』·『朱子大全』·『朱子語類』에 대한 착실한 탐구의 결과였다. 이제 주자학적 자연관은 '理法天觀'의 확립을 통해 이전 시기의 人格的 宇宙論을 극복하고 天理를 매개로 한 天人關係論을 수립함으로써 정치사상(君主聖學論)의 영역과 군건히 연결되었다. 동시에 그것은 상하관계의 수직적 질서를 자연적인 질서로 규정함으로써 중세적인 사회신분제를 이론적으로 뒷받침하였다. 그러나 주자학적 자연관과 그것을 포괄하는 주자학적 사유체계는 16세기의 조선사회가 당면한 정치·사회 문제를 능동적으로 해결하지 못하였고, 이어서 倭亂과 胡亂을 겪게 됨으로써 지배 이데올로기로서의 지위를 위협받게 되었다. 이에 進步的 학자·지식인들은 주자학의 문제점을 비판적으로 검토하면서 그 내재적 극복의 방안을 모색하게 되었다. 학문·사상의 영역에서 그러한 모색은 禮學·易學·心學의 탐구로 나타나게 되었다. 그 연구의 방향은 각각의 학자들이 처한 學派的·思想的 입장의 차이에 따라 크게 체제 보수적인 노선과 체제 개혁적인 노선으로 분화되었던 것이다.

16세기 이래로 조선학계 내의 易學 연구는 이전 시기에 비해 커다란 진전을 이룩했다. 그것은 象數學에 대한 심화된 이해와 易學 관련 저술의 다양한 산출을 통해 확인할 수 있다. 이러한 易學 연구의 진전은 기본적으로는 經學의 발전에 일차 요인이 있었지만, 당시 조선사회가 처한 사회문제를 해결하기 위한 철학적 모색이라는 측면도 중요하게 작용하였다. 기존의 사유체계를 보다 더 확고하게 유지하기 위해서든, 아니면 새로운 사유체계의 모색을 위해서든 『周易』의 철학적 원리는 유용하게 이용될 수 있었기 때문이다. 따라서 역학 연구는 학파와 당색을 막론하고 전체 학계 차원에서 이루어졌던 것이다.

역학 연구의 확산·심화에 따라 宇宙論과 易學 체계를 결합시킨 '易學

的 宇宙論'이 등장하였다. 그것을 대표적으로 보여주는 성과물이 張顯光 (1554~1628)의 『易學圖說』이었다. 이는 象數易과 義理易의 절충을 시도한 주자의 역학관을 계승·발전시킨 것으로 평가할 수 있다. 따라서 장현광의 역학적 우주론과 상수학은 순수하게 자연학의 영역에 속하는 것이 아니었다. 그것은 자연법칙이 인간사회의 질서와 마찬가지로 '易理'의 체계 속에 포괄되는 것임을 증명하기 위한 학문적 시도였다. 결국 장현광의 역학적 우주론은 자연법칙을 인간사회의 도덕원칙과 일치시켜 파악하는 주자학적 자연관의 기본틀에서 벗어나는 것이 아니었다. 張顯光이 이와 같은 易學 연구에 몰두하게 된 것은 당시의 사회모순과 국가적 위기를 해결하는 방법을 易理의 해석을 통해 찾고자 했기 때문으로, 그 사유체계의 기본 구조는 理法天觀의 그것과 일치한다고 볼 수 있다. 이러한 사실은 그가 당시의 정치·사회문제를 해결하기 위한 방안으로 제시했던 '建極論'이 君主의 도덕적 솔선수범을 위주로 하는 것이었다는 점에서도 확인할 수 있다.

조선후기의 心學化 경향은 思想 內的으로는 16세기 이래의 朱子學의 心學化와 陽明學의 전래 및 수용, 外的으로는 급격한 정치·사회변동이라는 요인에 의해 추동되었다. 이러한 대내외적 상황은 주자학에 대한 비판적 반성을 촉구하는 계기가 되었으며, 그 결과 주자학의 내재적 극복방안으로서 제기된 것이 심학적 사유체계였다. 心學은 理學 一邊倒의 학계 풍토에 대한 비판을 시작으로 주자학의 理氣論·心性論·認識論에 대해 반론을 제기하였다. 반론의 핵심은 理氣心性論에서 一元論을 강조하는 경향으로 나타났는데, 그것은 天理와 主體를 일체화시키려는 시도, 즉 主體의 心 안에서 天理를 확인하는 방식으로의 전환이었다. 이러한 형이상학의 변화는 인식론과 학문·수양론으로 이어져, 주자학의 格物致知論에 대한 재해석을 통해 인식 주체의 중요성을 강조하였고, 그것은 다시 주체의 함양을 위한 '尊德性'의 중시로 연결되었다. 이는 理學的 사유체계에서 心學的 사유체계로의 전환을 의미하는 것으로 理學의 내재적 발전 과정이라 할 수 있다.

심학적 사유체계에 입각하여 제기되는 '心學的 天觀'에서는 自然天과 道德天을 분리해서 파악하고자 하였다. 그것은 외재 사물에 대한 지적 탐구를 통해 도덕적 이치를 끌어내는 理法天觀의 방식에 반대하여 지식탐구의 영역에 속하는 自然天을 도덕원칙으로서의 道德天으로부터 분리시키려는 의도였다. 李睟光(1563~1628)은 자연천과 도덕천을 분리하고, 道德天으로서의 心의 본질에 봉건적인 윤리도덕과 함께 公·國家·生民이라는 가치를 부여하였다. 國家와 民生을 위하는 것이 天理로서의 心의 본질로 이해될 때, 심학은 현실적으로 保民論의 철학적 원리를 보강하는 것이었고, 그에 기초한 사회개혁의 주장은 更張·變通論으로 연결될 수 있었다. 결국 心學的 天觀은 기존의 理法天觀의 기본 구도를 계승하면서도 自然天과 道德天을 분리함으로써, 자연법칙의 탐구를 통해 도덕원칙을 확인하고자 하는 종래의 방식을 지양하고, 人事의 문제를 오로지 인간 주체의 문제로 전환시키고자 하였다. 즉 인간의 주체적인 자각을 통해 실천성을 확보하고, 그를 통해 당대의 사회문제를 해결하고자 하였던 것이다. 심학적 천관의 시대성과 사상적 가치가 바로 여기에 있었다.

16세기 말~17세기 초에 진행된 理學 일변도의 학계 풍토에 대한 반성과 그에 따른 天觀의 다변화가 주자학적 우주론의 변화를 촉진한 內的 요인이었다면, 17세기 중·후반 이후 燕行 使節을 매개로 전래된 西洋科學은 주자학적 우주론의 질적 전환을 추동한 外的 요인이었다. 서양과학의 전래에 따라 우주구조론의 측면에서는 地球說·重天說·행성구조론, 천체운행론의 측면에서는 右旋說·地轉說, 우주생성론의 측면에서는 四行說 등이 소개되었고, 그것은 곧바로 조선 학계에 반향을 불러일으키며 주요한 논쟁점으로 부각되었다.

'天圓地方'의 전통적 우주구조론은 地球說과 그것을 전제로 한 重天說의 도입에 의해 심각한 도전에 직면하게 되었다. 地球說은 땅이 물 위에 떠 있다고 간주하는 渾天說의 우주구조와 朱熹의 '地浮水上說'에 정면으로 배치되었다. 뿐만 아니라 구형인 땅 위에서는 유일한 중심을 설정하는 것이 불가능하다는 점에서 지구설에는 華夷觀의 지리학적 기초에 타격을 가하고 相對主義的 認識으로 발전해 나갈 수 있는 이론적 준거가 내포되어 있었다. 地球說의 思想史的 중요성이 바로 여기에 있었다.

『天問略』이나『五緯曆指』에서는 天體運行論으로서 右旋說(天左旋日月五星右行)을 주장하였다. 이는 기존의 左旋說-右旋說 論爭에서 우선설의 입장을 지지하는 설명 방식이었고, 따라서 그것은 주자학적 우주론의 좌선설을 부정하는 논리적 근거가 될 수 있었다. 한편『五緯曆指』에는 조선후기 우주론의 변화와 관련하여 인식론적 전환의 계기가 될 수 있는 두 가지 중요한 문제가 소개되어 있었다. 하나는 과학적 인식론에 대한 것으로, 과학적 법칙을 만들어 가는 방법은 정밀한 관측으로 얻어진 결과에 의거해야 하며, 옛 聖賢의 법칙이 관측 결과와 어긋난다면 그것은 마땅히 재검토되어야 한다는 주장이었다. 다른 하나는 '地轉說'이었는데, 비록 '正解'가 아니라는 형태로 소개되기는 하였지만 분명하게 地轉으로써 천체의 운행을 설명할 수 있는 방법이 있다는 사실을 언급한 것이었다. 따라서 그것을 적극적으로 해석할 경우 기존의 左旋說-右旋說 論爭을 질적으로 뛰어넘을 수 있는 획기적인 논리가 될 가능성도 있었다. 실제로 조선후기의 창조적인 地轉說은 그러한 과정을 통해 얻어진 산물이었다.

지구설이나 천체운행론 못지않게 전통적인 우주론에 커다란 영향을 끼친 것이 서양의 四行說이었다. 그것은 전통적인 五行說과 마찰을 일으켰고, 종래의 생성론적 도식에 의문을 제기하게 하였다. 利瑪竇는『天主實義』·『乾坤體義』등 각종 저술을 통해 서양의 四行說을 적극적으로 소개하는 한편, 중국의 전통적인 五行說을 조목조목 비판하였다. 그의 비판 가운데는 전통적인 오행설이 안고 있는 모순을 적절하게 지적한 것도 있었고, 그러한 문제제기는 기존의 오행설에 대한 논란에 부가되어 오행설의 논리적 문제점을 본격적으로 검토하게 만드는 계기가 되었다.

서양 우주론의 소개에 따른 갈등의 요소들은 17~18세기 조선의 사상계에서 심각한 내부적 토론을 유발하였다. 그것은 한편으로 전통적인 주자학적 우주론을 어떻게 이해할 것인가 하는 문제를, 다른 한편으로는 새롭게 소개된 서양과학을 어떻게 받아들일 것인가 하는 문제를 내포하고 있었는데, 토론의 진행 과정에서 노출된 첨예한 의견 대립은 당시 사상계의 分化·分岐를 반영하는 것이기도 하였다. 地球說에 대한 비판과 수용, 좌선설-우선설 논쟁, 『太極圖說』의 생성론적 도식과 관련한 黃榦(1152~1221)의 五行說에 대한 축조적 검토는 그 대표적인 사례들이었다. 이 논의 과정을 통해 주자학적 자연학과 우주론 체계를 옹호·고수하려는 논자들과 그 문제점을 지적하면서 새로운 설명틀을 마련하려는 논자들 사이의 입장 차이가 뚜렷이 부각되었다. 각각의 논자들은 이와 같은 논쟁의 연장선상에서 주자학적 우주론의 유지·옹호·재정립이냐, 아니면 주자학적 우주론의 비판·극복이냐의 갈림길로 전진해 가게 되었다.

17세기 중·후반에 본격적으로 도입되기 시작한 서양과학의 내용을 소화·흡수하여 그것을 전통적인 사유체계의 바탕 위에서 재정리한 대표적 인물이 金錫文(1658~1735)이었다. 金錫文의 우주론은 전통적인 易學(象數學)과 서양의 천문역산학을 두 축으로 하여 구성되었다. 그는 당시 서양의 천문역산학이 소개한 최신의 데이터를 자신의 상수학 체계 내에 적극적으로 도입하는 한편, 부분적으로는 자신의 체계에 맞추어 그 내용을 임의로 개정하기도 하였다. 이는 그의 서학 수용이 그 나름의 사상적 기준에 입각하여 진행되었다는 사실을 암시하는 것이다. 따라서 그의 사상 체계 속에서 전통적 상수학과 서양과학은 상호작용을 통해 양자 모두 변형을 겪게 되었다.

먼저 김석문은 서양과학의 地球說·重天說·행성구조론을 수용하고, 그것을 자신의 전체 사상체계에 맞추어 적극적으로 재해석함으로써 右旋說과 그 연장으로서의 地轉說을 주장하게 되었고, 그를 통해 천체운행론의 획기적인 전환을 이룩하였다. 그것은 종래의 '天動地靜'의 우주에서 '天靜地動'의 우주로의 轉變이었다. 반면에 그의 우주론에는 전통적인 요소들도 확고하게 자리잡고 있었다. 太極天의 존재는 그 대표적인 예이다. 김석문의 우주론에서 太極은 우주의 생성과 운행을 주재하는 근원이었다. 그런데 그것은 경험적 관찰을 통해 획득된 자연의 법칙이 아니라, 선험적으로 규정된, 天地萬物 일체를 포괄하는 理法이었다. 궁극적으로 김석문은

道理와 物理를 통일적으로 파악하려 하였고, 가치론적으로 道理를 우위에 두고 있었다. 道理心性이나 眞精明虛에 근거해서 天地人物을 파악하려는 시도가 바로 그것이었다.

요컨대 김석문의 우주론은 전통적인 우주론에 학문적 기초를 두고 당시 도입된 서양과학의 성과를 창조적으로 吸收하여 새로운 易學的 宇宙論의 모델을 만들려고 했던 17세기 후반 조선 지식인의 지적 산물로 평가할 수 있다. 그의 우주론은 구조론·운행론의 차원에서는 질적 전환의 계기를 마련하고 있었으나 생성론의 측면에서는 강한 보수성을 보여주었다. 그의 모델이 지닌 많은 성과와 문제점들은 이후의 다양한 논의를 통해 계승·발전, 보완·극복될 수 있었다.

老論-湖論 系列의 朱子道統主義者들은 朱子學을 絶對化함으로써 조선후기의 사회변화와 그에 따른 사상계의 변동에 대응하고자 하였다. 그들은 주자의 言說을 敎條化하고 그것과 배치되는 일체의 학문·사상을 異端·邪說로 배척하였다. 宋時烈(1607~1689)→權尙夏(1641~1721)→韓元震(1682~1751)→姜浩溥(1690~1778)→李恒老(1792~1868)로 이어지는 이들의 학문·사상적 활동은 '朱子=聖人'論에 기초하고 있었다. 이들은 주자를 無謬의 聖人으로 推尊하고, '朱子의 定論'을 불변의 논의로 확정하고자 하였다. 동시에 이른바 '道統 계승 운동'을 통해 自派의 학문적 정당성을 확보하고자 하였다. 송시열에 의해 제기된 '朱子=聖人'論과 道統 계승 운동은 이후 그의 제자들을 통해 19세기까지 계승되었고, 마침내 이항로 단계에 이르러 '주자=성인'론과 함께 '宋子=聖人'論이 주창되기에 이르렀다.

이와 같은 道統論的 인식을 바탕으로 한 학문 연구의 자세는 철저히 주자의 가르침을 따라가는 것이었다. 주자도통주의자들은 聖人에 의해 道理뿐만 아니라 物理까지 모두 밝혀졌다고 보았으므로, 주자의 敎說을 통해 학문적 진리에 도달할 수 있다고 확신하였다. 자연학의 경우도 예외가 아니었다. 17세기 중·후반 이후 서양과학을 통해 수많은 자연학 지식들이 유입되고, 그에 대한 다양한 논의가 전개되고 있었지만 이들은 그러한 논의 자체에 관심을 기울이지 않았다. 이들이 보기에 진리는 자명한 것이었고, 주자를 통해 충분히 그것에 도달할 수 있다고 확신하였기 때문이다. 따라서 이들은 西學에 대해 무관심한 태도로 일관하면서, 한편으로는 서학에 관심을 기울이고 있던 다양한 경향에 대해 주자학적 자연인식에 입각하여 철저한 비판을 전개하였다.

朱子道統主義者들은 曆法의 수립과 頒賜를 『春秋』'大一統'의 이념을 구현하는 정치사상적 기제로 이해하였다. 이와 같은 尊周論的 曆法 이해는 曆法의 자연과학적 측면보다 정치사상적 측면을 강조한 것으로, 道德과 技術, 道理와 物理의 관계에 대한 이들의 인식과 깊은 관련이 있는 문제였다. 朱子道統主義者들은 道德과 技術을 가치론적으로 구별하여 도덕이 기술보다 우월한 것으로 간주하였다. 따라서 物理 탐구는 개개 사물의 객관적 법칙을 찾아내는 데서 그쳐서는 안 되며, 그러한 법칙을 가능하게 한 본원적 실체(=倫理・道德)를 찾는 것이 보다 중요하다고 보았다. 物理의 인식보다 道理의 인식을 강조하는 입장이었다. 이러한 관점에서는 도리와 유리된 서양과학의 우수성이 인정될 수 없었다. 老論-湖論 계열의 尊周論的 曆法 이해가 그들의 反西學論과 표리 관계에 있었음을 엿볼 수 있는 대목이다.

노론-호론 계열의 주자도통주의자들은 『朱子大全』과 『朱子語類』에 대한 축조적 검토를 통해서 진리 판별의 기준인 '朱子 定論'을 확정하고자 하였다. 자연학의 경우도 마찬가지였다. 주자학의 자연학 가운데 기존에 논란이 되었던 여러 주제들과 서양과학의 도입에 따라 학문적 비판에 직면했던 주자의 견해에 대해서 주자도통주의자들은 그들 나름의 해답을 제시해야만 했다. 그런데 이들이 定論을 확정하는 판별 기준으로 삼았던 것은 객관적・합리적 법칙이기 이전에 倫理・道德의 본체를 밝히는 데 도움이 되는 物理였다. 이러한 과정을 통해 주자도통주의자들이 추출한 주자학의 우주론은 姜浩溥의 『朱書分類』「天地」 부분에 정리되었다. 그것은 『朱子大全』과 『朱子語類』에 산발적으로 제시되어 있는 각각의 논의를 구조론, 운행론, 생성론, 우주주기론 등의 주제로 종합・정리하고,

각각의 견해에 차이가 있을 경우 韓元震의 『朱子言論同異攷』를 인용하여 '주자 정론'을 확정하는 방식을 취하였다. 따라서 여기에 정리된 우주론의 내용은 기존의 朱子學的 宇宙論·天觀의 범주를 벗어나지 않는 것이었다. 우주구조론의 측면에서 渾天說을 계승하였고, 주자의 '地浮水上說(地下水載之說)'을 신봉하였다. 생성론의 측면에서는 『太極圖說』이래의 생성론적 도식과 邵雍의 元會運世說을 그대로 받아들였다.

이러한 노론-호론 계열의 우주론은 理法天觀과 연결됨으로써 그 정치 사상적 목적을 분명히 드러내게 된다. 이들의 우주론은 기본적으로 天理의 파악이라는 사상적 목적을 바탕에 깔고 있었다. 그런데 이들이 파악하고자 했던 天理는 우주와 천체에 대한 객관적 관찰에 기초하여 경험적으로 추구해 가는 것이 아니라, 우주가 생성되기 이전에 이미 선험적으로 주어진 것이었다. 동시에 그것은 인간·사회·자연을 관통하는 것으로서 윤리적 속성을 강하게 띠고 있었다. 따라서 자연학의 대상으로서의 우주와 그 운행 원리인 物理는 객관적인 自然·物理가 아니라 인간에 의해 주관적으로 파악된, 인간·사회의 윤리·도덕적 질서를 표상하고 있는 自然·物理였을 따름이다. 이처럼 인간·사회·자연을 一元的·統一的으로 파악하고, 理의 主宰性·先驗性·倫理性을 전제하는 유기체적 자연관의 근본 태도에 변화가 일어나지 않는 한 새로운 物理 탐구의 가능성을 찾기란 쉽지 않은 일이었다.

조선후기 南人계열의 학문은 京南(近畿南人·在京南人)과 嶺南(嶺南南人)의 두 계통으로 발전하였다. 17세기 이후 嶺南의 학적 계보는 李滉→金誠一→張興孝로 이어지는 학통을 계승한 李玄逸 계열, 李滉→柳成龍의 학통을 계승한 豐山 柳氏 계열을 중심으로 정리할 수 있다. 이들은 중앙 정계에서 南人의 失勢가 확정된 이후 영남지역에 世居하면서 정치적 소외 상태에서 학문 연구에 몰두하였다. 이들의 학문 연구는 李滉의 주자학 연구를 계승·발전시키는 한편, 정치적 대립 관계에 있었던 西人-老論系의 학문적 성과를 비판적으로 검토하는 양상으로 전개되었다.

이 시기 嶺南 계열의 易學·象數學 연구는 이전 시기의 그것을 계승·심화시키면서 발전하였다. 李玄逸 계열의 李徽逸(1619~1672)·李玄逸(1627~1704)·李嵩逸(1631~1698) 형제는 張興孝의 상수학을 계승하여 李栽(1657~1730), 申益愰(1672~1722), 權榘(1672~1749) 등에게 전수하였으며, 豊山 柳氏 계열의 상수학은 柳贇(1520~1591)→柳元之(1598~1674)→柳世鳴(1636~1690)으로 이어지면서 그 나름의 상수학적 전통을 확립하였다. 이들 양 계열은 張興孝의 「一元消長圖」를 둘러싼 토론을 통해 서로의 상수학 연구를 심화시켰고, 이들의 학문적 성과는 權榘에 의해 수렴되었다.

한편 李玄逸 계열이나 豊山 柳氏 계열과는 다른 형태로 상수학을 연구했던 일군의 학자들이 있었다. 이들은 嶺南이라는 큰 테두리 안에서 서로 교류하면서 학문을 연마하였지만 학문적 지향에서는 약간의 차이를 보여주고 있었다. 丁時翰(1625~1707), 李衡祥(1653~1733), 李萬敷(1664~1732), 權相一(1679~1760) 등은 상호간의 교류를 통해 영남의 학문적 깊이를 더하는 한편, 李瀷을 매개로 한 京南과 嶺南의 제휴에도 일조하였다. 상수학 연구에서는 李衡祥과 李萬敷의 학문적 성과가 우선 주목된다.

이상과 같은 영남 계열의 상수학은 朱子의 그것을 골간으로 李滉 이래 영남 상수학의 전통을 계승·발전시킨 것이라 할 수 있다. 각 계열 사이에 다소간의 논란은 있었지만 상수학에 대한 본질적 이해에서는 주자학의 범주를 벗어나지 않았다고 평가할 수 있다. 이는 정치적 소외 상태에서 수행된 영남의 상수학 연구가 현상 타개의 적극적인 의미를 띠지 못하고, 종래의 상수학적 내용을 자연의 法象으로 간주하고 거기에 '反復玩繹'·'沈潛玩繹'하는 소극적·퇴행적인 모습으로 전개되었음을 뜻하는 것이었다. 18세기 후반 영남의 학자들이 近畿南人系의 西學 수용을 비판하면서 '自得'과 '博學'의 공부 자세를 부정했던 것은 이들의 학문적 자세가 어떠했는가를 단적으로 보여주는 하나의 예가 될 수 있다.

조선후기 영남 계열의 학자들은 주자학적 우주론의 여러 문제에 대해 검토하였다. 이는 물론 經學의 일환으로서 행해진 것으로, 右旋說 비판과

左旋說 옹호, 黃榦의 五行說에 대한 비판적 검토, 元會運世說에 대한 확인 등이 그 대표적인 예이다. 이들은 때로 전통적인 견해에 대해 異論을 제기하는 경우도 있었다. 李玄逸은 渾天說의 좌표계 설정에 의문을 표시했고, 柳元之는 전통적인 四遊說을 부정하였으며, 權榘는 독자적인 月蝕論을 제기했고, 李衡祥은 璿璣玉衡을 渾天儀가 아닌 北斗七星으로 해석하였다. 이 가운데 일부는 적극적으로 해석될 경우 기존의 자연학 체계에 대한 회의와 비판으로 연결될 수도 있는 내용이었다. 그러나 영남의 우주론과 그것을 포괄하고 있는 학문체계는 결코 그런 방향으로 전개되지 않았다. 이들의 논의는 대부분 주자의 견해를 定論으로 수용하는 것으로 귀결되었다. 이상의 논의들이 주자학적 우주론의 變奏로 평가되는 이유이다.

18세기 전반 嶺南의 학자들 가운데 우주론 분야에서 주목되는 인물은 權榘이다. 권구의 우주론은 전통적인 우주론에 뿌리를 박고 있었다. 그는 氣의 운동을 통해 우주의 구조와 운동을 설명하였는데, 그것은 철저하게 理氣論・陰陽五行說에 근거하고 있었다. 우주 공간은 氣로 가득 차 있으며, 氣는 항상 운동하고 있는데, 이러한 氣의 운동을 주재하는 것은 다름 아닌 理였다. 권구에게 理란 모든 사물이 태어날 때 부여받은 '當然의 이치'였다. 동시에 그는 物理의 탐구를 윤리의 문제와 연결시키고 있었다. 학문의 목적은 人倫을 밝히는 것이고, 인륜을 밝히기 위해서는 善惡을 분별해야 하며, 선악을 분별하기 위해서는 物理에 밝아야만 한다는 것이었다. 결국 物理의 탐구는 人倫의 문제와 연결되었는데, 이러한 상태에서의 물리는 과학적・객관적 법칙이 되기 어려웠고, 물리 탐구의 범위도 제한적일 수밖에 없었다.

한편 李衡祥과 李萬敷는 天地의 구조와 운행을 포괄하는 일련의 도표를 작성하였는데, 그것이 바로 '混元罩八圖'였다. 이것은 먼저 종래의 經學과 象數學, 天文曆法을 통일적으로 정리하였다는 점에서, 그리고 象數學의 발달에 따라 圖式化의 경향이 진전되고 있었다는 사실을 보여준다는 점에서 의미가 있다. 다음으로 '混元罩八圖'는 經學과 象數學의 상호 연관성을 확인해 볼 수 있는 자료라는 점에서 주목되는데, 여기에서 象數學은 자연사물에 대한 객관적인 탐구방식으로서가 아니라 경전의 내용을 정확히 이해하기 위한 經學의 보조 도구로서 사용되었다. 이는 상수학이 독자적인 의미를 가지는 것이 아니라 理學・經學의 하위 개념으로 존재하였음을 뜻하는 것이다.

이상과 같은 영남 계열의 상수학과 우주론의 내용을 통해 추론할 수 있는 것은 이들의 학문적 중심이 순수한 의미에서의 自然學보다는 人間學・心學에 있었다는 사실이다. 따라서 그들에게 자연학의 탐구는 理學・經學의 보조 도구로서의 의미를 강하게 지니고 있었다고 해야 할 것이다.

17세기 후반 이후 老論-湖論 계열이나 嶺南 南人 계열의 朱子學的 宇宙論과 대립하는 다양한 경향의 우주론이 등장하게 된다. 近畿南人系, 少論系, 老論-洛論系 일각의 우주론이 바로 그것이었다. 이들은 각각의 사상적 기반에 바탕하여 物理의 의미를 재해석하고, 人間學으로부터 自然學을 自立시킴으로써 우주론의 새로운 지평을 개척하였다.

近畿南人系 星湖學派의 학문적 계보는 위로는 李滉→鄭逑 이래의 학문적 계통과 연결되고, 아래로는 丁若鏞과 연결된다. 李瀷(1681~1763)은 17세기 '北人系 南人學者'들의 학문 경향을 이어받아, 앞 세대의 許穆・尹鑴・柳馨遠 등의 학문적 성과를 흡수하는 한편, 李滉의 학문적 계승을 표방하면서 영남 계열의 학자들과도 활발하게 교류하였다. 이러한 과정을 통해 그는 이전 시기 남인학자들의 학문적 성과와 문제점을 깊이 인식하였고 그것을 비판적으로 계승・발전시켰다.

自然學의 측면에서도 李瀷은 李睟光으로 대표되는 17세기 '북인계 남인학자'들의 物理 인식과 尹鑴의 天人分二的 天觀 및 許穆의 災異論的 자연 이해를 계승하여 天人分二的 宇宙論의 골격을 구축하였다. 그의 우주론은 구체적으로 주자학의 유기체적 구조를 해체하고, 天人合一로 상징되는 자연과 인간 사이의 선험적 관계를 깨뜨린 것이었다. 道理와 物理의 분리는 당연히 '三綱五倫'으로 규정된 理의 내용에 변화를 초래하게 될 것이며, 나아가 理를 파악하기 위한 방법론으로서의 格物致知論에도 일정한 영향을 미치게 될 것이었다.

　李瀷은 먼저 有機體的 自然觀의 철학적 근간이 되는 '理一分殊論'을 해체하였다. 이익은 경험세계의 근거로서 본체 세계를 설정하지 않았으며, 세계 안의 모든 존재는 독자적인 근거를 가지고 개별성·개체성을 유지하는 것으로 간주하였다. 따라서 하나의 사물에 일관되게 적용되는 理가 다른 사물에는 관통되지 않는다고 보았다. 다음으로 이익은 理의 내용을 재정리하였다. 理에 부가된 형이상학적이고 도덕적인 의미를 탈색시키고 객관적 의미의 법칙·원칙으로서의 理를 강조하였다. 그는 氣와 분리되어 존재하는 理를 인정하지 않았는데, 이럴 경우 理란 각각의 사물에 개별적으로 작용하는 條理=分殊理로서의 성격을 띠게 된다. 끝으로 이익은 格物致知論의 내용을 변화시켰다. 理一의 통일성을 부정하고 개별 사물의 고유한 이치만을 인정하는 이익에게 格物이란 각각의 사물의 개별적 이치를 분별하는 것이었다. 격물의 의미를 이렇게 해석할 때 격물의 범위는 이 세상에 존재하는 사물의 양만큼 풍부해지게 된다. 『星湖僿說』에 투영된 博學的 학풍은 이러한 격물의 결과였다고 할 수 있다.

　道理와 物理의 분리에 근거하여 李瀷은 自然天과 道德天을 구분하였다. 이는 자연천과 도덕천을 무매개적으로 연결시켜 이해하던 종래의 理法天觀과는 확연히 다른 것이었다. 이익은 道德天과 災異論의 문제를 事天論과 관련된 인간의 心性 문제로 국한시켰고, 이러한 도덕천과 분리된 자연천을 적극적으로 탐구하였다. 그는 '器數之法'이란 후대로 내려올수록 더욱 정밀해지며, 비록 聖人의 지혜라 할지라도 다하지 못하는 바가 있다는 역사적 인식과 당시 중국의 학문적 역량이 서양보다 뒤떨어져 있다는 현실인식을 바탕으로 서학수용론을 전개하였다. 서양과학에 대한 적극적인 태도와 物理 탐구에 대한 개방적인 자세는 이익으로 하여금 독자적인 우주론을 구축하게 하는 밑거름이 되었다. 이익은 서양의 地球說과 重天說을 적극적으로 받아들여 주자학적 우주론을 비판하는 한편, 새롭고 다양한 우주론의 내용들을 소개하였다. 그러나 그는 '天動地靜',

'外疾內遲'의 운동론을 고수하였기 때문에 地轉의 가능성을 인식하고 있었음에도 불구하고 끝내 地轉說을 수용하지 않았고, 그로 인해 우주론에서 획기적인 전환을 보여주지는 못했다.

전통적인 우주론 체계와 다른 독자적인 우주론을 구축하였던 또 하나의 계열은 鄭齊斗(1649~1736)를 위시한 '少論系 陽明學派'였다. 鄭齊斗는 인간사회의 운영원리로서의 '所當然之則'과 자연법칙으로서의 '所以然之故'를 구분하고, 전자가 인간의 마음 속에 본래부터 존재하는 것인 반면, 후자는 知識과 技藝를 통해 탐구해 가야 하는 것이라고 명시하였다. 이는 '生而知之'者로 간주되는 聖人의 학문 범위가 인간사회의 '所當然之則'에 국한되는 것이라는 의미로 해석될 수 있다. 道理의 측면은 성인에 의해 다 밝혀졌다고 볼 수도 있지만 物理는 무궁한 것이어서 聖人도 모두 통달하지는 못했다는 것이다.

少論系 陽明學派의 학문적 중심은 물론 인간의 道理를 추구하는 心學에 있었다. 그러나 이것이 自然學을 무시했다는 증거가 될 수는 없으며, 그들이 강조하고자 했던 것은 자연학과 같은 여타의 학문 추구가 올바른 心性의 확립, 主體의 확립이 없이는 무용지물이라는 사실이었다. 결국 實心에 입각한 實事의 추구가 중요한 문제로 대두되는데, 이때 實事의 범위는 이 세상에 존재하는 事事物物의 양만큼 넓어질 수 있는 것이었다. 그리고 物理는 聖人에 의해 다 밝혀진 것이 아니기 때문에 학자라면 누구나 올바른 주체의 확립에 근거하여, 기존의 학설에 구애되지 말고 眞理의 탐구에 매진해야 하는 것이었다. 鄭齊斗→李匡師(1705~1777)→鄭東愈(1744~1808)→柳僖(1773~1837)로 이어지는 少論系 陽明學派의 자연학 탐구는 바로 이런 관점에서 수행된 것이었다.

實心에 입각한 實事의 추구는 자연학의 측면에서는 實理의 탐구로 나타나게 되었다. 그것은 기존의 학설이나 견해를 추수하는 것이 아니라 그 타당성 여부를 객관적·합리적 기준에 입각해서 판별하고, 그를 통해 올바른 物理를 탐구하고자 하는 비판적인 자세를 띠게 되었다. 따라서 그것은 기존의 주자학적 자연학 체계에 대한 회의와 비판으로 연결될 수 있는 가능성을 내포하고 있었다. 李匡師는『朱子語類』와『楚辭集註』에 대한 축조적인 분석을 통해 주자학적 자연학의 문제점을 지적하였다. 그것은 우주구조론에서 생성론에 걸치는 본질적인 문제 제기였다. 주희의 우주론에 대한 이광사의 비판은 다음 단계에서 중국중심, 인간중심의 논리에 대한 인식론적 비판으로 이어지게 되었다.

少論系 陽明學派의 물리 탐구의 태도는 柳僖 단계에 이르면 '實測'을 강조하는 한편, 객관 사물에 입각해 법칙을 수립하는 '隨物取則'의 원칙을 제시하게 된다. 그것은 선입관을 배제하고 實測을 통해 검증된 사실에 입각해서 物理를 수립해 가는 귀납적 · 과학적 방법에 다름 아니었다. 요컨대 實理를 추구하는 소론계 양명학파의 자연 탐구는 주자학의 천문역산학 체계, 나아가 자연학 체계 전반이 정밀하지 못하다는 결론에 도달하게 되었고, 그만큼 새로운 物理 탐구의 가능성은 확대되었다. 그리고 그 가능성은 당시 최고의 정밀성과 객관성을 자랑하고 있던 서양과학의 내용들로 채워지게 되었다.

洪大容(1731~1783)과 朴趾源(1737~1805)을 필두로 한 老論-洛論系의 일부 학자들('北學派')은 洛論의 人物性同論을 발전적으로 계승하는 한편 西學의 수용을 통해 학문적 지평을 확대하였고, 당시의 心性論 · 禮論 위주의 학풍에 반발하여 經濟之學과 名物度數之學에 대한 관심을 촉구하였으며, 그 결과 北伐論이 지배하던 당시의 사상계에 '北學'으로의 전환과 華夷觀의 부정이라는 사상적 물꼬를 트는 선구적 역할을 수행하였다. 이들은 自然學의 측면에서도 주목할 만한 성과물을 제출하였는데, 특히 宇宙論과 관련한 洪大容의 논의들이 우선 주목의 대상이 된다.

홍대용은 기본적으로 有機體的 自然觀의 관점을 바탕에 깔고 있었다. 전통적인 유기체적 자연관, 특히 주자학에서는 道理와 物理를 통일적으로 이해하고자 하였다. 그러나 그것은 道理와 物理를 가치론적으로 대등하게 파악하는 것이 아니었고, 道理를 위주로 하여 物理를 그 안에 포섭하고자 하는 방식이었다. 홍대용은 유기체적 자연관의 틀을 유지하면서도 이러한 방식에는 찬성하지 않았다. 그는 道理와 대등한 수준에서 物理의 의미를 적극적으로 파악하고자 하였다. 그것이 바로 人物性同論을 발전적으로 계승한 '人物均'의 논리가 갖는 함의였다.

人物性同論에서 출발하여 인간과 사물의 가치를 대등하게 평가하기에 이른 홍대용의 사상적 입장은 인식론상에서도 질적인 변화를 가져왔다. 그것을 홍대용은 '以天視物'로 표현하였다. 以天視物論의 사상적 의미는 먼저 상대주의적 관점을 적극적으로 도입함으로써 기존의 가치체계를 부정할 수 있었다는 점이다. 다음으로 以天視物論은 聖人-凡人-萬物로 階層化·階梯化되어 있는 명분론적 사회질서를 부정할 수 있는 논리가 된다는 점에 그 중요성이 있다. 홍대용은 '人物均'이라는 본체론적 동일성에 기반하여 人과 物의 가치론적 대등성을 확인하고, '以天視物'이라는 인식론을 바탕으로 絶對主義를 부정하고 相對主義를 수립하였다. 이러한 사상적 전환은 홍대용으로 하여금 인간과 사물의 평등, 인간과 인간의 평등을 주장하게 하였고, 궁극적으로는 華夷論的 世界觀을 극복하고 '華夷一也'라는 世界觀의 轉回를 가능하게 만들었다. 이것이 바로 有機體的 自然觀의 바탕 위에서 적극적인 물리 탐구의 논리를 만들어 낸 홍대용의 사상적 업적이었다.

이러한 홍대용의 사상적 성과는 우주론과의 일정한 관련 속에서 이루어진 것이었다. 홍대용은 종래의 天圓地方說을 부정하고 地球說을 수용하였다. 그의 지구설은 중국 중심의 세계관을 극복할 수 있는 과학적 근거가 되었으며, 나아가 관점을 상대화시키면 누구나 중심이 될 수 있다는 '相對主義的 認識'으로 전환할 수 있는 가능성을 내포하고 있었다. 홍대용은 地球說과 함께 地轉說을 주장하였다. 그것은 '天動地靜'에서 '天靜地動'으로의 획기적인 전환이었다. '天動地靜'의 붕괴는 다른 한편으로 하늘과 땅을 일 대 일 대응관계로 파악하였던 이전의 인간중심적 사고의 해체를 의미하는 것이기도 하였다. 이러한 인식은 태양계, 은하계, 우주 전체의 구조를 설명하는 단계에 이르러서는 지구중심설의 부정으로 이어졌다. 그리고 그 같은 사고의 귀결점이 바로 無限宇宙論이었다. 무한우주론에서 홍대용의 상대주의적 인식은 절정에 도달한다. 상대주의적 인식으로의 전환이란 기존의 中國中心, 人間中心, 地球中心의 사고로부터의 탈피를 뜻하는 것이었다. 홍대용은 이를 바탕으로 종래와는 다른 世界觀·華夷觀·人間觀을 전개하였다.

이상과 같은 近畿南人系, 少論系, 老論-洛論系 일각의 實證的 宇宙論은 物理에 대한 새로운 인식에 기초하고 있었다는 점에서 일단 공통점을 찾을 수 있다. 이들은 心性論·禮論 위주의 학계 풍토 속에서 物理에 적극적인 의미를 부여하였고, 그 연장선상에서 自然學을 人間學과 대등한 독자적 학문 분야로 자립화시켰다. 道理와 物理의 분리는 기존의 有機體的 自然觀의 해체를 의미하는 것이었다. 이는 한편으로 새로운 物理 탐구의 기초를 마련한 것이었고, 다른 한편으로는 자연과 분리된 人間·社會의 독자적 구조를 정립할 수 있는 계기가 되었다.

이에 따라 人間觀에서는 종래의 階序的 人間觀을 극복하고 평등한 인간관이 대두하였다. 社會觀에서는 君主聖學論과 心性論을 통해 현실의 사회모순을 心性의 문제로 해소하려 했던 당시의 경향에 반대하면서, 時變的 현실인식을 바탕으로 적극적으로 사회모순을 타개하고자 한 變通論이 제기되었다. 歷史觀에서는 종래의 도덕적 역사 인식과 평가에 반대하면서 道德과 事實을 분리시키려는 새로운 시도들이 나타났다. 世界觀의 측면에서는 상대주의적 관점에 입각하여 地理的 華夷觀은 물론 文化的 華夷觀까지도 부정하는 논리들이 출현하였다. 이제 개개의 민족과 국가는 독립적인 단위로 인식되었고, 각각의 문화 역시 독자적 가치를 갖는 것으로 간주되었다. 이것은 기존의 北伐論에 반대하여 '北學'을 제기할 수 있는 이념적 기반이 되었고, 독자적 문화 단위인 自國의 歷史와 言語, 國土 등에 새롭게 주목할 수 있는 계기가 되었다.

이상에서 살펴본 것처럼 이 연구는 朝鮮後期 宇宙論의 변화를 당시의 시대적 변화와 관련하여 科學思想史의 측면에서 새롭게 조명해 보고자 한 것이다. 이 연구를 통해 15세기 후반 이후 조선의 사상계에 정착한 朱子學的 宇宙論이 조선후기의 시대적 변화에 따라 변동·해체되고 새로운 우주론이 모색되는 역사적 흐름이 대체적으로 정리되었다. 그것은 구체적으로 人間·社會·自然을 一元的·統一的으로 이해하고자 했던 有機體的 自然觀의 일각을 해체시키고 物理의 의미를 새롭게 조명함으로써 自然學의 새로운 지평을 개척해 가는 과정이었다. 요컨대 조선후기 실증적 우주론의 등장은 당시 思想界의 變動에 따른 自然觀 變化의 일환으로서, 한편으로 기존의 질서를 유지·옹호하고자 하였던 朱子學的 自然學을 내재적으로 극복하고, 다른 한편으로는 새로운 시대 사조인 西學을 소화·흡수하여 독자적 사유체계를 수립하고자 했던 至難한 思想運動의 성과물이었다. 그 결과로 획득된 自然과 物理에 대한 새로운 인식은 世界觀의 擴大와 認識論의 전환을 불러오는 계기가 되었다는 점에서 思想史的 의의를 갖는다.

參考文獻

Ⅰ. 資料

1. 年代記類

『高麗史』,『高麗史節要』
『朝鮮王朝實錄』
『史記』,『漢書』,『晉書』,『隋書』

2. 文集類

權　　近(1352~1409),『陽村集』,『入學圖說』
卞季良(1369~1430),『春亭集』
金時習(1435~1493),『梅月堂集』
成　　俔(1439~1504),『虛白堂集』
李　　穆(1471~1498),『李評事集』
金安國(1478~1543),『慕齋集』
李　　荇(1478~1534),『容齋集』
金安老(1481~1537),『希樂堂稿』
金正國(1485~1541),『思齋集』
金　　淨(1486~1521),『冲庵集』
沈彦光(1487~1540),『漁村集』
徐敬德(1489~1546),『花潭集』
李彦迪(1491~1553),『晦齋集』
張可順(1493~1549),『人事尋緒目』
李　　滉(1501~1570),『退溪集』
林　　芸(1517~1572),『瞻慕堂集』

柳　贇(1520~1591),『易圖目錄』

李　珥(1536~1584),『栗谷全書』

尹根壽(1537~1616),『月汀集』

柳成龍(1542~1607),『西厓集』

曺好益(1545~1609),『芝山集』

許　筬(1548~1612),『岳麓集』

韓百謙(1552~1615),『久菴遺稿』

李慶昌(1554~1627),『西村集』

張顯光(1554~1637),『旅軒集』,『易學圖說』,『旅軒性理說』

李　埈(1560~1635),『蒼石集』

李睟光(1563~1628),『芝峯集』,『芝峰類說』

鄭經世(1563~1633),『愚伏集』

張興孝(1564~1633),『敬堂集』

姜　沆(1567~1618),『睡隱集』

盧景任(1569~1620),『敬菴集』

權得己(1570~1622),『晩悔集』

朴知誡(1573~1635),『潛冶集』

趙　翼(1579~1655),『浦渚集』

張　維(1587~1638),『谿谷集』,『谿谷漫筆』

申翊聖(1588~1644),『樂全堂集』

李景奭(1595~1671),『白軒集』

許　穆(1595~1682),『記言』

柳元之(1598~1674),『拙齋集』

金得臣(1604~1684),『柏谷集』

宋時烈(1607~1689),『宋子大全』

尹　鑴(1617~1680),『白湖全書』

李徽逸(1619~1672),『存齋集』

洪汝河(1620~1674),『木齋集』

李玄逸(1627~1704),『葛庵集』

朴尙玄(1629~1693),『寓軒集』

尹　拯(1629~1714),『明齋遺稿』

朴世采(1631~1695),『南溪集』

李嵩逸(1631~1698),『恒齋集』

柳世鳴(1636~1690),『寓軒集』

金萬重(1637~1692),『西浦集』,『西浦漫筆』

權尙夏(1641~1721),『寒水齋集』

崔　愼(1642~1708),『鶴庵集』

崔錫鼎(1646~1715),『明谷集』

崔是翁(1646~1730),『東岡遺稿』

金　榦(1646~1732),『厚齋集』

鄭　澔(1648~1736),『丈巖集』

林　泳(1649~1696),『滄溪集』

鄭齊斗(1649~1736),『霞谷集』

金昌翕(1653~1722),『三淵集』

李衡祥(1653~1733),『瓶窩集』,『瓶窩全書』

李喜朝(1655~1724),『芝村集』

朴光一(1655~1723),『遜齋集』

李　栽(1657~1730),『密菴集』

玄尙璧(？　~1731),『冠峯遺稿』

金錫文(1658~1735),『易學二十四圖解』

李萬敷(1664~1732),『息山集』,『易統』

姜碩慶(1666~1731),『喫眠公集』

李宜顯(1669~1745),『陶谷集』

申益愰(1672~1722),『克齋集』

權　榘(1672~1749),『屛谷集』

李　柬(1677~1727),『巍巖遺稿』

李　瀷(1681~1763),『星湖全集』,『星湖僿說』,『星湖僿說類選』,『星湖全書』

韓元震(1682~1751),『南塘集』,『朱子言論同異攷』,『經義記聞錄』

蔡之洪(1683~1741),『鳳巖集』

沈　鋿(1685~1753),『樗村遺稿』

南克寬(1689~1714),『夢囈集』

姜浩溥(1690~1778),『贅言』,『朱書分類』

趙顯命(1691~1752),『歸鹿集』

兪拓基(1691~1767),『知守齋集』

姜奎煥(1697~1731),『賁需齋集』

南有容(1698~1773),『雷淵集』

柳正源(1702~1761),『三山集』

李匡師(1705~1777),『斗南集』,『圓嶠集』

安鼎福(1712~1791),『順菴集』

徐命膺(1716~1787),『保晚齋集』,『保晚齋叢書』

金鍾秀(1728~1799),『夢梧集』

黃胤錫(1729~1791),『頤齋全書』,『頤齋亂藁』

洪大容(1731~1783),『湛軒書』

李萬運(1736~1820),『默軒集』

朴趾源(1737~1805),『燕巖集』

鄭宗魯(1738~1816),『立齋集』

李家煥(1742~1801),『錦帶殿策』

鄭東愈(1744~1808),『晝永編』

南漢朝(1744~1809),『損齋集』

丁若鏞(1762~1836),『與猶堂全書』

柳　僖(1773~1837),『方便子遺稿』

李圭景(1788~　?　),『五洲衍文長箋散稿』

李恒老(1792~1868),『華西集』,『雅言』

崔漢綺(1803~1877),『明南樓全集』

3. 科學技術史 資料

『諸家曆象集』,『天文類抄』

『史記』天官書,『漢書』天文志, 五行志,『隋書』天文志

『開元占經』(『文淵閣 四庫全書』807책, 臺灣商務印書館, 1983)

4. 西學書

利瑪竇,『乾坤體義』(『文淵閣 四庫全書』787책, 臺灣商務印書館, 1983)

艾儒略,『職方外紀』(『文淵閣 四庫全書』594책, 臺灣商務印書館, 1983)

南懷仁,『坤輿圖說』(『文淵閣 四庫全書』594책, 臺灣商務印書館, 1983)

陽瑪諾,『天問略』(『文淵閣 四庫全書』787책, 臺灣商務印書館, 1983)

熊三拔,『表度說』(『文淵閣 四庫全書』787책, 臺灣商務印書館, 1983)

『渾蓋通憲圖說・簡平儀說』(『叢書集成初編』1303책, 中華書局, 1985)

『天學初函』(亞細亞文化社, 1976)

『新法算書』(『文淵閣 四庫全書』788~789책, 臺灣商務印書館, 1983)

『曆象考成』(『文淵閣 四庫全書』790~791책, 臺灣商務印書館, 1983)

『曆象考成後編』(『文淵閣 四庫全書』792책, 臺灣商務印書館, 1983)

5. 其他

『國朝寶鑑』(세종대왕기념사업회, 1980)
『增補文獻備考』(明文堂, 1985(3版))
『典故大方』(明文堂, 1982)
『萬姓大同譜』上・下(明文堂, 1983)

『性理大全』(山東友誼書社, 1989)
『朱熹集』(四川敎育出版社, 1996)
『朱子語類』(中華書局, 1994)
『論語或問』(保景文化社, 1986)
『楚辭集注』(國立中央圖書館(臺北), 1991)
『朱熹年譜』(中華書局, 1998)
『宋元學案』(華世出版社, 1987)
『明儒學案』(華世出版社, 1987)
『六經圖』(『文淵閣 四庫全書』183책, 臺灣商務印書館, 1983)
『正統道藏』(新文豐出版公社, 1977)
『列子集釋』(中華書局, 1979)

Ⅱ. 單行本

1. 著書 및 編著

1) 國內 著書 및 編著

강세구, 『성호학통 연구』, 혜안, 1999.
姜在彦, 『조선의 西學史』, 民音社, 1990.
고영진, 『조선시대 사상사를 어떻게 볼 것인가』, 풀빛, 1999.
고영진, 『조선중기 예학사상사』, 한길사, 1995.
權五榮, 『崔漢綺의 學問과 思想 硏究』, 集文堂, 1999.
琴章泰, 『東西交涉과 近代韓國思想』, 成均館大學校 出版部, 1993.
琴章泰, 『朝鮮 前期의 儒學思想』, 서울대학교 출판부, 1997.
琴章泰, 『朝鮮 後期의 儒學思想』, 서울대학교 출판부, 1998.

琴章泰, 『퇴계의 삶과 철학』, 서울대학교 출판부, 1998.

琴章泰, 『退溪學派와 理哲學의 전개』, 서울대학교 출판부, 2000.

琴章泰, 『退溪學派의 思想』 I, 集文堂, 1996.

琴章泰, 『韓國近代의 儒敎思想』, 서울大學校 出版部, 1990.

금장태, 『다산실학탐구』, 소학사, 2001.

김교빈, 『양명학자 정제두의 철학사상』, 한길사, 1995.

金文植, 『朝鮮後期經學思想硏究-正祖와 京畿學人을 중심으로-』, 一潮閣, 1996.

金成潤, 『朝鮮後期 蕩平政治 硏究』, 지식산업사, 1997.

金良善, 『梅山國學散稿』, 崇田大學校 博物館, 1972.

金玉姬, 『韓國天主敎思想史 I -曠菴 李檗의 西學思想硏究-』, 圖書出版 殉敎의 脈, 1990.

金容傑, 『星湖 李瀷의 哲學思想硏究』, 成均館大學校 大東文化硏究院, 1989.

金容燮, 『朝鮮後期農業史硏究』, 一潮閣, 1988.

金容燮, 『증보판 朝鮮後期農業史硏究[I]-農村經濟·社會變動-』, 지식산업사, 1995.

金容燮, 『增補版 朝鮮後期農業史硏究[Ⅱ]-農村經濟·社會變動-』, 지식산업사, 1995.

金容燮, 『韓國中世農業史硏究-土地制度와 農業開發政策-』, 지식산업사, 2000.

김인규, 『북학사상의 철학적 기반과 근대적 성격』, 다운샘, 2000.

金駿錫, 『朝鮮後期 政治思想史 硏究-國家再造論의 擡頭와 展開-』, 지식산업사, 2003.

김충열, 『한국유학사』 1, 예문서원, 1998.

金泰永, 『실학의 국가 개혁론』, 서울대학교 출판부, 1998.

김태준, 『洪大容 評傳』, 民音社, 1987.

김태준, 『홍대용』, 한길사, 1998.

김홍경, 『조선초기 관학파의 유학사상』, 한길사, 1996.

盧禎埴, 『韓國의 古世界地圖』(成哉 盧禎埴博士 退任紀念論文集), 大邱敎育大學校 在職同門會, 1998.

박성래, 『세종시대의 과학기술 그 현대적 의미』, 한국과학재단, 1997.

박희병, 『한국의 생태사상』, 돌베개, 1999.

배우성, 『조선후기 국토관과 천하관의 변화』, 일지사, 1998.

白承哲, 『朝鮮後期 商業史硏究-商業論·商業政策-』, 혜안, 2000.

宋恒龍,『韓國道敎哲學史』, 成均館大學校 大東文化研究院, 1987.

신병주,『남명학파와 화담학파 연구』, 일지사, 2000.

沈慶昊,『江華學派의 文學과 思想(3)』, 韓國精神文化研究院, 1995.

오영교,『朝鮮後期 鄕村支配政策 研究』, 혜안, 2001.

禹仁秀,『朝鮮後期 山林勢力研究』, 一潮閣, 1999.

劉明鍾,『朝鮮後期 性理學』, 以文出版社, 1985.

劉明鍾,『韓國의 陽明學』, 同和出版公社, 1983.

유봉학,『燕巖一派 北學思想 研究』, 一志社, 1995.

유봉학,『조선후기 학계와 지식인』, 신구문화사, 1998.

柳仁熙,『朱子哲學과 中國哲學』, 汎學社, 1980.

尹南漢,『朝鮮時代의 陽明學 研究』, 集文堂, 1982.

李景植,『朝鮮前期土地制度研究-土地分給制와 農民支配-』, 一潮閣, 1986.

李景植,『朝鮮前期土地制度研究[Ⅱ]-農業經營과 地主制-』, 지식산업사, 1998.

이문규,『고대 중국인이 바라본 하늘의 세계』, 문학과지성사, 2000.

李範稷,『韓國中世禮思想研究-五禮를 中心으로-』, 一潮閣, 1991.

李丙燾,『韓國儒學史』, 亞細亞文化社, 1987.

李秉烋,『朝鮮前期畿湖士林派研究』, 一潮閣, 1984.

李秉烋,『朝鮮前期 士林派의 現實認識과 對應』, 一潮閣, 1999.

李樹健,『嶺南學派의 形成과 展開』, 一潮閣, 1995.

이용범,『중세서양과학의 조선전래』, 동국대학교출판부, 1988.

李龍範,『韓國科學思想史研究』, 東國大學校出版部, 1993.

李佑成,『韓國의 歷史像』, 創作과 批評社, 1982.

李元淳,『朝鮮西學史研究』, 一志社, 1986.

이은성,『曆法의 原理分析』, 정음사, 1985.

李銀順,『朝鮮後期黨爭史研究』, 一潮閣, 1988.

李泰鎭,『韓國社會史研究-農業技術 발달과 社會變動-』, 지식산업사, 1986.

李泰鎭,『朝鮮儒敎社會史論』, 지식산업사, 1989.

李賢九,『崔漢綺의 氣哲學과 西洋科學』, 成均館大學校 大東文化研究院, 2000.

李熙德,『高麗時代 天文思想과 五行說 研究』, 一潮閣, 2000.

李熙德,『高麗儒敎政治思想의 研究』, 一潮閣, 1984.

李熙德,『韓國古代自然觀과 王道政治』, 韓國研究院, 1994(혜안, 1999).

全相運,『韓國科學技術史』, 正音社, 1975(重版, 1983).

전상운,『한국과학사의 새로운 이해』, 연세대학교 출판부, 1998.

鄭奭鍾, 『朝鮮後期社會變動研究』, 一潮閣, 1983.

鄭良婉, 『江華學派의 文學과 思想(1)』, 韓國精神文化研究院, 1993.

鄭良婉, 『江華學派의 文學과 思想(2)』, 韓國精神文化研究院, 1995.

鄭玉子, 『朝鮮後期文化運動史』, 一潮閣, 1988.

鄭玉子, 『朝鮮後期 文學思想史』, 서울大學校出版部, 1990.

鄭玉子, 『朝鮮後期 知性史』, 一志社, 1991.

정옥자, 『조선후기 역사의 이해』, 一志社, 1993.

정옥자, 『조선후기 조선중화사상 연구』, 일지사, 1998.

鄭寅普, 『薝園國學散藁』, 文教社, 1955.

鄭寅普, 『陽明學演論(外)』, 三星美術文化財團 出版部, 1972.

鄭鉒東, 『梅月堂 金時習研究』, 民族文化社, 1961(1965, 新雅社).

趙 珖, 『朝鮮後期 天主教史 研究』, 高麗大學校民族文化研究所, 1988.

池斗煥, 『朝鮮前期 儀禮研究-性理學 正統論을 中心으로-』, 서울大學校出版部, 1994.

지두환, 『조선시대 사상사의 재조명』, 역사문화, 1998.

차기진, 『조선 후기의 西學과 斥邪論 연구』, 한국교회사연구소, 2002.

車柱環, 『韓國道教思想研究』, 서울大學校出版部, 1978.

車柱環, 『韓國의 道教思想』, 同和出版公社, 1984.

千寬宇, 『韓國史의 再發見』, 一潮閣, 1974.

千寬宇, 『近世朝鮮史研究』, 一潮閣, 1979.

崔韶子, 『東西文化交流史研究-明・淸時代 西學受容-』, 三英社, 1987.

최소자, 『명청시대 중・한관계사 연구』, 이화여자대학교 출판부, 1997.

최동희, 『西學에 대한 韓國實學의 反應』, 高麗大學校民族文化研究所, 1988.

韓永愚, 『朝鮮前期史學史研究』, 서울大學校出版部, 1981.

韓永愚, 『朝鮮前期社會經濟研究』, 乙酉文化社, 1983.

韓永愚, 『朝鮮前期社會思想研究』, 知識産業社, 1983.

韓永愚, 『朝鮮後期史學史研究』, 一志社, 1989.

韓㳓劤, 『李朝後期의 社會와 思想』, 乙酉文化社, 1961.

韓㳓劤, 『星湖李瀷研究-人間 星湖와 그의 政治思想-』, 서울大學校出版部, 1980.

韓㳓劤, 『儒教政治와 佛教-麗末鮮初 對佛教施策-』, 一潮閣, 1993.

洪以燮, 『朝鮮科學史』, 正音社, 1946(再版, 1949).

Jeon Sang-woon, *A History of Science in Korea*, Jimoondang Publishing Company, Seoul, 1998.

Park Seong-rae, *Portents and Politics in Korean History*, Jimoondang Publishing Company, Seoul, 1998.

金容雲・金容局,『東洋의 科學과 思想-韓國科學의 可能性을 찾아서-』, 一志社, 1984.
김영식・박성래・송상용,『과학사』, 전파과학사, 1992(초판 5쇄, 1994).
民族과 思想 硏究會,『四端七情論』, 서광사, 1992.
송영배・금장태 외,『한국유학과 리기철학』, 예문서원, 2000.
尹絲淳 外,『許眉叟의 學・藝・思想 論攷』, 眉叟硏究會, 1998.
李基白・金英微・李泰鎭・金泰永,『韓國思想史方法論』, 小花, 1997.
정옥자 외,『정조시대의 사상과 문화』, 돌베개, 1999.
중국철학연구회,『논쟁으로 보는 중국철학』, 예문서원, 1994.
중국철학회,『역사 속의 중국철학』, 예문서원, 1999.
최삼룡・윤원호・최전승・김기현・하우봉,『이재 황윤석-영・정 시대의 호남실학-』, 민음사, 1994.
한국사상사연구회 편저,『조선 유학의 자연철학』, 예문서원, 1998.
한국사상사연구회,『실학의 철학』, 예문서원, 1996.
한국사상연구회,『圖說로 보는 한국 유학』, 예문서원, 2000.
韓國周易學會 編,『周易과 韓國哲學』, 汎洋社 出版部, 1996.
한국 천문학사 편찬위원회 편,『한국 천문학사 연구(소남 유경로 선생 유고논문집)』, 녹두, 1999.
한국철학사상연구회,『논쟁으로 보는 한국철학』, 예문서원, 1995.

2) 國外 著書 및 編著
(1) 英文

Aihe Wang, *Cosmology and Political Culture in Early China*, Cambridge University Press, Cambridge, 2000.
Chung Tsai-chun, *The Development of the Concepts of Heaven and of Man in the Philosohpy of Chu Hsi*, Institute of Chinese Literature and Philosophy, Academia Sinica, Taipei, 1993.
David L. Hall and Roger T. Ames, *Thinking Through Confucius*, State University of New York Press, Albany, 1987.
Edward L. Shaughnessy, *Before Confucius : Studies in the Creation of the*

504

Chinese Classics, State University of New York Press, Albany, 1997.

John B. Henderson, *The Development and Decline of Chinese Cosmology*, Columbia University Press, New York, 1984.

John S. Major, *Heaven and Earth in Early Han Thought*, State University of New York Press, Albany, 1993.

Joseph Needham, *Science and Civilisation in China, vol. 1(Introductory Orientations)*, Cambridge University Press, Cambridge, 1954.

Joseph Needham, *Science and Civilisation in China, vol. 2(History of Scientific Thought)*, Cambridge University Press, Cambridge, 1956.

Joseph Needham, *Science and Civilisation in China, vol. 3(Mathematics and The Science of the Heaven and the Earth)*, Cambridge University Press, Cambridge, 1959.

Sang-woon Jeon, *Science and Technology in Korea : Traditional Instruments and Techniques*, The MIT Press, Cambridge, Massachusetts, 1974.

Yung Sik Kim, *The Natural Philosophy of Chu Hsi(1130-1200)*, American Philosophical Society, 2000.

(2) 日文

藪內淸 編,『中國中世科學技術史の硏究』, 角川書店, 1963.

藪內淸,『中國の天文曆法』, 平凡社, 1969.

山口正之,『朝鮮西敎史』, 雄山閣, 1967.

荒木俊馬,『宇宙構造觀』, 恒星社, 1968(4版).

『朱子學入門』(朱子學大系 第1卷), 明德出版社, 1974.

友枝龍太郞,『朱子の思想形成』, 1979(改訂版), 1979.

山田慶兒,『朱子の自然學』, 岩波書店, 1978

山田慶兒,『授時曆の道-中國中世の科學と國家-』, みすず書房, 1980.

山田慶兒 編,『新發見中國科學史資料硏究』(論考篇), 京都大學人文科學硏究所, 1985.

山田慶兒 編,『新發見中國科學史資料硏究』(譯注篇), 京都大學人文科學硏究所, 1985.

坂本賢三,『科學思想史』, 岩波書店, 1984.

大崎正次, 『中國の星座の歷史』, 雄山閣, 1987.

福永光司, 『道敎思想史硏究』, 岩波書店, 1987.

內山俊彥, 『中國古代思想史における自然認識』, 創文社, 1987.

任正爀, 『朝鮮の科學と技術』, 明石書店, 1993.

任正爀, 『朝鮮科學文化史へのアプローチ』, 明石書店, 1995.

金谷治, 『中國古代の自然觀と人間觀(金谷治中國思想論集 上卷)』, 平河出版
　　　　社, 1997.

(3) 中文

朱文鑫, 『曆法通志』, 上海商務印書館, 1934.

徐宗澤, 『明淸間耶蘇會士譯著提要』, 中華書局, 1949.

張立文, 『朱熹思想硏究』, 中國社會科學出版社, 1981.

張立文, 『宋明理學硏究』, 中國人民大學出版社, 1985.

張立文, 『朱熹評傳』, 南京大學出版社, 1998.

杜石然 外 編著, 『中國科學技術史稿』 上·下, 科學出版社, 1982.

侯外廬·邱漢生·張豈之 主編, 『宋明理學史』 上·下, 人民出版社, 1983/
　　　　1987.

陳遵嬀, 『中國天文學史』 第一~第六, 明文書局, 1984~1990.

陳來, 『朱熹哲學硏究』, 中國社會科學出版社, 1987.

陳來, 『宋明理學』, 遼寧敎育出版社, 1991.

劉君燦 編著, 『中國天文學史新探』, 明文書局, 1988.

李申, 『中國古代哲學和自然科學』, 中國社會科學出版社, 1989.

江曉原, 『星占學與傳統文化』, 上海古籍出版社, 1992.

熊月之, 『西學東漸與晚淸社會』, 上海人民出版社, 1994.

林德宏·肖玲 等著, 『科學認識思想史』, 江蘇敎育出版社, 1995.

薄樹人 主編, 『中國天文學史』, 文津出版社, 1996.

袁運開·周瀚光 主編, 『中國科學思想史(上)』, 安徽科學技術出版社, 1998.

曹增友, 『傳敎士與中國科學』, 宗敎文化出版社, 1999.

3) 飜譯本 / 編著

金谷治(조성을 옮김), 『중국사상사』, 이론과실천, 1986.

金永植 編, 『歷史 속의 科學』, 創作과批評社, 1982(4판, 1992).

金永植 編, 『중국 전통문화와 과학』, 創作과批評社, 1986(3판, 1992).

나카야마 시게루(김향 옮김),『하늘의 과학사』, 도서출판 가람기획, 1992.

다께우찌게이 엮음(김용준 옮김),『무한과 유한』, 지식산업사, 1989.

미조구찌 유조 외(동국대 동양사연구실 옮김),『중국의 예치 시스템』, 청계, 2001.

박성래 편저,『중국과학의 사상』, 電波科學社, 1978(初版 7刷, 1993).

方立天(유영희 옮김),『불교철학개론』, 민족사, 1989.

藪內淸(兪景老 譯編),『中國의 天文學』, 電波科學社, 1985.

스티븐 에프 메이슨(박성래 옮김),『과학의 역사』 Ⅰ・Ⅱ, 까치, 1987(6판, 1992).

야마다 케이지(김석근 옮김),『朱子의 自然學』, 통나무, 1992.

야마다 게이지(박성환 옮김),『중국과학의 사상적 풍토』, 전파과학사, 1994.

야부우치 기요시(전상운 옮김),『중국의 과학문명』, 민음사, 1997.

양계초・풍우란 외(김홍경 편역),『음양오행설의 연구』, 신지서원, 1993.

楊國榮(김형찬・박경환・김영민 옮김),『양명학』, 예문서원, 1994.

오하마 아키라(이형성 옮김),『범주로 보는 주자학』, 예문서원, 1997.

廖名春・康學偉・梁韋弦(심경호 옮김),『주역철학사』, 예문서원, 1994.

袁珂(전인초・김선자 옮김),『중국신화전설』 Ⅰ, 民音社, 1992.

李能和(李鍾殷 譯注),『朝鮮道敎史』, 普成文化社, 1977.

赤塚忠・金谷治 외(조성을 옮김),『중국사상개론』, 이론과실천, 1987.

錢穆(이완재・백도근 역),『주자학의 세계』, 이문출판사, 1989.

定方晟(東峰 譯),『불교의 우주관』, 진영출판사, 1983(관음출판사, 1993).

J.D. 버날(김상민 옮김),『과학의 역사』 1・2, 한울, 1995.

J.D. 버날(김성연・이덕희・김상민 옮김),『과학의 역사』 3, 한울, 1995.

조셉 니담(李錫浩・李鐵柱・林禎垈・崔林淳 譯),『中國의 科學과 文明』, 乙酉文化社, 1985.

조셉 니담(李錫浩・李鐵柱・林禎垈 譯),『中國의 科學과 文明』 Ⅱ, 乙酉文化社, 1986.

조셉 니담(李錫浩・李鐵柱・林禎垈 譯),『中國의 科學과 文明』 Ⅲ, 乙酉文化社, 1988.

酒井忠夫 外(崔俊植 옮김),『道敎란 무엇인가』, 민족사, 1990.

陳來(안재호 옮김),『송명성리학』, 예문서원, 1997.

馮寓(김갑수 역),『천인관계론』, 신지서원, 1993.

戶川芳郎・蜂屋邦夫・溝口雄三(조성을・이동철 옮김),『유교사』, 이론과실천, 1990.

侯外廬 외(박완식 옮김),『송명이학사』1・2, 이론과실천, 1993/1995.

Ⅲ. 論文

1. 博士學位論文

김기협,『마테오 리치의 中國觀과 補儒易佛論』, 연세대학교 대학원 사학과 박사학위논문, 1993.

金都煥,『洪大容 思想의 研究』, 한양대학교 대학원 사학과 박사학위논문, 2000.

金文鎔,『洪大容의 實學思想에 관한 研究』, 高麗大學校 大學院 哲學科 博士學位論文, 1995.

金鎔坤,『朝鮮前期 道學政治思想 研究』, 서울大學校 大學院 國史學科 博士學位論文, 1994.

金容憲,『崔漢綺의 西洋科學 受容과 哲學 形成』, 高麗大學校 大學院 哲學科 博士學位論文, 1995.

金一權,『古代 中國과 韓國의 天文思想 研究 : 漢唐代 祭天 儀禮와 高句麗 古墳壁畵의 天文圖를 중심으로』, 서울大學校 大學院 宗敎學科 博士學位論文, 1999.

盧大煥,『19세기 東道西器論 形成過程 研究』, 서울大學校 大學院 國史學科 博士學位論文, 1999.

徐鍾泰,『星湖學派의 陽明學과 西學』, 西江大學校 大學院 史學科 博士學位論文, 1995.

이은희,『칠정산 내편의 연구』, 연세대학교 대학원 천문대기학과 박사학위논문, 1996.

吳尙學,『朝鮮時代의 世界地圖와 世界 認識』, 서울大學校 社會科學大學 地理學科 博士學位論文, 2001.

李賢九,『崔漢綺 氣學의 成立과 體系에 關한 研究-西洋 近代科學의 流入과 朝鮮後期 儒學의 變容-』, 成均館大學校 大學院 東洋哲學科 博士學位論文, 1993.

林宗台,『17・18세기 서양 지리학에 대한 朝鮮・中國 學人들의 해석』, 서울대학교 대학원 협동과정 과학사 및 과학철학 전공 박사학위논문, 2003.

鄭景姬,『朝鮮前期 禮制・禮學 研究』, 서울大學校 大學院 國史學科 博士學

508

位論文, 2000.

鄭誠嬉, 『朝鮮後期의 宇宙觀과 曆法』, 韓國精神文化硏究院 韓國學大學院 博士學位論文, 2001.

鄭豪薰, 『17세기 北人系 南人學者의 政治思想』, 延世大學校 大學院 史學科 博士學位論文, 2001.

車基眞, 『星湖學派의 西學 認識과 斥邪論에 대한 연구』, 韓國精神文化硏究院 韓國學大學院 博士學位論文, 1995.

許南進, 『朝鮮後期 氣哲學 硏究』, 서울大學校 大學院 哲學科 博士學位論文, 1994.

2. 一般 論文

姜周鎭, 「芝峰과 政治思想」, 『韓國學』 20, 永信아카데미 韓國學硏究所, 1979.

高錫珪, 「『紀年兒覽』에 나타난 李萬運의 歷史認識」, 『韓國文化』 8, 서울大學校 韓國文化硏究所, 1987.

고영진, 「16세기 후반~17세기 전반 서울 枕流臺學士의 활동과 그 의의」, 『서울학연구』 3, 서울시립대학교부설 서울학연구소, 1994.

고영진, 「17세기 후반 근기남인학자의 사상-윤휴·허목·허적을 중심으로-」, 『역사와 현실』 13, 한국역사연구회, 1994(고영진, 『조선시대 사상사를 어떻게 볼 것인가』, 풀빛, 1999에 재수록).

高英津, 「해방 50년 조선시대사 연구의 동향과 과제」, 『韓國學報』 79, 一志社, 1995.

구만옥, 「15세기 후반 理學的 宇宙論의 擡頭-梅月堂 金時習(1435~1493)의 天觀을 중심으로-」, 『朝鮮時代史學報』 7, 朝鮮時代史學會, 1998.

具萬玉, 「16세기 말~17세기 초 朱子學的 宇宙論의 변화-易學的 宇宙論과 心學的 天觀을 중심으로-」, 『韓國思想史學』 13, 韓國思想史學會, 1999.

구만옥, 「朝鮮後期 '地球'說 受容의 思想史的 의의」, 『河炫綱教授定年紀念論叢 韓國史의 構造와 展開』, 혜안, 2000.

구만옥, 「朝鮮後期 時憲曆 도입 과정의 대립과 갈등-顯宗年間(1660~1674)의 논의를 중심으로-」, 『한국의 과학사 연구 40년과 한국 근대과학 100년(한국과학사학회 창립 40주년 기념 학술대회 발표논문집)』, 한국과학사학회, 2000.

구만옥, 「朝鮮後期 天體運行論의 변화」, 『實學思想硏究』 17·18, 毋岳實學

會, 2000.

구만옥, 「朝鮮後期 潮汐說과 '東海無潮汐論'」, 『東方學志』 111, 延世大學校 國學研究院, 2001.

具萬玉, 「方便子 柳僖(1773~1837)의 天文曆法論-조선후기 少論系 陽明學派 自然學의 一端-」, 『韓國史研究』 113, 韓國史研究會, 2001.

琴章泰, 「北學派의 實學思想-洪大容의 科學精神과 朴趾源의 實用精神-」, 『精神文化』 10, 韓國精神文化研究院, 1981.

琴章泰, 「退溪學派의 學問<11>-眉叟 許穆의 思想」, 『退溪學報』 84, 退溪學 研究院, 1994.

琴章泰, 「惠岡 崔漢綺의 哲學思想」, 『震檀學報』 81, 震檀學會, 1996.

金教斌, 「栗谷哲學에서의 必然性과 可變性에 대한 研究」, 『儒敎思想研究』 2, 儒敎學會, 1987.

김교빈, 「주희의 격물치지론을 통해 본 동양적 과학정신의 특성」, 『계간 과학 사상』 제22호, 범양사, 1997.

김교빈, 「조선 후기 주자학과 양명학의 논쟁-정제두와 박세채·윤증·민이 승·박심·최석정의 논쟁을 중심으로-」, 『시대와 철학』 10-2, 한국 철학사상연구회, 1999.

金根洙, 「芝峰의 人間과 學問」, 『韓國學』 20, 永信아카데미 韓國學研究所, 1979.

金吉煥, 「張顯光의 太極思想」, 『韓國學報』 15, 一志社, 1979.

金吉煥, 「許穆의 學問과 思想」, 『韓國學報』 18, 一志社, 1980.

김동원, 「栗谷의 自然觀」, 『湖西文化研究』 14, 忠北大學校 湖西文化研究所, 1996.

金明昊, 「金時習의 文學과 性理學思想」, 『韓國學報』 35, 一志社, 1984.

金文植, 「18세기 후반 서울 學人의 淸學認識과 淸 文物 도입론」, 『奎章閣』 17, 서울大學校 圖書館, 1994.

金炳夏, 「金時習의 政治經濟思想」, 『한국經濟史學論叢』(崔虎鎭博士 華甲紀 念論叢 第1卷), 博英社, 1974.

金聖恒, 「湛軒 洪大容의 對淸意識」, 『民族文化』 1, 民族文化推進會, 1975.

金彦鍾, 「『經說』을 통해 본 眉叟 古學의 性格」, 『道山學報』 5, 道山學會, 1996.

金永炫, 「高麗時代의 五行思想에 관한 一考察」, 『忠南史學』 2, 忠南大學校 史學會, 1987.

金玉姬, 「西學의 受容과 그 意識構造-李蘗의 《聖敎要旨》를 中心으로-」,

『韓國史論』1, 서울大學校 韓國史學會(서울大學校 人文大學 國史學科), 1973.

金鎔坤, 「金時習의 政治思想의 形成過程-道義政治具現을 향한 그의 狀況과 反應-」, 『韓國學報』18, 一志社, 1980.

金容雲, 「十八世紀 한국의 曆算研究」, 『東方學志』19, 延世大學校 國學研究院, 1978.

김용운, 「한국인의 자연관과 세종 과학」, 『세종학연구』2, 세종대왕기념사업회, 1987.

김용운, 「조선전기의 과학문화」, 『傳統과 思想(Ⅲ)』, 韓國精神文化研究院, 1988.

金容憲, 「金錫文의 宇宙說과 그 哲學的 性格」, 『東洋哲學研究』15, 東洋哲學研究會, 1995.

金容憲, 「서양 과학에 대한 洪大容의 이해와 그 철학적 기반」, 『哲學』43, 韓國哲學會, 1995.

김용헌, 「김석문의 과학사상」, 『계간 과학사상』33, 범양사, 2000.

김용흠, 「朝鮮後期 老·少論 分黨의 思想基盤-朴世堂의 『思辨錄』是非를 中心으로-」, 『學林』17, 延世大學校 史學研究會, 1996.

김용흠, 「朝鮮後期 肅宗代 老·少論 대립의 論理-甲戌換局 직후를 중심으로-」, 『河炫綱教授定年紀念論叢 韓國史의 構造와 展開』, 혜안, 2000.

김용흠, 「肅宗代 後半의 政治 爭點과 少論의 內紛-'己巳 義理'와 관련하여」, 『東方學志』111, 延世大學校 國學研究院, 2001.

金允濟, 「朝鮮 前期 『心經』의 이해와 보급」, 『韓國文化』18, 서울大學校 韓國文化研究所, 1996.

金仁圭, 「燕巖 朴趾源의 自然觀과 歷史意識」, 『東洋古典研究』3, 東洋古典學會, 1994.

金仁圭, 「洪大容 人間理解의 두 樣相」, 『東洋古典研究』9, 東洋古典學會, 1997.

金仁圭, 「洪大容 自然觀의 變貌樣相」, 『溫知論叢』3, 溫知學會, 1997.

김정신, 「朝鮮前期 士林의 '公'認識과 君臣共治論-趙光祖·李彦迪의 學問·政治論-」, 『學林』21, 延世大學校 史學研究會, 2000.

金貞信, 「16世紀末 性理學 理解와 現實認識-對日外交를 둘러싼 許筬과 金誠一의 갈등을 중심으로-」, 『朝鮮時代史學報』13, 朝鮮時代史學會, 2000.

金駿錫, 「朝鮮後期 畿湖士林의 朱子인식-朱子文集·語錄연구의 전개과정-」,

『百濟硏究』18, 忠南大學校 百濟硏究所, 1987.

金駿錫, 「17세기 畿湖朱子學의 동향-宋時烈의 「道統」계승운동-」, 『孫寶基博士停年紀念韓國史學論叢』, 지식산업사, 1988.

金駿錫, 「朝鮮後期 黨爭과 王權論의 추이」, 『朝鮮後期 黨爭의 綜合的 檢討』, 韓國精神文化硏究院, 1992.

金駿錫, 「儒敎思想論」, 『韓國史 認識과 歷史理論』(金容燮敎授停年紀念韓國史學論叢 1), 지식산업사, 1997.

金駿錫, 「兩亂期의 國家再造 문제」, 『韓國史硏究』101, 韓國史硏究會, 1998.

金駿錫, 「18세기 蕩平論의 전개와 王權」, 『東洋 三國의 王權과 官僚制』(조선시대사학회 편), 국학자료원, 1999.

金駿錫, 「조선시기의 주자학과 양반정치」, 『龜泉元裕漢敎授定年紀念論叢(下)』, 혜안, 2000.

金泰永, 「朝鮮 初期 祀典의 成立에 對하여-國家意識의 變遷을 中心으로-」, 『歷史學報』58, 歷史學會, 1973.

金泰永, 「朝鮮前期의 均田·限田論」, 『國史館論叢』 5, 國史編纂委員會, 1989.

金泰永, 「朝鮮초기 世祖政權의 專制性에 대한 一考察」, 『韓國史硏究』87, 韓國史硏究會, 1994.

金泰永, 「韓國 中世史에서의 國家體制와 農民」, 『人文學硏究』創刊號, 慶熙大學校 人文學硏究所, 1996.

김태준, 「熱河日記를 이루는 洪大容의 화제들-18C 실학의 성격과 관련하여-」, 『東方學志』44, 延世大學校 國學硏究院, 1984.

김태준, 「湛軒燕記와 을병연행록의 比較硏究-特히 漢詩 번역을 中心으로-」, 『民族文化』11, 民族文化推進會, 1985.

金弼洙, 「旅軒 張顯光의 生涯와 性理說硏究」, 『哲學思想』8, 東國大學校 佛敎大學 哲學會, 1986.

金弼洙, 「旅軒 張顯光의 易學圖說 연구」, 『論文集』5, 東國大學校, 1986.

金漢植, 「湛軒의 政治思想에 나타난 個體性論理」, 『韓國政治學會報』13, 韓國政治學會, 1979.

金漢植, 「洪大容의 個體性 論據와 政治思想上의 評價」, 『精神文化』10, 韓國精神文化硏究院, 1981.

金恒洙, 「16세기 士林의 性理學 理解-書籍의 刊行·編纂을 중심으로-」, 『韓國史論』7, 서울大學校 人文大學 國史學科, 1981.

金恒洙, 「宣祖 初年의 新舊葛藤과 政局動向」, 『國史館論叢』34, 國史編纂委

512

員會, 1992.

金恒洙, 「『三綱行實圖』 편찬의 추이」, 『震檀學報』 85, 震檀學會, 1998.

金炫榮, 「조선후기사 연구의 회고와 전망 : 1979~1988」, 『國史館論叢』 10, 國史編纂委員會, 1989.

金弘炅, 「星湖 李瀷의 科學精神-神秘主義思想 批判을 중심으로-」, 『大東文化研究』 28, 成均館大學校 大東文化研究院, 1993.

김훈식, 「여말선초의 민본 사상과 명분론」, 『애산학보』 4, 애산학회, 1986.

金勳埴, 「15세기 後半期 鄕黨倫理 보급의 배경-鄕에 대한 인식의 변화를 중심으로-」, 『韓國史研究』 99·100, 韓國史研究會, 1997.

金勳埴, 「『三綱行實圖』 보급의 社會史的 고찰」, 『震檀學報』 85, 震檀學會, 1998.

노대환, 「19세기 전반 西洋認識의 변화와 西器受用論」, 『韓國史研究』 95, 韓國史研究會, 1996.

盧大煥, 「조선 후기의 서학유입과 서기수용론」, 『震檀學報』 83, 震檀學會, 1997.

盧大煥, 「正祖代의 西器受容 논의-'중국원류설'을 중심으로-」, 『韓國學報』 94, 一志社, 1999.

盧鏞弼, 「朝鮮後期 天主敎의 수용과 마테오·리치의 『交友論』」, 『吉玄益敎授停年紀念 史學論叢』, 吉玄益敎授停年紀念史學論叢刊行委員會, 1996.

盧禎埴, 「"芝峯類說"에 나타난 地理學的 內容에 관한 研究」, 『論文集』 4, 大邱敎育大學, 1968.

盧禎埴, 「西洋地理學의 東漸-特히 韓國에의 世界地圖 傳來와 그 影響을 中心으로-」, 『論文集』 5, 大邱敎育大學, 1969.

大島晃, 「邵康節의 〈觀物〉」, 『東方學』 52, 東方學會, 1976.

리기용, 「동아시아의 자연관과 한국인의 자연이해」, 『東洋古典研究』 9, 東洋古典學會, 1997.

馬宗樂, 「韓國 中世의 儒學과 政治權力-《東國通鑑》의 史論을 중심으로-」, 『한국중세사연구』 창간호, 한국중세사학회(한국중세사연구회), 1994.

문중양, 「16·17세기 조선우주론의 상수학적 성격-서경덕(1489~1546)과 장현광(1554~1637)을 중심으로-」, 『역사와 현실』 34, 한국역사연구회, 1999.

문중양, 「18세기 조선 실학자의 자연지식의 성격-象數學的 우주론을 중심으로-」, 『한국과학사학회지』 제21권 제1호, 한국과학사학회, 1999.

문중양, 「18세기 후반 조선 과학기술의 추이와 성격-정조대 정부 부문의 천문역산 활동을 중심으로-」, 『역사와 현실』 39, 한국역사연구회, 2001.

文喆永, 「麗末 新興士大夫들의 新儒學 수용과 그 특징」, 『韓國文化』 3, 서울大學校 韓國文化硏究所, 1982.

文喆永, 「朝鮮前期의 新儒學 수용과 그 性格」, 『韓國學報』 36, 一志社, 1984.

文喆永, 「朝鮮前期 儒學思想의 歷史的 特性」, 『傳統과 思想(Ⅳ)』, 韓國精神文化硏究院, 1990.

閔泳珪, 「十七世紀 李朝學人의 地動說-金錫文의 易學二十四圖解-」, 『東方學志』 16, 延世大學校 國學硏究院, 1975.

민정희, 「朝鮮前期의 巫俗과 政府政策」, 『學林』 21, 延世大學校 史學硏究會, 2000.

박권수, 「徐命膺(1716-1787)의 易學的 天文觀」, 『한국과학사학회지』 제20권 제1호, 한국과학사학회, 1998.

朴善楨, 「旅軒 張顯光의 宇宙論」, 高麗大學校 敎育大學院 碩士學位論文, 1980.

朴星來, 「丁若鏞의 科學思想」, 『茶山學報』 1, 茶山學報刊行委員會, 1978.

朴星來, 「韓國近世의 西歐科學受容」, 『東方學志』 20, 延世大學校 國學硏究院, 1978.

朴星來, 「洪大容의 科學思想」, 『韓國學報』 23, 一志社, 1981.

朴星來, 「마테오 릿치와 한국의 西洋科學 수용」, 『東亞硏究』 3, 西江大學校 東亞硏究所, 1983.

朴星來, 「世宗代의 天文學 발달」, 『世宗朝文化硏究(Ⅱ)』, 韓國精神文化硏究院, 1984.

朴星來, 「星湖僿說속의 西洋科學」, 『震檀學報』 59, 震檀學會, 1985.

朴星來, 「<書雲觀志>故事편의 연구」, 『外大史學』 2, 韓國外國語大學敎 史學硏究所, 1989.

朴星來, 「洪大容 《湛軒書》의 西洋科學 발견」, 『震檀學報』 79, 震檀學會, 1995.

朴星來, 「19세기 서울 사람 崔漢綺의 세상 구경」, 『典農史論』 2, 서울市立大學校 國史學科, 1996.

박현순, 「16~17세기 貢納制 운영의 변화」, 『韓國史論』 38, 서울大學校 人文大學 國史學科, 1997.

朴興秀, 「世宗朝의 科學思想-特히 科學政策과 그 成果를 中心하여-」, 『世宗朝文化硏究(Ⅰ)』, 韓國精神文化硏究院, 1982.

朴熙秉,「洪大容 研究의 몇 가지 爭點에 대한 檢討」,『震檀學報』79, 震檀學會, 1995.

潘允洪,「芝峰 李睟光의 政治經濟思想」,『史學研究』25, 韓國史學會, 1975.

裵祐晟,「17・18세기 淸에 대한 인식과 북방영토의식의 변화」,『韓國史研究』99・100, 韓國史研究會, 1997.

裵宗鎬,「梅月堂 金時習의 哲學思想」,『大東文化研究』17, 成均館大學校 大東文化研究院, 1983.

裵宗鎬,「金時習의 道敎觀」,『東洋學』15, 檀國大學校附設 東洋學研究所, 1985.

白承哲,「16世紀 末~17世紀 初 商業觀의 變化와 商業政策論」,『國史館論叢』68, 國史編纂委員會, 1996.

寺地遵,「司馬光における自然觀とその背景」,『東方學』32, 東方學會, 1966.

山內弘一,「李朝初期に於ける對明自尊の意識」,『朝鮮學報』92, 朝鮮學會, 1979.

山內弘一,「洪大容の華夷觀について」,『朝鮮學報』159, 朝鮮學會, 1996.

徐仁源,「芝峰 李睟光의 經濟思想」,『東國歷史敎育』2, 東國歷史敎育會, 1990.

徐鍾泰,「鹿菴 權哲身의 陽明學 受容과 그 影響」,『國史館論叢』34, 國史編纂委員會, 1992.

徐鍾泰,「李瀷과 愼後聃의 西學論爭-<遯窩西學辨>의 '紀聞編'을 중심으로-」,『敎會史研究』16, 韓國敎會史研究所, 2001.

薛錫圭,「拙齋 柳元之의 理氣心性論 辨說과 政治的 立場-17세기 退溪學派 理氣心性論의 政治的 變容(1)-」,『朝鮮史研究』6, 1997.

小倉雅紀,「朴齊家의 北學思想과 性理學」,『韓國文化』18, 서울大學校 韓國文化研究所, 1996.

小川晴久,「洪大容의 宇宙無限論」,『東京女子大學 附屬 比較文化研究所 紀要』38, 東京女子大學 比較文化研究所, 1977.

小川晴久,「十八世紀의 哲學과 科學의 사이-洪大容과 三浦梅園-」,『東方學志』20, 延世大學校 國學研究院, 1978.

小川晴久,「地轉(動)說에서 宇宙無限論으로-金錫文과 洪大容의 세계-」,『東方學志』21, 延世大學校 國學研究院, 1979.

小川晴久,「東アジアにおける地轉(動)說の成立」,『東方學志』23・24, 延世大學校 國學研究院, 1980.

小川晴久,「慕華と自尊の間-十八世紀朝鮮知識人の中國觀-」,『比較文化研

究』19, 東京大學出版會, 1980.

小川晴久,「實學의 개념에 대하여」,『傳統文化研究』1, 明知大學校 韓國傳統
　　文化研究所, 1983.

小川晴久,「氣의 哲學과 實學-洪大容의 경우-」,『碧史 李佑成教授 停年退職
　　紀念論叢 民族史의 展開와 그 文化』(下), 創作과批評社, 1990.

小川晴久,「담헌 홍대용 실학사상의 근대정신」,『儒學研究』1, 忠南大學校 儒
　　學研究所, 1993.

손세제,「'天' 중심적 세계관의 형성과 그 변화」,『현상과 인식』제14권 1호 및
　　2호(통권 49호), 한국인문사회과학원, 1990.

宋榮培,「홍대용의 상대주의적 思惟와 변혁의 논리-특히『莊子』의 상대주의
　　적 문제의식과의 비교를 중심으로-」,『韓國學報』74, 一志社, 1994.

藪內清,「李朝學者の地球回轉說」,『朝鮮學報』49, 朝鮮學會, 1968.

신규탁,「고대 한국인의 자연관 : 재이론을 중심으로」,『東洋古典研究』9, 東
　　洋古典學會, 1997.

申東浩,「梅月堂 金時習의 氣學思想 研究(一)-그의 反朱子學的 太極論을
　　中心으로-」,『忠南大學校 人文科學研究所 論文集』第Ⅹ卷 第2號,
　　1983.

申東浩,「金梅月堂의 自然觀과 鬼神說-그 唯物論的 解釋 및 無神論的 解釋
　　에 대한 批判을 兼하여-」,『忠南大學校 人文科學研究所 論文集』
　　第ⅩⅠ卷 第2號, 1984.

申東浩,「南北韓에 있어서의 朝鮮朝 儒學思想의 解釋에 대한 比較 檢討(一)
　　-氣學思想을 中心으로-」,『忠南大學校 人文科學研究所 論文集』
　　第ⅩⅥ卷 第1號, 1989.

申炳周,「19세기 중엽 李圭景의 學風과 思想」,『韓國學報』75, 一志社, 1994.

申炳周,「花潭 徐敬德의 學風과 現實觀」,『韓國學報』84, 一志社, 1996.

申炳周,「17세기 중·후반 近畿南人 학자의 학풍-허목, 윤휴, 유형원을 중심
　　으로-」,『韓國文化』19, 서울大學校 韓國文化研究所, 1997.

申炳周,「花潭門人의 學風과 處世」,『韓國學報』90, 一志社, 1998.

愼鏞廈,「湛軒 洪大容의 社會身分觀과 身分制度 改革思想」,『韓國文化』22,
　　서울大學校 韓國文化研究所, 1991.

楊普景,「崔漢綺의 地理思想」,『震檀學報』81, 震檀學會, 1996.

梁銀容,「淸寒子 金時習의 丹學修鍊과 道教思想」,『梅月堂-그 文學과 思
　　想-』, 강원대학교 출판부, 1989.

吳永敎,「磻溪 柳馨遠의 地方制度 改革論 研究」,『國史館論叢』57, 國史編

纂委員會, 1994.

吳在環, 「利瑪竇的儒學觀與朝鮮士紳的接受西學」, 『建大史學』 8, 建國大學校 史學會, 1993.

禹仁秀, 「朝鮮 肅宗代 政局과 山林의 機能」, 『國史館論叢』 43, 國史編纂委員會, 1993.

禹仁秀, 「朝鮮 仁祖代 山林 張顯光의 社會的 位相」, 『朝鮮史研究』 4, 1995.

元裕漢, 「芝峯 李睟光의 國富論(上・下)」, 『貨幣界』 1971년 10・11월호, 貨幣界社, 1971.

원재린, 「星湖 李瀷의 人間觀과 政治改革論-朝鮮後期 荀子學說 受容의 一端-」, 『學林』 18, 延世大學校 史學研究會, 1997.

원재린, 「英祖代 前半期 星湖學派의 學問과 實踐-李瀷과 吳光運의 從遊關係를 중심으로-」, 『河炫綱敎授定年紀念論叢 韓國史의 構造와 展開』, 혜안, 2000.

원재린, 「星湖 李瀷의 刑政觀과 '漢法'受容論」, 『實學思想研究』 17・18, 毋岳實學會, 2000.

원재린, 「英・正祖代 星湖學派의 學風과 政治 志向」, 『東方學志』 111, 延世大學校 國學研究院, 2001.

원재연, 「17~19세기 實學者의 西洋認識 檢討」, 『韓國史論』 38, 서울大學校 人文大學 國史學科, 1997.

劉明鍾, 「張旅軒思想의 研究」, 『慶北大學校論文集』 제5집, 1962.

劉明鍾, 「張旅軒의 道一元論」, 『哲學研究』 16, 大韓哲學會, 1973.

劉明鍾, 「退溪의 自然觀」, 『退溪學論叢』 創刊號, 退溪學釜山研究院, 1995.

유명종, 「영남사림파의 학통과 사상적 발전」, 『現代와 宗敎』 第20輯 1號, 現代宗敎問題研究所, 1997.

유봉학, 「北學思想의 形成과 그 性格-湛軒 洪大容과 燕巖 朴趾源을 中心으로-」, 『韓國史論』 8, 서울大學校 人文大學 國史學科, 1982.

柳承國, 「梅月堂의 儒學 및 道敎思想」, 『大東文化研究』 13, 成均館大學校 大東文化研究院, 1979.

柳仁熙, 「退・栗 이전 朝鮮性理學의 問題發展」, 『東方學志』 42, 延世大學校 國學研究院, 1984.

柳仁熙, 「洪大容 哲學의 再認識-朝鮮 實學 再評價의 한 作業-」, 『東方學志』 73, 延世大學校 國學研究院, 1991.

柳正東, 「晩悔 權得己의 生涯와 哲學思想-潛冶와의 格致論爭을 中心으로-」, 『百濟研究』 10, 忠南大學校 百濟研究所, 1979.

劉準基, 「朝鮮後期 儒學者들의 基督教에 대한 認識」, 『建大史學』 9, 建國大學校 史學會, 1997.

柳洪烈, 「李睟光의 生涯와 그 後孫들의 天主教 信奉」, 『歷史教育』 13, 歷史教育研究會, 1970.

柳洪烈, 「實學의 開拓者 芝峰 李睟光」, 『韓國學』 20, 永信아카데미 韓國學研究所, 1979.

尹熙勉, 「韓百謙의 學問과 《東國地理誌》 著述動機」, 『震檀學報』 63, 震檀學會, 1987.

李家源, 「芝峰의 文學世界」, 『韓國學』 20, 永信아카데미 韓國學研究所, 1979.

이강대, 「先秦儒家의 天論」, 『現代와 宗教』 第20輯 1號, 現代宗教問題研究所, 1997.

李泂丘, 「金昌翁의 學風과 湖洛論爭」, 『韓國史論』 36, 서울大學校 人文大學 國史學科, 1996.

李泂丘, 「영조~순조 연간 湖洛論爭의 展開」, 『韓國學報』 93, 一志社, 1998.

李景植, 「朝鮮前期 兩班의 土地所有와 封建」, 『東方學志』 94, 延世大學校 國學研究院, 1996.

李東麟, 「17세기 許穆의 古學과 春秋災異論」, 서울大學校 大學院 國史學科 碩士學位論文, 2000.

李東俊, 「光復 50年, 韓國儒學의 思想史的 位相과 展望」, 『光復 50周年 國學의 成果』, 韓國精神文化研究院, 1996.

李東歡, 「朴趾源의 洪德保墓誌銘에 대하여」, 『雨田辛鎬烈先生古稀紀念論叢』, 創作과批評社, 1983.

李東熙, 「朱子學이 韓國哲學 形成에 끼친 影響-朝鮮朝 前期 朱子學의 韓國的 展開-」, 『儒教思想研究』 4·5, 儒教學會, 1992.

李東熙, 「朝鮮前期 朱子學의 性格-明初 朱子學의 특성과 관련하여-」, 『유학연구』 3(하), 忠南大學校 儒學研究所, 1995.

李萬烈, 「芝峯 李睟光 研究-그의 行蹟과 海外認識을 中心으로-」, 『淑大史論』 6, 淑明女子大學校 史學會, 1971.

李萬烈, 「芝峯 李睟光 研究(二)-그의 社會思想을 中心으로-」, 『淑明女子大學校 論文集』 15, 1975.

李文揆, 「古代 中國 '天文' 解釋의 原理-『史記』〈天官書〉를 중심으로-」, 『東亞文化』 35, 서울大學校 東亞文化研究所, 1997.

이범직, 「朝鮮後期 王室의 研究-顯·肅宗代를 중심으로-」, 『人文科學論叢』 29, 建國大學校附設 人文科學研究所, 1997.

518

李範鶴,「南宋 後期 理學의 普及과 官學化의 背景-理學系 人士들의 政治·社會的 행동을 중심으로-」,『韓國學論叢』17, 國民大學校 韓國學研究所, 1994.

李範鶴,「『近思錄』과 朱子」,『韓國學論叢』18, 國民大學校 韓國學研究所, 1995.

李範鶴,「張載의 氣論과 明·淸思想」,『韓國學論叢』19, 國民大學校 韓國學研究所, 1996.

李秉根,「《芝峰類說》의 國語學史上의 性格」,『大東文化研究』30, 成均館大學校 大東文化研究院, 1995.

이봉규,「조선 성리학의 전통에서 본 송시열의 성리학 사상」,『韓國文化』13, 서울大學校 韓國文化研究所, 1992.

李相益,「梅月堂 金時習의 道·佛觀」,『東洋哲學研究』12, 東洋哲學研究會, 1992.

李相益,「洛學에서 北學으로의 思想的 發展」,『哲學』46, 韓國哲學會, 1996.

李碩圭,「朝鮮初期 祭天禮와 赦宥制-民心安定策과 관련하여-」,『史學研究』54, 韓國史學會, 1997.

李樹健,「旅軒 張顯光의 政治社會思想」,『嶠南史學』6, 嶺南大學校 國史學會, 1994.

李英茂,「金時習의 人物과 思想」,『常虛劉錫昶博士古稀紀念 論文集』, 常虛劉錫昶博士古稀紀念論文集編纂委員會, 1970.

李完栽,「旅軒 張顯光의 哲學思想」,『제2회 東洋文化國際學術會議論文集』, 成均館大學校 大東文化研究院, 1980.

李龍範,「法住寺所藏의 新法天文圖說에 對하여-在淸天主教神父를 通한 西洋天文學의 朝鮮傳來와 그 影響-」,『歷史學報』31~32, 歷史學會, 1966.

李龍範,「李瀷의 地動論과 그 論據-附：洪大容의 宇宙觀-」,『震檀學報』34, 震檀學會, 1972.

李龍範,「金錫文의 地轉論과 그 思想的 背景」,『震檀學報』41, 震檀學會, 1976.

李龍範,「李朝實學派의 西洋科學受容과 그 限界-金錫文과 李瀷의 경우-」,『東方學志』58, 延世大學校 國學研究院, 1988.

李元淳,「西學의 導入과 展開」,『傳統과 思想(Ⅳ)』, 韓國精神文化研究院, 1990.

李殷晟,「近世 韓國의 曆」,『東方學志』19, 延世大學校 國學研究院, 1978.

이은성, 「천상열차분야지도의 분석」, 『세종학연구』 1, 세종대왕기념사업회, 1986.

李章熙, 「芝峰 李睟光」, 『實學論叢』, 全南大學校 出版部, 1975.

李章熙, 「朝鮮前·中期의 회고와 전망」, 『國史館論叢』 10, 國史編纂委員會, 1989.

이지원, 「16·17세기 전반 貢物防納의 構造와 流通經濟的 性格」, 『李載龒博士還曆紀念 韓國史學論叢』, 한울, 1990.

李箎衡, 「洪湛軒의 經學觀과 그의 詩學」, 『韓國漢文學研究』 1, 韓國漢文學研究會, 1976.

李春熙, 「李睟光 著 芝峰類說에 대하여」, 『韓國學』 13, 永信아카데미 韓國學研究所, 1977.

李泰鎭, 「朝鮮王朝의 儒敎政治와 王權」, 『韓國史論』 23, 서울大學校 人文大學 國史學科, 1990.

李泰鎭, 「14~16세기 韓國의 인구증가와 新儒學의 영향」, 『震檀學報』 76, 震檀學會, 1993.

임병훈, 「성리학의 학문체계와 철학사상-실학의 철학사상 연구의 일 전제-」, 『慶北史學』 17·18, 慶北大學校 文理科大學 史學科, 1995.

임원빈, 「남당 한원진 철학에서의 성리(性理) 개념의 발전」, 『東方學志』 98, 延世大學校 國學研究院, 1997.

임종태, 「'道理'의 형이상학과 '形氣'의 기술-19세기 중반 한 주자학자의 눈에 비친 서양 과학 기술과 세계 : 李恒老(1792-1868)」, 『한국과학사학회지』 제21권 제1호, 한국과학사학회, 1999.

林熒澤, 「金時習의 人間과 思想」, 『韓國哲學研究』 中卷(韓國哲學會 編), 東明社, 1978.

林熒澤, 「梅月堂의 文學의 性格-方外人文學의 世界와 現實主義精神-」, 『大東文化研究』 13, 成均館大學校 大東文化研究院, 1979.

張東宇, 「朱子學的 패러다임의 반성과 해체 과정으로서의 實學-自然學과 人間學의 分離를 中心으로-」, 『泰東古典研究』 12, 翰林大學校 泰東古典研究所, 1995.

張在釪, 「張顯光思想의 考察」, 『韓國思想』 18, 韓國思想編輯委員會, 1981.

張會翼, 「朝鮮 性理學의 宇宙觀-旅軒 張顯光의 「宇宙說」을 중심으로-」, 『한국과학사학회지』 제10권 제1호, 한국과학사학회, 1988.

張會翼, 「조선후기 초 지식계층의 자연관-張顯光의 「宇宙說」을 중심으로-」, 『韓國文化』 11, 서울大學校 韓國文化研究所, 1990.

張會翼,「조선 성리학의 자연관-李珥의『天道策』과 張顯光의『宇宙說』을 중
　　심으로-」,『科學과 哲學』제2집, 통나무, 1991.

全相運,「湛軒 洪大容의 科學思想-그의 地轉說 再論-」,『李乙浩博士停年記
　　念 實學論叢』, 全南大學校 出版部, 1975.

全相運,「朝鮮前期의 科學과 技術-15세기 科學技術史 硏究 再論-」,『한국과
　　학사학회지』제14권 제2호, 한국과학사학회, 1992.

전상운,「조선초기 과학기술 서적에 관한 기초 연구」,『國史館論叢』72, 국사
　　편찬위원회, 1996.

전용훈,「朝鮮中期 儒學者의 天體와 宇宙에 대한 이해-旅軒 張顯光
　　(1554-1637)의「易學圖說」과「宇宙說」-」,『한국과학사학회지』제18
　　권 제2호, 한국과학사학회, 1996.

전용훈,「김석문의 우주론-易學二十四圖解를 중심으로-」,『한국천문력 및 고
　　천문학 ; 태양력 시행 백주년 기념 논문집』, 천문대, 1997.

전인식,「조선에 있어서『天主實義』에 대한 비판 검토」,『한국학대학원논문
　　집』제9집, 한국정신문화연구원 한국학대학원, 1994.

田中謙二,「朱門弟子師事年攷」,『東方學報』第44冊, 京都大學人文科學硏究
　　所, 1973.

田村專之助,「李朝學者の地球回轉論」,『東洋人の科學と技術』, 雄山閣, 1958.

鄭求福,「韓百謙의「東國地理誌」에 대한 一考-歷史地理學派의 成立을 中心
　　으로-」,『全北史學』2, 全北大學校 史學會, 1978.

鄭求福,「韓百謙의 史學과 그 影響」,『震檀學報』63, 震檀學會, 1987.

鄭求福,「金時習의 歷史哲學」,『韓國史學史學報』2, 韓國史學史學會, 2000.

정두영,「18세기 '君民一體'思想의 構造와 性格-霞谷 鄭齊斗의 經學과 政治
　　運營論을 중심으로-」,『朝鮮時代史學報』5, 朝鮮時代史學會, 1998.

鄭萬祚,「韓國 近世史硏究의 成果와 課題」,『光復 50周年 國學의 成果』, 韓
　　國精神文化研究院, 1996.

鄭炳昱,「金時習硏究」,『서울大學校 論文集(人文·社會科學)』7, 1958.

鄭誠嬉,「頤齋 黃胤錫의 科學思想」,『淸溪史學』9, 한국정신문화연구원 한국
　　사학회, 1992.

鄭誠嬉,「朝鮮後期 時憲曆 導入과 그 影響」,『한국학대학원논문집』제10집,
　　한국정신문화연구원 한국학대학원, 1995.

鄭誠嬉,「朝鮮後期 時憲曆 導入의 정치적 배경」,『朝鮮時代의 社會와 思想』,
　　朝鮮社會研究會, 1998.

鄭誠嬉,「西學이 儒敎的 天文觀에 미친 影響」,『國史館論叢』90, 國史編纂委

員會, 2000.

鄭玉子, 「眉叟 許穆研究-그의 文學觀을 中心으로-」, 『韓國史論』 5, 서울大學校 人文大學 國史學科, 1979.

정원재, 「서경덕과 그 학파의 先天 이론」, 『哲學論究』 18, 서울大學校 哲學科, 1990.

鄭在薰, 「霞谷 鄭齊斗의 陽明學受容과 經世思想」, 『韓國史論』 29, 서울大學校 人文大學 國史學科, 1993.

鄭昌烈, 「實學의 歷史觀-李瀷과 丁若鏞을 중심으로-」, 『碧史李佑成教授定年退職紀念論叢 民族史의 展開와 그 文化(下)』, 創作과批評社, 1990.

정해왕, 「邵雍의 先天易學에 관한 研究」, 『人文論叢』 42, 釜山大學校, 1993.

정혜영, 「後期 北學派의 國際觀과 外來文化에 대한 認識」, 『한국학대학원논문집』 제9집, 한국정신문화연구원 한국학대학원, 1994.

정호훈, 「白湖 尹鑴의 現實認識과 君權强化論」, 『學林』 16, 延世大學校 史學研究會, 1994.

정호훈, 「17세기 후반 영남남인학자의 사상-이현일을 중심으로-」, 『역사와 현실』 13, 한국역사연구회, 1994.

정호훈, 「尹鑴의 經學思想과 國家權力强化論」, 『韓國史研究』 89, 韓國史研究會, 1995.

鄭豪薰, 「18세기 政治變亂과 蕩平政治」, 『韓國 古代·中世의 支配體制와 農民』(金容燮教授停年紀念韓國史學論叢 2), 지식산업사, 1997.

정호훈, 「朝鮮後期 새로운 經書解釋과 그 政治思想-尹鑴의 『大學』 解釋과 君主學을 중심으로-」, 『河炫綱教授定年紀念論叢 韓國史의 構造와 展開』, 혜안, 2000.

정호훈, 「17세기 전반 京畿南人의 世界觀과 政治論」, 『東方學志』 111, 延世大學校 國學研究院, 2001.

정호훈, 「朝鮮後期 '異端' 論爭과 그 政治思想的 意味-17세기 尹鑴의 經書解釋과 宋時烈의 批判-」, 『韓國史學報』 10, 高麗史學會, 2001.

趙珖, 「洪大容의 政治思想研究」, 『民族文化研究』 14, 高麗大學校 民族文化研究所, 1979.

조성산, 「17세기 후반 趙聖期의 學問傾向과 經世論」, 『韓國史學報』 10, 高麗史學會, 2001.

趙東元, 「邵雍의 歷史觀」, 『釜大史學』 6, 釜山大學校 史學會, 1982.

趙東一, 「崔漢綺의 글쓰기 이론」, 『震檀學報』 81, 震檀學會, 1996.

曺玟煥, 「許穆의 經學思想」, 『韓中哲學』 創刊號, 韓中哲學會, 1995.

趙誠乙, 「洪大容의 역사 인식-華夷觀을 중심으로-」, 『震檀學報』 79, 震檀學會, 1995.

曺永祿, 「朝鮮의 小中華觀-明淸交替期 東亞三國의 天下觀의 變化를 中心으로-」, 『歷史學報』 149, 歷史學會, 1996.

池斗煥, 「谿谷 張維의 生涯와 思想-朝鮮陽明學 성립과 관련하여-」, 『泰東古典研究』 7, 翰林大學校 泰東古典研究所, 1991.

池斗煥, 「朝鮮後期 經筵科目의 變遷」, 『韓國學論叢』 18, 國民大學校 韓國學研究所, 1995.

池斗煥, 「宣祖・光海君代 大同法 論議」, 『韓國學論叢』 19, 國民大學校 韓國學研究所, 1996.

池斗煥, 「朝鮮後期 英祖代 經筵科目의 變遷-朝鮮性理學 확립과 관련하여-」, 『震檀學報』 81, 震檀學會, 1996.

秦榮一, 「高麗前期의 災異思想에 관한 一考-君王의 성격과 관련하여-」, 『高麗史의 諸問題』, 三英社, 1986.

秦榮一, 「『高麗史』 五行・天文志를 통해 본 儒家 秩序槪念의 分析」, 『國史館論叢』 6, 國史編纂委員會, 1989.

車基眞, 「茶山의 西學 인식 배경과 西學觀」, 『한국학대학원논문집』 제8집, 한국정신문화연구원 한국학대학원, 1993.

蔡茂松, 「旅軒性理說」, 『中國學報』 10, 1986.

千寬宇, 「洪大容의 實學思想」, 『서울大文理大學報』 제6권 제2호, 1958.

千寬宇, 「洪大容 地動說의 再檢討」, 『曉城趙明基博士華甲記念佛敎史學論叢』, 曉城趙明基博士華甲記念佛敎史學論叢刊行委員會, 1965.

崔旼洪, 「洪大容의 哲學」, 『韓國哲學研究』 8, 해동철학회, 1978.

崔相天, 「李家煥과 西學」, 『韓國天主敎會創設二百周年紀念 韓國敎會史論文集』 II, 韓國敎會史研究所, 1985.

崔奭祐, 「天主實義에 대한 韓國 儒學者의 見解」, 『東亞研究』 3, 西江大學校 東亞研究所, 1983.

崔承洵, 「梅月堂의 關東遊歷考」, 『江原文化研究』 11, 江原大學校 江原文化研究所, 1992.

崔英成, 「金時習의 哲學思想과 出處觀」, 『韓國儒學思想史 II (朝鮮前期篇)』, 아세아문화사, 1995.

崔銀淑, 「芝峰類說의 書誌學的 研究」, 梨花女子大學校 碩士學位論文, 1991.

坂出祥伸, 「沈括の自然觀について」, 『東方學』 39, 東方學會, 1970.

河聲來, 「頤齋 黃胤錫의 西洋 科學思想 受容-湛軒 洪大容과의 관계를 중심으로-」, 『전통문화연구』 1, 明知大學校 韓國傳統文化研究所, 1983.

韓啓傳, 「湖學의 형성과 江門八學士」, 『震檀學報』 83, 震檀學會, 1997.

韓明基, 「光海君代의 對中國 관계-後金문제를 둘러싼 對明關係를 중심으로-」, 『震檀學報』 79, 震檀學會, 1995.

韓永愚, 「許穆의 古學과 歷史認識-東事를 중심으로-」, 『韓國學報』 40, 一志社, 1985.

韓永愚, 「李睟光의 學問과 思想」, 『韓國文化』 13, 서울大學校 韓國文化研究所, 1992.

한영호·남문현, 「조선조 중기의 渾天儀 復元 연구 : 李敏哲의 渾天時計」, 『한국과학사학회지』 제19권 제1호, 한국과학사학회, 1997.

韓沽劤, 「明齋 尹拯의 「實學」觀-李朝實學의 槪念再論-」, 『東國史學』 6, 東國大學校 史學會, 1960.

韓沽劤, 「朝鮮王朝初期에 있어서의 儒教理念의 實踐과 信仰·宗教-祀祭問題를 中心으로-」, 『韓國史論』 3, 서울大學校 人文大學 國史學科, 1976.

許南進, 「朝鮮前期의 性理學研究-변천과 역사적 기능을 중심으로-」, 『國史館論叢』 26, 國史編纂委員會, 1991.

許南進, 「홍대용(1731~1783)의 과학사상과 이기론」, 『아시아문화』 9, 한림대학교 아시아문화연구소, 1993.

許南進, 「洪大容의 철학 사상」, 『震檀學報』 79, 震檀學會, 1995.

洪以燮, 「李睟光의 實證的 精神」, 『韓國史의 方法』, 探求堂, 1968.

黃義東, 「畿湖儒學에 있어서 理氣論의 特性과 展開」, 『國史館論叢』 65, 國史編纂委員會, 1995.

黃義洌, 「李睟光의 詩論-'主神論'의 展開-」, 『泰東古典研究』 3, 翰林大學校 泰東古典研究所, 1987.

황희경, 「董仲舒철학의 과학적 성격과 이데올로기적 성격-災異설을 중심으로-」, 『현상과 인식』 제14권 1호 및 2호(통권 49호), 한국인문사회과학원, 1990.

Gari, Ledyard, "Hong Taeyong and His Peking Memoir", *Korean Studies* Vol. 6, 1982.

J. F. Baddeley, "Father Matteo Ricci's Chinese World-Maps, 1584-1608", *The Geographical Journal*, 1917.

John B. Henderson, "Ch'ing Scholars' Views of Western Astronomy",

Harvard Journal of Asiatic Studies 46-1, Harvard-Yenching Institute, 1986.

Park Seong-Rae, "Hong Tae-yong's Idea of the Rotating Earth", 『한국과학사학회지』 제1권 제1호, 한국과학사학회, 1979.

W. C. Rufus, "The Celestial Planisphere of King Yi Tai-Jo", *Journal of the Royal Asiatic Society, Korea Branch*, 1913, 4.3.

ABSTRACT

Studies on the History of Scientific Thoughts in the Late Chosŏn Dynasty volume Ⅰ
—The Transformation of the Neo-Confucian Cosmology—

Koo, Mhan Ock

The understanding of nature in the Neo-Confucian cosmology, which was the fundamental ruling ideology of Chosŏn dynasty, was based on an organic worldview. It considered the nature a living organism as a whole and assumed the same logical framework to understand the nature and human society. Considering the centrality of the Neo-Confucian ideology, as well as the social and economic structure, in comprehending the structural characteristics of the Chosŏn dynasty, its worldview needs special attention. Therefore, this thesis focuses on the formation, the development, and the changes in the Neo-Confucian cosmology.

During the late Koryŏ dynasty and early Chosŏn dynasty, the cosmology stood on the 'assumption of a humane universe,' as illustrated in myths and legends of Taoism, Buddhism and Confu- cianism of the period. In it, the Sun, the Moon, stars, and every celestial body were conceived as beings with personalities who manage everyday life in the human society. Religious services toward the Nature in Taoism,

Buddhism, and Confucianism all shared this understanding.

As the Neo-Confucianism was fully developed in the late 15th century, the understanding of nature was changed. The universe was not considered as a humane being anymore, but as a natural law. One single law of nature was considered to be the basis of human beings, societies, and the nature. This view was manifested as the three virtues and five rules. This provided the moral standard, and became the foundation of the vertical stratification of classes in the middle ages. The early Chosŏn scholars who made public policies were the believers of this philosophy.

Scholars of the 16th century Chosŏn dynasty endeavored on this view of nature. And the results were compiled to well-known books as *Hsing-li ta-ch'üan*(性理大全, Great Compendium on Human Nature and *li*), *Chu-tzu ta-ch'üan*(朱子大全, Complete Works of Master Chu), and *Chu-tzu yü-lei*(朱子語類, Classified Conversations of Master Chu). The view of nature in the Neo-Confucian cosmology was on a firmer ground, where the natural laws governed the universe. As the relation between the universe and the men was conceived as vertical, it was an obvious conclusion that an absolute monarchism was the most natural social system. Thus, the philosophy took the vertical stratification of social classes as granted. This ideology became the foundation of the social structures in the Middle Ages. The Neo-Confucianism including its view of nature, however, has failed to provide an ideological foundation in the ever-changing social and political atmospheres in the 16th century Chosŏn Society. Furthermore, the invasions by Japan and Manchu in this period exposed many problems of the inapt Neo-Confucian ideology. Liberal scholars charged criticism and began searching for improvements. Their scholastic efforts were manifested as their interest in such subjects as Ethics, *I-Ching*, and psychology.

The study of *I-Ching* since 16th century, resulted in the combination of cosmology and *I-Ching* system. And, the studies of psychology begot the psychological view of the universe which was developed to overcome the shortcomings of the view of the universe as a natural law. While the Neo-Confucian Cosmology associated with the *I-Ching* system tried to patch up the view of universal law maintaining the unification of the natural and moral laws, the psychological cosmology emphasized social re-structuring by segregating the natural universe and mental universe and by combining ethics and mind in the mental universe.

The criticism against only one cosmology triggered various attempts to diversify the Neo-Confucian worldview in the late 16th century and the early 17th century. Since the mid-17th century, diplomatic exchanges became the tunnels for western scientific knowledge, which caused qualitative improvement of the Neo-Confucian worldview. The idea of the Earth as a planet, planetary structure were introduced and incorporated into the cosmology, the idea of rotating earth and clockwise rotation theory were into theory of orbits, and four elements theory was introduced into cosmology, which became hot issues among Chosŏn scholars. Therefore, 17th and 18th century Chosŏn intellectuals had debated various cosmological topics such as the planet earth, clockwise or counter clockwise rotation, five planets, etc. They had struggled to incorporate the Neo-Confucian view together with scientific knowledge from the west. In the process, the intellectuals were divided. Their choice was either to reinstate the Neo-Confucian view, or to improve the view using western scientific knowledge.

Succession of Neo-Confucian view was taken by *Noron-Horon*(老論-湖論). Their scholastic and political standing was based on the belief of the absolute truth in Chu Hsi and Neo-Confucianism. The decision making for public policy was the only guide to go through the national crisis they faced. Even, the opposite party, *Youngnam-Namin*(嶺南南人) also claimed to be the true successor of the Neo-Confucianism.

Struggle between these two parties affected in the view of nature and recognition of nature, as well as in the government policy making. According to them, the scholastic truth can be obtained only through Chu Hsi and Neo-Confucianism. In the same token, one should see nature only through the Neo-Confucian worldview. Shi-Yeol Song(宋時烈, 1607-1689), Sang-Ha Kwon(權尙夏, 1641-1721), Won-Jin Han(韓元震, 1682-1751), Ho-Boo Kang(姜浩溥, 1690-1778), and Hang-Ro Yi(李恒老, 1792-1868) were the scholars of *Noron-Horon*. They worshiped Chu Hsi as a saint, and believed his theory as the ultimate truth. In order to produce a measure of truthfulness, they spent long time in categorizing and summarizing *Chu-tzu ta-ch'üan* and *Chu-tzu yü-lei*. Ho-Boo Kang's Categorized topics of Neo-Confucianism contained the gist of the Neo-Confucian cosmology. He classified and summarized the content of the two books, *Chu-tzu ta-ch'üan* and *Chu-tzu yü-lei*, by topics. He consulted Won Jin Hahn's book, *Studies on the Discrepancies in Speeches and Writings of Chu-tzu*(朱子言論同異攷), when Chu Hsi's words in two books seemed contradict. Therefore, the view of nature in Ho-Boo Kang's book was that of the traditional Neo-Confucian cosmology.

Since the late 17th century, various new cosmological views were introduced. Directly opposing the Neo-Confucian cosmology of *Noron-Horon* and *Youngnam-Namin, Keonki-Namin*(近畿南人)

faction *Sunghohakpar*(星湖學派) argued that one law can not be applicable for both the nature and the men. *Soron*(少論) faction *YangMyunghakpar*(陽明學派) suggested that cosmology should be able to be proved. *Noron-rakron*(老論-洛論) faction *Bukhakpar*(北學派) took the view of ether-filled cosmology. All of these views were based on their interpretation of physics utilizing their own ideological basis. These various cosmogonies were possible by segregating social science from natural science.

These cosmogonies shared the new understanding of physics. Ik Yi (李瀷, 1681-1763) denounced the organic characteristics of Neo-Confucianism. By separating ethics from physics, he broke the empirical relationship between the nature and the men. Je-Doo Chung(鄭齊斗, 1649-1736) pointed out that human mind ruled human society. Yet the nature was run by a natural law, which one should study. Even Dae-Yong Hong(洪大容, 1731-1783), who tried to maintain the traditional view, argued that the laws of society and that of nature can not be one, and that ethics and physics were equally fundamental.

They advocated the importance of physics in the midst of intellectuals who emphasized only the importance of human nature and propriety. Moreover, they pointed out that natural science was equally important as social science. The separation of ethics and physics, and the equal importance of social science and natural science meant the end of the organic worldview. This triggered the beginning of physical researches, and the beginning of the social studies free from the burden to be the same as a natural law.

The change in the view of nature caused the changes in the worldview. Together with these changes, all had started; Advent of equal human right, flexible theories to solve social conflicts, beginning of historical stands which distinguishes fact from moral, criticism of China-centrism, new understanding of the importance of our own history and culture.

In this thesis, I discussed the history of the scientific thoughts in the late Chosŏn dynasty. Neo-Confucian cosmology was introduced to Chosŏn intellectuals in the late 15th century. I argued how the view of nature and society reciprocally transformed with social transitions. In the beginning, the view was organic one where men, societies and nature were considered to be governed by one single law. Then, the understanding of the importance of physics made it possible to separate the physical science from the social science. It was a battle between Neo-Confucian view of nature that was the foundation of the existing social order, and the new cosmology that incorporated the scientific knowledge from the west. At the end, the new recognition of nature and physics brought forth a widened worldview, and a new turn of epistemology. The result left an indelible mark in Chosŏn's scientific knowledge.

찾아보기

534

536

538

540

542

544

【ㅋ】

【ㅌ】

【ㅍ】

【ㅎ】

구만옥

연세대학교 이과대학 천문기상학과 졸업, 연세대학교 문과대학 사학과 졸업
연세대학교 대학원 사학과 문학석사, 문학박사
연세대학교 국학연구원 연구교수
현재 경희대학교 문과대학 사학과 전임강사

논저 『韓國 實學의 새로운 摸索』(공저, 2001)
『과학기술의 철학적 이해』(공저, 2003)
『조선 건국과 경국대전체제의 형성』(공저, 2004)

연세국학총서 40

朝鮮後期 科學思想史 研究 I
朱子學的 宇宙論의 變動
具 萬 玉

2004년 10월 13일 초판 1쇄 인쇄
2004년 10월 18일 초판 1쇄 발행
펴낸이 · 오일주
펴낸곳 · 도서출판 혜안
등록번호 · 제22-471호
등록일자 · 1993년 7월 30일
㉾ 121-836 서울시 마포구 서교동 326-26번지 102호
전화 · 3141-3711~2 / 팩시밀리 · 3141-3710
E-Mail hyeanpub@hanmail.net
ISBN 89-8494-230-8 93910
값 30,000 원